Auf den Infografik-Seiten

werden Themen mit anschaulichen Grafiken näher erläutert.

Das solltest du dir **merken**!

Aufgaben

Versuche

Die Feuerwehr im Einsatz

Symbole im Buch

1 Schülerversuch: Auch die Schülerversuche darfst du nur auf Anweisung der Lehrkraft durchführen. Die allgemeinen Hinweise zur Vermeidung von Unfällen beim Experimentieren müssen bekannt sein.

1ᴸ Lehrerversuch

! Gefahrenhinweis: Hier müssen besondere Vorsichtsmaßnahmen getroffen werden.

👍 Super!

❓ Wenn du noch Fragen hast, dann schau auf dieser Seite nach.

▷ B 2 Bildverweis

► Verweis auf ein Basiskonzept oder eine andere Seite

Aufgaben:
- ○ einfach
- ◕ mittel
- ● schwer

PRISMA Chemie 7|8

Berlin|Brandenburg

Paul Gietz
Ute Jung
Rainer Knetsch
Andreas Peters

Ernst Klett Verlag
Stuttgart · Leipzig

Inhalt

Hilfe zu den Arbeitsaufträgen

Jede Aufgabe enthält einen klaren Arbeitsauftrag an dich, du musst ihn nur richtig erkennen. Je nach Formulierung erwartet deine Lehrerin oder dein Lehrer ganz unterschiedliche Antworten von dir. Diese Liste hilft dir, Arbeitsaufträge richtig zu verstehen und zu bearbeiten.

abschätzen
das Ergebnis ungefähr angeben und es begründen

analysieren
bestimmte Merkmale herausarbeiten und nach verschiedenen Kriterien untersuchen

angeben/aufschreiben/aufzählen/nennen
Begriffe, Informationen oder Aussagen zusammentragen

auswerten
Ergebnisse und Schlüsse zum Beispiel aus einem Text oder Diagramm ziehen

begründen
Ursachen, Gesetze oder Beweise für etwas anführen

benennen/beschriften
Begriffe zuordnen

berichten
zu einem bestimmten Thema etwas erzählen

beschreiben
eine Sache durch Fachbegriffe und in eigenen Worten wiedergeben

beurteilen
erkennen, ob eine Aussage zutrifft, und das Ergebnis begründen

bewerten/Stellung nehmen
dir eine eigene Meinung bilden, begründen und äußern, wie du zu dem Sachverhalt stehst (gut oder schlecht)

darstellen/wiedergeben
ein Ergebnis umfassend präsentieren

deuten/interpretieren
eine Information, die in einem Sachverhalt steckt, herausarbeiten

diskutieren
Meinungen austauschen, einander gegenüberstellen und abwägen

dokumentieren/protokollieren
alles Wichtige zu einem Thema oder Versuch aufschreiben und aufzeichnen

eine Vermutung anstellen/formulieren
überlegen, was das Ergebnis sein könnte

einen Versuch planen
überlegen, wie ein Versuch aufgebaut, durchgeführt und ausgewertet werden könnte

entwickeln
zu einem Thema oder Sachverhalt eigene Gedanken äußern und sie begründen

erklären
eine Sache mit Regeln, Gesetzmäßigkeiten oder Ursachen darstellen

erläutern
eine Sache nachvollziehbar und verständlich darstellen

erörtern
Vor- und Nachteile zu einem Thema anführen und diese beweisen

ordnen/zuordnen
verschiedene Sachen wie Gegenstände, Geschehnisse usw. in eine richtige Reihenfolge bringen

präsentieren
ein Referat, ein Plakat oder das Ergebnis einer Gruppenarbeit vorstellen

recherchieren
zu einem bestimmten Thema Informationen sammeln

skizzieren
eine Zeichnung erstellen, die nur das Wichtigste enthält

(über)prüfen
kontrollieren, ob Regeln, Inhalte oder Aussagen zutreffen

untersuchen
mit Fragen oder Versuchen herausfinden, ob bestimmte Merkmale und Fakten vorhanden sind

vergleichen
Dinge in Beziehung setzen und erkennen, was gleich, ähnlich oder unterschiedlich ist

zeichnen
eine anschauliche und möglichst genaue grafische Darstellung zu einem bestimmten Inhalt anfertigen

zusammenfassen
das Wichtigste herausschreiben oder wiedergeben

1 Faszination Chemie – Feuer, Schall und Rauch

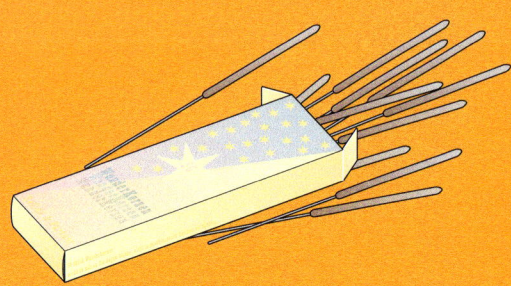

– Bei welchen Vorgängen im Alltag verändern sich Stoffe dauerhaft?

– Betrachte die Abbildungen. Beschreibe, welche Veränderungen du damit in Verbindung bringst.

– Veränderungen von Stoffen finden häufig nicht von selbst statt. Sie müssen zunächst in Gang gebracht werden. Welche Beispiele fallen dir ein?

– Kann man Energie sehen?

– Welche Möglichkeiten kennst du, einen Brand zu bekämpfen?

Sicher experimentieren im Fachraum

Experimentieren macht Spaß. Für das sichere Experimentieren im Fachraum müsst ihr jedoch Regeln einhalten. So werden Unfälle verhindert. In einer Laborordnung könnt ihr wichtige Verhaltensregeln für euren Fachraum festlegen, auf Gefahren hinweisen und den Umgang mit Gefahrstoffen regeln. Wenn ihr euch an diese Laborordnung haltet, sorgt ihr für größtmögliche Sicherheit beim Experimentieren.

(A) Persönliche Schutzausrüstung
Beim Experimentieren musst du in der Regel eine Schutzbrille tragen, die deine Augen vor Spritzern oder Splittern schützt.
Wenn du Schutzhandschuhe trägst, vermeidest du Verletzungen deiner Hände durch ätzende Stoffe.
Ein Kittel sorgt dafür, dass deine Kleidung nicht verschmutzt oder beschädigt wird.

B Umgang mit Chemikalien

Arbeite immer mit möglichst kleinen Portionen von Chemikalien.
Geruchsproben führst du durch Zufächeln mit der Hand durch, weil
Stoffe schädliche Dämpfe abgeben können.
Geschmacksproben sind im Fachraum Chemie in der Regel verboten.
Reste einiger Chemikalien musst du in entsprechende Entsorgungs-
gefäße geben.

**Im Fachraum gilt die Laborordnung. Sie
enthält verschiedene Verhaltensregeln,
die für Sicherheit sorgen.**

AUFGABEN

1 ○ Zähle die Bestandteile der persönlichen Schutzausrüstung auf.

2 ○ Erstellt eine eigene Laborordnung
mit den wichtigsten Verhaltensweisen
im Chemie-Fachraum.

3 ◕ Benenne die Einrichtungen im
Fachraum, die der Sicherheit dienen.
Beschreibe ihren Zweck. Vergleiche mit
dem Fachraum deiner Schule.

4 ◕ Ein unordentlicher Arbeitsplatz ist
beim Experimentieren gefährlich. Begründe dies an einigen selbst gewählten Beispielen.

5 ● Du experimentierst mit dem Stoff
Kochsalz. Weshalb darfst du davon den-
noch keine Geschmacksprobe nehmen?
Erkläre.

C Experimentieren

Lies dir bei jedem Experiment die Versuchsanleitung
genau durch und bereite ein Protokoll dazu vor.
Experimentiere so, dass du weder dich selbst noch
andere gefährdest.
Notiere alle deine Beobachtungen. Diese Notizen
erleichtern dir, das Versuchsprotokoll zu schreiben.

Piktogramm	Bezeichnung	Gefahrenklasse	Piktogramm	Bezeichnung	Gefahrenklasse
	GHS01 (Explodierende Bombe)	– Explosive Stoffe – Selbstzersetz-liche Stoffe – ...		GHS06 (Totenkopf mit gekreuzten Knochen)	– Akute Toxizität
	GHS02 (Flamme)	– Entzündbare Flüssigkeiten – Entzündbare Gase – ...		GHS07 (Ausrufezeichen)	– Hautreizend – Augenreizend – Sensibilisierung der Haut – ...
	GHS03 (Flamme über einem Kreis)	– Entzündend wirkende Flüs-sigkeiten und Feststoffe – Entzündend wirkende Gase		GHS08 (Gesundheits-gefahr)	– Krebserzeugend – Erbgut-verändernd – ...
	GHS04 (Gasflasche)	– Unter Druck stehende Gase		GHS09 (Umwelt)	– Gewässer-gefährdend
	GHS05 (Ätzwirkung)	– Metallkorrosiv – Hautätzend – Hautreizend – ...			

1 Gefahrenpiktogramme und ihre Bedeutung

Gefährliche Stoffe

Gefährdung durch Chemikalien

Viele Chemikaliengefäße fallen durch farbige Symbole auf ihren Etiketten sofort auf (▷ B1). Diese Symbole werden **Gefahren-piktogramme** genannt. Auch im Haushalt findet man Produkte mit Gefahrenpikto-grammen, beispielsweise Brennspiritus oder Abflussreiniger. Stoffe, die mit einem Gefahrenpiktogramm gekennzeichnet sind, nennt man **Gefahrstoffe**. Mit Gefahrstoffen muss besonders vorsichtig experimentiert werden. Gefahrstoffe können durch Ein-atmen, Verschlucken oder sogar durch die Haut in den Körper gelangen.

Eine Liste mit Gefahrstoffen findest du unter www.klett.de mit dem unten stehenden Prisma-Code.

Das Chemikalien-Etikett

Ein Chemikalien-Etikett informiert über die wichtigsten Gefahren, die von einem Stoff ausgehen (▷ B3). Außerdem enthält es Hinweise für den Umgang mit diesen Stoffen. Auf einem Chemikalien-Etikett findet man deshalb mindestens die folgenden vier Angaben: Gefahrenpiktogramme, Si-gnalwörter, Gefahrenhinweise und Sicher-heitshinweise.

Die Gefahrenpiktogramme

Ein Gefahrenpiktogramm umfasst häufig mehrere Gefahrenklassen (▷ B 1). So kann zum Beispiel das Gefahrenpiktogramm GHS05 bedeuten, dass der Stoff zur Gefahrenklasse „Metallkorrosiv", „Hautreizend", „Hautätzend", „Schwere Augenschädigung" oder „Augenreizung" gehört.

Signalwörter

Signalwörter geben Auskunft über das Ausmaß der Gefährdung durch einen Stoff. Es gibt zwei unterschiedliche Signalwörter:

Gefahr	für schwerwiegende Gefahren
Achtung	für weniger schwerwiegende Gefahren

Gefahrenhinweise, Sicherheitshinweise

Die **Gefahrenhinweise** sind in den **H-Sätzen** zusammengefasst (englisch: hazard, Gefahr). Die H-Sätze weisen auf die besonderen Gefahren beim Umgang mit einem Gefahrstoff hin. Die **Sicherheitshinweise** sind in den **P-Sätzen** enthalten (englisch: precautionary, vorbeugend). Die P-Sätze geben Ratschläge für den sicheren und sachgerechten Umgang mit einem Gefahrstoff.

3 Chemikalien-Etikett mit Gefahrenhinweisen

Entsorgung von Gefahrstoffen

Reste von Gefahrstoffen, die nach einem Experiment übrig bleiben, werden in dafür vorgesehene, gekennzeichnete Entsorgungsgefäße gegeben (▶ S. 180).

Gefahrstoffe sind durch Gefahrenpiktogramme gekennzeichnet. H-Sätze informieren über besondere Gefahren eines Stoffes. P-Sätze geben Ratschläge für den sicheren und sachgerechten Umgang.

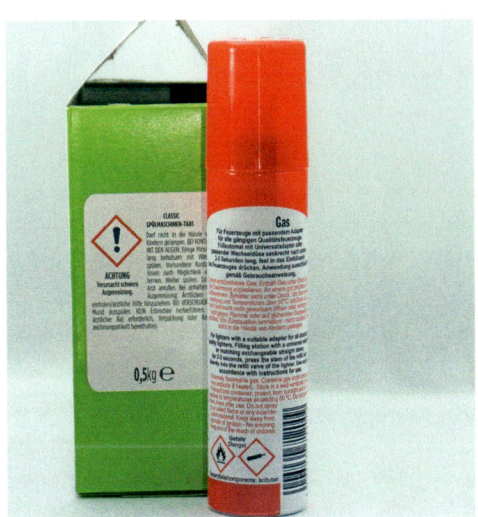

2 Gefahrstoffe im Haushalt

AUFGABEN

1 ○ Zähle vier Angaben eines Chemikalien-Etiketts auf.

2 ○ Häufig bleiben nach einem Experiment Gefahrstoffe übrig. Beschreibe, wie man mit diesen verfahren sollte.

3 ◒ Erläutere den Unterschied zwischen H-Sätzen und P-Sätzen.

4 ◒ Welches Signalwort wird angegeben, wenn bei einem Chemikaliengemisch beide Signalwörter zutreffen? Begründe.

5 ● Entwirf ein Chemikalien-Etikett (▷ B 3) für einen Gefahrstoff deiner Wahl. Gib dazu auf www.klett.de den Prisma-Code 7ce67z ein und nutze die dort gezeigten Informationen.

Stoffe erhitzen

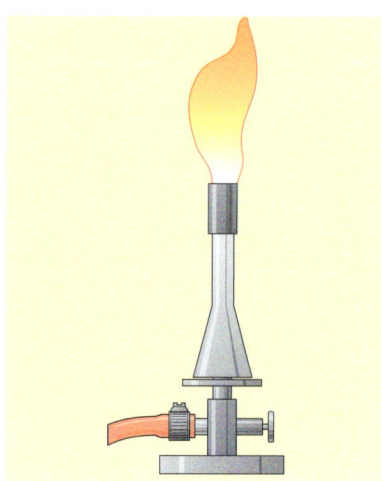

1 Bei geschlossener Luftzufuhr entsteht eine leuchtende Flamme.

1 Wie bedient man einen Gasbrenner?
Material

Schutzbrille, Haarband (bei langen Haaren), Gasbrenner, Anzünder

Versuchsanleitung

a) Setze die Schutzbrille auf. Binde lange Haare zusammen.
b) Schließe am Gasbrenner die Schrauben für die Gaszufuhr und die Luftzufuhr.
c) Stelle den Gasbrenner standsicher auf und verbinde den Gasschlauch mit dem Gashahn. Öffne den Gashahn.
d) Öffne jetzt die Schraube zur Gasregulierung und entzünde das ausströmende Gas sofort.
e) Öffne die Luftzufuhr und schließe sie wieder.
f) Schließe zum Löschen des Gasbrenners zuerst den Gashahn und nimm dann den Gasschlauch von der Gasversorgung ab.

2 Erhitzen von wenig Wasser
Material

Schutzbrille, Gasbrenner, Reagenzglashalter, Reagenzglasgestell, Reagenzglas, Siedesteinchen, Wasser

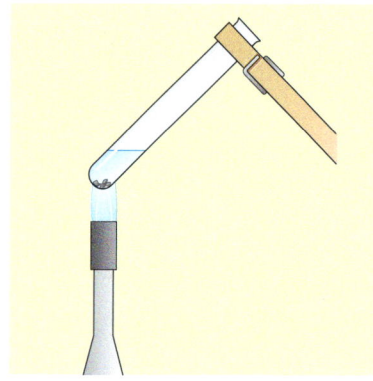

2 Erhitzen von Wasser im Reagenzglas

Versuchsanleitung

a) Fülle ein Reagenzglas zu einem Viertel mit Wasser und füge 4 – 5 Siedesteinchen hinzu.
b) Halte das Reagenzglas leicht schräg und achte darauf, dass die Öffnung auf keine Person zeigt.
c) Führe das Reagenzglas nun ca. 10-mal durch die nicht leuchtende Flamme.
d) Erhitze das Wasser dann bis zum Sieden. Bewege das Reagenzglas dabei ein wenig, um einen Siedeverzug zu vermeiden.

3 Erhitzen im Wasserbad
Material

Schutzbrille, Gasbrenner, Dreifuß, Keramik-Drahtnetz, Reagenzglashalter, Reagenzglasgestell, Becherglas (250 ml), Reagenzglas, Siedesteinchen, Wasser, Wachs

Versuchsanleitung

a) Baue den Versuch wie in Bild 3 gezeigt auf. Fülle das Becherglas zur Hälfte mit Wasser und gib etwa 10 Siedesteinchen hinzu.
b) Fülle das Reagenzglas zu einem Viertel mit Wachs und stelle das Reagenzglas dann in das Becherglas mit dem Wasser.
c) Erwärme das Wasser mithilfe der nicht leuchtenden Flamme. Halte das Reagenzglas dabei mit dem Reagenzglashalter fest. Das Reagenzglas darf dabei nicht den Boden des Becherglases berühren. Warte, bis das Wachs vollständig geschmolzen ist. (Vorsicht, Verbrennungsgefahr durch heißes Wasser!)

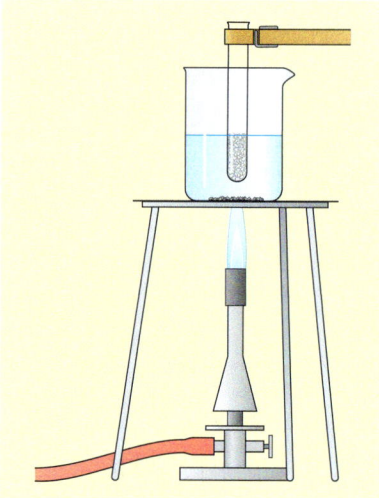

3 Wachs wird im Wasserbad erhitzt.

AUFGABE

1 ◐ Wie würdest du Schokolade für eine Kuchenglasur erwärmen? Begründe deine Antwort.

Der Gasbrenner

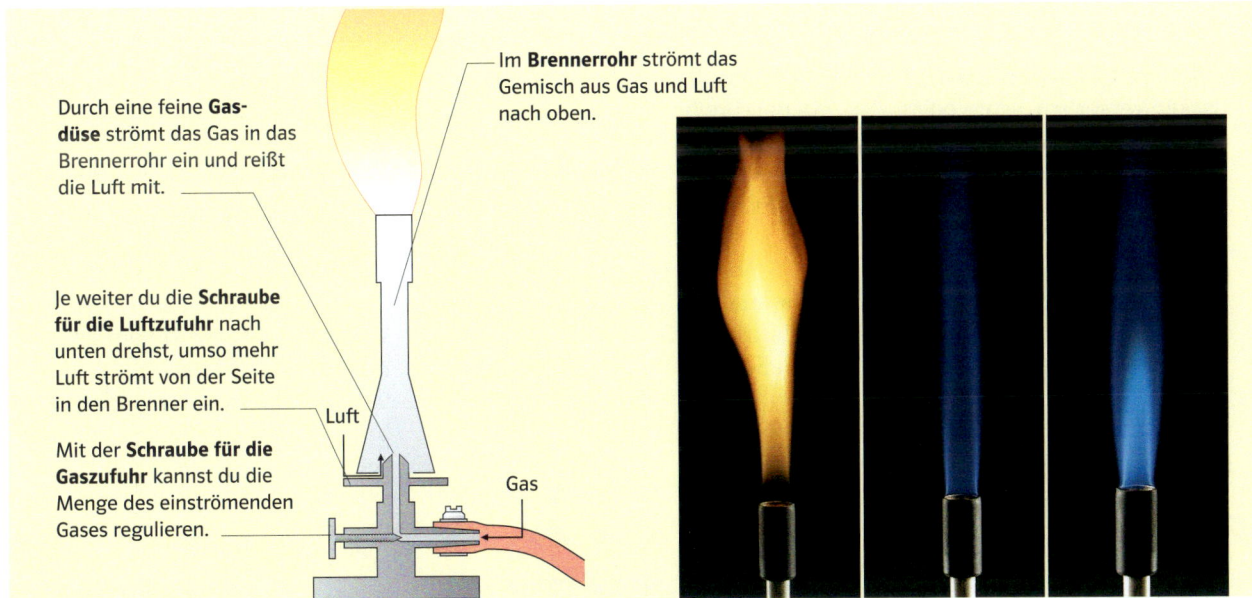

Durch eine feine **Gas-
düse** strömt das Gas in das
Brennerrohr ein und reißt
die Luft mit.

Im **Brennerrohr** strömt das
Gemisch aus Gas und Luft
nach oben.

Je weiter du die **Schraube
für die Luftzufuhr** nach
unten drehst, umso mehr
Luft strömt von der Seite
in den Brenner ein.

Luft

Mit der **Schraube für die
Gaszufuhr** kannst du die
Menge des einströmenden
Gases regulieren.

Gas

1 Aufbau und Funktionsweise des Teclubrenners

2 Leuchtende, nicht leuchtende und rauschende Flamme
(von links nach rechts)

Um Stoffe zu erhitzen, werden häufig Gasbrenner verwendet. Es gibt unterschiedliche Arten von Gasbrennern. Bild 1 zeigt
dir den Aufbau und die Funktionsweise
des häufig verwendeten Teclubrenners.

Flamme, Hitze und Ruß
Wenn du die Luftzufuhr am Gasbrenner
schließt, entsteht eine gelb **leuchtende
Flamme** (▷ B 2, links), die stark rußt. Drehst
du die Schraube am Brennerrohr nach
unten, verschwindet das Leuchten. Es
entsteht eine **nicht leuchtende Flamme**
(▷ B 2, Mitte). Mit dieser Flamme wird in
den meisten Fällen gearbeitet. Ist die Luftzufuhr ganz geöffnet, entsteht eine sehr
heiße, **rauschende Flamme** (▷ B 2, rechts).

Entzünden des Gasbrenners
Setze immer eine Schutzbrille auf, bevor du
den Gasbrenner entzündest. Der Brenner
muss sicher in der Tischmitte stehen.
Verbinde den Gasschlauch fest mit dem
Gashahn am Tisch. Achte darauf, dass

beim Entzünden des Gases die Luftzufuhr
geschlossen ist.

**Über die Luftzufuhr kann man am Gas-
brenner eine leuchtende, eine nicht
leuchtende oder eine rauschende Flamme
einstellen.**

AUFGABEN

1 ○ Nenne Sicherheitsmaßnahmen für
das Entzünden des Brenners.

2 ◒ Erkläre, warum die leuchtende
Flamme für die Arbeit im Labor nicht
geeignet ist.

3 ◒ Beim Arbeiten mit dem Gasbrenner
darf auf keinen Fall unbemerkt Gas
ausströmen. Begründe.

4 ● Beschreibe ausführlich, wie du den
Gasbrenner in Betrieb nimmst und
wieder ausstellst.

Stoffe verändern sich

Untersuche, wie sich Stoffe beim Backen verändern. Achte beim Umgang mit Lebensmitteln auf Hygiene! Wasche dir vor der Arbeit gründlich die Hände. Wenn im Chemieraum mit Lebensmitteln gearbeitet wird, müssen die Arbeitsflächen abgedeckt werden.

1 Stockbrot-Teig herstellen
Material
Rührschüssel, Handrührgerät mit Knethaken, Messbecher, Waage, Teelöffel, Messer, Teller, Holzspieße

Zutaten

400 g Mehl

2 Teelöffel Backpulver

1 Teelöffel Salz

200 ml Milch

4 Teelöffel Öl

Mehl für die Hände

1 Zutaten für das Stockbrot

Versuchsanleitung
a) Wiege die Zutaten ab, wie in der Zutaten-Liste angegeben (▷ B1).
b) Mische Mehl, Backpulver und Salz in der Schüssel. Gib unter ständigem Rühren das Öl und nach und nach die Milch hinzu, bis ein geschmeidiger Teig entsteht.
c) Nimm ein kleines Stück Teig und forme daraus eine Rolle. Wickle die Teigrolle um den oberen Teil eines Holzspießes (▷ B2). Lege den fertigen Spieß auf dem Teller ab. Verarbeite so auch den Rest des Teigs.

Aufgabe
1. Beschreibe die Eigenschaften des Teigs. Du darfst dazu ausnahmsweise auch den Geschmack prüfen.

2 Stockbrot grillen
Material
Schutzbrille, Gasbrenner, Holzspieße mit Teigrollen aus Versuch 1

2 Findet hier eine Stoffumwandlung statt?

Versuchsanleitung
Grille das Stockbrot, indem du es unter ständigem Drehen über die nicht leuchtende Brennerflamme hältst. Achte darauf, dass es nicht schwarz wird. Dein Stockbrot ist fertig, wenn es hellbraun ist.

3 Holzspieß mit Teigrolle

Aufgaben
1. Vergleiche das fertige Stockbrot mit dem Stockbrot-Teig. Ausnahmsweise darfst du das Stockbrot im Fachraum essen.
2. Beantworte die Frage aus Bild 2. Begründe deine Antwort.

3 Auf die Zutaten kommt es an
Was bewirkt das Backpulver im Stockbrot-Teig? Warum gibt man Milch in den Teig? Kann man Salz auch durch Zucker ersetzen?

Versuchsanleitung
a) Plane ein Experiment, mit dem du die Wirkung einer einzelnen Zutat des Stockbrot-Teigs untersuchen kannst.
b) Bildet Gruppen. Einigt euch in der Gruppe auf einen Versuchsplan.
c) Stellt diesen Plan der Klasse vor.
d) Diskutiert die Pläne in eurer Klasse und entscheidet, welche Versuche ihr durchführen wollt. Achtet darauf, dass eine Gruppe zum Vergleich einen Teig wie in Versuch 1 herstellt.
e) Stellt in den einzelnen Gruppen einen Stockbrot-Teig mit den Zutaten eures Versuchsplans her.
f) Grillt die Stockbrote wie in Versuch 2 beschrieben.

Aufgaben
1. Beschreibe die Eigenschaften der fertigen Stockbrote der einzelnen Gruppen.
2. Vergleiche die Stockbrote aus euren Versuchen mit dem Stockbrot aus Versuch 1.
3. Schließe aus den Vergleichen auf die Wirkung der untersuchten Zutaten.

1 Beim Backen wird Teig zu leckerem Brot.

2 Pflanzenabfälle verrotten zu wertvollem Kompost.

Neue Stoffe entstehen

Stoffe können sich verändern

Ein Teig aus Mehl, Hefe, Wasser und Salz verwandelt sich beim Backen in knuspriges Brot (▷ B1). Dabei beobachtet man Veränderungen der Stoffeigenschaften. Es verändern sich beispielsweise die Oberflächen-Beschaffenheit, die Farbe, der Geruch und auch der Geschmack. Es entstehen neue Stoffe mit anderen Eigenschaften. Beim Backen hat eine **Stoffumwandlung** stattgefunden.

Stoffumwandlungen im Alltag

Es gibt viele Beispiele für Stoffumwandlungen im Alltag. Ein Fahrradlenker rostet an der feuchten Luft. Versilbertes Besteck läuft im Laufe der Zeit an der Luft dunkel an. Ein rötlich schimmerndes Kupferdach bekommt nach einigen Jahren eine grüne Oberfläche (Patina).
Nicht alle Vorgänge, bei denen Stoffe sich verändern, sind Stoffumwandlungen. Wenn du Eiswürfel aus dem Gefrierfach nimmst, tauen sie auf. Dabei ändert sich jedoch nur der Aggregatzustand des Wassers. Der Stoff selbst bleibt unverändert.

Stoffumwandlungen in der Natur

In der Natur werden ständig neue Stoffe gebildet und wieder abgebaut: Verwelkte Pflanzen verrotten am Boden und werden dort durch Kleinstlebewesen zersetzt. Dabei entsteht eine mineralstoffreiche Erde, der Kompost (▷ B2). Kompost ist ein guter Dünger. Auch die Zersetzung von Stoffen ist eine Stoffumwandlung.

Im Alltag und in der Natur finden Stoffumwandlungen statt. Dabei entstehen neue Stoffe mit anderen Eigenschaften.

AUFGABEN

1 ○ Zähle Merkmale auf, an denen man Stoffumwandlungen erkennen kann.

2 ◔ Erläutere, weshalb das Verdampfen von Wasser keine Stoffumwandlung ist.

3 ● Begründe, warum man die Stoffeigenschaften verschiedener Stoffe bei gleichen Bedingungen (z. B. gleicher Temperatur) untersuchen muss.

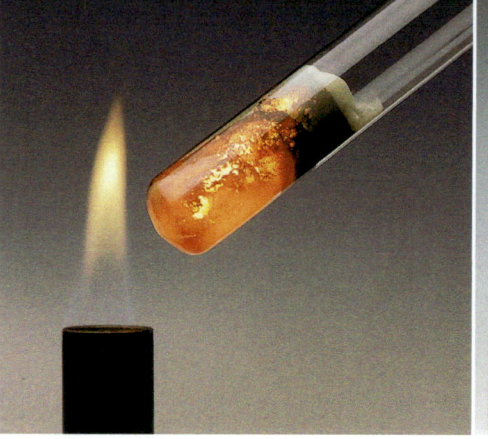

1 Gemisch aus Eisen und Schwefel　　**2** Chemische Reaktion　　**3** Reaktionsprodukt Eisensulfid

Die chemische Reaktion

Aus Eisen und Schwefel entsteht ein neuer Stoff

Eisen ist ein grau glänzendes Metall. Es ist verformbar und leitet den elektrischen Strom. Außerdem ist Eisen ein guter Wärmeleiter. Von einem Magneten wird Eisen stark angezogen. Schwefel ist ein gelber, fester Stoff, der sich entzünden lässt und mit blauer Flamme brennt.

Mischt man Eisenpulver mit Schwefelpulver, erhält man ein Gemisch aus grauen und gelben Bestandteilen (▷ B1). Ein solches Stoffgemisch kann man mit einfachen Trennverfahren wieder in die beiden Reinstoffe Eisen und Schwefel trennen. Erhitzt man das Eisen-Schwefel-Gemisch an einer Stelle, beginnt es nach kurzer Zeit an dieser Stelle zu glühen. Ohne weiteres Erhitzen wandert das Glühen durch das restliche Gemisch (▷ B2, V1). Nach dem Abkühlen bleibt ein grau-schwarzer Stoff zurück, der einheitlich aussieht (▷ B3).

Edukte (Ausgangsstoffe)	chemische Reaktion	Reaktionsprodukt
Zink　und　Schwefel	reagieren zu	Zinksulfid

Wortgleichung:

Zink　+　Schwefel　⟶　Zinksulfid

4 Die chemische Reaktion von Zink und Schwefel auf einen Blick

Dieser Stoff zerbröselt leicht, er ist also **spröde**. Der Stoff leitet den elektrischen Strom kaum und wird nur ganz schwach von einem Magneten angezogen (▷V1). Es ist ein neuer Stoff mit anderen Stoffeigenschaften entstanden. Eine Stoffumwandlung hat stattgefunden.

Edukte und Reaktionsprodukte

Einen Vorgang, bei dem durch Stoffumwandlung neue Stoffe entstehen, bezeichnet man als **chemische Reaktion**. Die Stoffe, die miteinander reagieren, nennt man Ausgangsstoffe oder **Edukte**. Die Stoffe, die neu entstehen, heißen **Reaktionsprodukte**. Die Reaktionsprodukte haben andere Eigenschaften als die Edukte. Bei der chemischen Reaktion der beiden Edukte Eisen und Schwefel ist nur ein Reaktionsprodukt entstanden, das Eisensulfid.
Allgemein entsteht bei der Reaktion eines Metalls mit Schwefel ein **Metallsulfid**. Ein weiteres Beispiel hierfür ist die Reaktion von Zink mit Schwefel. Das Reaktionsprodukt heißt Zinksulfid (▷B4, ▷V2).

Chemische Reaktion – kurz und bündig

Chemische Reaktionen kann man in sehr kurzer Form schreiben. Dazu nutzt man die **Wortgleichung**. Die Wortgleichung gibt an, welche Stoffe miteinander reagieren und welche Reaktionsprodukte dabei entstehen. Auf der linken Seite stehen die Edukte, auf der rechten Seite die Reaktionsprodukte. Dazwischen steht ein **Reaktionspfeil**. Der Reaktionspfeil wird als „reagieren zu" gelesen. Das Pluszeichen wird als „und" gelesen.

Beispiel für eine Wortgleichung:

Zink + Schwefel ⟶ Zinksulfid

Lies: Zink und Schwefel reagieren zu Zinksulfid.

(▶ Chemische Reaktion, S.168/169)

Bei einer chemischen Reaktion findet eine Stoffumwandlung statt. Aus den Edukten (Ausgangsstoffen) entstehen neue Stoffe, die Reaktionsprodukte. Sie haben andere Eigenschaften als die Edukte.

Die Wortgleichung beschreibt die chemische Reaktion mit Worten und Zeichen.

AUFGABEN

1 ○ Nenne die wichtigsten Eigenschaften des Eisens.

2 ○ Erläutere den Begriff „chemische Reaktion".

3 ○ Ordne die im Text genannten Stoffe Eisen, Zink, Schwefel, Eisensulfid und Zinksulfid den Begriffen „Edukt" und „Reaktionsprodukt" zu.

4 ◐ Formuliere die Wortgleichung für die Reaktion von Eisen und Schwefel.

5 ◐ Plane einen Versuch, mit dem du ein Eisen-Schwefel-Gemisch wieder in Eisen und Schwefel trennen kannst.

6 ● Betrachte deine Umwelt mit den Augen eines Chemikers. Notiere fünf chemische Reaktionen, die du erkennen kannst. Vergleiche deine Notizen mit denen deiner Mitschülerinnen und Mitschüler.

VERSUCHE

1 Mische 7 g Eisenpulver und 4 g Schwefelpulver in einer Reibschale. Erhitze das Gemisch im Reagenzglas von unten an einer Stelle (Adsorptionsstopfen! Schutzbrille!). Entferne den Brenner, sobald das Gemisch zu glühen beginnt. Untersuche den entstandenen Stoff nach dem Abkühlen. Vergleiche seine Eigenschaften (Farbe, elektrische Leitfähigkeit, magnetische Wirkung) mit den Eigenschaften von Eisen und Schwefel.

2 ᴸ ! Man mischt 8 g Zinkpulver und 4 g Schwefelpulver und häuft das Gemisch auf einem Backstein in Form eines Bergrückens auf. Im Freien entzündet man das Gemisch mit einem glühenden Draht. (Sicherheitsabstand! Schutzbrille! Schutzhandschuhe!)

Kupfer und Schwefel reagieren

1 Aus zwei mach eins
Material
Schutzbrille, Gasbrenner, Stativ, Doppelmuffe, Universalklemme, Reagenzglas, Pinzette, Spatellöffel, Adsorptionsstopfen (mit Aktivkohle gefüllt), Kupferblech (etwa 6 cm x 3 cm), Schwefelpulver

Versuchsanleitung
a) Fülle 1–2 Spatelspitzen Schwefelpulver in das Reagenzglas. Knicke das Kupferblech einmal in der Längsrichtung. Schiebe das Kupferblech mit einer Pinzette in das Reagenzglas (▷ B1). Verschließe das Reagenzglas mit dem Adsorptionsstopfen. Befestige das Reagenzglas fast waagerecht an einem Stativ.
b) Erhitze den Streifen aus Kupferblech mit der rauschenden Brennerflamme. Bewege die Flamme in Richtung Schwefel und erhitze diesen, bis Schwefeldampf über das immer noch heiße Kupferblech strömt (▷ B1). Nimm die Brennerflamme vom Reagenzglas, wenn keine weitere Veränderung am Streifen mehr auftritt.
c) Wenn die Reaktion nicht in Gang kommt, wiederhole Schritt b). Erhitze dabei das Kupferblech stärker.
d) Nimm nach dem Abkühlen den Streifen mit einer Pinzette aus dem Reagenzglas.

Aufgabe
1. Begründe, weshalb du im Versuch das Reagenzglas mit einem Stopfen verschließen musst.

2 Wir untersuchen den neuen Stoff
Material
Schutzbrille, Reibschale mit Pistill, Lupe, Kupferpulver, Schwefelpulver, Kupferblech, Streifen aus Versuch 1

Versuchsanleitung
a) Untersuche die Verformbarkeit des neuen Stoffs: Nimm den Streifen aus Versuch 1 und versuche, ihn über einer Reibschale zu verformen. Halte den Streifen dazu zwischen beiden Händen. Vergleiche mit einem Kupferblech.
b) Vergleiche das Aussehen: Zerreibe dazu ein Stück des Streifens aus Versuch 1 in einer Reibschale mit einem Pistill. Betrachte mit einer Lupe den zerriebenen Stoff. Vergleiche den Stoff mit Kupferpulver und mit Schwefelpulver.

Aufgaben
1. Erstelle eine Tabelle wie in Bild 2 und trage die Eigenschaften der Stoffe ein.
2. Deute deine Versuchsbeobachtungen.

AUFGABE

1 ⊜ Plane weitere Versuche, mit denen du die Eigenschaften des neuen Stoffes untersuchen kannst. Führe die Versuche nach Absprache mit deiner Lehrkraft durch.

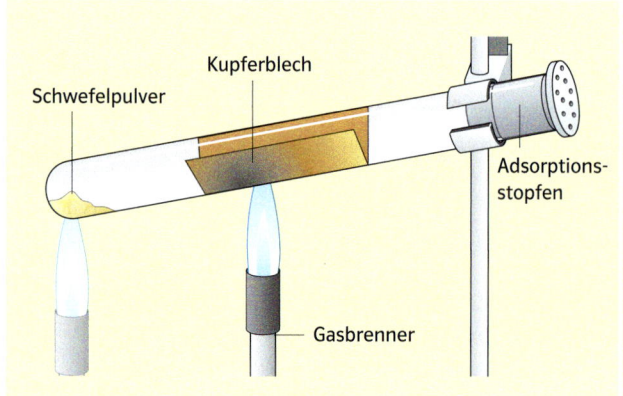

1 Schwefeldampf streicht über erhitztes Kupferblech.

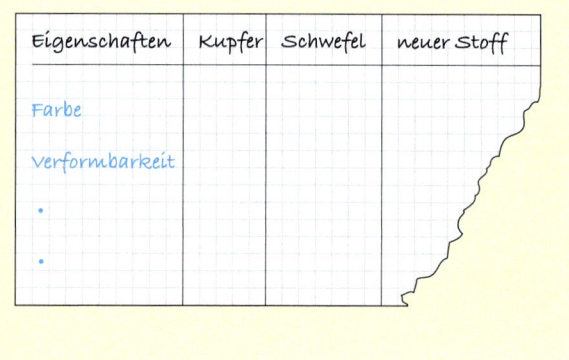

2 Tabelle zu Versuch 2

Eigenschaften	Kupfer	Schwefel	neuer Stoff
Farbe			
Verformbarkeit			
•			
•			

Verbindungen und Elemente

Einteilung der Stoffe

Wie du bereits erfahren hast, kann man Stoffe in Reinstoffe und Stoffgemische einteilen. Stoffgemische bestehen aus mehreren Reinstoffen. Durch Trennverfahren wie Filtrieren oder Destillieren kann man Stoffgemische wieder in Reinstoffe trennen. Die Reinstoffe lassen sich wiederum in zwei Gruppen einteilen: **Verbindungen** und **Elemente** (▷ B1).

Verbindungen

Silber und Schwefel sind Reinstoffe. Wenn Silber und Schwefel miteinander reagieren, entsteht als Reaktionsprodukt Silbersulfid. Silbersulfid ist ebenfalls ein Reinstoff, aber zugleich auch eine chemische Verbindung aus Silber und Schwefel. Denn Silbersulfid kann durch eine chemische Reaktion wieder in die Edukte (Ausgangsstoffe) zerlegt werden.

Elemente

Im Gegensatz zu Silbersulfid gelingt es bei Silber und Schwefel nicht, sie in weitere Stoffe zu zerlegen. Reinstoffe, die man nicht durch eine chemische Reaktion in weitere Stoffe zerlegen kann, nennt man Elemente.

Vielfalt der Stoffe

Heute sind mehr als 100 Elemente bekannt. Man unterscheidet bei den Elementen zwischen Metallen und Nichtmetallen. Die meisten Elemente zählen zu den Metallen. Durch die Kombination der Elemente zu unterschiedlichen Verbindungen existieren auf der Erde viele Millionen Verbindungen. Jedes Jahr werden neue Verbindungen entdeckt.

Elemente sind Reinstoffe, die sich nicht in weitere Stoffe zerlegen lassen. Verbindungen entstehen aus Elementen durch chemische Reaktionen. Verbindungen lassen sich wieder in Elemente zerlegen.

AUFGABEN

1 ○ a) Nenne drei Beispiele für Reinstoffe und ordne sie nach Elementen und Verbindungen.
   ◔ b) Ordne die genannten Elemente in Metalle und Nichtmetalle.

2 ◔ Begründe, weshalb Eisensulfid kein Stoffgemisch ist.

3 ● Begründe, warum Verbindungen zu den Reinstoffen gezählt werden.

4 ● Früher glaubte man, dass Feuer, Wasser, Luft und Erde Elemente sind. Dies entspricht nicht der heutigen Vorstellung. Erkläre.

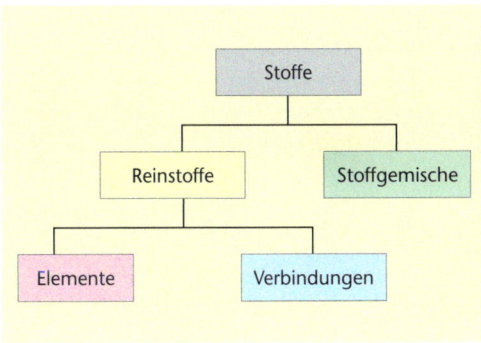

1 Einteilung der Stoffe

2 Schwefel – ein Element

Die Dichte

1 Gleich große Würfel aus verschiedenen Stoffen sind unterschiedlich schwer.

Elemente und Verbindungen sind Reinstoffe, die durch messbare Stoffeigenschaften wie die Schmelztemperatur und die Siedetemperatur eindeutig gekennzeichnet sind. Eine weitere Stoffeigenschaft ist die Dichte. (► Stoff und Teilchen, S. 164/165)

Die Dichte – eine Stoffeigenschaft

Die Würfel in Bild 1 sind alle gleich groß. Sie haben also das gleiche Volumen. Die Würfel unterscheiden sich jedoch in ihrer Masse, da sie aus verschiedenen Stoffen bestehen. Das Verhältnis der Masse zum Volumen ist die **Dichte** ϱ (sprich „rho"). Sie wird in Gramm pro Kubikzentimeter (g/cm^3) angegeben.

$$\text{Dichte} = \frac{\text{Masse}}{\text{Volumen}}; \qquad \varrho = \frac{m}{V}$$

Dichtebestimmung bei Feststoffen

Die meisten Feststoffe liegen aber nicht als Würfel vor, sondern sind unregelmäßig geformt, beispielsweise ein Nagel. Ihre Masse bestimmst du mit der Waage. Das Volumen kannst du mit der Methode der **Wasserverdrängung** ermitteln. Du füllst dazu einen Messzylinder mit Wasser und liest das Volumen des Wassers ab. Dann gibst du den Feststoff hinein und misst das Volumen erneut. Das Volumen des Feststoffes ergibt sich aus der Differenz der beiden Messwerte. Aus Masse und Volumen kannst du dann die Dichte des Stoffes berechnen (▷ B 2).

Dichtebestimmung bei Flüssigkeiten

Die Dichte einer Flüssigkeit lässt sich leichter bestimmen. Du bestimmst die Masse mit der Waage und das Volumen mit einem Messzylinder. 1 ml Flüssigkeit entspricht dabei dem Volumen von 1 cm^3. Um die Dichte der Flüssigkeit zu berechnen, teilst du ihre Masse durch ihr Volumen.

Die Dichte ist eine charakteristische, messbare Stoffeigenschaft. Die Dichte berechnet man, indem man die Masse einer Stoffportion durch ihr Volumen teilt.

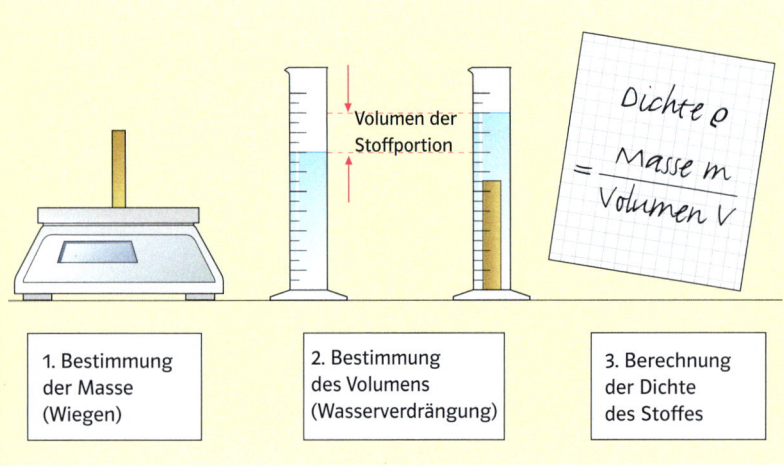

2 Bestimmung der Dichte von Feststoffen

1. Bestimmung der Masse (Wiegen)

2. Bestimmung des Volumens (Wasserverdrängung)

3. Berechnung der Dichte des Stoffes

AUFGABEN

1 ○ Nenne die Formel zur Berechnung der Dichte.

2 ◐ Beschreibe den Zusammenhang zwischen dem Volumen und der Dichte einer Stoffportion.

3 ● Ein Koffer hat die Maße l = 100 cm, b = 50 cm, h = 20 cm und wiegt 2 kg. Er soll mit Gold gefüllt werden. Gold hat die Dichte ϱ_{Gold} = 19 g/cm^3. Beurteile, ob sich der Koffer dann noch tragen lässt.

Wir bestimmen die Dichte

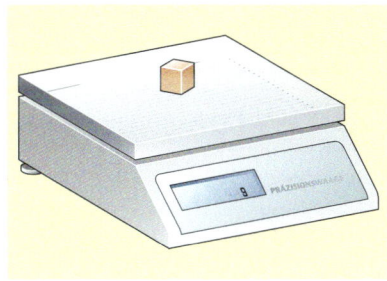

1 Bestimmung der Masse

1 Unterschiedliche Form – gleiche Dichte?

Material

Waage, Kupferwürfel (1 cm³), Kupferstange (etwa 6 cm · 1 cm · 1 cm)

Versuchsanleitung

a) Bestimme die Masse des Kupferwürfels mithilfe einer Waage (▷ B 1). Berechne danach die Dichte ρ des Kupfers: Teile dazu die Masse m des Würfels durch sein Volumen V.
b) Bestimme zunächst die Masse der Kupferstange. Berechne danach das Volumen V der Stange mit der Formel $V = a \cdot b \cdot c$. Ermittle die Dichte ρ der Stange, indem du die Masse durch das Volumen teilst.
c) Vergleiche die beiden berechneten Dichten.

Aufgabe

Ein großes Marmorstück fällt zu Boden und zerbricht in mehrere kleine Stücke.
a) Formuliere eine Vermutung, welche Dichte das große Marmorstück und welche Dichte ein kleines Marmorstück hat.
b) Plane einen Versuch, mit dem du deine Vermutung überprüfen kannst.

2 Unterschiedliches Material – gleiche Dichte?

Material

Messzylinder (50 ml), Waage, Wasser, 8 cm lange Rohrstücke (Ø 10 mm) aus Aluminium, Messing und Stahl

Versuchsanleitung

a) Wiege das Aluminiumrohr und notiere die Masse.
b) Bestimme das Volumen V des Rohrs (V_1). Fülle dazu 30 ml Wasser in den Messzylinder. Um den Wasserstand richtig ablesen zu können, muss der Messzylinder gerade auf dem Tisch stehen. Beim Ablesen des Wasserstands schaue waagerecht auf den Wasserrand. Entscheidend ist die tiefste Stelle des Wasserspiegels (▷ B 2). Gib dann das Rohrstück vorsichtig in den mit Wasser gefüllten Messzylinder. Lies den neuen Wasserstand (V_2) ab. Das Volumen des Rohrs entspricht dem verdrängten Wasservolumen $V_2 - V_1$ (▷ B 3).

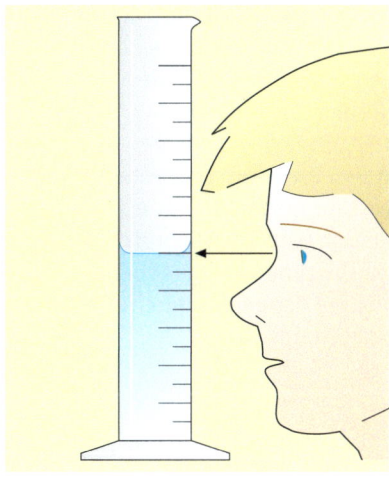

2 Ablesen des Wasserstands

c) Berechne die Dichte, indem du die Masse m des Rohrs durch ihr Volumen V teilst.
d) Wiederhole den Versuch mit dem Messingrohr und dem Stahlrohr.
e) Vergleiche die Ergebnisse.

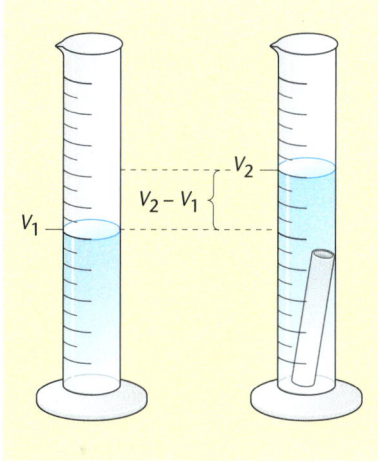

3 Volumenbestimmung durch Wasserverdrängung

3 Was hat die größere Dichte?

Material

Messzylinder (50 ml), Waage, destilliertes Wasser, Isopropylalkohol

Versuchsanleitung

a) Wiege den leeren Messzylinder. Fülle danach genau 10 ml destilliertes Wasser in den Messzylinder und bestimme die Masse erneut. Berechne die Masse des Wassers, indem du den ersten Messwert von dem zweiten abziehst. Berechne dann die Dichte des Wassers.
b) Wiederhole den Versuch mit 10 ml Isopropylalkohol.
c) Vergleiche die Dichten der beiden Stoffe.

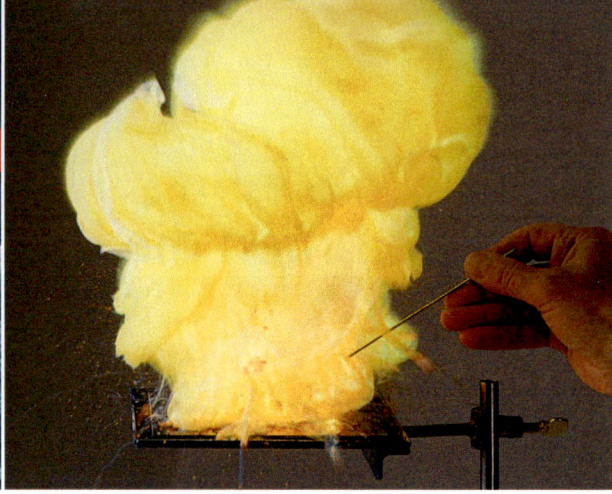

1 Die Edukte werden mit einem glühenden Draht aktiviert.

2 Bei der Reaktion wird Energie abgegeben.

Chemische Reaktion und Energie

Aktivierung durch Zufuhr von Energie

Viele chemische Reaktionen laufen nicht bei Raumtemperatur ab. So kann man zum Beispiel ein Gemisch aus Zink und Schwefel jahrelang aufbewahren, ohne dass es zu einer chemischen Reaktion kommt. Wird das Gemisch jedoch an einer Stelle mit einem glühenden Draht erhitzt, reagieren die Stoffe sofort miteinander (▷ B 1, B 2). Die Reaktion kommt erst durch Zufuhr von Energie in Gang. Die Energie macht die Edukte reaktionsbereit. Man sagt, sie aktiviert die Edukte. Diese Energie wird daher **Aktivierungsenergie** genannt.

Abgabe oder Aufnahme von Energie?

Fängt ein Zink-Schwefel-Gemisch an einer Stelle an zu glühen, kann der glühende Draht entfernt werden. Das Gemisch reagiert vollständig, ohne dass man es weiter erhitzen muss. Die chemische Reaktion läuft ohne weitere Energiezufuhr ab. Während der Reaktion wird Lichtenergie und Wärme an die Umgebung abgegeben. Solche Reaktionen, bei denen Energie frei wird, nennt man **exotherm**.

In der Wortgleichung schreibt man:

Zink + Schwefel ⟶ Zinksulfid | exotherm

Es gibt auch chemische Reaktionen, die nur ablaufen, wenn ständig Energie zugeführt wird. Solche Reaktionen nennt man **endotherm**. Ein Beispiel ist die Zerlegung von Silbersulfid in Silber und Schwefel. Neben der Stoffumwandlung ist die Abgabe oder Aufnahme von Energie ein Merkmal aller chemischen Reaktionen. (▶ Energie, S. 170/171)

Zum Auslösen chemischer Reaktionen ist Aktivierungsenergie erforderlich.
Bei chemischen Reaktionen wird entweder Energie abgegeben (exotherm) oder Energie aufgenommen (endotherm).

AUFGABEN

1 ○ Erläutere, was man unter dem Begriff „Aktivierungsenergie" versteht.

2 ◐ Beurteile, ob folgende Reaktionen exotherm oder endotherm sind:
a) Ein Streichholz verbrennt.
b) Ein Brot wird gebacken.
c) Ein Feuerwerkskörper explodiert.

3 ● Begründe, warum es genügt, das Gemisch in Bild 1 nur an einer Stelle mit den glühenden Draht zu berühren, damit die Reaktion abläuft.

Aktivieren – womit?

Häufig laufen chemische Reaktionen nicht bei Raumtemperatur ab. Man muss die Edukte zuerst aktivieren. Wie das geht, zeigen die folgenden Versuche.

1 Aktivieren durch Reiben
Material
Schutzbrille, Streichholzschachtel mit Streichhölzern

Versuchsanleitung
Entzünde ein Streichholz an der Reibfläche der Streichholzschachtel. (Bewegung vom Körper weg!)

2 Aktivieren durch Wärme
Material
Schutzbrille, Gasbrenner, Reagenzglas, Reagenzglashalter, Streichhölzer

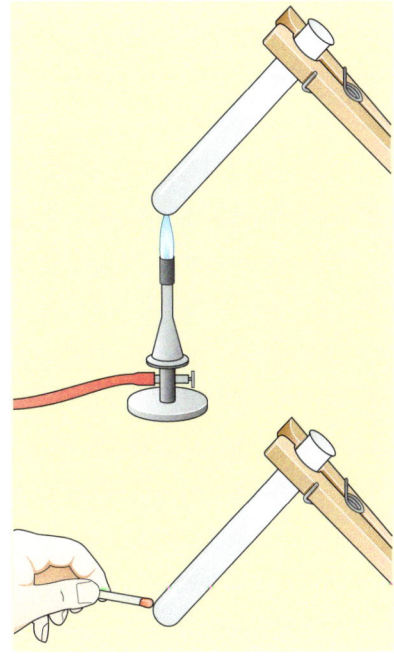

1 Aktivieren durch Wärme

Versuchsanleitung
Halte das Reagenzglas mit dem Reagenzglashalter in die rauschende Brennerflamme. Warte etwa 15 bis 20 Sekunden ab. Nimm dann das Reagenzglas aus der Flamme und halte sofort ein Streichholz an das heiße Ende des Reagenzglases (▷ B 1). Wiederhole den Versuch.

3 Aktivieren in der Flamme
Material
Schutzbrille, Teelicht, Streichholzschachtel mit Streichhölzern, Wunderkerze

Versuchsanleitung
Entzünde das Teelicht mit einem Streichholz. Halte eine Wunderkerze in die Flamme, bis sie sich entzündet (▷ B 2). Achte darauf, dass die sprühende Wunderkerze in sicherem Abstand von Personen und brennbaren Stoffen abbrennt.

Aufgabe
1. Begründe, weshalb Wunderkerzen nicht unbeaufsichtigt abbrennen dürfen.

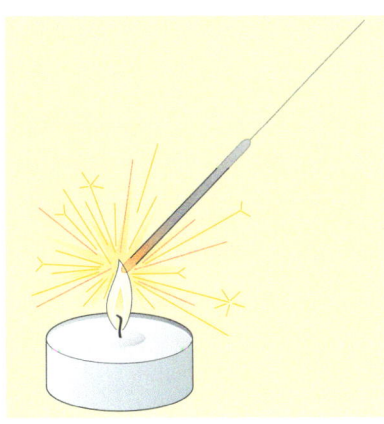

2 Aktivieren in der Flamme

4 Aktivieren durch Strom
Material
Schutzbrille, Tiegelzange, Flachbatterie, Eisenwolle

Versuchsanleitung
Halte etwas Eisenwolle mit der Tiegelzange an die beiden Pole einer Flachbatterie (▷ B 3). Beobachte.

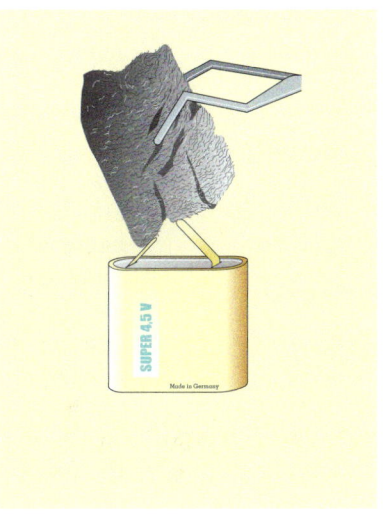

3 Aktivieren durch Strom

AUFGABEN

1 ○ Zähle Möglichkeiten auf, eine Reaktion zu aktivieren.

2 ◒ Beurteile die folgende Aussage: „Damit ein brennbarer Stoff sich entzündet, braucht man eine offene Flamme."

3 ● Beschreibe, wie bei einem Lagerfeuer die brennbaren Stoffe aktiviert werden.

Der Energieverlauf bei Reaktionen

Die Aktivierungsenergie im Modell

Die Bedeutung der Aktivierungsenergie für chemische Reaktionen kann man sehr gut mit dem Modell in Bild 1 beschreiben: Eine Kugel soll über einen Hügel auf die andere Seite gebracht werden. Dazu muss die Kugel zunächst auf den Hügel hinaufgerollt werden. Für das Hinaufrollen wird Energie benötigt. Von oben rollt die Kugel dagegen ohne Hilfe ins Tal.

Auf eine chemische Reaktion übertragen steht die Kugel am Fuß des Hügels für die Edukte. Die Edukte reagieren erst, wenn sie durch Zuführen der Aktivierungsenergie reaktionsbereit gemacht werden. Sind die Edukte aktiviert (Kugel auf dem Hügel), beginnt die chemische Reaktion (Kugel rollt hinunter). Dabei wird so viel Energie abgegeben, dass die chemische Reaktion ohne weitere Energiezufuhr bis zum Ende abläuft.

Exotherm und endotherm

Das Modell in Bild 1 zeigt einen exothermen Reaktionsverlauf. In der Reaktion wird mehr Energie abgegeben, als vorher an Aktivierungsenergie zugeführt wurde. Der Energiegehalt der Reaktionsprodukte ist deshalb niedriger als der Energiegehalt der Edukte. Die Differenz dieser beiden Energiegehalte stellt die Energie dar, die bei der Reaktion abgegeben wurde.

Ist dagegen der Energiegehalt der Reaktionsprodukte höher als der Energiegehalt der Edukte, liegt eine endotherme chemische Reaktion vor.
(► Energie, S. 170/171)

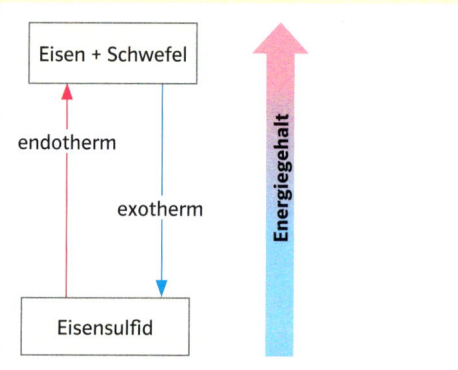

2 Änderung des Energiegehalts bei chemischen Reaktionen

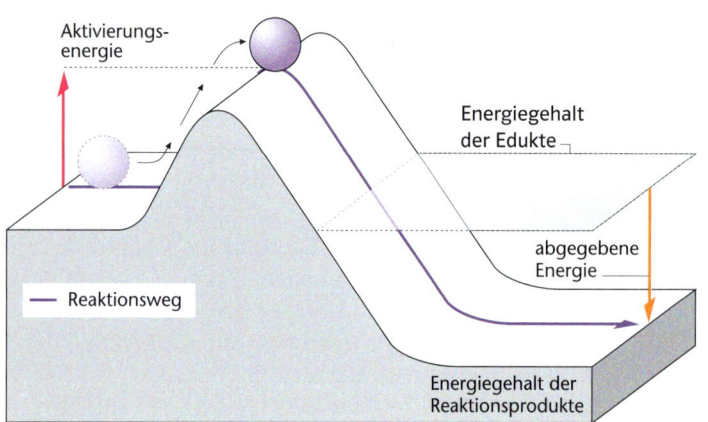

1 Ablauf einer exothermen chemischen Reaktion im Modell

AUFGABEN

1 ◖ Erkläre den Unterschied zwischen einer exothermen und einer endothermen chemischen Reaktion. Nimm dabei Bezug auf den Energiegehalt der Stoffe.

2 ◖ Ordne vier Reaktionen, die du kennst, die Begriffe „exotherm" oder „endotherm" zu.

3 ● Beurteile, ob die Reaktionsprodukte einer exothermen Reaktion durch eine exotherme Reaktion wieder in ihre Edukte überführt werden können.

Wunderkerzen und Taschenwärmer

Exotherme und endotherme Reaktionen finden nicht nur im Chemieraum statt. Du begegnest ihnen auch im Alltag.

1 Wunderkerzen herstellen

Material

Schutzbrille, Einmalhandschuhe, Glasstab, Becherglas, Waage, Drahtstäbe (ca. 20 cm lang), Styropor®-Stück, Speisestärke, Eisenpulver, Aluminiumgrieß, Strontiumnitrat, heißes Wasser, Streichhölzer

Versuchsanleitung

a) Setze die Schutzbrille auf und ziehe Einmalhandschuhe an. Wiege dann alle Zutaten ganz genau ab. Du benötigst 3 g Speisestärke, 1 g Aluminiumgrieß, 10 g Strontiumnitrat und 5 g Eisenpulver. *Achtung, das Strontiumnitrat darf nicht mit Haut und Augen in Kontakt kommen!*

b) Mische die abgewogenen Zutaten mit möglichst wenig heißem Wasser, sodass ein dicker Brei entsteht. Rühre dabei mit dem Glasstab um.

c) Bestreiche nun die Drahtstäbe mit dem Brei. Achte darauf, dass etwa die Hälfte jedes Drahtstabs frei bleibt. Stecke die fertig bestrichenen Drahtstäbe in das Styropor®-Stück und lasse sie mindestens 48 Stunden lang trocknen.

d) Brenne die Wunderkerzen im Freien ab (▷ B 1). Achte dabei auf möglichen Funkenflug!

2 Taschenwärmer herstellen

Material

Schutzbrille, stabile Kunststofffolie, Folienschweißgerät, kleines

Wunderkerzen kannst du auch selbst herstellen.

2 Taschenwärmer

Metallplättchen (aus einer Getränkedose ausgeschnitten und abgeschmirgelt), Heizplatte, Becherglas, Tiegelzange, 30 g Natriumacetat-Trihydrat, 3 ml Wasser

Versuchsanleitung

a) Schneide aus der Folie zwei Quadrate mit einer Seitenlänge von etwa 7 cm aus. Lege die Quadrate aufeinander. Schweiße sie mit dem Folienschweißgerät an drei Seiten zusammen, sodass ein Beutel entsteht.

b) Befülle nun den Beutel mit dem Natriumacetat-Trihydrat, dem Metallplättchen und dem Wasser. Drücke die noch im Beutel verbliebene Luft heraus. Schweiße dann die letzte Seite des Beutels zu.

c) Erwärme den Beutel im Wasserbad, bis sich das Salz vollständig gelöst hat. Nimm dann den Beutel aus dem Wasserbad und lasse ihn ruhig liegen, bis er abgekühlt ist.

d) Knicke nun das Metallplättchen. Beschreibe deine Beobachtungen.

AUFGABEN

1 ○ Beschreibe, woran man jeweils erkennen kann, ob eine exotherme oder eine endotherme Reaktion stattgefunden hat.

2 ○ Zähle auf, welche Reaktionen in den beiden Versuchen exotherm und welche endotherm sind.

3 ◒ Begründe, warum sich die Reaktion in Versuch 2 leichter umkehren lässt als die in Versuch 1.

4 ● Beurteile, ob man das Salz Natriumacetat in Versuch 2 durch Kochsalz ersetzen könnte.

1 Lagerfeuer

2 Was zündet zuerst?

Bedingungen für eine Verbrennung

Aufbau eines Lagerfeuers

Um ein Lagerfeuer zu machen, brauchst du eine geeignete Feuerstelle und ausreichend trockenes Brennmaterial. Ein Lagerfeuer brennt am besten, wenn du es schichtweise aufbaust: Lege zunächst etwas zerknülltes Papier in die Mitte der Feuerstelle. Bedecke das Papier locker mit dünnen Ästen. Nun kannst du etwas dickere Äste pyramidenförmig darauf legen. Lass dabei eine kleine Öffnung zum Anzünden des Papiers frei.

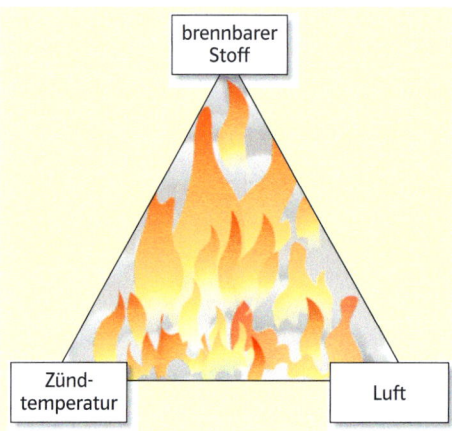

3 Das Verbrennungsdreieck zeigt die Bedingungen für eine Verbrennung.

Augen auf am Lagerfeuer

Ein Lagerfeuer muss immer unter Beobachtung sein. Brennt es nicht richtig, musst du Luft zuführen. Meistens pustet man dazu in die Glut, bis sich wieder Flammen bilden. Aber auch wenn das Lagerfeuer gut brennt, musst du aufpassen. Damit das Feuer nicht ausgeht, solltest du von Zeit zu Zeit Holz nachlegen. Achte dabei auf die glühenden Funken, die vom Lagerfeuer hochfliegen.

Bedingungen für eine Verbrennung

Am Beispiel eines Lagerfeuers kannst du gut die drei Bedingungen für eine Verbrennung erkennen (▷ B 3).
Als Erstes braucht man für eine Verbrennung einen **brennbaren Stoff**. Im Falle des Lagerfeuers sind die brennbaren Stoffe Papier und Holz. Bei einer Kerze ist der brennbare Stoff das Kerzenwachs.
Als Zweites muss der brennbare Stoff entzündet werden. Dazu muss der Stoff so hoch erhitzt werden, dass seine **Zündtemperatur** erreicht wird. Bei Papier geht das mit einem Streichholz. Das brennende Papier erzeugt wiederum genügend Wärme, um kleine Äste zu entzünden. Schließlich entsteht so viel Hitze, dass auch

die Zündtemperatur größerer Äste erreicht wird.

Als Drittes muss ausreichend **Luft** vorhanden sein. Deshalb wird ein Lagerfeuer locker aufgeschichtet. Kommt das Feuer trotzdem nicht richtig in Gang, kann man z. B. durch Pusten Luft zuführen.

Zerteilungsgrad und Verbrennung

Kleine Äste brennen schneller als große Äste. Holzstaub kann sogar explosionsartig verbrennen (▷ B 4). Je stärker ein brennbarer Stoff zerteilt ist, desto schneller und heftiger verbrennt er.
(▶ Energie, S. 170/171)

Die Bedingungen für eine Verbrennung sind erfüllt, wenn ein brennbarer Stoff vorliegt, seine Zündtemperatur erreicht wird und genügend Luft vorhanden ist.

Je größer der Zerteilungsgrad eines brennbaren Stoffes ist, desto heftiger verbrennt er.

1 ○ Nenne alle Dinge, die du brauchst, um ein Lagerfeuer zu machen. Beschreibe, wie ein Lagerfeuer aufgeschichtet sein muss.

2 ○ Nenne die drei Bedingungen für eine Verbrennung.

3 ◒ Zähle mindestens zehn brennbare Stoffe auf.

4 ◒ Erkläre am Beispiel eines Gasbrenners die Bedingungen für eine Verbrennung.

5 ● Um wie viel vergrößert sich die Oberfläche eines Würfels, wenn er, wie in Bild 4 dargestellt, weiter zerteilt wird? Erkläre.

6 ● Diskutiert in der Gruppe, ob man den Zerteilungsgrad auch zu den Bedingungen für eine Verbrennung zählen sollte.

VERSUCH

1^L Man erhitzt im Abzug mit der Brennerflamme von unten eine Metallplatte, auf der ein Stück Pappe, ein Holzklotz, ein Stück Kohle und Streichhölzer liegen (▷ B 2).

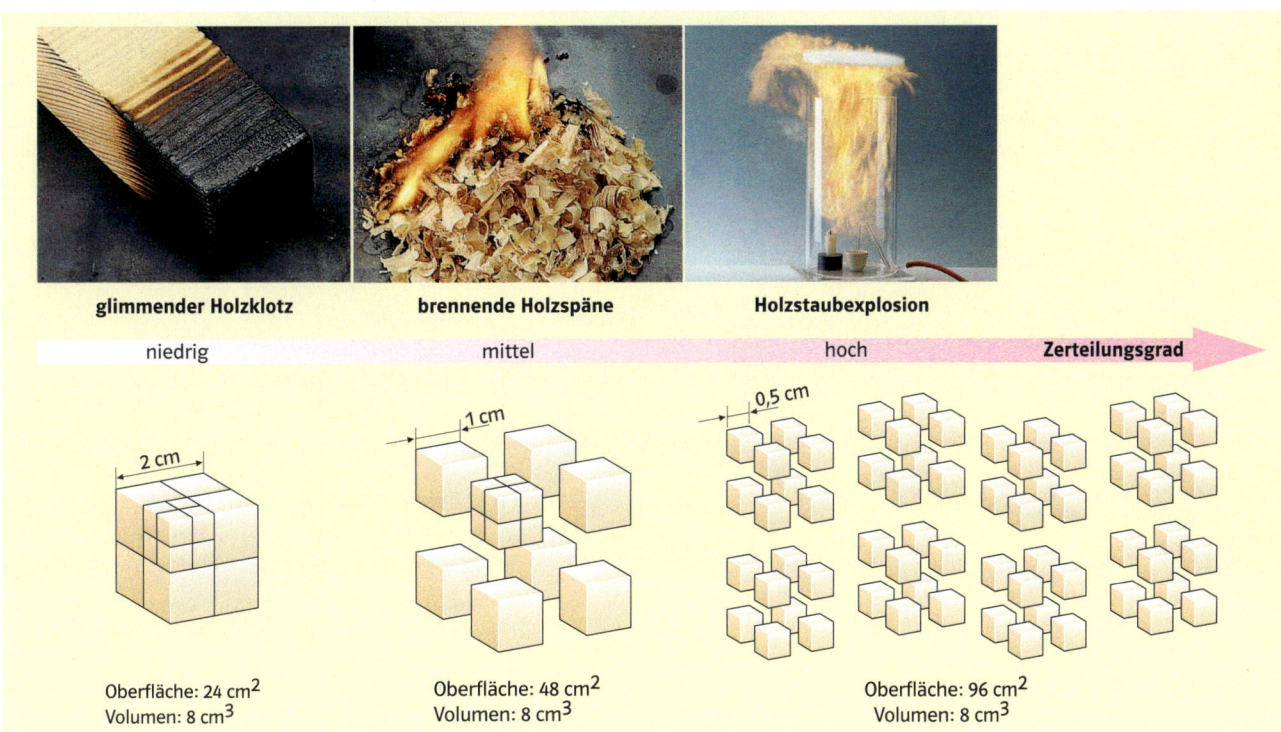

glimmender Holzklotz   brennende Holzspäne   Holzstaubexplosion

niedrig   mittel   hoch   **Zerteilungsgrad**

2 cm

1 cm

0,5 cm

Oberfläche: 24 cm^2
Volumen: 8 cm^3

Oberfläche: 48 cm^2
Volumen: 8 cm^3

Oberfläche: 96 cm^2
Volumen: 8 cm^3

4 Mit zunehmendem Zerteilungsgrad läuft die Verbrennung heftiger ab.

Die Feuerwehr im Einsatz

Um ein Feuer zu löschen, muss man ihm eine der drei Bedingungen für eine Verbrennung entziehen. Die Einsatzfahrzeuge der Feuerwehr sind deshalb zur **Brandbekämpfung** mit verschiedenen Löschmitteln und technischen Geräten ausgerüstet.

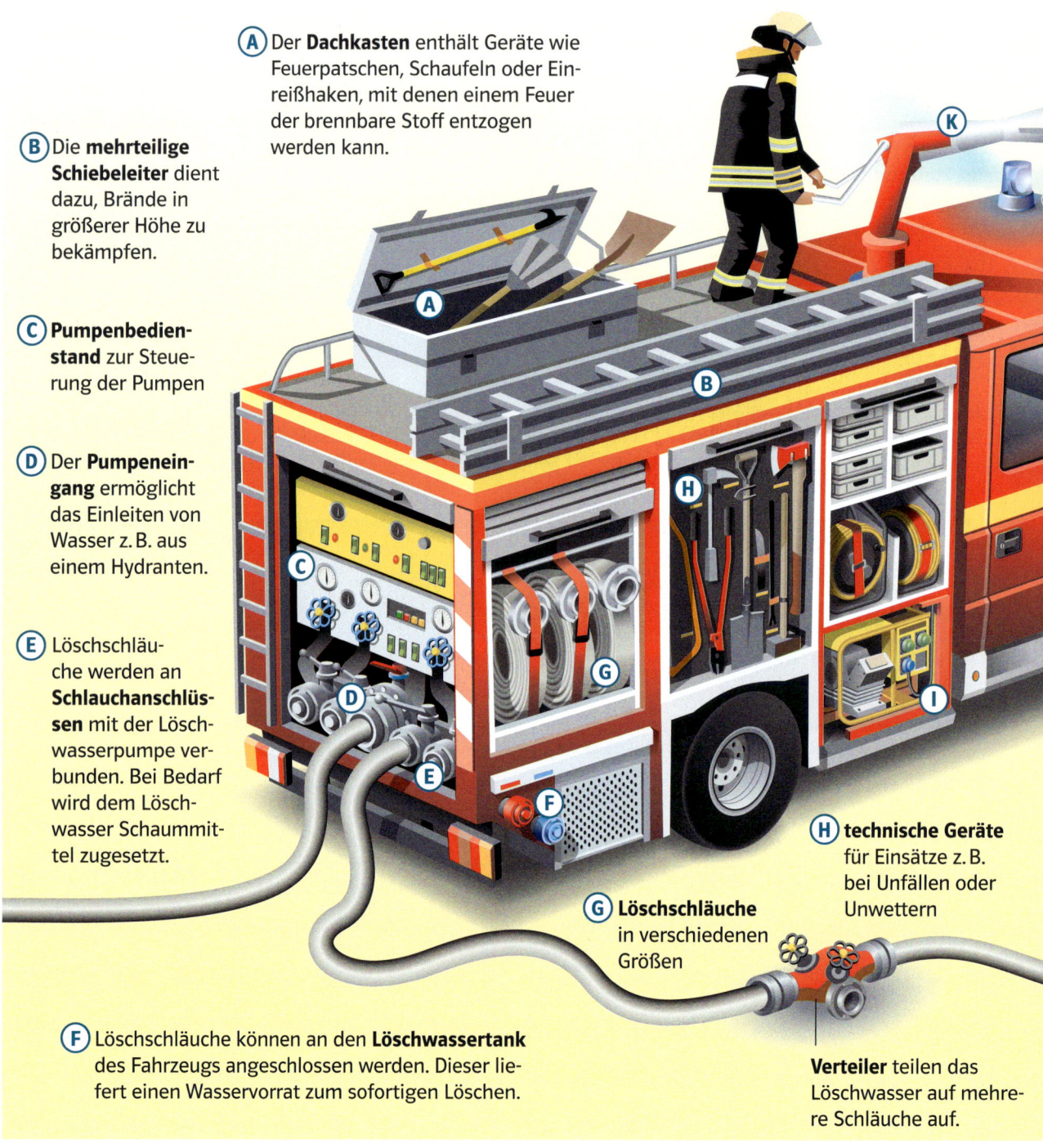

A Der **Dachkasten** enthält Geräte wie Feuerpatschen, Schaufeln oder Einreißhaken, mit denen einem Feuer der brennbare Stoff entzogen werden kann.

B Die **mehrteilige Schiebeleiter** dient dazu, Brände in größerer Höhe zu bekämpfen.

C **Pumpenbedienstand** zur Steuerung der Pumpen

D Der **Pumpeneingang** ermöglicht das Einleiten von Wasser z. B. aus einem Hydranten.

E Löschschläuche werden an **Schlauchanschlüssen** mit der Löschwasserpumpe verbunden. Bei Bedarf wird dem Löschwasser Schaummittel zugesetzt.

F Löschschläuche können an den **Löschwassertank** des Fahrzeugs angeschlossen werden. Dieser liefert einen Wasservorrat zum sofortigen Löschen.

G **Löschschläuche** in verschiedenen Größen

H **technische Geräte** für Einsätze z. B. bei Unfällen oder Unwettern

Verteiler teilen das Löschwasser auf mehrere Schläuche auf.

(K) Der **Dachmonitor** ist eine Wasserspritze mit verstellbarer Düse, die sowohl einen Wasserstrahl als auch einen Sprühnebel erzeugen kann.

Löschen mit Wasser
Das Löschmittel Wasser kühlt die Temperatur unter die Zündtemperatur des brennbaren Stoffes. Zusätzlich kann das Wasser auch die Luftzufuhr unterbrechen.

Handfeuerlöscher dienen dazu, kleinere Brände zu löschen.

Löschen mit Schaum
Das Löschmittel Schaum unterbricht die Luftzufuhr. Ohne Luft erstickt das Feuer schnell.

(I) Der spritzwassergeschützte **Stromerzeuger** liefert Strom für elektrische Hilfsmittel wie Scheinwerfer, Motorsägen oder Belüftungsgeräte.

Brandbekämpfung erfolgt mit dem Wissen über die drei Bedingungen für eine Verbrennung:
– Entfernen des brennbaren Stoffes,
– Abkühlen unter die Zündtemperatur,
– Unterbrechen der Luftzufuhr.

AUFGABEN

1 ○ Nenne das Löschmittel, das einen Brand auf zwei unterschiedlichen Wegen bekämpfen kann.

2 ◐ Beschreibe, wie die abgebildeten Gerätschaften beim Feuerlöschen eingesetzt werden.

3 ● Recherchiere, was Brandklassen sind und wie sie den Einsatz von Löschmitteln bestimmen.

Expertenbefragung

Weder deine Lehrerin oder dein Lehrer noch dein Schulbuch oder das Internet können alle Fragen zum Thema Feuer und Feuerwehr beantworten. Du kannst aber mit deiner Klasse einen Experten von der Feuerwehr befragen. Eine Expertenbefragung sollte sorgfältig geplant und gut vorbereitet werden.
So geht ihr dabei vor:

- Was sind die häufigsten Brandursachen?

- Wodurch entstehen die heftigsten Brände?

- Wie ist ein Löschwagen ausgestattet?

- Wie muss man mit einem Feuerlöscher umgehen?

- Wie teuer ist ein Löscheinsatz?

- Wie oft gibt es einen Fehlalarm?

- Ab welchem Alter kann man zur Jugendfeuerwehr gehen?

- Was gehört noch zu den Aufgaben der Feuerwehr außer dem Löschen von Bränden?

1 Fragezettel

Kontakt aufnehmen
Zunächst gilt es, den richtigen Ansprechpartner für eure Befragung zu finden. Recherchiert dazu im Telefonbuch oder im Internet. Auch persönliche Kontakte können weiterhelfen. Klärt vorab, wer mit dem Experten Kontakt aufnimmt. Legt auch fest, in welchem Zeitraum die Befragung am besten stattfinden sollte und wo ihr die Befragung durchführen wollt.

Fragen sammeln und ordnen
Sammelt im Unterricht Fragen, die ihr dem Experten stellen wollt. Ordnet eure Fragen anschließend thematisch und erstellt eine Liste. Legt auch schon vorab fest, wer welche Fragen stellt und wer die Antworten notiert.

Der Ablauf der Befragung
Nach der Begrüßung könnt ihr mit der Befragung loslegen. Seid freundlich und höflich, denn der Experte lässt seine Arbeit ruhen oder schenkt euch seine Freizeit. Fragt nach, wenn ihr etwas nicht verstanden habt oder genauer wissen wollt. Denkt daran, alle Antworten stichwortartig zu notieren. Vergesst nicht, euch am Ende der Befragung zu bedanken.

Die Nachbereitung
Besprecht die Ergebnisse der Befragung und schreibt sie auf. Ihr könnt auch ein Plakat oder einen Artikel für die Schülerzeitung dazu gestalten.

2 Feuerwache

3 Wie sieht ein Arbeitstag bei der Feuerwehr aus?

Müllverbrennung

1 Müllbunker

2 Müllverbrennung

Was tun mit dem Müll?

Wenn eine Familie ihr Wohnzimmer mit neuen Möbeln einrichtet, werden die alten Möbel häufig als Sperrmüll von der Müllabfuhr abgeholt. Aber was passiert dann mit den Schränken und Polstermöbeln? Früher wurde der Sperrmüll zu einer Mülldeponie gefahren, dort abgeladen und mit einer Planierraupe platt gefahren. Die Müllberge wuchsen und beanspruchten immer mehr wertvolle Flächen. Heute hat man Möglichkeiten gefunden, die Müllberge nicht mehr so stark wachsen zu lassen. Viele Stoffe des Mülls werden getrennt gesammelt, aufbereitet und zur Herstellung neuer Produkte verwendet. Allerdings fallen trotzdem große Mengen an Müll an, die nicht umweltverträglich verwertet und behandelt werden können. Dieser Restmüll wird in der Regel verbrannt (▷ B 2).

Müllverbrennung – chemische Reaktion

Die Müllverbrennung ist eine exotherme chemische Reaktion. Als Reaktionsprodukte entstehen Schlacke und Rauchgas. Schlacke ist eine gesteinsartige Masse. Rauchgas enthält gasförmige Stoffe und feinen Staub. Bei der Reaktion wird Wärme freigesetzt, die man zum Heizen und zur Erzeugung elektrischen Stroms nutzt.

Probleme der Müllverbrennung

Die Müllverbrennung verringert zwar das Volumen des Mülls, aber auch die Schlacke muss deponiert werden. Schlacken, die keine Belastung mit Schadstoffen aufweisen, können im Straßenbau verwendet werden. Rauchgas, das aus einer Müllverbrennungsanlage entweicht, kann erheblich zur Luftverschmutzung beitragen. Deshalb muss es aufwendig gereinigt werden. Am besten ist es deshalb, möglichst wenig Müll zu produzieren und den vorhandenen Müll sauber zu trennen. So können Bestandteile des Mülls wiederverwertet werden.

AUFGABEN

1 ⊖ Beschreibe Maßnahmen, mit denen du zu Hause die Müllmenge verringern kannst.

2 ⊖ Recherchiere die Höhe der Gebühren für Hausmüll in deiner Gemeinde.

3 ● Der angelieferte Müll aus verschiedenen Fuhren wird zunächst in einem Müllbunker gesammelt und vermischt (▷ B 1). Formuliere eine Vermutung, was dadurch erreicht werden soll.

1 Licht und Wärme aus Fackeln   **2** Eisenwolle glüht an der Luft (links) und verbrennt heftig in reinem Sauerstoff (rechts).

Reaktionen mit Sauerstoff

Verbrennungen sind chemische Reaktionen, die an der Luft stattfinden. Du weißt, dass die Luft ein Gemisch aus verschiedenen Gasen ist. Ein wichtiges Gas der Luft ist der Sauerstoff.

Sauerstoff als Reaktionspartner

Wenn eine Kerze abbrennt, reagiert das Kerzenwachs mit dem Sauerstoff der Luft zu Kohlenstoffdioxid und Wasser. Auch wenn du Papier oder Holz in einem Lagerfeuer entzündest, ist Sauerstoff der Reaktionspartner. Reaktionen mit Sauerstoff heißen Verbrennungen. Die Verbrennungsprodukte nennt man **Oxide**. Häufig wird bei Verbrennungen Energie in Form von Licht und Wärme abgegeben. Auch dies kennst du von einem Lagerfeuer oder einer brennenden Fackel (▷ B 1).

Metalle reagieren mit Sauerstoff

Besonders übersichtlich kann man Reaktionen mit Sauerstoff beobachten und beschreiben, wenn man als Reaktionspartner Elemente einsetzt. An der Luft verglüht Eisenwolle nur langsam. In reinem Sauerstoff verbrennt die Eisenwolle unter hellem Aufleuchten (▷ B 2). Es entsteht das graublaue Reaktionsprodukt Eisenoxid.

Die Wortgleichung lautet:

Eisen + Sauerstoff ⟶ Eisenoxid

In reinem Sauerstoff verlaufen Verbrennungen viel heftiger als an der Luft. Reaktionen mit Sauerstoff bezeichnet man als **Oxidationen**. Alle Oxidationen sind exotherme chemische Reaktionen. Die bei einer Reaktion abgegebene Energie wird **Reaktionsenergie** genannt.

Auch andere Metalle wie Magnesium, Zink und Kupfer reagieren mit Sauerstoff. Dabei bilden sich die Metalloxide Magnesiumoxid, Zinkoxid oder Kupferoxid. Platin und Gold reagieren nicht mit Sauerstoff. Sie werden deshalb auch als Edelmetalle bezeichnet.

Metalloxide unterscheiden sich deutlich von den Metallen, aus denen sie entstehen können. Metalloxide sind spröde Stoffe mit hohen Schmelztemperaturen.

Nichtmetalle reagieren mit Sauerstoff

Holzkohle besteht fast nur aus dem Nichtmetall Kohlenstoff. Hält man ein Stück glühende Holzkohle in einen Standzylinder mit Sauerstoff, so glüht die Holzkohle hell auf und verbrennt rasch zu Kohlenstoffdioxid. Auch bei dieser Oxidation wird Energie in Form von Licht und Wärme abgegeben.

Das Nichtmetall Schwefel verbrennt mit Sauerstoff zu gasförmigen Schwefeldioxid. Auch andere Nichtmetalle wie Stickstoff und Phosphor reagieren mit Sauerstoff zu Nichtmetalloxiden.

Rosten ist eine langsame Oxidation

Rost bildet sich, wenn eisenhaltige Gegenstände der Luft und Feuchtigkeit ausgesetzt sind. Denn Eisen reagiert mit dem Sauerstoff der Luft zu Eisenoxid. Es bildet eine lockere, rotbraune Schicht. Luft und Feuchtigkeit können diese Eisenoxid-Schicht durchdringen und mit dem darunterliegenden Eisen reagieren. So können mit der Zeit selbst dicke Stahlträger durchrosten. Man spricht von **Korrosion** (▷ B 4). Diese Oxidation verläuft im Vergleich zu den meisten Verbrennungen sehr langsam. Lichtabgabe und Wärmeabgabe sind nicht erkennbar, weil sie über einen längeren Zeitraum erfolgen.

Andere Metalle wie Aluminium oder Zink bilden mit Sauerstoff eine dichte Oxidschicht. Luft und Feuchtigkeit können die Schicht nicht durchdringen. Das Metall ist so vor Korrosion geschützt.
(▶ Chemische Reaktion, S.168/169)
(▶ Energie, S.170/171)

Verbrennungen sind Reaktionen mit Sauerstoff. In reinem Sauerstoff verlaufen sie heftiger als an der Luft.

Eine Reaktion, bei der ein Stoff mit Sauerstoff reagiert, heißt Oxidation. Oxidationen sind exotherme Reaktionen.

Das Reaktionsprodukt einer Oxidation heißt Oxid.

AUFGABEN

1 ○ Zähle alle im Text genannten Reaktionsprodukte auf.

2 ○ Stelle für die Reaktion von Kohlenstoff mit Sauerstoff die Wortgleichung auf.

3 ◔ Begründe, weshalb Reaktionen in reinem Sauerstoff heftiger ablaufen als an der Luft.

4 ◔ Eine Oxidation ist eine exotherme chemische Reaktion. Fasse die Merkmale dafür in einem kurzen Text zusammen.

5 ◔ Beschreibe Maßnahmen, die Teile deines Fahrrads vor Rost schützen.

6 ● Plant zu zweit einen Versuch, der zeigt, dass Magnesium in reinem Sauerstoff heftiger reagiert als an der Luft.

VERSUCH

1 Halte einen Bausch Eisenwolle mit der Tiegelzange. Entzünde die Eisenwolle an einer Stelle und schwenke sie in der Luft einige Male hin und her. Tauche die Eisenwolle anschließend in einen mit Sauerstoff gefüllten Standzylinder.

2 Schiebe eine kleine Portion angefeuchtete Eisenwolle mit dem Spatel bis an den Boden eines Reagenzglases. Stelle das Reagenzglas mit der Öffnung nach unten in ein zur Hälfte mit Wasser gefülltes Becherglas (▷ B 3). Beschreibe deine Beobachtungen nach einer Woche.

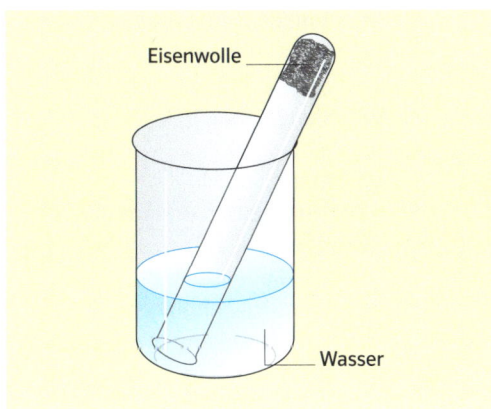

3 Eisenwolle unter Wasser

4 Auch alte Autos rosten.

Werden Stoffe leichter oder schwerer?

Bei chemischen Reaktionen entstehen neue Stoffe mit anderen Eigenschaften. Ändert sich dabei auch die Masse?

1 Ändert sich die Masse beim Erhitzen von Eisenwolle?

Material
Schutzbrille, Gasbrenner, feuerfeste Unterlage, Waage, Abdampfschale, Eisenwolle

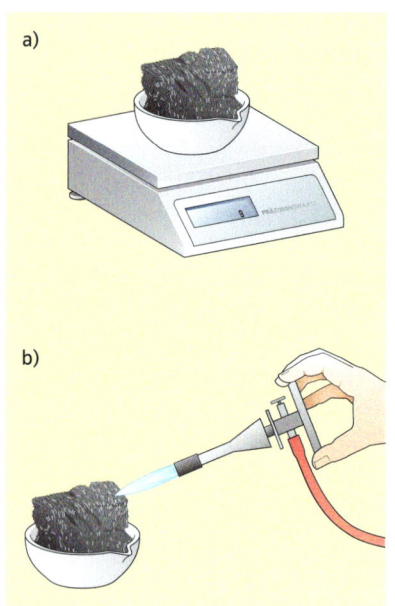

1 Eisenwolle verbrennen

Versuchsanleitung
a) Wiege die Abdampfschale. Gib Eisenwolle hinein und wiege erneut (▷ B 1a). Berechne die Masse der Eisenwolle.
b) Stelle die Abdampfschale mit der Eisenwolle auf die feuerfeste Unterlage. Halte die rauschende Flamme des Gasbrenners vorsichtig von der Seite an die Eisenwolle (▷ B 1b).

c) Wiege die Abdampfschale mit dem Reaktionsprodukt nach dem Abkühlen. Berechne nun die Masse des Reaktionsprodukts.

Aufgaben
1. Vergleiche die Farbe und die Festigkeit des Reaktionsprodukts mit der Farbe und der Festigkeit der Eisenwolle.
2. Vergleiche die Masse der Eisenwolle mit der Masse des Reaktionsprodukts. Erkläre das Ergebnis.

2 Ändert sich die Masse beim Erhitzen von Holzkohle?

Material
Schutzbrille, Gasbrenner, feuerfeste Unterlage, Waage, Abdampfschale, Holzkohle

Versuchsanleitung
Ersetze in Versuch 1 die Eisenwolle durch ein kleines Stück Holzkohle. Führe dann den Versuch erneut durch.

Aufgabe
1. Vergleiche den Versuch 1 mit Versuch 2 und erkläre die Unterschiede.

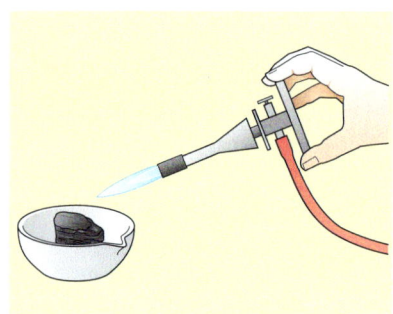

2 Holzkohle verbrennen

3 Streichholzköpfe werden erhitzt

Material
Schutzbrille, Gasbrenner, Waage, Reagenzglas, Reagenzglashalter, Luftballon, 5 Streichholzköpfe

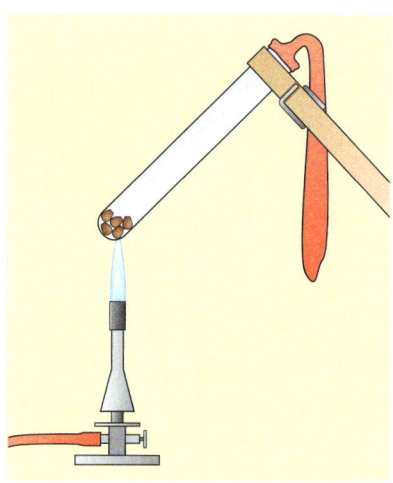

3 Streichholzköpfe erhitzen

Versuchsanleitung
a) Gib 5 Streichholzköpfe in ein Reagenzglas. Verschließe das Reagenzglas mit dem Ballon (▷ B 3). Wiege die Apparatur.
b) Erhitze das Reagenzglas mit den Streichhölzern über der Brennerflamme.
c) Wiege die Apparatur nach dem Abkühlen erneut.

Aufgaben
1. Beschreibe und erkläre die Beobachtungen.
2. Wie verändert sich die Masse, wenn die Streichholzköpfe in einem offenen Reagenzglas erhitzt werden? Formuliere eine Vermutung und überprüfe diese mit einem Versuch.

Gesetz von der Erhaltung der Masse

Werden Stoffe beim Verbrennen leichter oder schwerer?

Eine brennende Kerze wird mit der Zeit kleiner. Sie verliert immer mehr an Masse und wird leichter.

Verbrennt Eisenwolle, beobachtet man jedoch etwas anderes: Wenn zwei gleich schwere Portionen Eisenwolle an einer Balkenwaage hängen, ist diese im Gleichgewicht. Verbrennt nun eine der Portionen, neigt sich auf ihrer Seite die Waage nach unten (▷ B1). Die verbrannte Portion ist schwerer geworden.

Wie lässt sich der Unterschied zwischen dem Verbrennen der Kerze und der Eisenwolle erklären?

Die Apparatur ist entscheidend

Um den Vorgang der Verbrennung genauer zu untersuchen, ändert man den Versuchsaufbau. Die Apparatur ist während der Verbrennung geschlossen, sodass keine Stoffe entweichen oder von außen hinzukommen können.

Bild 2 zeigt das Abbrennen einer Kerze in einer geschlossenen Apparatur. Die Waage zeigt an, dass sich die Masse während der Verbrennung nicht ändert. Wenn Eisenwolle in einer geschlossenen Apparatur verbrannt wird, ändert sich die Masse auch nicht.

Diese Beobachtungen kann man allgemein zusammenfassen: Bei allen chemischen Reaktionen in geschlossenen Apparaturen ändert sich die Masse nicht. Die Masse der Edukte ist gleich der Masse der Reaktionsprodukte. Antoine L. Lavoisier erkannte 1789 als Erster dieses **Gesetz von der Erhaltung der Masse**.
(► Chemische Reaktion, S. 168/169)

Bei chemischen Reaktionen ist die Masse der Edukte gleich der Masse der Reaktionsprodukte.

AUFGABEN

1 ○ Beschreibe die Apparatur in Bild 2.

2 ◑ Erläutere den Unterschied beim Verbrennen einer Kerze in einer offenen und einer geschlossenen Apparatur.

3 ● Erkläre die Massenzunahme bei der Verbrennung von Eisen in einer offenen Apparatur.

1 Eisenwolle verbrennt an einer Balkenwaage.

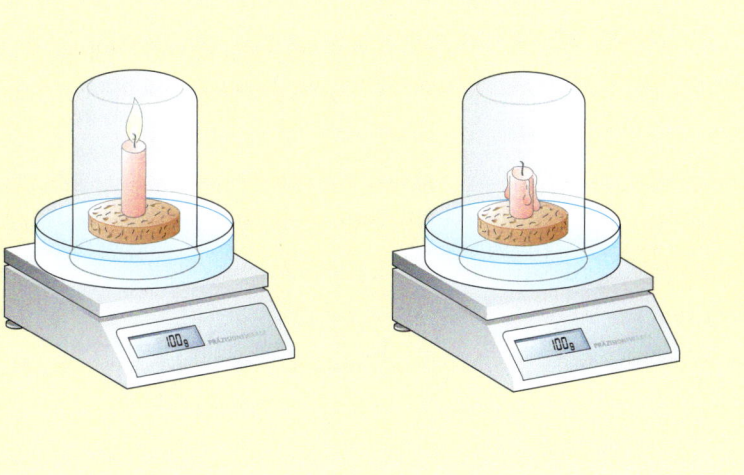

2 Eine Kerze wird in einer geschlossenen Apparatur verbrannt.

Das Atommodell von Dalton

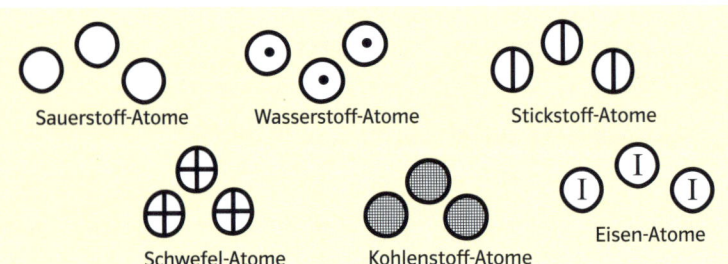

1 Symbole für Atome nach DALTON

Die kleinsten Teilchen heißen Atome

JOHN DALTON war ein englischer Naturforscher und Lehrer. Im Jahr 1808 veröffentlichte er seine Vorstellung über den Aufbau der Stoffe: Alle Stoffe bestehen aus kleinsten, unteilbaren, kugelförmigen Teilchen, den **Atomen**. Alle Atome eines Elements haben die gleiche Masse und die gleiche Größe. Atome unterschiedlicher Elemente haben verschiedene Massen und Größen.

Atome erhalten Zeichen und Symbole

DALTON führte zur Darstellung der Atome **Symbole** ein. Ein Atom wurde als Kreis gezeichnet. Die verschiedenen Atomsorten kennzeichnete DALTON durch Punkte, Linien oder Anfangsbuchstaben der Elemente (▷ B1). So erhielt jedes damals bekannte Element ein eigenes Symbol.

Chemische Reaktionen nach Dalton

Nach DALTONS Atomvorstellung gilt: Die Atome bleiben bei chemischen Reaktionen unverändert. Sie werden weder vernichtet noch erzeugt. Die Atome der Edukte werden in einer chemischen Reaktion neu angeordnet. Sie verbinden sich dabei in bestimmten Anzahlverhältnissen miteinander.

Ein Beispiel ist die Reaktion von Eisen und Schwefel. Das Element Eisen besteht aus Eisen-Atomen, die alle gleich groß und gleich schwer sind. Das Element Schwefel besteht aus Schwefel-Atomen, die sich von den Eisen-Atomen in ihrer Größe und Masse unterscheiden. Bei der Reaktion von Eisen und Schwefel findet eine **Umgruppierung der Atome** statt (▷ B2). Die Eisen-Atome verbinden sich mit den Schwefel-Atomen zu Eisensulfid. Im Eisensulfid liegen Eisen-Atome und Schwefel-Atome im Anzahlverhältnis von 1:1 vor. (▶ Chemische Reaktion, S. 168/169)

Die Atome eines Elements sind untereinander gleich. Sie erhalten das gleiche Symbol.

Bei chemischen Reaktionen findet eine Umgruppierung der Atome statt.

AUFGABEN

1 ○ Beschreibe DALTONS Vorstellung von Atomen.

2 ◐ Neben dem im Text genannten Merkmal einer chemischen Reaktion gibt es zwei weitere Merkmale. Fasse alle drei in deinem Heft zusammen.

3 ● Beschreibe, was du schon mehr über Atome weißt als DALTON.

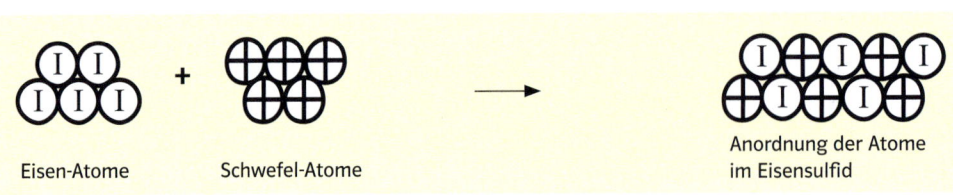

2 Bei der Reaktion von Eisen und Schwefel gruppieren sich die Atome um.

Die Symbolschreibweise

Die Entwicklung der Symbolschreibweise

Der schwedische Naturwissenschaftler Jöns Jakob Berzelius (▷ B 1) führte 1814 die noch heute in der Chemie gebräuchliche Symbolschreibweise ein. Als Symbol für ein Element wählte er den Anfangsbuchstaben des griechischen oder lateinischen Elementnamens. Im Fall von Kohlenstoff ist dies Carboneum. Deshalb erhielt Kohlenstoff als Elementsymbol ein großes C. Haben Elemente den gleichen Anfangsbuchstaben, wurde zur Unterscheidung ein zweiter Buchstabe hinzugefügt. Er wird klein geschrieben. Kupfer heißt im Lateinischen Cuprum. Da das Symbol C schon vergeben war, erhielt es das Elementsymbol Cu.

Die chemische Formel

In den Teilchen einer Verbindung sind mehrere Atome miteinander verbunden. Gibt man die Verbindung mit den Symbolen von Berzelius an, erhält man eine **chemische Formel**. Die Formel enthält nicht nur die Symbole der beteiligten Elemente, sondern auch das Anzahlverhältnis der Atome zueinander. Dazu wird eine kleine, tiefgestellte Zahl hinter das Elementsymbol geschrieben. In Kupfersulfid verbinden sich z. B. Kupfer- und Schwefel-Atome in einem Verhältnis von 2:1. Die chemische Formel für Kupfersulfid wäre somit Cu_2S_1. Die Zahl 1 wird jedoch nicht mitgeschrieben. Es ergibt sich also die Formel Cu_2S.

Die chemische Formel enthält die Symbole der beteiligten Elemente in einer Verbindung. Außerdem ist das Anzahlverhältnis der Atome zueinander angegeben.

AUFGABEN

1 ○ Nenne die Symbole für Wasserstoff, Eisen, Schwefel und Sauerstoff (▷ B 2).

2 ○ Suche im Periodensystem im Anhang weitere Elemente, deren Symbole den Anfangsbuchstaben C haben.

3 ◒ Stelle die chemische Formel für folgende Stoffe auf:
a) Wasser: Es ist eine Verbindung aus zwei Wasserstoff-Atomen und einem Sauerstoff-Atom.
b) Sauerstoff: Ein Teilchen des Gases besteht aus zwei Sauerstoff-Atomen.

4 ● Eine Formel lautet Al_2O_3. Erkläre, was du dieser Formel entnehmen kannst.

Elementname	Symbol	griech./lat. Namensursprung, Bedeutung
Wasserstoff	H	Hydrogenium, Wassererzeuger
Sauerstoff	O	Oxygenium, Säureerzeuger
Kohlenstoff	C	Carboneum, Kohlenstoff
Stickstoff	N	Nitrogenium, Salpeterbildner
Eisen	Fe	Ferrum, Eisen
Kupfer	Cu	Cuprum, Kupfer
Silber	Ag	Argentum, Silber
Gold	Au	Aurum, Gold
Quecksilber	Hg	Hydrargyrum, flüssiges Silber
Schwefel	S	Sulfur, Schwefel
Chlor	Cl	Chloros, gelbgrün

1 Jöns Jakob Berzelius (1779 – 1848)

2 Herleitung der Symbole

Zusammenfassung

Chemische Reaktion

Bei einer chemischen Reaktion findet eine Stoffumwandlung statt. Aus den Edukten (Ausgangsstoffen) entstehen neue Stoffe, die Reaktionsprodukte. Sie haben andere Eigenschaften als die Edukte.
Weitere Merkmale einer chemischen Reaktion sind die Abgabe oder Aufnahme von Energie und die Umgruppierung der Atome. Die Wortgleichung beschreibt die chemische Reaktion mit Worten und Zeichen (▷ B 2).

| Edukte | → | Reaktionsprodukte |

Wortgleichung:

Zink + **Schwefel** ⟶ **Zinksulfid**

2 Chemische Reaktion

Elemente und Verbindungen

Elemente sind Reinstoffe, die sich nicht in weitere Stoffe zerlegen lassen. Die Atome eines Elements sind untereinander gleich. Verbindungen sind Reinstoffe, die aus verschiedenen Elementen aufgebaut sind. Sie lassen sich nur durch chemische Reaktionen wieder in die Elemente zerlegen.

Die Dichte

Die Dichte ist eine charakteristische, messbare Stoffeigenschaft. Die Dichte berechnet man, indem man die Masse einer Stoffportion durch ihr Volumen teilt.

Chemische Reaktion und Energie

Zum Auslösen vieler chemischer Reaktionen ist Aktivierungsenergie erforderlich (▷ B 1). Chemische Reaktionen, bei denen Energie abgegeben wird, nennt man exotherm. Chemische Reaktionen, bei denen Energie aufgenommen wird, bezeichnet man als endotherm.

Bedingungen für eine Verbrennung

Drei Bedingungen müssen für eine Verbrennung erfüllt sein: 1. Es muss ein brennbarer Stoff vorliegen. 2. Die Zündtemperatur des brennbaren Stoffes muss erreicht sein. 3. Es muss genügend Luft vorhanden sein (▷ B 3).

Oxidation und Oxide

Eine Reaktion, bei der ein Stoff mit Sauerstoff reagiert, nennt man Oxidation. Oxidationen verlaufen exotherm. Das Reaktionsprodukt einer Oxidation ist ein Oxid.

Gesetz von der Erhaltung der Masse

Bei chemischen Reaktionen ist die Masse der Edukte gleich der Masse der Reaktionsprodukte.

Symbolschreibweise und Formeln

Jedes Element hat ein eigenes Symbol. Die chemische Formel einer Verbindung enthält die Symbole der beteiligten Elemente und das Anzahlverhältnis der Atome.

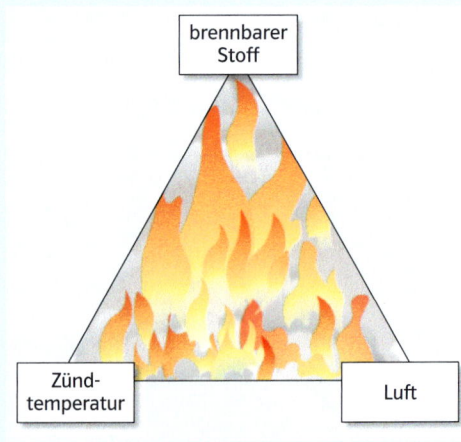

brennbarer Stoff

Zündtemperatur

Luft

3 Bedingungen für eine Verbrennung

1 Aktivieren und dann reagieren

AUFGABEN

1 ○ Frisch gepflückte Äpfel verändern sich mit der Zeit. Beschreibe die Veränderungen, die man beobachten kann.

👍 Super! ❓ ► S.17

2 ○ Erläutere den Unterschied zwischen einem Stoffgemisch und einer Verbindung.

👍 Super! ❓ ► S.21

3 ○ In der Verbindung Aluminiumsulfid kommen auf 2 Aluminium-Atome 3 Schwefel-Atome. Stelle die Formel auf.

👍 Super! ❓ ► S.39

4 ◔ Lässt man Toastbrot zu lange rösten, wird es schwarz (▷ B 4). Beschreibe an diesem Beispiel zwei Merkmale, an denen man eine chemische Reaktion erkennt.

👍 Super! ❓ ► S.18/19, 24

5 ◔ Ein Streichholz entflammt im Reagenzglas ohne direkten Kontakt mit einer offenen Flamme (▷ B 5). Erkläre diesen Vorgang.

👍 Super! ❓ ► S.24

6 ◔ Beschreibe Maßnahmen, die du ergreifen würdest, wenn eine Gardine durch eine Kerzenflamme Feuer gefangen hat.

👍 Super! ❓ ► S.30/31

7 ◔ Heißer Schwefeldampf reagiert mit einem erhitzten Kupferblech unter Aufglühen. Es entsteht ein blauschwarzer, spröder Stoff.
a) Benenne die Edukte und das Reaktionsprodukt.
b) Formuliere die Wortgleichung.
c) Beurteile, ob es sich um eine exotherme oder endotherme Reaktion handelt.

👍 Super! ❓ ► S.18/19, 24

8 ● Eine Kerzenflamme erlischt, wenn man eine Kupferwendel, die etwa den Durchmesser der Kerzenflamme hat, über die Flamme hält (▷ B 6). Erkläre.

👍 Super! ❓ ► S.24, 30/31

9 ● Begründe, weshalb die Deutung der chemischen Reaktion als Umgruppierung der Atome durch das Gesetz von der Erhaltung der Masse gestützt wird.

👍 Super! ❓ ► S.37, 38

4 Geröstetes Toastbrot

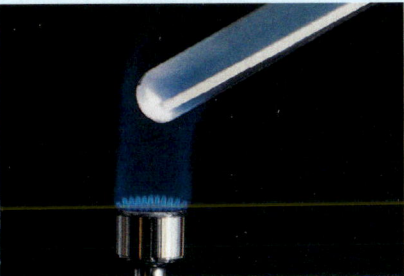

5 Streichholz in Reagenzglas

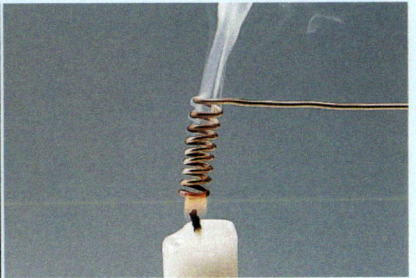

6 Kupferwendel

2 Das Periodensystem – Übersicht und Werkzeug

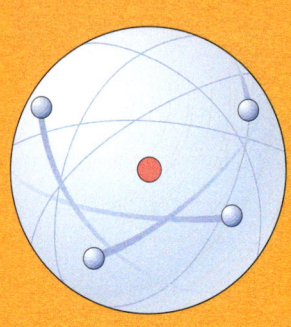

- Im Periodensystem sind über 100 Elemente geordnet. Hast du eine Idee, wie?

- Welches Element befreit das Badewasser im Schwimmbad von Krankheitskeimen?

- Woher kommen die schönen Farben bei einem Feuerwerk?

- Mit welchem Gas werden Luftballons gefüllt, damit sie nach oben steigen?

| | Lithium | Natrium | Kalium | Rubidium | Caesium |

Gefahr

1 Die Alkalimetalle

Die Alkalimetalle

Metalle mit besonderen Eigenschaften
Die Metalle **Lithium**, **Natrium** und **Kalium** finden wir in unserem Alltag nicht als Elemente, sondern nur in Verbindungen. Dies hängt mit ihren außergewöhnlichen Eigenschaften zusammen.

Auf den Chemikalienflaschen fallen die Gefahrenpiktogramme mit dem Hinweis „Flamme" und „Ätzwirkung" auf (▷ B 1). Dies deutet darauf hin, dass die Elemente sehr **reaktionsfreudig** sind.

Bei Kontakt mit Luft bildet sich an der Oberfläche von Lithium, Natrium und Kalium rasch eine matte, zum Teil krustenartige Schicht (▷ B 2). Deshalb werden diese Metalle in Paraffinöl aufbewahrt.

Schneidet man die Metalle mit einem Messer, gelingt dies bei Kalium und Natrium besonders leicht, bei Lithium dagegen schwerer. Alle frischen Schnittstellen zeigen aber einen metallischen Glanz (▷ B 3). An den Schnittflächen kann die elektrische Leitfähigkeit nachgewiesen werden (▷ V 1).

Aufgrund ihrer Eigenschaften gehören Natrium, Kalium und Lithium zu den Metallen. Im Gegensatz zu vielen anderen Metallen besitzen diese Metalle niedrige Schmelztemperaturen (▷ B 5). Kalium schmilzt bereits bei 63 °C und Natrium bei 98 °C. Die Dichten von Lithium, Natrium und Kalium sind geringer als die von Wasser. Die Metalle schwimmen daher auf Wasser.

2 Natriumstück an der Luft

3 Natrium glänzt metallisch.

Reaktion mit Wasser

Gibt man ein kleines Stück Natrium auf Wasser, bildet sich eine Kugel, die sich zischend auf der Wasseroberfläche hin und her bewegt und schließlich verschwindet. Eine chemische Reaktion findet statt. Bei dieser Reaktion des Natriums mit dem Wasser entsteht das brennbare Gas Wasserstoff. Gibt man das Natriumstück auf ein Filterpapier, das auf der Wasseroberfläche schwimmt, so entzündet sich das Gas. Es verbrennt mit Teilen des Natriums mit leuchtend gelber Flamme (▷ B 4).
Lithium und Kalium reagieren mit Wasser ähnlich wie Natrium. Lithium verbrennt jedoch mit einer roten Flamme, Kalium mit einer schwach violetten Flamme.

Die Elementgruppe der Alkalimetalle

Die Elemente Lithium, Natrium und Kalium haben ähnliche Eigenschaften. Man fasst sie deshalb in einer **Elementgruppe** zusammen, den **Alkalimetallen**. Auch **Rubidium** und **Caesium** gehören zu den Alkalimetallen (▷ B 1). Sie werden in Glasampullen gasdicht eingeschlossen, da sie noch reaktionsfreudiger sind als Kalium und sich bereits an der Luft entzünden.
(► Struktur und Eigenschaften, S. 166/167)

Elemente mit ähnlichen Eigenschaften bilden eine Elementgruppe.
Lithium, Natrium, Kalium, Rubidium und Caesium bilden die Elementgruppe der Alkalimetalle.

4 Natrium auf Filterpapier in Wasser

Name (Symbol)	Schmelz-temperatur (°C)	Dichte (g/cm³)	Härte	Heftigkeit der Reaktion mit Wasser
Lithium (Li)	180	0,53		
Natrium (Na)	98	0,97		
Kalium (K)	63	0,86	nimmt zu	nimmt zu
Rubidium (Rb)	39	1,53		
Caesium (Cs)	28	1,88		

5 Eigenschaften der Alkalimetalle im Vergleich

AUFGABEN

1 ○ Zähle die Elemente auf, die zur Gruppe der Alkalimetalle gehören. Beginne mit dem Element mit der geringsten Dichte (▷ B 5).

2 ○ Erläutere, weshalb Lithium, Natrium und Kalium auf Wasser schwimmen.

3 ◒ Welche Eigenschaften des Natriums deuten darauf hin, dass es sich um ein Metall handelt? Formuliere eine Vermutung.

4 ◒ Recherchiere, woher der Name „Alkalimetall" stammt.

5 ● Wird Natrium auf Wasser gegeben, so entzündet es sich nur, wenn es auf einem schwimmenden Filterpapier liegt. Erkläre.

VERSUCHE

1ᴸ An der frischen Schnittfläche eines Stücks Natrium wird die elektrische Leitfähigkeit überprüft.

2ᴸ ! Eine große, runde Glaswanne wird zur Hälfte mit Wasser und etwas Spülmittel gefüllt. Auf die Wasseroberfläche gibt man zunächst ein etwa linsengroßes, entrindetes Stück Natrium, anschließend ein gleich großes Stück Lithium. Man wiederholt den Versuch mit Natrium und Lithium auf einem schwimmenden Rundfilter. (Schutzbrille! Schutzscheibe!)

Die Erdalkalimetalle

Barium (▷ B1)

Barium ist ein sehr reaktionsfreudiges Metall. Es kommt daher in der Natur nur in Verbindungen vor. Wegen seiner großen Reaktionsfähigkeit wird Barium im Labor in Paraffinöl aufbewahrt. Barium-Verbindungen erzeugen eine grüne Flammenfärbung, sodass man sie in Feuerwerkskörpern nutzt.

Beryllium (▷ B2)

Beryllium wird überwiegend aus dem Mineral Beryll gewonnen. Berylle wurden im Mittelalter zu Linsen geschliffen, die als Lupen zum Vergrößern von Schriften und Zeichnungen dienten. Vom Beryll leitet sich das Wort Brille ab. Beryllium ist giftig und sehr teuer. Deshalb findet es heute im Alltag nur noch wenig Verwendung. Es wird bei der Herstellung hochwertiger Werkzeuge genutzt.

Calcium (▷ B3)

Das Metall Calcium wird im Labor meistens in Form von Körnern verwendet. Reines Calcium glänzt silbrig, leitet den elektrischen Strom und überzieht sich an der Luft mit einem matten, grauen Belag. Calcium kommt in der Natur nur in Verbindungen vor, beispielsweise in Marmor, Gips oder Kalkstein und auch in Knochen.

Magnesium (▷ B4)

Magnesium ist ein silbrig glänzendes Metall. An der Luft wird die Metalloberfläche nach einiger Zeit matt. Magnesium verbrennt mit weißem, gleißend hellem Licht. Es wird überwiegend zur Herstellung von Legierungen verwendet. Aufgrund ihrer geringen Dichte finden Magnesium-Legierungen überwiegend im Flugzeugbau und Fahrzeugbau Verwendung.

Strontium (▷ B5)

Strontium ist ein silbergraues, glänzendes, relativ weiches Metall. Es ist ein reaktionsfreudiges Element. Deshalb wird Strontium in Paraffinöl aufbewahrt oder in Glasampullen eingeschweißt. Da Strontium-Verbindungen beim Abbrennen intensiv rot leuchten, werden sie in Feuerwerkskörpern und Signalraketen eingesetzt.

Radium (▷ B6)

Radium ist ein radioaktives Element. Bevor seine Gefährlichkeit in den 1920er-Jahren bekannt wurde, kam Radium auf den Zifferblättern von Uhren zum Einsatz. Diese leuchteten dann in der Dunkelheit. Trinkwasser, das mit Radium versetzt war, hielt man sogar für gesundheitsfördernd. Heute gibt es kaum noch Verwendung für Radium im Alltag.

Die Kohlenstoff-Gruppe

Kohlenstoff, Silicium, Germanium, Zinn und Blei bilden eine Elementgruppe: die Kohlenstoff-Gruppe. Kohlenstoff ist ein Nichtmetall, Zinn und Blei sind Metalle, Silicium und Germanium nehmen eine Zwischenstellung ein: Sie sind Halbmetalle. (▶ Struktur und Eigenschaften, S.166/167)

Kohlenstoff – nicht immer schwarz

Kohlenstoff ist das Element des Lebens: Pflanzen, Menschen und Tiere sind aus Kohlenstoff-Verbindungen aufgebaut. Als Element kommt Kohlenstoff in verschiedenen Erscheinungsformen vor. Graphit ist relativ weich. Er hinterlässt beim Reiben auf Papier einen schwarzen Strich, da sich kleine Graphit-Plättchen abspalten. Graphit wird deshalb in Bleistiftminen verwendet. Dagegen ist Diamant der härteste natürliche Stoff. Reine Diamanten sind transparent und farblos. Sie eignen sich deshalb für edle Schmuckstücke. Aus Graphit kann man künstliche Diamanten herstellen. Sie werden wegen ihrer Härte zum Bohren und Schleifen verwendet. In Graphit und Diamant sind die Kohlenstoff-Atome auf unterschiedliche Weise miteinander verbunden. Daraus ergeben sich die unterschiedlichen Eigenschaften.

Silicium und Germanium – ganz „modern"

Silicium wird meist aus Sand gewonnen. Sand besteht überwiegend aus Siliciumdioxid. Silicium hat große wirtschaftliche Bedeutung, da es der Ausgangsstoff für Computerchips ist. Auch zur Herstellung von Solarzellen wird Silicium verwendet. Germanium ist ein seltenes, grauweißes, glänzendes Element. Es wird beispielsweise für optische Linsen in Wärmebildkameras oder Nachtsichtgeräten verwendet.

Zinn und Blei – im Alltag verwendet

Zinn ist ein weiches, silbrig glänzendes Metall. Konservendosen bestehen aus Stahlblech, das mit Zinn beschichtet ist. Lötzinn ist eine Mischung aus Zinn und anderen Metallen, mit der elektronische Bauteile verbunden werden. Blei wird wegen seiner hohen Dichte von Tauchern als Bleigürtel getragen, damit sie auf den Grund des Gewässers absinken. Bleiplatten sind Hauptbestandteile von Autobatterien.

AUFGABEN

1 ⊖ Vergleiche Eigenschaften und Verwendung von Graphit mit denen von Diamant.

2 ⊖ Welche Eigenschaften des Zinns machen es zur Verwendung als Lötzinn geeignet? Formuliere eine Vermutung.

3 ● Aus Sand kann man mithilfe von Kohlenstoff Silicium gewinnen. Dabei ensteht Kohlenstoffmonooxid. Formuliere die Wortgleichung.

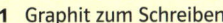

1 Graphit zum Schreiben

2 Diamanten eignen sich als Schmuckstücke.

Die Halogene

1 Chlor wirkt bleichend.

Die Halogene sind eine Elementgruppe

Fluor, Chlor, Brom und Iod sind Nichtmetalle mit ähnlichen Eigenschaften. Sie gehören zur Elementgruppe der **Halogene**. Der Name Halogen bedeutet Salzbildner, da Halogene mit Metallen zu salzartigen Verbindungen reagieren. Halogene sind Bestandteile des Gasgemischs in Halogenlampen. Diese Lampen leuchten sehr hell und haben eine lange Lebensdauer. (► Struktur und Eigenschaften, S.166/167)

Fluor reagiert heftig

Fluor ist ein gelbliches Gas mit durchdringendem Geruch. Es ist das reaktionsfreudigste Element: Fluor lässt Holz, Metalle und viele andere Stoffe spontan entflammen. Es ist giftig und ruft bei Kontakt schwere Entzündungen der Atemwege und der Haut hervor. In der Schule werden daher keine Versuche mit Fluor durchgeführt.

Chlor hat einen stechenden Geruch

Chlor ist ein gelbgrünes, giftiges Gas. Den stechenden Geruch kennt man vom gechlorten Wasser im Schwimmbad. Chlor wirkt desinfizierend und tötet Bakterien ab. Auch Trinkwasser kann man mit Chlor keimfrei machen. Nach Fluor ist Chlor eines der reaktionsfreudigsten Nichtmetalle. Es zerstört Farbstoffe und wird deshalb zum Bleichen eingesetzt (▷ B1; V1).

Brom ist eine Flüssigkeit

Brom ist eine rotbraune Flüssigkeit, die schon bei Raumtemperatur (20 °C) verdunstet. Die braunen, stechend riechenden Dämpfe sind giftig. Brom ist das einzige bei Raumtemperatur flüssige Nichtmetall.

Iod bildet violette Dämpfe

Iod bildet grauschwarze, glänzende Kristalle. Schon bei geringer Erwärmung werden die Kristalle zu violettem Dampf. Im Vergleich zu Fluor, Chlor und Brom ist Iod reaktionsträge. Für den Körper sind geringe Mengen an Iod lebensnotwendig. Im Supermarkt kann man deshalb Speisesalz kaufen, das zusätzlich eine Iod-Verbindung enthält. Es heißt Iodsalz.

Fluor, Chlor, Brom und Iod gehören zur Elementgruppe der Halogene.

AUFGABEN

1 ○ Nenne das chemische Verhalten, das der Elementgruppe der Halogene ihren Namen gibt.

2 ◐ Erstelle eine Tabelle mit den Eigenschaften der Halogene (Farbe, Reaktionsfähigkeit, Aggregatzustand bei Raumtemperatur). Recherchiere auch ihre Schmelz- und Siedetemperaturen.

3 ● Die Elemente Fluor, Chlor und Brom kommen in der Natur nicht vor. Begründe.

VERSUCH

1ᴸ In einen mit Chlor gefüllten Standzylinder wird eine farbige Blüte getaucht. (Abzug! Schutzbrille!)

Die Edelgase

Eigenschaften der Edelgase

Die Gase **Helium**, **Neon**, **Argon**, **Krypton** und **Xenon** bilden die Elementgruppe der **Edelgase**. Nach ihrer Entdeckung hielt man sie für vollkommen reaktionsunfähig. Inzwischen weiß man, dass Krypton und Xenon in besonderen Fällen Reaktionen eingehen. Elemente, die nicht oder nur unter besonderen Bedingungen mit anderen Stoffen reagieren, bezeichnet man in der Chemie als edel. Daher stammt der Name Edelgase. Im Gegensatz zu anderen Gasen bestehen sie aus einzelnen Atomen. In der Luft sind die Edelgase mit einem Anteil von insgesamt 0,93 % vertreten.

Helium lässt Ballons steigen

Wegen seiner geringen Dichte wird Helium als Füllgas für Ballons und Luftschiffe verwendet (▷ B 1). In der Intensivmedizin dient ein Helium-Sauerstoff-Gemisch als Atemgas. Da dieses Gemisch besonders leicht durch Verengungen strömt, wird es leichter eingeatmet als Luft.

Neon lässt Leuchtstoffröhren leuchten

Die erste Anwendung des Gases Neon war die 1910 entwickelte Neonlampe. Darin wird Neon durch elektrische Spannung zum Leuchten angeregt. Dies nutzt man in Leuchtreklamen (▷ B 2). Heute verwendet man jedoch zunehmend LED-Leuchtmittel.

Spezialgase: Argon, Krypton und Xenon

Argon wird in der Schweißtechnik als Schutzgas eingesetzt. Argon hält den Sauerstoff von der Schweißstelle fern und schützt so das Metall vor Oxidation (▷ B 3). Krypton wird als zusätzliches Füllgas in Halogenlampen verwendet. So kann der Glühfaden höher erhitzt werden und leuchtet heller.

Xenon wird überwiegend in Xenonlampen eingesetzt. Xenonlicht ist mit dem Tageslicht vergleichbar und etwa 2,5-mal so hell wie das Licht einer Halogenlampe. (► Struktur und Eigenschaften, S. 166/167)

Helium, Neon, Argon, Krypton und Xenon gehören zur Elementgruppe der Edelgase.

AUFGABEN

1 ○ Nenne die Edelgase, von denen chemische Verbindungen bekannt sind.

2 ○ a) Erläutere die Gemeinsamkeiten der Edelgase.
◔ b) Beschreibe Unterschiede.

3 ● Formuliere eine Vermutung, in welchen Bereichen das besonders helle Licht von Xenonlampen Verwendung finden könnte.

1 Mit Helium gefüllte Ballons

2 Leuchtreklame mit Neonröhren

3 Argon schützt beim Schweißen.

Hauptgruppen

Perioden	I	II	III	IV	V	VI	VII	VIII
1	1,0 / 1 **H** / Wasserstoff							4,0 / 2 **He** / Helium
2	6,9 / 3 **Li** / Lithium	9,0 / 4 **Be** / Beryllium	10,8 / 5 **B** / Bor	12,0 / 6 **C** / Kohlenstoff	14,0 / 7 **N** / Stickstoff	16,0 / 8 **O** / Sauerstoff	19,0 / 9 **F** / Fluor	20,2 / 10 **Ne** / Neon
3	23,0 / 11 **Na** / Natrium	24,3 / 12 **Mg** / Magnesium	27,0 / 13 **Al** / Aluminium	28,1 / 14 **Si** / Silicium	31,0 / 15 **P** / Phosphor	32,1 / 16 **S** / Schwefel	35,5 / 17 **Cl** / Chlor	39,9 / 18 **Ar** / Argon
4	39,1 / 19 **K** / Kalium	40,1 / 20 **Ca** / Calcium	69,7 / 31 **Ga** / Gallium	72,6 / 32 **Ge** / Germanium	74,9 / 33 **As** / Arsen	79,0 / 34 **Se** / Selen	79,9 / 35 **Br** / Brom	83,8 / 36 **Kr** / Krypton
5	85,5 / 37 **Rb** / Rubidium	87,6 / 38 **Sr** / Strontium	114,8 / 49 **In** / Indium	118,7 / 50 **Sn** / Zinn	121,8 / 51 **Sb** / Antimon	127,6 / 52 **Te** / Tellur	126,9 / 53 **I** / Iod	131,3 / 54 **Xe** / Xenon
6	132,9 / 55 **Cs** / Caesium	137,3 / 56 **Ba** / Barium	204,4 / 81 **Tl** / Thallium	207,2 / 82 **Pb** / Blei	209,0 / 83 **Bi** / Bismut	209 / 84 **Po** / Polonium	210 / 85 **At** / Astat	222 / 86 **Rn** / Radon

1 Das Kurzperiodensystem mit den acht Hauptgruppen

Das Periodensystem der Elemente

Eine Ordnung für die Elemente

Die Elemente sind im **Periodensystem** geordnet. Von den über 100 bekannten Elementen zählen die meisten zu den Metallen. Die übrigen Elemente sind Nichtmetalle oder Halbmetalle. Die Halbmetalle nehmen aufgrund ihrer Eigenschaften eine Zwischenstellung ein.

Einteilung in Gruppen

Elementgruppen wie die Alkalimetalle, die Halogene oder die Edelgase stehen in den senkrechten Spalten im Periodensystem. Diese werden mit den römischen Zahlen I bis VIII gekennzeichnet. Elemente einer Gruppe haben jeweils ähnliche Eigenschaften. Das in Bild 1 gezeigte Kurzperiodensystem enthält nur die acht **Hauptgruppen**. Nicht bei allen Hauptgruppen ist die Ähnlichkeit der Elemente so deutlich zu erkennen wie bei den Alkalimetallen, der ersten Hauptgruppe, oder den Edelgasen,

der achten Hauptgruppe. Wasserstoff steht über den Elementen der ersten Hauptgruppe, obwohl er nicht zu den Alkalimetallen gehört. Wasserstoff nimmt daher im Periodensystem eine Sonderstellung ein.

Einteilung in Perioden

Die waagerechten Zeilen des Periodensystems nennt man **Perioden**. Sie werden mit den Ziffern 1, 2, 3 … nummeriert. Die Abfolge der Elementgruppen ist ab der zweiten Periode in jeder Periode gleich. Auf ein Alkalimetall folgt z. B. immer ein Erdalkalimetall. Zur ersten Periode gehören nur zwei Elemente, Wasserstoff und Helium.

Die Ordnungszahl – Hausnummer eines Elements

Die Zahl links unten an den Elementsymbolen gibt die fortlaufende Nummer des betreffenden Elements im Periodensystem an. Sie ist vergleichbar mit einer

50

Hausnummer und dient zum Ordnen der Elemente im Periodensystem. Sie wird deshalb **Ordnungszahl** genannt. So ist z. B. Kohlenstoff das 6. Element des Periodensystems, Chlor das 17. Element und Brom das 35. Element.

Hauptgruppen und Nebengruppen

Bei den Hauptgruppen in Bild 1 fällt auf, dass nach dem Element Calcium mit der Ordnungszahl 20 bereits Gallium mit der Ordnungszahl 31 folgt. Scheinbar fehlen hier 10 Elemente im Periodensystem. Diese „fehlenden Elemente" findet man jedoch in den **Nebengruppen** (▷ B 2). In den Nebengruppen sind alle Elemente angeordnet, die nicht zu den Hauptgruppen gehören. In den Nebengruppen befinden sich wichtige Metalle wie Eisen, Kupfer, Nickel oder Silber.

Das vollständige Periodensystem mit Hauptgruppen und Nebengruppen findest du am Ende des Buches. Die Elemente sind dort zusätzlich durch farbige Elementsymbole gekennzeichnet. Damit wird der Aggregatzustand der Elemente angegeben. Feste Elemente sind schwarz gekennzeichnet, gasförmige Elemente rot und flüssige Elemente blau (▷ B 3).
(► Struktur und Eigenschaften, S. 166/167)

Die Elemente sind im Periodensystem geordnet. Die senkrechten Spalten des Periodensystems werden Gruppen genannt, die waagerechten Zeilen Perioden.

Zu jedem Element gehört eine Ordnungszahl. Diese ist die fortlaufende Nummer des Elements im Periodensystem.

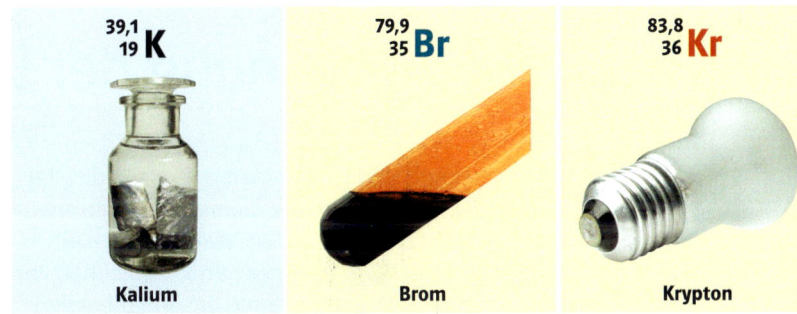

3 Farbige Elementsymbole kennzeichnen unterschiedliche Aggregatzustände.

AUFGABEN

1 ○ Zähle die Elemente der fünften und sechsten Hauptgruppe auf.

2 ○ Beschreibe die Ordnung der Elemente im Periodensystem.

3 ◑ In Bild 1 werden für die Elemente verschiedene Hintergrundfarben verwendet. Ordne sie den Stoffgruppen zu.

4 ◑ Ein Element gehört zur achten Hauptgruppe. Nenne die Eigenschaften des Elements, die du aus dieser Stellung im Periodensystem ableiten kannst.

5 ◑ Betrachte die Elemente der fünften Hauptgruppe im Periodensystem am Ende des Buches. Vergleiche die Elemente dieser Gruppe. Erkläre, worin sich die einzelnen Elemente dieser Gruppe unterscheiden.

6 Suche im Periodensystem der Elemente im Anhang des Buches das Element Bor.
● a) Erkläre am Beispiel von Bor, wie das Periodensystem der Elemente aufgebaut ist.
● b) Gib die Eigenschaften von Bor an, die du dem Periodensystem entnehmen kannst.

45,0 21 Sc	47,9 22 Ti	50,9 23 V	52,0 24 Cr	54,9 25 Mn	55,8 26 Fe	58,9 27 Co	58,7 28 Ni	63,5 29 Cu	65,4 30 Zn
Scandium	Titan	Vanadium	Chrom	Mangan	Eisen	Cobalt	Nickel	Kupfer	Zink
88,9 39 Y	91,2 40 Zr	92,9 41 Nb	95,9 42 Mo	98 43 Tc	101,1 44 Ru	102,9 45 Rh	106,4 46 Pd	107,9 47 Ag	112,4 48 Cd
Yttrium	Zirconium	Niob	Molybdän	Technetium	Ruthenium	Rhodium	Palladium	Silber	Cadmium

2 Die Nebengruppen des Periodensystems (Ausschnitt)

Die Ordnung der Elemente

Heute sind alle Elemente übersichtlich im Periodensytem der Elemente angeordnet. Bis zu diesem System war es jedoch ein langer Weg. Wissenschaftler begannen vor etwa 200 Jahren damit, die ihnen bekannten chemischen Elemente zu ordnen. Dabei fassten sie zunächst Elemente mit ähnlichen Eigenschaften in Gruppen zusammen.

JOHANN WOLFGANG DÖBEREINER, ein Professor für Chemie in Jena, entdeckte 1829 die Änlichkeiten von jeweils drei Elementen zueinander. Er fasste sie deshalb in Dreiergruppen zusammen. Eine neue Ordnung der Elemente entwickelte 1864 der englische Chemiker JOHN NEWLANDS: Er ordnete die Elemente nach steigender Atommasse und schrieb Elemente mit ähnlichen Eigenschaften untereinander. So erhielt er sieben Verwandtschaftsgruppen.

Das System von Mendelejew und Meyer

Im Jahr 1869 waren bereits 50 Elemente bekannt. Unabhängig voneinander entwickelten der russische Chemieprofessor DIMITRI MENDELEJEW und der deutsche Chemieprofessor LOTHAR MEYER ein sehr ähnliches Ordnungssystem für diese Elemente. Die beiden Chemiker ordneten die Elemente nach steigender Atommasse. Elemente mit ähnlichen Eigenschaften wurden in eine Reihe geschrieben. Für jede neue Elementgruppe wurde eine neue Reihe begonnen. MENDELEJEW ließ in seinem System sogar Lücken für Elemente, die aus seiner Sicht noch fehlten (▷ B1). Tatsächlich wurden später die Elemente entdeckt, die diese Lücken füllen: Gallium und Germanium (▷ B2). In den Systemen von MENDELEJEW und MEYER fehlten gegenüber dem heutigen System die damals noch unbekannten Edelgase.

AUFGABEN

1 ◉ Beschreibe, wie MENDELEJEW und MEYER die Elemente anordneten.

2 ◉ Begründe, warum im System von MENDELEJEW und MEYER die Edelgase fehlten.

3 ● Entwickle weitere Möglichkeiten, wie man die Elemente anordnen könnte.

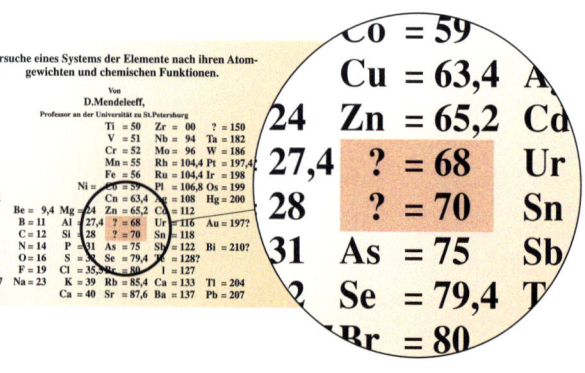

1 Das System von MENDELEJEW mit Fragezeichen für die noch nicht entdeckten Elemente

2 Die Elemente Gallium und Germanium im heutigen Periodensystem der Elemente

Das wissenschaftliche Experiment

Wollen Naturwissenschaftlerinnen und Naturwissenschaftler neue Erkenntnisse gewinnen, gehen sie methodisch vor. Meistens planen sie ein entsprechendes Experiment, das sie anschließend durchführen und auswerten (▷ B 2).

Vom Problem zum Experiment

Ein Experiment soll helfen, ein naturwissenschaftliches Problem zu lösen. Es kann mit einer Frage an die Natur verglichen werden. Eine solche Frage könnte z. B. heißen: Wie groß sind die kleinsten Teilchen eines Stoffes? Oft gibt es bereits eine Vermutung, die erst durch das Experiment bestätigt oder widerlegt werden kann.

Das Experiment

Ein naturwissenschaftliches Experiment wird so geplant, dass es die gestellten Fragen beantwortet. Bei der Durchführung werden alle Schritte genau festgehalten. Denn das Ergebnis soll jederzeit überprüfbar sein und nicht von einzelnen Personen abhängig sein.
Bei der Frage nach der Größe der kleinsten Teilchen lässt sich das Experiment einfach planen: So kann z. B. bei unterschiedlichen Stoffen experimentell geprüft werden, ob ihre kleinsten Teilchen noch durch Siebe oder Filterpapiere schlüpfen können (▷ B 1).

Vom Experiment zum Ergebnis

Nachdem das Experiment durchgeführt worden ist, werden die Bebachtungen genau protokolliert. Aus den Beobachtungen können dann Ergebnisse abgeleitet und

formuliert werden. Die Maschenweite eines Siebs und die Porengrößen von Filterpapieren sind bekannt. So lassen sich aus den Beobachtungen Schlussfolgerungen über die Größe der untersuchten Teilchen formulieren.

Häufig ergeben sich bei der Durchführung und Auswertung von Experimenten neue Fragen. Diese müssen dann in weiteren Experimenten untersucht werden.

1 Lassen sich die kleinsten Teilchen eines Stoffes filtrieren?

AUFGABE

1 Wie groß sind die kleinsten Teilchen eines Stoffes?
   ○ a) Schreibe dazu zunächst eine Vermutung auf.
   ◐ b) Plane einen Versuch dazu und führe ihn nach Absprache mit deiner Lehrkraft durch.
   ◐ c) Fertige ein Versuchsprotokoll an. Notiere darin auch, wenn sich weiterführende Fragen aus dem Versuch ergeben.

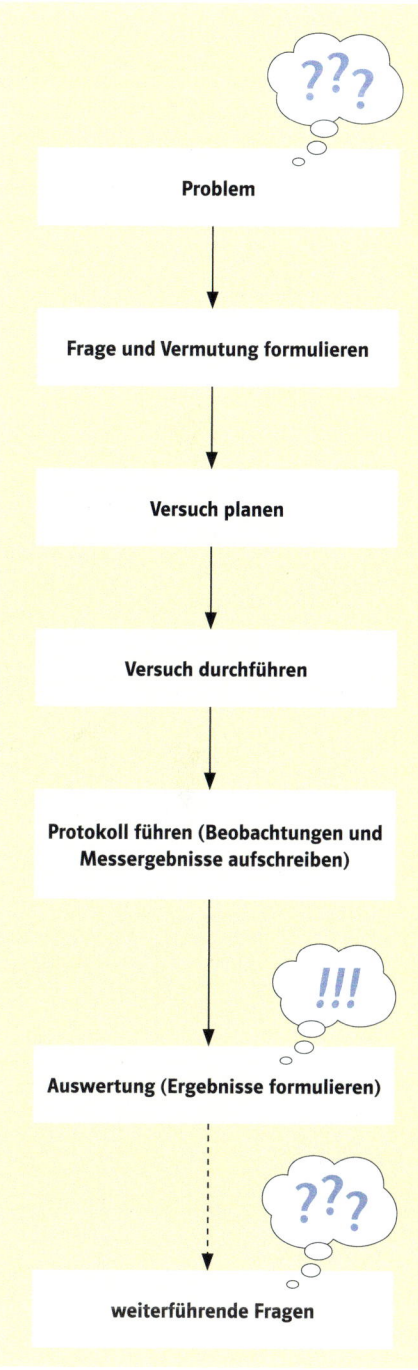

Problem

↓

Frage und Vermutung formulieren

↓

Versuch planen

↓

Versuch durchführen

↓

Protokoll führen (Beobachtungen und Messergebnisse aufschreiben)

↓

Auswertung (Ergebnisse formulieren)

↓

weiterführende Fragen

2 Der Ablauf eines wissenschaftlichen Experiments

Die Masse eines Atoms

Nach unserer bisherigen Vorstellung sind Atome sehr kleine Kugeln. Die geringe Größe lässt uns vermuten, dass auch ihre Masse ungewöhnlich klein sein muss. Dennoch lässt sich die Masse von Atomen heute sehr genau bestimmen.

Die atomare Masseneinheit
Für das Atom mit der geringsten Masse, das Wasserstoff-Atom, hat man die folgende Masse bestimmt:

0,000 000 000 000 000 000 000 001 674 g

Man nennt sie **absolute Atommasse**. Da jedoch die Angabe der Atommasse in Gramm sehr umständlich ist, hat man eine neue Einheit eingeführt, die **atomare Masseneinheit u**. Das u steht für das englische Wort unit und bedeutet Einheit. Die heute festgelegte atomare Masseneinheit weicht geringfügig von der Masse des Wasserstoff-Atoms ab:

1 u = 0,000 000 000 000 000 000 000 001 661 g

Für das Wasserstoff-Atom ergibt sich damit die Masse: $1,008\,u \approx 1\,u$.

Die Atommasse des Kohlenstoff-Atoms
Ein Kohlenstoff-Atom hat die Atommasse 12 u. Es hat damit ungefähr die Masse von 12 Wasserstoff-Atomen. Die **relative Atommasse** eines Atoms (ohne Maßeinheit) gibt an, wie viel mal so schwer das Atom im Vergleich zu einem Wasserstoff-Atom ist. (▷ B1).

Die Masse eines Atoms ist sehr klein. Sie wird in der Einheit u angegeben.

Ein Wasserstoff-Atom hat ungefähr die Masse 1 u.

AUFGABEN

1 ○ Erläutere, weshalb man die Masse eines Atoms nicht in Gramm angibt.

2 ◑ Die Masse eines Sauerstoff-Atoms ist 16-mal so groß wie die Masse eines Wasserstoff-Atoms. Gib die Masse des Sauerstoff-Atoms in u an.

3 ● Die chemische Formel für ein Wasser-Teilchen lautet H_2O. Berechne die Masse eines Wasser-Teilchens in u.

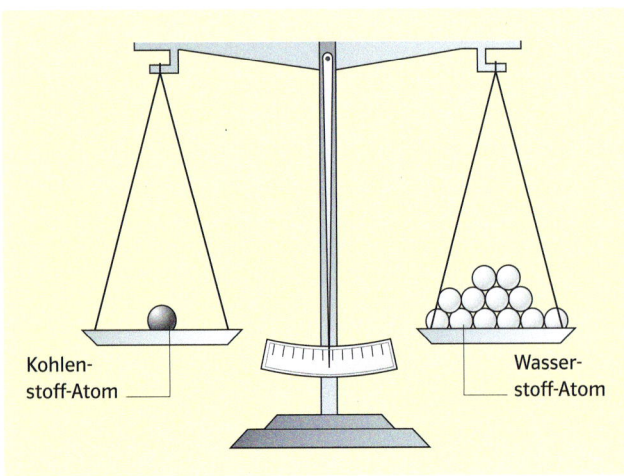

Kohlenstoff-Atom — Wasserstoff-Atom

Name des Elements	Symbol	Atommasse in u
Wasserstoff	H	1,0
Kohlenstoff	C	12,0
Stickstoff	N	14,0
Aluminium	Al	27,0
Schwefel	S	32,1
Eisen	Fe	55,8
Kupfer	Cu	63,5
Silber	Ag	107,9
Gold	Au	197,0

1 Ein Kohlenstoff-Atom wiegt so viel wie zwölf Wasserstoff-Atome.

2 Die Atommassen einiger Elemente in u

Das Rutherford-Experiment

Mit der Vorstellung, dass die Atome kleine, feste Kugeln sind, lassen sich nicht alle Stoffeigenschaften erklären. Der Physiker ERNEST RUTHERFORD entwickelte im Jahr 1911 den „Streuversuch", um das Innere der Atome zu erforschen. Dazu beschoss er eine Goldfolie mit radioaktiver Strahlung. Auf einem einem Leuchtschirm konnte er beobachten, wie die Strahlung abgelenkt wurde. Der folgende Modellversuch stellt sein Experiment nach.

1 Der Streuversuch im Modell – Teil 1
Material
1 Schuhkarton-Deckel, dicke Pappe, 1 Streifen dickeres Papier, kleine Nägel, Metallkugeln (Durchmesser 2 bis 3 mm), Schere, Zirkel

Versuchsanleitung
a) Knicke an dem Schuhkarton-Deckel an einer der schmalen Seiten die Randung nach unten. So steht der Deckel schräg auf der Tischfläche.

b) Klebe einen Streifen aus dickerem Papier auf der gegenüberliegenden Seite im Halbrund an. Der Streifen sollte etwa die gleiche Höhe wie die Randung haben. Er symbolisiert den Leuchtschirm in RUTHERFORDS Experiment.
c) Zeichne als nächstes mit einem Zirkel mehrere Kreise mit einem Durchmesser von 2 cm auf die dicke Pappe. Schneide die Kreise aus. Die Kreise stehen für die Atome der Goldfolie.
d) Befestige die Kreise mit den Nägeln in drei bis vier Reihen dicht nebeneinander etwa in der Mitte des Schuhkarton-Deckels. Die Nägel sollten dabei in der Mitte der Kreise stecken (▷ B 1).
e) Wenn du das Modell fertiggestellt hast, lass kleine Metallkugeln langsam von der hochstehenden Seite des Schuhkarton-Deckels auf die Kreise zurollen. Die Kugeln stellen die radioaktive Strahlung dar.
f) Beschreibe deine Beobachtungen.

2 Der Streuversuch im Modell – Teil 2
Material
Versuchsapparatur aus Teil 1, Zirkel

Versuchsanleitung
a) Entferne die Pappkreise vorsichtig aus dem Schuhkarton-Deckel.
b) Ziehe mit dem Zirkel Kreise mit einem Durchmesser von 2 cm um die Einstichlöcher der Nägel.
c) Befestige die Nägel wieder in ihren Löchern (▷ B 2).
d) Lass erneut die Metallkugeln langsam von der hochstehenden Seite des Kartons rollen.
e) Beschreibe deine Beobachtungen.

AUFGABEN

1 ○ Beschreibe, welche Atomvorstellung in Teil 1 des Modellversuchs dargestellt wird.

2 ◑ Die Beobachtungen aus Teil 2 des Modellversuchs entsprechen denen, die RUTHERFORD gemacht hat. Erkläre, was dies für den Aufbau der Atome bedeutet.

3 ● Informiere dich über den Streuversuch und erstelle dazu ein Plakat.

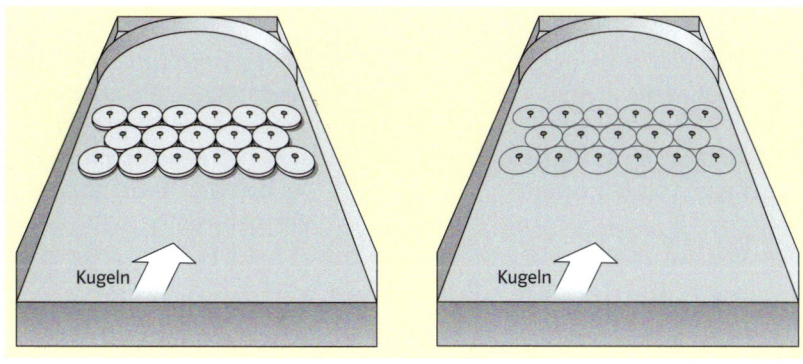

1 Streuversuch mit Atomen aus Pappe   2 Streuversuch mit aufgemalten Atomen

Das Kern-Hülle-Modell

Manche Stoffe leiten den elektrischen Strom. Dies lässt sich mit dem einfachen Teilchenmodell nicht erklären. Der Physiker ERNEST RUTHERFORD erforschte den Aufbau eines Atoms näher. In den Jahren 1909 bis 1911 führte er mit seinen Mitarbeitern dazu Versuche mit einer speziellen Apparatur durch. Aus den Ergebnissen entwickelte er ein neues Atommodell.
(► Stoff und Teilchen, S.164/165)

(2) Die Alpha-Teilchen treffen mit sehr hoher Geschwindigkeit auf eine **Goldfolie**. RUTHERFORD wählte Gold, weil es sehr dünn ausgewalzt werden kann. Die nur 0,0005 mm dünne Goldfolie bestand trotzdem aus mehr als 1000 Atomschichten.

(1) In einem **Bleiblock** befindet sich ein radioaktiver Stoff. Dieser sendet einen Strahl aus sehr kleinen Teilchen aus, den Alpha-Teilchen. Diese sind positiv geladen.

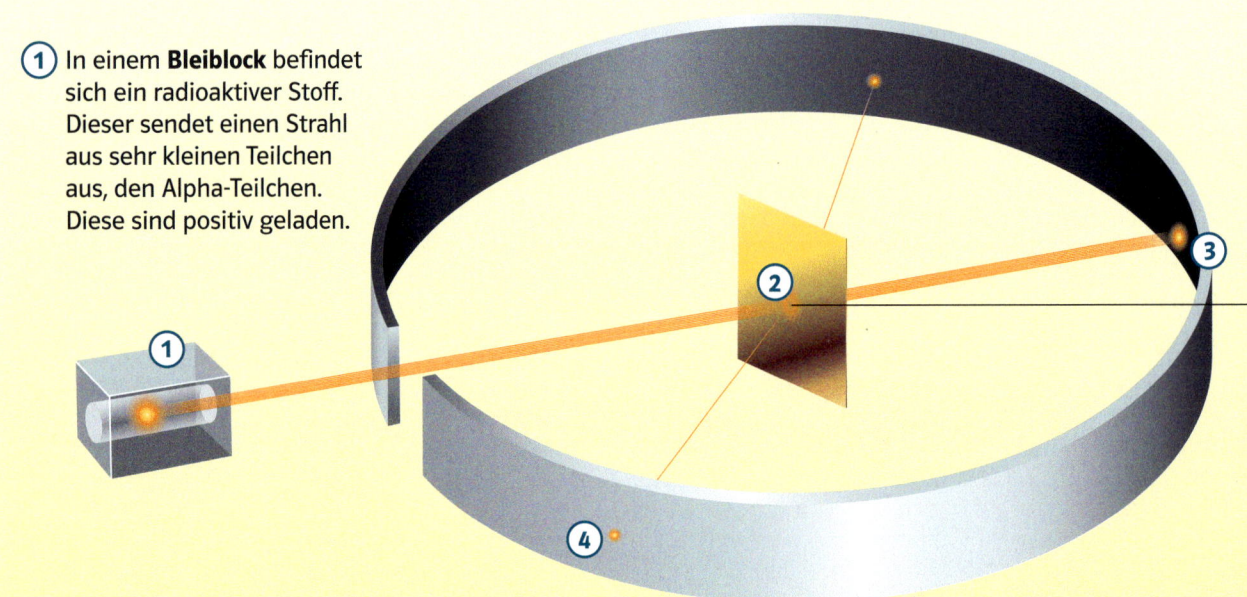

(4) Nur wenige Alpha-Teilchen werden von den Gold-Atomen in der Folie abgelenkt. Noch weniger Alpha-Teilchen prallen von den Gold-Atomen ab. Auch dies kann man auf dem Leuchtschirm erkennen.

(3) Die meisten Alpha-Teilchen durchdringen die Goldfolie ungehindert. Sie treffen auf einen **Leuchtschirm**, auf dem sie als Lichtblitze sichtbar werden.

Die Versuchsbeobachtungen brachten RUTHERFORD zu folgender Erkenntnis: Atome sind zum größten Teil leer. Im Inneren besitzen die Atome ein winziges, positiv geladenes Zentrum, das einige wenige Alpha-Teilchen ablenkt oder abprallen lässt. Dieses Zentrum nannte er **Atomkern**. Da Atome elektrisch neutral sind, muss der positiv geladene Atomkern von der gleichen Menge negativer Ladung umgeben sein. Diese negative Ladung bildet die Atomhülle. Man nennt das Atommodell auch **Kern-Hülle-Modell**.

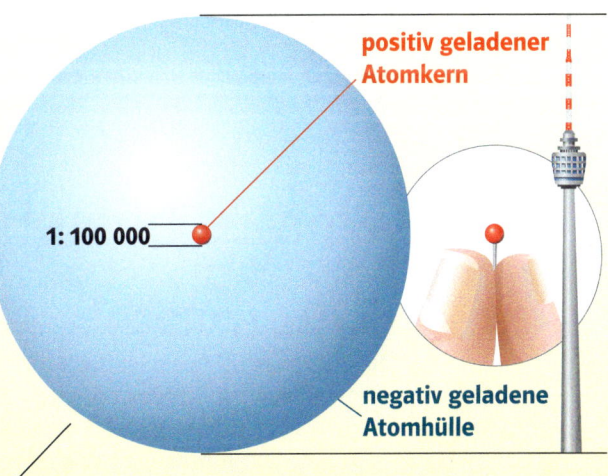

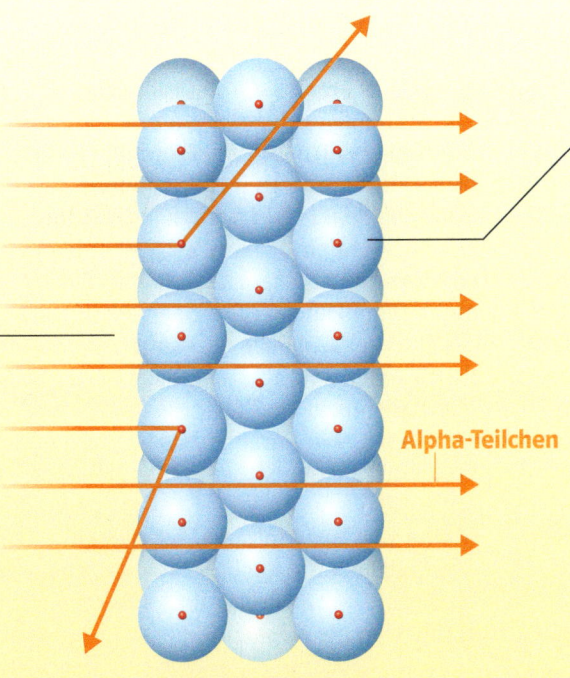

Modell der Goldfolie

Alpha-Teilchen

Größenvergleich

Heute weiß man, dass Atome einen Durchmesser von ungefähr 0,000 000 1 mm haben. Der Durchmesser des Atomkerns ist noch bis zu 100 000-mal kleiner. Wäre der Atomkern so groß wie ein Stecknadelkopf (2 mm), so hätte das Atom einen Durchmesser von der Höhe eines Fernsehturms (200 m).

AUFGABEN

1 ○ Beschreibe die Beobachtung, aus der RUTHERFORD schließen konnte, dass der Atomkern winzig klein ist.

2 ◐ Berechne den Durchmesser eines gedachten Atoms, wenn dessen Kern die Größe eines Tomatensamens von 2,8 mm hat.

3 ● Auch heute gibt es noch kein „endgültiges" Atommodell. Begründe.

Nach dem Kern-Hülle-Modell besteht ein Atom aus einer fast leeren, negativ geladenen Atomhülle und einem winzigen, positiv geladenen Atomkern.

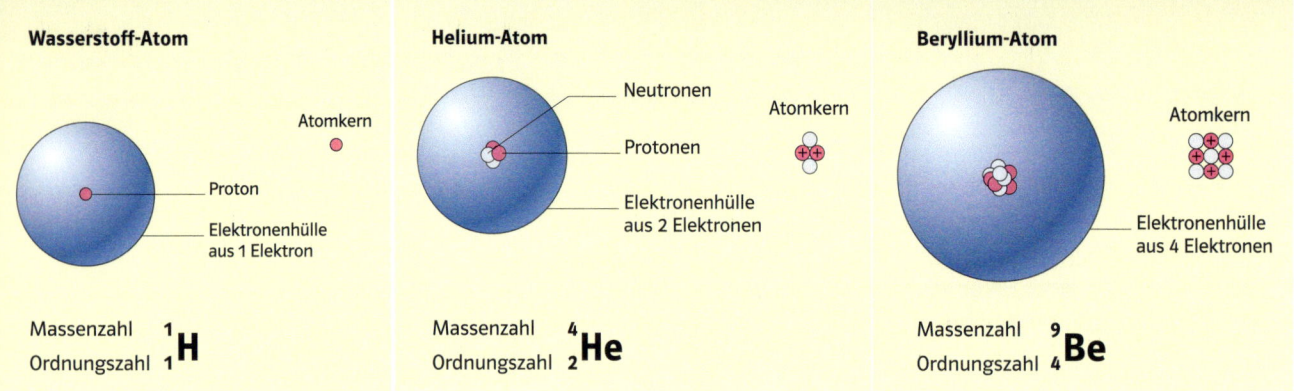

Wasserstoff-Atom

Atomkern

Proton

Elektronenhülle
aus 1 Elektron

Massenzahl $^{1}_{1}\text{H}$
Ordnungszahl

Helium-Atom

Neutronen

Protonen

Atomkern

Elektronenhülle
aus 2 Elektronen

Massenzahl $^{4}_{2}\text{He}$
Ordnungszahl

Beryllium-Atom

Atomkern

Elektronenhülle
aus 4 Elektronen

Massenzahl $^{9}_{4}\text{Be}$
Ordnungszahl

1 Aufbau des Wasserstoff-Atoms   **2** Aufbau des Helium-Atoms   **3** Aufbau des Beryllium-Atoms

Woraus bestehen Atome?

Der Aufbau des Wasserstoff-Atoms

Das Wasserstoff-Atom ist das Atom mit dem einfachsten Aufbau. Es besitzt einen Kern aus einem einzigen positiv geladenen Teilchen, dem **Proton** (▷ B 1). Ein Proton besitzt eine Masse von etwa 1 u. Ein Proton hat immer die gleiche positive elektrische Ladung, die man **positive Elementarladung** nennt.

Im Raum um das Proton befindet sich ein entgegengesetzt geladenes Teilchen, das **Elektron**. Es hat eine **negative Elementarladung**. Die Masse eines Elektrons beträgt nur 0,000 55 u. Sie ist also sehr viel kleiner als die eines Protons.

Der Aufbau des Helium-Atoms

Auf das Element Wasserstoff folgt im Periodensystem das Element Helium. Ein Helium-Atom besitzt zwei Protonen und zwei Elektronen (▷ B 2). Die Masse der beiden Protonen beträgt 2 u. Die Masse eines Helium-Atoms beträgt jedoch 4 u. Da die Elektronen nahezu keine Masse haben, muss der Kern noch aus weiteren Teilchen bestehen. Diese Teilchen werden **Neutronen** genannt. Wie Protonen haben die Neutronen etwa die Masse 1 u, jedoch keine Ladung. Elektronen, Protonen und Neutronen sind die **Bausteine der Atome**.
(▶ Stoff und Teilchen, S. 164/165)

Addiert man die Anzahl der Protonen und Neutronen, erhält man die **Massenzahl**. Die Massenzahl wird links oben neben dem Elementsymbol angegeben und entspricht ungefähr der Atommasse.

Anzahl der Protonen und Ordnungszahl

Alle Atome eines bestimmten Elements haben die gleiche Anzahl Protonen. So hat beispielsweise jedes Beryllium-Atom vier Protonen (▷ B 3). Die Anzahl der Protonen entscheidet damit über die Zugehörigkeit eines Atoms zu einem bestimmten Element. Die Anzahl der Protonen entspricht der Ordnungszahl, die links unten neben dem Elementsymbol steht. Sie gibt zugleich die Anzahl der Elektronen in einem Atom an, da die Anzahl der Elektronen und Protonen in einem Atom immer gleich ist.

Atome sind aus Protonen, Neutronen und Elektronen aufgebaut. Addiert man die Anzahl der Protonen und Neutronen, erhält man die Massenzahl.

AUFGABEN

1 ○ Zähle die Bausteine eines Atoms auf.

2 ◗ Ordne einem Phosphor-Atom seine Massenzahl zu. Gib die Anzahl der Protonen, Elektronen und Neutronen an.

3 ● Erkläre den Zusammenhang zwischen Massenzahl und Ordnungszahl.

Isotope

Die Zahl der Neutronen ist unterschiedlich

Bestimmt man experimentell die Masse von Bor-Atomen, erhält man zwei verschiedene Werte: 10,0 u und 11,0 u. Es gibt also zwei Sorten von Bor-Atomen. Da alle Bor-Atome fünf Protonen besitzen, müssen sie sich in der Anzahl der Neutronen unterscheiden. Eine Sorte Bor-Atome besitzt fünf Neutronen (Atommasse 10 u), die andere sechs Neutronen (Atommasse 11 u, ▷ B 1). Solche Atome eines gleichen Elements, die sich in der Anzahl der Neutronen unterscheiden, heißen **Isotope**. Isotope haben die gleiche Anzahl an Protonen, aber unterschiedliche Massenzahlen.

Wasserstoff, Deuterium, Tritium

Isotope sind im Periodensystem nicht gesondert aufgeführt. Man nutzt die gleichen Elementsymbole. Nur für die Isotope des Wasserstoffs, die sich in ihrer Masse stark unterscheiden, gibt es unterschiedliche Namen (▷ B 2). Das Wasserstoff-Atom mit der Masse 2 u wird Deuterium genannt, das Wasserstoff-Atom mit der Masse 3 u heißt Tritium.

Die durchschnittliche Atommasse

Es gibt nur 22 Elemente, die nicht aus einem Gemisch verschiedener Isotope bestehen. Diese Elemente werden **Reinelemente** genannt. Elemente, die aus einem Isotopengemisch bestehen, bezeichnet man als **Mischelemente**. Das Element Bor ist beispielsweise ein Isotopengemisch aus 20 % Bor-Atomen der Masse 10,0 u und 80 % Bor-Atomen der Masse 11,0 u. Daraus kann man eine durchschnittliche Atommasse von 10,8 u berechnen.

Atome eines Elements, die sich in der Anzahl der Neutronen unterscheiden, werden Isotope genannt.

AUFGABEN

1 ○ Erläutere an einem Beispiel, was man unter dem Begriff „Isotop" versteht.

2 ◒ Es gibt zwei natürlich vorkommende Chlor-Isotope, ^{35}Cl und ^{37}Cl. Im Periodensystem ist als durchschnittliche Atommasse 35,5 u angegeben. Von welchem Isotop ist mehr vorhanden? Begründe deine Antwort.

3 ● Sammle Informationen über den Einsatz von Isotopen in der Medizin und diskutiert in der Klasse Vorteile und Nachteile des Einsatzes.

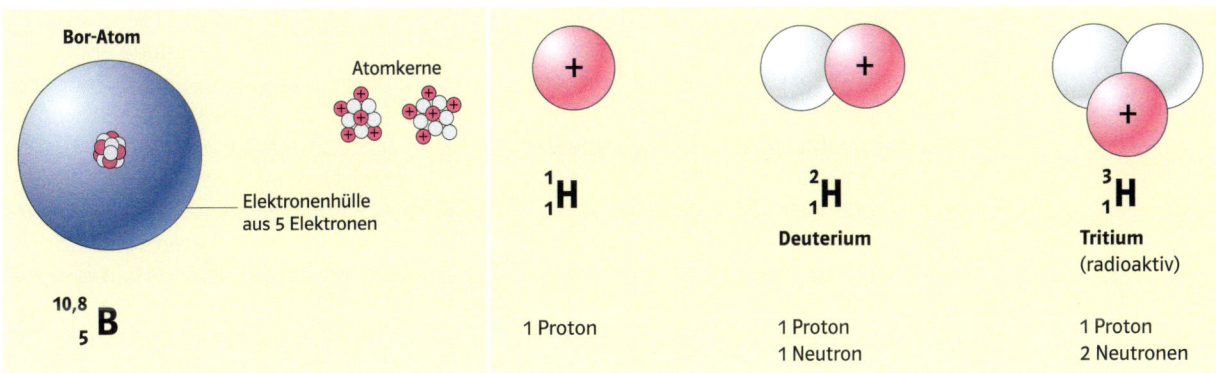

Bor-Atom

Atomkerne

Elektronenhülle aus 5 Elektronen

$^{10,8}_{5}B$

$^{1}_{1}H$

1 Proton

$^{2}_{1}H$
Deuterium

1 Proton
1 Neutron

$^{3}_{1}H$
Tritium
(radioaktiv)

1 Proton
2 Neutronen

1 Der Aufbau des Bor-Atoms

2 Atomkerne der Wasserstoff-Isotope

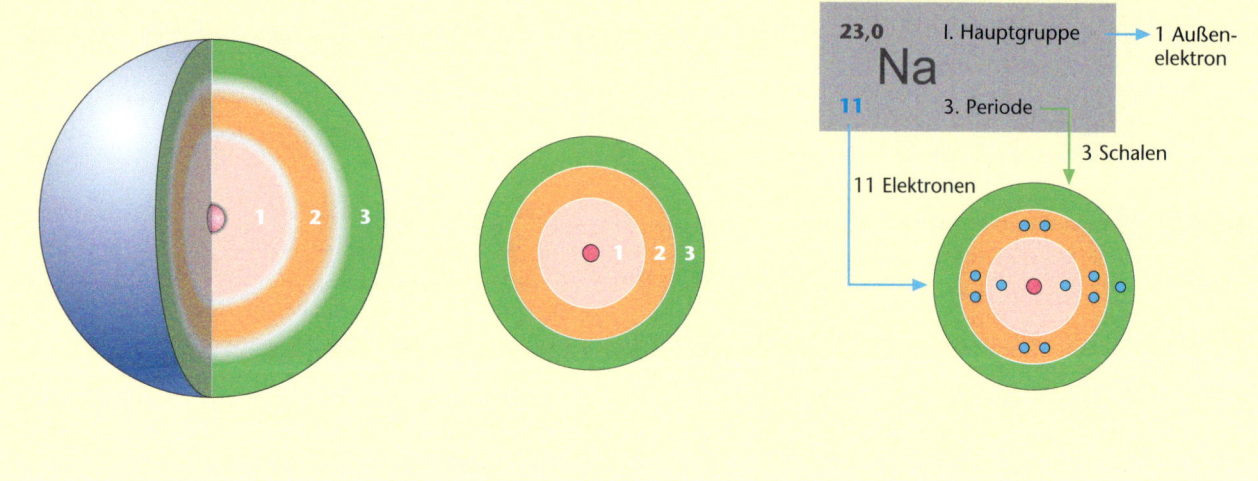

1 Die Elektronenhülle im Schalenmodell

Das Schalenmodell

Von RUTHERFORD zu BOHR

Mit dem Kern-Hülle-Modell von RUTHER-FORD kann man den Aufbau der Atome und die Reihenfolge der Elemente im Periodensystem erklären. Dieses Atom-modell erklärt aber nicht die ähnlichen Eigenschaften der Elemente innerhalb einer Elementgruppe, beispielsweise die ähnlichen Eigenschaften der Alkalimetalle. NIELS BOHR entwickelte im Jahr 1913 die Vorstellung vom Aufbau der Elektronen-hülle weiter. Damit konnte er auch die Zugehörigkeit eines Elements zu einer Elementgruppe erklären.

Vom Kern-Hülle-Modell zum Schalenmodell

Das Kern-Hülle-Modell besagt, dass sich die Elektronen in der Elektronenhülle um den Atomkern bewegen. Wie aber ist die Elekt-ronenhülle aufgebaut? Das **Schalenmodell** beschreibt sie so: Die Elektronenhülle ist in verschiedene Aufenthaltsbereiche unter-teilt (▷ B1). Der erste Aufenthaltsbereich liegt kugelförmig um den Atomkern. In diesem Bereich haben zwei Elektronen Platz. Er kann entweder durch ein Elektron wie im Wasserstoff-Atom oder durch zwei Elektronen wie im Helium-Atom ausgefüllt

werden. Mehr Elektronen kann dieser Bereich nicht aufnehmen.

Beim Lithium-Atom mit drei Elektronen kommt deshalb ein neuer Aufenthalts-bereich hinzu, der wie eine Schale um den ersten Bereich liegt. Er nimmt das dritte Elektron des Lithium-Atoms auf. Die zweite Schale kann mit insgesamt acht Elektronen gefüllt werden, also bis zum Neon-Atom. Erst beim Natrium-Atom wird ein dritter Aufenthaltsbereich – eine dritte Schale – begonnen (▷ B2).

(► Stoff und Teilchen, S.164/165)

Schalenmodell und Periodensystem

Alle Elemente, die die gleiche Anzahl an besetzten Schalen aufweisen, sind im Periodensystem in einer Periode angeord-net. Schwefel steht in der dritten Periode. Das bedeutet, dass die Hülle des Schwefel-Atoms drei Schalen aufweist.

Alle Elemente, die untereinander in einer Gruppe stehen, besitzen die gleiche Anzahl an Elektronen in der äußeren Schale. So haben alle Atome der dritten Hauptgruppe drei Elektronen in der Außenschale. Die Elektronen in der Außenschale bezeichnet man als **Außenelektronen** oder **Valenz-elektronen**.

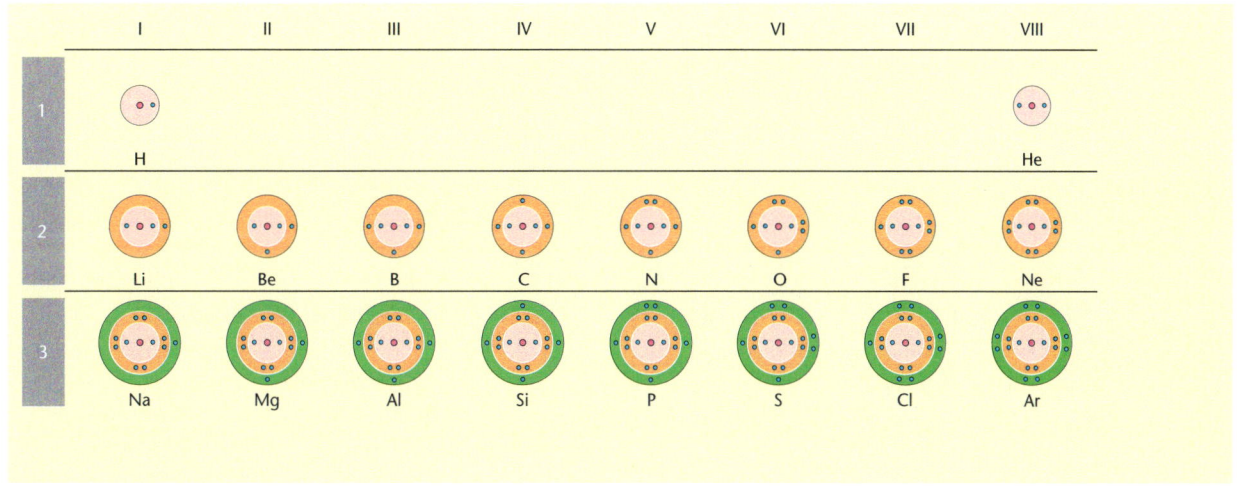

2 Die Schalenmodelle einiger Atome

Die Außenelektronen sind entscheidend

Die Anzahl der Außenelektronen bestimmt die Zugehörigkeit zu einer Elementgruppe. Die Atome der Alkalimetalle haben jeweils ein Elektron in der Außenschale und bilden deshalb die erste Hauptgruppe. Die ähnlichen Eigenschaften der Elemente einer Gruppe beruhen auf der gleichen Anzahl an Außenelektronen.

Die achte Hauptgruppe bilden die Edelgase. Bei den Atomen der Edelgase ist die Außenschale mit acht Elektronen voll besetzt. Nur Helium-Atome weisen schon mit zwei Elektronen eine voll besetzte Außenschale auf. Die voll besetzte Außenschale führt dazu, dass die Edelgase besonders reaktionsträge sind.

Oft gibt man nur die Außenelektronen eines Atoms an. Man stellt sie durch Punkte um das Elementsymbol dar. Bei mehr als vier Außenelektronen bildet jedes hinzukommende Elektron mit einem schon vorhandenen Elektron ein **Elektronenpaar**. Ein Elektronenpaar kann durch einen Strich dargestellt werden (▷ B 3). Diese Darstellung heißt **Elektronenschreibweise nach Lewis**.

Die Nummer der Periode gibt die Anzahl der Schalen der Elektronenhülle an. Die Nummer der Hauptgruppe gibt die Anzahl der Elektronen in der Außenschale an.

Gruppen							
I	**II**	**III**	**IV**	**V**	**VI**	**VII**	**VIII**
H •							He I
Li •	Be •	• B •	• C •	• N I	• O I	I F I	I Ne I
Na •	Mg •	• Al •	• Si •	• P I	• S I	I Cl I	I Ar I

3 Die Elektronenschreibweise nach Lewis

AUFGABEN

1 ○ Gib den wesentlichen Unterschied zwischen dem Kern-Hülle-Modell und dem Schalenmodell an.

2 ○ Nenne die Gemeinsamkeiten der Atome innerhalb einer Periode und innerhalb einer Elementgruppe.

3 ◐ Zeichne das Schalenmodell eines Kalium-Atoms und eines Schwefel-Atoms. Vergleiche mit einem Partner.

4 ◐ In der Elektronenschreibweise wird neben das Symbol für das Helium-Atom nur ein Strich gesetzt, obwohl Helium zur VIII. Hauptgruppe gehört. Erkläre diesen scheinbaren Widerspruch.

5 ● Begründe, weshalb das Schalenmodell für die Erklärung der Eigenschaften der Elemente und ihrer chemischen Reaktionen besser geeignet ist als das Kern-Hülle-Modell.

Zusammenfassung

I							VIII
1 1,0 1 **H** Wasser-stoff	II	III	IV	V	VI	VII	4,0 2 **He** Helium
2 6,9 3 **Li** Lithium	9,0 4 **Be** Beryllium	10,8 5 **B** Bor	12,0 6 **C** Kohlenstoff	14,0 7 **N** Stickstoff	16,0 8 **O** Sauerstoff	19,0 9 **F** Fluor	20,2 10 **Ne** Neon
3 23,0 11 **Na** Natrium	24,3 12 **Mg** Magnesium	27,0 13 **Al** Aluminium	28,1 14 **Si** Silicium	31,0 15 **P** Phosphor	32,1 16 **S** Schwefel	35,5 17 **Cl** Chlor	39,9 18 **Ar** Argon
4 39,1 19 **K** Kalium	40,1 20 **Ca** Calcium	69,7 31 **Ga** Gallium	72,6 32 **Ge** Germanium	74,9 33 **As** Arsen	79,0 34 **Se** Selen	79,9 35 **Br** Brom	83,8 36 **Kr** Krypton
5 85,5 37 **Rb** Rubidium	87,6 38 **Sr** Strontium	114,8 49 **In** Indium	118,7 50 **Sn** Zinn	121,8 51 **Sb** Antimon	127,6 52 **Te** Tellur	126,9 53 **I** Iod	131,3 54 **Xe** Xenon
6 132,9 55 **Cs** Caesium	137,3 56 **Ba** Barium	204,4 81 **Tl** Thallium	207,2 82 **Pb** Blei	209,0 83 **Bi** Bismut	209 84 **Po** Polonium	210 85 **At** Astat	222 86 **Rn** Radon

1 Die Hauptgruppen des Periodensystems

Elementgruppen

Elemente mit ähnlichen Eigenschaften bilden eine Elementgruppe. Lithium, Natrium, Kalium, Rubidium und Caesium bilden die Elementgruppe der Alkalimetalle.

Periodensystem der Elemente

Die Spalten im Periodensystem nennt man Gruppen. Elemente einer Gruppe haben jeweils ähnliche Eigenschaften. Die Zeilen nennt man Perioden, weil in regelmäßiger Abfolge Elemente mit ähnlichen Eigenschaften wiederkehren (▷ B1). Elemente, die nicht zu den acht Hauptgruppen gehören, werden in Nebengruppen zusammengefasst.

Atomare Masseneinheit u

Die Masse eines Atoms wird in der atomaren Masseneinheit u angeben. Im Periodensystem steht die Atommasse links oben am Elementsymbol (▷ B2).

Kern-Hülle-Modell

Nach dem Kern-Hülle-Modell von RUTHERFORD besteht ein Atom aus einer fast leeren, negativ geladenen Atomhülle und einem positiv geladenen Atomkern.

Bausteine der Atome

Atome bestehen aus Protonen, Neutronen und Elektronen. Die Ordnungszahl gibt die Anzahl der Protonen an und bestimmt die Stellung des Elements im Periodensystem (▷ B2). Die Massenzahl ist die Summe aus Protonen und Neutronen.

Isotope

Isotope sind Atome eines Elements, die sich in der Anzahl der Neutronen unterscheiden.

Schalenmodell

Das Schalenmodell beschreibt den Aufbau der Elektronenhülle. Die Elektronen sind in Schalen um den Kern angeordnet (▷ B3). Die Anzahl der Schalen entspricht der Nummer der Periode. Elemente einer Elementgruppe haben die gleiche Anzahl Elektronen in ihrer äußeren Schale.

durchschnittliche Atommasse in u

Elementsymbol

23,0 11 **Na**

Ordnungszahl
= Anzahl der Protonen (11)
= Anzahl der Elektronen (11)

Elementname

Natrium

2 Angaben zu den Elementen im Periodensystem

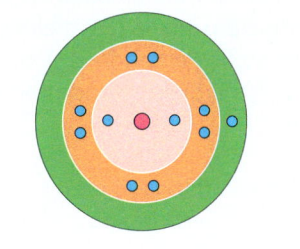

3 Natrium-Atom im Schalenmodell

AUFGABEN

1 ○ a) Nenne alle Erdalkalimetalle.
○ b) Beschreibe Eigenschaften der Alkalimetalle.

Super! ? ► S. 44/45, 46

2 ○ Das Atommodell von RUTHERFORD wird auch als „Kern-Hülle-Modell" bezeichnet. Erläutere diese Bezeichnung.

Super! ? ► S. 56/57

3 Die Elemente mit den Symbolen in Bild 4 sind nach zunehmender Ordnungszahl geordnet.
○ a) Nenne die fehlenden Elemente in dieser Reihe und ordne sie ein.
○ b) Ordne die Elemente anschließend so, dass solche mit ähnlichen Eigenschaften untereinander stehen.
○ c) Gib an, welche Elementgruppen zu erkennen sind.

Super! ? ► S. 50/51

4 In Bild 5 ist ein Element aus dem Periodensystem abgebildet.
○ a) Gib an, zu welcher Elementgruppe es gehört.
○ b) Schreibe die weiteren Elemente dieser Gruppe auf.
○ c) Erkläre, weshalb man das abgebildete Element nicht in der Natur findet.
○ d) Ordne die Elemente der Gruppe nach ihrer Reaktionsfreudigkeit.

Super! ? ► S. 48

5 ○ Argon wird in der Schweißtechnik verwendet. Erkläre dies mit den besonderen Eigenschaften des Argons.

Super! ? ► S. 49

6 ○ Erläutere den Aufbau eines Helium-Atoms mithilfe von Bild 6.

Super! ? ► S. 58

7 ○ a) Beschreibe die Stellung von Magnesium im Periodensystem und gib an, zu welcher Elementgruppe das Metall gehört.
○ b) Zeichne das Schalenmodell eines Magnesium-Atoms. Schreibe neben die Zeichnung die Anzahl der Teilchen im Atom.

Super! ? ► S. 46, 50/51, 58, 60/61

8 ○ Erläutere, welche Informationen über den Bau eines Atoms die folgenden Angaben liefern: a) Ordnungszahl, b) Massenzahl, c) Nummer der Periode, d) Nummer der Hauptgruppe.

Super! ? ► S. 50/51, 58, 60/61

9 ● Das Element Magnesium ist ein Isotopen-Gemisch aus 80 % Atomen mit der Masse 24 u, 10 % Atomen mit der Masse 25 u und 10 % Atomen mit der Masse 26 u. Berechne die durchschnittliche Atommasse.

Super! ? ► S. 59

$^{79,9}_{35}$Br

5 Zu Aufgabe 4

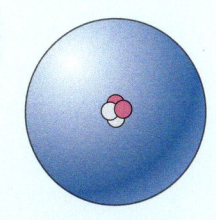

6 Zu Aufgabe 6

| Li | Be | B | C | N | O | F | Na | Mg | Al | Si | P | S | Cl | K | Ca |

4 Zu Aufgabe 3

3 Gase – zwischen lebensnotwendig und gefährlich

– Woraus besteht Luft?

– Wird die Luft irgendwann aufgebraucht sein?

– Wofür wird Wasserstoff verwendet?

– Wodurch wird die Luft verschmutzt?

Der Sauerstoffanteil in der Luft

Kupfer reagiert mit Luft

Im Versuch in Bild 1 wird Kupfer erhitzt. Gleichzeitig lässt man 100 ml Luft über das heiße Kupfer strömen. Dabei kann man zwei Dinge beobachten: Zum einen verliert das Kupfer seine typische kupferrote Farbe und bekommt stattdessen einen schwarzen Überzug. Zum anderen sind nach dem Abkühlen nur noch etwa 79 ml Gas in der Apparatur vorhanden. Wenn man dieses Gas über eine brennende Kerze leitet, erlischt diese sofort.

Nur ein Teil der Luft reagiert

Beim Erhitzen des Kupfers und dem Überleiten der Luft über das Kupfer hat sich ein neuer Stoff gebildet. Das Kupfer hat mit dem Sauerstoff aus der Luft reagiert. Deshalb enthält das restliche Gas nach der Reaktion keinen Sauerstoff mehr. Es besteht nahezu vollständig aus Stickstoff, der seinen Namen daher hat, dass er eine Flamme erstickt.

Bei der Reaktion von Kupfer mit Luft reagiert nur der Sauerstoff. Der größte Teil der Luft ist Stickstoff, der nicht mit dem Kupfer reagiert.

AUFGABEN

1 ○ Berechne aus dem Versuchsergebnis das Volumen des Sauerstoffs in ml.

2 ◐ Erläutere, wozu das Kupfer bei diesem Versuch dient.

3 ● Begründe, weshalb man mit dem Ablesen der Volumenveränderung warten muss, bis die Apparatur abgekühlt ist.

VERSUCH

1ᴸ Man gibt blanke Kupferspäne in die Mitte eines Reaktionsrohrs und verbindet das Reaktionsrohr mit zwei Kolbenprobern. Einen Kolbenprober füllt man mit genau 100 ml Luft. Anschließend erhitzt man die Kupferspäne kräftig und schiebt die Luft in den Kolbenprobern hin und her, bis das Kupfer sich nicht weiter verändert (▷ B 1). Nach dem Abkühlen liest man die Volumenveränderung am Kolbenprober ab und leitet zum Schluss die Restluft langsam über eine brennende Kerze.

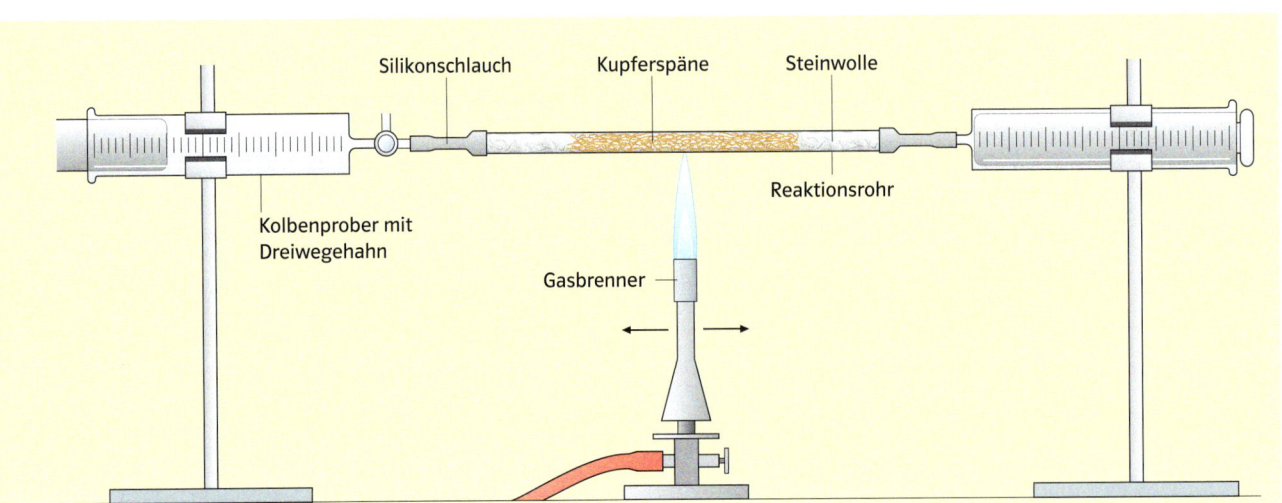

1 Wie viel Sauerstoff ist in 100 ml Luft enthalten?

Die Zusammensetzung der Luft

Luft ist ein Gasgemisch

Die Luft ist ein Gemisch aus verschiedenen Gasen (▷ B 2). Sie besteht zu einem großen Teil aus **Stickstoff** (78,08 %) und **Sauerstoff** (20,95 %). Daneben enthält die Luft noch **Edelgase** (0,93 %) und **Kohlenstoffdioxid** (0,04 %). Alle Gase der Luft sind farblos, geruchlos und geschmacklos.

Sauerstoff

Die meisten Lebewesen benötigen Sauerstoff zum Atmen. Auch für Verbrennungen ist Sauerstoff notwendig. Sauerstoff wird beispielsweise in Atemgeräten und zum Schweißen verwendet.

Stickstoff

Stickstoff ist weder brennbar, noch unterhält er die Verbrennung. Eine brennende Kerze erlischt in reinem Stickstoff sofort. Seinen Namen erhielt Stickstoff durch die Beobachtung, dass Lebewesen in ihm ersticken. Stickstoff wird deshalb auch zum Haltbarmachen von Lebensmitteln verwendet (▷ B1).
Bei gewöhnlichen Temperaturen reagiert Stickstoff kaum. Erst bei sehr hohen Temperaturen kann er oxidiert werden. Dies geschieht beispielsweise in einerm Verbrennungsmotor. Dabei entstehen schädliche Stickstoffoxide.

Kohlenstoffdioxid

Kohlenstoffdioxid entsteht beim Verbrennen von Holz, Kohle, Erdöl oder Erdgas. Auch Menschen und Tiere geben es beim Ausatmen ab. Kohlenstoffdioxid ist nicht brennbar. Es wird daher in Feuerlöschern verwendet. Leitet man Kohlenstoffdioxid in Kalkwasser ein, so wird dieses trüb.

Edelgase

Die meisten Edelgase reagieren nicht mit anderen Stoffen. Sie sind auch nicht brennbar. Die bekanntesten Edelgase sind Helium, Neon, Argon und Xenon (► S. 49).

Luft ist ein Gasgemisch aus Stickstoff, Sauerstoff, verschiedenen Edelgasen und sehr wenig Kohlenstoffdioxid.

AUFGABEN

1 ○ Nenne Gemeinsamkeiten von Helium, Neon, Argon und Xenon.

2 ◒ Begründe, dass die Luft weder ein Element noch eine Verbindung ist.

3 ● Formuliere eine Vermutung, weshalb die Reifen großer Flugzeuge mit Stickstoff gefüllt sind.

1 Lebensmittel unter Schutzatmospäre verpackt

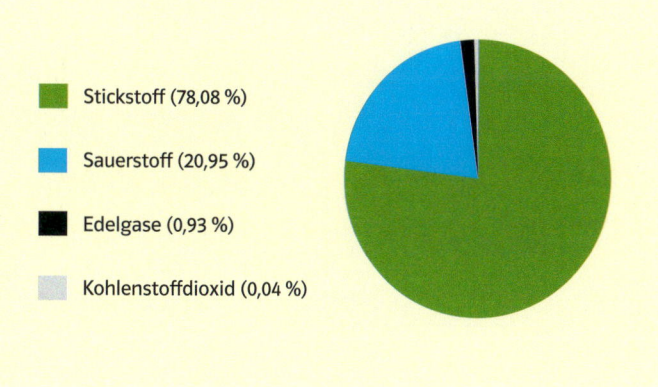

- Stickstoff (78,08 %)
- Sauerstoff (20,95 %)
- Edelgase (0,93 %)
- Kohlenstoffdioxid (0,04 %)

2 Natürliche Zusammensetzung trockener Luft

Diagramme am Computer erstellen

Diagramme helfen verstehen

Luft ist ein Gemisch aus verschiedenen Gasen. Die Anteile der einzelnen Gase in der Luft siehst du in der Tabelle in Bild 1.

Zahlen aus einer Tabelle kann man auch zeichnerisch darstellen. Dazu wandelt man sie in ein Diagramm um. Häufig lassen sich bestimmte Zusammenhänge in einem Diagramm besser erkennen.
Es gibt verschiedene Diagramm-Typen. In Säulendiagrammen zeigt die Höhe der Säule die Größe des Anteils an (▷ B 2). In Kreisdiagrammen erkennst du an der Größe der Kreisausschnitte, wie die Anteile verteilt sind (▷ B 3).

Diagramme selbst erstellen

Du kannst Diagramme von Hand zeichnen. Häufig geht es aber einfacher, wenn du einen Computer zu Hilfe nimmst. Spezielle Tabellen-Kalkulationsprogramme helfen dir beim Erstellen von Diagrammen (z. B. das Microsoft-Programm Excel®). Außerdem kannst du am Computer ganz einfach verschiedene Diagramm-Typen erstellen

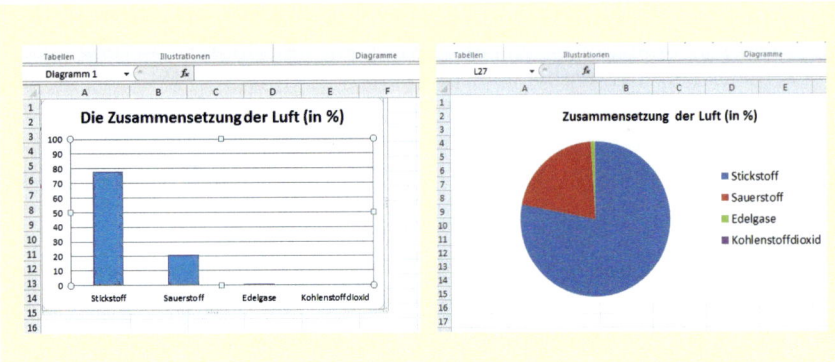

2 Zusammensetzung der Luft als Säulendiagramm

3 Zusammensetzung der Luft als Kreisdiagramm

und dann die beste Darstellung auswählen.

So gehst du am Computer vor

1. Wähle eine Tabelle aus, die du in ein Diagramm umwandeln willst.
2. Übertrage die Werte aus der Tabelle in das Tabellen-Kalkulationsprogramm.
3. Markiere alle Spalten der Tabelle, die in ein Diagramm umgewandelt werden sollen.
4. Klicke in der Symbolleiste am oberen Rand des Programmfensters auf den gewünschten Diagramm-Typ.

5. Kontrolliere die Einteilung des Diagramms (Skala). Verändere die Beschriftung, falls es notwendig ist.
6. Wenn du magst, kannst du auch die Farben und Schriften im Diagramm nach deinem Geschmack anpassen.

AUFGABEN

1 ○ Zähle Vorteile auf, die ein Diagramm gegenüber einer Tabelle hat.

2 ○ Fasse zusammen, worauf man beim Erstellen eines Diagramms achten sollte.

3 ◐ Vergleiche das Erstellen von Diagrammen am PC mit dem Erstellen von Hand. Welche Vor- und Nachteile gibt es?

4 ● Recherchiere die Zusammensetzung der Luft beim Ausatmen. Erstelle aus den Werten ein Diagramm deiner Wahl am Computer.

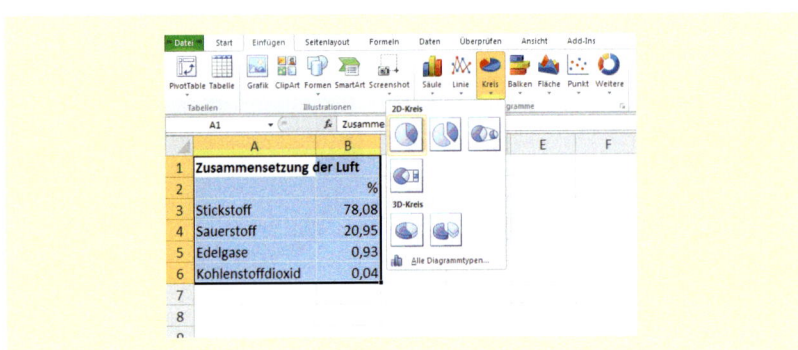

1 Beispiel im Tabellen-Kalkulationsprogramm: Anteile der Gase in der Luft

Sauerstoff

Eigenschaften

Sauerstoff ist ein farbloses, geruchloses und geschmackloses Gas. Es hat eine Siedetemperatur von −183 °C. Bei niedrigeren Temperaturen ist Sauerstoff flüssig. Die Schmelztemperatur beträgt −219 °C, darunter ist Sauerstoff fest. Seine Dichte beträgt 1,33 g/l. In Wasser ist Sauerstoff nur wenig löslich. Sauerstoff selbst ist nicht brennbar, aber er wirkt **brandfördernd**. Brände sind Reaktionen mit Sauerstoff.

Verwendung

In der Medizin bekommen Menschen Sauerstoff, um die Atmung zu unterstützen (▷ B 2). Bergsteiger, für die der Sauerstoffgehalt der Luft in großen Höhen nicht mehr ausreicht, nehmen Sauerstoffflaschen mit (▷ B 1). Außerdem wird Sauerstoff beim Herstellen, Schneiden und Schweißen von Metallen benötigt.

Nachweis

Wenn man brennbare Stoffe in reinem Sauerstoff anzündet, verbrennen sie heftiger als an der Luft. Dies nutzt man zum Nachweis von Sauerstoff. Hält man einen glimmenden Holzspan in einen Standzylinder mit Sauerstoff, entflammt dieser sofort. Diesen Nachweis bezeichnet man als **Glimmspanprobe**.

Aufbau der Sauerstoff-Teilchen

Sauerstoff ist ein Element, das in der Chemie mit dem Symbol O bezeichnet wird. Einzelne Sauerstoff-Atome sind reaktionsfreudig. In der Luft liegen immer jeweils zwei Atome miteinander verbunden vor. Allgemein heißen solche Teilchen **Moleküle**. Das Sauerstoff-Molekül hat die Formel O_2. (▶ Stoff und Teilchen, S. 164/165)

Sauerstoff ist ein lebensnotwendiges und häufig verwendetes Gas. Es wird mit der Glimmspanprobe nachgewiesen.

AUFGABEN

1 ○ Erstelle einen Steckbrief des Sauerstoffs.

2 ◒ Erläutere den Unterschied zwischen den Begriffen „brennbar" und „brandfördernd".

3 ● Begründe, weshalb Sauerstoff in der Medizin die Atmung unterstützen kann.

VERSUCH

1 Führe einen glimmenden Holzspan langsam in einen Standzylinder, der mit reinem Sauerstoff gefüllt ist.

1 Bergsteiger mit Sauerstoffmaske

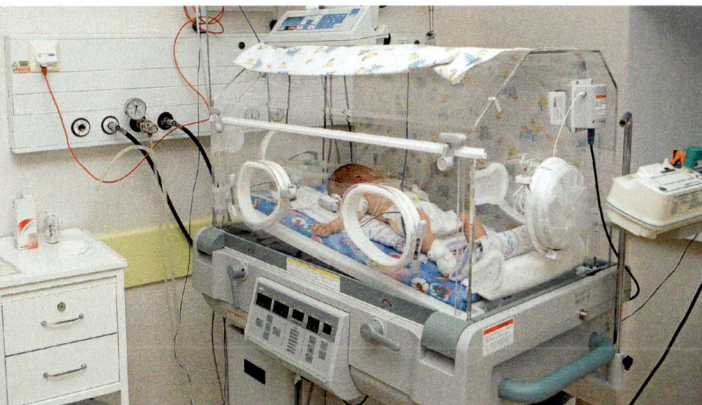

2 Sauerstoffeinsatz in der Medizin

Wir stellen Sauerstoff her

1 Sauerstoff aus Kaliumpermanganat

Material

Schutzbrille, Gasbrenner, Stativ, Doppelmuffe, Universalklemme, Wasserwanne, schwer schmelzbares Reagenzglas, 3 Reagenzgläser mit passenden Stopfen, Reagenzglasgestell, gewinkeltes Glasrohr, durchbohrter Stopfen, Gummischlauch, Steinwolle, Spatellöffel, Kaliumpermanganat, Wasser

Versuchsanleitung

a) Baue die Versuchsapparatur wie in Bild 1 auf. Das schwer schmelzbare Reagenzglas wird am oberen Ende in die Universalklemme gespannt und am Stativ befestigt. Fülle die Wanne mit Wasser. Lege eines der 3 Reagenzgläser so in die Wanne, dass es sich vollständig mit Wasser füllt. Füge auch den Stopfen hinzu.

b) Gib eine kleine Spatelspitze Kaliumpermanganat in das schwer schmelzbare Reagenzglas und verschließe es. Erhitze nun das Kaliumpermanganat vorsichtig mit der rauschenden Brennerflamme. Lass die ersten Gasbläschen entweichen. Halte dann das mit Wasser gefüllte Reagenzglas mit der Öffnung nach unten über die aufsteigenden Gasblasen und fange das Gas so unter Wasser auf.

c) Wenn der Sauerstoff das Wasser vollständig aus dem Reagenzglas verdrängt hat, verschließe es unter Wasser mit dem Stopfen und stelle es in das Reagenzglasgestell. Du benötigst den Sauerstoff für Versuch 2. Fülle nun die beiden anderen Reagenzgläser ebenso.

d) Wenn du fertig bist, ziehe den Schlauch mit dem gewinkelten Glasrohr aus dem Wasser. Entferne dann erst den Gasbrenner!

Aufgaben

1. Erläutere, warum es sinnvoll ist, den entstehenden Sauerstoff unter Wasser aufzufangen.

2. Begründe, weshalb man am Ende zunächst den Schlauch aus dem Wasser ziehen muss, bevor man den Brenner entfernen darf.

2 Nachweis von Sauerstoff

Material

Schutzbrille, Holzspan, 3 mit Sauerstoff gefüllte Reagenzgläser (aus Versuch 1)

Versuchsanleitung

Entzünde den Holzspan, bis er richtig brennt. Blase dann die Flamme aus, sodass der Holzspan nur noch glimmt. Öffne eines der Reagenzgläser und führe den glimmenden Holzspan von oben langsam in das Reagenzglas ein. Wiederhole dies so oft wie möglich. Benutze dabei auch die beiden anderen Reagenzgläser.

Aufgabe

1. Erkläre, weshalb der Holzspan wieder aufflammt.

AUFGABE

1 ⊖ Eine glimmende Räucherkerze wird in ein Gefäß mit reinem Sauerstoff gestellt. Formuliere eine Vermutung, was geschieht.

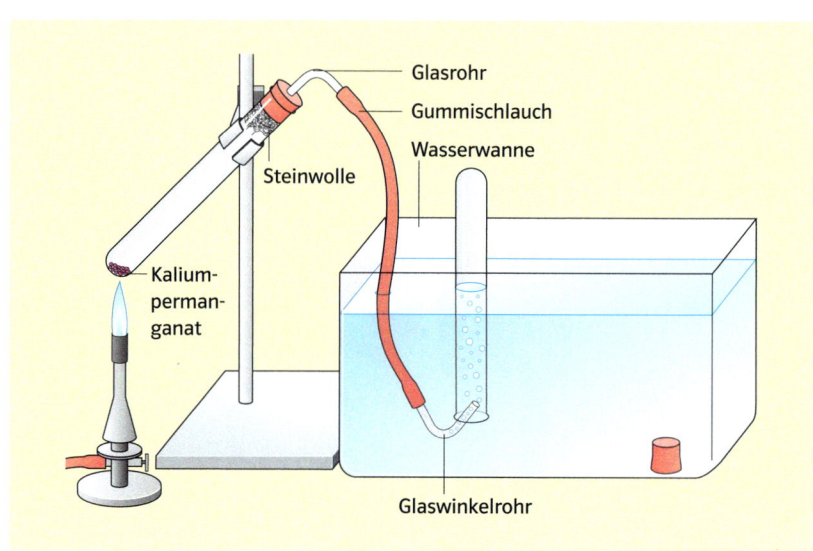

1 Herstellung von Sauerstoff aus Kaliumpermanganat

Kohlenstoffdioxid

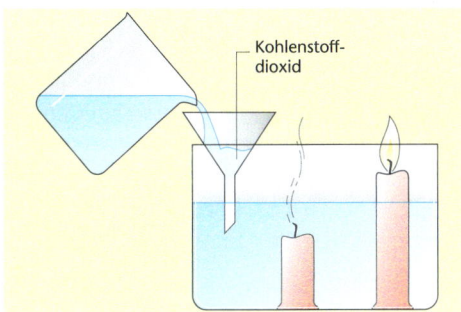

1 Kohlenstoffdioxid lässt sich gießen.

2 Trockeneis als Kühlmittel im Motorsport

Eigenschaften

Kohlenstoffdioxid ist ein farbloses, geruchloses und leicht sauer schmeckendes Gas. Es ist nicht brennbar und wirkt erstickend. Die Dichte von Kohlenstoffdioxid beträgt 1,98 g/l. Es ist somit schwerer als Luft und sammelt sich in geschlossenen Räumen am Boden (▷ B 1). Unter Druck kondensiert Kohlenstoffdioxid und wird zu einer farblosen, leicht beweglichen Flüssigkeit. Kühlt man diese Flüssigkeit weiter ab, erstarrt sie zu einem eisähnlichen Feststoff. Unter Normdruck sublimiert der Feststoff bereits bei −78,5 °C. Das bedeutet, er geht ohne flüssig zu werden in den gasförmigen Aggregatzustand über. Daher heißt festes Kohlenstoffdioxid auch **Trockeneis**.

Verwendung

Kohlenstoffdioxid wird Limonaden und Mineralwasser für einen frischeren Geschmack zugesetzt. Auch manche Feuerlöscher enthalten Kohlenstoffdioxid. Sie kommen bei Bränden elektrischer Geräte zum Einsatz. Trockeneis wird in Laboren und im Motorsport zur Kühlung eingesetzt (▷ B 2).

Nachweis

Leitet man Kohlenstoffdioxid in klares Kalkwasser, beobachtet man nach kurzer Zeit eine Trübung. Diese Trübung gilt als Nachweis für Kohlenstoffdioxid.

Aufbau der Kohlenstoffdioxid-Teilchen

Kohlenstoffdioxid entsteht bei der Reaktion von Kohlenstoff mit Sauerstoff. Das Kohlenstoffdioxid-Teilchen ist ein Molekül aus einem Kohlenstoff-Atom und zwei Sauerstoff-Atomen. Es hat die Formel CO_2. (► Stoff und Teilchen, S. 164/165)

Kohlenstoffdioxid CO_2 entsteht bei der Reaktion von Kohlenstoff und Sauerstoff. Kohlenstoffdioxid wird durch die Trübung von Kalkwasser nachgewiesen.

AUFGABEN

1 ○ Erstelle einen Steckbrief des Kohlenstoffdioxids.

2 ◑ Beschreibe und erkläre den Versuch in Bild 2.

3 ● Beschreibe, welchen Vorteil Kohlenstoffdioxid gegenüber Wasser als Löschmittel hat.

VERSUCH

1 Fülle ein Becherglas mit frisch filtriertem Kalkwasser. Halte kurz die Luft an und blase mithilfe eines Trinkhalms vorsichtig in das Kalkwasser.

Ein natürlicher Kreislauf

In einem Kreislauf wiederholen sich Vorgänge regelmäßig. In der Natur gibt es viele Kreisläufe.

Sauerstoff und Kohlenstoffdioxid – Teile eines Kreislaufs

Menschen und Tiere atmen Luft ein. Dabei nehmen sie mit jedem Atemzug Sauerstoff auf und geben beim Ausatmen zusätzlich Kohlenstoffdioxid ab. Trotzdem wird der Sauerstoff in der Luft nie vollständig verbraucht. Wie ist das möglich?

Bäume und andere grüne Pflanzen bilden aus Wasser und Kohlenstoffdioxid mithilfe des Sonnenlichts Traubenzucker. Dieser Vorgang wird als **Fotosynthese** bezeichnet. Bei der Fotosynthese entsteht neben Traubenzucker auch Sauerstoff, den die Pflanzen an die Luft abgeben. So bildet sich ein natürlicher **Kreislauf** zwischen Menschen und Tieren auf der einen Seite und den Pflanzen auf der anderen Seite (▷ B1).

Wenn der Kreislauf gestört wird

Nicht nur Menschen und Tiere geben Kohlenstoffdioxid ab. Auch beim Verbrennen von Brennstoffen wie Holz, Kohle, Erdöl oder Erdgas entstehen große Mengen an Kohlenstoffdioxid.

Wenn mehr Kohlenstoffdioxid abgegeben wird, als die Pflanzen bei der Fotosynthese aufnehmen, reichert sich das Kohlenstoffdioxid in der Atmosphäre an. Das führt dazu, dass sich die Atmosphäre immer mehr erwärmt.

Die Erwärmung der Atmosphäre wirkt sich langfristig auf das Klima der Erde aus. Dürren und Überschwemmungen sind mögliche Folgen. Ein sparsamer Umgang mit Brennstoffen und die Erhaltung möglichst großer Waldflächen hilft, die Zusammensetzung der Luft im Gleichgewicht zu halten.

Menschen und Tiere ergänzen sich mit Pflanzen im Kreislauf von Kohlenstoffdioxid und Sauerstoff.

Gelangt zu viel Kohlenstoffdioxid in die Luft, so kann es das Klima beeinflussen.

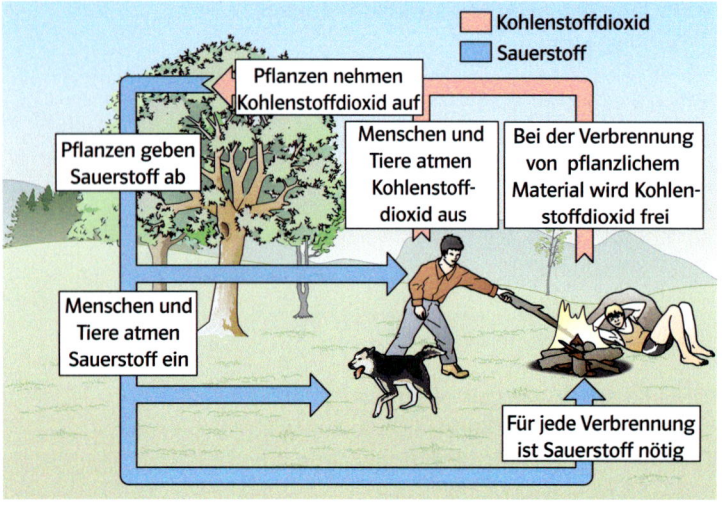

1 Der Kreislauf des Sauerstoffs und des Kohlenstoffdioxids in der Natur

Kohlenstoffdioxid
Sauerstoff

Pflanzen nehmen Kohlenstoffdioxid auf

Pflanzen geben Sauerstoff ab

Menschen und Tiere atmen Kohlenstoffdioxid aus

Bei der Verbrennung von pflanzlichem Material wird Kohlenstoffdioxid frei

Menschen und Tiere atmen Sauerstoff ein

Für jede Verbrennung ist Sauerstoff nötig

AUFGABEN

1 ○ Beschreibe mithilfe von Bild 1 den Kreislauf des Sauerstoffs und des Kohlenstoffdioxids in der Natur.

2 ○ Zähle Vorgänge auf, die den Anteil an Kohlenstoffdioxid in der Luft erhöhen.

3 ◐ Begründe, warum es wichtig ist, die Zusammensetzung der Luft im Gleichgewicht zu halten.

4 ● Begründe, weshalb die Körpertemperatur eines Menschen wesentlich höher sein kann als seine Umgebungstemperatur.

Der Treibhauseffekt

Was ist ein Treibhaus?

Treibhaus ist ein anderes Wort für Gewächshaus. Das Glas eines Gewächshauses ist für das Sonnenlicht durchlässig. Das Sonnenlicht trifft auf die Pflanzen und den Boden und erwärmt diese. Die von der Oberfläche abgegebene Wärmestrahlung wird vom Glas teilweise zurückgehalten, sodass die Temperatur im Inneren des Gewächshauses steigt. So können Pflanzen schon wachsen, wenn es draußen noch kalt ist (▷ B 2).

Natürliches Treibhaus Erde

Die Erde ist von einer Lufthülle umgeben, die man Atmosphäre nennt. Gasteilchen in der Luft wandeln die auftreffenden Sonnenstrahlen in Wärmestrahlung um. Auch Sonnenstrahlen, die auf den Erdboden treffen, werden in Wärmestrahlung umgewandelt und zurückgeworfen. Die Gase der Atmosphäre wirken ähnlich wie das Glas eines Gewächshauses und halten die Wärme zurück, die von der Erde abgestrahlt wird (▷ B 1). Man spricht deshalb vom natürlichen Treibhauseffekt. Dadurch hat die Erde eine mittlere Jahrestemperatur von etwa +15 °C statt −18 °C ohne Treibhauseffekt.

Für den Treibhauseffekt sind verschiedene Gase verantwortlich. Man nennt sie allgemein Treibhausgase. Wichtige Treibhausgase sind Kohlenstoffdioxid, Wasserdampf und Methan.

Der Mensch verstärkt den Treibhauseffekt

Durch den Menschen gelangen mehr Treibhausgase in die Atmosphäre: Bei der Verbrennung von Kohle oder Erdöl entstehen Kohlenstoffdioxid und Wasserdampf. Durch intensiven Reisanbau und Rinderzucht wird Methan freigesetzt. Dadurch verstärkt sich der Treibhauseffekt und die Temperatur auf der Erde nimmt noch mehr zu.

AUFGABEN

1 ⊖ Beschreibe Vorgänge, die den Anteil der Treibhausgase erhöhen.

2 ⊖ Erkläre den Unterschied zwischen dem natürlichen und dem vom Menschen verursachten Treibhauseffekt.

3 ● Recherchiere, welches der drei genannten Treibhausgase den größten Anteil am Treibhauseffekt hat.

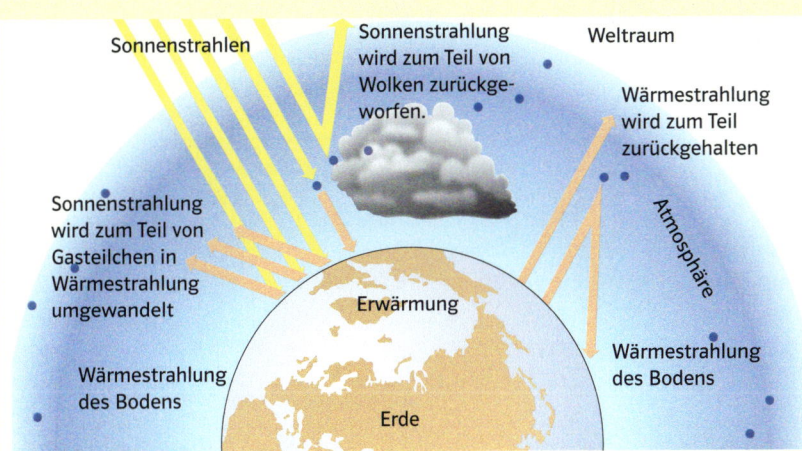

Sonnenstrahlen

Sonnenstrahlung wird zum Teil von Wolken zurückgeworfen.

Weltraum

Wärmestrahlung wird zum Teil zurückgehalten

Sonnenstrahlung wird zum Teil von Gasteilchen in Wärmestrahlung umgewandelt

Atmosphäre

Erwärmung

Wärmestrahlung des Bodens

Wärmestrahlung des Bodens

Erde

1 Der Treibhauseffekt auf der Erde

2 Ein Gewächshaus ist ein Treibhaus.

Luftverschmutzung

Für die Verschmutzung der Luft sind teilweise natürliche Vorgänge wie Vulkanausbrüche, Waldbrände, Pollen von Pflanzen oder Sandstürme verantwortlich. Am meisten verändert aber der Mensch die Zusammensetzung der Luft. Bei der Verbrennung von Kohle, Heizöl, Erdgas oder Benzin entstehen neben Kohlenstoffdioxid und Wasserdampf weitere Gase. Viele von ihnen sind schädlich.

(A) Schwefeldioxid
Viele Brennstoffe enthalten einen geringen Anteil an Schwefel-Verbindungen. Bei der Verbrennung entsteht das giftige Gas Schwefeldioxid. Es reizt die Schleimhäute und schädigt die Atmungsorgane.

(B) Kohlenstoffmonooxid
Ein weiteres giftiges Gas, das häufig bei Verbrennungen entsteht, ist Kohlenstoffmonooxid. Atmet man es ein, so behindert es den Sauerstofftransport im Blut. Man bekommt Kopfschmerzen, Schwindel und andere Vergiftungserscheinungen. Dies kann zum Tod führen.

(C) Stickstoffoxide
Bei Verbrennungsreaktionen mit höheren Temperaturen entstehen Stickstoffoxide, die ebenfalls die Atmungsorgane schädigen.

Smog

Das Wort Smog setzt sich aus den beiden englischen Wörtern smoke (Rauch) und fog (Nebel) zusammen. Bei normaler Wetterlage steigen Schadstoffe mit der warmen Luft nach oben und werden vom Wind verteilt. Bei speziellen „Smog-Wetterlagen" wird dieser Abtransport gestört.

Normale Wetterlage

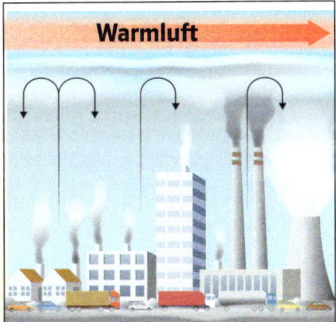

Smog-Wetterlage

Die Luft wird vor allem durch Abgase und Feinstaub aus Verbrennungen verschmutzt.

Smog bezeichnet eine starke Luftverschmutzung, die in einem begrenzten Gebiet und bei ungünstigen Wetterlagen auftritt.

AUFGABEN

1 ○ Zähle auf, wodurch Schadstoffe in die Luft gelangen können. Unterscheide dabei zwischen natürlichen Vorgängen und menschlicher Aktivität.

2 ◕ Beschreibe mithilfe der Grafik oben rechts, unter welchen Voraussetzungen Smog entstehen kann.

3 ● Welche Verhaltensregeln sollte man bei einem Feinstaub-Alarm in Berlin befolgen? Recherchiere und diskutiert darüber in der Klasse.

D Feinstaub

In verschmutzter Luft befinden sich Rauch- und Staubteilchen. Teilchen, die kleiner als 10 Mikrometer (0,01 mm) sind, bezeichnet man als Feinstaub. Feinstaub dringt tief in die Lunge ein und kann Krankheiten wie Lungenkrebs auslösen.

Luftreinhaltung und Katalysatoren

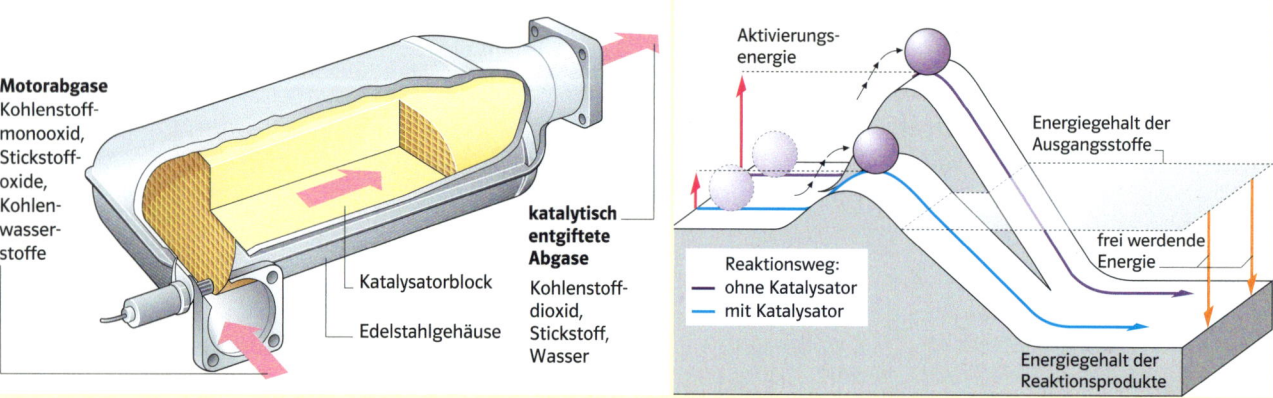

Motorabgase
Kohlenstoff-
monooxid,
Stickstoff-
oxide,
Kohlen-
wasser-
stoffe

Katalysatorblock

Edelstahlgehäuse

**katalytisch
entgiftete
Abgase**
Kohlenstoff-
dioxid,
Stickstoff,
Wasser

Aktivierungs-
energie

Energiegehalt der
Ausgangsstoffe

frei werdende
Energie

Reaktionsweg:
— ohne Katalysator
— mit Katalysator

Energiegehalt der
Reaktionsprodukte

1 Der Drei-Wege-Katalysator

2 Wirkungsweise eines Katalysators

Um die Menschen zu schützen, ist es wichtig, dass so wenige Schadstoffe wie möglich in die Umwelt gelangen. Am besten ist es, die Schadstoffe direkt dort aus der Luft zu entfernen, wo sie entstehen.

Filteranlagen
Die Abgase von Fabriken und Kraftwerken nennt man Rauchgas. Das Rauchgas muss durch Filteranlagen geleitet werden, bevor es in die Luft gelangt. Dabei werden feste Bestandteile wie Ruß- und Staubpartikel herausgefiltert. Gasförmige Schadstoffe wie Schwefeldioxid werden durch chemische Reaktionen in Feststoffe überführt.

Abgas-Katalysator
Auch für Autoabgase gibt es verschiedene Reinigungssysteme. In Dieselfahrzeuge werden mittlerweile häufig Rußpartikelfilter eingebaut, die den Ausstoß von Feinstaub verringern. Zusätzlich besitzen alle modernen Autos einen Abgas-Katalysator (▷ B1). Er besteht aus einem Keramikkörper, durch den zahlreiche dünne Kanäle verlaufen. Die Wände der Kanäle sind mit den Metallen Palladium, Platin und Rhodium beschichtet. An den Metall-Oberflächen werden die Schadstoffe durch

chemische Reaktionen in weniger umweltschädliche Stoffe umgewandelt.

Wirkungsweise von Katalysatoren
Auch in vielen anderen Bereichen kommen Katalysatoren zur Anwendung. Allgemein sind Katalysatoren Stoffe, die die Aktivierungsenergie einer chemischen Reaktion herabsetzen und dadurch die chemische Reaktion beschleunigen. Bild 2 veranschaulicht diesen Zusammenhang. Nach der chemischen Reaktion liegen Katalysatoren unverändert vor.

AUFGABEN

1 ⊖ Erläutere die Wirkungsweise eines Katalysators bei einer chemischen Reaktion.

2 ● In 80 % aller industriellen Prozesse werden Katalysatoren eingesetzt. Begründe.

3 ● „Am Sinnvollsten wäre es, die Luftschadstoffe gar nicht erst entstehen zu lassen." Beschreibe, was die Menschen unternehmen können, um diese Forderung umzusetzen.

Das Linde-Verfahren

Luft ist ein Gasgemisch, das hauptsächlich aus Stickstoff und Sauerstoff besteht. Zur Herstellung der reinen Gase aus der Luft trennt man das Gemisch mithilfe des Linde-Verfahrens. Dabei wird Luft verflüssigt und anschließend destilliert. Das Verfahren wurde 1895 von CARL VON LINDE entwickelt und findet bis heute Anwendung.

Verflüssigung der Luft

Bei der Verflüssigung der Luft nutzt man die folgende Tatsache aus: Wird Luft in einem Behälter zusammengedrückt, dann steigt ihre Temperatur. Lässt man die Luft sich wieder ausdehnen, dann sinkt ihre Temperatur auf die Ausgangstemperatur. Aus diesem Grund wird bei der Luftverflüssigung zunächst die Luft in dickwandigen Behältern mit sehr hohem Druck zusammengepresst. Dadurch erhöht sich ihre Temperatur. Die heiße, zusammengepresste Luft wird abgekühlt und erst danach der Druck wieder auf den Normdruck herabgesetzt (▷ B 2). Dadurch kühlt sich die Luft unter ihre Ausgangstemperatur ab. Diesen Prozess aus Druckerhöhung, Abkühlung und Druckerniedrigung wiederholt man mit der Luft viele Male hintereinander. Dabei wird die Luft schließlich auf eine Temperatur von etwa −200 °C abgekühlt, bei der sie flüssig ist.

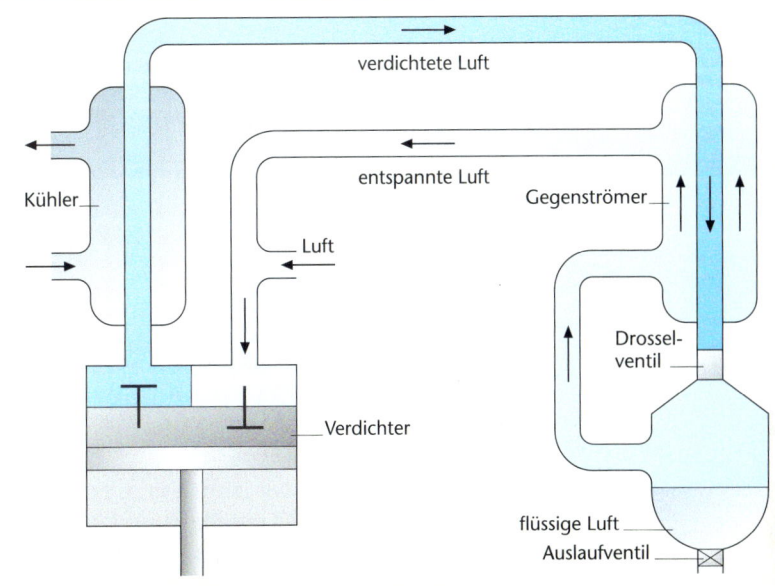

2 Verflüssigung der Luft mit dem Linde-Verfahren

Destillation der Luft

Erwärmt man die flüssige Luft auf −196 °C, siedet der Stickstoff und wird gasförmig. Sauerstoff bleibt dagegen flüssig. Er siedet erst bei der höheren Temperatur von −183 °C. Auf diese Weise kann man Stickstoff und Sauerstoff durch Destillation voneinander trennen.

AUFGABEN

1 ○ Handelt es sich bei der Verflüssigung der Luft um eine chemische Reaktion? Begründe.

2 ● Beschreibe und erkläre mithilfe von Bild 2 die Gewinnung von Sauerstoff mit dem Linde-Verfahren.

3 ● Neben Sauerstoff und Stickstoff enthält Luft weitere Bestandteile. Recherchiere, wie sie aus dem Gasgemisch abgetrennt werden können.

1 Flüssiger Stickstoff im Labor

1 Absturz des Zeppelins Hindenburg

2 Knallgasprobe

Wasserstoff

Wasserstoff im Zeppelin

Anfang der 1930er-Jahre gab es noch keine regelmäßigen Flugverbindungen zwischen Europa und Amerika. Stattdessen konnten wohlhabende Menschen den Weg in einem Zeppelin zurücklegen. Zeppeline hatten riesige Zellen, die mit Wasserstoff gefüllt waren. Die Zeppeline konnten in die Luft aufsteigen, weil Wasserstoff eine geringere Dichte besitzt als Luft.

Der bekannteste Zeppelin trug den Namen Hindenburg. Die Hindenburg war 245 m lang und hatte in ihrem Inneren Zellen für bis zu 200 000 Kubikmeter Wasserstoff. Am 6. Mai 1937 geschah ein Unglück. Beim Landeanflug auf die Stadt Lakehurst in den USA entzündete sich der Wasserstoff. Die Hindenburg stürzte aus 60 m Höhe ab und brannte völlig aus (▷ B 1). 36 Menschen starben.

Eigenschaften

Der Einsatz von Wasserstoff in Zeppelinen und das Unglück der Hindenburg verdeutlichen wichtige Eigenschaften des Wasserstoffs.

Wasserstoff ist ein Gas. Es hat die geringste Dichte aller Elemente. Wasserstoff ist brennbar. Er reagiert bei Zündung sofort mit dem Sauerstoff der Luft. Dabei kann es zu heftigen Explosionen kommen. Ein explosives Gemisch aus Wasserstoff und Sauerstoff nennt man Knallgas.

Wasserstoff ist zwar brennbar, aber er fördert die Verbrennung nicht. Dies zeigt der Versuch in Bild 4: Man führt eine brennende Kerze von unten in einen mit Wasserstoff gefüllten Standzylinder. Der Wasserstoff entzündet sich am unteren Rand. Im Inneren des Zylinders, wo kein Sauerstoff vorhanden ist, erlischt die Kerzenflamme.

Farbe	farblos
Geruch	geruchlos
Geschmack	geschmacklos
Aggregatzustand bei Raumtemperatur	gasförmig
Dichte (bei 20 °C)	0,083 g/l
Schmelztemperatur	−259 °C
Siedetemperatur	−253 °C
Brennbarkeit	brennbar, bildet mit Luft und Sauerstoff explosive Gemische
Löslichkeit in Wasser (bei 20 °C)	sehr gering

3 Eigenschaften von Wasserstoff

Sie entzündet sich erst wieder beim Herausziehen (▷ V 1).
Weitere wichtige Eigenschaften des Wasserstoffs sind in der Tabelle 3 zusammengefasst.

Verwendung

Die heftige Reaktion von Wasserstoff und Sauerstoff nutzt man auch bei der Verwendung von Wasserstoff. Er wird beispielsweise als Treibstoff für Raketen verwendet. Auch in der Automobil-Industrie gibt es inzwischen Fahrzeuge, die Wasserstoff als Treibstoff verwenden. Dabei entsteht als Abgas fast ausschließlich Wasser. In der Industrie benötigt man Wasserstoff für die Herstellung von Ammoniak, einem Ausgangsstoff für Düngemittel und Sprengstoffe.

Nachweis

Da Wasserstoff farblos und geruchlos ist und mit Luft explosive Gemische bilden kann, muss man beim Umgang mit diesem Gas besonders vorsichtig sein.
Will man herausfinden, ob sich bei einem Versuch Wasserstoff gebildet hat, führt man die **Knallgasprobe** durch (▷ B 2).
Dabei geht man folgendermaßen vor: In einem Reagenzglas wird aus der Apparatur eine Probe Gas genommen. Man nähert das Reagenzglas einer Flamme und lässt das Gas gegen die Flamme strömen. Enthält das Gas Wasserstoff, so hört man ein Pfeifen oder einen dumpfen Knall. Dies ist ein Nachweis für Wasserstoff.

Aufbau der Wasserstoff-Teilchen

Das Element Wasserstoff hat in der Chemie das Symbol H. Einzelne Wasserstoff-Atome sind sehr reaktionsfreudig. Deshalb sind jeweils zwei Atome zu einem Wasserstoff-Molekül verbunden. Es hat die Formel H_2. (▶ Stoff und Teilchen, S. 164/165)

Wasserstoff hat die geringste Dichte aller Elemente. Er ist leicht brennbar, fördert aber nicht die Verbrennung. Wasserstoff weist man mit der Knallgasprobe nach.

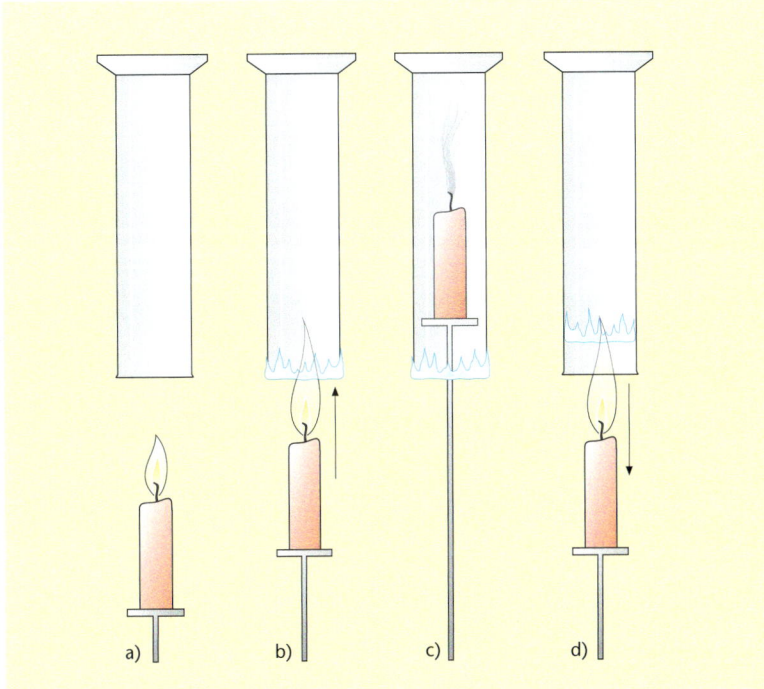

4 Eine Kerze wird in einen mit Wasserstoff gefüllten Standzylinder eingeführt.

AUFGABEN

1 ○ Beschreibe in eigenen Worten die Durchführung der Knallgasprobe.

2 ○ Zähle Verwendungsmöglichkeiten des Wasserstoffs auf.

3 ◕ Vergleiche die Eigenschaften des Wasserstoffs mit denen des Sauerstoffs (▶ S. 69). Erstelle dazu eine Tabelle.

4 ● Was passiert, wenn man eine brennende Kerze in reinen Wasserstoff hält? Erkläre den in Bild 4 gezeigten Versuch.

VERSUCHE

1 Lass dir von der Lehrkraft ein kleines Reagenzglas mit Wasserstoff füllen und verschließe es mit einem Stopfen. Halte das Reagenzglas mit der Öffnung schräg nach unten. Nimm den Stopfen vom Reagenzglas und lass das Gas gegen die Flamme eines Teelichts strömen.

2ᴸ ! Man spannt einen dickwandigen Zylinder mit der Öffnung nach unten ein, füllt ihn mit Wasserstoff und führt eine brennende Kerze rasch ein und zieht sie wieder heraus (▷ B 4). (Kerze an einem Stab befestigen! Schutzbrille! Schutzscheibe!)

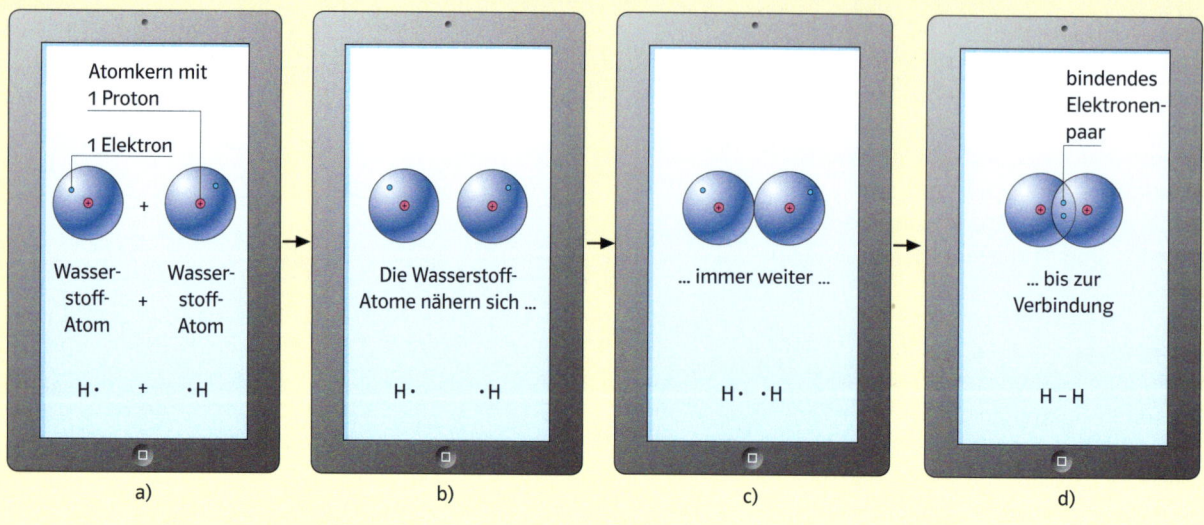

1 Zwei Wasserstoff-Atome verbinden sich zu einem Wasserstoff-Molekül.

Die Elektronenpaar-Bindung

Die Formel eines Wasserstoff-Moleküls ist H_2. Aber wodurch sind die beiden Wasserstoff-Atome im Wasserstoff-Molekül verbunden?

Zwei Wasserstoff-Atome verbinden sich
Das Wasserstoff-Atom besitzt einen Atomkern mit einem Proton und eine Hülle, in der sich ein einzelnes Elektron befindet (▷ B 1a). Die stabile Elektronen-Anordnung eines Helium-Atoms erreicht das Wasserstoff-Atom, indem es ein zweites Elektron aufnimmt.

Dies ist möglich, wenn sich zwei Wasserstoff-Atome einander so annähern, dass sich ihre Hüllen durchdringen. Dadurch können beide Atome die vorhandenen Elektronen gemeinsam nutzen (▷ B 1b, c). Es entsteht das Wasserstoff-Molekül mit der Formel H_2 (▷ B 1d).

Die beiden gemeinsam genutzten Elektronen nennt man **bindendes Elektronenpaar**. Die chemische Bindung, die so gebildet wird, heißt deshalb **Elektronenpaar-Bindung** oder auch **Atombindung**. (► Stoff und Teilchen, S. 164/165)

Die Elektronenschreibweise
Mithilfe der Elektronenschreibweise lässt sich die Bildung des Wasserstoff-Moleküls vereinfacht darstellen:

$$H\bullet + \bullet H \longrightarrow H - H$$

Die Außenelektronen werden durch einen Punkt am Elementsymbol dargestellt. Das bindende Elektronenpaar wird als Bindungsstrich dargestellt. Diese Schreibweise lässt sich auch auf andere Moleküle anwenden. Man nennt diese Darstellung eines Moleküls **Strukturformel**.

Nicht bindende Elektronenpaare
Auch andere Nichtmetall-Atome bilden untereinander Elektronenpaar-Bindungen aus. Ein Beispiel ist das Chlor-Molekül Cl_2. Das Chlor-Atom besitzt auf seiner Außenschale sieben Elektronen. Nur ein Elektron davon geht mit einem weiteren Chlor-Atom eine Bindung ein. Die übrigen sechs Elektronen eines Chlor-Atoms bilden drei Paare aus je zwei Elektronen (▷ B 2). Da diese Elektronen nicht an der Bindung beteiligt sind, spricht man von **nicht bindenden Elektronenpaaren**.

Auch dieser Vorgang lässt sich mit der Elektronenschreibweise darstellen:

$$|\overline{Cl}\bullet + \bullet\overline{Cl}| \longrightarrow |\overline{Cl} - \overline{Cl}|$$

Mehrfachbindungen

Die bisher besprochenen Moleküle H_2 und Cl_2 enthalten jeweils nur ein bindendes Elektronenpaar. Man spricht von einer **Einfachbindung**. Manchmal stehen aber für eine Elektronenpaar-Bindung auch mehr als zwei Elektronen zur Verfügung. Wenn zum Beispiel zwei Sauerstoff-Atome aufeinander treffen, so liefert jedes Atom zwei einzelne Elektronen. Die insgesamt vier Elektronen verbinden sich zu zwei Elektronenpaaren (▷ B 2). Es entsteht eine **Doppelbindung**, die durch zwei Bindungsstriche dargestellt wird:

$$\langle O\text{:} + \text{:}O\rangle \longrightarrow \langle O = O\rangle$$

Stickstoff-Atome können sogar eine **Dreifachbindung** ausbilden:

$$|\dot{\overline{N}}\bullet + \bullet\dot{\overline{N}}| \longrightarrow |N \equiv N|$$

Die Oktett-Regel

In den Beispielen verbinden sich Atome zu Molekülen und erreichen so die stabile Elektronen-Anordnung der Edelgas-Atome. Die Edelgas-Atome selbst besitzen bereits eine stabile Elektronen-Anordnung: Die Schale des Helium-Atoms ist mit zwei Elektronen besetzt. Die anderen Edelgas-Atome haben jeweils acht Elektronen in der Außenschale. Man nennt dies **Elektronen-Oktett**. Die Edelgas-Atome können keine weiteren Elektronen aufnehmen. Deshalb gehen Edelgase nur sehr selten chemische Reaktionen ein. Die Atome anderer Elemente erreichen die stabile Elektronen-Anordnung durch chemische Reaktionen. So wird die **Oktett-Regel** erfüllt.

Moleküle aus unterschiedlichen Atomen

Auch zwischen den Atomen unterschiedlicher Nichtmetalle können sich Elektronenpaar-Bindungen ausbilden. Ein Beispiel ist

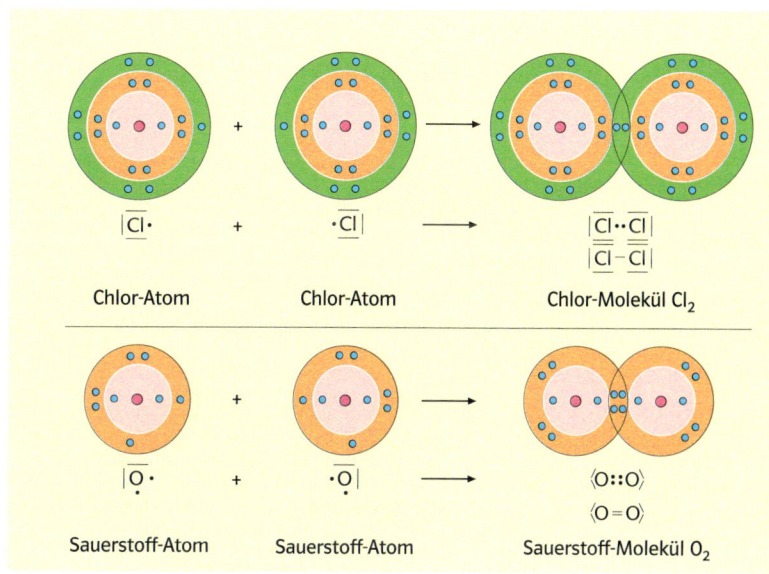

2 Die Bildung von Molekülen

das Kohlenstoffdioxid-Molekül CO_2. Auch hier ist die Oktett-Regel erfüllt.

Eine Elektronenpaar-Bindung entsteht, wenn Nichtmetall-Atome ihre ungepaarten Elektronen gemeinsam nutzen und bindende Elektronenpaare bilden. Dabei entstehen Moleküle, die man mithilfe von Strukturformeln darstellen kann.

AUFGABEN

1 ○ Beschreibe mit eigenen Worten, wie eine Elektronenpaar-Bindung entsteht.

2 ○ Zeichne alle Strukturformeln dieser Doppelseite in dein Heft und beschrifte sie mit Fachbegriffen.

3 ◓ „Nichtmetall-Atome erreichen durch die Elektronenpaar-Bindung eine Edelgas-Anordnung." Erläutere diese Aussage.

4 ◓ Nenne die Formel des Heliums und begründe deine Entscheidung.

5 ● Stelle die Entstehung folgender Moleküle aus den einzelnen Atomen dar. Verwende die Elektronenschreibweise.
a) Stickstoff-Molekül N_2
b) Kohlenstoffdioxid-Molekül CO_2
c) Wasser-Molekül H_2O

Zusammenfassung

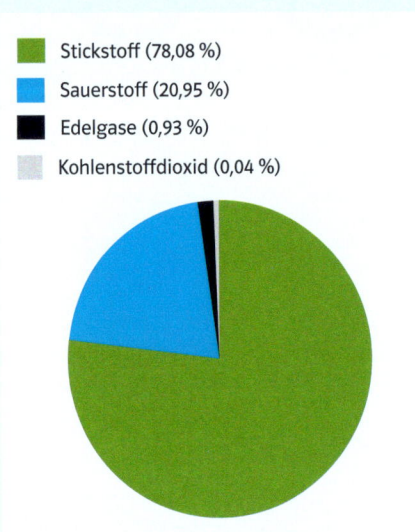

- Stickstoff (78,08 %)
- Sauerstoff (20,95 %)
- Edelgase (0,93 %)
- Kohlenstoffdioxid (0,04 %)

1 Zusammensetzung der Luft

Zusammensetzung der Luft
Die Luft ist ein Gasgemisch aus Stickstoff, Sauerstoff, Edelgasen und Kohlenstoffdioxid (▷ B1).

Sauerstoff
Sauerstoff ist ein farbloses, geruchloses und geschmackloses Gas. Es ist notwenidg für die Atmung. Sauerstoff fördert die Verbrennung, ist aber selbst nicht brennbar. Er wird mit der Glimmspanprobe nachgewiesen. Das Molekül hat die Formel O_2.

Kohlenstoffdioxid
Kohlenstoffdioxid ist ein farbloses, geruchloses und leicht sauer schmeckendes Gas. Es ist nicht brennbar und wirkt erstickend. Kohlenstoffdioxid wird mit Kalkwasser nachgewiesen. Das Kohlenstoffdioxid-Molekül hat die Formel CO_2.

Sauerstoff und Kohlenstoffdioxid – Teile eines Kreislaufs
Sauerstoff und Kohlenstoffdioxid ergänzen sich in einem Kreislauf. Menschen und Tiere atmen Sauerstoff ein und geben beim Ausatmen zusätzlich Kohlenstoffdioxid ab. Pflanzen bilden dagegen aus Kohlenstoffdioxid und Wasser mithilfe des Sonnenlichts Traubenzucker und Sauerstoff (Fotosynthese).

Luftverschmutzung
Die Luft wird durch schädliche Abgase und Feinstaub belastet. Vor allem Fabriken, Kraftwerke und Verkehr produzieren diese Schadstoffe, weil sie große Mengen an Brennstoffen verbrennen. Luftverschmutzung kann beim Menschen zu gesundheitlichen Problemen führen.

Wasserstoff
Wasserstoff ist das Element mit der geringsten Dichte. Wasserstoff ist brennbar, fördert aber nicht die Verbrennung. Er bildet mit Sauerstoff ein explosives Gemisch, das Knallgas heißt. Wasserstoff wird mit der Knallgasprobe nachgewiesen. Das Wasserstoff-Molekül hat die Formel H_2.

Elektronenpaar-Bindung
Sind Atome durch gemeinsame Elektronenpaare miteinander verbunden, so spricht man von einer Elektronenpaar-Bindung oder Atombindung. Dabei entstehen Moleküle (▷ B2).

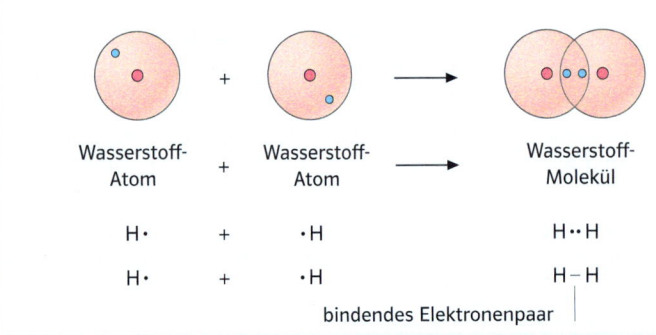

Wasserstoff-Atom	+	Wasserstoff-Atom		Wasserstoff-Molekül
H·	+	·H	→	H··H
H·	+	·H	→	H – H
				bindendes Elektronenpaar

Bildung eines Wasserstoff-Moleküls im Schalenmodell

AUFGABEN

1 ○ Luft enthält verschiedene Gase. Erstelle eine Tabelle mit ihren Namen, Eigenschaften und ihrer Verwendung.

👍 Super! ❓ ► S. 49, 67, 69, 71

2 ○ Erstelle eine Skizze des Kreislaufs von Sauerstoff und Kohlenstoffdioxid in der Luft.

👍 Super! ❓ ► S. 72

3 ○ Beschreibe die Nachweise für folgende Gase:
a) Sauerstoff,
b) Kohlenstoffdioxid,
c) Wasserstoff.

👍 Super! ❓ ► S. 69 – 71, 78/79

4 ◑ Formuliere die Oktett-Regel in eigenen Worten.

👍 Super! ❓ ► S. 80/81

5 ◑ Beschreibe und erläutere den Versuch, der in Bild 3 zu sehen ist.

👍 Super! ❓ ► S. 66

6 ◑ Begründe, weshalb es sinnvoll sein könnte, bei einer „Smog-Wetterlage" Fahrverbote für Autos auszusprechen.

👍 Super! ❓ ► S. 74/75

7 ◑ Erläutere, weshalb sich Wasserstoff als Treibstoff in Fahrzeugen eignet.

👍 Super! ❓ ► S. 78/79

8 ◑ Zeichne die Strukturformeln folgender Moleküle.
a) Brom Br_2
b) Chlorwasserstoff HCl

👍 Super! ❓ ► S. 80/81

9 ● Das Gas Kohlenstoffdioxid kann als Dünger in Gewächshäusern eingesetzt werden. Erkläre seine Wirkungsweise.

👍 Super! ❓ ► S. 72

10 ● Die für Sauerstoff angegebene Dichte bezieht sich auf eine Temperatur von 20 °C und Normdruck. Begründe, weshalb diese Angaben wichtig sind.

👍 Super! ❓ ► S. 69

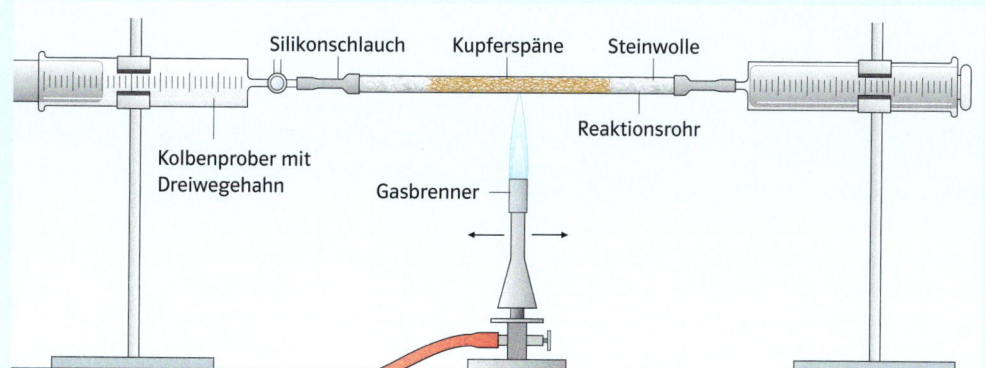

3 Versuchsaufbau zu Aufgabe 5

4 Wasser – eine Verbindung

– Wasser gibt es scheinbar im Überfluss. Wozu nutzen wir es?

– Warum schwimmen Eiswürfel in Getränken?

– Was ist der Unterschied zwischen Wasser und Wasserstoff?

– Warum sind Wassertropfen kugelförmig?

Wasser – ein vielseitiger Stoff

Ohne Wasser gäbe es kein Leben auf der Erde, denn Lebewesen benötigen Wasser unter anderem als Lösungs- und Transportmittel für Mineralsalze. Wasser ist nicht nur unser wichtigstes Lebensmittel, wir nutzen es beispielsweise auch zum Kochen, zum Putzen und Waschen, zum Schwimmen, als Transportweg, als Kühlmittel oder als Mittel zum Wärmetransport. Dabei nutzen wir die charakteristischen Eigenschaften des Wassers.

(C) Wasser als Lösungsmittel
In der Natur kommt Wasser nicht als Reinstoff vor. Quellwasser, Süßwasser und Salzwasser enthalten gelöste Stoffe, beispielsweise Mineralsalze und Gase. Diese Stoffe verändern die Eigenschaften des Wassers. Sie beeinflussen seine Dichte, seine Schmelztemperatur und seine Siedetemperatur. Manche Stoffe machen das Wasser elektrisch leitfähig.

(D) Wasser als Reinstoff
Destilliertes Wasser, das im Labor verwendet wird, ist ein Reinstoff. Reines Wasser ist geruchlos, geschmacklos und farblos. Die Siedetemperatur von Wasser beträgt 100 °C. Bei 0 °C erstarrt flüssiges Wasser zu Eis.

(E) Nachweis von Wasser
Zum Nachweis von Wasser wird Watesmo-Papier verwendet. Mit Wasser verfärbt es sich von Weiß nach Blau.

(A) Wasser und die Aggregatzustände

Wasser kommt in der Natur in allen drei Aggregatzuständen vor: fest, flüssig und gasförmig.

(B) Dichte des Wassers

Die Dichte des Wassers ist abhängig von der Temperatur. Bei 4 °C beträgt die Dichte 1,00 g/cm³. Gefrorenes Wasser (0 °C) hat eine geringere Dichte. Deshalb schwimmen Eisberge im Wasser.

Wasser hat charakteristische Eigenschaften: Es ist geruchlos, geschmacklos und farblos. Bei 0 °C erstarrt es zu Eis, bei 100 °C siedet es.

Wasser ist ein gutes Lösungsmittel für viele Stoffe.

Wasser kann mit Watesmo-Papier nachgewiesen werden.

AUFGABEN

1. ○ Erstelle einen Steckbrief für den Stoff Wasser.

2. ○ Zähle drei Möglichkeiten auf, wie Wasser genutzt wird.

3. ◔ Weshalb darf man bei einem aufziehenden Gewitter nicht mehr im Freien schwimmen? Begründe.

4. ◔ Es regnet auf ein frisch gedüngtes Feld. Beschreibe den Weg, den Mineralsalze aus Düngemitteln nehmen.

5. ● Im Toten Meer kann man auf dem Rücken auf der Wasseroberfläche schwimmen und dabei Zeitung lesen. Formuliere eine Vermutung, warum dies in der Ostsee nicht möglich ist.

Wir untersuchen Wasser

1 Nachweis von Wasser mit Kupfersulfat

Material

Schutzbrille, Gasbrenner, Dreifuß mit Keramik-Drahtnetz, Abdampfschale, Spatellöffel, Glasstab, blaues Kupfersulfat, Wasser

Versuchsanleitung

a) Erhitze das blaue Kupfersulfat vorsichtig in einer Abdampfschale (▷ B 1). Rühre dabei das Kupfersulfat mit dem Glasstab vorsichtig um, bis weißes, wasserfreies Kupfersulfat entstanden ist.

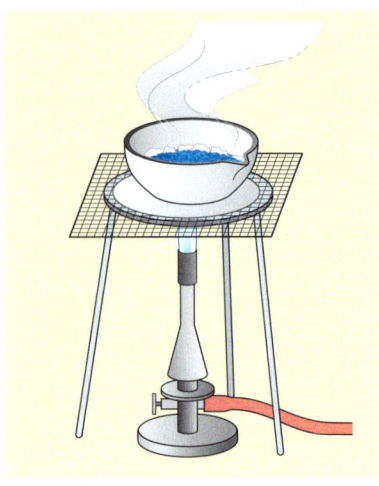

1 Blaues Kupfersulfat wird erhitzt.

b) Tropfe nach dem Abkühlen der Abdampfschale einige Tropfen Wasser zu dem weißen Kupfersulfat.

2 Nachweis von Wasser mit Watesmo-Papier

Material

Schutzbrille, kleines Becherglas, Tropfpipette, Watesmo-Papier, Wasser, Speiseöl

Versuchsanleitung

a) Fülle etwas Wasser in das Becherglas. Gib mit der Tropfpipette einen Tropfen Wasser auf einen kleinen Streifen Watesmo-Papier und beschreibe deine Beobachtung (▷ B 2).

b) Wiederhole den Versuch mit einem Tropfen Speiseöl.

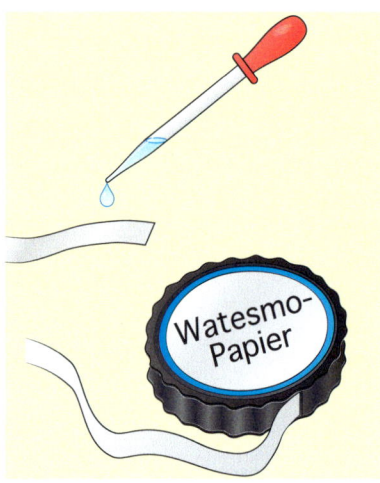

2 Wie verfärbt sich das Watesmo-Papier?

Aufgabe

1. Überlege dir weitere Produkte, die du mit dem Watesmo-Papier prüfen könntest und untersuche sie.

3 Wasser löst Gase

Material

Schutzbrille, Kunststoff-Wanne, Messzylinder (100 ml), Brausetablette, Wasser

Versuchsanleitung

a) Fülle die Kunststoff-Wanne mit etwas Wasser. Fülle dann auch den Messzylinder möglichst vollständig mit Wasser. Verschließe den Messzylinder mit der Hand, drehe ihn um und stelle ihn mit der Öffnung nach unten in die mit Wasser gefüllte Kunststoff-Wanne.

b) Lege eine halbe Brausetablette so schnell wie möglich unter die Öffnung des Messzylinders. Wenn die Gasentwicklung beendet ist, lies ab, wie viel Gas entstanden ist. Wiederhole dann den Versuch mit der zweiten Hälfte.

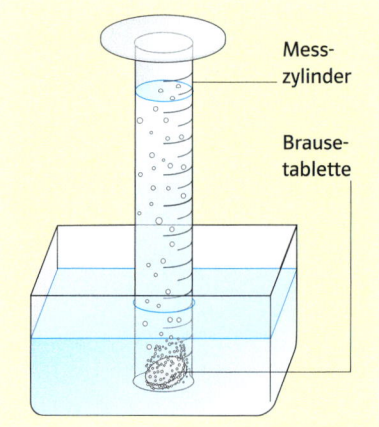

3 Gas wird aufgefangen.

AUFGABE

1 ○ Das Gas, das in Versuch 3 beim Auflösen der Brausetablette entsteht, ist Kohlenstoffdioxid. Es löst sich in Wasser. Auch Sauerstoff löst sich in Wasser. Formuliere zwei Aussagen zu den Angaben in der Tabelle.

Stoff	0 °C	20 °C
Sauerstoff	49 ml in 1 l Wasser	31 ml in 1 l Wasser
Kohlenstoffdioxid	1713 ml in 1 l Wasser	878 ml in 1 l Wasser

Wasser löst Stoffe

Wasser – ein Lösungsmittel

Viele feste, flüssige oder gasförmige Stoffe sind in Wasser löslich (▷ B 1 – B 3). Beim Lösen verteilen sich die Teilchen der Stoffe zwischen den Wasser-Teilchen, sodass eine **Lösung** entsteht. Eine Flüssigkeit, in der sich ein Stoff löst, heißt **Lösungsmittel**.

Die Löslichkeit ist messbar

In einem Lösungsmittel lösen sich Stoffe unterschiedlich gut. In 100 g Wasser lösen sich 36 g Kochsalz, aber nur 0,001 g Kalk. Die Löslichkeit gibt an, wie viel Gramm eines Stoffes sich in 100 g Lösungsmittel lösen (▷ B 4). Gibt man mehr als 36 g Kochsalz in 100 g Wasser, löst dieses sich nicht auf. Der Überschuss setzt sich am Boden ab. Die Lösung ist gesättigt.

Die Löslichkeit und die Temperatur

Die Löslichkeit vieler Stoffe ist von der Temperatur abhängig. In 100 g Wasser lösen sich bei 20 °C 12 g und bei 40 °C 25 g Alaun. Die Löslichkeit von Alaun in Wasser nimmt also mit der Temperatur zu. Bei Gasen nimmt die Löslichkeit in Wasser mit der Temperatur ab. Dies kann man z. B. beim Öffnen einer Mineralwasserflasche beobachten. Je wärmer das Mineralwasser ist, desto mehr Kohlenstoffdioxid entweicht.

Nicht alles ist in Wasser löslich

Zucker und Kochsalz lösen sich gut in Wasser, Öle und Fette dagegen nicht. Sie schwimmen auf dem Wasser. Als Lösungsmittel für Öl und Fett eignet sich beispielsweise Waschbenzin.

Flüssigkeiten, in denen sich andere Stoffe lösen, heißen Lösungsmittel.

Die Löslichkeit ist eine messbare Stoffeigenschaft. Sie gibt an, wie viel Gramm eines Stoffes sich in 100 g eines Lösungsmittels bei einer bestimmten Temperatur lösen.

1 Wasser löst Zucker. **2** Wasser löst Alokohol. **3** Wasser löst Kohlenstoffdioxid.

AUFGABEN

1 ○ Ordne den in Bild 4 angegebenen Stoffen die Eigenschaft „sehr gut wasserlöslich", „gut wasserlöslich" oder „schlecht wasserlöslich" zu.

2 ◓ Du sollst die Löslichkeit von Alaun messen. Plane einen Versuch.

3 ● In 10 g Wasser wird ein dir unbekannter Stoff gelöst. Die gesättigte Lösung wiegt 30 g. Berechne die Löslichkeit und ermittle den Stoff (▷ B 4).

VERSUCH

1 Gib in einem Reagenzglas zu 10 g Wasser 2 g Alaun (Kaliumaluminiumsulfat). Schüttle kräftig. Erwärme das Gemisch anschließend vorsichtig mit dem Gasbrenner, bis eine klare Lösung entsteht. Lass die Lösung abkühlen. Beobachte.

Stoff	Löslichkeit in g pro 100 g Wasser
Zucker	200
Kochsalz	36
Alaun	12
Kalk	0,001
Sauerstoff	0,0043
Stickstoff	0,0019

4 Löslichkeit einiger Stoffe in Wasser bei 20 °C

Zerlegung und Bildung von Wasser

Feuer, Wasser, Luft und Erde
Häufig spricht man auch heute noch vom „Element" Wasser. Aber ist Wasser im chemischen Sinn wirklich ein Element? Dies lässt sich mit einem Versuch überprüfen.

Wasser lässt sich zerlegen
In Bild 1 siehst du einen Hofmann'schen Zersetzungsapparat. Seine Röhren sind mit leitfähig gemachtem Wasser gefüllt. Unten in den Röhren befinden sich kleine Platinbleche. Ein Blech ist mit dem Pluspol, das andere mit dem Minuspol einer Gleichspannungsquelle verbunden. Schaltet man die Stromzufuhr an, steigen farblose Gasblasen von den Blechen aus nach oben. Die entstehenden Gase werden in Reagenzgläsern aufgefangen und weiter untersucht (▷ V 1).

Ein glimmender Holzspan flammt in dem Gas, das am Pluspol entstanden ist, hell auf. Die Glimmspanprobe zeigt, dass es sich bei dem entstandenen Gas um Sauerstoff O_2 handelt. Bei dem Gas, das am Minuspol entstanden ist, beweist die Knallgasprobe, dass es sich um Wasserstoff H_2 handelt.

Der Versuch zeigt, dass Wasser eine Verbindung ist, die aus den Elementen Sauerstoff und Wasserstoff aufgebaut ist. Mithilfe des elektrischen Stroms kann man Wasser in die Elemente zerlegen. Die Zerlegung einer Verbindung in die Elemente nennt man **Analyse**.

Die Wortgleichung lautet:

Wasser $\longrightarrow$ Wasserstoff + Sauerstoff

Die Zerlegung benötigt Energie
Unterbricht man im Versuch die Spannung, so hört die Bildung von Gasblasen sofort auf. Die Zerlegung des Wassers geht nur so lange weiter, wie elektrische Energie zugeführt wird. Die Zerlegung ist eine endotherme chemische Reaktion.
(► Energie, S. 170/171)

Wie viel Gas entsteht?
Lässt man den Versuch einige Zeit laufen, kann man an den Röhren ablesen, wie viel Gas sich jeweils gebildet hat. In der Röhre am Minuspol bildet sich doppelt so viel Gas wie in der Röhre am Pluspol. Bei der Reaktion entstehen doppelt so viele Wasserstoff-Moleküle wie Sauerstoff-Moleküle. Daraus lässt sich die Schlussfolgerung ziehen, dass das Anzahlverhältnis der Wasserstoff-Atome zu den Sauerstoff-Atomen in der Verbindung Wasser 2:1 ist. Ein Molekül Wasser hat die Formel H_2O.

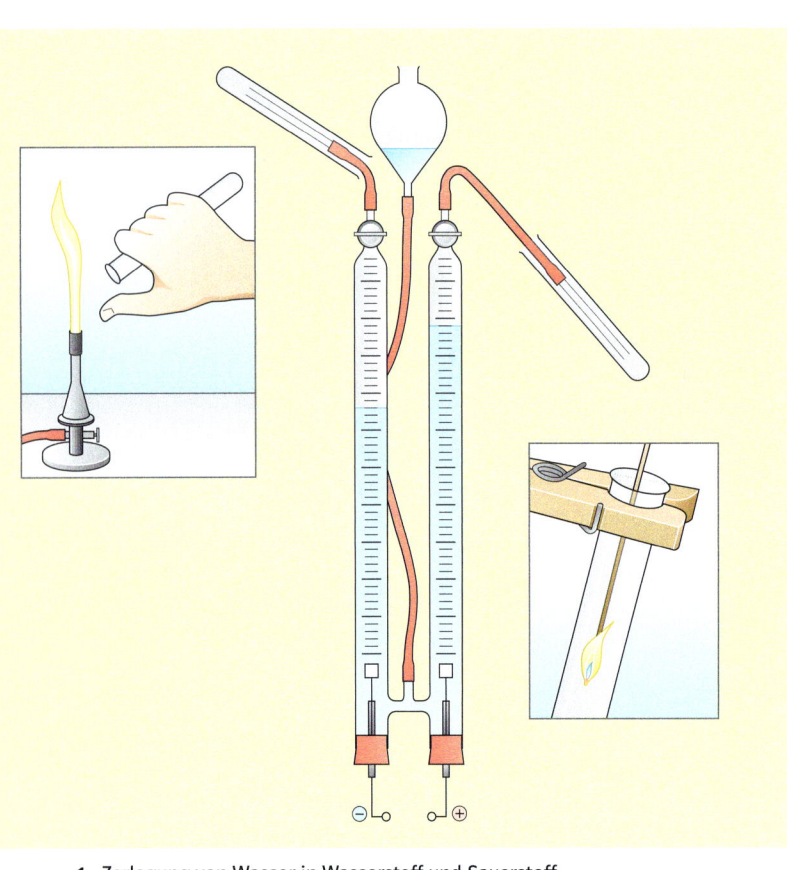

1 Zerlegung von Wasser in Wasserstoff und Sauerstoff

Wasser bildet sich aus den Elementen

Wenn die Zerlegung von Wasser umkehr-
bar ist, müsste sich bei der Reaktion von
Wasserstoff und Sauerstoff Wasser bilden.
Um dies zu überprüfen, füllt man in einen
Standzylinder Wasserstoff ein. Die Öffnung
zeigt nach unten (▷ B 2). Hält man nun
einen brennenden Holzspan an die Öffnung des Standzylinders, so verbrennt der
Wasserstoff mit einem leisen Knall: An der
Öffnung des Zylinders treffen der Sauerstoff der Luft und Wasserstoff aufeinander
und das Gemisch reagiert. Es entsteht ein
bläulicher Flammensaum und der Standzylinder beschlägt an der Innenwand. Mit
Watesmo-Papier kann man zeigen, dass
Wasser entstanden ist.

Die Wortgleichung lautet:

Wasserstoff + Sauerstoff ⟶ Wasser

Die Bildung einer Verbindung aus ihren
Elementen nennt man **Synthese**. Eine Syn-
these ist die Umkehrung einer Analyse.
(▶ Chemische Reaktion, S. 168/169)

Die Bildung von Wasser setzt Energie frei

Im Versuch zeigt sich bei der Bildung von
Wasser aus den Elementen eine Flamme.
Dies deutet darauf hin, dass bei der Reak-
tion Energie frei wird. Es handelt sich um
eine exotherme chemische Reaktion.
(▶ Energie, S. 170/171)

**Wasser ist eine Verbindung, die aus den
Elementen Sauerstoff und Wasserstoff gebildet werden kann. Das Wasser-Molekül
hat die Formel H_2O.**

**Die Zerlegung einer Verbindung heißt
Analyse. Die Bildung einer Verbindung
bezeichnet man als Synthese.**

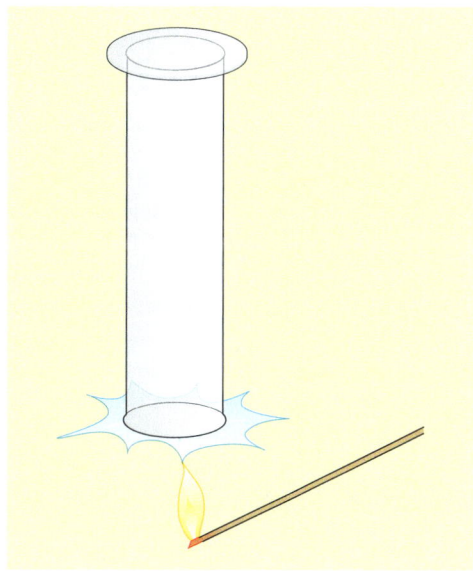

2 Bildung von Wasser aus Wasserstoff und dem
Sauerstoff der Luft

AUFGABEN

1 ○ Zähle Eigenschaften von Wasserstoff auf, die im Text
beschrieben sind.

2 ○ Gib das Anzahlverhältnis von Wasserstoff- zu Sauerstoff-
Atomen im Wasser-Molekül an. Nenne die Formel von Wasser.

3 ◓ Kupfer reagiert mit Schwefel. Handelt es sich dabei um eine
Analyse oder eine Synthese? Begründe deine Antwort.

4 ◓ Erläutere den Ausdruck „Umkehrbarkeit chemischer Reaktionen".

5 ● HENRY CAVENDISH entdeckte als einer der ersten den Wasserstoff. Er nannte ihn Feuerluft. Formuliere eine begründete
Vermutung, wie er auf diesen Namen kam.

VERSUCH

1 L Man versetzt Wasser mit verdünnter Schwefelsäure, um es leitfähig zu machen, und füllt das Gemisch in einen Hofmann'schen
Zersetzungsapparat (▷ B 1). Dann legt man an die Platinelektro-
den eine Gleichspannung an. Ist eine der beiden Röhren gut zur
Hälfte mit Gas gefüllt, leitet man die Gase jeweils in Reagenzgläser. Das Gas, das am Minuspol entsteht, lässt man gegen
die Brennerflamme strömen. Das Gas, das am Pluspol entsteht,
prüft man mit einem glimmenden Holzspan.

Der elektrische Strom zerlegt Wasser

1 Zerlegung von Wasser

Material

Schutzbrille, Schutzhandschuhe, Behälter mit zwei Platindrähten und zwei Anschlussbuchsen (▷ B1), Messzylinder (100 ml), 2 Reagenzgläser mit passenden Stopfen, Reagenzglasgestell, 2 Experimentierkabel, Gleichspannungsquelle (0 bis 12 V), destilliertes Wasser, verdünnte Schwefelsäure (wird von der Lehrkraft ausgegeben)

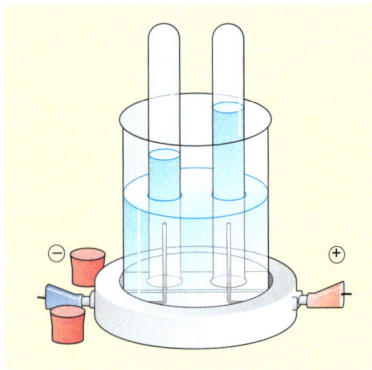

1 Zerlegung von Wasser

Versuchsanleitung

Gib 100 ml destilliertes Wasser in den Behälter mit den Platindrähten (▷ B1). Fülle die beiden Reagenzgläser mit destilliertem Wasser, verschließe sie mit dem Zeigefinger und stülpe sie senkrecht über die Platindrähte. Lass von der Lehrkraft verdünnte Schwefelsäure zutropfen. Schließe die Anschlussbuchsen mit den Experimentierkabeln an die Gleichspannungsquelle an. Lass den elektrischen Strom so lange fließen, bis eines der Reagenzgläser ganz mit Gas gefüllt ist. Schalte die Stromzufuhr ab. Ziehe dann beide Reagenzgläser aus der

Flüssigkeit (Schutzhandschuhe!) und verschließe jedes schnell mit einem Stopfen. Beschrifte die Reagenzgläser mit „Minuspol" bzw. „Pluspol". Bewahre dann beide Reagenzgläser im Reagenzglasgestell für nachfolgende Versuche auf.

2 Wasserstoff und Sauerstoff nachweisen

Material

Schutzbrille, Reagenzgläser mit den Gasen aus Versuch 1, Reagenzglashalter, Teelicht, Holzspan, Streichhölzer

Versuchsanleitung

a) Nachweis von Wasserstoff: Entzünde das Teelicht. Klemme das Reagenzglas mit dem Gas vom Minuspol aus Versuch 1 in den Reagenzglashalter. Halte das Reagenzglas mit der Öffnung schräg nach unten. Nimm den Stopfen vom Reagenzglas. Achte darauf, dass das Gas gegen die Flamme des Teelichts strömt.

b) Nachweis von Sauerstoff: Benutze das Reagenzglas mit dem Gas vom Pluspol. Entzünde den

Holzspan. Blase die Flamme aus. Entferne den Stopfen vom Reagenzglas und halte den noch glimmenden Holzspan in die Öffnung des Reagenzglases.

3 Sonnenenergie zerlegt Wasser

Material

Schutzbrille, Apparatur nach Bild 2 (Elektrolyseur), Solarzelle, 2 Experimentierkabel, Lampe, 2 Schlauchklemmen, destilliertes Wasser

Versuchsanleitung

Fülle die Reaktionsröhren der Apparatur (▷ B2) gleich hoch mit destilliertem Wasser. Verschließe die Kunststoffschläuche an den Röhren mit den Schlauchklemmen. Verbinde die Anschlussbuchsen mit einer Solarzelle und belichte diese einige Zeit. Beobachte die Gasentwicklung in den beiden Röhren.

AUFGABE

1 ○ Wie kannst du Versuch 1 verändern, damit du die Volumina der Gase bestimmen kannst? Plane den Versuch neu.

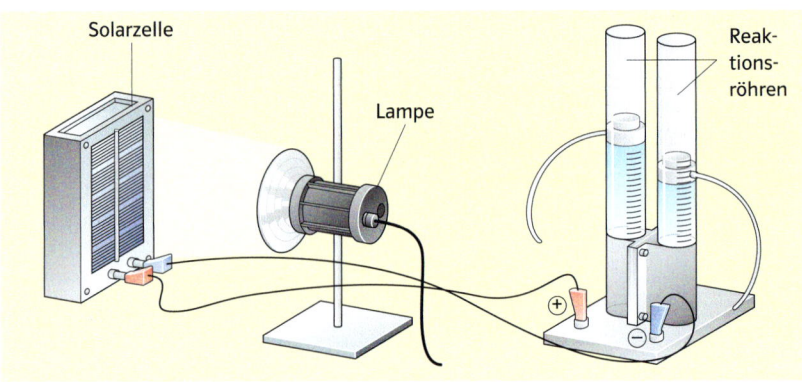

2 Zerlegung von Wasser mit Sonnenenergie

Energiegewinnung mit Wasserstoff

Den größten Teil unseres Energiebedarfs decken wir durch das Verbrennen von fossilen Brennstoffen wie Kohle, Erdgas und Erdöl. Diese Brennstoffe sind aber nicht unbegrenzt auf der Erde vorhanden. In absehbarer Zeit werden sie zur Neige gehen. Außerdem entsteht bei ihrer Verbrennung – sozusagen als Abfallprodukt – das Gas Kohlenstoffdioxid, das die Erderwärmung fördert.

Seit einigen Jahren werden deshalb erneuerbare Energiequellen wie Sonne, Wind, Wasser und Biomasse verstärkt genutzt. Dabei entsteht nahezu kein Kohlenstoffdioxid.

Ein Kreislauf ohne Abfall

Für die Gewinnung von Energie aus erneuerbaren Quellen spielt die Wasserstoff-Technologie eine wichtige Rolle. Dies verdeutlicht das folgende Idealbeispiel: Wasserstoff wird durch Zerlegung von Wasser hergestellt. Den Strom, der dafür benötigt wird, liefert z. B. Solarenergie. Der Wasserstoff wird in Druckbehältern gespeichert und kann darin transportiert werden. Wird der Wasserstoff später zur Energiegewinnung mit Sauerstoff verbrannt, entsteht wieder Wasser. Dadurch bildet die Wasserstoff-Technologie einen Kreislauf, bei dem Wasser Edukt und gleichzeitig Verbrennungsprodukt ist.

Die Wasserstoff-Technologie umfasst vier Aspekte: Herstellung, Speicherung, Transport und Nutzung.

Genutzt werden kann Wasserstoff beispielsweise als Treibstoff für Autos. Solche mit Wasserstoff betriebenen Fahrzeuge geben im Gegensatz zu herkömmlichen Autos fast nur Wasserdampf als Abgas ab. Sie fahren nahezu emissionsfrei. Zur Versorgung solcher „Necars" (No Emissions Cars) gibt es zur Zeit in Deutschland etwa 35 Wasserstoff-Tankstellen.
(► Energie, S. 170/171)

1   Erläutere, weshalb ein mit Wasserstoff betriebenes Auto nahezu emissionsfrei fährt.

2   Begründe, warum für die Herstellung von Wasserstoff der Einsatz von Solarenergie von besonderer Bedeutung ist.

3   Formuliere eine Vermutung, warum es notwendig ist, bei der Energiegewinnung aus erneuerbaren Quellen Energie speichern zu können.

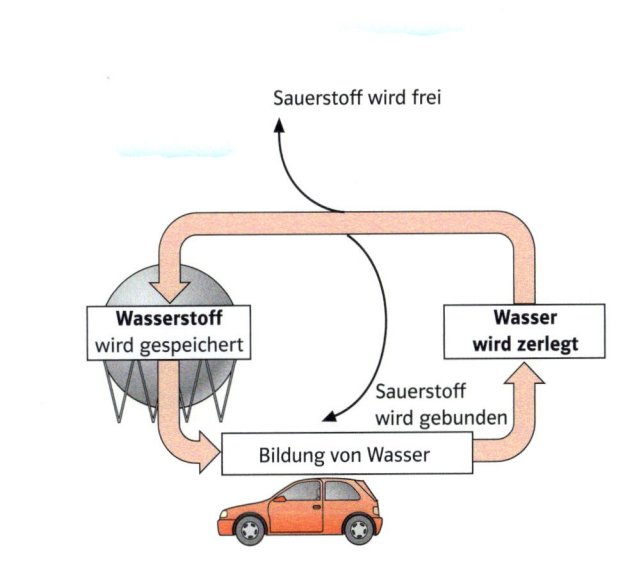

1   Wasserstoff-Technologie bildet einen Kreislauf.

Die Reaktionsgleichung

Wortgleichung und Reaktionsgleichung

Kohlenstoff und Sauerstoff reagieren zu Kohlenstoffdioxid. Eine Wortgleichung gibt die Aussage kürzer wieder:

Kohlenstoff + Sauerstoff $\longrightarrow$
Kohlenstoffdioxid

Die Wortgleichung ist aber nur im deutschsprachigen Raum verständlich. Die chemischen Symbole hingegen können auf der ganzen Welt gelesen und verstanden werden. Verwendet man die chemischen Symbole, so erhält man eine **Reaktionsgleichung**:

$C + O_2 \longrightarrow CO_2$

Ein Kohlenstoff-Atom und ein Sauerstoff-Molekül reagieren zu einem Kohlenstoffdioxid-Molekül. Steckbausteine können beim Aufstellen von Reaktionsgleichungen helfen (▷ B 1).

Vergleicht man die Anzahl der Atome vor und nach der Reaktion, stellt man fest, dass sowohl auf der linken als auch auf der rechten Seite des Reaktionspfeils ein Kohlenstoff-Atom und zwei Sauerstoff-Atome stehen.

Dies entspricht der Tatsache, dass bei einer chemischen Reaktion weder Atome vernichtet noch Atome erzeugt werden. Somit ist für jede Atomsorte die Anzahl der Atome vor und nach der Reaktion gleich. (► Chemische Reaktion, S. 168/169)

Reaktionsgleichungen aufstellen

Wie du beim Aufstellen einer Reaktionsgleichung vorgehst, zeigt dir das folgende Beispiel, die Reaktion von Wasserstoff und Sauerstoff.

1. Schritt: Die Wortgleichung aufstellen

Wasserstoff und Sauerstoff reagieren zu Wasser. Die Wortgleichung lautet:

Wasserstoff + Sauerstoff $\longrightarrow$ Wasser

2. Schritt: Symbole und Formeln ermitteln

– Wasserstoff und Sauerstoff sind Gase. Sie bestehen aus Molekülen mit jeweils zwei Atomen. Die Formel eines Wasserstoff-Moleküls ist H_2. Die Formel eines Sauerstoff-Moleküls ist O_2.
– Wasser besteht aus Molekülen mit jeweils zwei Wasserstoff-Atomen und einem Sauerstoff-Atom. Die Formel eines Wasser-Moleküls ist H_2O.

3. Schritt: Symbole und Formeln einsetzen und Anzahl der Atome vergleichen

In einer Reaktionsgleichung muss für jede Atomsorte die Anzahl der Atome vor und nach der Reaktion gleich sein.

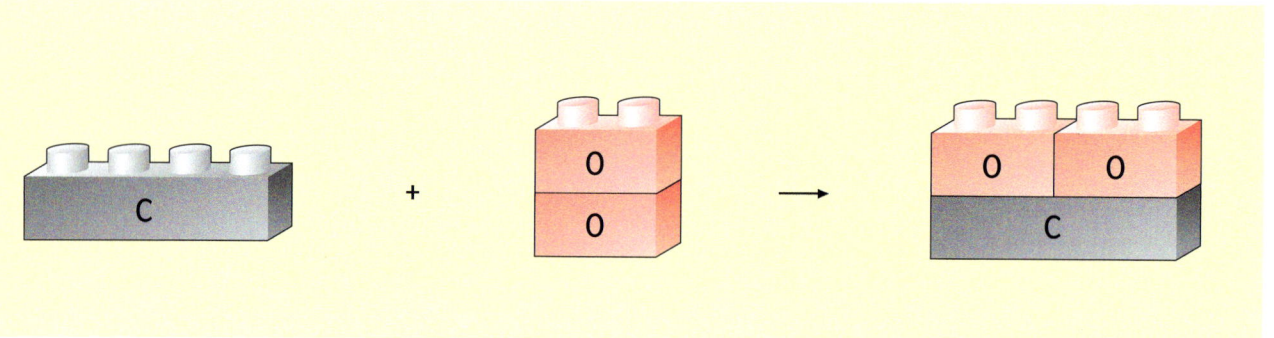

1 Steckbausteine helfen beim Aufstellen von Reaktionsgleichungen.

Durch Einsetzen der Formeln ergibt sich:

$$H_2 + O_2 \longrightarrow H_2O$$

Man erkennt: Auf der linken Seite und auf der rechten Seite der Gleichung befinden sich zwei Wasserstoff-Atome. Aber: Auf der linken Seite liegen zwei Sauerstoff-Atome vor, rechts jedoch nur ein Sauerstoff-Atom. Man sagt: „Die Gleichung stimmt noch nicht".

4. Schritt: Ausgleichen des einen Reaktionspartners

Nun erhöht man schrittweise die Anzahl der Wasser-Moleküle und der Sauerstoff-Moleküle (wenn notwendig), bis die Anzahl der Sauerstoff-Atome auf beiden Seiten des Reaktionspfeils gleich ist.
Achtung: Die Formeln der Edukte und der Reaktionsprodukte dürfen dabei nicht verändert werden!

1 Sauerstoff-Molekül führt zur Bildung von 2 Wasser-Molekülen. Deshalb schreibt man die Zahl 2 vor das Wasser-Molekül:

$$H_2 + O_2 \longrightarrow 2\,H_2O$$

Es sind nun 2 Sauerstoff-Atome auf beiden Seiten der Gleichung vorhanden.

5. Schritt: Ausgleichen des anderen Reaktionspartners

Zum Schluss muss noch die Anzahl der Wasserstoff-Atome ausgeglichen werden. Für 2 H_2O-Moleküle benötigt man 4 Wasserstoff-Atome. Also müssen auf der linken Seite der Gleichung 2 Wasserstoff-Moleküle bereitgestellt werden. Die Reaktionsgleichung lautet damit:

$$2\,H_2 + O_2 \longrightarrow 2\,H_2O$$

(► Chemische Reaktion, S. 168/169)

In einer Reaktionsgleichung muss für jede Atomsorte die Anzahl der Atome vor und nach der Reaktion gleich sein.

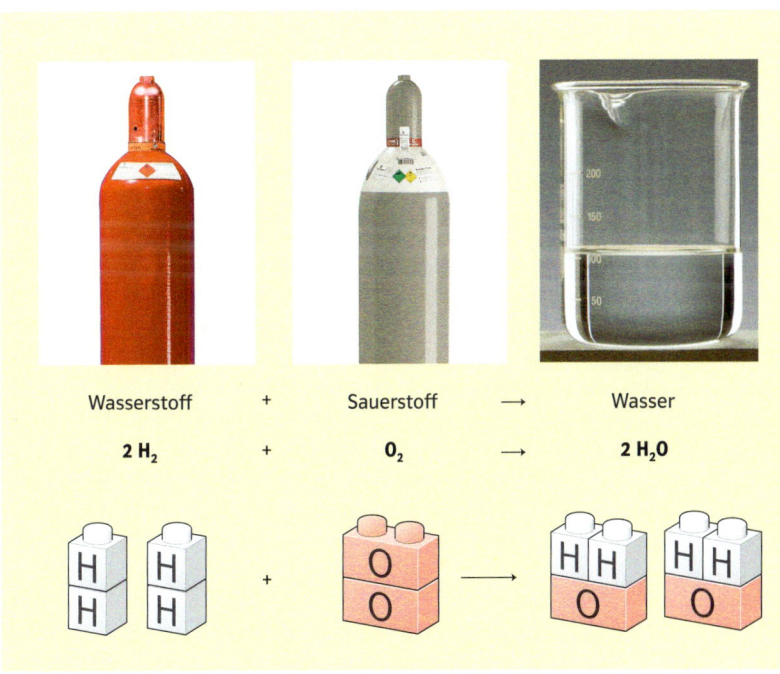

Wasserstoff	+	Sauerstoff	→	Wasser
$2\,H_2$	+	O_2	→	$2\,H_2O$

2 Von der Wortgleichung zur Reaktionsgleichung

AUFGABEN

1 ○ Nenne zwei Vorteile der chemischen Reaktionsgleichung.

2 ○ Erläutere, warum vor und nach der Reaktion die Anzahl der Atome jeder Atomsorte gleich sein muss.

3 ◐ Vergleiche die Anzahl der Atome vor und nach der Reaktion. Vervollständige die Reaktionsgleichung: $Cu + S \longrightarrow Cu_2S$.

4 ● Schwefel bildet mit Sauerstoff zwei unterschiedliche Verbindungen: Schwefeldioxid SO_2 und Schwefeltrioxid SO_3. Stelle für beide Verbindungen die Reaktionsgleichungen für die Synthese aus den Elementen auf.

5 ● Stickstoffdioxid NO_2 ist ein giftiges Gas. Beim Erhitzen zerfällt es in Stickstoffmonooxid NO und Sauerstoff. Stelle die Reaktionsgleichung auf.

Die Anomalie des Wassers

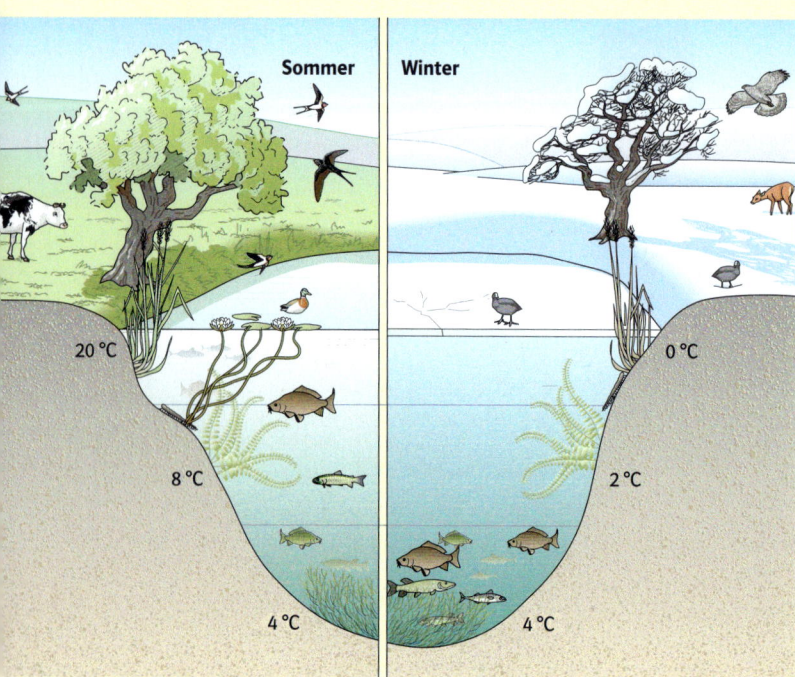

1 Temperaturen in einem See im Sommer und im Winter

Bei niedrigen Temperaturen kühlt sich das Wasser eines Sees an der Oberfläche ab. Die Dichte des Wassers nimmt dabei zu und das kältere Wasser sinkt im See nach unten. Bei 4°C erreicht das Wasser seine größte Dichte. Kälteres Wasser hat eine geringere Dichte und liegt deshalb in Schichten über dem 4°C kalten Wasser. Am Grund tiefer Seen bleibt die Temperatur des Wassers deshalb das ganze Jahr über gleichbleibend bei 4°C. (▷ B 1).

Wasser verhält sich anders

Die Eigenschaft, dass die Dichte des Wassers bei 4°C ihren höchsten Wert erreicht, nennt man Anomalie des Wassers. Bei nahezu allen anderen Stoffen wird die Dichte mit abnehmender Temperatur immer größer.
Eine Folge der Anomalie des Wassers ist, dass sich gefrierendes Wasser ausdehnt (▷ B 2). Deshalb kann es im Winter zu Frostschäden auf den Straßen kommen: Regenwasser setzt sich in den Fugen der Teerschicht ab. Bei Frost gefriert das Wasser zu Eis. Das Eis nimmt ein größeres Volumen ein und reißt die Fugen in der Straßendecke weiter auf.

Die Temperatur beeinflusst die Dichte

In kalten Wintern frieren Gewässer an der Oberfläche zu. Unter der Eisschicht bleibt das Wasser jedoch flüssig, so überleben Fische auch im Winter. Warum aber gefrieren Gewässer zuerst an der Oberfläche?

2 Was ist hier passiert?

AUFGABEN

1 ◒ Jemand hat bei Frost eine Glasflasche mit Wasser über Nacht im Freien liegengelassen. Beschreibe und begründe, was passiert (▷ B 2).

2 ◒ Begründe, weshalb Eisberge im Meer schwimmen.

3 ● Ein Gartenteich soll angelegt werden, in dem das ganze Jahr über Fische leben können. Recherchiere, wie tief der Teich dafür sein muss, und begründe deine Aussage.

Die besonderen Eigenschaften des Wassers

1 Einen Wasserstrahl „ablenken"

Material

Schutzbrille, Stativ, Doppelmuffe, Universalklemme, Bürette, Trichter, Kunststoff-Wanne, Hartgummi-Stab, Tierfell, Wasser, Waschbenzin

Versuchsanleitung

a) Baue den Versuch nach Bild 1 auf. Fülle mithilfe des Trichters Wasser in die Bürette.

b) Reibe den Hartgummi-Stab mehrere Male mit dem Tierfell, um ihn elektrisch aufzuladen.

c) Öffne den Bürettenhahn und nähere den Hartgummistab dem Wasserstrahl aus der Bürette. Dabei darfst du den Strahl nicht berühren!

d) Wiederhole den Versuch mit Waschbenzin.

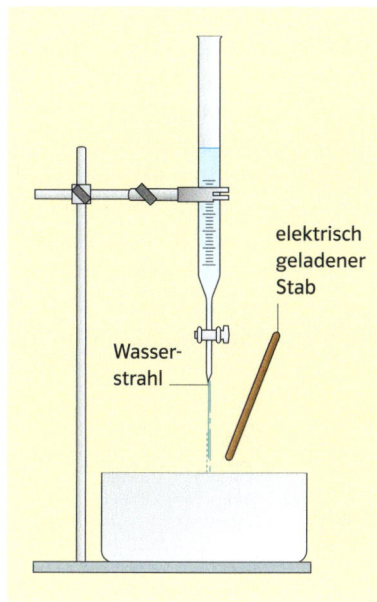

1 Der elektrisch aufgeladene Stab wird dem Wasserstrahl genähert.

elektrisch geladener Stab

Wasserstrahl

2 Großer Wasserberg

Material

Becherglas (250 ml), Erlenmeyerkolben (100 ml), Petrischale, Tropfpipette, Wasser

Versuchsanleitung

Stelle den Erlenmeyerkolben in die Petrischale. Fülle etwa 200 ml Wasser in das Becherglas. Gieße das Wasser in den Erlenmeyerkolben, bis dieser bis zum Rand voll ist. Tropfe nun mit der Tropfpipette weiter Wasser in den Erlenmeyerkolben, bis das Wasser überläuft.

3 Wassertropfen-Wettbewerb

Material

Becherglas, Petrischale, Tropfpipette, 10-Cent-Münze, Wasser

Versuchsanleitung

Lege eine (saubere) 10-Cent-Münze in die Petrischale. Tropfe mit der Tropfpipette Wasser auf die Münze. Zähle die Tropfen, bis das Wasser überläuft. Wer von euch schafft es, die meisten Tropfen aufzuhäufen?

4 Kann eine Büroklammer schwimmen?

Material

Becherglas, Büroklammer, Löschpapier, Wasser

Versuchsanleitung

Fülle ein Becherglas mit Wasser. Lege ein Stück Löschpapier, das ungefähr die Größe der Büroklammer hat, auf die Wasseroberfläche. Setze vorsichtig die Büroklammer auf das Löschpapier. Sorge dafür, dass das Löschpapier untergeht.

5 Wasser hochziehen

Material

Petrischale, Kraftmesser, Aluminiumring, Wasser, Waschbenzin

Versuchsanleitung

Hänge den Aluminiumring an einen Kraftmesser (▷ B 2). Tauche den Ring vorsichtig bis zur Hälfte in eine Petrischale mit Wasser. Ziehe ihn mit dem Kraftmesser langsam und gleichmäßig nach oben. Lies die Kraft am Kraftmesser ab, wenn der Ring sich von der Wasseroberfläche ablöst. Wiederhole den Versuch mit Waschbenzin.

1. ○ Protokolliere zu allen Versuchen die Beobachtungen.

2. ◐ Schließe von den Beobachtungen auf die besonderen Eigenschaften des Wassers.

3. ● Formuliere eine Vermutung, warum Wasser „Berge" bilden und eine Büroklammer tragen kann.

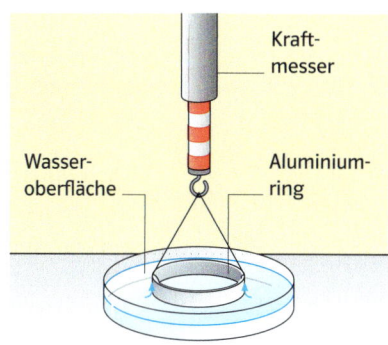

Kraftmesser

Wasseroberfläche

Aluminiumring

2 Beim Herausziehen wird Kraft aufgewendet.

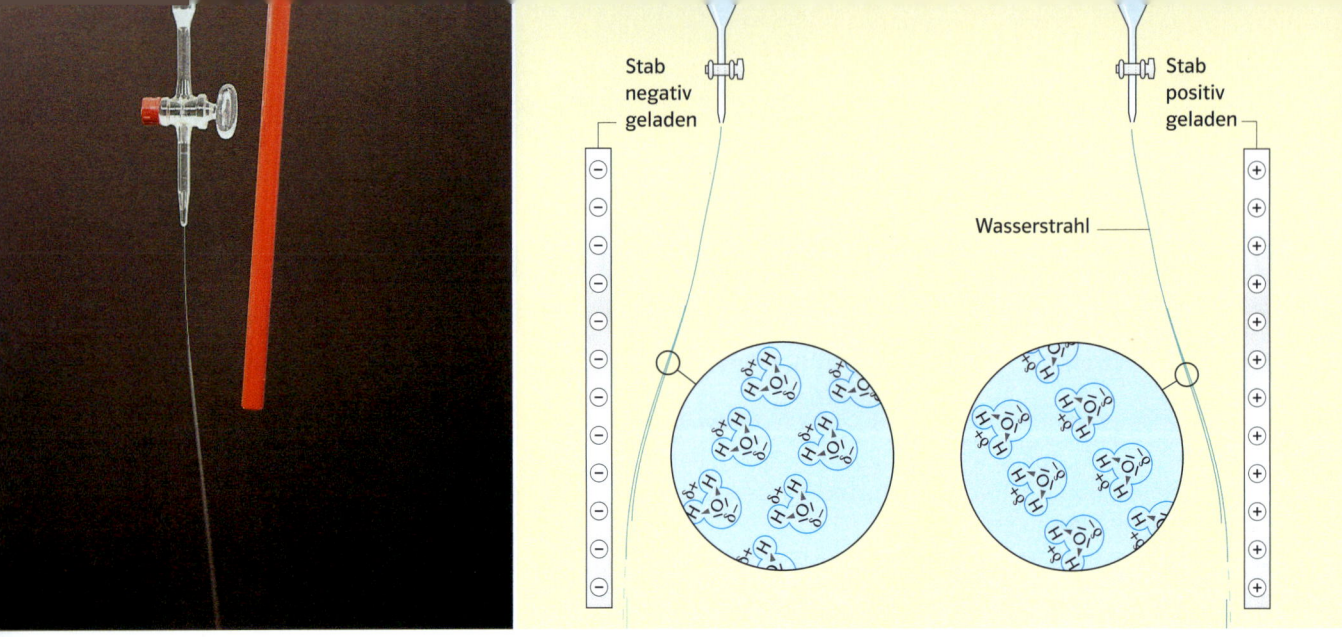

1 Ein Wasserstrahl wird von einem elektrisch geladenen Stab abgelenkt.

Wasser-Moleküle sind Dipole

Wasser hat besondere Eigenschaften

Wasser ist eine Flüssigkeit mit besonderen Eigenschaften. Hält man einen elektrisch geladenen Stab in die Nähe eines dünnen Wasserstrahls, so wird der Wasserstrahl zum Stab hin abgelenkt. Dabei spielt es keine Rolle, ob der Stab negativ oder positiv aufgeladen ist (▷ B 1).

Wasser bildet Tropfen und „Wasserberge" auf festen Oberflächen. Eine Wasseroberfläche kann außerdem Büroklammern oder Wasserläufer tragen. Taucht man einen Aluminiumring waagerecht in Wasser, so muss man Kraft aufwenden, um ihn wieder herauszuziehen (▷ B 97.2).

Die Gründe für diese Eigenschaften liegen im besonderen Aufbau des Wasser-Moleküls.

Der Aufbau des Wasser-Moleküls

Wasser hat die Formel H_2O. Im Wasser-Molekül sind zwei Wasserstoff-Atome über Elektronenpaar-Bindungen mit einem Sauerstoff-Atom verbunden.

Man weiß, dass die drei Atome keine gerade Linie bilden, sondern in einem **Winkel von 105°** zueinander stehen:

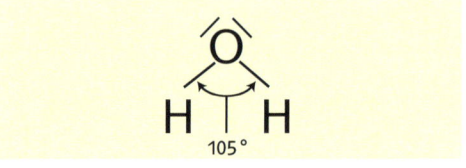

Das Sauerstoff-Atom ist in der Lage, das bindende Elektronenpaar stärker an sich heranzuziehen. Das bindende Elektronenpaar ist deshalb nicht gleichmäßig zwischen dem Sauerstoff-Atom und dem Wasserstoff-Atom verteilt, sondern in Richtung des Sauerstoff-Atoms verschoben. Man spricht von einer **polaren Elektronenpaar-Bindung**. Sie kann in der Strukturformel durch einen Keil gekennzeichnet werden:

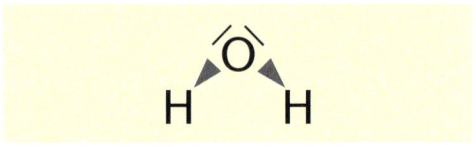

Durch die Verschiebung des bindenden Elektronenpaars befindet sich am Sauerstoff-Atom eine schwach negative Ladung.

Diese **Teilladung** wird in der Strukturformel durch das Symbol **δ–** (sprich: Delta minus) gekennzeichnet. Die Wasserstoff-Atome bekommen im Gegensatz dazu eine positive Teilladung **δ+** (sprich: Delta plus):

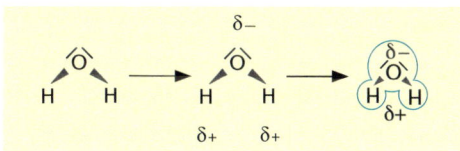

Das Wasser-Molekül ist ein Dipol

Durch den gewinkelten Aufbau des Wasser-Moleküls heben sich die Teilladungen im Molekül nicht auf. Das Molekül weist einen positiven und einen negativen Pol auf – es ist ein **Dipol**. Dies führt dazu, dass sich die Wasser-Moleküle eines Wasserstrahls zu einem elektrisch geladenen Stab ausrichten und angezogen werden (▷ B 1).

Auch untereinander ziehen sich benachbarte Dipol-Moleküle mit ihren entgegengesetzt geladenen Polen an. Es kommt zu **Dipol-Dipol-Wechselwirkungen**.

Zwischen entgegengesetzt geladenen Polen benachbarter Wasser-Moleküle wirken noch weitere, stärkere Anziehungskräfte. Jedem Sauerstoff-Atom eines Wasser-Moleküls liegen Wasserstoff-Atome zweier benachbarter Wasser-Moleküle gegenüber. Diese Anziehungskräfte zwischen dem Sauerstoff-Atom des einen Wasser-Moleküls und dem Wasserstoff-Atom eines anderen Wasser-Moleküls heißen **Wasserstoffbrücken**. Sie sind dafür verantwortlich, dass die Wasser-Moleküle zusammenhalten und sich zu Tropfen zusammenballen.

Die Wasserstoffbrücken sorgen auch dafür, dass die Wasser-Moleküle eine stabile Wasseroberfläche bilden, die sogar leichte Gegenstände trägt. Man nennt diese Eigenschaft **Oberflächen-Spannung**. Die Oberflächen-Spannung muss überwunden werden, um einen Aluminiumring aus dem Wasser zu ziehen. Mit einer Federwaage kann die dazu benötigte Kraft gemessen werden (▷ B 97.2).

Im Wasser-Molekül ist das bindende Elektronenpaar zum Sauerstoff-Atom hin verschoben. Es entsteht eine polare Elektronenpaar-Bindung. Diese und der gewinkelten Aufbau führen dazu, dass das Wasser-Molekül ein Dipol ist.

Zwischen Wasser-Molekülen bestehen besondere Anziehungskräfte – die Wasserstoffbrücken. Sie sorgen für die Oberflächen-Spannung des Wassers.

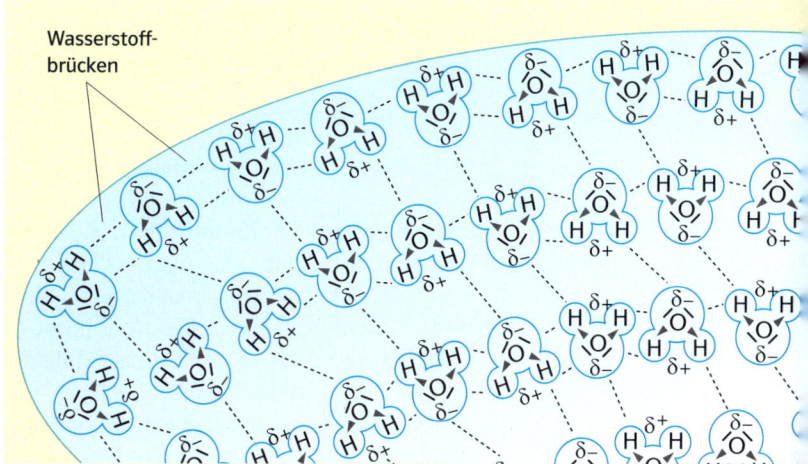

Wasserstoff-brücken

2 Benachbarte Wasser-Moleküle ziehen sich gegenseitig an.

AUFGABEN

1 ○ Beschreibe den Aufbau eines Wasser-Moleküls mit eigenen Worten.

2 ○ Erläutere, warum ein Wasserstrahl sowohl von einem positiv als auch von einem negativ geladenen Stab angezogen wird.

3 ◒ Erkläre den Begriff „Dipol" mit eigenen Worten. Beschreibe dabei auch, wie ein Dipol entsteht.

4 ◒ Wasserläufer sind auf dem Wasser lebende Insekten. Begründe, weshalb sie auf der Wasseroberfläche laufen können.

5 ● Können Wasserstoffbrücken auch zwischen Molekülen anderer Stoffe auftreten? Welche Bedingungen müssen dafür erfüllt sein? Formuliere eine Vermutung.

6 ● Eiswürfel schwimmen in Getränken. Erkläre dies mithilfe des besonderen Baus der Wasser-Moleküle.

Hauptgruppen						
I	II	III	IV	V	VI	VII
H 2,1						
Li 1,0	Be 1,5	B 2,0	C 2,5	N 3,0	O 3,5	F 4,0
Na 0,9	Mg 1,2	Al 1,5	Si 1,8	P 2,1	S 2,5	Cl 3,0
K 0,8	Ca 1,0	Ga 1,6	Ge 1,8	As 2,0	Se 2,4	Br 2,8
Rb 0,8	Sr 1,0	In 1,7	Sn 1,8	Sb 1,9	Te 2,1	I 2,5

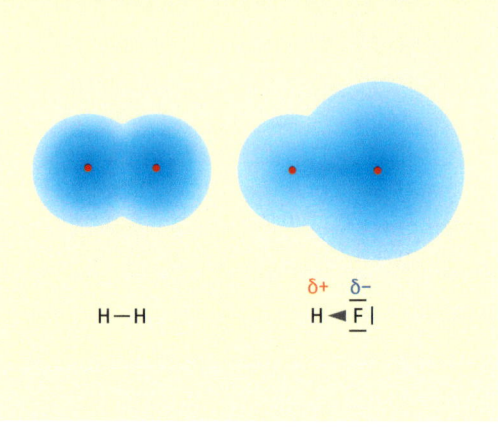

1 Elektronegativitätswerte einiger Hauptgruppen-Elemente   **2** Wasserstoff-Molekül   **3** Fluorwasserstoff-Molekül

Die Elektronegativität

Elektronen – immer gleichmäßig verteilt?

Verbinden sich zwei Wasserstoff-Atome zu einem Wasserstoff-Molekül, so ist das bindende Elektronenpaar gleichmäßig zwischen den Atomkernen verteilt (▷ B 2). Beide Atomkerne ziehen die Elektronen mit gleicher Kraft an. In einem Wasser-Molekül H_2O ist dies nicht der Fall. Das Sauerstoff-Atom kann das bindende Elektronenpaar stärker zu sich heranziehen. Die Elektronen sind nicht gleichmäßig verteilt.

Die Elektronegativität

Ein Maß für die Fähigkeit eines Atoms, das bindende Elektronenpaar an sich zu ziehen, ist die **Elektronegativität** (Abkürzung: EN). Jeder Atomsorte ist ein EN-Wert zugeordnet (▷ B 1). Je größer der EN-Wert ist, desto größer ist die Fähigkeit des Atoms, das bindende Elektronenpaar anzuziehen.

Innerhalb einer Periode steigen die EN-Werte an. Dies liegt an der zunehmenden Anzahl der Protonen, die zu einer höheren Ladung des Atomkerns führen.

Innerhalb einer Hauptgruppe nehmen die EN-Werte ab, da die Atome von oben nach unten größer werden. Je größer ein Atom ist, desto schwächer sind die Anziehungskräfte zwischen Atomkern und Valenzelektronen.

Unpolar oder polar?

Die Differenz der EN-Werte der beteiligten Atome zeigt, ob eine Elektronenpaar-Bindung unpolar oder polar ist. Im Wasserstoff-Molekül ist die Differenz der EN-Werte null. Es liegt eine unpolare Elektronenpaar-Bindung vor (▷ B 2). Ist die Differenz der EN-Werte größer als null, ist die Bindung polar. Ein Beispiel ist die Bindung im Fluorwasserstoff-Molekül HF (▷ B 3). Die Differenz der EN-Werte beträgt hier 1,9.

Die Elektronegativität EN ist ein Maß für die Fähigkeit eines Atoms, das bindende Elektronenpaar in einem Molekül an sich zu ziehen.

AUFGABEN

1 ○ Nenne das Atom mit dem höchsten und das mit dem niedrigsten EN-Wert (▷ B 1).

2 ◕ Ordne die folgenden Bindungen nach steigender Polarität: N–H, C–O, C–H, S–H. Begründe deine Entscheidung mit der Differenz der EN-Werte.

3 ● Begründe, warum den Edelgas-Atomen keine EN-Werte zugeordnet wurden.

Gefahr für das Wasser

1 Der blaue Planet

2 Bewässerung in der Landwirtschaft

3 Gülle wird auf einem Feld verteilt.

Wasser – Quell des Lebens

Die Erde wird auch „blauer Planet" genannt (▷ B 1). Denn 71 % der Erdoberfläche sind mit Wasser bedeckt. Den größten Teil davon bilden die Meere. Nur etwa 3 % der Wasservorräte bestehen aus Süßwasser. Dies liegt wiederum zu 70 % in Form von Eis und Schnee vor. Wasser ist unsere Lebensgrundlage. Ohne Wasser kann kein Lebewesen über einen längeren Zeitraum existieren. Heute sind unsere Wasservorräte aus verschiedenen Gründen bedroht.

Steigender Wasserverbrauch

Die Weltbevölkerung wächst und damit auch der Wasserverbrauch. Besonders die Herstellung vieler Produkte benötigt große Mengen an Wasser. So braucht man z. B. für die Herstellung einer Jeanshose etwa 6 000 Liter Wasser, für eine Plastiktüte 10 bis 20 Liter und für ein Blatt Papier etwa 10 Liter. Ein weiterer Grund für den steigenden Wasserverbrauch sind die immer größeren landwirtschaftlich genutzten Flächen, die bewässert werden (▷ B 2).

Gefährdung des Grundwassers

Belastete Industrieabwässer oder Rückstände aus der Landwirtschaft können in das Grundwasser einsickern (▷ B 3). Ein einziger Liter Heizöl kann etwa eine Million Liter Wasser verunreinigen. Nitrat-Rückstände aus der Landwirtschaft sind vor allem für kleine Kinder schädlich.

Wo viele Menschen zusammenleben, gelangen auch andere Stoffe ins Grundwasser. So werden im Grundwasser von Großstädten Süßstoffe und Rückstände von Medikamenten gefunden.

Wasser ist unsere Lebensgrundlage. Die Wasservorräte sind heute aus verschiedenen Gründen bedroht.

AUFGABEN

1 ○ Beschreibe, wodurch die Wasservorräte der Erde bedroht sind.

2 ◒ Erläutere Möglichkeiten, wie du im Alltag Wasser sparen kannst.

3 ● Recherchiere und erkläre, warum zu viel Nitrat im Trinkwasser für kleine Kinder eine Gefahr darstellt.

Zusammenfassung

Eigenschaften des Wassers

Wasser ist farblos, geruchlos, geschmacklos und leitet den elektrischen Strom nicht. Es siedet bei 100 °C und erstarrt bei 0 °C. Bei 4 °C beträgt die Dichte des Wassers 1,00 g/cm³. Gefrorenes Wasser hat eine geringere Dichte. Deshalb schwimmt Eis im Wasser. Zum Nachweis von Wasser wird Watesmo-Papier verwendet.

Wasser als Lösungsmittel

Wasser ist ein gutes Lösungsmittel für viele Stoffe. Die Löslichkeit gibt an, wie viel Gramm eines Stoffes sich in 100 g eines Lösungsmittels bei einer bestimmten Temperatur lösen. Die Löslichkeit ist eine messbare Stoffeigenschaft.

Zerlegung und Bildung von Wasser

Wasser ist eine Verbindung, die aus den Elementen Sauerstoff und Wasserstoff aufgebaut ist. Das Wasser-Molekül hat die Formel H_2O. Mithilfe des elektrischen Stroms kann man Wasser in die Elemente zerlegen. Umgekehrt bildet sich Wasser, wenn man ein Gemisch aus Sauerstoff und Wasserstoff reagieren lässt.

Analyse und Synthese

Die Zerlegung einer Verbindung heißt Analyse. Die Bildung einer Verbindung bezeichnet man als Synthese. Die Synthese ist die Umkehrung der Analyse.

Reaktionsgleichung

Die Reaktionsgleichung beschreibt eine chemische Reaktion mit Zeichen, Formeln und Zahlen. Bei Reaktionen werden keine Atome vernichtet oder erzeugt. Deshalb ist in der Reaktionsgleichung für jede Atomsorte die Anzahl der Atome links und rechts des Reaktionspfeils gleich (▷ B 1).

Polare Elektronenpaar-Bindung

Die bindenden Elektronen im Wasser-Molekül sind zum Sauerstoff-Atom hin verschoben. So entsteht eine polare Elektronenpaar-Bindung mit positiven und negativen Teilladungen an den Atomen.

Dipole und Dipol-Dipol-Wechselwirkungen

Dipol-Moleküle entstehen, wenn sich durch Elektronenverschiebungen innerhalb eines Moleküls Teilladungen ausbilden. Das Wasser-Molekül ist durch die polaren Elektronenpaar-Bindungen und seinen gewinkelten Aufbau ein Dipol. Zwischen Dipol-Molekülen bestehen Anziehungskräfte. Man nennt sie Dipol-Dipol-Wechselwirkungen.

Wasserstoffbrücken

Die Anziehungskräfte zwischen dem Sauerstoff-Atom eines Wasser-Moleküls und dem Wasserstoff-Atom eines benachbarten Wasser-Moleküls heißen Wasserstoffbrücken. Sie bewirken die Oberflächenspannung des Wassers. Diese ist dafür verantwortlich, dass Wasser eine stabile Oberfläche bildet und sich zu Tropfen zusammenballt.

Elektronegativität

Die Elektronegativität (EN) ist ein Maß für die Fähigkeit der Atome, die Bindungselektronen in einem Molekül an sich zu ziehen.

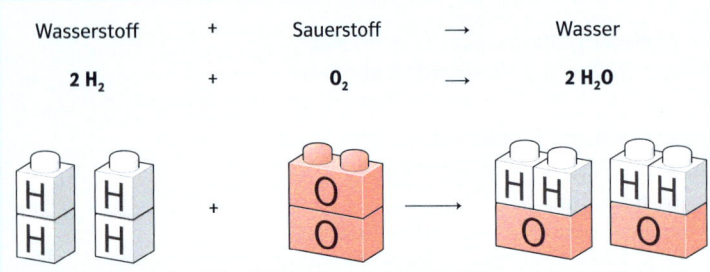

Wasserstoff	+	Sauerstoff	⟶	Wasser
2 H_2	+	O_2	⟶	2 H_2O

3 Von der Wortgleichung zur Reaktionsgleichung

AUFGABEN

1 ○ Nenne mindestens sechs Eigenschaften des Wassers.

👍 Super! ❓ ► S. 86/87, 97

2 ○ Benenne festes und gasförmiges Wasser mit passenden Begriffen.

👍 Super! ❓ ► S. 86/87

3 ○ Zähle auf, wo dir im Alltag und in deiner Umgebung Wasser begegnet und wofür es genutzt wird.

👍 Super! ❓ ► S. 86/87

4 ○ Erläutere den Begriff „Löslichkeit" und nenne ein wichtiges Lösungsmittel.

👍 Super! ❓ ► S. 89

5 ◕ „Trinkwasser ist sehr sauberes Wasser, aber Trinkwasser ist kein Reinstoff." Erkläre diese Aussage.

👍 Super! ❓ ► S. 86/87

6 ◕ Erkläre, warum warme Cola-Getränke fad schmecken.

👍 Super! ❓ ► S. 89

7 ◕ „Die Synthese ist die Umkehrung der Analyse." Begründe diese Aussage anhand eines geeigneten Beispiels.

👍 Super! ❓ ► S. 90/91

8 ◕ Erkläre den Begriff „Elektronegativität" anschaulich an einem selbstgewählten Beispiel.

👍 Super! ❓ ► S. 100

9 In einer speziellen Versuchsapparatur wird ein Gemisch aus genau 6 ml Sauerstoff und 6 ml Wasserstoff gezündet.
○ a) Gib das Reaktionsprodukt an.
● b) Von einem der beiden Gase bleibt nach der Reaktion ein Rest. Begründe, weshalb das Gemisch nicht vollständig reagiert und welches Gas übrig bleibt.

👍 Super! ❓ ► S. 90/91

10 ● In warmen Sommermonaten dürfen manche Kraftwerke ihr angewärmtes Kühlwasser nicht in Flüsse einleiten. Stelle hierzu eine Vermutung auf und begründe sie mithilfe der Löslichkeit von Gasen in Wasser.

👍 Super! ❓ ► S. 89

11 ● Beschreibe schrittweise deine Vorgehensweise bei der Aufstellung der Reaktionsgleichung für die Reaktion von Stickstoff und Wasserstoff zu Ammoniak NH_3.

👍 Super! ❓ ► S. 94/95

12 ● Erkläre am Beispiel eines Wasser-Moleküls, welche Vorausetzungen erfüllt sein müssen, damit ein Dipol entsteht.

👍 Super! ❓ ► S. 98/99

13 ● Festes Wasser hat eine geringere Dichte als flüssiges Wasser. Deshalb schwimmen Eisberge im Wasser. Erkläre dieses Phänomen mithilfe der Wechselwirkungen zwischen den Wasser-Molekülen.

👍 Super! ❓ ► S. 98/99

5 Salze – Gegensätze ziehen sich an

– Kennst du noch andere Salze außer Kochsalz?

– Salz steht in jedem Haushalt. Wofür verwendet man es?

– Wie entsteht ein Salzkristall?

– Was geschieht beim Lösen von Salz in Wasser?

– Welche gemeinsamen Eigenschaften haben Salze?

Kochsalz: Gewinnung und Verwendung

Wenn man im Alltag von Salz spricht, so meint man damit Kochsalz. Lange Zeit war Kochsalz selten und in vielen Regionen schwer erhältlich. Deshalb war es für die Menschen sehr wertvoll und wurde auch als „weißes Gold" bezeichnet. Heute können wir Kochsalz für wenig Geld in jedem Supermarkt kaufen.

C Rohstoff für die chemische Industrie
Der größte Teil des Kochsalzes wird in der Industrie benötigt, z.B. zur Herstellung von Kunststoffen oder Medikamenten.

B Viehsalz
Kochsalz im Tierfutter fördert die Gesundheit. Viele Tiere lecken gerne an Salzsteinen.

A Haltbarmachen von Lebensmitteln
Salzlösungen können Keime abtöten. Deshalb macht Kochsalz Lebensmittel länger haltbar.

HERINGE SALZ

G Salz aus Meerwasser
In warmen Ländern wird Meerwasser in große, flache Becken geleitet. In diesen Salzgärten verdunstet das Wasser durch die Wärme der Sonne. Zurück bleibt das Meersalz, das gereinigt als Kochsalz in den Handel kommt.

Imbiss

F Gewürz
Am bekanntesten ist Kochsalz zum Würzen von Speisen. Es verbessert den Geschmack.

D Medizin

Mit einer medizinischen Kochsalz-Lösung kann der Verlust von Wasser oder Blut im menschlichen Körper ausgeglichen werden.

E Streusalz

Streusalz besteht zum größten Teil aus Kochsalz. Im Winter hilft es, die Straßen von Eis und Schnee zu befreien.

H Salz aus Sole

Salz aus unterirdischen Lagerstätten kann durch Bohrloch-Solung gewonnen werden. Dazu wird ein tiefes Loch in das salzhaltige Gestein gebohrt. Durch das Loch wird Wasser eingeleitet, in dem sich das Salz löst. Diese Lösung nennt man Sole. Die Sole wird abgepumpt und eingedampft. Das Salz bleibt zurück.

Wasser

Sole

Steinsalz

I Salz aus Bergwerken

In Salz-Bergwerken wird Salz aus unterirdischen Lagerstätten durch Bohren und Sprengen abgebaut.

Kochsalz kann man aus Meerwasser oder aus Salzlagerstätten gewinnen.

Kochsalz ist für den Menschen lebensnotwendig. Es wird zum Würzen oder Haltbarmachen von Lebensmitteln verwendet. Auch als Streusalz wird es eingesetzt. In der Industrie dient es als Rohstoff.

AUFGABEN

1 ○ Nenne Verwendungsmöglichkeiten für Kochsalz.

2 ◒ Begründe, warum an Nordsee und Ostsee keine Salzgärten zu finden sind.

3 ● Informiere dich über die Entstehung von Salzstöcken. Erstelle dazu eine Präsentation.

1 Kochsalz

2 Kochsalzkristalle unter der Lupe

Salze aus Sicht der Chemie

Salze sind eine Stoffgruppe

Im Alltag verbinden wir mit dem Begriff „Salz" meist Kochsalz. In der Chemie ist Kochsalz **Natriumchlorid**. Natriumchlorid ist aus Kristallen aufgebaut, die in Wasser leicht löslich sind.

Die Schmelztemperatur von Natriumchlorid beträgt 801 °C. Bei 1465 °C siedet das geschmolzene Natriumchlorid. Sowohl geschmolzenes Natriumchlorid als auch eine Lösung von Natriumchlorid leiten den elektrischen Strom.

Ähnliche Eigenschaften wie das Natriumchlorid zeigen auch andere Stoffe, beispielsweise Calciumchlorid, Natriumcarbonat oder Kupfersulfat (▷ B 3). Man fasst diese Stoffe in der Chemie unter dem Begriff **Salze** zusammen. Die Salze bilden eine **Stoffgruppe**.
(▶ Stoff und Teilchen, S. 164/165)

Natriumchlorid bildet Kristalle

Lässt man das Wasser aus einer Natriumchlorid-Lösung verdunsten, so bleiben regelmäßig geformte Kristalle zurück (▷ V 1). Man kann diese Kristalle schon mit dem bloßem Auge erkennen. Mithilfe einer Lupe oder eines Mikroskops sieht man ihre Form noch deutlicher: Es handelt sich um regelmäßig geformte Würfel (▷ B 2).

Natriumchlorid aus Natrium und Chlor

Das Salz Natriumchlorid lässt sich direkt aus den Elementen Natrium und Chlor

Natrium + Chlor ⟶ Natriumchlorid

4 Natrium reagiert heftig mit Chlor.

3 Auch Kupfersulfat ist ein Salz.

Kochsalz ist Natriumchlorid. Es gehört zur Stoffgruppe der Salze.

Geschmolzenes oder in Wasser gelöstes Natriumchlorid leitet den elektrischen Strom.

Natriumchlorid lässt sich aus den Elementen Natrium und Chlor herstellen und bildet würfelförmige Kristalle.

AUFGABEN

1 ○ Erstelle einen Steckbrief des Natriumchlorids.

2 ○ Beschreibe, wie man aus Nudelwasser das darin gelöste Salz zurückgewinnen könnte.

3 ◔ Formuliere eine Definition für den Begriff „Stoffgruppe". Benenne zwei weitere Beispiele für Stoffgruppen.

4 ◔ Formuliere die Wortgleichung für die Bildung von Lithiumbromid aus den Elementen.

5 ● Stelle die Reaktionsgleichung für die Bildung von Natriumchlorid NaCl aus den Elementen auf.

6 ● Formuliere eine Vermutung, warum geschmolzenes und gelöstes Natriumchlorid den elektrischen Strom leitet, festes Natriumchlorid jedoch nicht.

VERSUCHE

1 Fülle in eine Petrischale 2 bis 3 mm hoch Wasser. Löse darin eine Spatelspitze Kochsalz auf. Stelle die Schale an einen warmen Ort und lass sie unbewegt stehen, bis sich Kristalle gebildet haben. Betrachte die Kristalle mit einer Lupe oder unter einem Mikroskop.

2ᴸ ! In ein Reagenzglas mit Loch wird ein entkrustetes, erbsengroßes Stück Natrium gegeben und erhitzt. Kurz bevor sich das Natrium entzündet, wird das Reagenzglas in einen Klemmhalter mit Abdeckplatte gespannt und auf den mit Chlor gefüllten Standzylinder aufgesetzt (▷ B 4). (Abzug! Schutzbrille!) Der entstandene weiße Feststoff wird herausgekratzt und auf einem Uhrglas mit wenig Wasser gelöst. Einen Tropfen der Lösung gibt man auf einen Objektträger und betrachtet den Rückstand unter dem Mikroskop.

herstellen (▷ V 2, B 4): Gibt man ein heißes Stückchen Natrium in Chlorgas, so beobachtet man nach kurzer Zeit ein helles Aufleuchten und nimmt eine starke Wärmeentwicklung wahr. Es findet eine exotherme chemische Reaktion statt.

Nach der Reaktion erkennt man an den Rändern des Reagenzglases einen weißen Belag (▷ B 4). Aus dem silbergrauen Alkalimetall Natrium und dem gelbgrünen Gas Chlor ist ein neuer Stoff entstanden.

Der neu entstandene, weiße Feststoff hat keine Ähnlichkeit mehr mit den Edukten. Er löst sich sehr gut in Wasser. Lässt man das Wasser langsam verdunsten, so entstehen weiße Kristalle. Mithilfe einer Lupe oder unter einem Mikroskop erkennt man die typische Würfelform der Natriumchlorid-Kristalle. Aus Natrium und Chlor ist das Salz Natriumchlorid entstanden.

Die Wortgleichung zu dieser Reaktion lautet:

Natrium + Chlor ⟶ Natriumchlorid |
exotherm

Flammenfärbung

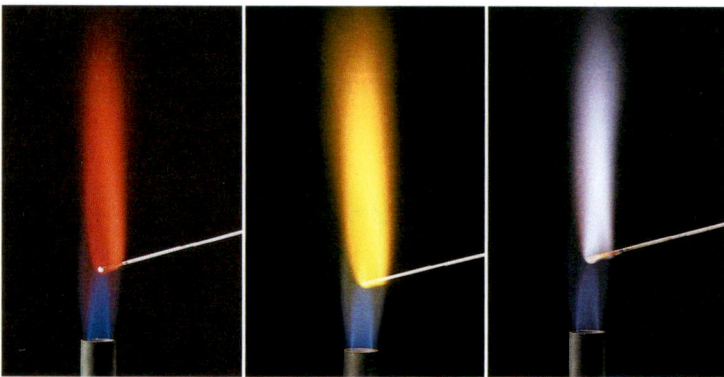

1 Flammenfarben verschiedener Salze

Manche Salze verbrennen mit einer farbigen Flamme. Dies nutzt man beispielsweise bei Feuerwerken.

1 Salze erzeugen Farben

Material

Schutzbrille, Gasbrenner, Stativ, Doppelmuffe, Universalklemme, 7 Uhrgläser, Spatel, Kobaltglas, Magnesia-Stäbchen, Lithiumchlorid, Natriumchlorid, Kaliumchlorid, Rubidiumchlorid, Caesiumchlorid, Calciumchlorid, Bariumchlorid

Versuchsanleitung

a) Spanne den Gasbrenner schräg am Stativ ein. Gib eine kleine Portion eines Stoffes auf ein Uhrglas. Glühe ein Magnesia-Stäbchen in der rauschenden Flamme so lange aus, bis es die Flamme nicht mehr färbt (▷ B 2a). Tauche das noch glühende Stäbchen in die Stoffprobe (▷ B 2b). Halte das Magnesia-Stäbchen mit dem Stoff in die Brennerflamme (▷ B 2c). Beobachte die Flamme. Betrachte die Flamme zusätzlich durch das Kobaltglas.

b) Brich von dem Magnesia-Stäbchen nach dem Abkühlen das verwendete Stück ab. Wiederhole den Versuch mit den übrigen Stoffen.

Aufgaben

1. Erstelle eine Tabelle. Ordne darin den Stoffen die zugehörigen Flammenfarben zu, die man mit und ohne Kobaltglas erkennen kann.
2. Betrachte die Namen der untersuchten Stoffe. Stelle eine Vermutung auf, welche Elemente in den Verbindungen die Flammenfärbung verursachen.

2 Alltagsprodukten auf der Spur

Material

Schutzbrille, Gasbrenner, 5 Uhrgläser, Spatellöffel, Kobaltglas, Magnesia-Stäbchen, Backpulver, Waschmittel, Schmierseife, Kernseife, Brausepulver, destilliertes Wasser

Versuchsanleitung

Gib eine kleine Portion eines Stoffes auf ein Uhrglas und benetze den Stoff mit Wasser. Tauche dann ein gut ausgeglühtes Magnesia-Stäbchen in die Probe und verfahre weiter wie in Versuch 1. Wiederhole den Versuch mit den übrigen Proben.

Aufgaben

1. Welche Elemente sind in den Produkten enthalten? Ziehe aus den Beobachtungen eine Schlussfolgerung.
2. Betrachte Bild 1. Nenne Elemente, die die Flammenfarben hervorrufen können.

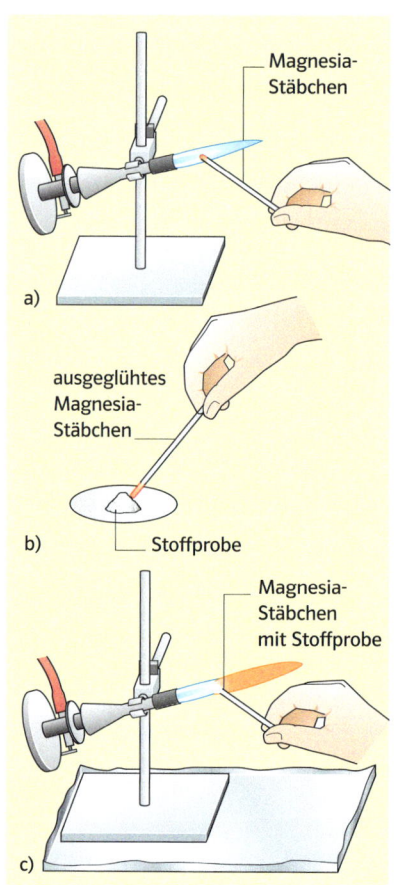

2 Flammenfärbung

Feuerwerk

1 Feuerwerk

2 Feuerwerksraketen

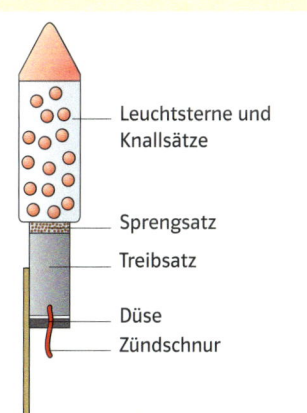

Leuchtsterne und
Knallsätze

Sprengsatz

Treibsatz

Düse
Zündschnur

3 Aufbau eines Feuerwerkskörpers

Faszinierend und gefährlich

Bereits um das Jahr 1050 berichteten China-Reisende, dass dort bei Festen fliegende Feuer und Knallbonbons gezündet wurden. Ab dem 18. Jahrhundert gab es auch an europäischen Königshäusern kaum ein Fest ohne Feuerwerk.

Heute sind Feuerwerke immer noch sehr beliebt. Allerdings kam es bei Feuerwerken und bei der Herstellung von Feuerwerkskörpern immer wieder zu schrecklichen Katastrophen. Am 13. Mai 2000 explodierte eine Feuerwerksfabrik in der niederländischen Stadt Enschede. Durch die Druckwelle wurden über 200 Wohnungen vollständig zerstört und fast 300 Wohnungen für unbewohnbar erklärt. 23 Menschen starben und 947 wurden verletzt. Auch das Abbrennen von Feuerwerkskörpern führt immer wieder zu erheblichen Verletzungen.

Feuerwerk und Farben

Beim Abbrennen eines Feuerwerks beeindrucken besonders die farbigen Lichteffekte am dunklen Himmel (▷ B1). Die Farben des Feuerwerks werden auf verschiedene Weise erzeugt. Grell-weißes Licht entsteht beim Verbrennen von Magnesium. Verbindungen von Calcium, Strontium und Lithium leuchten in verschiedenen Rottönen. Natrium-Verbindungen erzeugen ein gelbes, Kalium-Verbindungen ein violettes und Barium-Verbindungen ein grünes Licht.

Wenn man eine Rakete an der Zündschnur zündet, brennt zunächst der Treibsatz ab, der die Rakete in die Luft steigen lässt. Danach werden im Feuerwerkskörper die sogenannten Leuchtsterne gezündet (▷ B3). Diese erzeugen verschiedenfarbige Funken, die durch Sprengsätze weiträumig am Himmel verteilt werden. Eingebaute Knallsätze erzeugen zum Teil heftige Knallgeräusche.

AUFGABEN

1 ⬤ Beschreibe den Aufbau einer Feuerwerksrakete, die grüne Funken versprüht.

2 ⬤ Feuerwerkskörper werden unter besonderen Sicherheitsvorkehrungen hergestellt. Begründe.

3 ⬤ Das Aufsteigen einer Feuerwerksrakete kann mit dem Rückstoß-Prinzip erklärt werden. Erkläre den Vorgang.

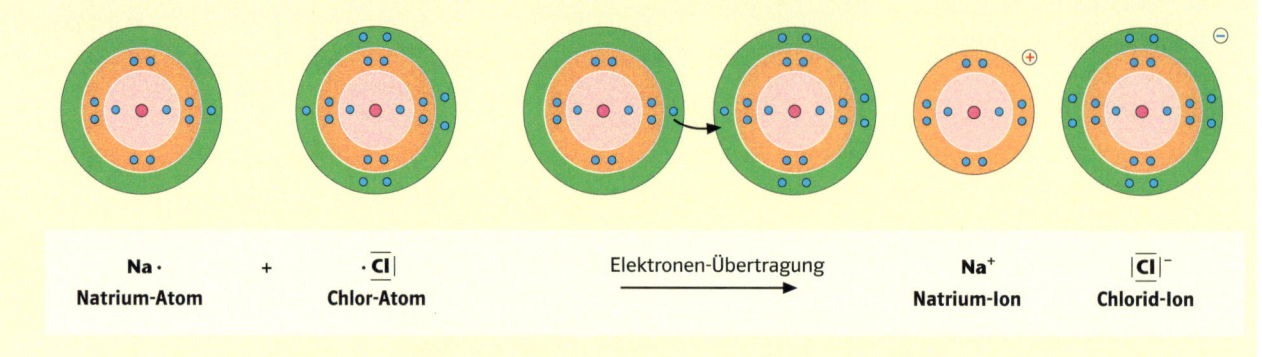

Na ·   +   · C̅l̅|
Natrium-Atom   Chlor-Atom

Elektronen-Übertragung
⟶

Na⁺
Natrium-Ion

|C̅l̅|⁻
Chlorid-Ion

1 Die Ionenbildung am Beispiel der Reaktion von Natrium und Chlor

Die Bildung von Ionen

Die stabile Edelgas-Anordnung

Edelgas-Atome besitzen mit acht Elektronen eine volle Außenschale. Diese Anordnung der Elektronen nennt man Elektronen-Oktett. (Nur die Schale des Helium-Atoms ist bereits mit zwei Elektronen voll besetzt.) Eine vollständig gefüllte Außenschale ist besonders stabil. Durch chemischen Reaktionen können die Atome diese stabile Edelgas-Anordnung erreichen (Oktett-Regel).

Elektronen werden übertragen

Bild 1 zeigt ein Natrium-Atom und ein Chlor-Atom im Schalenmodell: Ein Natrium-Atom hat ein Außenelektron, ein Chlor-Atom hat sieben Außenelektronen. Beide Atome erreichen ein Elektronen-Oktett, wenn das Natrium-Atom sein einzelnes Außenelektron an das Chlor-Atom abgibt. Dadurch bekommen beide Atome acht Außenelektronen.

Geladene Teilchen entstehen

Wenn ein Elektron übertragen wird, verändern sich die Ladungen. Vor der Reaktion hat das Natrium-Atom 11 Protonen im Kern und 11 Elektronen in der Hülle. Nach der Reaktion sind es nur noch 10 Elektronen. Die Elektronen können daher die positive Ladung des Kerns nicht mehr ausgleichen. Aus dem neutralen Natrium-Atom entsteht ein einfach positiv geladenes Teilchen. Geladenen Teilchen heißen **Ionen**. Das

Natrium-Ion hat das Symbol Na⁺. Man schreibt:

$$Na \longrightarrow Na^+ + e^-$$
Natrium-Atom ⟶ Natrium-Ion + Elektron

Aus dem Chlor-Atom ist durch die Aufnahme eines Elektrons dagegen ein einfach negativ geladenes Ion mit dem Symbol Cl⁻ entstanden, das **Chlorid-Ion**:

$$Cl + e^- \longrightarrow Cl^-$$
Chlor-Atom + Elektron ⟶ Chlorid-Ion

Positiv geladene Ionen heißen **Kationen**, negativ geladene Ionen heißen **Anionen**.

Ionen sind elektrisch positiv oder negativ geladene Teilchen. Sie entstehen, wenn Atome Elektronen aufnehmen oder abgeben.

AUFGABEN

1 ○ Beschreibe den Unterschied zwischen einem Natrium-Atom und einem Natrium-Ion.

2 ⊖ Erkläre, weshalb ein Chlorid-Ion einfach negativ geladen ist.

3 ● Magnesium reagiert mit Sauerstoff. Wie viele Elektronen werden übertragen? Wende die Oktett-Regel an.

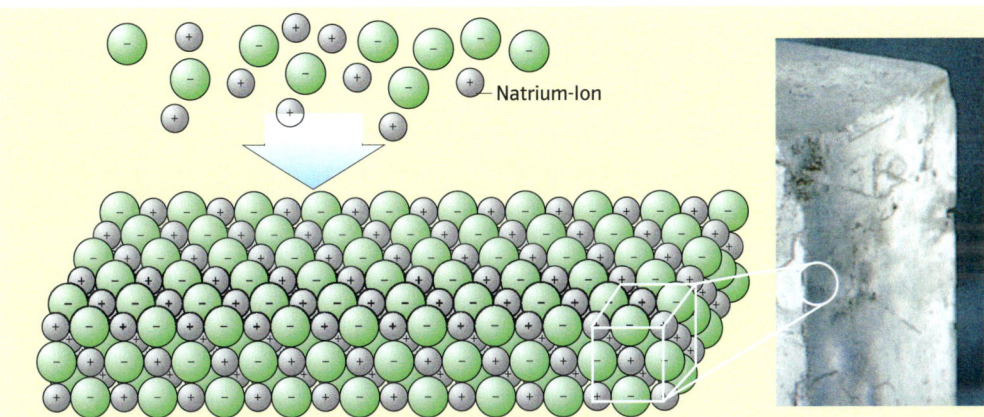
Natrium-Ion

1 Unterschiedlich geladene Ionen ordnen sich in einem Ionengitter an.

Die Ionenbindung

Bei der Reaktion von Natrium und Chlor bilden sich sehr viele Ionen. Da die Natrium-Ionen positiv und die Chlorid-Ionen negativ geladen sind, ziehen sie sich gegenseitig an. Die geladenen Teilchen halten fest zusammen. Es liegt eine **Ionenbindung** vor.
(► Stoff und Teilchen, S. 164/165)

Ionen ordnen sich regelmäßig an
Die Natrium-Ionen und die Chlorid-Ionen ordnen sich regelmäßig an (▷ B1). Durch diese Anordnung entsteht ein **Ionengitter** oder **Kristallgitter**. Betrachtet man den Aufbau des Ionengitters von Natriumchlorid genauer, so ist die kleinste Einheit ein Würfel. Diesen würfelförmigen Aufbau zeigen auch Natriumchlorid-Kristalle, wenn man sie unter dem Mikroskop betrachtet (▷ B1 rechts). Man kann daher auch von einem **Ionenkristall** sprechen.

Salze sind Ionenverbindungen
Eine Ionenbindung entsteht, wenn ein Metall und ein Nichtmetall reagieren. Die Metall-Atome geben ihre Außenelektronen ab. Die Nichtmetall-Atome nehmen diese Elektronen auf. So entstehen Salze.

Alle Salze sind **Ionenverbindungen** oder **Ionensubstanzen**. Salze gibt es in vielen verschiedenen Farben und mit unterschiedlichen Kristallformen.
(► Struktur und Eigenschaften, S. 166/167)

Eine Ionenbindung liegt vor, wenn positiv und negativ geladene Ionen sich gegenseitig anziehen. Die regelmäßige Anordnung der Ionen nennt man Ionengitter. Salze sind Ionenverbindungen und bilden Kristalle.

AUFGABEN

1 ○ Beschreibe mithilfe von Bild 1 die Ionenbindung mit eigenen Worten.

2 ◒ Erläutere die Gemeinsamkeiten der Salze.

3 ◒ Baue ein Modell eines Natriumchlorid-Kristalls.

4 ● Begründe mithilfe des Periodensystems, warum Metalle ihre Außenelektronen abgeben und Nichtmetalle diese aufnehmen.

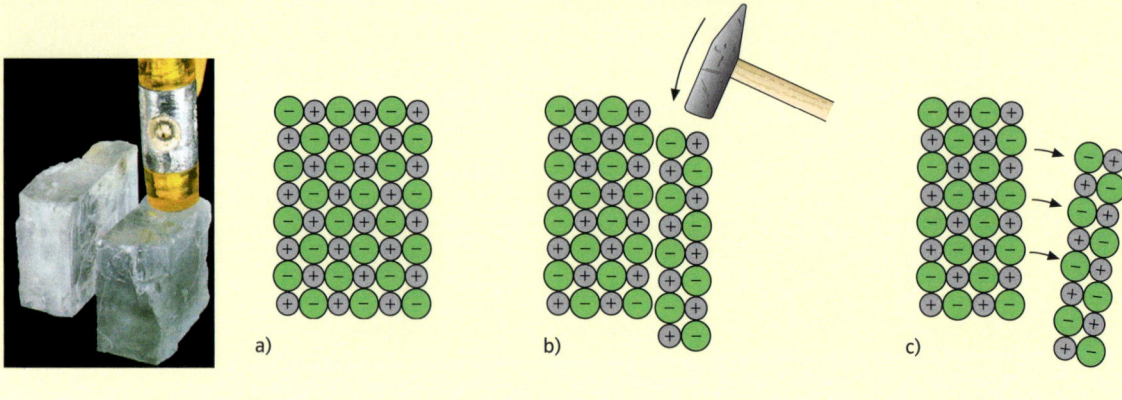

1 Zerstörung eines Natriumchlorid-Kristalls mit einem Hammer

Die Eigenschaften der Salze

Salze bilden eine eigene Stoffgruppe, weil alle Salze aus Ionen aufgebaut sind. Am Aufbau eines Ionengitters sind positiv geladene Metall-Ionen (Kationen) und negativ geladene Nichtmetall-Ionen (Anionen) beteiligt. Dadurch weisen alle Salze ähnliche Stoffeigenschaften auf.

Hohe Schmelz- und Siedetemperaturen
Die Kationen und Anionen im Ionengitter eines Salzes ziehen sich an. Der Zusammenhalt zwischen diesen Ionen ist sehr groß. Soll das Salz schmelzen oder sogar sieden, muss man diese starken Anziehungskräfte überwinden. Nur dann werden die Ionen beweglich (▷ B 2).

Dafür wird jedoch sehr viel Energie benötigt. Daher sind die Schmelztemperaturen und Siedetemperaturen der Salze meist sehr hoch (▷ B 5). Das bekannteste Salz Natriumchlorid schmilzt zum Beispiel bei 801 °C und siedet bei 1465 °C.

Hart und spröde
Salzkristalle sind hart und spröde. Schlägt man mit einem Hammer auf einen Salzkristall, so zerbricht der Kristall (▷ V 1). Durch den Schlag werden die Ionenschichten so verschoben, dass sich gleich geladene Ionen gegenüberstehen. Diese stoßen sich ab. So werden Stücke vom Salzkristall abgespalten (▷ B 1).

Elektrische Leitfähigkeit
Prüft man die elektrische Leitfähigkeit eines Salzes bei Raumtemperatur, so stellt man keinerlei Leitfähigkeit fest (▷ V 2a). Dies ist erstaunlich, weil in einem Salz viele geladene Teilchen vorhanden sind, die den Strom leiten könnten. Die Ionen sind jedoch fest an ihre Plätze im Ionengitter gebunden, sodass keine Bewegung der Ladungen stattfinden kann.

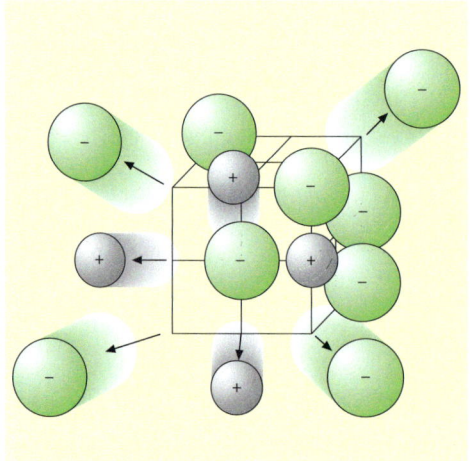

2 Höhere Temperaturen bringen Ionen in Bewegung.

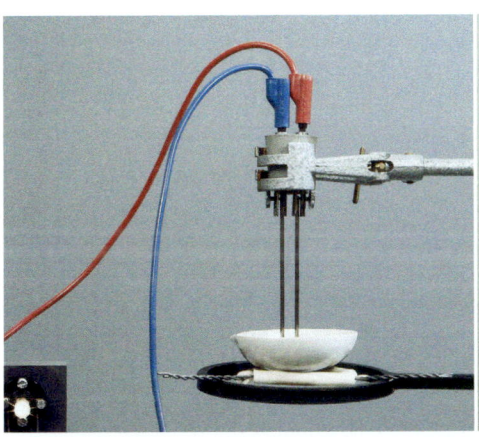

3 Eine Salzschmelze leitet den elektrischen Strom. **4** Natriumchlorid löst sich sehr gut in Wasser.

Erwärmt man aber ein Salz bis zu seiner Schmelztemperatur, so verliert es seine Kristallstruktur. Durch die zugeführte Wärme verlassen die Ionen ihre festen Plätze und werden beweglich (▷ B 2). Salzschmelzen leiten deshalb den elektrischen Strom (▷ B 3, V2b).

Löslichkeit in Wasser
Viele Salze sind in Wasser gut löslich (▷ B 4). Beim Lösungsvorgang verlieren die Salze ihre Kristallstruktur. Die Ionen sind dann beweglich, sodass eine Salzlösung den elektrischen Strom leiten kann. (► Struktur und Eigenschaften, S. 166/167)

Salze haben hohe Schmelztemperaturen und Siedetemperaturen. Sie sind hart und spröde und meist gut in Wasser löslich. Nur Salzlösungen und Salzschmelzen leiten den elektrischen Strom, festes Salz jedoch nicht.

Salz	Schmelztemperatur
Lithiumchlorid	610 °C
Natriumchlorid	801 °C
Kaliumchlorid	772 °C
Berylliumoxid	2 507 °C
Magnesiumoxid	2 832 °C
Calciumoxid	2 587 °C

5 Schmelztemperaturen einiger Salze

AUFGABEN

1 ○ Fasse die Eigenschaften der Salze zusammen.

2 ○ Erläutere den Vorgang in Bild 1.

3 ○ Begründe, weshalb Salzschmelzen den elektrischen Strom leiten, festes Salz jedoch nicht.

4 ◒ Plane einen Versuch, um die Löslichkeit von Natriumchlorid in 100 g Wasser zu bestimmen. Führe dann den Versuch durch.

5 ◒ Recherchiere die Löslichkeit verschiedener Salze in Wasser und präsentiere deine Ergebnisse in geeigneter Form.

6 ● Begründe, weshalb die Schmelztemperatur von Magnesiumoxid erheblich höher ist als die von Natriumchlorid (▷ B 5).

VERSUCHE

1 Wickle einen Natriumchlorid-Kristall in ein Papiertuch ein. Schlage mit einem Hammer vorsichtig auf den Kristall. Wiederhole den Versuch mit einem Stück Metall.

2 ᴸ a) Man gibt in einen Porzellantiegel festes Natriumchlorid und stellt ihn auf einen Dreifuß mit Tondreieck. Anschließend taucht man zwei Graphitstäbe in das Salz und verbindet diese mit einer Gleichspannungsquelle. Zum Ablesen der Stromstärke wird ein Messgerät (5 A) in Reihe geschaltet.
b) Das Natriumchlorid aus Versuch 2 wird nun mit einer Lötlampe mit Hartlötbrennaufsatz bis zur Schmelze erhitzt. Es wird eine Spannung angelegt, mit der ein Stromfluss in der Schmelze nachgewiesen werden kann (▷ B 3). (Abzug! Schutzbrille!)

Die Vielfalt der Salze

Metalle und Nichtmetalle

Salze sind aus den Ionen von Metallen und Nichtmetallen aufgebaut. Die Metalle stehen vor allem in der 1. bis 3. Hauptgruppe des Periodensystems. Die Atome haben daher 1 bis 3 Elektronen in der Außenschale. Um die Edelgas-Anordnung zu erreichen, geben sie ihre Außenelektronen ab. Viele Nichtmetalle stehen in der 5. bis 7. Hauptgruppe. Die Außenschalen der Atome sind mit 5 bis 7 Elektronen gefüllt. Sie nehmen 1 bis 3 Elektronen auf und erreichen so eine voll besetzte Außenschale.

Magnesiumoxid entsteht

In Bild 1 siehst du die Schalenmodelle eines Magnesium-Atoms und eines Sauerstoff-Atoms. Magnesium hat zwei Elektronen auf seiner Außenschale, Sauerstoff besitzt sechs. Beide Atome erreichen die Edelgas-Anordnung, wenn das Magnesium-Atom seine Außenelektronen an das Sauerstoff-Atom abgibt. Dies entspricht der Oktett-Regel. Es entstehen die zweifach geladenen Ionen Mg^{2+} und O^{2-}.

Ionenladungen und Wertigkeit

Das Beispiel Magnesiumoxid zeigt, dass Ionen mehrfach geladen sein können. Die Ionenladung hängt davon ab, wie viele Außenelektronen abgegeben oder aufgenommen werden. Das Periodensystem ist bei der Bestimmung der Ionenladung das wichtigste Hilfsmittel.

2 Magnesia-Stäbchen aus Magnesiumoxid schmelzen nicht in der Flamme.

Die Ionenladung entscheidet auch darüber, in welchem Verhältnis sich Anionen und Kationen verbinden, damit ein elektrisch neutrales Salz entsteht. Die Ionenladung ohne Vorzeichen entspricht der **Wertigkeit** eines Elements. Magnesium und Sauerstoff haben deshalb beide die Wertigkeit 2. Bei gleicher Wertigkeit verbinden sich Kationen und Anionen im Verhältnis 1:1.

Die Ionenladung hängt davon ab, wie viele Elektronen ein Atom aufgenommen oder abgegeben hat. Die Ionenladung ohne Vorzeichen entspricht der Wertigkeit.

AUFGABEN

1 ○ Begründe, warum das Magnesium-Ion zweifach positiv geladen ist.

2 ◑ Fasse zusammen, welche Informationen das Periodensystem zum Bau von Salzen liefert.

3 ● Nimm Stellung zu der Aussage: „Es gibt sehr viele verschiedene Salze."

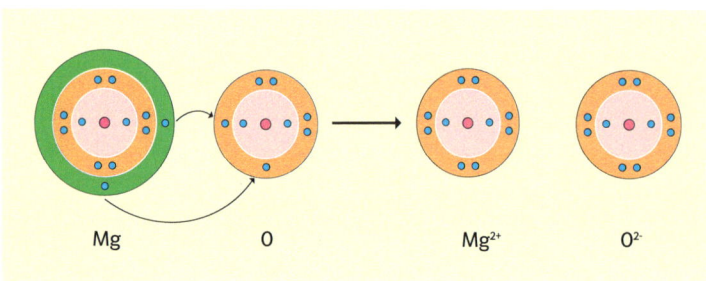

1 Das Magnesium-Atom gibt zwei Elektronen ab, das Sauerstoff-Atom nimmt zwei Elektronen auf.

Mg   O Mg^{2+} O^{2-}

Formeln von Salzen ermitteln

Die chemische Formel eines Salzes kannst du auf unterschiedlichen Wegen ermitteln. Zwei Wege werden dir am Beispiel von Aluminiumoxid vorgestellt. Die ersten beiden Schritte sind bei beiden Wegen gleich:

1. Schritt: Lies am Namen der Verbindung ab, welche Elemente darin enthalten sind. Suche im Periodensystem nach den Elementsymbolen.
Aluminiumoxid ist eine Verbindung aus den Elementen Aluminium und Sauerstoff. Ihre Symbole sind Al und O.

2. Schritt: Ermittle nun die Ionenladungen.
Aluminium steht in der III. Hauptgruppe. Es bildet daher Al^{3+}-Ionen. Sauerstoff steht in der VI. Hauptgruppe. Es bildet daher O^{2-}-Ionen.

Jetzt darfst du entscheiden, welchen Weg du gehst.

Weg 1: Formel mit dem Modell aufstellen
3. Schritt: Beim Aufstellen der Formel können Steckbausteine als Modell dienen. Wähle passend zu den Ionenladungen der Elemente Steckbausteine aus.

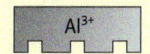
Baustein mit 3 Lücken

Baustein mit 2 Erhebungen

4. Schritt: Stecke zunächst 1 Al^{3+}-Baustein und 1 O^{2-}-Baustein zusammen. 1 Lücke beim Al^{3+}-Baustein bleibt leer. Das darf nicht sein.

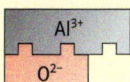

5. Schritt: Ergänze weitere Bausteine, bis alle Lücken gefüllt sind.

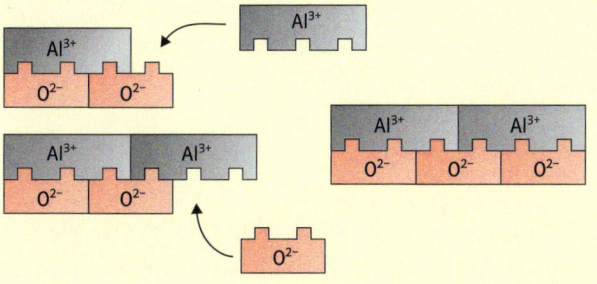

6. Schritt: Zähle die Bausteine, die du verwendet hast. Dann kannst du die Formel aufstellen. 2 Al^{3+}-Bausteine verbinden sich mit 3 O^{2-}-Bausteinen

Ergebnis: Al_2O_3

Weg 2: Formel rechnerisch aufstellen
3. Schritt: Lege für jedes Ion der Verbindung eine Tabelle an.
4. Schritt: Die Summe der positiven Ladungen muss

Anzahl der Al^{3+}-Ionen	Ionenladungen aller Al^{3+}-Ionen
1	$Al^{3+} \cdot 1 = 3+$
2	$Al^{3+} \cdot 2 = 6+$
3	$Al^{3+} \cdot 3 = 9+$
…	

Anzahl der O^{2-}-Ionen	Ionenladungen aller O^{2-}-Ionen
1	$O^{2-} \cdot 1 = 2-$
2	$O^{2-} \cdot 2 = 4-$
3	$O^{2-} \cdot 3 = 6-$
…	

mit der Summe der negativen Ladungen übereinstimmen. Suche in beiden Tabellen den gleichen Betrag und markiere ihn (hier gelb).

5. Schritt: In den gelb markierten Zeilen kannst du die Anzahl der Aluminium-Ionen und die Anzahl der Sauerstoff-Ionen ablesen: 2 Al^{3+}-Ionen verbinden sich mit 3 O^{2-}-Ionen. In der Formel wird die Anzahl als kleine Zahl rechts unten neben dem Symbol geschrieben.

Ergebnis: Al_2O_3

1 Formel mit Steckbausteinen ermitteln

2 Formel rechnerisch ermitteln

Kristalle züchten

1 Eine gesättigte Lösung herstellen

Material

Schutzbrille, Gasbrenner, Dreifuß, Keramik-Drahtnetz, Becherglas (250 ml), Erlenmeyerkolben (250 ml), Trichter, Glasstab, Thermometer (−10 °C bis 110 °C), Spatellöffel, Rundfilter, Kalialaun oder Kupfersulfat, destilliertes Wasser

Versuchsanleitung

Fülle etwa 150 ml destilliertes Wasser in das Becherglas. Gib nun löffelweise Kalialaun oder Kupfersulfat in das Wasser. Rühre die Lösung dabei ständig mit einem Glasstab. Sobald sich ein Bodensatz gebildet hat, der sich nicht mehr auflöst, erwärme die Lösung unter weiterem Umrühren auf höchstens 50 °C (▷ B 1). Füge so lange Salz hinzu, bis ein Bodensatz sichtbar bleibt. Lass nun die Lösung abkühlen und filtriere sie in den Erlenmeyerkolben (▷ B 2). Das Filtrat muss klar und ohne Bodensatz sein.

2 Vorbereiten von Keimkristallen

Material

Schutzbrille, Petrischale, Pinzette, weiches Papiertuch,

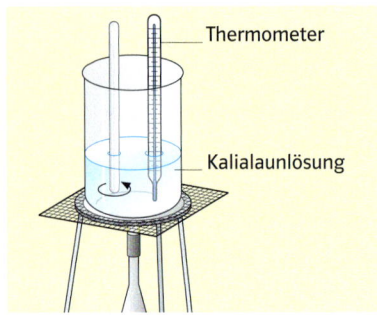

1 Erwärmen der Lösung

2 Filtrieren der Lösung

Erlenmeyerkolben mit gesättigter Lösung aus Versuch 1

Versuchsanleitung

Gieße etwas von der klaren, gesättigten Salzlösung aus Versuch 1 in die Petrischale. Lass sie solange stehen, bis sich am Boden der Petrischale größere Kristalle gebildet haben. Nimm mit einer Pinzette zwei oder drei Kristalle zum Weiterzüchten heraus, bevor sie mit anderen Kristallen zusammenwachsen. Trockne die Kristalle mit dem weichen, saugfähigen Papiertuch ab und führe mit diesen Keimkristallen Versuch 3 durch. Du kannst weitere Kristalle aussuchen, trocknen und in einem verschließbaren Gefäß für später aufbewahren. Vergiss nicht, das Gefäß korrekt zu beschriften.

3 Züchten von Kristallen

Material

Schutzbrille, Messzylinder, Becherglas, Kristallisierschale, Trichter, Rundfilter, Pinzette, Erlenmeyerkolben mit gesättiger Lösung aus Versuch 1, Keimkristalle aus Versuch 2

Versuchsanleitung

a) Filtriere 100 ml der gesättigten Lösung aus dem Erlenmeyerkolben in ein Becherglas. Gib das Filtrat dann in eine saubere Kristallisierschale. Lege zwei oder drei der ausgewählten Keimkristalle aus Versuch 2 mit der Pinzette auf den Boden des Gefäßes. Decke die Schale mit einem Rundfilter ab und stelle sie an einen ruhigen Ort mit gleichmäßiger Temperatur (▷ B 3). Bilden sich Nebenkristalle, musst du diese mithilfe der Pinzette entfernen.

b) Fotografiere oder scanne die entstandenen Kristalle und drucke die Bilder aus.

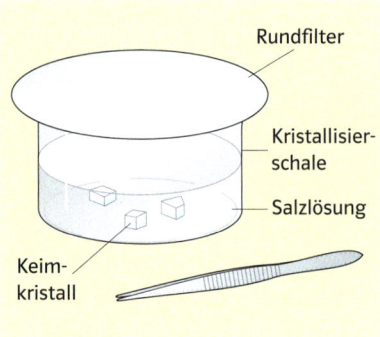

3 Kristalle werden gezüchtet.

AUFGABEN

1 ○ Erläutere die beiden Begriffe „gesättigte Lösung" und „Bodensatz".

2 ◗ Beschreibe die Vorgänge und Beobachtungen beim Züchten eines Kristalls.

Faszinierende Kristalle

Was sind Kristalle?

Kristalle entstehen, wenn sich die Teilchen eines Stoffes regelmäßig anordnen. Kristalle haben ebene Flächen, wie beispielsweise die würfelförmigen Kristalle des Natriumchlorids. Man kann die Flächen unter dem Mikroskop oder sogar mit bloßem Auge erkennen.

Alle Salze sind Ionenkristalle. Kristalle können aber nicht nur aus Ionen, sondern auch aus Atomen oder Molekülen aufgebaut sein. So ordnen sich beispielsweise Metallatome zu Metallkristallen (▷ B 1).

In der Natur kommen viele kristallartige Feststoffe vor. Die bekanntesten sind Kochsalz, Zucker, Diamanten oder auch Schnee (▷ B 2). Auch die natürlichen Bestandteile der Erdkruste sind überwiegend Kristalle. Man nennt sie Minerale (▷ B 3).

Kristalle faszinieren den Menschen

Nicht alle Kristalle sind farblos und würfelförmig aufgebaut wie die Natriumchlorid-Kristalle. Je nachdem aus welchen Teilchen sie aufgebaut sind, entstehen Kristalle in unterschiedlichen Farben. Auch bei den Kristallformen findet man eine große Vielfalt: Pyramiden, Tetraeder, Oktaeder, Prismen und vieles mehr. Die verschiedenen Formen und Farben haben die Menschen schon immer fasziniert. Häufig werden schöne Kristalle zu Schmuck verarbeitet.

Wissenschaft und Esoterik

Wissenschaftler, die sich mit den Eigenschaften und der Entstehung von Kristallen in der Natur beschäftigen, nennt man Mineralogen. Es gibt aber auch viele Menschen, die sich privat mit Mineralogie beschäftigen und Mineralien sammeln und ordnen.

Einige Menschen glauben, dass bestimmte Kristalle positive Wirkungen auf sie selbst und andere Personen haben. So sollen manche Mineralien vor schlechten Einflüssen schützen oder eine heilende Wirkung haben.

AUFGABEN

1 ⊖ Lege für alle Fachwörter des Textes eine Übersicht mit Definitionen an.

2 ● Informiere dich über den härtesten natürlichen Kristall und erstelle einen Steckbrief.

3 ● Recherchiere interessante Informationen zu Kristallen und erstelle zu dem Thema eine Mind-Map.

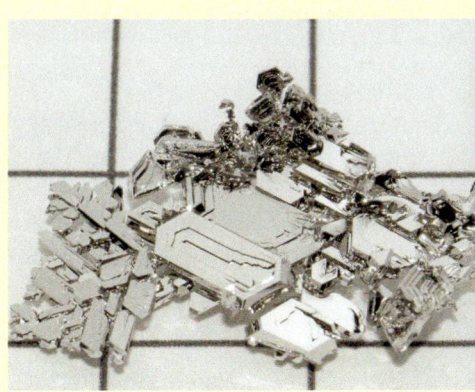

1 Kristall des Metalls Platin

2 Schneekristalle

3 Kristall des Minerals Pyrit

Wasser löst Salz

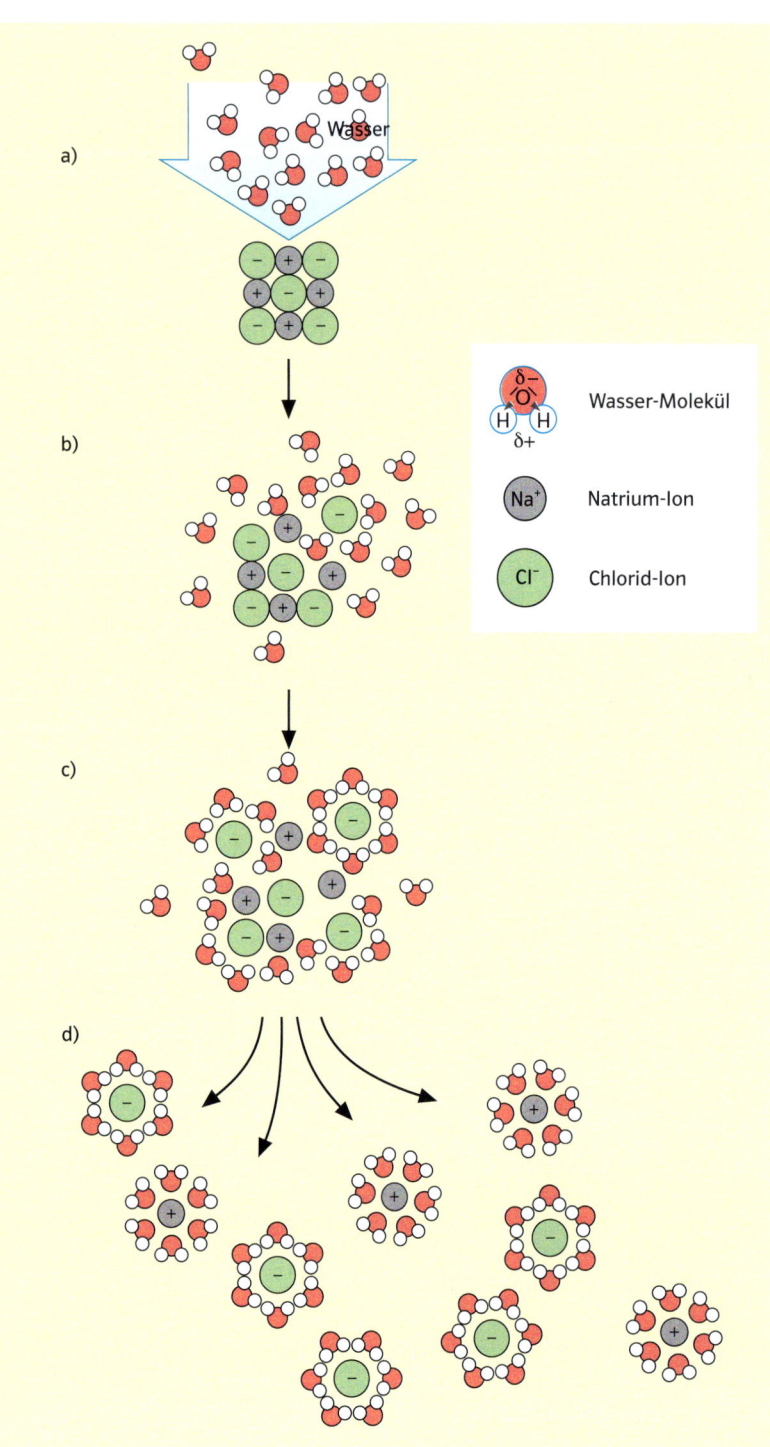

1 Der Lösungsvorgang von Natriumchlorid in Wasser im Modell

In Pflanzenöl löst sich Kochsalz nicht. In Wasser löst es sich dagegen sehr gut. Dabei entsteht eine Salzlösung, die den elektrischen Strom leitet. Beim Lösungsvorgang müssen frei bewegliche Ionen entstanden sein.

Der Lösungsvorgang im Modell
Bild 1 zeigt den Lösungsvorgang:
a) Die Dipol-Moleküle des Wassers kommen mit dem Natriumchlorid-Ionenkristall in Berührung.
b) Die Wasser-Moleküle lagern sich so an die Ionen an, dass sich jeweils ungleiche Ladungen gegenüberstehen. Die Ionen werden von ihren festen Plätzen gelöst.
c) Der Ionenkristall wird von den Ecken ausgehend langsam zerstört.
d) Die Wasser-Moleküle umlagern die nun frei beweglichen Ionen. Um jedes Ion bildet sich eine Wasserhülle.
Die Wasserhülle um die Ionen des Salzes heißt **Hydrathülle**. Sie verhindert, dass sich ein neues Ionengitter bilden kann. Die Bildung der Hydrathülle nennt man **Hydratation**.

Trifft Wasser auf ein lösliches Salz, so lösen die Dipol-Moleküle des Wassers die Ionen des Salzes aus ihrem Ionenkristall. Dabei entstehen frei bewegliche Ionen, die von einer Hydrathülle umgeben sind.

AUFGABEN

1 ○ Skizziere Bild 1 in dein Heft. Ergänze wichtige Erklärungen in Stichworten.

2 ◒ Beschreibe die Hydrathülle um ein positiv geladenes Ion und vergleiche sie mit der Hydrathülle um ein negativ geladenes Ion.

3 ● Erkläre, warum Wasser ein gutes Lösungsmittel für Salze ist.

Fachsprachen-Trainer

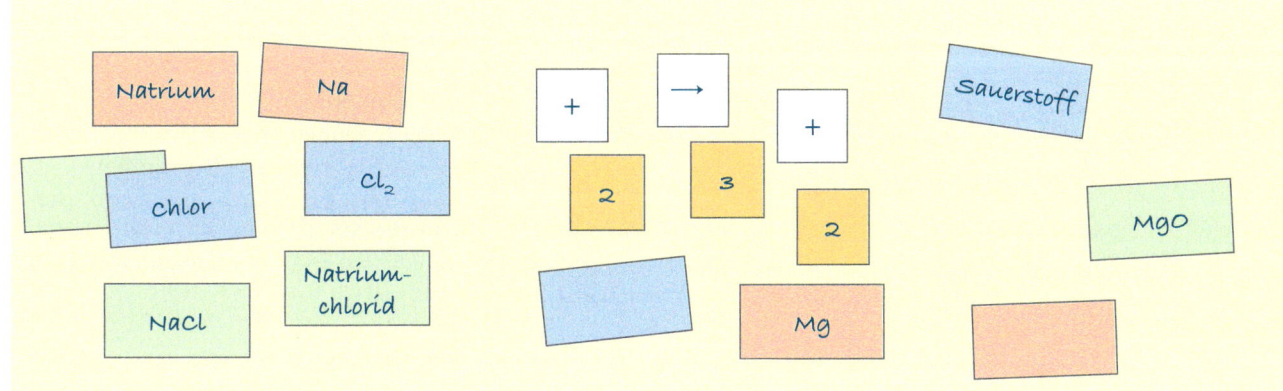

1 Kärtchen herstellen

Reaktionsgleichungen trainieren

Mit dem Fachsprachen-Trainer kannst du chemische Sachverhalte übersichtlich darstellen und einüben.

Zur Fachsprache in der Chemie gehören die Wortgleichung und die Reaktionsgleichung. Wenn du die Stoffnamen, Symbole und Formeln auf verschiedenfarbige Kärtchen schreibst, kannst du damit leicht eine Wortgleichung oder eine Reaktionsgleichung aufstellen.

Mit dem Fachsprachen-Trainer kannst du beispielsweise üben, wie aus einem Metall und einem Nichtmetall ein Salz entsteht.

Trainingsvorbereitung

Zunächst musst du die Kärtchen herstellen. Für die Wege der Salzbildung verwendest du die folgenden Stoffnamen, Symbole und Formeln:
Chlor, Natriumchlorid, Sauerstoff, Magnesiumoxid, Natrium, Magnesium.

Ergänze fehlende Stoffnamen, Symbole und Formeln. Schreibe auf rote Kärtchen die Namen oder Formeln von Metallen und auf blaue Kärtchen die Namen oder Formeln von Nichtmetallen. Salze stehen auf grünen Kärtchen. Auf weißen Kärtchen stehen die verbindenden Zeichen + und ⟶ . Die Zahlen vor den Formeln kannst du auf gelbe Kärtchen schreiben (▷ B 1).

Partnerarbeit im Trainingslager

Suche dir einen Trainingspartner. In Partnerarbeit stellt ihr nun zu jeder Reaktion die Wortgleichung und die Reaktionsgleichung auf (▷ B 2). Wenn ihr die Gleichungen richtig aufgestellt habt, klebt ihr die Kärtchen auf ein Plakat. Ergänzt eventuell fehlende Zahlen vor den Formeln. Überlegt euch auch eine passende Überschrift. Das fertige Plakat könnt ihr im Chemieraum aufhängen.

Weitere Trainingsgebiete

Mit dem Fachsprachen-Trainer kannst du auch Reaktionsgleichungen zu anderen Themen einüben, beispielsweise zu Oxidationsreaktionen oder zur Bildung von Ionen aus Atomen.

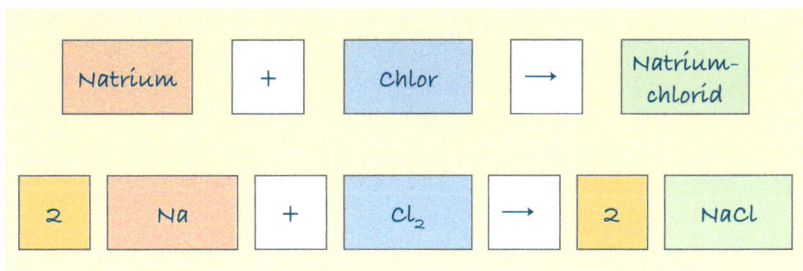

2 Wortgleichung und Reaktionsgleichung mit Kärtchen

121

Zusammenfassung

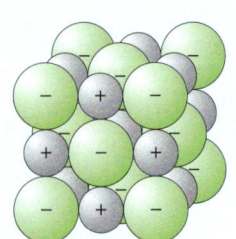

1 Ionengitter im Modell

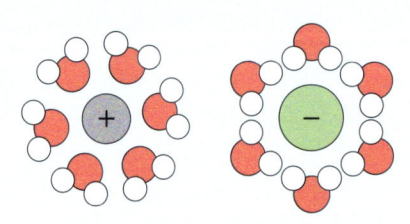

2 Natrium-Ion und Chlorid-Ion mit Hydrathülle

Natriumchlorid
Kochsalz ist chemisch Natriumchlorid. Im Alltag wird es vielfältig verwendet. Natriumchlorid ist ein ein weißes Salz, das aus würfelförmigen Kristallen besteht.

Ionen
Ionen sind elektrisch positiv oder negativ geladene Teilchen. Sie entstehen durch Elektronenabgabe oder Elektronenaufnahme. Positiv geladene Ionen heißen Kationen, negativ geladene Ionen nennt man Anionen.

Ionenladung
Ionen können einfach geladen (z.B. Na^+, Cl^-) oder mehrfach geladen sein (z.B. Mg^{2+}, Al^{3+}, O^{2-}). Die Ionenladung hängt davon ab, wie viele Außenelektronen abgegeben oder aufgenommen werden.

Edelgas-Anordnung
Bei der Ionenbildung geben Metall-Atome ihre Außenelektronen ab, Nichtmetall-Atome nehmen Elektronen auf. In beiden Fällen weisen die Ionen die Elektronen-Anordnung von Edelgas-Atomen auf (Oktett-Regel, ▷ B 3).

Ionenbindung, Ionengitter
Eine Ionenbindung liegt vor, wenn sich entgegengesetzt geladene Ionen anziehen. Die räumliche, regelmäßige Anordnung von Ionen nennt man Ionengitter (▷ B 1).

Salze
Salze sind aus Ionen aufgebaut. Salze sind hart und spröde und haben häufig hohe Schmelz- und Siedetemperaturen. Salzschmelzen und Salzlösungen leiten den elektrischen Strom.

Hydratation
Wenn sich Salze in Wasser lösen, umlagern die Wasser-Moleküle die Ionen des Salzes. Es bildet sich eine Hydrathülle um die Ionen (▷ B 2). Dieser Vorgang heißt Hydratation.

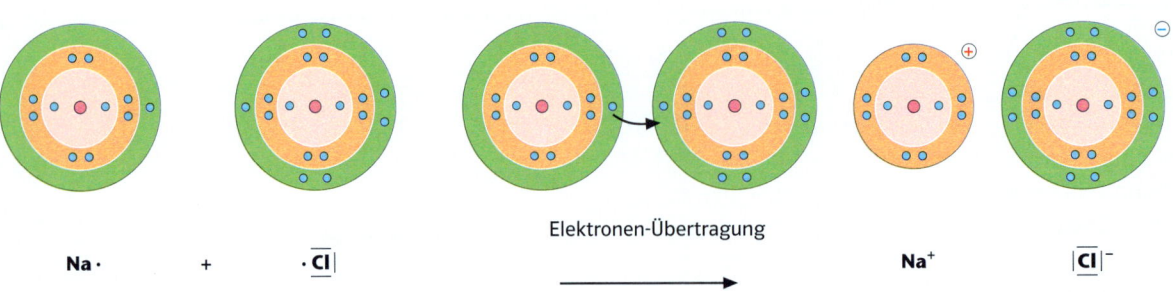

Elektronen-Übertragung

Na· + ·C̅l̅| ⟶   Na⁺ |C̅l̅|⁻

3 Die Bildung von Ionen im Schalenmodell

AUFGABEN

1 ○ Natriumchlorid ist ein Salz, das häufig auf der Welt vorkommt. Berichte, was du über Natriumchlorid weißt.

Super! ? ▶ S.106/107

2 ○ Beschreibe den Vorgang auf Bild 4 und erläutere ihn ausführlich.

Super! ? ▶ S.112

3 ○ Zeichne einen Ausschnitt aus einem Ionengitter und beschrifte deine Skizze sinnvoll mit Fachbegriffen.

Super! ? ▶ S.113

4 ○ Erläutere die Bedeutung des Symbols O^{2-}.

Super! ? ▶ S.116

5 ◐ „Die Salze bilden eine Stoffgruppe." Begründe diese Aussage.

Super! ? ▶ S.108/109

6 ◐ Begründe, weshalb Salzkristalle hart und spröde sind. Verwende dabei die folgenden Begriffe: Ionengitter, Metall-Ionen, Nichtmetall-Ionen, Anziehungskräfte, geladen.

Super! ? ▶ S.114/115

7 ◐ Bilde die Ionen der folgenden Atome. Wende dazu die Oktett-Regel an.
a) Calcium-Atom
b) Sauerstoff-Atom
c) Brom-Atom

Super! ? ▶ S.116

8 ◐ Viele Salze sind sehr gut in Wasser löslich. Begründe dies mithilfe des Aufbaus des Wasser-Moleküls.

Super! ? ▶ S.120

9 ● Erkläre an den Beispielen Kalium und Schwefel den Zusammenhang zwischen der Stellung im Periodensystem, der Ionenladung und der Wertigkeit.

Super! ? ▶ S.116

10 Ein Kristall ist nach außen hin ungeladen. Deshalb hat Magnesiumchlorid die Formel $MgCl_2$ und nicht MgCl.
● a) Erkläre die Bildung der Formel für Magnesiumchlorid mithilfe des Schalenmodells.
● b) Stelle die Formeln für folgende Salze auf: Natriumsulfid, Aluminiumoxid, Calciumbromid, Lithiumfluorid.

Super! ? ▶ S.116, 117

11 ● Bestimme, ob in folgenden Verbindungen eine Ionenbindung oder eine Elektronenpaar-Bindung vorliegt: KCl, SO_2, Al_2O_3, H_2S, HF.

Super! ? ▶ S.80/81, 113

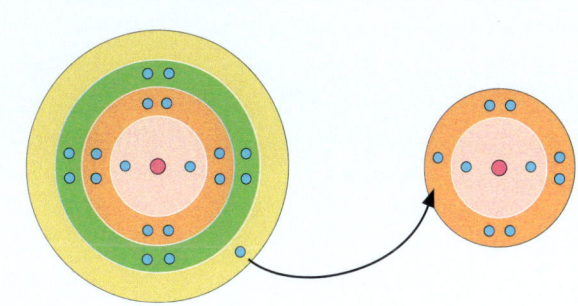

4 Zu Aufgabe 2

6 Metalle – Schätze der Erde

- Warum gehören Gold, Kupfer und Eisen zu den Metallen? Worin liegen die Gemeinsamkeiten?

- Messing ist ein Gemisch aus unterschiedlichen Metallen. Weißt du, wie man ein solches Gemisch nennt?

- Was sind Erze? Warum sind Erze für uns so wichtige Rohstoffe?

- Wie gewinnt man Metalle?

- Stahl ist ein häufig verwendeter Werkstoff. Wofür wird Stahl verwendet?

Eigenschaften der Metalle

Metalle haben Gemeinsamkeiten

Metalle erkennt man an vier typischen Eigenschaften: 1. Metalle haben eine glänzende Oberfläche. Deshalb macht man oft Schmuck daraus. 2. Metalle sind verformbar. Sie können durch Biegen, Hämmern und Walzen gut bearbeitet werden. 3. Metalle leiten den elektrischen Strom. Darum nutzt man sie in elektrischen Geräten. 4. Metalle sind gute Wärmeleiter. Deshalb bestehen z. B. Kochtöpfe aus Metall (▷ B 2). Aufgrund ihrer gemeinsamen Eigenschaften bilden die Metalle eine Stoffgruppe. (► Stoff und Teilchen, S.164/165)

Leichtmetalle und Schwermetalle

Ein Goldwürfel von 1 cm^3 ist 19 g schwer. Ein gleich großer Würfel aus Aluminium wiegt aber nur 3 g. Aluminium hat also eine geringere Dichte als Gold. Anhand der Dichte lassen sich die Metalle unterteilen. Alle **Leichtmetalle** haben eine geringere Dichte als 5 g/cm^3. **Schwermetalle** haben hingegen eine höhere Dichte.

Legierungen sind Metallgemische

Metalle schmelzen, wenn man sie erhitzt. Gießt man Schmelzen verschiedener Metalle zusammen, erhält man eine **Legierung**. Eine Legierung kann andere Eigenschaften haben, als die einzelnen Metalle. So entsteht aus rötlichem Kupfer und silbrig grauem Zink das goldglänzende Messing unserer 10-Cent-Münzen (▷ B 1). Mischt man hingegen Eisen, Chrom und Nickel, so entsteht ein Stahl, der nicht rostet.

Metalle haben eine glänzende Oberfläche, sind verformbar, elektrisch leitfähig und gute Wärmeleiter.

AUFGABEN

1 ○ Nenne die vier gemeinsamen Eigenschaften der Metalle.

2 ◒ Nenne Metallgegenstände aus dem Alltag. Ordne jedem Gegenstand die Eigenschaften der Metalle zu, die für den Gegenstand von Bedeutung sind.

3 ● Begründe, weshalb man anstelle von Metallen häufig Legierungen verwendet.

1 Münzen aus unterschiedlichen Metallen

2 Metalle sind gute Wärmeleiter.

Lernen an Stationen

Lernen an Stationen heißt, dass du in deinem Tempo lernst und die Reihenfolge der Aufgaben selber bestimmst.

So geht's

An jeder Station gibt es unterschiedliche Aufgaben, die alle zum gleichen Thema gehören. Die Pflichtstationen müssen alle Schülerinnen und Schüler bearbeiten. Oft gibt es auch Wahlstationen, die du zusätzlich machen kannst. An der Lösungsstation kannst du am Ende deine Ergebnisse mit der richtigen Lösung vergleichen und korrigieren.

Laufzettel für den Überblick

Ob eine Station Wahl oder Pflicht ist, steht meist auf dem Laufzettel (▷ B 1). Er zeigt dir auch, welche Stationen du alleine bearbeitest und an welchen Stationen du mit einem Partner oder in der Gruppe arbeitest.
Zuerst ist es aber wichtig, dass du deinen Namen und das Datum auf den Laufzettel schreibst. Trage dann zu jeder Station ein, wann du sie bearbeitet hast und deine Lösung überprüft hast. So behältst du den Überblick darüber, welche Stationen du schon erledigt hast.

Die Spielregeln

Das Lernen an Stationen funktioniert nur, wenn sich alle an folgende Regeln halten:
1. Trage deine Schreibunterlagen immer mit dir.
2. Arbeite leise, ohne die anderen zu stören. Bei Partnerarbeit oder Gruppenarbeit wird geflüstert.

Laufzettel: „Wir untersuchen Metalle"

Name: _____ Klasse: _____ Datum: _____

Hinweise:
• Trage jeweils das Datum ein, an dem du Stationen bearbeitet hast.
• Trage jeweils das Datum ein, an dem du Stationen überprüft hast.
• Zeichne in die letzte Spalte mit dem entsprechenden Gesicht ein, ob es Probleme gab:

Ich konnte alles ohne Probleme lösen. ☺ Ich hatte leichte Probleme. 😐 Ich hatte große Probleme. ☹

A. Pflichtstationen

Nr.	Name der Station	Arbeitsweise	Bearbeitet am	Überprüft am	Gab es Probleme?
1	Mit einem Magneten prüfen	Einzelarbeit			
2	Elektrische Leitfähigkeit prüfen	Einzelarbeit			
3	Wärmeleitfähigkeit prüfen	Partnerarbeit / Gruppenarbeit			
4	Metalle anhand der Dichte bestimmen	Partnerarbeit			

B. Wahlstationen

Nr.	Name der Station	Arbeitsweise	Bearbeitet am	Überprüft am	Gab es Probleme?
5	Das Metall-Quartett	Partnerarbeit / Gruppenarbeit			
6	Besondere Metalle	Einzelarbeit			

Viel Spaß mit den Stationen zu den Metallen!

1 Ein Laufzettel verschafft dir Überblick.

3. Bearbeite eine Station immer zu Ende, bevor du zur nächsten gehst.
4. Gehe sorgfältig mit dem Material um. Lege es ordentlich und vollständig wieder an den Platz, von dem du es geholt hast.
5. Suche dir bei Problemen zuerst Hilfe bei Mitschülerinnen und Mitschülern. Erst wenn ihr dann nicht weiterkommt, fragt ihr die Lehrerin oder den Lehrer.
6. Kontrolliere und korrigiere deine Ergebnisse selbstständig nach jeder Station.

7. Arbeite zügig und konzentriert. Verschaffe dir immer wieder einen Überblick, wie viel Zeit du noch zur Bearbeitung hast.

Wenn sich alle an die Regeln halten, kann nichts schief gehen.

Jetzt kannst du loslegen!

Wir untersuchen Metalle

1 Mit einem Magneten prüfen

Material
Magnet, kleine Bleche aus Eisen, Kupfer, Zink, Nickel und Stahl

Versuchsanleitung
a) Prüfe zunächst, ob die Bleche der reinen Metalle Eisen, Kupfer, Zink und Nickel vom Magneten angezogen werden. Wiederhole den Versuch mit dem Stahlblech.
b) Suche verschiedene Alltagsgegenstände aus Metall (z. B. Büroklammern, Nägel, Getränkedosen, Bleistiftspitzer). Überprüfe, ob sie vom Magneten angezogen werden.

Aufgaben
1. Notiere, welche Metallbleche und welche Alltagsgegenstände vom Magneten angezogen werden.
2. Recherchiere, welche Metalle magnetisch sind. Erkläre damit deine Versuchsergebnisse.

2 Elektrische Leitfähigkeit prüfen

Material
Glühlampe, 3 Verbindungskabel, 2 Krokodilklemmen, Batterie (4,5 V), kleine Bleche aus unterschiedlichen Metallen

Versuchsanleitung
Baue den Prüfstromkreis aus Bild 1 auf. Klemme nacheinander die Bleche zwischen die Krokodilklemmen. Beobachte die Glühlampe.

3 Wärmeleitfähigkeit prüfen

Material
Teelicht, Tiegelzange, Spatel, Stoppuhr, Butter, Linsen, kleine Bleche aus Kupfer, Eisen und Aluminium

Versuchsanleitung
Streiche mit dem Spatel etwas Butter auf eine Linse. Klebe die Linse damit auf das eine Ende des Kupferblechs. Entzünde das Teelicht. Halte mit der Tiegelzange das Ende des Kupferblechs ohne Linse schräg in die Flamme (▷ B 2). Miss die Zeit, bis die Linse herunterfällt. Wiederhole den Versuch mit den anderen Blechen.

Aufgaben
1. Erkläre, warum die Linsen von den Metallblechen herunterfallen.
2. Welches Metall ist der beste Wärmeleiter? Vergleicht eure Messwerte in der Klasse.

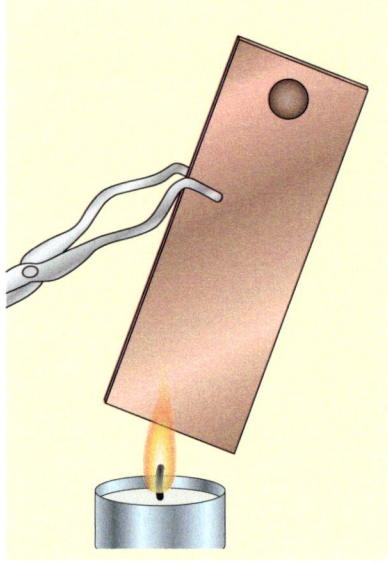

2 Wie schnell fällt die Linse herunter?

4 Metalle anhand der Dichte bestimmen

Material
Waage, Messzylinder (100 ml), kleine Würfel aus Eisen, Kupfer und Aluminium (1 cm³), 10 Unterlegscheiben aus Metall

Versuchsanleitung
a) Wiege die Metallwürfel. Bestimme ihre Dichte, indem du die Masse durch das Volumen dividierst.
b) Wiege die 10 Unterlegscheiben und notiere die Masse. Fülle den Messzylinder mit 50 ml Wasser und gib die 10 Unterlegscheiben hinein. Lies die Zunahme des Volumens ab und berechne daraus die Dichte der Unterlegscheiben.

Aufgabe
1. Aus welchem Metall bestehen die Unterlegscheiben? Deute deine Beobachtungen.

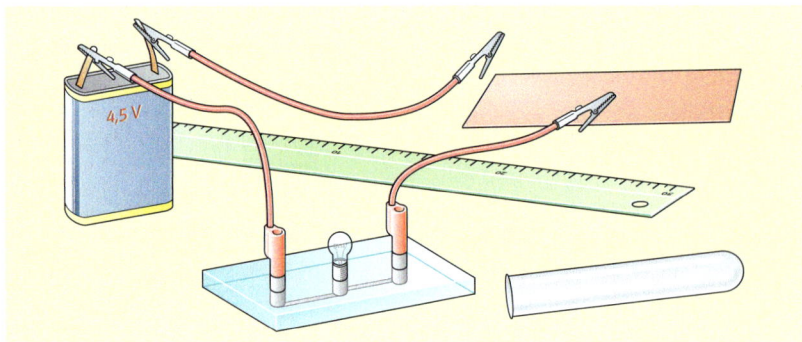

1 Prüfstromkreis

1 2 3 4 5 6 7

Wichtige Metalle

Aluminium (▷ B 1)
(Schmelztemperatur 660 °C)
Aluminium ist silbrig grau und hat eine sehr geringe Dichte. Es wird im Hausbau (Verkleidungen) und für zahlreiche Geräte (Fahrräder) verwendet. Es lässt sich auch gut zu Dosen oder Folien verarbeiten.

Blei (▷ B 2)
(Schmelztemperatur 327 °C)
Blei ist ein weiches, schweres Metall. Bleibleche lassen sich leicht verformen, beispielsweise für Dachabdeckungen. An der Oberfläche ist Blei dunkelgrau. Nur an den frischen Schnittflächen erkennt man den Metallglanz. Für den Menschen ist es gesundheitsgefährlich.

Eisen (▷ B 4)
(Schmelztemperatur 1535 °C)
Eisen ist das weltweit meistverwendete Metall. Viele Maschinen und Bauwerke, aber auch Rohre, Nägel und Schrauben bestehen aus Legierungen des Eisens. Die wichtigste Eisenlegierung ist der Stahl. Reines Eisen rostet, wenn es mit Feuchtigkeit in Berührung kommt.

Gold (▷ B 5)
(Schmelztemperatur 1064 °C)
Gold ist ein Edelmetall, das kaum von anderen Stoffen angegriffen wird. Daher verwendet man es für Münzen und Schmuck. Da es den Strom gut leitet, kommt es auch in Computerchips vor. Reines Gold ist sehr weich und muss für viele Verwendungen mit anderen Metallen legiert werden. Diese Legierungen sind härter als das reine Gold.

Kupfer (▷ B 6)
(Schmelztemperatur 1083 °C)
Kupfer ist ein rotglänzendes Metall. Da es den elektrischen Strom gut leitet, wird es in Kabeln verwendet. Die gute Verformbarkeit ist wichtig bei der Verwendung als Wasserleitung und Gasleitung. Auf Dächern aus Kupfer bildet sich nach einiger Zeit ein grünlicher Belag, der Patina genannt wird.

Silber (▷ B 7)
(Schmelztemperatur 962 °C)
Silber ist glänzend und gut verformbar. Es wird für Schmuck, Münzen und Besteck verwendet. Silber wird kaum von Luft und Feuchtigkeit angegriffen. Dennoch läuft es mit der Zeit schwarz an.

Titan (▷ B 3)
(Schmelztemperatur 1660 °C)
Titan ist ein grau glänzendes, zähes Metall. Da es eine geringe Dichte hat, nutzt man es im Flugzeugbau. In der Medizin wird es beispielsweise für künstliche Gelenke verwendet. Auch manche Brillengestelle oder Uhren enthalten Titan.

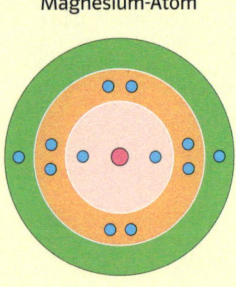

Magnesium-Atom

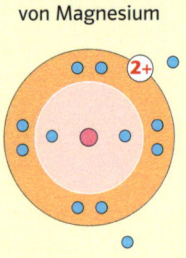

Atomrumpf
von Magnesium

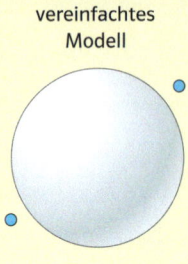

vereinfachtes
Modell

1 Die Entstehung von Atomrumpf und frei beweglichen Elektronen

Die Metallbindung

Aufbau einer Metallbindung

Metall-Atome haben oft nur ein oder zwei Elektronen auf ihrer Außenschale. Diese Außenelektronen sind beweglich und können die Außenschale leicht verlassen. Dadurch entstehen frei bewegliche Elektronen und positiv geladene **Atomrümpfe** (▷ B 1).

Die Atomrümpfe in einem Stück Metall bilden zusammen das **Metallgitter**. Dazwischen befinden sich die frei beweglichen Elektronen, die man auch **Elektronengas** nennt (▷ B 2). Die positiv geladenen Atomrümpfe und die negativ geladenen Elek‑tronen des Elektronengases ziehen sich an und halten das Metallgitter zusammen. Man nennt diesen Zusammenhalt **Metallbindung**.

(▶ Stoff und Teilchen, S. 164/165)

Die Bindung erklärt die Eigenschaften

Metalle sind sehr gute elektrische Leiter. Das liegt daran, dass sich die Elektronen schnell und leicht zwischen den Atomrümpfen bewegen können. Bewegen sich die Elektronen im Metall in eine Richtung, so fließt ein elektrischer Strom (▷ B 5). Die elektrische Leitfähigkeit der Metalle ist von der Temperatur abhängig (▷ V 1). Je wärmer das Metall ist, desto geringer ist die Leitfähigkeit. Das liegt daran, dass die Atomrümpfe mit steigender Temperatur stärker hin und her schwingen. Die Elektronen können sich so nicht mehr so leicht an den Atomrümpfen vorbei bewegen. Metalle sind verformbar (▷ B 3). Während in Salzen die Ionen fest im Ionengitter gebunden sind, werden die Atomrümpfe in Metallen beim Verformen gegeneinander

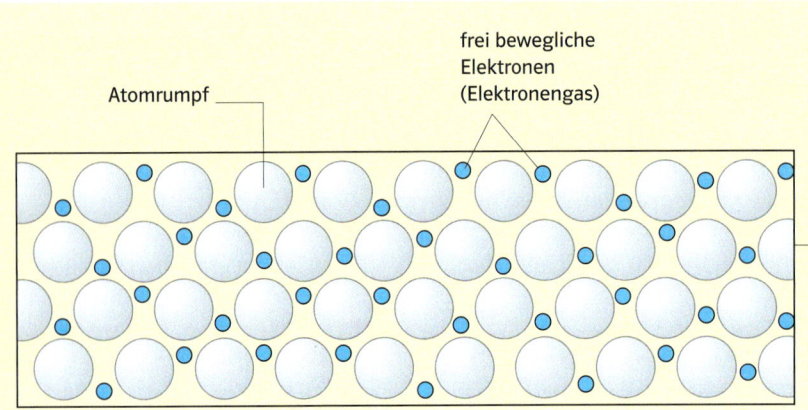

Atomrumpf

frei bewegliche
Elektronen
(Elektronengas)

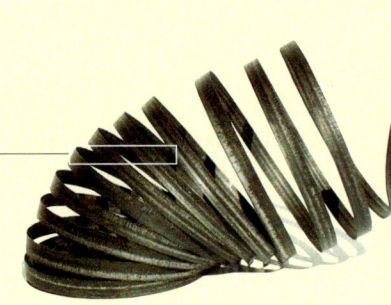

2 Metallgitter aus Atomrümpfen mit frei beweglichen Elektronen

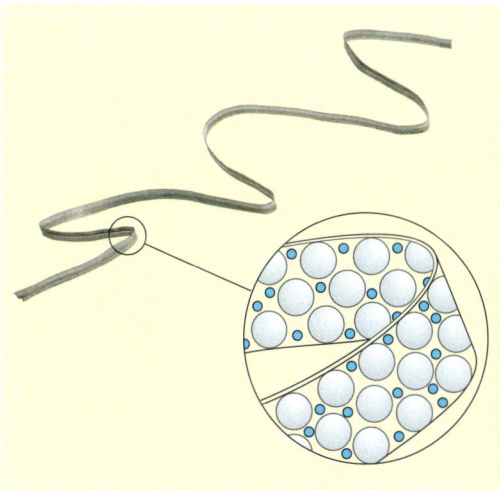

3 Metalle lassen sich gut verformen.

4 Kupferkabel leiten den elektrischen Stom besonders gut.

verschoben. Das Elektronengas hält die beweglichen Atomrümpfe zusammen. (▶ Struktur und Eigenschaften, S. 166/167)

Die Metallbindung entsteht durch die Anziehung zwischen positiv geladenen Atomrümpfen und negativ geladenen Elektronen. Die Elektronen sind im Metallgitter frei beweglich (Elektronengas). Dies erklärt die gute elektrische Leitfähigkeit und Verformbarkeit der Metalle.

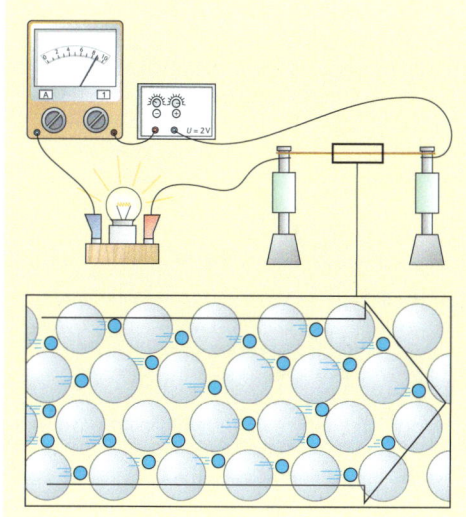

5 Verhalten des Elektronengases beim Anlegen einer elektrischen Spannung

AUFGABEN

1 ○ Beschreibe die Metallbindung in eigenen Worten.

2 ◒ Erkläre, warum ein kalter Metalldraht den elektrischen Strom besser leitet als ein heißer Metalldraht.

3 ◒ Vergleiche die Verformbarkeit der Metalle mit der Verformbarkeit der Salze.

4 ● Schaltet man eine Glühlampe ein, so verändert sich die elektrische Leitfähigkeit der Glühwendel. Erläutere und begründe dies.

5 ● Welche Teilchen leiten den elektrischen Strom in Metallen, welche Teilchen den in Salzlösungen? Formuliere eine Vermutung, weshalb Metalle den elektrischen Strom besser leiten.

VERSUCH

1 Baue mithilfe von Bild 5 eine Apparatur auf, mit der du die elektrische Leitfähigkeit eines Kupferdrahts bei verschiedenen Temperaturen messen kannst. Stelle die elektrische Spannung auf etwa 0,5 V ein. Untersuche nun die Leitfähigkeit durch Messung des Stroms: Kühle zunächst den Kupferdraht in einem Eisbad auf etwa –10 °C ab. Spanne ihn dann schnell zwischen die Isolierstützen und lies die Stromstärke ab. Lies die Stromstärke erneut ab, sobald der Draht etwa 20 °C erreicht hat. Erwärme zum Schluss den Draht mit einem brennenden Streichholz. Beobachte die Veränderung der Stromstärke.

Bindungsarten und Eigenschaften

Die Edelgas-Anordnung

Fast alle Edelgase haben acht Elektronen in ihrer äußeren Schale (Ausnahme: Helium mit zwei Elektronen). Da diese Anordnung besonders stabil ist, streben auch die Atome anderer Elemente diesen Zustand an. Dabei entstehen unterschiedliche Arten von chemischen Bindungen. Atome erreichen die Edelgas-Anordnung, indem sie:
a) Elektronen vollständig aufnehmen oder abgeben (Ionenbindung) oder
b) Elektronen mit anderen Atomen gemeinsam nutzen (Elektronenpaar-Bindung) oder
c) Elektronen abgeben und als Elektronengas gemeinsam nutzen (Metallbindung).

Das Periodensystem liefert Informationen

Das Periodensystem ist die wichtigste Grundlage, um zu verstehen, welche Bindungsart in einem Element oder einer Verbindung vorliegt. Zwei Informationen sind dabei von Bedeutung: einerseits die Zuordnung eines Elements zur Stoffgruppe der Metalle oder der Nichtmetalle, andererseits die Zahl der Außenelektronen des Elements. Im Periodensystem in Bild 2 sind die Metalle blau, die Nichtmetalle gelb hinterlegt. Die Zahl der Außenelektronen entspricht den Hauptgruppen-Nummern I bis VIII.
In einer Verbindung aus einem Metall und einem Nichtmetall liegt eine Ionenbindung

	Ionenbindung	Elektronenpaar-Bindung	Metallbindung
Beteiligte Elemente	Metall und Nichtmetall	Nichtmetalle untereinander	Metalle untereinander
Modell			
Entstehung	Durch Elektronenabgabe der Metall-Atome und Elektronenaufnahme der Nichtmetall--Atome entstehen geladene Ionen. Aufgrund der gegensätzlichen Ladungen ziehen sich die Ionen an.	Die Nichtmetall-Atome nähern sich einander an, sodass sie die freien Außenelektronen gemeinsam nutzen können. Dadurch entstehen bindende Elektronenpaare.	Metall-Atome geben Elektronen ab. Diese bewegen sich als Elektronengas frei zwischen den dann positiv geladenen Atomrümpfen. Elektronengas und Atomrümpfe ziehen sich aufgrund der entgegengesetzten Ladung an.
Teilchensorte	Positiv und negativ geladene Ionen, die sich regelmäßig im Raum anordnen, so dass ein Ionengitter entsteht	Moleküle aus zwei oder mehr Atomen	Positiv geladene Atomrümpfe und frei bewegliche Elektronen (Elektronengas)
Stoffeigenschaften	– hohe Schmelz- und Siedetemperaturen – hart und spröde – Schmelzen und Lösungen leiten den elektrischen Strom.	– meist niedrige Schmelz- und Siedetemperaturen – leiten den elektrischen Strom nicht	– gute Verformbarkeit – metallischer Glanz – leiten den elektrischen Strom

1 Bindungsarten im Überblick

	I		II	III	IV	V	VI	VII	VIII
1	1,0 $_1$ H								4,0 $_2$ He
2	6,9 $_3$ Li		9,0 $_4$ Be	10,8 $_5$ B	12,0 $_6$ C	14,0 $_7$ N	16,0 $_8$ O	19,0 $_9$ F	20,2 $_{10}$ Ne
3	23,0 $_{11}$ Na		24,3 $_{12}$ Mg	27,0 $_{13}$ Al	28,1 $_{14}$ Si	31,0 $_{15}$ P	32,1 $_{16}$ S	35,5 $_{17}$ Cl	39,9 $_{18}$ Ar
4	39,1 $_{19}$ K		40,1 $_{20}$ Ca	69,7 $_{31}$ Ga	72,6 $_{32}$ Ge	74,9 $_{33}$ As	79,0 $_{34}$ Se	79,9 $_{35}$ Br	83,8 $_{36}$ Kr
5	85,5 $_{37}$ Rb		87,6 $_{38}$ Sr	114,8 $_{49}$ In	118,7 $_{50}$ Sn	121,8 $_{51}$ Sb	127,6 $_{52}$ Te	126,9 $_{53}$ I	131,3 $_{54}$ Xe
6	132,9 $_{55}$ Cs		137,3 $_{56}$ Ba	204,4 $_{81}$ Tl	207,2 $_{82}$ Pb	209,0 $_{83}$ Bi	209 $_{84}$ Po	210 $_{85}$ At	222 $_{86}$ Rn

2 Periodensystem der Elemente

vor. Nichtmetall-Atome sind untereinander durch Elektronenpaar-Bindungen verbunden. Metall-Atome bilden untereinander Metallbindungen aus.
(► Stoff und Teilchen, S.164/165)

Stoffeigenschaften

Die Bindungsart ist für die Eigenschaften der Stoffe verantwortlich. Die Tabelle 1 zeigt alle Bindungsarten und dazugehörige Eigenschaften im Überblick.

Metalle sind gut verformbar, weil sich die Atomrümpfe beim Verformen nicht gegenseitig abstoßen. Die freien Elektronen verhindern, dass sich die Atomrümpfe abstoßen. Salze sind dagegen spröde, weil sich positiv und negativ geladene Ionen bei Verformung gegenseitig abstoßen. Metallischer Glanz wird dadurch hervorgerufen, dass die frei beweglichen Elektronen des Metalls Lichtstrahlen reflektieren.

Auch die gute elektrische Leitfähigkeit der Metalle lässt sich mit ihrem Aufbau erklären: Bewegen sich die Elektronen des Elektronengases in eine Richtung, so fließt ein elektrischer Strom. In Molekül-Verbindungen liegen dagegen keine geladenen Teilchen vor, die sich frei bewegen könnten. Sie sind daher Nichtleiter. Um einen Stromfluss durch salzartige Stoffe zu

erreichen, müssen die Ionen des Ionengitters erst durch Auflösen oder Schmelzen von ihren festen Gitterplätzen befreit werden.
(► Struktur und Eigenschaften, S.166/167)

AUFGABEN

1 ⊖ Erläutere die Eigenschaften der Edelgase mithilfe des Aufbaus der Atome.

2 ⊖ Verbindungen mit Elektronenpaar-Bindungen haben niedrigere Schmelztemperaturen als Verbindungen mit Ionenbindung. Erkläre.

3 ⊖ Benenne bei den folgenden Stoffen die Teilchenart (Atome, Moleküle oder Ionen): Neon, Sauerstoff, Wasser, Kupfer, Kupferoxid, Helium, Kohlenstoffdioxid, Eisensulfid.

4 ● Fasse für selbst gewählte Stoffe den Zusammenhang zwischen den Stoffeigenschaften und dem chemischen Aufbau zusammen.

5 ● Vergleiche die positiv geladenen Metall-Ionen in einer Ionenbindung mit den positiv geladenen Atomrümpfen in einer Metallbindung.

6 ● Recherchiere, was man unter Halbmetallen versteht.

Metalle reagieren unterschiedlich

1 Eisen reagiert
Material
Schutzbrille, Gasbrenner, Standzylinder mit Abdeckplatte, Tiegelzange, Spatellöffel, Sand, Eisenwolle, Sauerstoff (wird von der Lehrkraft aus der Sauerstoff-Flasche ausgegeben)

Versuchsanleitung
a) Halte eine Portion Eisenwolle mit der Tiegelzange kurz in die nicht leuchtende Brennerflamme, bis sie glüht (▷ B 1). Nimm die Eisenwolle aus der Flamme und puste vorsichtig hinein. Beobachte.
b) Bedecke den Boden des Standzylinders etwa 1 cm hoch mit Sand. Deine Lehrkraft füllt den Standzylinder mit Sauerstoff und deckt ihn mit der Abdeckplatte zu. Halte eine zweite Portion Eisenwolle kurz in die nicht leuchtende Brennerflamme. Sobald die Eisenwolle glüht, tauche sie in den mit Sauerstoff gefüllten Standzylinder (▷ B 2). Achte darauf, dass du mit der glühenden Eisenwolle nicht die Wand des Standzylinders berührst.

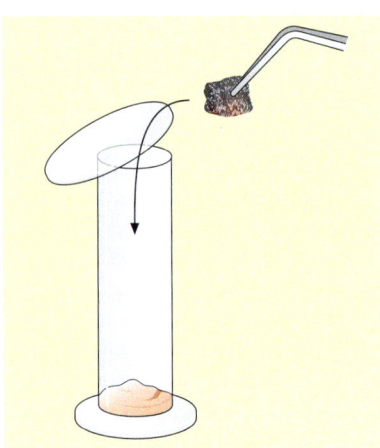

1 Eisen reagiert mit Sauerstoff.

2 Kupfer reagiert
Material
Schutzbrille, Gasbrenner, Tiegelzange, Kupferblech (etwa 5 cm · 5 cm)

Versuchsanleitung
Falte das Kupferblech wie in Bild 3 und presse es fest zusammen. (Vorsicht! Schnittverletzungen!) Halte das Blech mit der Tiegelzange etwa eine Minute lang in die nicht leuchtende Brennerflamme. Wende das Kupferblech dabei mehrmals. Lass anschließend das Blech erkalten und falte es vorsichtig wieder auseinander. Vergleiche den Zustand innen und außen.

3 Metallpulver reagieren unterschiedlich
Material
Schutzbrille, Gasbrenner (kein Kartuschenbrenner), Stativ, Doppelmuffe, Universalklemme, Spatel, Aluminiumfolie, Kupferpulver, Eisenpulver, Magnesiumpulver jeweils in einer kleinen Petrischale

Versuchsanleitung
a) Decke den Tisch mit Aluminiumfolie ab und falte die Ränder der Folie nach oben um.
b) Befestige den Gasbrenner

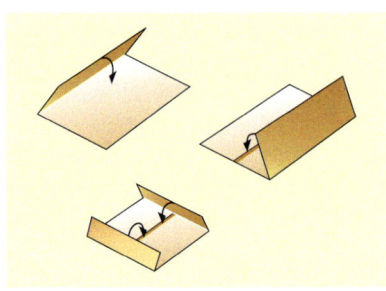

2 So wird das Kupferblech gefaltet.

waagerecht am Stativ. Stelle nach dem Entzünden die nicht leuchtende Flamme ein. Achte darauf, dass niemand in Flammenrichtung steht!
c) Nimm eine Spatelspitze Metallpulver aus einer der Petrischalen und lass das Pulver von oben in die Brennerflamme rieseln (▷ B 4).

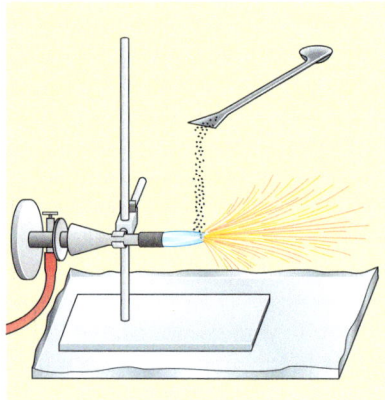

3 Ein Funkenregen entsteht.

d) Notiere deine Beobachtungen. Ordne die Metalle nach der zunehmenden Heftigkeit der Reaktion.

AUFGABE

1 Erhitzt man Kupferblech und Kupferpulver, reagieren sie unterschiedlich, obwohl sie aus dem gleichen Metall bestehen.
○ a) Vergleiche deine Beobachtungen beim Erhitzen von Kupfer in den Versuchen 2 und 3.
◐ b) Formuliere eine Vermutung, warum die Reaktionen unterschiedlich verlaufen. Nimm dazu Seite 28/29 zu Hilfe.

Metalle reagieren mit Sauerstoff

Magnesium reagiert mit Sauerstoff
Magnesium ist ein Metall. Nach dem Entzünden reagiert es in reinem Sauerstoff sehr heftig: Man sieht ein grelles, weißes Licht. Bei der Reaktion entsteht ein weißer Stoff – das Magnesiumoxid (▷ B1). Auch an der Luft findet die Reaktion statt. Allerdings verläuft sie weniger heftig, da Luft einen geringeren Sauerstoffanteil hat. Reaktionen von Metallen mit Sauerstoff sind Oxidationen. Die Reaktionsprodukte heißen Metalloxide. Bei Oxidationen wird Energie frei, beispielsweise in Form von Wärme und Licht. Oxidationen gehören daher zu den exothermen Reaktionen.

Teilchen und Bindungen verändern sich
Metalloxide gehören zur Stoffgruppe der Salze. Bei einer Oxidation bildet sich also aus einem Metall und dem Nichtmetall Sauerstoff ein Salz. Dabei verändern sich die Teilchen und die chemischen Bindungen. Aus den Atomen des Metalls und den Sauerstoff-Molekülen bilden sich Ionen, die eine Ionenbindung eingehen.

Metalle reagieren unterschiedlich heftig
Kupferpulver, Eisenpulver und Magnesiumpulver erzeugen in der Flamme unterschiedlich starke Funkenregen: Kupfer verbrennt mit grüner Flamme, Eisen erzeugt gelbe Funken, Magnesium grell weiße Funken. Die Metalle haben ein unterschiedlich starkes Bestreben, mit Sauerstoff zu reagieren. Dieses Bindungsbestreben nennt man **Affinität**. Je heftiger die Verbrennung eines Metalls verläuft, desto höher ist seine Affinität zu Sauerstoff. (► Chemische Reaktion, S.168/169)

Reaktionen von Metallen mit Sauerstoff sind Oxidationen. Metalle haben ein unterschiedlich starkes Bindungsbestreben mit Sauerstoff. Man nennt dies Affinität.

AUFGABEN

1 ○ Beschreibe den Begriff „Affinität" in eigenen Worten

2 ◐ Plant in einer Kleingruppe einen Versuch, mit dem ihr herausfinden könnt, ob Zink heftiger mit Sauerstoff reagiert als Magnesium, Eisen oder Kupfer.

3 ● Stelle für die Oxidation von Kupfer die Reaktionsgleichung auf. Das Reaktionsprodukt hat die Formel CuO.

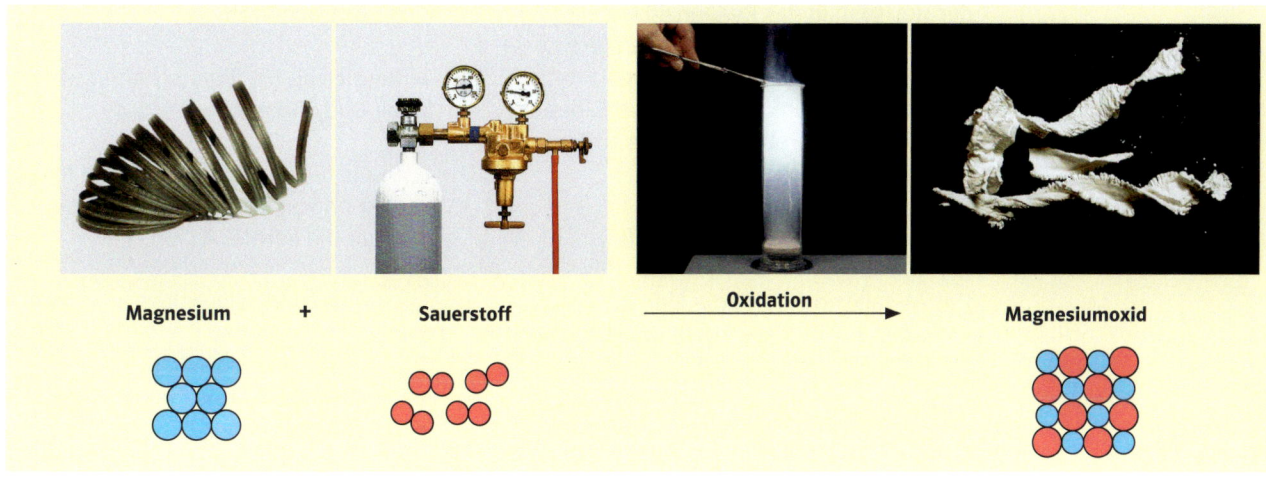

Magnesium   +   Sauerstoff   Oxidation →   Magnesiumoxid

1 Magnesium reagiert mit reinem Sauerstoff.

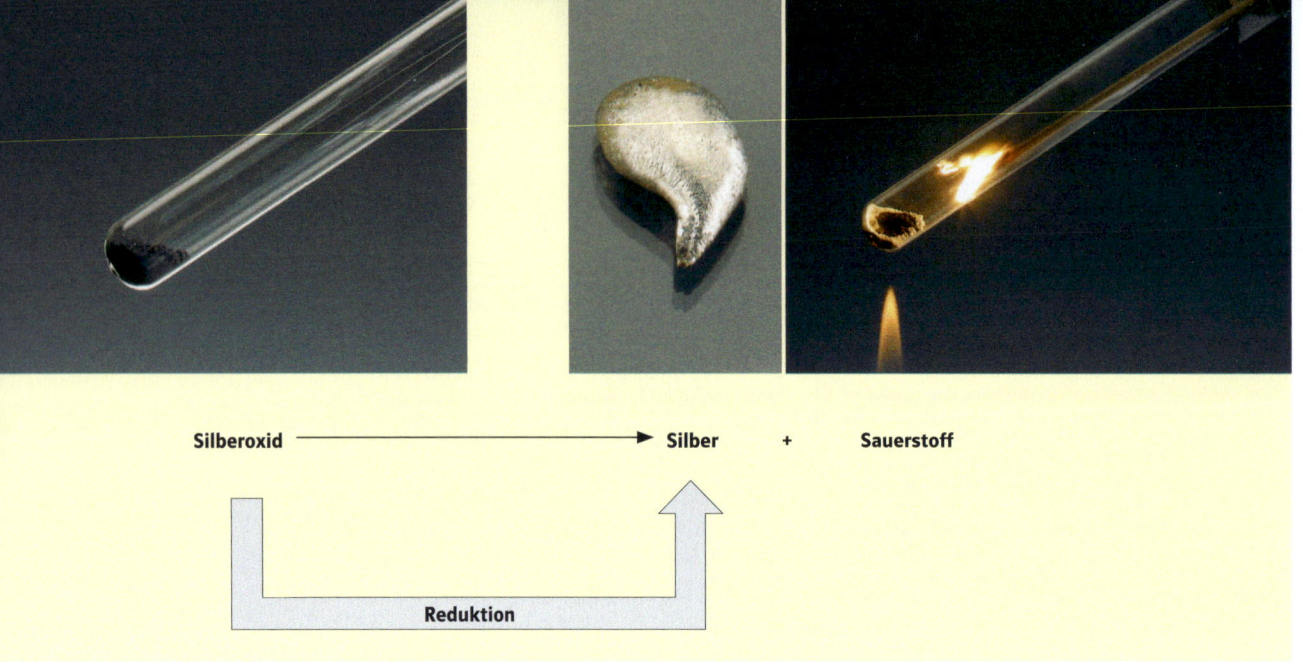

Silberoxid ——————————▶ Silber + Sauerstoff

Reduktion

1 Silberoxid wird zerlegt.

Die Reduktion

Viele Gegenstände unseres täglichen Lebens bestehen aus Metallen. Die Metalle müssen in der Regel aus **Erzen** gewonnen werden. Erze sind natürliche Rohstoffe. Sie enthalten häufig Metalloxide.

Die Zerlegung von Silberoxid
Erhitzt man schwarzes Silberoxid-Pulver in einem Reagenzglas, entsteht ein weißlicher Stoff. Wird gleichzeitig ein glimmender Holzspan in das Reagenzglas eingeführt, so entflammt der Holzspan (▷ V1). Bei dem entstandenen weißlichen Stoff handelt es sich um fein verteiltes Silber. Die Glimmspanprobe zeigt, dass außerdem Sauerstoff entstanden ist (▷ B1).

Silberoxid $\longrightarrow$ Silber + Sauerstoff

Das Metalloxid wird in die Elemente zerlegt. Man nennt diese Reaktion **Reduktion**. Die Reduktion von Silberoxid ist eine endotherme Reaktion, weil das Silberoxid ständig erwärmt werden muss, damit die Reaktion abläuft. Es wird also Energie zugeführt.

Die Reduktion ist eine chemische Reaktion, bei der ein Oxid Sauerstoff abgibt.

AUFGABEN

1 ○ Silberoxid soll in die Elemente zerlegt werden. Beschreibe die Vorgehensweise.

2 ○ Nenne den Fachbegriff für den Nachweis von Sauerstoff.

3 ◓ Vergleiche die Eigenschaften von Silber und Silberoxid.

4 ● Stelle die Reaktionsgleichung für die Reduktion von Silberoxid auf. (Silberoxid hat die Formel Ag_2O.)

VERSUCH

1ᴸ Man gibt 0,3 g Silberoxid in ein Reagenzglas und erwärmt mit der nicht leuchtenden Brennerflamme. Gleichzeitig wird ein glimmender Holzspan in das Reagenzglas eingeführt.

Oxidation oder Reduktion?

1 Kupferoxid reagiert mit Eisen

Material

Schutzbrille, Gasbrenner, Reagenzglas, Reibschale mit Pistill, Reagenzglashalter, Spatellöffel, Waage, schwarzes Kupferoxid, Eisenpulver

Versuchsanleitung

Wiege 1,6 g schwarzes Kupferoxid und 0,8 g Eisenpulver ab. Mische die beiden Stoffe sorgfältig in der Reibschale und fülle das Gemisch danach in das Reagenzglas. Erhitze das Gemisch mit der rauschenden Brennerflamme, bis es aufglüht. Nimm das Reagenzglas aus der Brennerflamme und beobachte den weiteren Verlauf.

Aufgaben

1. Fertige eine Versuchsskizze an und beschrifte sie.
2. Notiere deine Beobachtungen.
3. Formuliere die Wortgleichungen für die Reaktion von Kupferoxid und Eisen.

2 Kupferoxid reagiert mit Kohlenstoff

Material

Schutzbrille, Gasbrenner, Stativ, Doppelmuffe, Universalklemme, Becherglas (100 ml), Reagenzglas, Reibschale mit Pistill, durchbohrter Gummistopfen mit gewinkeltem Glasrohr, Spatellöffel, Waage, schwarzes Kupferoxid, Holzkohlepulver, Kalkwasser

Versuchsanleitung

Wiege 3 g schwarzes Kupferoxid und 0,3 g Holzkohlepulver ab. Mische die beiden Stoffe in der Reibschale. Fülle danach das Gemisch in das Reagenzglas. Verschließe das Reagenzglas mit dem Gummistopfen, in den das Glasrohr eingeführt ist. Fülle das Becherglas zu einem Drittel mit Kalkwasser. Befestige das Reagenzglas waagerecht am Stativ, sodass das Glasrohr knapp in das Kalkwasser eintaucht und du den Gasbrenner unter das Gemisch im Reagenzglas stellen kannst (▷ B 1). Erhitze das Gemisch zunächst vorsichtig mit der rauschenden Brennerflamme, bis es aufglüht. Nachdem das Gemisch durchgeglüht ist, schiebe sofort die Doppelmuffe am Stativ nach oben. So verhinderst du, dass das Kalkwasser beim Abkühlen der Apparatur im Glasrohr nach oben gesaugt wird.

Aufgaben

1. Notiere deine Beobachtungen.
2. Beschreibe die Aufgabe des Kalkwassers.
3. Formuliere die Wortgleichung für die Reaktion von Kupferoxid und Kohlenstoff.

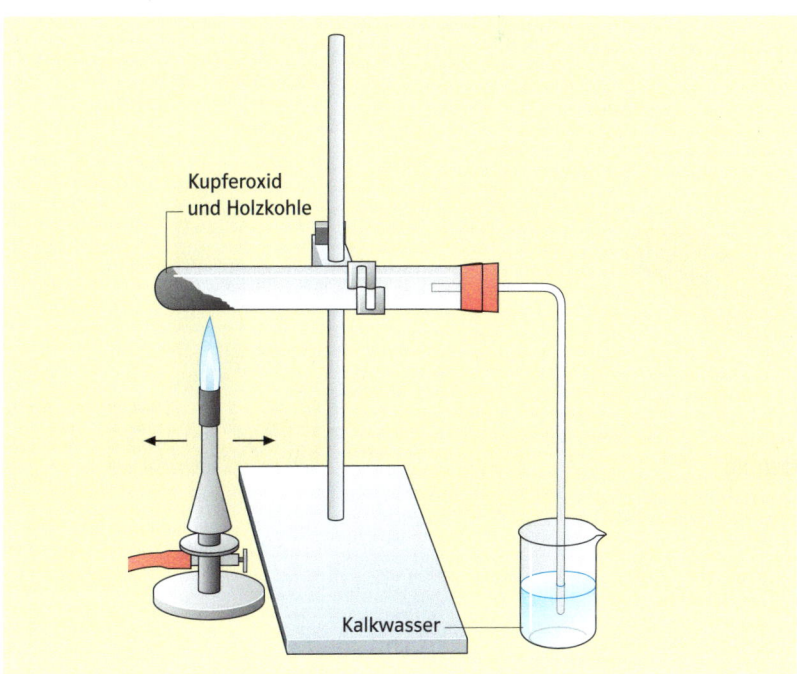

Kupferoxid und Holzkohle

Kalkwasser

1 Kupferoxid reagiert mit Kohlenstoff.

Reaktionsbereitschaft mit Sauerstoff nimmt zu

edle Metalle   unedle Metalle

| Platin | | Kupfer | | Eisen | | Aluminium |

| Gold | | Silber | | Blei | | Zink | | Magnesium |

1 Affinitätsreihe der Metalle

Die Redoxreaktion

Sauerstoff wechselt den Partner

Bei der Reaktion von Kupferoxid und Eisen entstehen Kupfer und Eisenoxid (▷ B 2). Es laufen gleichzeitig eine Reduktion und eine Oxidation ab. Bei der Reduktion wird das Kupferoxid zu Kupfer reduziert. Bei der Oxidation wird das Eisen zu Eisenoxid oxidiert. Der Sauerstoff wechselt bei dieser Reaktion den Partner. Zunächst ist er mit Kupfer im Kupferoxid verbunden, danach mit dem Eisen im Eisenoxid. Eine solche Reaktion heißt **Redoxreaktion**. Der Begriff ist eine

Kombination aus den Wörtern **Red**uktion und **Ox**idation.
(► Chemische Reaktion, S. 168/169)

Wer gibt, wer nimmt?

Das gleichzeitige Geben des einen Reaktionspartners und Nehmen des anderen Reaktionspartners wird allgemein **Donator-Akzeptor-Prinzip** genannt (▷ B 4). In unserem Beispiel ist Kupferoxid der Donator, es gibt Sauerstoff an Eisen ab. Eisen nimmt den Sauerstoff auf, Eisen ist der Akzeptor.

Reaktionsbereitschaft der Metalle

Wird ein Gemisch aus Eisenoxid und Kupfer erhitzt, findet keine Reaktion statt. Im Eisenoxid sind Eisen und Sauerstoff so fest verbunden, dass Kupfer den Sauerstoff nicht an sich ziehen kann.

Man kann die Metalle danach einteilen, wie groß ihr Bestreben ist, sich mit Sauerstoff zu verbinden (▷ B 1). Diese Einteilung nennt man die **Affinitätsreihe** der Metalle. Metalle mit großer Affinität zu Sauerstoff werden **unedle Metalle** genannt. Dazu gehören Aluminium und Magnesium. Metalle mit geringer Affinität zu Sauerstoff nennt man hingegen **edle Metalle**. Hierzu zählen beispielsweise Gold, Platin und Silber.

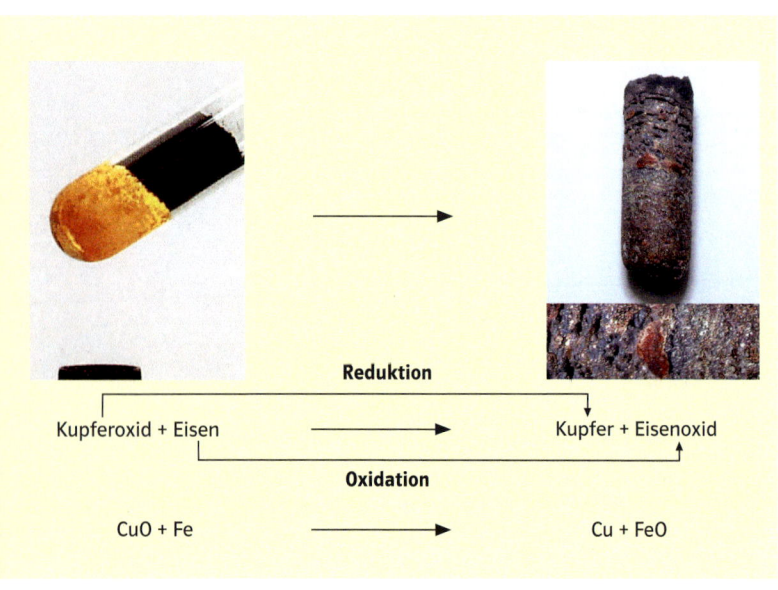

Reduktion

Kupferoxid + Eisen → Kupfer + Eisenoxid

Oxidation

$CuO + Fe$ → $Cu + FeO$

2 Eisen reagiert mit Kupferoxid.

Wer entzieht wem den Sauerstoff?

Damit ein Metall einem Metalloxid den Sauerstoff entziehen kann, muss es selbst eine möglichst große Affinität zu Sauerstoff haben. So kann Eisen zwar Kupferoxid den Sauerstoff entziehen, nicht aber Aluminiumoxid. Ein Metall kann allen Metallen, die edler sind als es selbst, den Sauerstoff aus deren Oxiden entziehen.

Reduktionsmittel und Oxidationsmittel

Bei der Reaktion von Kupferoxid und Eisen kann das Eisen dem Kupferoxid den Sauerstoff entziehen. Man sagt: „Eisen reduziert Kupferoxid zu Kupfer. Dabei wird Eisen zu Eisenoxid oxidiert." Der Stoff, der ein Oxid reduziert, wird Reduktionsmittel genannt. Das Oxid, das den Sauerstoff an einen Reaktionspartner abgibt, bezeichnet man als Oxidationsmittel.

Eine chemische Reaktion, bei der Reduktion und Oxidation gleichzeitig ablaufen, nennt man Redoxreaktion.

Ein Metall kann allen edleren Metallen den Sauerstoff aus deren Oxiden entziehen.

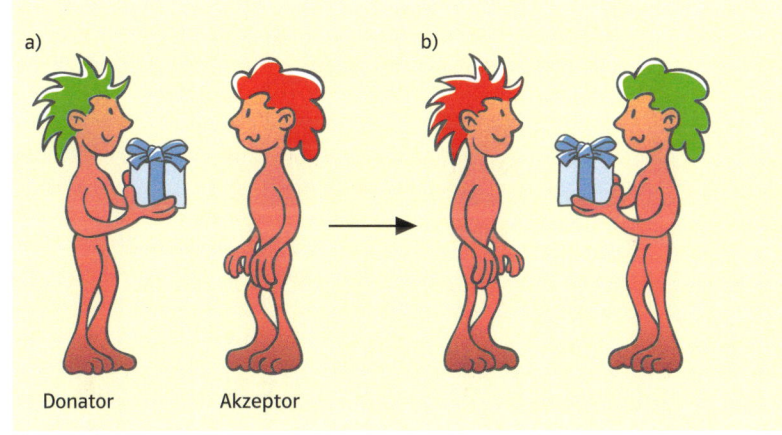

Donator   Akzeptor

4 Donator-Akzeptor-Prinzip

3 Magnesium reagiert mit Kohlenstoffdioxid.

AUFGABEN

1 ○ Erläutere in eigenen Worten den Begriff „Redoxreaktion".

2 ○ Ordne die folgenden Metalle nach ihrer Affinität zu Sauerstoff (▷ B 1). Beginne mit dem unedelsten Metall.
Blei – Aluminium – Kupfer – Eisen – Silber – Magnesium – Zink

3 ◒ Beschreibe das Donator-Akzeptor-Prinzip am Beispiel einer Geburtstagsfeier (▷ B 4).

4 ◒ Ordne in den folgenden Wortgleichungen die Begriffe Oxidation, Reduktion, Oxidationsmittel und Reduktionsmittel richtig zu.
a) Eisenoxid + Zink ⟶ Eisen + Zinkoxid
b) Bleioxid + Eisen ⟶ Blei + Eisenoxid
c) Zinkoxid + Aluminium ⟶ Zink + Aluminiumoxid
d) Kupferoxid + Blei ⟶ Kupfer + Bleioxid

5 ● Überlege mithilfe der Affinitätsreihe der Metalle, ob folgende Reaktionen möglich sind oder nicht. Begründe deine Entscheidung. Vervollständige gegebenenfalls die Wortgleichung und kennzeichne Oxidation, Reduktion, Oxidationsmittel und Reduktionsmittel.
a) Kupferoxid + Zink
b) Aluminiumoxid + Eisen
c) Zinkoxid + Blei
d) Eisenoxid + Magnesium

6 ● Magnesium brennt auch, wenn es von Kohlenstoffdioxid umgeben ist. Dabei entstehen ein weißes und ein schwarzes Reaktionsprodukt (▷ B 3). Erkläre diese Reaktion unter Verwendung der Fachbegriffe.

1 Das grüne Kupfererz Malachit   **2** Schmuck aus Malachit

Metallgewinnung

Kupfergewinnung aus Malachit

Malachit ist ein grünes Kupfererz (▷ B 1).
Es enthält die Verbindung Kupfercarbonat.
Heute wird Malachit hauptsächlich für
Schmuck verwendet (▷ B 2). Aber bereits
vor über 5 000 Jahren konnten die Men-
schen aus Malachit Kupfer gewinnen.
Erhitzt man Malachit oder Kupfercarbonat,
zersetzt es sich zu Kohlenstoffdioxid und
Kupferoxid:

Kupfercarbonat ⟶
          Kupferoxid + Kohlenstoffdioxid

Das entstandene Kupferoxid wird danach
mit Kohlenstoff gemischt. Erhitzt man das
Gemisch erneut, entstehen wieder Kohlenstoffdioxid und reines Kupfer:

Kupferoxid + Kohlenstoff ⟶
          Kupfer + Kohlenstoffdioxid

Metallgewinnung mithilfe von Kohlenstoff

Die Reaktion von Kupferoxid und Kohlenstoff ist eine Redoxreaktion. Kohlenstoff ist
das Reduktionsmittel. Er entzieht Kupferoxid den Sauerstoff und wird zu Kohlenstoffdioxid. Kohlenstoff kann auch anderen
Metalloxiden den Sauerstoff entziehen.
Beispielsweise wird er für die Eisengewin-
nung genutzt. Man kann das Nichtmetall
Kohlenstoff in der Affinitätsreihe der Metalle zwischen Zink und Eisen einordnen.
(► Chemische Reaktion, S.168/169)

**Bei der Metallgewinnung von Kupfer und
Eisen aus deren Metalloxiden entzieht
Kohlenstoff den Sauerstoff.**

AUFGABEN

1 ○ Beschreibe, wie aus Malachit Kupfer
gewonnen wird.

2 ○ Nenne Metalloxide, denen Kohlenstoff den Sauerstoff entziehen kann.

3 ◒ Plane einen Versuch, mit dem
man das Kohlenstoffdioxid, das beim
Erhitzen von Kupfercarbonat entsteht,
nachweisen kann.

4 ◒ a) Kupferoxid reagiert mit Kohlenstoff. Schreibe die Wortgleichung ab
und kennzeichne Oxidation und Reduktion.
● b) Stelle die Reaktionsgleichung auf.
(Kupferoxid hat die Formel CuO.)

VERSUCH

1 Erhitze 3 g Malachitpulver in einem
Reagenzglas, bis die grüne Farbe des
Malachits vollständig verschwunden ist.
Füge nach dem Erkalten 0,2 g Holzkohlepulver hinzu. Vermische die Stoffe
sorgfältig mit einem Glasstab. Erhitze
danach das Gemisch, bis es aufglüht.

Der Mann aus dem Eis

Eine Mumie namens Ötzi

Im September 1991 fand ein Bergsteiger-Ehepaar in den Ötztaler Alpen eine Mumie. Nach dem Fundort wurde sie „Ötzi" genannt und ist inzwischen international bekannt. Umfangreiche Untersuchungen belegen, dass die Mumie etwa 5300 Jahre alt ist. Ötzi lebte also am Ende der Steinzeit. Durch die vielen Jahrtausende im Eis ist die Mumie sehr gut erhalten geblieben. Daher ermöglicht sie einzigartige Einblicke in das Leben der Menschen in der Steinzeit.

Ötzi war ungefähr 1,58 m groß und wurde etwa 47 Jahre alt. Wahrscheinlich ist er eines gewaltsamen Tods gestorben, denn unter seinem Schulterblatt steckte eine Pfeilspitze. Auch die Bekleidungsstücke der Mumie waren gut erhalten. Man fand eine Bärenfellmütze, eine Jacke und eine Hose aus Ziegenleder. Außerdem wurde ein kleines Stück aus geflochtenem Pfeifengras entdeckt. Forscher vermuten, dass dies ein Teil eines Umhangs oder einer Matte gewesen sein könnte. Anhand der Funde und der Erkenntnisse der Untersuchungen wurde Ötzis Aussehen rekonstruiert (▷ B 1).

Das Kupferbeil

Eine Sensation aber war das vollständig erhaltene Kupferbeil, das Ötzi bei sich trug (▷ B 2). Die Klinge besteht zu 99 % aus Kupfer. Im Alpenraum gibt es jedoch keine reinen Kupfervorkommen, sondern nur Kupfererze, beispielsweise Malachit. Die Menschen müssen also schon in der Steinzeit gewusst haben, wie man aus Kupfererzen Kupfer herstellt.

AUFGABEN

1 ⊖ Begründe, warum die Mumie Ötzis so gut erhalten geblieben ist.

2 ● Wie stellten die Menschen in der Steinzeit Kupfer aus Malachit her? Erstellt im Team dazu eine Computer-Präsentation und stellt sie eurer Klasse vor.

3 ● Formuliere eine Vermutung, welche Vorteile Werkzeuge und Waffen aus Metall gegenüber Werkzeugen und Waffen aus Feuerstein hatten.

1 Ötzi-Modell

2 Kupferbeil, das Ötzi bei sich trug

Der Hochofenprozess

In einem **Hochofen** wird Eisen durch die Reduktion von Eisenoxid hergestellt. Als Reduktionsmittel dient Kohlenstoff. Eisenoxid ist der Hauptbestandteil vieler Eisenerze, die in der Natur vorkommen und im Tagebau abgebaut werden.

Gichtgas
Kohlenstoffdioxid, Kohlenstoffmonooxid und weitere brennbare Gase aus dem Hochofen bilden das Gichtgas.

Gicht
Der Hochofen wird von oben über die Gicht abwechselnd mit Koks und Möller befüllt. Koks besteht aus fast reinem Kohlenstoff. Möller ist ein Gemisch aus Eisenerz, Kalk und weiteren Zusatzstoffen.

Möller

Koks

Wasserkühlung

Heißluft

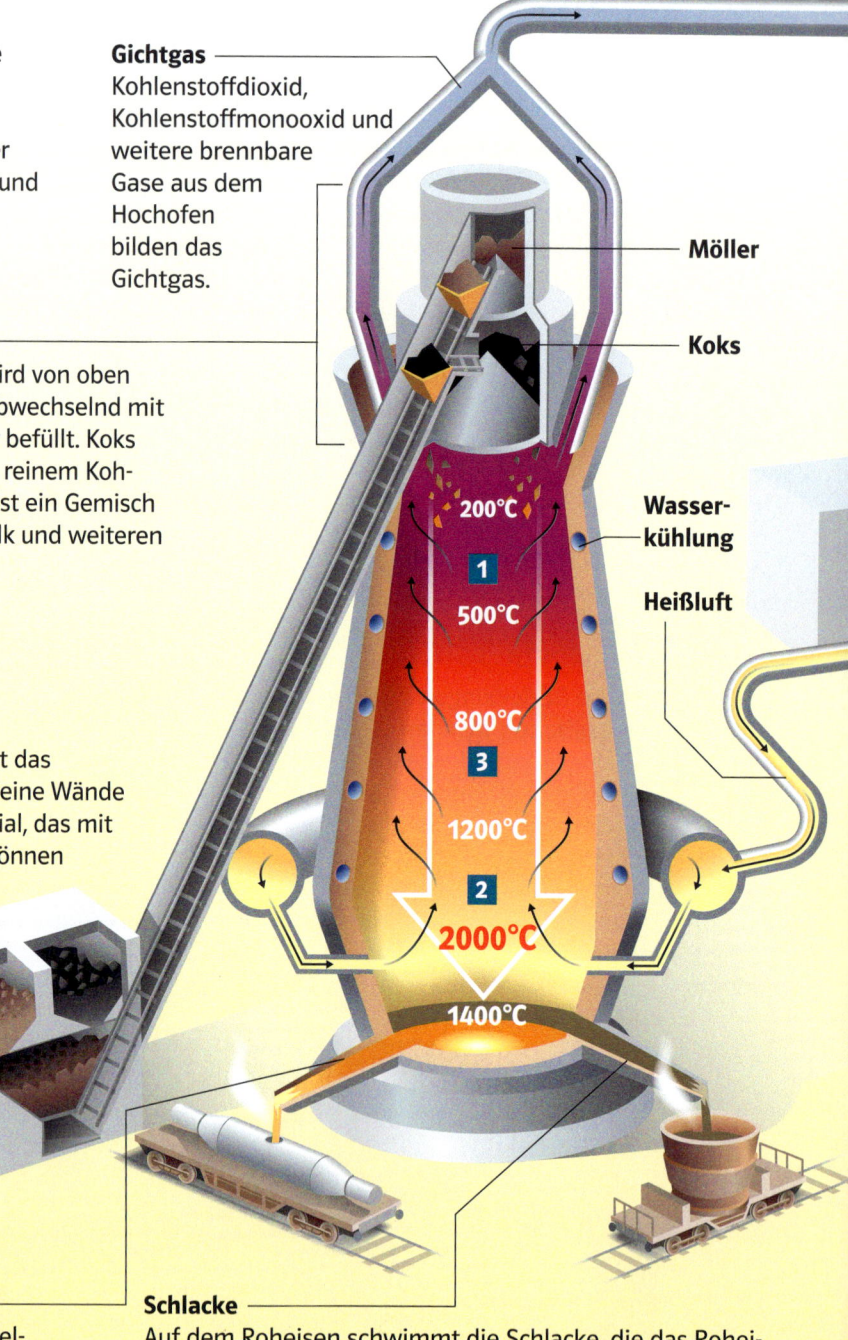

Hochofen
Der bis zu 50 m hohe Hochofen ist das Kernstück der Hochofenanlage. Seine Wände bestehen aus feuerfestem Material, das mit Wasser gekühlt wird. Hochöfen können über 10 000 Tonnen Roheisen pro Tag produzieren und sind 10 bis 15 Jahre rund um die Uhr in Betrieb.

Roheisenabstich
Das flüssige Roheisen wird in regelmäßigen Abständen „abgestochen". Es fließt durch Sandrinnen in Transportbehälter, die es in ein Stahlwerk bringen.

Schlacke
Auf dem Roheisen schwimmt die Schlacke, die das Roheisen vor Oxidation schützt. Sie bildet sich aus den weiteren Bestandteilen des Eisenerzes sowie aus Kalk und Zusatzstoffen im Möller. Auch die Schlacke wird immer wieder abgestochen. Sie wird als Rohstoff im Straßenbau eingesetzt.

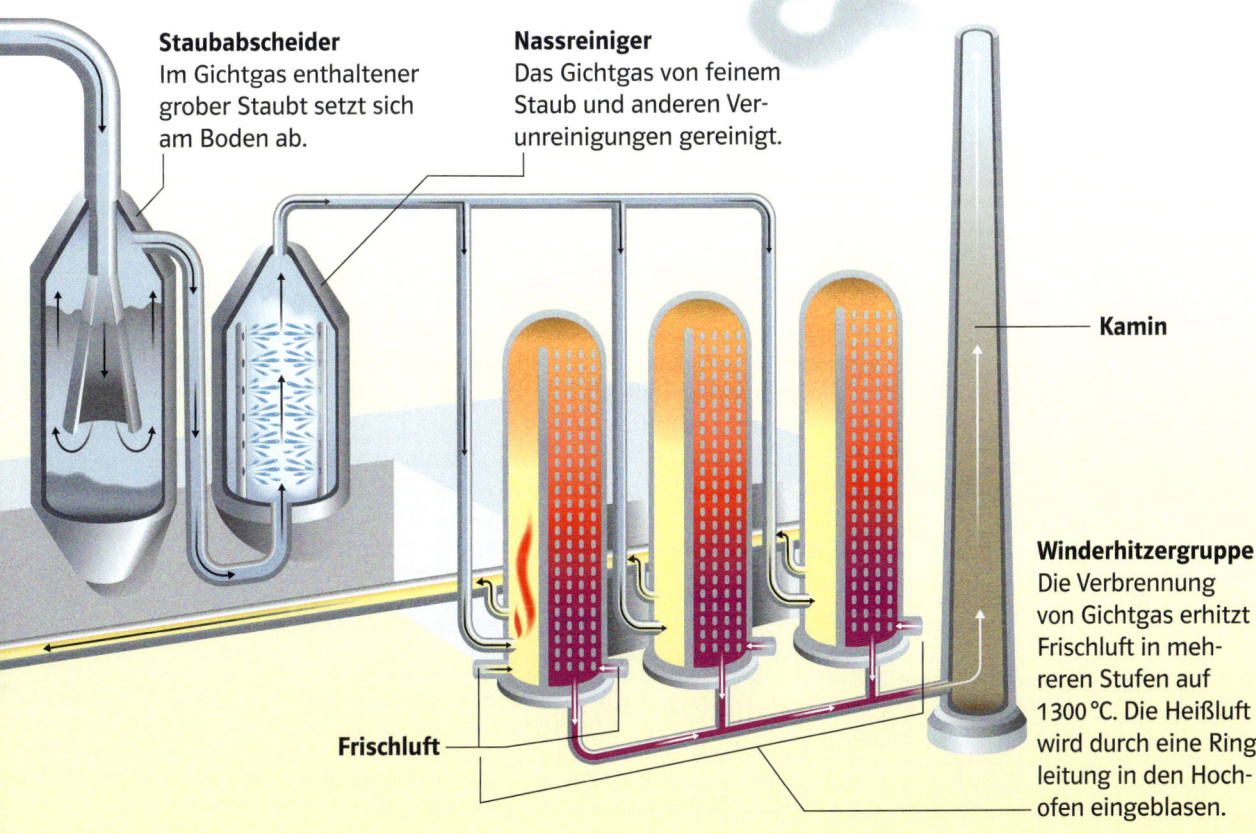

Staubabscheider
Im Gichtgas enthaltener grober Staubt setzt sich am Boden ab.

Nassreiniger
Das Gichtgas von feinem Staub und anderen Verunreinigungen gereinigt.

Kamin

Frischluft

Winderhitzergruppe
Die Verbrennung von Gichtgas erhitzt Frischluft in mehreren Stufen auf 1300 °C. Die Heißluft wird durch eine Ringleitung in den Hochofen eingeblasen.

1 Trocken- und Vorwärmzone
Die festen Stoffe werden durch die aufsteigenden Gase getrocknet und aufgeheizt.

2 Schmelzzone
Der Sauerstoff der eingeblasenen Heißluft reagiert mit dem Kohlenstoff des Kokses zunächst zu Kohlenstoffdioxid:
Kohlenstoff + Sauerstoff ⟶ Kohlenstoffdioxid
Dabei entstehen Temperaturen von bis zu 2000 °C.

3 Reduktionszone
Kohlenstoffdioxid reagiert mit weiterem Kohlenstoff:
Kohlenstoffdioxid + Kohlenstoff ⟶ Kohlenstoffmonooxid
Kohlenstoffmonooxid ist ein starkes Reduktionsmittel und entzieht dem Eisenoxid den Sauerstoff:
Kohlenstoffmonooxid + Eisenoxid ⟶
Kohlenstoffdioxid + Eisen
Das entstehende Eisen ist aufgrund der hohen Temperaturen flüssig und sammelt sich auf dem Boden des Hochofens.

In einem Hochofen wird aus Eisenerz in mehreren Reduktionsschritten Eisen gewonnen. Als Reduktionsmittel wird Koks (Kohlenstoff) eingesetzt.

AUFGABEN

1 ○ Nenne die Ausgangsstoffe und die Reaktionsprodukte des Hochofenprozesses.

2 ○ Beschreibe in eigenen Worten, was Schlacke ist.

3 ◕ Erläutere mithilfe des Bildes die Vorgänge in einer Hochofenanlage.

4 ● Erkläre, warum ein Hochofen rund um die Uhr betrieben werden muss.

Vom Roheisen zum Stahl

Das Roheisen aus dem Hochofen enthält noch 3 bis 4 % Kohlenstoff. Dadurch ist es spröde und für viele Verwendungszwecke nicht geeignet. Ein Teil des Kohlenstoffs muss dem Roheisen deshalb entzogen werden.

Gewinnung von Stahl
Das flüssige Roheisen wird in einen riesigen Behälter, den Konverter, gefüllt (▷ B 1). Auf das flüssige Eisen wird durch ein gekühltes Rohr reiner Sauerstoff geblasen (▷ B 2). Teile des Kohlenstoffs im Eisen reagieren zu Kohlenstoffdioxid, das entweicht. Im Eisen bleiben höchstens 2 % Kohlenstoff zurück. Dieses Verfahren zur Gewinnung von Stahl heißt **Sauerstoff-Aufblas-Verfahren**.

Stahlsorten
Der Stahl aus dem Konverter kann mit anderen Metallen gemischt werden, beispielsweise mit Aluminium, Chrom oder Nickel. Je nach Metallsorte und Gehalt an Kohlenstoff entstehen Stähle mit unterschiedlichen Eigenschaften. So gibt es nicht rostende und hitzebständige Stähle. Der Zusatz von Wolfram und Chrom macht Stahl besonders hart. Heute sind über 2 000 unterschiedliche Stahlsorten bekannt.

Verwendung von Stahl
Stahl findet in vielen Wirtschaftszweigen Verwendung. Bauindustrie, Fahrzeugbau, Flugzeugbau oder Maschinenbau sind ohne Stahl nicht denkbar. Auch im Haushalt findet man Gebrauchsgegenstände wie Besteck oder Töpfe, die aus Stahl gefertigt sind. Besonders scharf sind z.B. japanische Messer, weil sie aus einem sehr harten Stahl auf spezielle Weise gefertigt werden.

Zur Stahlherstellung wird aus dem Roheisen ein Teil des Kohlenstoffs entfernt. Durch die Zugabe weiterer Metalle erhält man verschiedene Stahlsorten.

AUFGABEN

1 ○ Beschreibe mit eigenen Worten das Sauerstoff-Aufblas-Verfahren.

2 ◓ Erläutere den Unterschied zwischen Roheisen und Stahl.

3 ● Damast-Messer erhalten durch eine Schmiedetechnik ihre besonderen Eigenschaften. Recherchiere, welche Technik das ist und weshalb sie Stahl verbessert.

1 Füllen eines Konverters

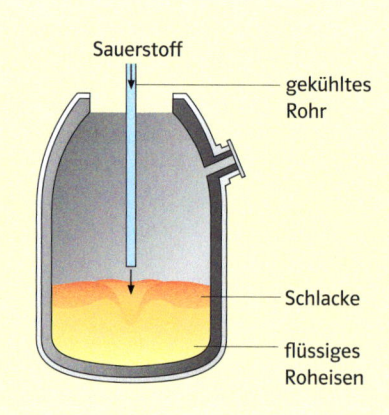

Sauerstoff
gekühltes Rohr
Schlacke
flüssiges Roheisen

2 Schnitt durch einen Konverter

Stahlsorte	Zusammensetzung
Schnellarbeitsstahl	10 % Molybdän 8 % Cobalt 2 % Wolfram 1 % Vanadium ≤ 0,8 % Kohlenstoff
V4A-Stahl	16,5 – 18,5 % Chrom 10 – 13 % Nickel 2 – 2,5 % Molybdän ≤ 0,07 % Kohlenstoff
Cronifer®	24,5 – 25,5 % Nickel 20 – 21 % Chrom 6 – 6,8 % Molybdän ≤ 0,02 % Kohlenstoff

3 Stahlsorten

Das Thermit-Verfahren

Damit Züge auch bei hohen Geschwindigkeiten möglichst ohne Erschütterung fahren, schweißt man die Schienenstücke zusammen. Dies geschieht mit dem Thermit-Verfahren (▷ B1).

Das Thermit-Verfahren im Versuch

Thermit ist ein Gemisch aus Eisenoxid und Aluminium. Im Versuch wird dieses Gemisch in einem mit Sand gefüllten Blumentopf gezündet (▷ B2). Es erfolgt eine äußerst heftige, exotherme Reaktion. Aus der Öffnung im Topfboden tropft flüssiges Eisen in eine Sandwanne.

Thermit-Verfahren – eine Redoxreaktion in der Technik

Aluminium hat eine größere Affinität zu Sauerstoff als Eisen. Es entzieht deshalb dem Eisenoxid den Sauerstoff und reagiert zu Aluminiumoxid. Dies ist eine Redoxreaktion. Die Reaktion ist so stark exotherm, dass die Temperatur über der Schmelztemperatur des Eisens liegt. Beim Schienenbau fließt das so erzeugte flüssige Eisen in den Spalt zwischen den Schienenstücken und verbindet sie.

AUFGABEN

1 ⊜ Stelle für die Thermit-Reaktion die Wortgleichung und die Reaktionsgleichung auf (Eisenoxid: Fe_2O_3).

2 ⊜ Gib für die Thermit-Reaktion das Reduktionsmittel und das Oxidationsmittel an. Begründe deine Entscheidung.

3 ● Recherchiere die genaue Vorgehensweise, wenn Schienen mit dem Thermit-Verfahren verschweißt werden.

VERSUCH

1^L Ein Thermit-Gemisch aus 15 g Eisenoxid, 5 g Aluminiumgrieß und 0,5 g Aluminiumpulver wird in eine Aluminiumhülse gefüllt, die in einem mit Sand gefüllten Blumentopf steckt. Auf das Gemisch gibt man etwas Magnesiumpulver. Mit einem Stück Magnesiumband wird das Gemisch entzündet. (Schutzbrille! Schutzhandschuhe! Nur im Freien durchführen! Feuerfeste Unterlage, z. B. Sandwanne benutzen!)

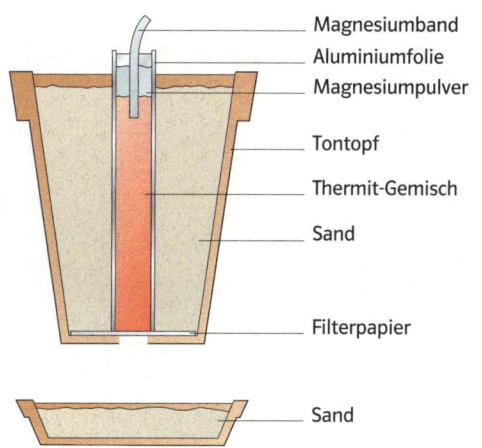

Magnesiumband
Aluminiumfolie
Magnesiumpulver

Tontopf

Thermit-Gemisch

Sand

Filterpapier

Sand

1 Das Thermit-Verfahren zum Verschweißen von Schienen

2 Das Thermit-Verfahren im Versuch

Metallgewinnung durch Recycling

Aus alt wird neu

Rohstoffe sind nicht unbegrenzt auf der Erde vorhanden. Das gilt auch für die Erze, aus denen viele Metalle gewonnen werden. Metallhaltige Abfälle sind daher viel zu schade für die Mülldeponie. Besser ist es, man verwertet den Metallschrott wieder. Das Recycling von Metallschrott schont die Umwelt und die Rohstoff-Reserven. Die Wiederverwertung benötigt außerdem geringere Energiemengen als die Neugewinnung von Metallen.

Stahl aus Schrott

Stahl ist eines der wichtigsten Materialien überhaupt. Bauindustrie, Fahrzeugbau oder Maschinenbau sind ohne Stahl nicht denkbar. Die Stahlproduktion ist deshalb ein wichtiger Industriezweig.
Stahl ist eine Legierung, die hauptsächlich aus Eisen besteht. Eisen kann aus Eisenerzen gewonnen werden. Man kann jedoch auch durch Recycling von Eisen-Schrott neuen Stahl herstellen. Der Anteil an Recycling-Stahl beträgt bereits 35 %.
Ein bekanntes Verfahren ist das Elektrostahl-Verfahren. Dabei wird in einem Lichtbogen-Ofen ein Lichtbogen zwischen zwei Kohlenstoff-Stäben erzeugt (▷ B 1). Ein Lichtbogen ist wie ein sehr heißer Blitz. In ihm schmilzt der Schrott, während unerwünschte Verunreinigungen verbrennen.

Kupfer – Recycling durch Kälte

Elektrokabel bestehen aus fast reinem Kupfer mit einer Kunststoff-Ummantelung. Zur Rückgewinnung des Kupfers werden die Kabel in flüssigen Stickstoff getaucht, der eine Temperatur von −196 °C hat. Dadurch wird der Kunststoff spröde und kann abgeschlagen werden.

Aluminium – Recycling spart Kosten

Die Gewinnung von Aluminium aus dem Aluminiumerz Bauxit ist sehr energieaufwändig. Das Recycling von Aluminium benötigt dagegen nur ein Zehntel der Energie.
Zusätzlich entstehen bei der Herstellung von 1 kg Aluminium 8,4 kg Kohlenstoffdioxid. Durch Recycling lässt sich der Kohlenstoffdioxid-Ausstoß verringern.
Aluminium kann sehr gut wiederverwendet werden, da es ohne Verlust der Qualität immer wieder eingeschmolzen werden kann (▷ B 2).

1 Im Lichtbogen-Ofen wird aus Roheisen und Schrott Stahl gewonnen.

2 Aluminium kann durch Einschmelzen recycelt werden.

Rohstoffbedarf für Weißblech	aus neuem Stahl	aus Recycling-Stahl
Eisenerz	15,60 kg	0 kg
Zinnerz	0,72 kg	0 kg
Weißblech-Schrott	0,80 kg	8,50 kg
Kalk	1,85 kg	0,06 kg
Wasser	106,50 kg	83,50 kg
Abfälle		
Schlacke	2,50 kg	0,30 kg
Staub	0,40 kg	0,10 kg
Abraum	721,50 kg	0 kg
Luftschadstoffe		
Kohlenstoffdioxid	19,20 kg	8,20 kg
Stickstoffdioxid	0,03 kg	0,02 kg
Energieeinsatz (MJ: Megajoule)		
Verfahrensenergie	212,60 MJ	126,30 MJ
Transportenergie	19,90 MJ	5,60 MJ

3 Vergleich der Produktion von 100 Weißblechdosen aus neuem Stahl und aus recyceltem Stahl

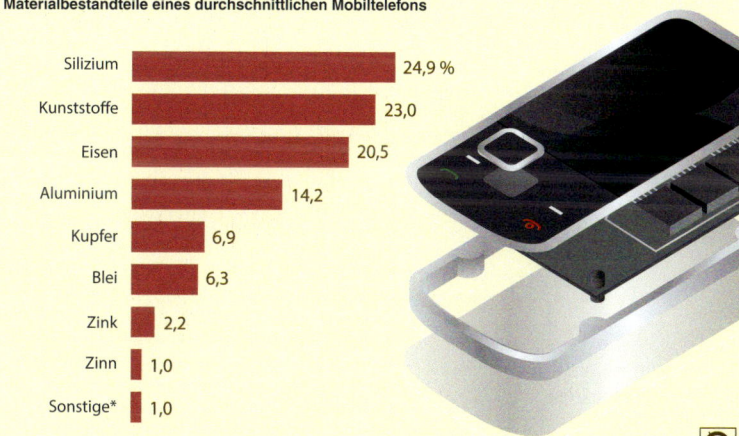

Woraus besteht ein Smartphone?

Materialbestandteile eines durchschnittlichen Mobiltelefons

- Silizium 24,9 %
- Kunststoffe 23,0
- Eisen 20,5
- Aluminium 14,2
- Kupfer 6,9
- Blei 6,3
- Zink 2,2
- Zinn 1,0
- Sonstige* 1,0

* z. B. Edelmetalle wie Gold und Silber, kritische Metalle wie Palladium und Tantal sowie Schadstoffe wie Quecksilber und Arsen   Quelle: Umweltbundesamt/IW Consult/vbw 2009   © Globus 4319

4 Anteile der verschiedenen Materialien in einem Smartphone

Gold aus Smartphones

Alte Handys sind wertvoll (▷ B 5). 100 Handys enthalten etwa 2,4 g Gold, 25 g Silber und weitere wertvolle Metalle. Aus einer Tonne Golderz lässt sich dagegen nur etwa 1 g Gold gewinnen. Handys gehören daher nicht in den Restmüll, sondern sollten bei Recyclinghöfen abgegeben werden.

Lohnt sich Recycling?

Weißblech wird aus Stahlblech hergestellt, das mit einer dünnen Zinnschicht

überzogen ist. Verwendet wird Weißblech für Konservendosen, Getränkedosen und Sprühdosen. Die Tabelle in Bild 3 veranschaulicht den Nutzen des Recyclings.

AUFGABEN

1 ◖ Viele Gegenstände bestehen aus Stahl. Zähle Begriffe und Gegenstände auf, die das Wort „Stahl" enthalten und erläutere, wo sie in deiner Umgebung vorkommen.

2 ◖ a) Bei der Herstellung von Weißblech werden Luftschadstoffe freigesetzt (▷ B 3). Nenne die Luftschadstoffe und vergleiche die Schadstoffmengen bei der Herstellung aus neuem Stahl und aus Recycling-Stahl.
● b) Stelle den Rohstoffbedarf für Weißblech aus Bild 3 in einem Säulendiagramm dar. Vergleiche damit die Herstellung aus neuem Stahl mit der Herstellung aus Recycling-Stahl.

3 Große Teile unseres Mülls gelten als Wertstoffe und werden exportiert.
◖ a) Recherchiere die wichtigsten Export-Wertstoffe.
● b) Teilt euch in zwei Gruppen ein. Die eine Gruppe sammelt Argumente für den „Müllexport", die andere Gruppe sammelt Argumente dagegen. Diskutiert eure Ergebnisse in der Klasse.

4 ● Interpretiere die Grafik in Bild 4 und beurteile die Recyclingmöglichkeiten für alte Smartphones.

5 Handys enthalten wertvolle Metalle.

Zusammenfassung

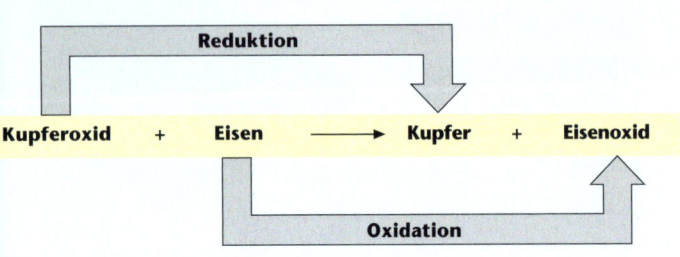

1 Die Redoxreaktion

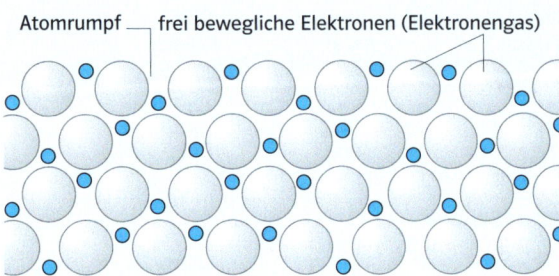

2 Die Metallbindung im Modell

Eigenschaften der Metalle
Metalle haben vier gemeinsame Eigenschaften: Metalle haben eine glänzende Oberfläche. Sie sind gut verformbar, elektrisch leitfähig und gute Wärmeleiter.

Legierungen
Legierungen sind Metallgemische, die entstehen, wenn man die Schmelzen unterschiedlicher Metalle zusammengießt.

Metallbindung
Die Metallbindung beruht auf der Anziehung zwischen positiv geladenen Atomrümpfen und negativ geladenen Elektronen (▷ B 2): Die Elektronen können sich im Metallgitter frei bewegen (Elektronengas).

Oxidation, Reduktion, Redoxreaktion
Eine Oxidation ist die Reaktion eines Stoffes mit Sauerstoff. Bei der Reduktion gibt ein Oxid Sauerstoff ab. Bei einer Redoxreaktion laufen Reduktion und Oxidation gleichzeitig ab (▷ B 1).

Affinitätsreihe der Metalle
Metalle haben ein unterschiedlich starkes Bestreben (Affinität), mit Sauerstoff zu reagieren. Unedle Metalle reagieren heftig, edle Metalle mäßig oder gar nicht. (▷ B 3)

Metallgewinnung aus Erzen
Erze sind natürliche Rohstoffe. Sie enthalten häufig Metalloxide. Durch Reduktion der Erze lassen sich Metalle gewinnen.

Eisengewinnung und Stahlherstellung
In einem Hochofen wird aus Eisenerz mithilfe von Kohlenstoff Roheisen gewonnen. Zur Stahlherstellung wird ein Teil des Kohlenstoffs aus dem Roheisen entfernt. Dem Eisen werden weitere Metalle beigemischt.

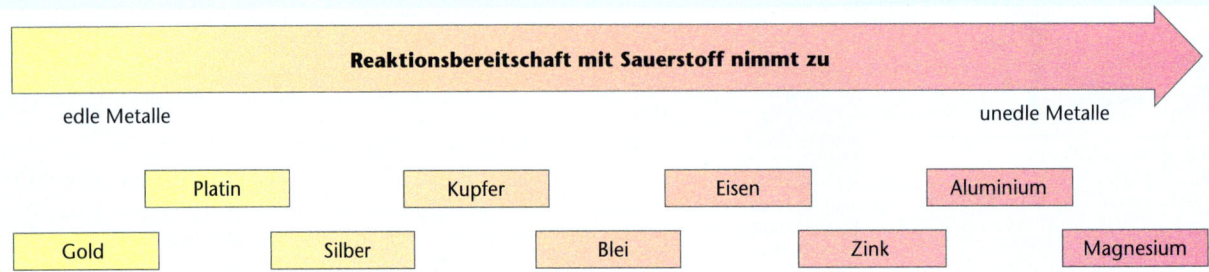

1 Affinitätsreihe der Metalle

AUFGABEN

1 ○ Ordne jeder der vier Eigenschaften der Metalle einen passenden Gegenstand oder ein passendes Gerät zu.

👍 Super! ❔ ► S. 126

2 ○ Quecksilberoxid kann durch Erhitzen reduziert werden. Stelle die Wortgleichung auf.

👍 Super! ❔ ► S. 136

3 ○ Nenne den wesentlichen Unterschied zwischen Stahl und dem Roheisen, das aus dem Hochofen kommt.

👍 Super! ❔ ► S. 144

4 ◐ Warum lässt sich ein Draht leicht verbiegen (▷ B 4)? Erkläre mithilfe des Elektronengas-Modells.

👍 Super! ❔ ► S. 130/131

5 Bleioxid und Holzkohlepulver werden zusammen erhitzt. Bei der Reaktion entstehen Blei und Kohlenstoffdioxid.
○ a) Stelle die Wortgleichung auf.
◐ b) Erkläre anhand dieser Reaktion die Begriffe „Reduktion", „Oxidation" und „Redoxreaktion".
◐ c) Gib für diese Reaktion Reduktionsmittel und Oxidationsmittel an.

👍 Super! ❔ ► S. 138/139

6 ◐ Nur edle Metalle wie Gold kommen in der Natur als reines Metall vor. Begründe warum unedle Metalle in der Natur nur in Verbindungen vorkommen.

👍 Super! ❔ ► S. 135, 138/139

7 ◐ „Kohlenstoff steht in der Affinitätsreihe der Metalle zwischen Zink und Eisen." Nimm Stellung zu dieser Aussage.

👍 Super! ❔ ► S. 138/139, 140

8 ● Zum Löschen von Metallbränden dürfen als Löschmittel weder Wasser noch Kohlenstoffdioxid eingesetzt werden. Diese Löschmittel können mit Metallen heftig reagieren. Stelle für folgende Reaktionen jeweils die Wortgleichung und die Reaktionsgleichung auf. Kennzeichne jeweils Oxidation und Reduktion.
a) Magnesium und Kohlenstoffdioxid
b) Magnesium und Wasser

👍 Super! ❔ ► S. 138/139

9 ● In der Chemiestunde geht es um die Gewinnung von Eisen aus Eisenerzen. Tom behauptet: „Ist doch ganz einfach, das Eisen wird aus dem Eisenerz herausgeschmolzen." Tina schüttelt nur den Kopf. „Wenn es nur so einfach wäre." entgegnet sie. Erkläre.

👍 Super! ❔ ► S. 140, 142/143

4 Draht lässt sich leicht verformen.

7 Klare Verhältnisse – Quantitative Betrachtungen

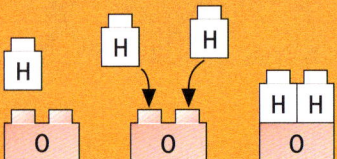

- Welche chemischen Formeln sind dir bereits bekannt?

- Warum helfen Rezepte beim Backen, damit ein Kuchen gelingt?

- Wofür setzt du Messkolben und Waage im Chemieunterricht ein?

- Wie viel Eisen lässt sich aus dem Eisenerz Pyrit gewinnen?

Merkmale chemischer Reaktionen

Überall, wo Stoffe aufeinandertreffen, können chemische Reaktionen ablaufen: im menschlichen Körper, um uns herum im Alltag, in der Natur und sogar im Weltraum. Zwar unterscheiden sich die einzelnen chemischen Reaktionen deutlich voneinander, aber einige Merkmale haben alle chemischen Reaktionen gemeinsam. Anhand eines Raketenstarts kann man dies verdeutlichen. (► Chemische Reaktion, S. 168/169)

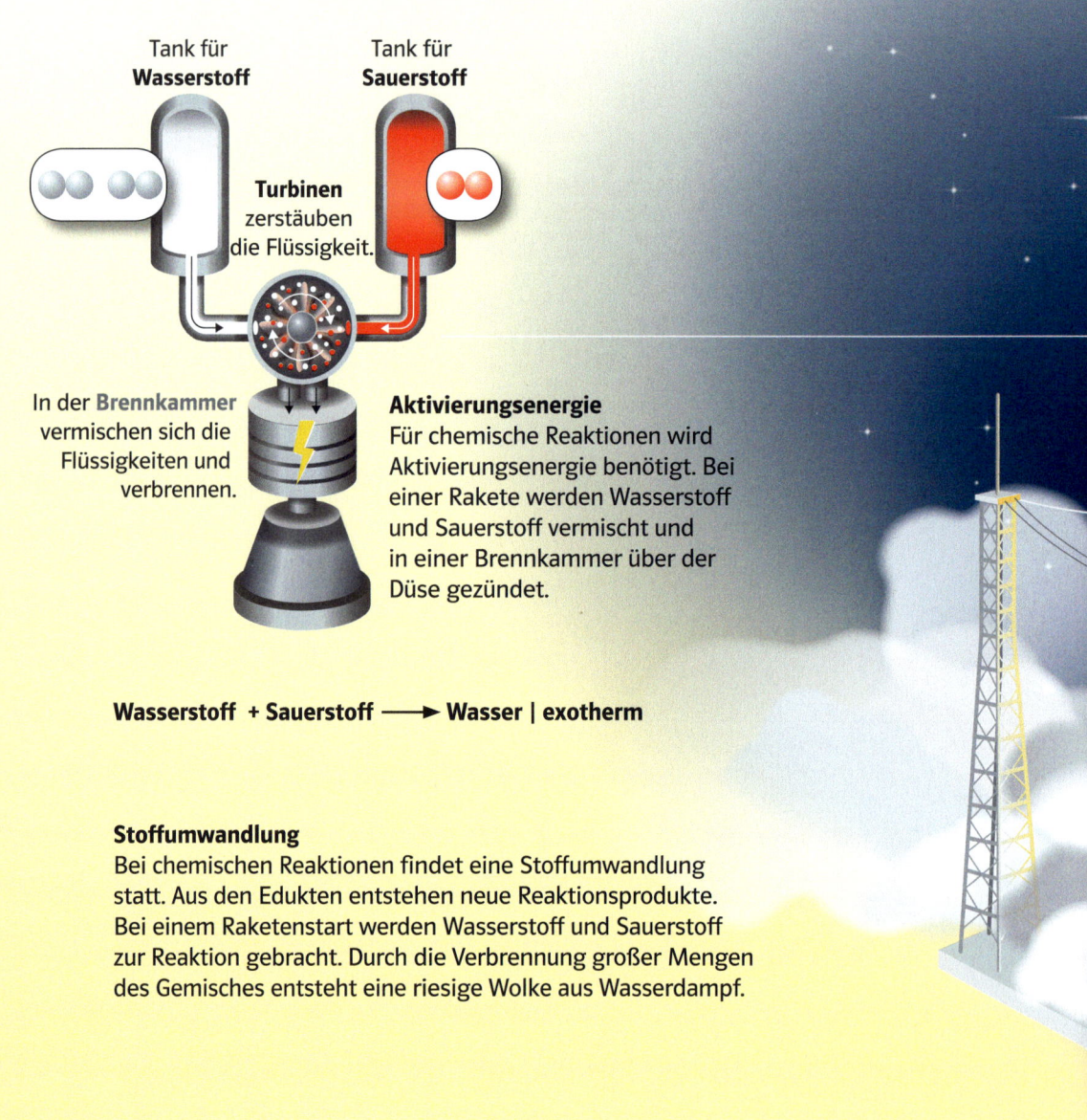

Tank für **Wasserstoff**

Tank für **Sauerstoff**

Turbinen zerstäuben die Flüssigkeit.

In der **Brennkammer** vermischen sich die Flüssigkeiten und verbrennen.

Aktivierungsenergie
Für chemische Reaktionen wird Aktivierungsenergie benötigt. Bei einer Rakete werden Wasserstoff und Sauerstoff vermischt und in einer Brennkammer über der Düse gezündet.

Wasserstoff + Sauerstoff ⟶ Wasser | exotherm

Stoffumwandlung
Bei chemischen Reaktionen findet eine Stoffumwandlung statt. Aus den Edukten entstehen neue Reaktionsprodukte. Bei einem Raketenstart werden Wasserstoff und Sauerstoff zur Reaktion gebracht. Durch die Verbrennung großer Mengen des Gemisches entsteht eine riesige Wolke aus Wasserdampf.

Energie

Bei jeder chemischen Reaktion wird Energie aufgenommen (endotherme Reaktion) oder abgegeben (exotherme Reaktion). Die Verbrennung von Wasserstoff ist eine exotherme Reaktion. Beim Raketenstart schießt ein blendend heller und heißer Flammenstrahl aus der Düse: Licht und Wärme werden frei. Die Rakete hebt mit ohrenbetäubendem Lärm vom Boden ab: Auch Schall und Bewegung zeigen die Abgabe von Energie an.

Atome bei Reaktionen

Bei chemischen Reaktionen gruppieren sich Atome um und bilden neue Anordnungen. Wenn Wasserstoff und Sauerstoff reagieren, treffen Wasserstoff-Moleküle aus zwei Wasserstoff-Atomen und Sauerstoff-Moleküle aus zwei Sauerstoff-Atomen aufeinander. Jeweils ein Sauerstoff-Atom verbindet sich mit zwei Wasserstoff-Atomen, sodass Wasser-Moleküle entstehen.

| Wasserstoff-Moleküle | Sauerstoff-Moleküle | Wasser-Moleküle |

Chemische Reaktionen haben gemeinsame Merkmale:
– **Es findet eine Stoffumwandlung statt.**
– **Es wird Energie aufgenommen oder abgegeben.**
– **Die Atome gruppieren sich um und bilden neue Anordnungen.**

AUFGABEN

1 ○ Gib die Merkmale einer chemischen Reaktion an.

2 ◑ In der Brennkammer eines Raketen-Triebwerks wird ein Gemisch aus Wasserstoff und Sauerstoff gezündet. Beschreibe, wie die Zündung ablaufen könnte.

3 ● Eine Rakete hat zwei Tanks. Angenommen, in einem Tank befindet sich 1 t Wasserstoff und im anderen 8 t Sauerstoff. Nach Verbrennung des Gemisches sind beide Tanks leer. Berechne die Masse des Wassers, das beim Raketenstart entsteht, und begründe deine Antwort.

153

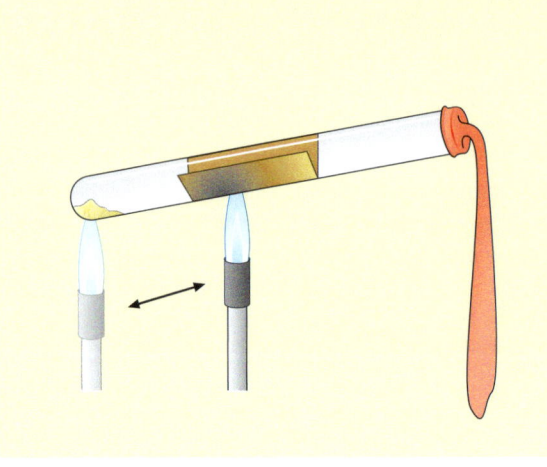

1 Wie viel Schwefel reagiert mit Kupfer?

2 Reaktion von Kupfer und Schwefel in einer geschlossenen Apparatur

3 JOSEPH LOUIS PROUST (1754–1826)

Massenverhältnisse in Reaktionen

Wie viel Schwefel reagiert mit Kupfer?

Kupfer und Schwefel reagieren zu Kupfersulfid. Erhitzt man eine beliebige Menge Kupfer mit einer beliebigen Menge Schwefel, beobachtet man, dass nach der Reaktion neben Kupfersulfid entweder noch Kupferreste oder noch Schwefelreste vorhanden sind.

Wie viel Kupfer reagiert mit wie viel Schwefel, dass keine Reste der Edukte zurückbleiben? Durch Abwiegen der Edukte und des Reaktionsprodukts kann man dies herausfinden. Im Versuch reagieren 4 g Kupfer mit 1 g Schwefel vollständig zu 5 g Kupfersulfid. Erhitzt man allerdings 4 g Kupfer mit 2 g Schwefel, entstehen wieder 5 g Kupfersulfid. 1 g Schwefel bleibt übrig. Die Masse von Kupfersulfid setzt sich immer aus 4 Teilen Kupfer und 1 Teil Schwefel zusammen. Dies ergibt das **Massenverhältnis** von Kupfer zu Schwefel von 4 : 1.

Das Massenverhältnis bleibt gleich

Auch für andere Verbindungen findet man gleichbleibende Massenverhältnisse. Im Wasser ist das Massenverhältnis von Sauerstoff zu Wasserstoff 8 : 1.

Aufgrund solcher Versuchsergebnisse formulierte JOSEPH LOUIS PROUST (▷ B 3) das **Gesetz der konstanten Massenverhältnisse**. Es besagt, dass in jeder Verbindung die Elemente in einem bestimmten, gleichbleibenden Massenverhältnis vorliegen.

In einer chemischen Verbindung liegen die Elemente in einem bestimmten, gleichbleibenden Massenverhältnis vor.

AUFGABEN

1 ○ Beschreibe das Gesetz der konstanten Massenverhältnisse.

2 ○ Gib an, wie viel Gramm Kupfersulfid aus 4 g Kupfer und 3 g Schwefel entstehen können.

3 1 g Wasserstoff reagiert vollständig mit Sauerstoff zu 9 g Wasser.
○ a) Ermittle die Masse an Sauerstoff, die in 9 g Wasser gebunden ist.
○ b) Gib das Massenverhältnis der Elemente in der Verbindung Wasser an.
◒ c) Berechne die Massen von Wasserstoff und Sauerstoff in 18 g Wasser.

4 ● Plane einen Versuch, mit dem du das Massenverhältnis von Kupfer und Schwefel ermitteln kannst.

Massenverhältnisse ermitteln

1 Synthese von Kupfersulfid

Bei der Reaktion von Kupfer und Schwefel zu Kupfersulfid, bleibt fast immer ein Teil eines Edukts übrig. Im folgenden Versuch wird nach dem richtigen Massenverhältnis gesucht, sodass kein Rest bleibt.

Material

Schutzbrille, Gasbrenner, Stativ, Doppelmuffe, Universalklemme, 2 Reagenzgläser, Petrischale, Waage, Schere, Pinzette, Adsorptionsstopfen (mit Aktivkohle gefüllt), Kupferblech (0,1 mm dick), Schwefelpulver

Versuchsanleitung

a) Gib in ein Reagenzglas etwa 1 g Schwefel und spanne das Reagenzglas schräg ein. Schneide ein längliches Stück Kupferblech ab und wiege es. Seine Masse soll zwischen 0,4 g und 1,1 g betragen. Knicke das Kupferblech längs in der Mitte und schiebe es in die Mitte des Reagenzglases. Verschließe das Reagenzglas mit einem Adsorptionsstopfen (▷ B 1).
b) Erhitze erst das Kupferblech und dann den Schwefel, sodass der Schwefeldampf über das heiße Kupferblech streicht. Die Reaktion ist beendet, wenn kein rotes Kupfer mehr vorhanden ist. Lass das Reaktionsprodukt abkühlen.
c) Entnimm das Reaktionsprodukt vorsichtig mit der Pinzette und gib es in das zweite Reagenzglas, das du wieder mit einem Adsorptionsstopfen verschließt.
d) Erhitze das Reaktionsprodukt im Reagenzglas kräftig, um noch anhaftenden Schwefel zu entfernen. Gib das Reaktionsprodukt nach dem Abkühlen auf die Petrischale und ermittle seine Masse.

Aufgaben

1. Berechne die Masse der Schwefelportion, die mit dem Kupfer reagiert hat. Diese Masse erhältst du, indem du von der Masse des Kupfersulfids die Masse des Kupfers subtrahierst.
2. Lege in deinem Heft eine Tabelle wie in Bild 2 an. Übertrage auch die Ergebnisse der anderen Gruppen in die Tabelle und berechne den Mittelwert des Massenverhältnisses von Kupfer und Schwefel.

2 Analyse von Silberoxid

Silberoxid lässt sich durch Erwärmen mit der entleuchteten Flamme des Gasbrenners leicht in Silber und Sauerstoff zerlegen. Aus der Masse der eingesetzten Silberoxid-Portion und der daraus entstandenen Silber-Portion kann man die Sauerstoff-Portion berechnen. Da Silberoxid sehr teuer ist, können meist nicht alle Schülerinnen und Schüler einer Klasse den Versuch durchführen.

Aufgaben

1. Plant in der Gruppe den Versuch zur Zerlegung des Silberoxids. Welches Material benötigt ihr? Wie geht ihr bei der Durchführung vor?
2. Stellt eure Planung der Lehrkraft vor. Anschließend führt ein Gruppenmitglied den Versuch vor.
3. Frage deine Lehrkraft nach Ergebnissen aus früheren Versuchen. Damit kannst du den Mittelwert des Massenverhältnisses von Silber zu Sauerstoff berechnen. Lege dazu in deinem Heft eine Tabelle wie zu Versuch 1 an und trage die Werte ein.

1 Kupfer reagiert vollständig mit Schwefel.

Nr. der Gruppe	m (Kupfersulfid) in g	m (Kupfer) in g	m (Schwefel) in g	m (Kupfer): m (Schwefel)
1				
2				
3				
4				
			Mittelwert	

2 Tabelle zur Ermittlung des Massenverhältnisses

	I	II	III	IV	V	VI	VII	VIII
1	1,0 / 1 H							4,0 / 2 He
2	6,9 / 3 Li	9,0 / 4 Be	10,8 / 5 B	12,0 / 6 C	14,0 / 7 N	16,0 / 8 O	19,0 / 9 F	20,2 / 10 Ne
3	23,0 / 11 Na	24,3 / 12 Mg	27,0 / 13 Al	28,1 / 14 Si	31,0 / 15 P	32,1 / 16 S	35,5 / 17 Cl	39,9 / 18 Ar
4	39,1 / 19 K	40,1 / 20 Ca	69,7 / 31 Ga	72,6 / 32 Ge	74,9 / 33 As	79,0 / 34 Se	79,9 / 35 Br	83,8 / 36 Kr
5	85,5 / 37 Rb	87,6 / 38 Sr	114,8 / 49 In	118,7 / 50 Sn	121,8 / 51 Sb	127,6 / 52 Te	126,9 / 53 I	131,3 / 54 Xe
6	132,9 / 55 Cs	137,3 / 56 Ba	204,4 / 81 Tl	207,2 / 82 Pb	209,0 / 83 Bi	209 / 84 Po	210 / 85 At	222 / 86 Rn

1 Verkürztes Periodensystem der Elemente

$\overset{32}{\underset{16}{}}$ **S** — Schwefel

$\overset{56}{\underset{26}{}}$ **Fe** — Eisen

32 g 56 g

2 Diese Stoffportionen von Schwefel und Eisen enthalten die gleiche Teilchenanzahl.

Teilchen werden gezählt

Die Masse eines Atoms

Die Masse eines Atoms ist sehr klein. Beispielsweise wiegt ein Wasserstoff-Atom 0,000 000 000 000 000 000 000 001 674 g. Solch ein Zahlenwert ist umständlich bei Berechnungen. Deshalb hat man die atomare Masseneinheit u eingeführt. 1 u ist ein Zwölftel der Masse eines Kohlenstoff-Atoms. Ein Kohlenstoff-Atom hat die Masse 12 u. Ein Wasserstoff-Atom hat etwa die Masse 1 u. Die Atommassen in u für alle Elemente findest du oben links neben dem Elementsymbol im Periodensystem der Elemente (▷ B 1, B 3).

Mol und Stoffmenge

Ein einzelnes Atom kann man nicht wiegen. Erst eine sehr große Anzahl an Atomen ist für uns erkennbar und wiegbar. Man weiß heute, dass etwa 600 000 000 000 000 000 000 000 = $6 \cdot 10^{23}$ Kohlenstoff-Atome 12 g wiegen. Die gleiche Anzahl an Wasserstoff-Atomen wiegt 1 g.

Es ist allerdings etwas umständlich, mit $6 \cdot 10^{23}$ zu rechnen. Diese Anzahl wird daher in der besonderen Einheit **Mol**

zusammengefasst. Verwendet man die Einheit Mol, spricht man von der **Stoffmenge**. Die Stoffmenge hat den Vorteil, dass mit kleinen Zahlen übersichtlich gerechnet werden kann. 1 mol sind $6 \cdot 10^{23}$ Teilchen. 1 mol Kohlenstoff-Atome wiegt also 12 g. 1 mol Wasserstoff-Atome wiegt 1 g.

Allgemein erhält man die Masse von 1 mol einer Atomsorte, indem man bei der Atommasse die Einheit u durch die Einheit Gramm ersetzt. Wie das Gramm die Einheit für die Masse m ist, ist das Mol die Einheit für die Stoffmenge n. Jede Stoffportion, die aus $6 \cdot 10^{23}$ Teilchen besteht, hat die Stoffmenge $n = 1$ mol (▷ B 4).

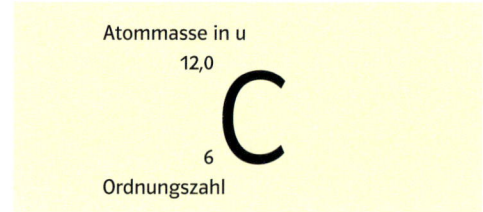

Atommasse in u
12,0
C
6
Ordnungszahl

3 Die Atommasse lässt sich im Periodensystem ablesen.

Die molare Masse

Die auf 1 mol einer Teilchensorte bezogene Masse bezeichnet man als molare Masse M. Ihre Einheit ist g/mol. Zwischen der molaren Masse M, der Masse m und der Stoffmenge n besteht folgende Beziehung:

$$M = \frac{m}{n}$$

Die molare Masse eines Elements entspricht dem Zahlenwert seiner Atommasse. Sie kann im Periodensystem abgelesen werden. Für Eisen und Schwefel findet man folgende Werte (gerundet):

M(Schwefel-Atome) = 32 g/mol
M(Eisen-Atome) = 56 g/mol

Zur Angabe einer molaren Masse gehört immer die Angabe der Teilchensorte, auf die sich die molare Masse bezieht.

Molare Massen von Molekülen und Verbindungen

Die molaren Massen von Molekülen und Verbindungen erhält man durch Addition der molaren Massen der Atome.

$M(O_2)$ = 16 g/mol + 16 g/mol = 32 g/mol

$M(Al_2O_3)$ = 2 · 27 g/mol + 3 · 16 g/mol
 = 102 g/mol

Die Masse eines Atoms wird in der Einheit u angegeben. Sie steht links oben am Elementsymbol im Periodensystem.

Eine Stoffmenge n, die aus $6 \cdot 10^{23}$ Teilchen besteht, ist als 1 mol festgelegt.

Die molare Masse M eines Reinstoffs ist der Quotient aus der Masse m und der Stoffmenge n.

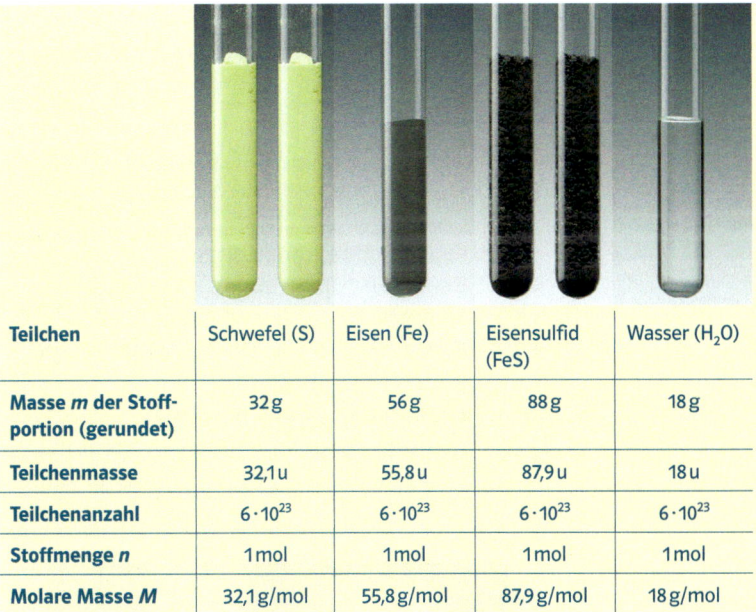

Teilchen	Schwefel (S)	Eisen (Fe)	Eisensulfid (FeS)	Wasser (H_2O)
Masse m der Stoffportion (gerundet)	32 g	56 g	88 g	18 g
Teilchenmasse	32,1 u	55,8 u	87,9 u	18 u
Teilchenanzahl	$6 \cdot 10^{23}$	$6 \cdot 10^{23}$	$6 \cdot 10^{23}$	$6 \cdot 10^{23}$
Stoffmenge n	1 mol	1 mol	1 mol	1 mol
Molare Masse M	32,1 g/mol	55,8 g/mol	87,9 g/mol	18 g/mol

4 Zusammenhang zwischen Teilchenmasse, Teilchenanzahl, Stoffmenge und molarer Masse

AUFGABEN

1 ○ Gib mithilfe des Periodensystems in Bild 1 die Atommassen für ein Sauerstoff-Atom, ein Schwefel-Atom, ein Stickstoff-Atom und ein Blei-Atom (Pb) in u an.

2 ○ a) Gib von 1 mol Helium-Atomen (He) die Masse m in g an.
○ b) Berechne die Masse m in g von 2 mol Helium-Atomen.
◕ c) Berechne von 40 g Helium-Atomen die Stoffmenge n in mol.

3 ◕ Erläutere den Unterschied zwischen $M(O)$ und $M(O_2)$.

4 ◕ Ergänze in deinem Heft die Lücken in der Tabelle.

Element	Symbol	Stoffmenge n	Masse m
Kohlenstoff	C	1 mol	12 g
Kohlenstoff		2 mol	
	C		48 g
	N	3 mol	
Sauerstoff		2 mol	
		4 mol	16 g

5 ● Berechne die molaren Massen der Verbindungen Wasser (H_2O), Kohlenstoffdioxid (CO_2) und Eisenoxid (Fe_2O_3).

Formeln und Massen ermitteln

Vom Massenverhältnis zur Formel

Die Formel einer Verbindung lässt sich nur experimentell ermitteln. Dazu muss man die Massen der Edukte und des Produkts einer chemischen Reaktion bestimmen. Ein Beispiel ist die Reaktion von Kupfer und Schwefel zu Kupfersulfid (▷ B1). Aus einer Versuchsreihe erhält man das konstante Massenverhältnis:

m(Kupfer) : m(Schwefel) = 4 : 1.

Aus dem Periodensystem entnimmt man die Atommassen 64 u für ein Kupfer-Atom und 32 u für ein Schwefel-Atom. Wenn in der Verbindung Kupfersulfid auf 1 Kupfer-Atom nur 1 Schwefel-Atom käme, dann betrüge das Massenverhältnis m(Kupfer) : m(Schwefel) = 64 u : 32 u = 2 : 1. Das experimentell bestimmte Massenverhältnis beträgt jedoch 4 : 1. In Kupfersulfid kommen also 2 Kupfer-Atome auf 1 Schwefel-Atom. Das Atomzahlenverhältnis ist demnach 2 : 1. Daraus ergibt sich die Formel des Kupfersulfids Cu_2S.

Bild 1 beschreibt am Beispiel Kupfersulfid, wie du die Formeln chemischer Verbindung rechnerisch ermittelst.

Von der Formel zum Massenverhältnis

Umgekehrt lässt sich auch aus der Formel einer chemischen Verbindung das Massenverhältnis der Atomsorten ermitteln. Bild 2 zeigt, wie du dabei vorgehst.

Chemische Reaktionen und Massen

Kennt man die Reaktionsgleichung einer chemischen Reaktion, kann man mithilfe der molaren Masse die benötigte Masse der Edukte bei chemischen Reaktionen berechnen.

Wenn beispielsweise 1,6 g Schwefel vorliegen, kannst du ausrechnen, wie viel Gramm Eisen du einsetzen musst, damit der gesamte Schwefel reagiert.

Die Reaktionsgleichung lautet:
Fe + S ⟶ FeS

Kupfer + Schwefel ⟶ Kupfersulfid

1. Schritt: Im Experiment wird das Massenverhältnis für die Reaktion von Kupfers und Schwefel ermittelt:

$$m(Kupfer) : m(Schwefel) = 4 : 1$$

2. Schritt: Das Anzahlverhältnis der Atome in der Verbindung Kupfersulfid Cu_xS_y wird mithilfe der Atommassen berechnet:

$$\frac{x \cdot m(Kupfer\text{-}Atom)}{y \cdot m(Schwefel\text{-}Atom)} = \frac{m(Kupfer)}{m(Schwefel)}$$

$$\frac{x \cdot 64\,u}{y \cdot 32\,u} = \frac{4}{1}$$

$$\frac{x}{y} = \frac{4 \cdot 32\,u}{1 \cdot 64\,u} = \frac{2}{1}$$

Formel: Cu_2S_1, vereinfacht: Cu_2S

1 Ermittlung der Formel des Kupfersulfids

Formel	Massenverhältnis		
H_2O	$\dfrac{m(H\text{-}Atome)}{m(O\text{-}Atome)}$	$= \dfrac{2 \cdot 1\,u}{1 \cdot 16\,u}$	$= \dfrac{1}{8}$
CO_2	$\dfrac{m(C\text{-}Atome)}{m(O\text{-}Atome)}$	$= \dfrac{1 \cdot 12\,u}{2 \cdot 16\,u}$	$= \dfrac{3}{8}$

2 Von der Formel zum Massenverhältnis

Die Formel für die molare Masse lautet:

$$M = \frac{m}{n}$$

Durch Umstellen erhält man:

$$n = \frac{m}{M}$$

Es gilt: $n(S) = n(Fe)$

$$\frac{m(Eisen)}{M(Fe)} = \frac{m(Schwefel)}{M(S)}$$

$$m(Eisen) = \frac{m(Schwefel) \cdot M(Fe)}{M(S)}$$

$$m(Eisen) = \frac{1,6\,g \cdot 56\,g/mol}{32\,g/mol}$$

$$\underline{\underline{m(Eisen) = 2,8\,g}}$$

3 Wie viel Eisen reagiert mit 1,6 g Schwefel ohne Rest?

$$2\,H_2 \quad + \quad 1\,O_2 \quad \rightarrow \quad 2\,H_2O$$
$$2\,mol \quad\quad\quad 1\,mol \quad\quad\quad 2\,mol$$

$$\frac{n(H_2)}{n(O_2)} = \frac{2}{1}$$

$$1 \cdot n(H_2) = 2 \cdot n(O_2)$$

$$\frac{m(Wasserstoff)}{M(H_2)} = 2 \cdot \frac{m(Sauerstoff)}{M(O_2)}$$

$$m(Wasserstoff) = 2 \cdot \frac{m(Sauerstoff) \cdot M(H_2)}{M(O_2)}$$

5 Von der Reaktionsgleichung zu einer gesuchten Masse

1 mol Eisen und 1 mol Schwefel reagieren zu 1 mol Eisensulfid. Das bedeutet:

$n(Fe) = 1\,mol$
$n(S) = 1\,mol$

Da die Stoffmenge n der Eisen-Atome und der Schwefel-Atome in dieser Reaktion gleich ist, kann man die benötigte Masse an Eisen leicht berechnen. Bild 3 zeigt den Rechenweg. Ist das Stoffmengenverhältnis nicht gleich, so lässt es sich leicht aus der Reaktionsgleichung ermitteln. Dazu nutzt man die Vorzahlen (▷ B 5).

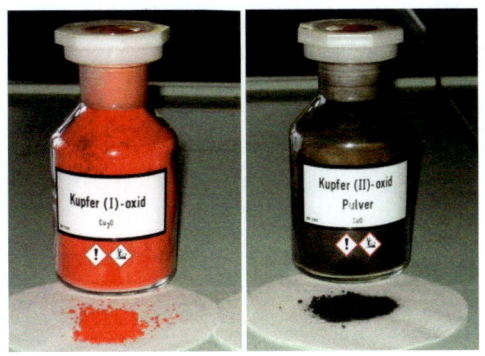

4 Rotes Kupferoxid Cu_2O und schwarzes Kupferoxid CuO – zwei unterschiedliche Stoffe

Aus experimentell bestimmten Massenverhältnissen kann man Formeln ermitteln. Umgekehrt kann man aus Formeln Massenverhältnisse berechnen.

Mithilfe der Reaktionsgleichung und der molaren Massen lässt sich die Masse eines Edukts ermitteln.

AUFGABEN

1 ○ Erläutere, welche Informationen du der Formel $CaCl_2$ entnehmen kannst.

2 ◐ Ermittle für das rote und das schwarze Kupferoxid die Massenverhältnisse von Kupfer zu Sauerstoff (▷ B 4).

3 ◐ Berechne die Masse des Wasserstoffs, die mit 160 g Sauerstoff reagiert (▷ B 5).

4 ● Berechne die Masse des Sauerstoffs, die für die Verbrennung von 120 g Kohlenstoff zu Kohlenstoffdioxid benötigt werden.

5 ● Wie viel Gramm Schwefeldioxid entstehen bei der Verbrennung von 100 g Schwefel? Berechne.

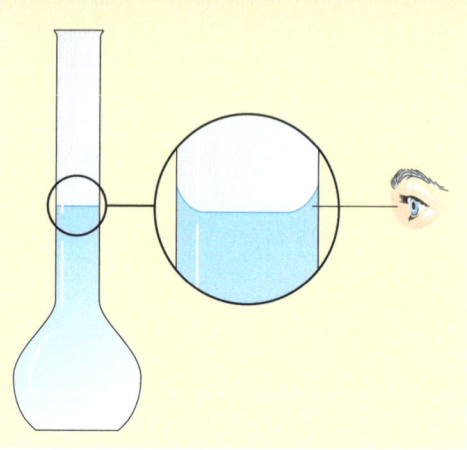

1 Mineralwasser löscht den Durst und liefert dem Körper Salze

2 Genaues Abwiegen ist wichtig.

3 Messkolben für die Herstellung von Lösungen bestimmter Konzentration

Stoffmengen in Lösungen

Die Stoffmengen-Konzentration

Beim Schwitzen gibt dein Körper auch Salze ab. Wenn du Mineralwasser trinkst, gibt dies deinem Körper die Salze in Form von Ionen zurück (▷ B 1). Dabei kommt es für den Körper nicht auf die Masse der Ionen an, sondern auf ihre Anzahl. Auch bei chemischen Reaktionen in Lösungen kommt es auf die Teilchenanzahl an. Die Teilchenanzahl wird meist als Stoffmenge mit der Einheit mol angegeben. Die Stoffmenge einer Teilchensorte in einer Lösung ist die Stoffmengen-Konzentration c. Diese wird angegeben, indem die Stoffmenge n durch das Volumen V der Lösung dividiert wird.

$$c = \frac{n}{V} \text{ ; Einheit: mol/l}$$

Herstellen einer Lösung

Du sollst 1 l Natriumchlorid-Lösung der Konzentration $c(\text{NaCl}) = 2 \text{ mol/l}$ herstellen. Dazu gehst du in folgenden Schritten vor:
1. Du berechnest die Masse der benötigten Natriumchlorid-Portion mithilfe der molaren Massen der Elemente.
$M(\text{NaCl}) = M(\text{Na}) + M(\text{Cl})$
$\phantom{M(\text{NaCl})} = 23\,\text{g/mol} + 35{,}5\,\text{g/mol}$
$\phantom{M(\text{NaCl})} = 58{,}5\,\text{g/mol}$
2 mol Natriumchlorid haben dann die Masse $58{,}5\,\text{g/mol} \cdot 2\,\text{mol} = 117\,\text{g}$.

2. Du wiegst 117 g Natriumchlorid ab.
3. Anschließend schüttest du die 117 g Natriumchlorid in einen 1-l-Messkolben.
4. Du füllst etwa 500 ml destilliertes Wasser in den Messkolben und schüttelst, bis sich das Natriumchlorid gelöst hat. Anschließend füllst Du den Kolben mit destilliertem Wasser bis zur Ringmarke auf (▷ B 3).

Die Stoffmengen-Konzentration c ist der Quotient aus der Stoffmenge n des gelösten Stoffes und dem Volumen V der Lösung.

AUFGABEN

1 ○ Beschreibe dein Vorgehen bei der Herstellung von 100 ml Natriumchlorid-Lösung der Konzentration $c(\text{NaCl}) = 2\,\text{mol/l}$.

2 ◓ In 1 l Natriumchlorid-Lösung sind 1,17 g Natriumchlorid gelöst. Ermittle die Stoffmengen-Konzentration $c(\text{NaCl})$ der Lösung.

3 ● In 1 l Mineralwasser liegen 80 mg Calcium-Ionen gelöst vor. Ermittle die Stoffmengen-Konzentration $c(\text{Ca}^{2+})$ des Mineralwassers.

Das molare Volumen von Gasen

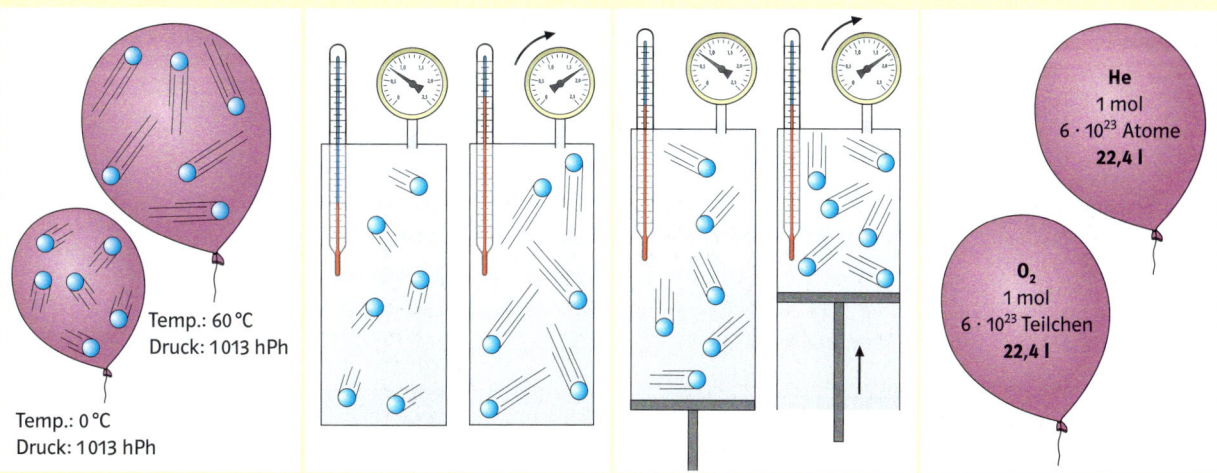

Temp.: 60 °C
Druck: 1013 hPh

Temp.: 0 °C
Druck: 1013 hPh

He
1 mol
$6 \cdot 10^{23}$ Atome
22,4 l

O_2
1 mol
$6 \cdot 10^{23}$ Teilchen
22,4 l

1 Bei Erhöhung der Temperatur vergrößert sich das Volumen des Gases. Der Druck bleibt gleich.

2 Bei Erhöhung der Temperatur kann sich das Gas nicht ausdehnen. Der Druck steigt.

3 Bei gleicher Temperatur und Verringerung des Volumens steigt der Druck.

4 Gase unter Normbedingungen

Das Volumen von Gasen

Die Teilchen eines Gases bewegen sich nahezu frei voneinander und füllen den verfügbaren Raum gleichmäßig aus. Erhöht sich die Temperatur, bewegen sich die Teilchen des Gases schneller und nehmen deshalb einen größeren Raum ein. Das Volumen des Gases nimmt zu (▷ B 1).

Befindet sich das Gas in einem starren Gefäß, kann sich das Gas bei einer Temperatur-Erhöhung nicht ausdehnen. Die sich schneller bewegenden Teilchen führen zu einem steigenden Druck im Gefäß (▷ B 2).

Auch wenn die Temperatur gleich bleibt, aber das Volumen des Gefäßes verkleinert wird, steigt der Druck im Gefäß (▷ B 3).

Bei der Untersuchung von unterschiedlichen Gasen sind vergleichbare Bedingungen notwendig. International vereinbart sind die Normbedingungen: eine Temperatur von 0 °C und ein Druck von 1013 hPa.

Gase unter Normbedingungen

Der italienische Physiker AMEDEO AVOGADRO stellte 1811 fest, dass in einem Gefäß mit gleichem Volumen bei gleicher Temperatur und gleichem Druck jedes Gas die gleiche Anzahl an Teilchen hat. Das Volumen, das 1 mol Gas einnimmt, bezeichnet man als molares Volumen. Bei Normbedingungen nimmt 1 mol eines Gases immer ein Volumen von 22,4 Litern ein (▷ B 4).

AUFGABEN

1 ⊝ Bei Normbedingungen hat ein Gas ein Volumen von 44,8 l. Bestimme die Stoffmenge des Gases.

2 ⊝ Berechne die Masse von 22,4 l Sauerstoff bei Normbedingungen.

3 ● Zwei mit verschiedenen Gasen befüllte, gleichgroße Ballons haben nicht die gleiche Masse. Begründe.

Zusammenfassung

Formel von Magnesiumsulfid Mg$_x$S$_y$:
Massenverhältnis: m(Magnesium)$:m$(Schwefel)
$= 3:4$

$$\frac{x \cdot m\text{(Magnesium-Atom)}}{y \cdot m\text{(Schwefel-Atom)}} = \frac{m\text{(Magnesium)}}{m\text{(Schwefel)}}$$

$$\frac{x \cdot 24\,u}{y \cdot 32\,u} = \frac{3}{4}$$

$$\frac{x}{y} = \frac{3 \cdot 32\,u}{4 \cdot 24\,u} = \frac{96\,u}{96\,u} = \frac{1}{1}$$

Formel: Mg$_1$S$_1$, vereinfacht: MgS

1 Vom Massenverhältnis zur Formel

Gesetz der konstanten Massenverhältnisse

In einer chemischen Verbindung liegen die Elemente in einem bestimmten, gleichbleibenden Massenverhältnis vor. Aus dem Massenverhältnis lässt sich mithilfe der Atommassen die chemische Formel ermitteln (▷ B1).

Wasserstoff	+	Sauerstoff	⟶	Wasser
2 H$_2$	+	1 O$_2$	⟶	2 H$_2$O
2 mol		1 mol		2 mol
2 mol · 2,0 g/mol		1 mol · 32,0 g/mol		2 mol · 18,0 g/mol
4 g		32 g		36 g

3 Zusammenhang zwischen Reaktionsgleichung und Massen der Edukte und Produkte

Atomare Masseneinheit u

Die Masse eines Atoms wird in der Atommasseneinheit u angeben. Im Periodensystem steht die Atommasse links oben am Elementsymbol.

Stoffmenge und Mol

Die Stoffmenge n gibt die Anzahl der Teilchen einer Stoffportion an. Ihre Einheit ist das Mol. Eine Stoffportion aus $6 \cdot 10^{23}$ Teilchen wurde als 1 mol festgelegt.

Molare Masse

Die Masse von 1 mol einer bestimmten Teilchensorte bezeichnet man als molare Masse M. Ihre Einheit ist g/mol. Zur Angabe einer molaren Masse gehört immer die Angabe der Teilchensorte, auf die sich die molare Masse bezieht. Zwischen der molaren Masse M, der Masse m und der Stoffmenge n besteht folgende Beziehung:

$$M = \frac{m}{n}$$

Massen in chemischen Reaktionen

Ist die Reaktionsgleichung bekannt, lassen sich die Massen der Edukte und Produkte zuordnen (▷ B3).

Stoffmengen-Konzentration

Für Lösungen gibt man die Stoffmengenkonzentration c an. Sie ist der Quotient aus der Stoffmenge n des gelösten Stoffes und dem Volumen V der Lösung:

$$c = \frac{n}{V}$$

Teilchen	Schwefel (S)	Eisen (Fe)	Eisensulfid (FeS)	Wasser (H$_2$O)
Masse m der Stoffportion (gerundet)	32 g	56 g	88 g	18 g
Teilchenmasse	32,1 u	55,8 u	87,9 u	18 u
Teilchenanzahl	$6 \cdot 10^{23}$	$6 \cdot 10^{23}$	$6 \cdot 10^{23}$	$6 \cdot 10^{23}$
Stoffmenge n	1 mol	1 mol	1 mol	1 mol
Molare Masse M	32,1 g/mol	55,8 g/mol	87,9 g/mol	18 g/mol

2 Zusammenhang zwischen Teilchenmasse, Teilchenanzahl, Stoffmenge und molarer Masse

AUFGABEN

1 ○ In dem Modell für Silbersulfid (▷ B 4) sind die Silber-Atome grau und die Schwefel-Atome gelb eingefärbt. Ermittle aus der Darstellung das Anzahlverhältnis der Silber-Atome zu den Schwefel-Atomen und stelle die Formel für Silbersulfid auf.

👍 Super! ❓ ► S.158/159

2 ○ a) Gib die Teilchenmassen in u für N_2, Ar, CO und CO_2 an.
○ b) Gib die folgenden molaren Massen an: $M(N_2)$, $M(Ar)$, $M(CO)$, $M(CO_2)$.
◑ c) Was fällt dir beim Vergleich der Teilchenmasse und der molaren Masse auf? Erläutere.

👍 Super! ❓ ► S.156/157

3 ○ a) In einer Gasflasche liegen 10 mol Wasserstoff-Moleküle vor. Gib die Anzahl der Wasserstoff-Moleküle an.
◑ b) Ermittle die Masse dieser Wasserstoff-Portion.

👍 Super! ❓ ► S.156/157

4 ◑ Eine Kohlenstoff-Sauerstoff-Verbindung hat die molare Masse M = 28 g/mol. Ermittle die Formel der Verbindung.

👍 Super! ❓ ► S.156/157

5 ◑ Die molare Masse einer Eisen-Schwefel-Verbindung ist M = 120 g/mol. Handelt es sich um Eisensulfid FeS oder Pyrit FeS_2? Entscheide und begründe.

👍 Super! ❓ ► S.156/157

6 Die folgenden Magnesium-Portionen und Schwefel-Portionen reagieren zu Magnesiumsulfid:

m(Magnesium)	m(Schwefel)
0,6 g	0,8 g
1,2 g	1,6 g
1,5 g	2,0 g
1,8 g	2,4 g

○ a) Übertrage die Tabelle in dein Heft und füge als dritte Spalte das Massenverhältnis ein:
m(Magnesium) : m(Schwefel)
◐ b) Berechne für jede Zeile das Massenverhältnis.
● c) Stelle die Formel des Magnesiumsulfids auf.
◐ d) Stelle die Reaktionsgleichung auf.

👍 Super! ❓ ► S.158/159

7 ● Magnesium und Sauerstoff reagieren im Massenverhältnis m(Magnesium) : m(Sauerstoff) = 3 : 2. Stelle deinen Weg zur Ermittlung der Formel des Magnesiumoxids übersichtlich dar.

👍 Super! ❓ ► S.158/159

8 ● 880 g Kohlenstoffdioxid werden vollständig in Kohlenstoff und Sauerstoff zerlegt. Ermittle die Massen der Reaktionsprodukte. Stelle dazu deinen Lösungsweg übersichtlich dar.

👍 Super! ❓ ► S.158/159

9 ● Du erhältst den Auftrag, 100 ml Calciumchlorid-Lösung der Konzentration $c(CaCl_2)$ = 0,5 mol/l herzustellen. Stelle dein Vorgehen übersichtlich dar.

👍 Super! ❓ ► S.160

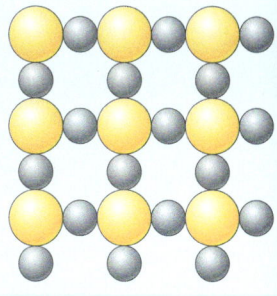

4 Silbersulfid im Modell

Stoff und Teilchen

In der Chemie untersucht man Stoffe und Stoffeigenschaften. Will man Stoffeigenschaften erklären und nutzen, muss man die Teilchen kennen, aus denen die Stoffe aufgebaut sind. Diese Teilchen sind so klein, dass man sie selbst unter einem Mikroskop nicht sehen kann. Man verwendet deshalb Modelle.

Metalle und Edelgase bestehen aus Atomen. Salze sind aus Ionen aufgebaut. Nichtmetalle, mit Ausnahme der Edelgase, und die Verbindungen aus Nichtmetallen bestehen aus Molekülen. Je nachdem, welche Arten von Teilchen sich miteinander verbinden, entstehen unterschiedliche Arten von Bindungen.

Stoffeigenschaften

Jeder Stoff besitzt typische Eigenschaften. Dazu gehören beispielsweise Schmelz- und Siedetemperatur, Dichte, Löslichkeit, Verformbarkeit, elektrische Leitfähigkeit und der Aggregatzustand bei Raumtemperatur. Man kann die Eigenschaften in einem Steckbrief zusammenfassen. Durch den Vergleich ihrer Eigenschaften lassen sich Stoffe voneinander unterscheiden. Stoffe, die gemeinsame Eigenschaften aufweisen, fasst man in Stoffgruppen zusammen. Beispiele sind die Salze und die Metalle.

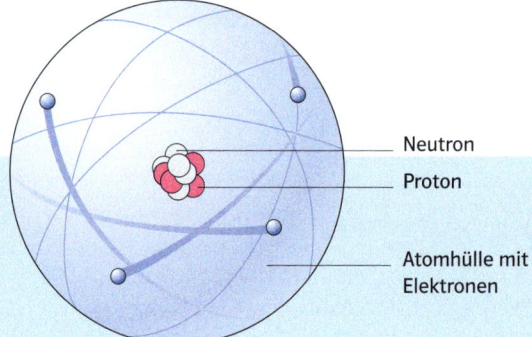

Ein Atom besteht aus Protonen, Neutronen und Elektronen.

- Neutron
- Proton
- Atomhülle mit Elektronen

Kern-Hülle-Modell

JOHN DALTON beschrieb 1808 die kleinsten Teilchen als unteilbare Kugeln und nannte sie Atome. ERNEST RUTHERFORD entwickelte 1907 aufgrund seiner Beobachtungen ein neues Atommodell, das Kern-Hülle-Modell. Demnach besteht ein Atom aus einem winzigen, positiv geladenen Atomkern und einer 100 000-mal größeren, negativ geladenen Atomhülle. Der Atomkern besteht aus positiv geladenen Protonen und ungeladenen Neutronen. Die Atomhülle wird durch negativ geladene Elektronen gebildet.

Gold

Farbe:	gelblich
Glanz:	glänzend
Zustand bei Raumtemperatur:	fest
Verformbarkeit:	verformbar
Schmelztemperatur:	1064 °C
Siedetemperatur:	3080 °C
Löslichkeit in Wasser:	nicht löslich
elektrische Leitfähigkeit:	leitfähig
Wärmeleitfähigkeit:	gut

Stoffeigenschaften von Gold

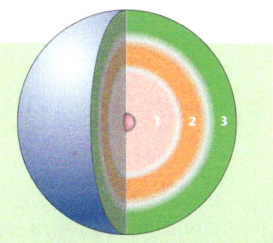

Schalenmodell

Das Schalenmodell eines Atoms

Das Schalenmodell ist ein genaueres Atommodell als das Kern-Hülle-Modell. Es unterteilt die Atomhülle in verschiedene Aufenthaltsbereiche für Elektronen. Die Aufenthaltsbereiche werden auch Schalen genannt. Sie sind kugelförmig um den Kern angeordnet und können jeweils eine begrenzte Anzahl von Elektronen aufnehmen. Die Elektronen der Außenschale bezeichnet man als Außenelektronen. Atome der Elemente einer Elementgruppe besitzen die gleiche Anzahl an Außenelektronen und zeigen deshalb ein ähnliches chemisches Verhalten.

Atome und Moleküle

Edelgase bestehen aus einzelnen Atomen. In anderen Elementen wie Sauerstoff, Stickstoff und Wasserstoff sind zwei gleiche Atome miteinander verbunden. Ein solches Teilchen nennt man Molekül. In Molekülen können gleiche Atome oder Atome verschiedener Atomsorten miteinander verbunden sein. Im Sauerstoff-Molekül sind zwei Sauerstoff-Atome miteinander verbunden. Es hat die Formel O_2. Im Kohlenstoffdioxid-Molekül sind zwei Sauerstoff-Atome und ein Kohlenstoff-Atom verbunden. Es hat die Formel CO_2.

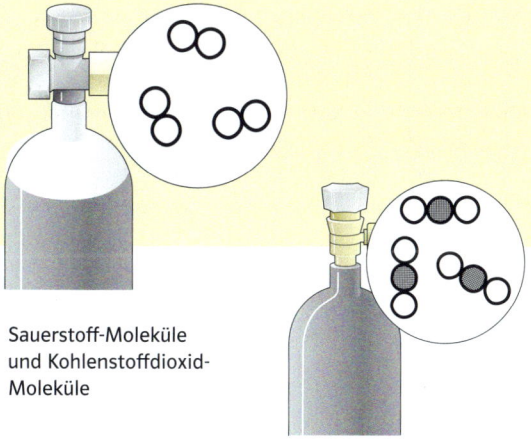

Sauerstoff-Moleküle und Kohlenstoffdioxid-Moleküle

Bindungsarten

Elektronenpaar-Bindungen halten Atome in Molekülen zusammen. Dabei nutzen die Atome von Nichtmetallen die Elektronenpaare gemeinsam. Salze bestehen aus positiv geladenen Kationen und negativ geladenen Anionen. Die Anziehung zwischen Kationen und Anionen bezeichnet man als Ionenbindung. In Metallen werden die positiv geladenen Atomrümpfe durch frei bewegliche Elektronen der Außenschalen zusammengehalten. Die sehr große Zahl an Möglichkeiten, wie Atome sich anordnen und kombinieren können, führt zur Vielfalt der Stoffe und ihrer Eigenschaften.

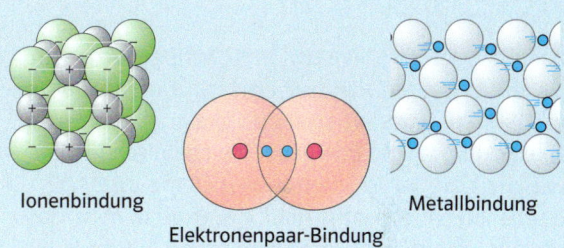

Ionenbindung

Elektronenpaar-Bindung

Metallbindung

AUFGABEN

1 ○ Nenne die Teilchensorte (Atome, Moleküle, Ionen), aus denen folgende Stoffe aufgebaut sind: Wasser, Kupfer, Natriumchlorid, Sauerstoff.

2 ◒ Erläutere, was sich aus den folgenden Formeln ablesen lässt: He, H_2, H_2O.

3 ● Begründe, mit welchem Modell du die folgenden Sachverhalte erklären würdest:
a) Aus Atomen werden Ionen gebildet.
b) Alpha-Teilchen fliegen durch eine sehr dünne Metallschicht.
c) Protonen und Elektronen ziehen sich an.

Struktur und Eigenschaften

Die Eigenschaften von Stoffen bestimmen darüber, wie wir Stoffe nutzen. Metalle haben beispielsweise deutlich andere Eigenschaften als Nichtmetalle. Weil sie den elektrischen Strom gut leiten, nutzen wir sie in elektrischen Geräten und Stromkabeln.

Welche Eigenschaften ein Stoff besitzt, hängt von der Art und der Anordnung der Teilchen ab, aus denen er besteht. Die unterschiedlichen Eigenschaften von Salzen und Metallen lassen sich so erklären. Auch die Eigenschaften von Molekül-Verbindungen werden durch den Aufbau der Moleküle beeinflusst.

Ausschnitt aus dem Periodensystem der Elemente

Elementgruppen

Es gibt Elemente, die sehr ähnliche Eigenschaften haben. Sie lassen sich zu Elementgruppen zusammenfassen. Beispiele sind die Alkalimetalle, die Halogene oder die Edelgase. Die chemische Verwandtschaft der Elemente einer Elementgruppe wurde lange Zeit untersucht. Heute weiß man, dass die ähnlichen Eigenschaften mit dem Aufbau der Atome zusammenhängen.

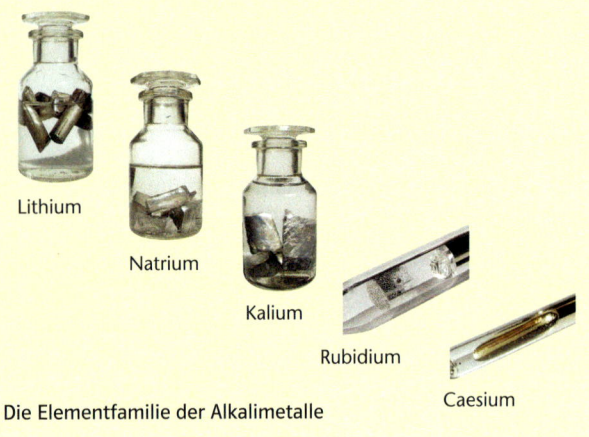

Lithium

Natrium

Kalium

Rubidium

Caesium

Die Elementfamilie der Alkalimetalle

Periodensystem der Elemente

Alle Elemente sind im Periodensystem angeordnet. Die waagerechten Zeilen im Periodensystem nennt man Perioden. Nach dem Schalenmodell besitzen alle Atome einer Periode die gleiche Anzahl an Schalen. Dabei unterscheiden sich die Atome von zwei aufeinander folgenden Elementen jeweils um ein Proton und ein Elektron. Die Spalten des Periodensystems nennt man Gruppen. Die Atome einer Gruppe unterscheiden sich in der Anzahl der Schalen. Sie haben jedoch die gleiche Anzahl an Elektronen auf der Außenschale. Nur das Helium-Atom weicht davon ab.

Molekül-Verbindungen

Nichtmetall-Atome sind untereinander durch Elektronenpaar-Bindungen verbunden. So entstehen Moleküle aus zwei oder mehr Atomen. In Molekülen können gleiche Atome oder Atome unterschiedlicher Atomsorten miteinander verbunden sein. Beispiele sind viele Gase wie Wasserstoff H_2, Sauerstoff O_2 oder Kohlenstoffdioxid CO_2. Wasser bildet Moleküle mit der Formel H_2O. Molekül-Verbindungen haben häufig niedrige Schmelz- und Siedetemperaturen. Sie leiten den elektrischen Strom nicht, da keine frei beweglichen, geladenen Teilchen vorliegen.

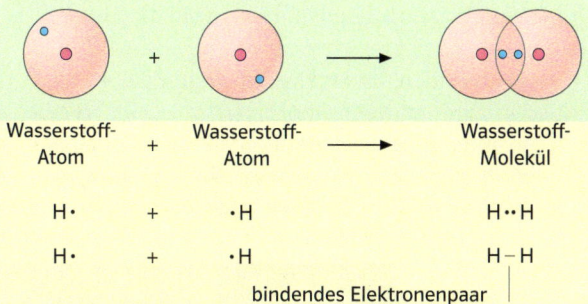

Wasserstoff-Atom	+	Wasserstoff-Atom	→	Wasserstoff-Molekül
H·	+	·H	→	H··H
H·	+	·H		H−H

bindendes Elektronenpaar

Bildung eines Wasserstoff-Moleküls im Schalenmodell

Salze

Salze sind Verbindungen aus einem Metall und einem Nichtmetall. Sie sind aus positiv und negativ geladenen Ionen aufgebaut. Die Ionen ziehen sich gegenseitig an und bilden so eine regelmäßige räumliche Anordnung, ein Ionengitter. Die Eigenschaften der Salze beruhen auf dieser Gitterstruktur und dem Aufbau aus Ionen. Salze sind spröde und haben häufig hohe Schmelz- und Siedetemperaturen. In Salzschmelzen und Salzlösungen liegen frei bewegliche Ionen vor. Diese leiten den elektrischen Strom.

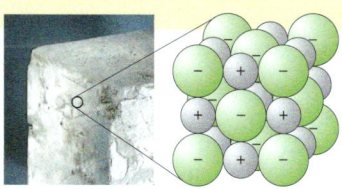

Ionenbindung im Modell

Metalle

Metall-Atome besitzen nur wenige Elektronen in der Außenschale, die ihren Aufenthaltsort leicht verlassen können. Zurück bleiben positiv geladene Atomrümpfe, zwischen denen sich die Elektronen frei bewegen (Elektronengas). Durch die Beweglichkeit der Elektronen lassen sich Metalle leicht verformen und sind sehr gute elektrische Leiter.

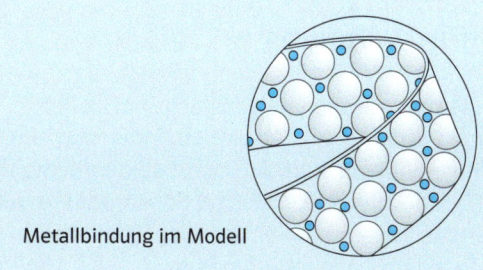

Metallbindung im Modell

AUFGABEN

1 ○ Nenne jeweils die Teilchen, die in Metallen und Salzschmelzen den elektrischen Strom leiten.

2 ◑ Beschreibe die Stellung der Metalle und der Nichtmetalle im Periodensystem.

3 ● Erkläre den Zusammenhang zwischen der Nutzung und den Eigenschaften eines Stoffes an Beispielen aus deinem Alltag.

4 ● Prüfe die folgenden Aussagen und berichtige die Ungenauigkeiten und Fehler.
a) Natriumchlorid enthält das gefährliche Chlor.
b) Mineralwasser enthält Calcium und Natrium.

Chemische Reaktion

Chemische Reaktionen begegnen uns überall im Alltag: beim Kochen und Backen, wenn Eisen rostet oder wenn Stoffe verbrennen. Ein gemeinsames Merkmal aller chemischen Reaktionen ist, dass aus einem oder mehreren Edukten ein oder mehrere Reaktionsprodukte mit anderen Stoffeigenschaften entstehen. Außerdem ändert sich bei chemischen Reaktionen die Anordnung der Atome.

Stoffumwandlung

Beim Verbrennen von Kerzenwachs entstehen Kohlenstoffdioxid und Wasser. Es findet also eine Stoffumwandlung statt. Aus den Edukten Kerzenwachs und Sauerstoff sind Reaktionsprodukte mit anderen Eigenschaften entstanden. Eine chemische Reaktion hat stattgefunden.
Auch Metalle reagieren mit Sauerstoff. Dabei bilden sich Metalloxide. Umgekehrt kann man durch die chemische Reaktion von Metalloxiden und beispielsweise Kohlenstoff Metalle gewinnen.

Neue Stoffe entstehen.

Umgruppierung der Atome

Aus Eisen und Schwefel bildet sich in einer chemischen Reaktion Eisensulfid. Sowohl die Eisen-Atome als auch die Schwefel-Atome lösen sich aus ihren Verbänden. Im Eisensulfid liegen die Atome dann in einer anderen Anordnung vor. Dabei bleibt die Anzahl der beteiligten Atome vor und nach der Reaktion gleich. Bei chemischen Reaktionen gruppieren sich die Atome der Edukte um.

Eisen	Schwefel	Eisensulfid

Eisen- und Schwefel-Atome ordnen sich neu an.

Massenerhaltung

Führt man eine Verbrennung in einer geschlossenen Apparatur durch, so zeigt die Waage an, dass sich die Gesamtmasse während der Verbrennung nicht ändert. Bei allen chemischen Reaktionen ist die Masse der Edukte gleich der Masse der Reaktionsprodukte. Diese Massenerhaltung ist ein Hinweis darauf, dass bei einer chemischen Reaktion keine Atome verloren gehen.

Reaktionsgleichung

Die Anzahl und die Art der beteiligten Atome sind vor und nach Reaktion gleich. Dies berücksichtigt die Reaktionsgleichung. Mit einer Reaktionsgleichung lässt sich eine Reaktion in kurzer Form darstellen. Man nutzt dazu Elementsymbole, Formeln und Zeichen. Die Reaktionsgleichung für die Bildung von Wasser aus den Elementen lautet:

$$2\,H_2 + O_2 \longrightarrow 2\,H_2O$$

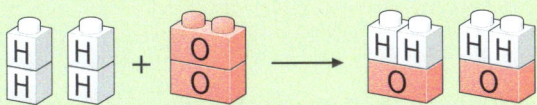

2 Wasserstoff-Moleküle und 1 Sauerstoff-Molekül reagieren zu 2 Wasser-Molekülen.

((068865, S. 127, Grafik „Reaktionsgleichung"))

Reaktionen sind umkehrbar

Bei der Reaktion von Wasserstoff und Sauerstoff entsteht Wasser. Diese Reaktion lässt sich umkehren: Mithilfe des elektrischen Stroms kann man Wasser in die Elemente zerlegen. Die Bildung von Wasser aus den Elementen ist eine Synthese, die Zerlegung von Wasser in seine Elemente eine Analyse.

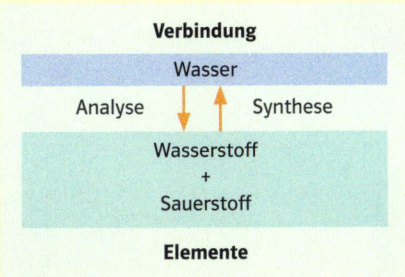

Analyse und Synthese von Wasser

Redoxreaktionen

Eine chemische Reaktion, bei der sowohl eine Reduktion als auch eine Oxidation abläuft, nennt man Redoxreaktion. Bei der Reaktion von Kupferoxid und Eisen entstehen Kupfer und Eisenoxid. Kupferoxid gibt Sauerstoff ab, Eisen dagegen verbindet sich mit dem Sauerstoff. In der Technik nutzt man Redoxreaktionen zur Gewinnung von Metallen wie Eisen oder Kupfer.

Eisen reagiert mit Kupferoxid.

AUFGABEN

1. ○ 5 g Wasser werden in die Elemente zerlegt. Erläutere, welche Masse die Reaktionsprodukte Wasserstoff und Sauerstoff zusammen haben.

2. Erwärmt man ein Gemisch aus schwarzem Kupferoxid und Magnesiumpulver, erfolgt eine heftige Reaktion.
   ◑ a) Formuliere das Reaktionsschema.
   ◑ b) Nenne den Fachbegriff für eine solche Reaktion und kennzeichne Oxidation und Reduktion im Reaktionsschema.

3. ● Erkläre für die Reaktion von Magnesium und Sauerstoff die Vorgänge auf der Teilchenebene.

Energie

Der Begriff Energie begegnet uns sehr häufig: Elektrische Geräte „benötigen viel Energie". Wir sollen „keine Energie verschwenden". „Zucker liefert dem Körper Energie." Energie benötigen wir, um zu heizen, elektrische Geräte zu betreiben und uns fortzubewegen.

Wichtig ist: Energie wird nicht erzeugt oder verbraucht, sondern immer nur von einer Energieform in die andere umgewandelt. Bei einer Verbrennung wird die in den Stoffen gespeicherte Energie in Lichtenergie umgewandelt und Wärme wird frei.

Verbrennungen

Viele chemische Reaktionen werden nur durchgeführt, um die frei werdende Energie zu nutzen. Die Verbrennung ist ein typisches Beispiel: An einem abendlichen Lagerfeuer können wir uns aufwärmen, seine Wärme zur Zubereitung von Essen verwenden und in der Dunkelheit besser sehen. In Kraftwerken werden Brennstoffe wie Kohle und Erdgas verbrannt, um elektrische Energie zu liefern. Auch die Verbrennung von Wasserstoff liefert Energie. Sie wird zum Antreiben von Raketen genutzt.

Energie aus Verbrennungen lässt sich nutzen.

Exotherm und endotherm

Zündet man ein Gemisch aus Zink und Schwefel, so reagiert das Gemisch unter grellem Licht und unter Wärmeabgabe zu Zinksulfid. Dabei werden Lichtenergie und Wärme an die Umgebung abgegeben, man spricht von einer exothermen chemischen Reaktion. Läuft eine Reaktion nur bei Zufuhr von Energie ab, so spricht man von einer endothermen chemischen Reaktion. Ein Beispiel für eine endotherme Reaktion ist die Zerlegung von Wasser in die Elemente mithilfe des elektrischen Stroms.

Die Reaktion von Zink und Schwefel ist eine exotherme Reaktion.

Aktivierungsenergie

Wasserstoff und Sauerstoff können jahrelang nebeneinander vorliegen, ohne dass eine Reaktion eintritt. Ein kleiner Funke oder ein heißer Draht genügen jedoch, um eine heftige Reaktion auszulösen. Chemische Reaktionen werden erst durch Zufuhr von Energie in Gang gesetzt. Mindestens ein Teil der Edukte muss zunächst reaktionsbereit oder aktiv gemacht werden, damit eine Reaktion abläuft. Die Energie, die eine chemische Reaktion auslöst, bezeichnet man als Aktivierungsenergie.

Ein Streichholz wird durch Reibung entzündet.

Energieformen

Energie kann in unterschiedlichen Formen auftreten. Die verschiedenen Energieformen können ineinander umgewandelt werden. Bei exothermen chemischen Reaktionen wird die chemische Energie der Edukte beispielsweise in Lichtenergie umgewandelt und Wärme wird frei. Bei endothermen chemischen Reaktionen wird den Edukten Energie zugeführt, zum Beispiel durch Wärme, elektrischen Strom oder Reibung. Diese Energie ist nach der Reaktion als chemische Energie in den Reaktionsprodukten gespeichert.

In Wunderkerzen ist chemische Energie gespeichert.

AUFGABEN

1 ○ Zähle verschiedene Energieformen auf.

2 ◐ Welche der Reaktionen verlaufen exotherm, welche endotherm? Ordne richtig zu:
a) Ein Kuchen wird gebacken.
b) Eisen reagiert mit Sauerstoff.
c) Silberoxid wird in Silber und Sauerstoff zerlegt.
d) Kupferoxid reagiert mit Eisen zu Kupfer und Eisenoxid.

3 ● Erstellt in der Gruppe eine Mind-Map zum Thema Energie. Nutzt die Texte dieser Doppelseite und ergänzt weitere Begriffe.

1 Faszination Chemie – Feuer, Schall und Rauch

1 Vor der Stoffumwandlung ist der Apfel von außen grün, gelb oder rot – je nach Apfelart. Er hat ein helles, festes Fruchtfleisch und einen angenehmen Apfelgeruch. Nach der Stoffumwandlung ist der Apfel von außen braun, ebenso das Fruchtfleisch. Zusätzlich wird das Fruchtfleisch weich und zersetzt sich. Es entstehen unangenehm riechende Faulgase.

2 Stoffgemische bestehen aus mindestens zwei Reinstoffen. Stoffgemische können durch Trennverfahren wie Filtrieren, Destillieren oder Dekantieren wieder in die Reinstoffe getrennt werden, aus denen sie bestehen. Verbindungen sind Reinstoffe, die aus mindestens zwei Elementen aufgebaut sind. Verbindungen lassen sich durch chemische Reaktionen wieder in die Elemente zerlegen, aus denen sie bestehen.

3 Die Formel für Aluminiumsulfid ist Al_2S_3.

4 Ein Merkmal einer chemischen Reaktion ist die Änderung der Stoffeigenschaften. Beim Toast sind das Farbe, Geruch und Geschmack. Ein weiteres Merkmal einer chemischen Reaktion ist, dass Energie aufgenommen oder Energie abgegeben wird. Der Toast wird im Toaster erhitzt, er nimmt also Energie auf.

5 Das Reagenzglas wird durch die Brennerflamme immer heißer. Irgendwann ist es so heiß, dass die Zündtemperatur des Streichholzes erreicht ist und das Streichholz sich entzündet. Der Versuch zeigt, dass zum Entzünden eines brennbaren Stoffes dessen Zündtemperatur entscheidend ist und nicht der Kontakt mit einer offenen Flamme.

6 Wenn eine Gardine durch eine Kerzenflamme Feuer gefangen hat, so hängen die Maßnahmen von der Größe des Brandes ab. Bei einem kleineren Brand kann man die Gardine herunterreißen und den Brand austreten oder mit Wasser übergießen. Für das Löschen mit Wasser sollten jedoch zwei Personen gleichzeitig handeln: Eine Person reißt die Gardine herunter, die andere Person holt einen Eimer oder eine Schüssel mit Wasser.
Brennt eine größere Gardine und stehen Möbel in der Nähe der Gardine, so sollte man keine Zeit versäumen und sofort die Feuerwehr alarmieren.

7 a) Die Edukte sind Schwefel und Kupfer. Das Reaktionsprodukt ist Kupfersulfid.
b) Kupfer + Schwefel
$\longrightarrow$ Kupfersulfid
c) Es handelt sich um eine exotherme Reaktion, da nach dem ersten Aufglühen des Kupferblechs das Glühen durch das gesamte Kupferblech zieht, ohne dass man mit dem Gasbrenner weiter erhitzen muss.

8 In einer Kerzenflamme verbrennt Wachsdampf, also gasförmiges Wachs. Es wird aus dem festen bzw. geschmolzenen Wachs immer wieder neu gebildet. Dafür sorgt die hohe Temperatur in der Flamme. Kupfer ist ein sehr guter Wärmeleiter. Stülpt man eine Kupferwendel, die etwa den Durchmesser der Kerzenflamme hat, über die Flamme, so wird sehr viel Wärme über das Kupfer abgeleitet. Dadurch wird die Temperatur des gasförmigen Wachses unter seine Zündtemperatur abgesenkt. Die Flamme erlischt. Nach kurzer Zeit wird auch das Wachs fest.

9 Das Gesetz von der Erhaltung der Masse besagt, dass bei einer chemischen Reaktion die Masse der Edukte gleich der Masse der Reaktionsprodukte ist. Nach DALTON sind die Atome kleinste Teilchen mit einer bestimmten Masse. Wenn bei einer chemischen Reaktion Atome verloren gingen oder zerstört würden, so müsste die Masse der Reaktionsprodukte kleiner sein als die Masse der Edukte.

2 Das Periodensystem – Übersicht und Werkzeug

1 a) Zu den Erdalkalimetallen gehören die Elemente Beryllium, Magnesium, Calcium, Strontium, Barium und Radium.
b) Alkalimetalle sind sehr reaktionsfreudig. Daher werden sie in Paraffinöl aufbewahrt oder in Ampullen luftdicht eingeschlossen. Sie zeigen metallischen Glanz, sind elektrisch leitfähig und besitzen niedrige Schmelztemperaturen. Ihre geringe Dichte lässt sie auf dem Wasser schwimmen. Bei der Reaktion eines Alkalimetalls mit Wasser entsteht das brennbare Gas Wasserstoff.

2 Die Bezeichnung beruht auf der Vorstellung von RUTHERDORD, dass ein Atom aus einem winzigen massiven, positiv geladenen Atomkern und einer sehr viel größeren, negativ geladenen Atomhülle besteht.

3 a) In der abgebildeten Reihe fehlen die Edelgase Neon (Ne) und Argon (Ar). Die vollständige Reihe lautet:
Li, Be, B, C, N, O, F, Ne, Na, Mg, Al, Si, P, S, Cl, Ar, K, Ca.
b) Ordnet man die Elemente so an, dass Elemente mit ähnlichen Eigenschaften untereinander stehen, erhält man acht senkrechte Spalten:
c) Die Spalten entsprechen den Hauptgruppen im Periodensys-

Li	Be	B	C	N	O	F	Ne
Na	Mg	Al	Si	P	S	Cl	Ar
K	Ca						

tem. In der ersten Spalte stehen die Alkalimetalle. Die zweite Spalte enthält die Erdalkalimetalle. Die Elemente der dritten Spalte gehören zur dritten Hauptgruppe. Die Elemente in der vierten Spalte gehören zur Kohlenstoff-Gruppe. In der fünften Spalte stehen die Elemente der fünften Hauptgruppe und in der sechsten Spalte die Elemente der sechsten Hauptgruppe. Die Elemente in der siebten Spalte bilden die Elementgruppe der Halogene. Neon und Argon stehen in der achten Spalte und zählen zu den Edelgasen.

4 a) Es ist das Element Brom abgebildet, das zur Elementgruppe der Halogene gehört.
b) Die weiteren Halogene sind Fluor, Chlor und Iod.

c) Brom ist sehr reaktionsfreudig. Es kommt in der Natur nicht als Element, sondern nur in Verbindungen vor.
d) Die Halogene nach steigender Reaktionsfreudigkeit geordnet: Iod – Brom – Chlor – Fluor.

5 Argon wird in der Schweißtechnik als Schutzgas eingesetzt, weil es den Sauerstoff von der Schweißstelle fernhält und das Metall so vor Oxidation schützt. Da Argon selbst keine chemischen Reaktionen eingeht, reagiert es nicht mit dem heißen Metall.

6 Ein Helium-Atom hat einen Atomkern, der aus zwei Protonen und zwei Neutronen besteht. Die Atomhülle um den Atomkern enthält zwei Elektronen.

7 a) Das Element Magnesium steht in der zweiten Hauptgruppe und der dritten Periode im Periodensystem. Es gehört zur Elementgruppe der Erdalkalimetalle.
b) Bild 1 zeigt die Lösung.

8 a) Die Ordnungszahl gibt die Anzahl der Protonen im Atomkern an. Da in einem Atom die Anzahl der Protonen gleich der Anzahl der Elektronen ist, gibt die Ordnungszahl auch die Anzahl der Elektronen an. Im Periodensystem sind die Elemente nach steigender Ordnungszahl angeordnet.
b) Die Massenzahl gibt die Summe aus der Anzahl der Protonen und der Anzahl der Neutronen an.
c) Die Nummer der Periode gibt die Anzahl der Schalen der Elektronenhülle an.
d) Die Nummer der Hauptgruppe gibt die Anzahl der Elektronen in der Außenschale an (Außenelektronen).

9 Die durchschnittliche Atommasse m des Magnesiums wird wie folgt berechnet:
$$m = 0{,}8 \cdot 24\ u + 0{,}1 \cdot 25\ u + 0{,}1 \cdot 26\ u$$
$$= 19{,}2\ u + 2{,}5\ u + 2{,}6\ u$$
$$= 24{,}3\ u$$

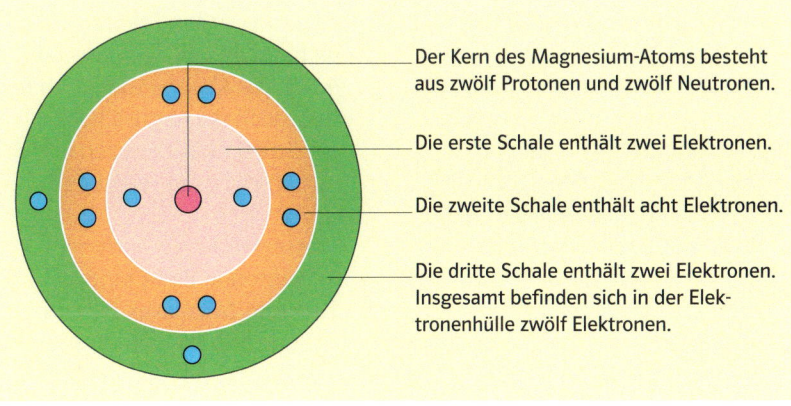

Der Kern des Magnesium-Atoms besteht aus zwölf Protonen und zwölf Neutronen.

Die erste Schale enthält zwei Elektronen.

Die zweite Schale enthält acht Elektronen.

Die dritte Schale enthält zwei Elektronen. Insgesamt befinden sich in der Elektronenhülle zwölf Elektronen.

1 Lösung zu Kapitel 2, Aufgabe 7b)

Name	Eigenschaften	Verwendung
Sauerstoff	brandfördernd	in Atemgeräten, zum Schweißen
Stickstoff	nicht brennbar	zum Haltbarmachen von Lebensmitteln
Kohlenstoffdioxid	nicht brennbar	in Feuerlöschern
Edelgase (Helium, Neon, Argon, Xenon)	reagieren nicht mit anderen Stoffen, nicht brennbar	Füllgas für Ballons (Helium), Leuchtröhren (Neon), Schutzgas beim Schweißen (Argon), Autoscheinwerfer (Xenon)

2 Lösung zu Kapitel 3, Aufgabe 1

3 Gase – zwischen lebensnotwendig und gefährlich

1 Die Lösung findest du in Bild 2.

2 Eine Darstellung des Kreislaufs findest du auf Seite 72.

3 a) Sauerstoff weist man mit der Glimmspanprobe nach. Hält man einen glimmenden Span in ein Gefäß mit Sauerstoff, so entflammt der Holzspan sofort.
b) Kohlenstoffdioxid wird mit der Kalkwasser-Probe nachgewiesen. Leitet man Kohlenstoffdioxid in klares Kalkwasser ein, so wird dieses trüb.
c) Wasserstoff wird mit der Knallgasprobe nachgewiesen. Nähert man ein Reagenzglas, das mit Wasserstoff gefüllt ist, einer Flamme, so entzündet sich der Wasserstoff mit einem Pfeifen oder dumpfen Knall.

4 Die Oktett-Regel besagt, dass alle Atome bei chemischen Reaktionen danach streben, eine volle Außenschale zu erreichen.

5 Mithilfe des abgebildeten Versuches kann man ermitteln, wie viel Sauerstoff in 100 ml Luft enthalten ist. Dazu erhitzt man mit dem Gasbrenner die Kupferspäne in der geschlossenen Apparatur, in der 100 ml Luft enthalten sind. Mit der Zeit verliert das Kupfer seine rote Farbe und wird schwarz. Der Sauerstoff hat mit dem Kupfer reagiert. Da zum Schluss 79 ml Gas übrig bleiben, kann man ausrechnen, dass 21 ml Sauerstoff in 100 ml Luft enthalten waren.

6 Es ist sinnvoll, bei einer „Smog-Wetterlage" Fabriken stillzulegen oder Fahrverbote für Autos auszusprechen, weil sonst die Schadstoff-Konzentration in Bodennähe weiter stark zunimmt. Bei einer „Smog-Wetterlage" können die Schadstoffe nicht vom Wind fortgetragen werden. Sie sammeln sich daher vor allem in großen Städten an, da hauptsächlich Fabriken und Autos zur Abgas-Produktion beitragen. Diese Abgase können die Schleimhäute reizen und die Atmungsorgane schädigen.

7 Wasserstoff verbrennt mit Sauerstoff in einer heftigen Reaktion zu Wasser. Dabei wird Energie frei, die zum Antrieb von Fahrzeugen genutzt werden kann. Als Abgas entsteht ausschließlich Wasser.

8 a) Strukturformel eines Brom-Moleküls:

$$|\overline{Br} - \overline{Br}|$$

b) Strukturformel eines Chlorwasserstoff-Moleküls:

$$H - \overline{\underline{Cl}}|$$

9 Kohlenstoffdioxid funktioniert als Dünger in Gewächshäusern, da Pflanzen dieses Gas für die Fotosynthese benötigen. Erhöht man den Kohlenstoffdioxid-Gehalt in der Luft des Gewächshauses, so findet mehr Fotosynthese statt und die Pflanze wächst schneller und besser:
Wasser + Kohlenstoffdioxid $\longrightarrow$ Traubenzucker + Sauerstoff

10 Die Dichte hängt von der Temperatur und dem Luftdruck ab, das heißt, sie ändert sich bei Veränderungen dieser Bedingungen. Damit Werte verglichen werden können, hat man sich auf diese Bedingungen zur Angabe der Dichte geeinigt.

4 Wasser – eine Verbindung

1 Reines Wasser ist geruchlos, geschmacklos und farblos. Seine Schmelztemperatur beträgt 0 °C und seine Siedetemperatur 100 °C. Bei Raumtemperatur ist es flüssig. Als Reinstoff leitet es den elektrischen Strom nicht.

2 Festes Wasser: Eis (Hagel, Schnee, Graupel)
Gasförmiges Wasser: Wasserdampf

3 Wasser begegnet einem in vielfältiger Form: als Quellwasser, als Süßwasser in Bächen,

Flüssen und Seen, als Salzwasser in Meeren, als Grundwasser, als Regen.

Wir nutzen Wasser zum Trinken, Waschen, Kochen, Putzen, als Transportweg, als Kühlmittel oder Lösungsmittel, als Mittel zum Wärmetransport in Heizkörpern, als Löschmittel, in der Industrie zur Herstellung vieler Produkte, zum Bewässern, zum Schwimmen.

4 Die Löslichkeit ist eine messbare Stoffeigenschaft. Sie gibt an, wie viel Gramm eines Stoffes sich in 100 g eines Lösungsmittels bei einer bestimmten Temperatur lösen. Ein wichtiges Lösungsmittel ist Wasser.

5 Trinkwasser enthält gelöste Mineralsalze und Gase. Deshalb ist es kein Reinstoff, sondern ein Stoffgemisch

6 In Cola-Getränken ist Kohlenstoffdioxid gelöst, das für einen frischen Geschmack sorgt. Die Löslichkeit von Kohlenstoffdioxid ist abhängig von der Temperatur. Mit steigender Temperatur löst sich weniger Kohlenstoffdioxid in Wasser. Da in warmen Cola-Getränken weniger Kohlenstoffdioxid gelöst ist als in kalten, schmecken warme Cola-Getränke fad.

7 Die Aussage lässt sich anhand der Synthese und Analyse des Wassers begründen. Bei der Synthese ensteht aus den Edukten Wasserstoff und Sauerstoff das Reaktionsprodukt Wasser. Bei der Analyse ist Wasser das Edukt und Wasserstoff und Sauerstoff sind die Reaktionsprodukte.

8 Die Elektronegativität EN ist ein Maß für die Fähigkeit eines Atoms, das bindende Elektronenpaar in einem Molekül an sich zu ziehen. In einem Chlorwasserstoff-Molekül ist ein Wasserstoff-Atom mit einem Chlor-Atom über eine Elektronenpaar-Bindung verbunden. Das Chlor-Atom zieht das bindende Elektronenpaar stärker an. Das bindende Elektronenpaar wird somit stärker zum Chlor-Atom verschoben und es entsteht eine polare Elektronenpaar-Bindung. Dem Wasserstoff-Atom ist der EN-Wert 2,1 zugeordnet, dem Chlor-Atom ist der EN-Wert 3,0 zugeordnet.

9 a) Das Reaktionsprodukt ist Wasser.
b) Wasser ist eine Verbindung, die aus zwei Teilen Wasserstoff und einem Teil Sauerstoff besteht. Zündet man 6 ml Wasserstoff mit 6 ml Sauerstoff, so reagieren von 6 ml Sauerstoff nur 3 ml. Denn nur so liegt das Verhältnis von 2 : 1 vor. Bei der Reaktion bleibt ein Rest von 3 ml Sauerstoff.

10 In warmen Sommermonaten erwärmt sich das Wasser im Fluss. Mit steigender Temperatur des Wassers nimmt die Löslichkeit des Sauerstoffs im Wasser ab. Somit sinkt der Sauerstoff-Anteil im Wasser. Wird zusätzlich warmes Wasser aus Kraftwerken eingeleitet, wird dieser Effekt verstärkt. Fische und andere Lebewesen im Wasser haben dann nicht mehr ausreichend Sauerstoff zum Überleben zur Verfügung. Es kommt zum Absterben dieser Lebewesen.

11 1. Die Wortgleichung aufstellen: Stickstoff + Wasserstoff $\longrightarrow$ Ammoniak
2. Symbole und Formeln ermitteln: Die Gase Stickstoff und Wasserstoff bestehen aus Molekülen mit jeweils zwei Atomen. Die Formel eines Stickstoff-Moleküls ist N_2, die Formel eines Wasserstoff-Moleküls H_2. Die Formel von Ammoniak lautet NH_3.
3. Symbole und Formeln einsetzen:
$N_2 + H_2 \longrightarrow NH_3$
4. Ausgleichen des einen Reaktionspartners: Ein Stickstoff-Molekül besteht aus 2 Stickstoff-Atomen. In einem Ammoniak-Molekül ist aber nur 1 Stickstoff-Atom gebunden. Aus einem Stickstoff-Molekül entstehen daher zwei Ammoniak-Moleküle.
$N_2 + H_2 \longrightarrow 2 NH_3$
5. Ausgleichen des anderen Reaktionspartners: In zwei Ammoniak-Molekülen sind 6 Wasserstoff-Atome gebunden. Man benötigt daher 3 Wasserstoff-Moleküle.
$N_2 + 3 H_2 \longrightarrow 2 NH_3$

12 In einem Wasser-Molekül sind zwei Wasserstoff-Atome über Elektronenpaar-Bindungen mit einem Sauerstoff-Atom verbunden. Das Sauerstoff-Atom ist in der Lage, die bindenden Elektronen stärker an sich heranzuziehen. Somit kommt es zu polaren Elektronenpaar-Bindungen. Durch die Verschiebung der bindenden Elektronen im Molekül befindet sich am Sauerstoff-Atom eine schwach negative Teilladung und an den Wasserstoff-Atomen jeweils eine schwach positive Teil-

ladung. Da diese Teilladungen durch die gewinkelte Struktur des Wasser-Moleküls nicht ausgeglichen werden, ist das Wasser-Molekül ein Dipol. Voraussetzungen für die Entstehung eines Dipols sind polare Elektronenpaar-Bindungen und damit verbundene Teilladungen in einem Molekül, die sich durch die Struktur des Moleküls nicht aufheben.

13 Erstarrt Wasser, so nehmen die Wasser-Moleküle in einem Kristallgitter feste Plätze ein. Dabei liegen jedem Sauerstoff-Atom eines Wasser-Moleküls zwei Wasserstoff-Atome von zwei benachbarten Wasser-Molekülen gegenüber. Es kommt zur Bildung von Wasserstoffbrücken. Das Kristallgitter besitzt ein größeres Volumen und eine geringere Dichte als flüssiges Wasser. Daher schwimmen Eisberge im Wasser.

5 Salze – Gegensätze ziehen sich an

1 Natriumchlorid ist Kochsalz. Man verwendet Kochsalz zum Würzen von Speisen, zum Haltbarmachen von Lebensmitteln, als Blut-Ersatzstoff, als Streusalz im Winter, als Viehsalz und als Rohstoff in der Industrie. Natriumchlorid schmilzt bei 801 °C und siedet bei 1465 °C. Es löst sich sehr gut in Wasser. Die Lösung und die Schmelze leiten den elektrischen Strom. Natriumchlorid bildet Kristalle, die aus Natrium-Ionen und Chlorid-Ionen aufgebaut sind. Die Ionen ordnen sich in einem Ionengitter regelmäßig an, so dass eine Würfelform entsteht.

2 Man sieht das Schalenmodell eines Kalium-Atoms (links) und eines Fluor-Atoms (rechts). Das Kalium-Atom besitzt nur 1 Elektron auf seiner Außenschale. Bei einer chemischen Reaktion gibt es dieses Elektron an das Fluor-Atom ab. Dies zeigt der Pfeil. Das Kalium-Atom erreicht so ein Elektronen-Oktett. Das Fluor-Atom hat 7 Elektronen auf seiner Außenschale. Mit dem Elektron, das vom Kalium-Atom übertragen wird, erreicht auch das Fluor-Atom ein Elektronen-Oktett auf der Außenschale.

3

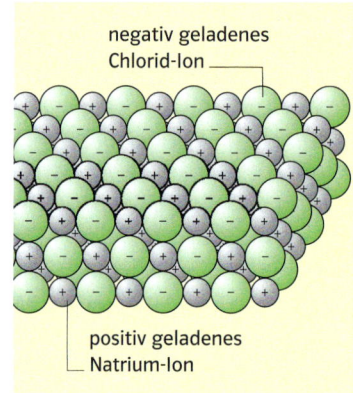

negativ geladenes Chlorid-Ion

positiv geladenes Natrium-Ion

4 Das Symbol O^{2-} beschreibt das Sauerstoff-Ion. Das Sauerstoff-Atom nimmt zwei Elektronen auf, um eine volle Außenschale zu erreichen. Daher bekommt es eine zweifach negative Ionenladung, die oben rechts an das Symbol geschrieben wird.

5 Die Salze bilden eine Stoffgruppe, weil sie einen ähnlichen chemischen Aufbau und ähnliche Eigenschaften besitzen.

6 Salzkristalle sind hart und spröde. Dies hat mit ihrem Aufbau zu tun: Ein Salz besteht aus

einem Ionengitter, in dem positiv geladene Metall-Ionen und negativ geladene Nichtmetall-Ionen regelmäßig angeordnet sind. Zwischen den unterschiedlich geladenen Ionen bestehen große Anziehungskräfte, die für die Härte des Salzkristalls verantwortlich sind. Um einen Salzkristall zu zerkleinern, muss man die Anziehungskräfte der unterschiedlich geladenen Ionen überwinden. Schlägt man z. B. mit einem Hammer auf den Kristall, verschieben sich im Ionengitter die Ionenschichten. Dadurch stehen sich gleich geladene Ionen gegenüber. Sie stoßen sich gegenseitig ab, und der Salzkristall zerbricht.

7 a) $Ca \longrightarrow Ca^{2+} + 2\,e^-$
b) $O + 2\,e^- \longrightarrow O^{2-}$
c) $Br + e^- \longrightarrow Br^-$

8 Salze bestehen aus positiv geladenen Metall-Ionen (Kationen) und negativ geladenen Nichtmetall-Ionen (Anionen), die sich gegenseitig anziehen und ein Ionengitter bilden. Wasser liegt dagegen in Form von Dipol-Molekülen vor: Das Sauerstoff-Atom hat eine negative Teilladung, das Wasserstoff-Atom hat eine positive Teilladung. Gibt man Salz in Wasser, ziehen sich die Wasser-Moleküle und Ionen aufgrund der Ladungen gegenseitig an. Die Wasser-Moleküle lösen die Ionen aus dem Ionengitter. Die Kationen und Anionen des Ionengitters werden so von Wasser-Molekülen umhüllt, dass sich immer ungleiche Ladungen gegenüberstehen (Hydratation). Dieser Vorgang setzt sich fort, bis schließlich alle Ionen von

Wasser-Molekülen umhüllt sind. Das Salz ist gelöst.

9   Mithilfe der Stellung eines Elements im Periodensystem kann man die Ionenladung des entprechenden Ions bestimmen. Das Kalium-Atom besitzt ein Außenelektron. Deshalb steht es in der 1. Hauptgruppe des Periodensystems. Gibt das Kalium-Atom sein Außenelektron ab, erreicht es die Edelgas-Anordnung. Es entsteht ein einfach positiv geladenes Ion K^+. Das Schwefel-Atom besitzt sechs Außenelektronen. Deshalb steht es in der 6. Hauptgruppe des Periodensystems. Nimmt das Schwefel-Atom zwei Elektronen auf, erreicht es die Edelgas-Anordnung. Es entsteht ein zweifach negativ geladenes Ion S^{2-}.
Die Wertigkeit eines Ions entspricht seiner Ladungszahl, unabhängig davon, ob diese positiv oder negativ ist. K^+ hat demnach die Wertigkeit 1 und S^{2-} die Wertigkeit 2.

10 a) Das Element Magnesium steht im Periodensystem in der 2. Hauptgruppe. Magnesium-Atome besitzen demnach zwei Elektronen in ihrer Außenschale. Das Element Chlor steht im Periodensystem in der 7. Hauptgruppe. Chlor-Atome besitzen demnach sieben Elektronen in ihrer Außenschale. Bei der Bildung von Magnesiumchlorid aus den Elementen gibt ein Magnesium-Atom zwei Elektronen ab, um ein Elektronen-Oktett zu erreichn. Ein Chlor-Atom kann jedoch nur ein Elektron aufnehmen, um ebenfalls ein Elektronen-Oktett zu erreichen.

Somit sind zwei Chor-Atome notwendig, damit beide Elektronen des Magnesium-Atoms aufgenommen werden können. Demnach ist die Formel für Magnesiumchlorid $MgCl_2$.
b) Natriumsulfid: Na_2S
Aluminiumoxid: Al_2O_3
Calciumbromid: $CaBr_2$
Lithiumfluorid: LiF

11 Eine Ionenbindung liegt vor, wenn ein Metall mit einem Nichtmetall verbunden ist. Eine Elektronenpaar-Bindung liegt vor, wenn zwei Nichtmetalle miteinander verbunden sind.
a) KCl: Ionenbindung
b) SO_2: Elektronenpaar-Bindung
c) Al_2O_3: Ionenbindung
d) H_2S: Elektronenpaar-Bindung
e) HF: Elektronenpaar-Bindung

6 Metalle – Schätze der Erde

1

Eigenschaft	Gegenstand oder Gerät
glänzende Oberfläche	Schmuck
Verformbarkeit	Büroklammer, Sicherheitsnadel
elektrische Leitfähigkeit	Stromkabel, Leiterbahnen auf Platinen
Wärmeleitfähigkeit	Bügeleisen, Topf

2   Quecksilberoxid $\longrightarrow$
         Quecksilber + Sauerstoff
                        I endotherm

3   Der wesentliche Unterschied zwischen Stahl und Roheisen liegt im Anteil von Kohlenstoff: Im Roheisen befindet sich 3 bis 4 % Kohlenstoff und im Stahl nur maximal 2 %. Dem Stahl können außerdem noch weitere

Metalle zugesetzt werden, um seine Eigenschaften zu verändern.

4   Man stellt sich vor, dass in Metallen die positiv geladenen Atomrümpfe in einem Gitter angeordnet sind. Die sich gegenseitig abstoßenden Atomrümpfe werden durch das negativ geladene Elektronengas zusammengehalten. Beim Verbiegen eines Drahts lassen sich die Atomrümpfe leicht gegeneinander verschieben. Das Elektronengas bewegt sich weiterhin um alle Atomrümpfe und hält dadurch die neue Anordnung zusammen.

5   a) Bleioxid + Kohlenstoff $\longrightarrow$
         Blei + Kohlenstoffdioxid
b) Bei einer Reduktion gibt ein Oxid Sauerstoff ab. Hier gibt Bleioxid Sauerstoff ab, es entsteht Blei. Bei einer Oxidation reagiert ein Stoff mit Sauerstoff. Hier reagiert Kohlenstoff mit Sauerstoff zu Kohlenstoffdioxid. Bei einer Redoxreaktion laufen Reduktion und Oxidation gleichzeitig ab. Hier wird der Sauerstoff von Bleioxid auf Kohlenstoff übertragen.
c) Reduktionsmittel: Kohlenstoff, Oxidationsmittel: Bleioxid

6   Das Edelmetall Gold reagiert unter Normbedingungen nicht mit Sauerstoff. Im Gegensatz dazu reagieren unedle Metalle wie Magnesium leicht mit Sauerstoff. Daraus kann man schließen, dass elementares Magnesium in der Natur auch mit anderen Stoffen leicht reagiert. Deshalb findet man in der Natur Magnesium ausschließlich in Form von Verbindungen.

Gold kann zwar unter bestimmten Umständen auch auch mit anderen Stoffen reagieren, liegt jedoch aufgrund seiner geringen Reaktionsbereitschaft in der Natur elementar vor.

7 Kohlenstoff ist ein Nichtmetall. Deshalb ist es in der Affinitätsreihe der Metalle nicht enthalten. Aber auch Kohlenstoff reagiert mit Sauerstoff. Seine Affinität zu Sauerstoff ist größer als die des Eisens. Deshalb kann man Kohlenstoff als Reduktionsmittel zur Herstellung von Eisen aus Eisenoxid nutzen. Im Vergleich zu Zink ist die Affinität des Kohlenstoffs zu Sauerstoff geringer. Man könnte den Kohlenstoff deshalb in der Affinitätsreihe zwischen Eisen und Zink einsortieren.

8 Die Lösung findest du in Bild 3.

9 Herausschmelzen bezeichnet einen Vorgang, mit dem man zwei Stoffe mit unterschiedlichen Schmelztemperaturen trennen kann. Der Stoff mit der niedrigeren Schmelztemperatur wird flüssig und kann aufgefangen werden. Wollte man Eisen aus Eisenerz-Gestein herausschmelzen, müsste Eisen darin bereits als Element vorliegen. Beim Erhitzen würde es dann flüssig aus dem Gestein heraustropfen. Im Eisenerz liegt Eisen aber als Verbindung vor, z.B. als Eisenoxid. Die Verbindungen müssen durch geeignete chemische Reaktionen zerlegt werden. Im Hochofen wird Eisenoxid in mehreren Reaktionsschritten mit Kohlenstoff zu Eisen reduziert.

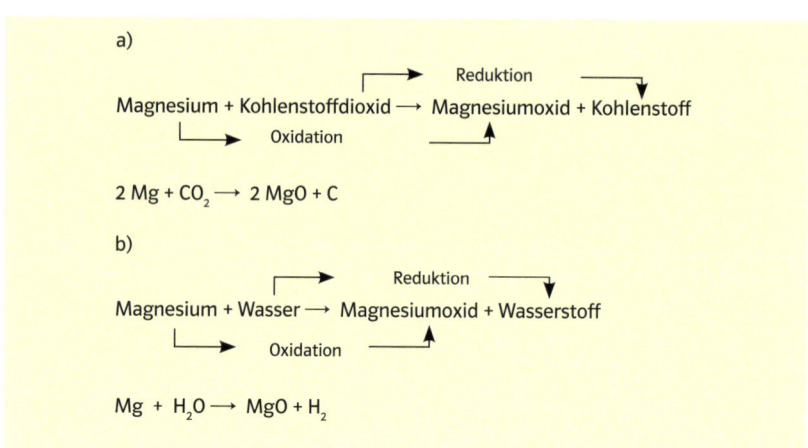

3 Lösung zu Kapitel 6, Aufgabe 8

7 Klare Verhältnisse – Quantitative Betrachtungen

1 Das Anzahlverhältnis der Silber-Atome zu den Schwefel-Atomen ist 2:1. Damit ergibt sich die Formel Ag_2S_1 bzw. Ag_2S.

2 a) $m(N_2)$ = 28,0 u
$m(Ar)$ = 39,9 u
$m(CO)$ = 12,0 u + 16,0 u
= 28,0 u
$m(CO_2)$ = 12,0 u + 2 · 16,0 u
= 44,0 u
b) $M(N_2)$ = 28 g/mol
$M(Ar)$ = 39,9 g/mol
$M(CO)$ = 12,0 g/mol + 16,0 g/mol
= 28,0 g/mol
$M(CO2)$ = 12,0 g/mol + 2 · 16,0 g/mol
= 44,0 g/mol

c) Die Zahlenwerte der Teilchenmassen stimmen mit den Zahlenwerten der molaren Massen überein. Die Anzahl $6 \cdot 10^{23}$ = 1 mol ist gerade so gewählt worden, dass diese Übereinstimmung zwischen Teilchenmassen und molaren Massen vorliegt.

3 a) 1 mol Wasserstoff-Moleküle sind $6 \cdot 10^{23}$ Wasserstoff-Moleküle. Dann sind 10 mol Wasserstoff-Moleküle
$10 \cdot 6 \cdot 10^{23} = 60 \cdot 10^{23} = 6 \cdot 10^{24}$ Wasserstoff-Moleküle.
b) Die Masse von 1 mol Wasserstoff-Moleküle beträgt 2 g. 10 mol Wasserstoff-Moleküle haben dann die Masse 20 g.

m(**Magnesium**)	m(**Schwefel**)	$\dfrac{m(\textbf{Magnesium})}{m(\textbf{Schwefel})}$
0,6 g	0,8 g	3 : 4 = 0,75
1,2 g	1,6 g	3 : 4 = 0,75
1,5 g	2,0 g	3 : 4 = 0,75
1,8 g	2,4 g	3 : 4 = 0,75

4 Lösung zu Kapitel 7, Aufgabe 6

Formel von Magnesiumsulfid Mg$_x$S$_y$:
Massenverhältnis: m(Magnesium) : m(Schwefel) = 3 : 4

$$\frac{x \cdot m(\text{Magnesium-Atom})}{y \cdot m(\text{Schwefel-Atom})} = \frac{m(\text{Magnesium})}{m(\text{Schwefel})}$$

$$\frac{x \cdot 24\,u}{y \cdot 32\,u} = \frac{3}{4}$$

$$\frac{x}{y} = \frac{3 \cdot 32\,u}{4 \cdot 24\,u} = \frac{96\,u}{96\,u} = \frac{1}{1}$$

Formel: Mg$_1$S$_1$, vereinfacht: MgS

Formel von Magnesiumoxid Mg$_x$O$_y$:
Massenverhältnis: m(Magnesium) : m(Sauerstoff) = 3 : 2

$$\frac{x \cdot m(\text{Magnesium-Atom})}{y \cdot m(\text{Sauerstoff-Atom})} = \frac{m(\text{Magnesium})}{m(\text{Sauerstoff}}$$

$$\frac{x \cdot 24\,u}{y \cdot 16\,u} = \frac{3}{2}$$

$$\frac{x}{y} = \frac{3 \cdot 16\,u}{2 \cdot 24\,u} = \frac{48\,u}{48\,u} = \frac{1}{1}$$

Formel: Mg$_1$O$_1$, vereinfacht: MgO

5 Lösung zu Kapitel 7, Aufgabe 6

6 Lösung zu Kapitel 7, Aufgabe 7

4 M(C) = 12,0 g/mol
M(O) = 16,0 g/mol
Da am Aufbau der Verbindung wenigstens ein Kohlenstoff-Atom und ein Sauerstoff-Atom beteiligt sein müssen, lautet die Formel der Kohlenstoff-Sauer-stoff-Verbindung CO. Die molare Masse dieser Verbindung ist:
M(CO) = 12,0 g/mol + 16,0 g/mol
= 28,0 g/mol.

5 M(FeS) = 55,8 g/mol + 32,1 g/mol
= 87,9 g/mol
M(FeS$_2$) = 55,8 g/mol + 2 · 32,1 g/mol
= 120 g/mol.
Es handelt sich also um Pyrit FeS$_2$.

6 a, b) Die Lösung findest du in Bild 4.
c) 1. Durch Probieren: Wenn auf ein Magnesium-Atom ein Schwefel-Atom kommt, so ist das Massenverhältnis:
m(Mg) : m(S) = 24 u : 32 u
≈ 3 : 4
Formel: Mg$_1$S$_1$, vereinfacht MgS
2. Den rechnerischen Weg findest du in Bild 5.
d) Mg + S $\longrightarrow$ MgS

7 1. Durch Probieren: Wenn auf ein Magnesium-Atom ein Schwefel-Atom kommt, so ist das Massenverhältnis:

m(Mg) : m(O) = 24 u : 16 u
= 3 : 2
Formel: Mg$_1$O$_1$, vereinfacht MgO
2. Den rechnerischen Weg findest du in Bild 6.

8 Aus der Formel des Kohlen-stoffdioxids CO$_2$ lässt sich das Massenverhältnis ermitteln:

$$\frac{m(\text{Kohlenstoff})}{m(\text{Sauerstoff})} = \frac{12,0\,u}{2 \cdot 16,0\,u} = \frac{3}{8}$$

Also muss man die Masse des Kohlenstoffdioxids m = 880 g im Verhältnis von 3 : 8 aufteilen. Dazu teilt man die Gesamtmas-se durch 11:
880 g : 11 = 80 g.
Danach multipliziert man mit den Massenanteilen:

$$\frac{m(\text{Kohlenstoff})}{m(\text{Sauerstoff})} = \frac{3 \cdot 80\,g}{8 \cdot 80\,g} = \frac{240\,g}{640\,g}$$

Bei der vollständigen Zerlegung von 880 g Kohlenstoffdioxid erhält man 240 g Kohlenstoff und 640 g Sauerstoff.

9 So gehst du vor:
1. Du berechnest die Masse der benötigten Calciumchlorid-Portion mithilfe der molaren Massen der Elemente:
M(CaCl$_2$) = M(Ca) + 2 · M(Cl)
= 40,1 g/mol + 35,5 g/mol
= 111,1 g/mol

0,5 mol Calciumchlorid haben dann die Masse
111,1 g/mol · 0,5 mol = 55,55 g.
2. Für 100 ml Calciumchlorid-Lösung der Konzentration c(CaCl$_2$) = 0,5 mol/l benötigst du aber nur 0,05 mol Calciumchlo-rid, also 5,555 g. Du wiegst also 5,555 g Calciumchlorid ab.
3. Anschließend schüttest du die 5,555 g Calciumchlorid in einen 100-ml-Messkolben.
4. Du füllst etwa 50 ml destillier-tes Wasser in den Messkolben, schüttelst, bis sich das Calci-umchlorid gelöst hat. Anschlie-ßend füllst Du den Kolben mit destilliertem Wasser bis zur Ringmarke auf.

Entsorgungsplan

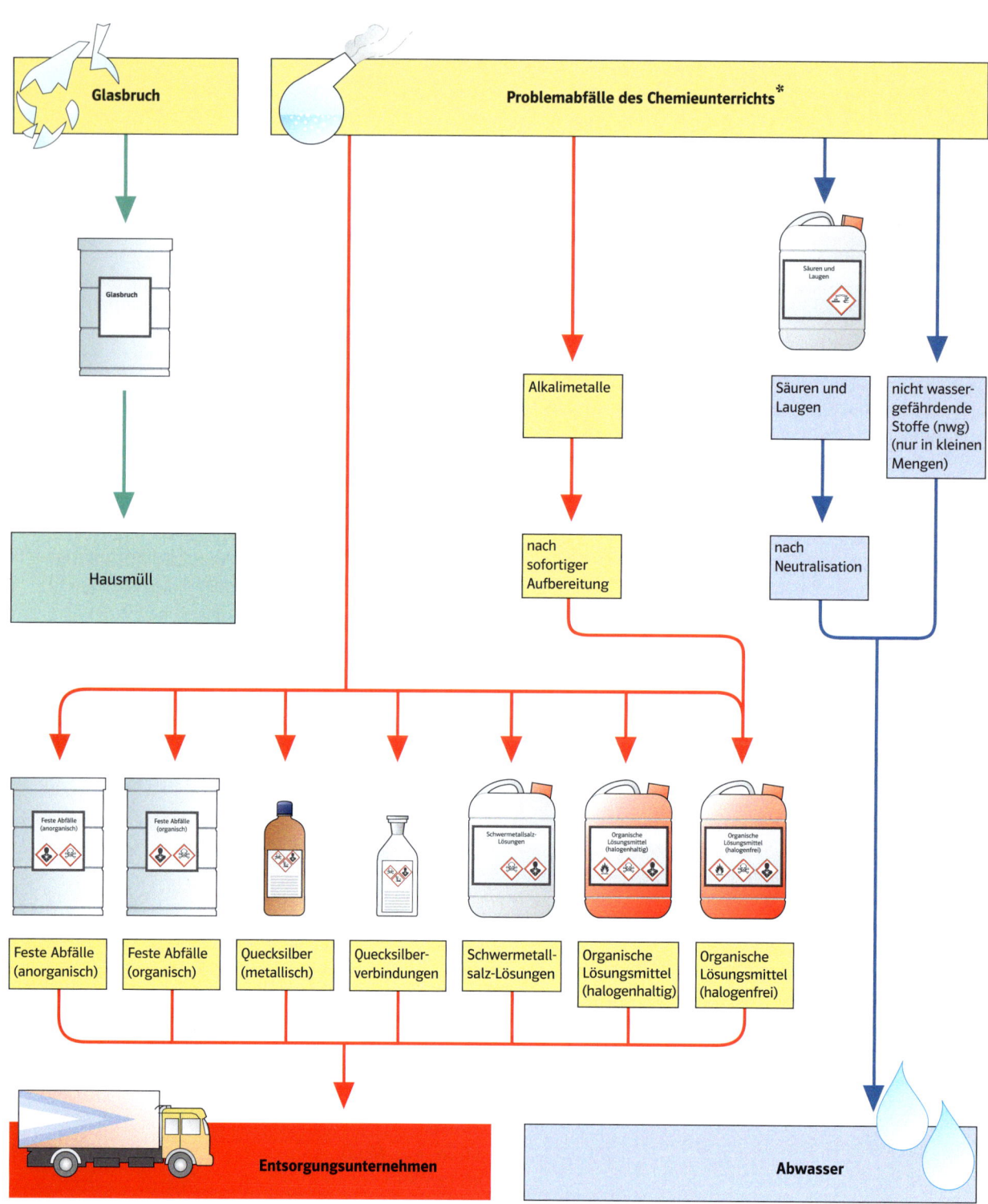

Glasbruch

Problemabfälle des Chemieunterrichts[*]

Glasbruch

Hausmüll

Alkalimetalle

nach sofortiger Aufbereitung

Säuren und Laugen

Säuren und Laugen

nach Neutralisation

nicht wasser-gefährdende Stoffe (nwg) (nur in kleinen Mengen)

Feste Abfälle (anorganisch)

Feste Abfälle (organisch)

Quecksilber (metallisch)

Quecksilber-verbindungen

Schwermetall-salz-Lösungen

Organische Lösungsmittel (halogenhaltig)

Organische Lösungsmittel (halogenfrei)

Entsorgungsunternehmen

Abwasser

*Problemabfälle müssen in geeigneten Sammelgefäßen aus Kunststoff oder Glas gesammelt werden.

Physikalische Gefahren

H 200	Instabil, explosiv.
H 201	Explosiv, Gefahr der Massenexplosion.
H 202	Explosiv; große Gefahr durch Splitter, Spreng- und Wurfstücke.
H 203	Explosiv; Gefahr durch Feuer, Luftdruck oder Splitter, Spreng- und Wurfstücke.
H 204	Gefahr durch Feuer oder Splitter, Spreng- und Wurfstücke.
H 205	Gefahr der Massenexplosion bei Feuer.
H 220	Extrem entzündbares Gas.
H 221	Entzündbares Gas.
H 222	Extrem entzündbares Aerosol.
H 223	Entzündbares Aerosol.
H 224	Flüssigkeit und Dampf extrem entzündbar.
H 225	Flüssigkeit und Dampf leicht entzündbar.
H 226	Flüssigkeit und Dampf entzündbar.
H 228	Entzündbarer Feststoff.
H 240	Erwärmung kann Explosion verursachen.
H 241	Erwärmung kann Brand oder Explosion verursachen.
H 242	Erwärmung kann Brand verursachen.
H 250	Entzündet sich in Berührung mit Luft von selbst.
H 251	Selbsterhitzungsfähig, kann in Brand geraten.
H 252	In großen Mengen selbsterhitzungsfähig, kann in Brand geraten.
H 260	In Berührung mit Wasser entstehen entzündbare Gase, die sich spontan entzünden können.
H 261	In Berührung mit Wasser entstehen entzündbare Gase.
H 270	Kann Brand verursachen oder verstärken; Oxidationsmittel.
H 271	Kann Brand oder Explosion verursachen; starkes Oxidationsmittel.
H 272	Kann Brand verstärken, Oxidationsmittel.
H 280	Enthält Gas unter Druck; kann bei Erwärmung explodieren.
H 281	Enthält tiefkaltes Gas; kann Kälteverbrennungen oder -verletzungen verursachen.
H 290	Kann gegenüber Metallen korrosiv sein.

Gesundheitsgefahren

H 300	Lebensgefahr bei Verschlucken.
H 301	Giftig bei Verschlucken.
H 302	Gesundheitsschädlich bei Verschlucken.
H 304	Kann bei Verschlucken und Eindringen in die Atemwege tödlich sein.
H 310	Lebensgefahr bei Hautkontakt.
H 311	Giftig bei Hautkontakt.
H 312	Gesundheitsschädlich bei Hautkontakt.
H 314	Verursacht schwere Verätzungen der Haut und schwere Augenschäden.
H 315	Verursacht Hautreizungen.
H 317	Kann allergische Hautreaktionen verursachen.
H 318	Verursacht schwere Augenschäden.
H 319	Verursacht schwere Augenreizung.
H 330	Lebensgefahr bei Einatmen.
H 331	Giftig bei Einatmen.
H 332	Gesundheitsschädlich bei Einatmen.
H 334	Kann bei Einatmen Allergie, asthmaartige Symptome oder Atembeschwerden verursachen.
H 335	Kann die Atemwege reizen.
H 336	Kann Schläfrigkeit und Benommenheit verursachen.
H 340	Kann genetische Defekte verursachen[1].
H 341	Kann vermutlich genetische Defekte verursachen[1].
H 350	Kann Krebs erzeugen[1].
H 350i	Kann bei Einatmen Krebs erzeugen.
H 351	Kann vermutlich Krebs erzeugen[1].
H 360	Kann die Fruchtbarkeit beeinträchtigen oder das Kind im Mutterleib schädigen[2,1].
H 360F	Kann die Fruchtbarkeit beeinträchtigen.
H 360D	Kann das Kind im Mutterleib schädigen.
H 360FD	Kann die Fruchtbarkeit beeinträchtigen. Kann das Kind im Mutterleib schädigen.
H 360Fd	Kann die Fruchtbarkeit beeinträchtigen. Kann vermutlich das Kind im Mutterleib schädigen.
H 360Df	Kann das Kind im Mutterleib schädigen. Kann vermutlich die Fruchtbarkeit beeinträchtigen.
H 361	Kann vermutlich die Fruchtbarkeit beeinträchtigen oder das Kind im Mutterleib schädigen[2,1].
H 361f	Kann vermutlich die Fruchtbarkeit beeinträchtigen.
H 361d	Kann vermutlich das Kind im Mutterleib schädigen.
H 361fd	Kann vermutlich die Fruchtbarkeit beeinträchtigen. Kann vermutlich das Kind im Mutterleib schädigen.
H 362	Kann Säuglinge über die Muttermilch schädigen.
H 370	Schädigt die Organe[3,1].
H 371	Kann die Organe schädigen[3,1].
H 372	Schädigt die Organe[3] bei längerer oder wiederholter Exposition[1].
H 373	Kann die Organe[3] schädigen bei längerer oder wiederholter Exposition[1].

Umweltgefahren

H 400	Sehr giftig für Wasserorganismen.
H 410	Sehr giftig für Wasserorganismen mit langfristiger Wirkung.
H 411	Giftig für Wasserorganismen, mit langfristiger Wirkung.
H 412	Schädlich für Wasserorganismen, mit langfristiger Wirkung.
H 413	Kann für Wasserorganismen schädlich sein, mit langfristiger Wirkung.
H 420	Schädigt die öffentliche Gesundheit und die Umwelt durch Ozonabbau in der äußeren Atmosphäre.

---

1 Expositionsweg angeben, sofern schlüssig belegt ist, dass diese Gefahr bei keinem anderen Expositionsweg besteht
2 Konkrete Wirkung angeben, sofern bekannt
3 Oder alle betroffenen Organe nennen, sofern bekannt

Allgemeines

P 101	Ist ärztlicher Rat erforderlich, Verpackung oder Etikett bereithalten.
P 102	Darf nicht in die Hände von Kindern gelangen.
P 103	Vor Gebrauch Kennzeichnungsetikett lesen.

Prävention

P 201	Vor Gebrauch besondere Anweisungen einholen.
P 202	Vor Gebrauch alle Sicherheitsratschläge lesen und verstehen.
P 210	Von Hitze/Funken/offener Flamme/heißen Oberflächen fernhalten. Nicht rauchen.
P 211	Nicht gegen offene Flammen oder andere Zündquellen sprühen.
P 220	Von Kleidung/.../brennbaren Materialien fernhalten/entfernt aufbewahren.
P 221	Mischen mit brennbaren Stoffen/... unbedingt verhindern.
P 222	Kontakt mit Luft nicht zulassen.
P 223	Kontakt mit Wasser wegen heftiger Reaktion und möglichem Aufflammen unbedingt verhindern.
P 230	Feucht halten mit ...
P 231	Unter inertem Gas handhaben.
P 232	Vor Feuchtigkeit schützen.
P 233	Behälter dicht verschlossen halten.
P 234	Nur im Originalbehälter aufbewahren.
P 235	Kühl halten.
P 240	Behälter und zu befüllende Anlage erden.
P 241	Explosionsgeschützte elektrische Anlagen/Lüftungsanlagen/Beleuchtung/... verwenden.
P 242	Nur funkenfreies Werkzeug verwenden.
P 243	Maßnahmen gegen elektrostatische Aufladungen treffen.
P 244	Druckminderer frei von Fett und Ölen halten.

P 250	Nicht schleifen/stoßen/.../reiben.
P 251	Behälter steht unter Druck: Nicht durchstechen oder verbrennen, auch nicht nach der Verwendung.
P 260	Staub/Rauch/Gas/Nebel/Dampf/Aerosol nicht einatmen.
P 261	Einatmen von Staub/Rauch/Gas/Nebel/Dampf/Aerosol vermeiden.
P 262	Nicht in die Augen, auf die Haut oder auf die Kleidung gelangen lassen.
P 263	Kontakt während der Schwangerschaft/und der Stillzeit vermeiden.
P 264	Nach Gebrauch ... gründlich waschen.
P 270	Bei Gebrauch nicht essen, trinken oder rauchen.
P 271	Nur im Freien oder in gut belüfteten Räumen verwenden.
P 272	Kontaminierte Arbeitskleidung nicht außerhalb des Arbeitsplatzes tragen.
P 273	Freisetzung in die Umwelt vermeiden.
P 280	Schutzhandschuhe/Schutzkleidung/Augenschutz/Gesichtsschutz tragen.
P 281	Vorgeschriebene persönliche Schutzausrüstung verwenden.
P 282	Schutzhandschuhe/Gesichtsschild/Augenschutz mit Kälteisolierung tragen.
P 283	Schwer entflammbare/flammhemmende Kleidung tragen.
P 284	Atemschutz tragen.
P 285	Bei unzureichender Belüftung Atemschutz tragen.

Reaktion

P 301	Bei Verschlucken:
P 302	Bei Berührung mit der Haut:
P 303	Bei Berührung mit der Haut (oder dem Haar):
P 304	Bei Einatmen:
P 305	Bei Kontakt mit den Augen:
P 306	Bei kontaminierter Kleidung:

P 307	Bei Exposition:
P 308	Bei Exposition oder falls betroffen:
P 309	Bei Exposition oder Unwohlsein:
P 310	Sofort Giftinformationszentrum oder Arzt anrufen.
P 311	Giftinformationszentrum oder Arzt anrufen.
P 312	Bei Unwohlsein Giftinformationszentrum oder Arzt anrufen.
P 313	Ärztlichen Rat einholen/ärztliche Hilfe hinzuziehen.
P 314	Bei Unwohlsein ärztlichen Rat einholen/ärztliche Hilfe hinzuziehen.
P 315	Sofort ärztlichen Rat einholen/ärztliche Hilfe hinzuziehen.
P 320	Besondere Behandlung dringend erforderlich (siehe ... auf diesem Kennzeichnungsetikett).
P 321	Besondere Behandlung (siehe ... auf diesem Kennzeichnungsetikett).
P 322	Gezielte Maßnahmen (siehe ... auf diesem Kennzeichenetikett).
P 330	Mund ausspülen.
P 331	Kein Erbrechen herbeiführen.
P 332	Bei Hautreizung:
P 333	Bei Hautreizung oder -ausschlag:
P 334	In kaltes Wasser tauchen/nassen Verband anlegen.
P 335	Lose Partikel von der Haut abbürsten.
P 336	Vereiste Bereiche mit lauwarmem Wasser auftauen. Betroffenen Bereich nicht reiben.
P 337	Bei anhaltender Augenreizung:
P 338	Eventuell vorhandene Kontaktlinsen nach Möglichkeit entfernen. Weiter ausspülen.
P 340	Die betroffene Person an die frische Luft bringen und in einer Position ruhigstellen, die das Atmen erleichtert.
P 341	Bei Atembeschwerden an die frische Luft bringen und in einer Position ruhigstellen, die das Atmen erleichtert.

P 342	Bei Symptomen der Atemwege:
P 350	Behutsam mit viel Wasser und Seife waschen.
P 351	Einige Minuten lang behutsam mit Wasser ausspülen.
P 352	Mit viel Wasser und Seife waschen.
P 353	Haut mit Wasser abwaschen/ duschen.
P 360	Kontaminierte Kleidung und Haut sofort mit viel Wasser abwaschen und danach Kleidung ausziehen.
P 361	Alle kontaminierten Kleidungsstücke sofort ausziehen.
P 362	Kontaminierte Kleidung ausziehen und vor erneutem Tragen waschen.
P 363	Kontaminierte Kleidung vor erneutem Tragen waschen.
P 370	Bei Brand:
P 371	Bei Großbrand und großen Mengen:
P 372	Explosionsgefahr bei Brand.
P 373	Keine Brandbekämpfung, wenn das Feuer explosive Stoffe/Gemische/Erzeugnisse erreicht.

P 374	Brandbekämpfung mit üblichen Vorsichtsmaßnahmen aus angemessener Entfernung
P 375	Wegen Explosionsgefahr Brand aus der Entfernung bekämpfen.
P 376	Undichtigkeit vermeiden, wenn gefahrlos möglich.
P 377	Brand von ausströmendem Gas: Nicht löschen, bis Undichtigkeit gefahrlos beseitigt werden kann.
P 378	... zum Löschen verwenden.
P 380	Umgebung räumen.
P 381	Alle Zündquellen entfernen, wenn gefahrlos möglich.
P 390	Verschüttete Mengen aufnehmen, um Materialschäden zu vermeiden.
P 391	Verschüttete Mengen aufnehmen.

Lagerung

P 401	... aufbewahren.
P 402	An einem trockenen Ort aufbewahren.
P 403	An einem gut belüfteten Ort aufbewahren.

P 404	In einem geschlossenen Behälter aufbewahren.
P 405	Unter Verschluss aufbewahren.
P 406	In korrosionsbeständigem/... Behälter mit widerstandsfähiger Innenauskleidung lagern.
P 407	Luftspalt zwischen Stapeln/ Paletten lassen.
P 410	Vor Sonnenbestrahlung schützen.
P 411	Bei Temperaturen von nicht mehr als ... °C/... °F aufbewahren.
P 412	Nicht Temperaturen von mehr als 50 °C/122 °F aussetzen.
P 413	Schüttgut in Mengen von mehr als ... kg/ ... lbs bei Temperaturen von nicht mehr als ... °C/ ... °F aufbewahren.
P 420	Von anderen Materialien entfernt aufbewahren.
P 422	Inhalt in/unter ... aufbewahren.

Entsorgung

P 501	Inhalt/Behälter ... zuführen.

Für Gefahrstoffe wurden nach bisherigem Gefahrstoffrecht Etiketten verwendet, die folgende Hinweise enthalten (▷ B1):

– Bezeichnung (Name) des Stoffes
– Gefahrensymbol
– Kennbuchstabe
– Gefahrenbezeichnung
– Hinweise auf besondere Gefahren (R-Sätze)
– Sicherheitsratschläge (S-Sätze)

Durch diese Angaben können entsprechende Sicherheitsmaßnahmen wie die Verwendung von Schutzhandschuhen und Schutzbrillen oder das Bereitstellen von Feuerlöschern getroffen werden.

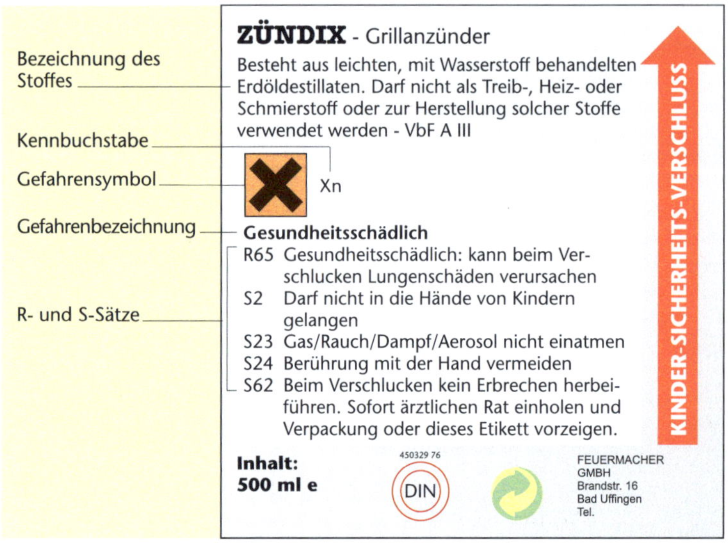

Gefahrensymbole und Kennbuchstaben
Eine schnelle Information über die Hauptgefahr eines Stoffes ist durch das **Gefahrensymbol** möglich. Anhand dieses Symbols lässt sich sofort erkennen, ob ein Stoff z. B. giftig, ätzend, feuergefährlich oder gesundheitsschädlich ist.

Einige Gefahrensymbole können jedoch auch mehrere Bedeutungen haben. So steht das Totenkopfsymbol sowohl für giftige als auch für sehr giftige Stoffe, das Flammensymbol sowohl für hochentzündliche als auch für leichtentzündliche Stoffe. Deshalb wird dem Symbol noch ein **Kennbuchstabe** hinzugefügt, z. B. der Buchstabe T für „Giftig" und der Buchstabe T+ für „Sehr giftig" bzw. der Buchstaben F für „Leichtentzündlich" und F+ für „Hochentzündlich" (▷ B 2).

R- und S-Sätze
Neben dem Gefahrensymbol weisen **R-Sätze** (risk, englisch für „Gefahr") auf die besonderen Gefahren beim Umgang mit dem Stoff hin. Ein R-Satz kann als Zahl oder als Text angegeben werden, z. B. R23 oder „Giftig beim Einatmen".

Bezeichnung des Stoffes
Kennbuchstabe
Gefahrensymbol
Gefahrenbezeichnung
R- und S-Sätze

ZÜNDIX - Grillanzünder
Besteht aus leichten, mit Wasserstoff behandelten Erdöldestillaten. Darf nicht als Treib-, Heiz- oder Schmierstoff oder zur Herstellung solcher Stoffe verwendet werden - VbF A III

Xn

Gesundheitsschädlich
R65 Gesundheitsschädlich: kann beim Verschlucken Lungenschäden verursachen
S2 Darf nicht in die Hände von Kindern gelangen
S23 Gas/Rauch/Dampf/Aerosol nicht einatmen
S24 Berührung mit der Hand vermeiden
S62 Beim Verschlucken kein Erbrechen herbeiführen. Sofort ärztlichen Rat einholen und Verpackung oder dieses Etikett vorzeigen.

Inhalt: 500 ml e
450329 76
DIN
FEUERMACHER GMBH
Brandstr. 16
Bad Uffingen
Tel.

KINDER-SICHERHEITS-VERSCHLUSS

1 Etikett mit Gefahrenhinweisen

Sicherheitsratschläge werden durch **S-Sätze** (security, englisch für „Sicherheit") angegeben. Auch diese können als Zahl oder als Text angegeben sein, z. B. S24 oder „Berührung mit der Haut vermeiden". Häufig werden R- und S-Sätze auch als Kombinationen angegeben, z. B. R37/38, „Reizt die Atmungsorgane und die Haut".

Symbol	Kennbuchstabe, Gefahrenbezeichnung	Symbol	Kennbuchstabe, Gefahrenbezeichnung
 ☠	T+ Sehr giftig	 💥	E Explosionsgefährlich
 ☠	T Giftig	 🔥	O Brandfördernd
 ✖	Xn Gesundheitsschädlich	 🔥	F+ Hochentzündlich
 ✖	Xi Reizend	 🔥	F Leichtentzündlich
 🧪	C Ätzend	 🌳	N Umweltgefährlich

2 Bisherige Gefahrensymbole und ihre Bedeutung

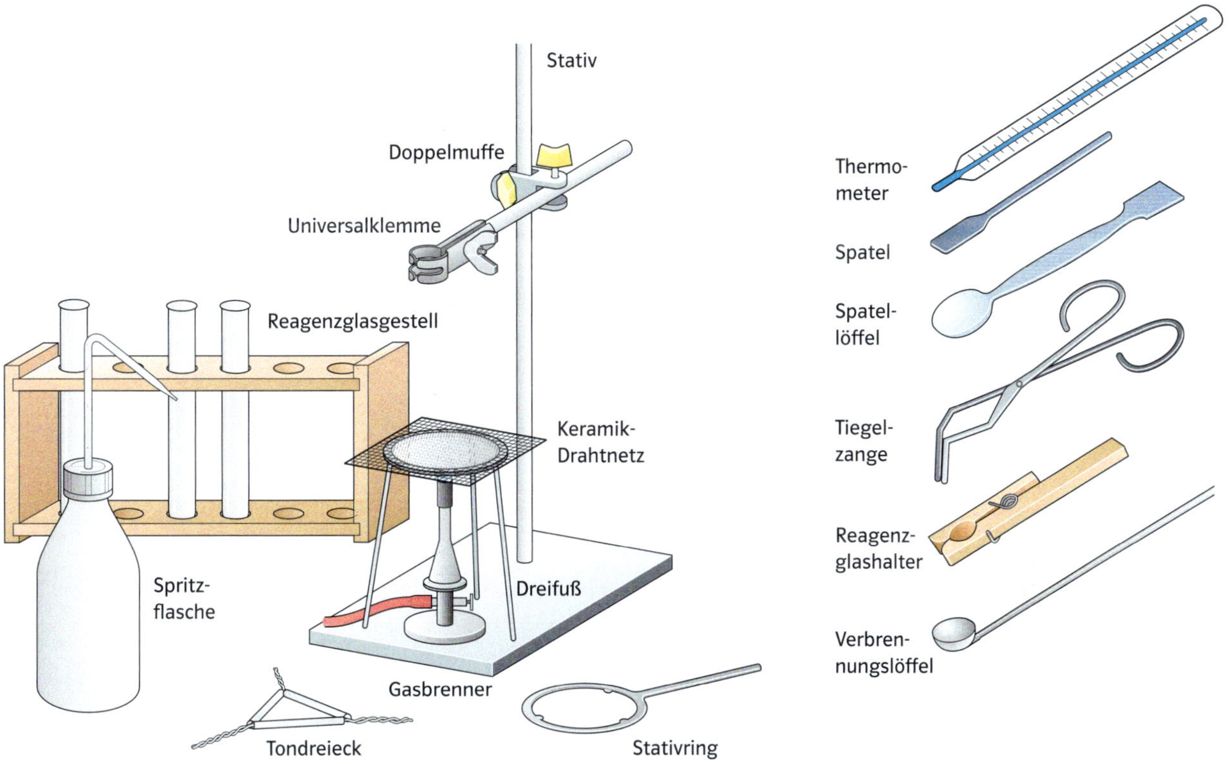

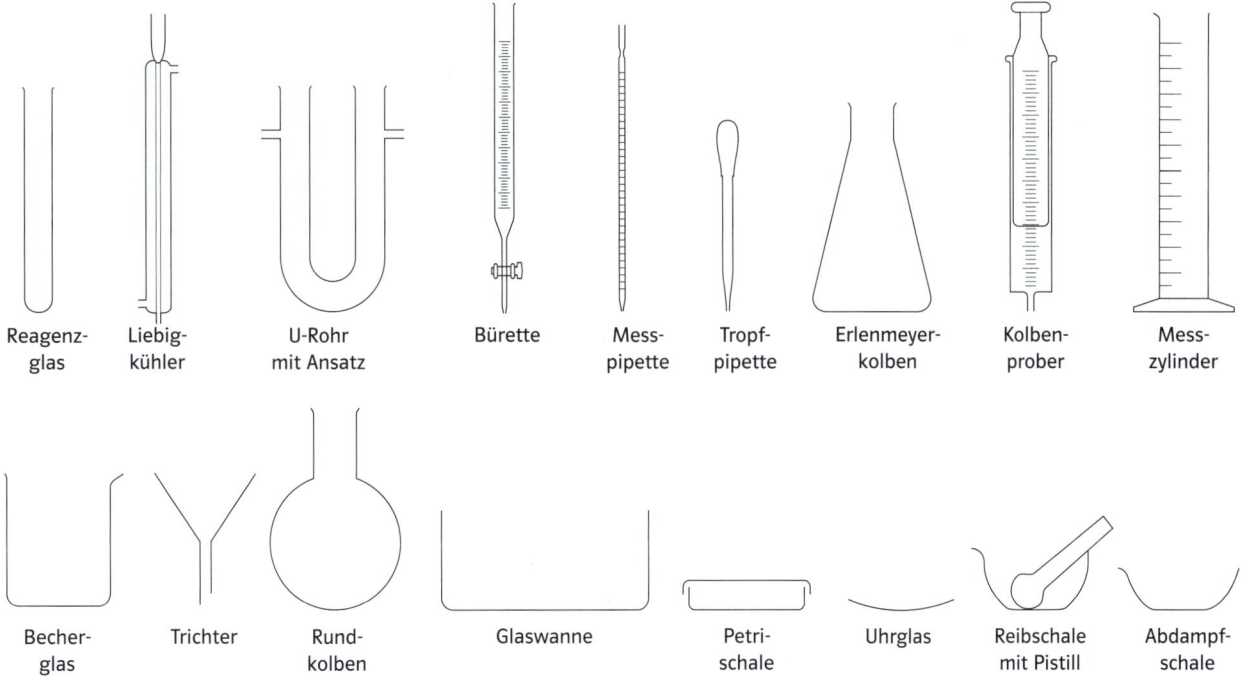

Stativ

Doppelmuffe

Universalklemme

Reagenzglasgestell

Keramik-
Drahtnetz

Spritz-
flasche

Dreifuß

Tondreieck

Gasbrenner

Stativring

Thermo-
meter

Spatel

Spatel-
löffel

Tiegel-
zange

Reagenz-
glashalter

Verbren-
nungslöffel

Schnittzeichnungen einiger Laborgeräte

Reagenz-
glas

Liebig-
kühler

U-Rohr
mit Ansatz

Bürette

Mess-
pipette

Tropf-
pipette

Erlenmeyer-
kolben

Kolben-
prober

Mess-
zylinder

Becher-
glas

Trichter

Rund-
kolben

Glaswanne

Petri-
schale

Uhrglas

Reibschale
mit Pistill

Abdampf-
schale

185

Chemische Elemente

Elementname	Symbol	Ordnungszahl	Atommasse in u	Dichte in g/cm³ ¹⁾ (Gase in g/l)	Schmelztemperatur in °C	Siedetemperatur in °C
Actinium	Ac	89	227,0278	10,10	1050	3200
Aluminium	Al	13	26,9815	2,70	660	2467
Antimon	Sb	51	121,7570	6,68	630	1750
Argon	Ar	18	39,9480	1,66	−189	−186
Arsen	As	33	74,9216	5,72	613 s	817 p
Astat	At	85	210,0000	–	302	337
Barium	Ba	56	137,3300	3,51	725	1640
Beryllium	Be	4	9,0122	1,85	1278	2970
Bismut	Bi	83	208,9804	9,8	271	1560
Blei	Pb	82	207,2000	11,35	327	1750
Bor	B	5	10,8110	2,34	2300	2550 s
Brom	Br	35	79,9040	3,12	−7	59
Cadmium	Cd	48	112,4100	8,65	321	765
Caesium	Cs	55	132,9054	1,88	28	669
Calcium	Ca	20	40,0780	1,54	839	1484
Cer	Ce	58	140,1200	6,65	799	3426
Chlor	Cl	17	35,4530	2,95	−101	−35
Chrom	Cr	24	51,9961	7,20	1857	2672
Cobalt	Co	27	58,9332	8,9	1495	2930
Eisen	Fe	26	55,8470	7,87	1535	2861
Fluor	F	9	18,9984	1,58	−219	−188
Francium	Fr	87	223,0000		27	677
Gallium	Ga	31	69,7230	5,90	30	2403
Germanium	Ge	32	72,6000	5,32	937	2830
Gold	Au	79	196,9665	19,32	1064	2856
Hafnium	Hf	72	178,4900	13,3	2227	4602
Helium	He	2	4,0026	0,18	−272 p	−269
Indium	In	49	114,8180	7,30	156	2080
Iod	I	53	126,9045	4,93	113	184
Iridium	Ir	77	192,2200	22,41	2410	4130
Kalium	K	19	39,0983	0,86	63	760
Kohlenstoff	C	6	12,0110	2,25 ²⁾	3700 s ²⁾	4830
Krypton	Kr	36	83,8000	3,48	−157	−152
Kupfer	Cu	29	63,5460	8,92	1083	2600
Lanthan	La	57	138,9055	6,17	921	3457
Lithium	Li	3	6,9410	0,53	180	1342
Magnesium	Mg	12	24,3050	1,74	649	1107
Mangan	Mn	25	54,9380	7,20	1244	1962
Molybdän	Mo	42	95,9400	10,2	2610	5560
Natrium	Na	11	22,9898	0,97	98	883
Neon	Ne	10	20,1790	0,84	−249	−246
Nickel	Ni	28	58,6934	8,90	1455	2730

Elementname	Symbol	Ordnungszahl	Atommasse in u	Dichte in g/cm³ ¹⁾ (Gase in g/l)	Schmelztemperatur in °C	Siedetemperatur in °C
Niob	Nb	41	92,9064	8,57	2468	4742
Osmium	Os	76	190,2300	22,5	2700	5300
Palladium	Pd	46	106,4000	12,0	1554	2970
Phosphor	P	15	30,9738	1,82 ³⁾	44 ³⁾	280
Platin	Pt	78	195,0800	21,45	1770	3825
Polonium	Po	84	209,0000	9,4	254	962
Praseodym	Pr	59	140,9077	6,77	931	3512
Protactinium	Pa	91	231,0358	15,4	–	–
Quecksilber	Hg	80	200,5900	13,6	−39	357
Radium	Ra	88	226,0254	5,0	700	1140
Radon	Rn	86	222,0000	9,23	−71	−62
Rhenium	Re	75	186,2070	20,5	3180	5627
Rhodium	Rh	45	102,9055	12,4	1966	3727
Rubidium	Rb	37	85,4678	1,53	39	686
Ruthenium	Ru	44	101,0700	12,3	2310	3900
Sauerstoff	O	8	15,9994	1,33	−219	−183
Scandium	Sc	21	44,9559	3,0	1541	2831
Schwefel (rhomb.)	S	16	32,0660	2,07	113	444
Schwefel (monokl.)	S	16	32,0660	1,96	119	444
Selen	Se	34	78,9600	4,81	217	685
Silber	Ag	47	107,8680	10,5	962	2162
Silicium	Si	14	28,0855	2,32	1410	2355
Stickstoff	N	7	14,0067	1,17	−210	−196
Strontium	Sr	38	87,6200	2,60	769	1384
Tantal	Ta	73	180,9479	16,6	2996	5425
Technetium	Tc	43	98,9062	11,5	2172	4877
Tellur	Te	52	127,6000	6,0	449	990
Thallium	Tl	81	204,3700	11,8	303	1457
Thorium	Th	90	232,0381	11,7	1750	4790
Titan	Ti	22	47,8800	4,51	1660	3287
Uran	U	92	238,0290	19,0	1132	3818
Vanadium	V	23	50,9415	5,96	1890	3380
Wasserstoff	H	1	1,0079	0,083	−259	−253
Wolfram	W	74	183,8400	19,3	3410	5660
Xenon	Xe	54	131,3000	5,49	−112	−107
Yttrium	Y	39	88,9059	4,47	1522	3338
Zink	Zn	30	65,3900	7,14	419	907
Zinn	Sn	50	118,7100	7,30	232	2600
Zirconium	Zr	40	91,2240	6,49	1852	4377

1) Dichteangaben für 20 °C und 1013 hPa
2) Angaben gelten für Graphit; Diamant: Schmelztemp. 3550, Dichte 3,51
3) Angaben gelten für weißen Phosphor; roter Phosphor: Schmelztemp. 590 p, Dichte 2,34

s = sublimiert
p = unter Druck
− = Werte nicht bekannt

Größen und Einheiten

Dezimale Vielfache und Teile von Einheiten

Kürzel	Vorsatz	Faktor		
p	Piko	10^{-12}	=	0,000 000 000 001
n	Nano	10^{-9}	=	0,000 000 001
μ	Mikro	10^{-6}	=	0,000 001
m	Milli	10^{-3}	=	0,001
c	Zenti	10^{-2}	=	0,01
d	Dezi	10^{-1}	=	0,1
da	Deka	10^{1}	=	10
h	Hekto	10^{2}	=	100
k	Kilo	10^{3}	=	1000
M	Mega	10^{6}	=	1 000 000
G	Giga	10^{9}	=	1 000 000 000
T	Tera	10^{12}	=	1 000 000 000 000

Griechische Zahlwörter (nach chemischer Nomenklatur)

½	hemi	10	deca
1	mono	11	undeca
2	di	12	dodeca
3	tri	13	trideca
4	tetra	14	tetradeca
5	penta	15	pentadeca
6	hexa	16	hexadeca
7	hepta	17	heptadeca
8	octa	18	octadeca
9	nona	19	enneadeca
10	deca	20	eicosa

Umrechnung von Masseneinheiten

Tonne t		Kilogramm kg		Gramm g		Milligramm mg
1 t	=	1000 kg				
	=	1 kg	=	1000 g		
				1 g	=	1000 mg

Umrechnung von Volumeneinheiten

Kubikmeter m³		Kubikdezimeter dm³		Kubikzentimeter cm³		Kubikmillimeter mm³
1 m³	=	1000 dm³				
		1 dm³ (l)	=	1000 cm³ (ml)		
				1 cm³	=	1000 mm³

Größen und Einheiten

Größe	Zeichen	Einheit	Zeichen	Beziehung
Masse	m	Gramm Kilogramm	g kg	
Volumen	V	Kubikmeter Liter Milliliter	m³ l ml	
Dichte	ϱ		g/cm³	$\varrho = \dfrac{m}{V}$
Stoffmenge	n	Mol	mol	$n = \dfrac{m}{M}$
Molare Masse	M		g/mol	
Stoffmengenkonzentration	c		mol/l	$c = \dfrac{n}{V}$
Celsiustemperatur	ϑ	Grad Celsius	°C	
Stromstärke	I	Ampere Milliampere	A mA	
Spannung	U	Volt Millivolt	V mV	

Hinweis zu den Versuchen

Vor der Durchführung eines Versuchs müssen mögliche Gefahrenquellen besprochen werden. Die geltenden Richtlinien zur Vermeidung von Unfällen beim Experimentieren sind zu beachten. Da Experimentieren grundsätzlich umsichtig erfolgen muss, wird auf die üblichen Verhaltensregeln, insbesondere auf die „Richtlinie zur Sicherheit im Unterricht" (RiSU) nicht jedes Mal erneut hingewiesen.

Einige Substanzen, mit denen im Unterricht umgegangen wird, sind als Gefahrstoffe eingestuft. Sie können in den einschlägigen Verzeichnissen nachgeschlagen werden, zum Beispiel in der GESTIS-Stoffdatenbank der Deutschen Gesetzlichen Unfallversicherung.

Die Versuchsanleitungen sind nach Schüler- und Lehrerversuchen unterschieden und enthalten in besonderen Fällen Hinweise auf mögliche Gefahren. Das Tragen einer Schutzbrille beim Experimentieren ist unerlässlich.

1. Auflage   1 6 5 4 3 2 | 26 25 24 23 22

Autorinnen und Autoren: Paul Gietz, Ute Jung, Rainer Knetsch, Andreas Peters
Unter Mitarbeit von Autorinnen und Autoren der folgenden Werke: 978-3-12-068509-8, 978-3-12-068537-1, 978-3-12-068551-7, 978-3-12-068557-9, 978-3-12-068868-6, 978-3-12-068871-6, 978-3-12-068940-9, 978-3-12-068950-8, 978-3-12-068962-1

Redaktion: Dr. Wiebke Harms
Herstellung: Christopher Jakob, Nina Müller

Layoutkonzeption und Gestaltung: KOMA AMOK®, Kunstbüro für Gestaltung, Stuttgart
Umschlaggestaltung: KOMA AMOK®, Kunstbüro für Gestaltung, Stuttgart
Illustrationen: Matthias Balonier, Lützelbach; Cyprian Lothringer, Niendorf an der Stecknitz; Karin Mall, Berlin; Tom Menzel, Scharbeutz/Klingberg; Werner Wildermuth, Würzburg
Reproduktion: Meyle + Müller, Medien-Management, Pforzheim
Druck: Firmengruppe APPL, aprinta druck, Wemding

Printed in Germany
ISBN 978-3-12-068883-9

Periodensystem der Elemente

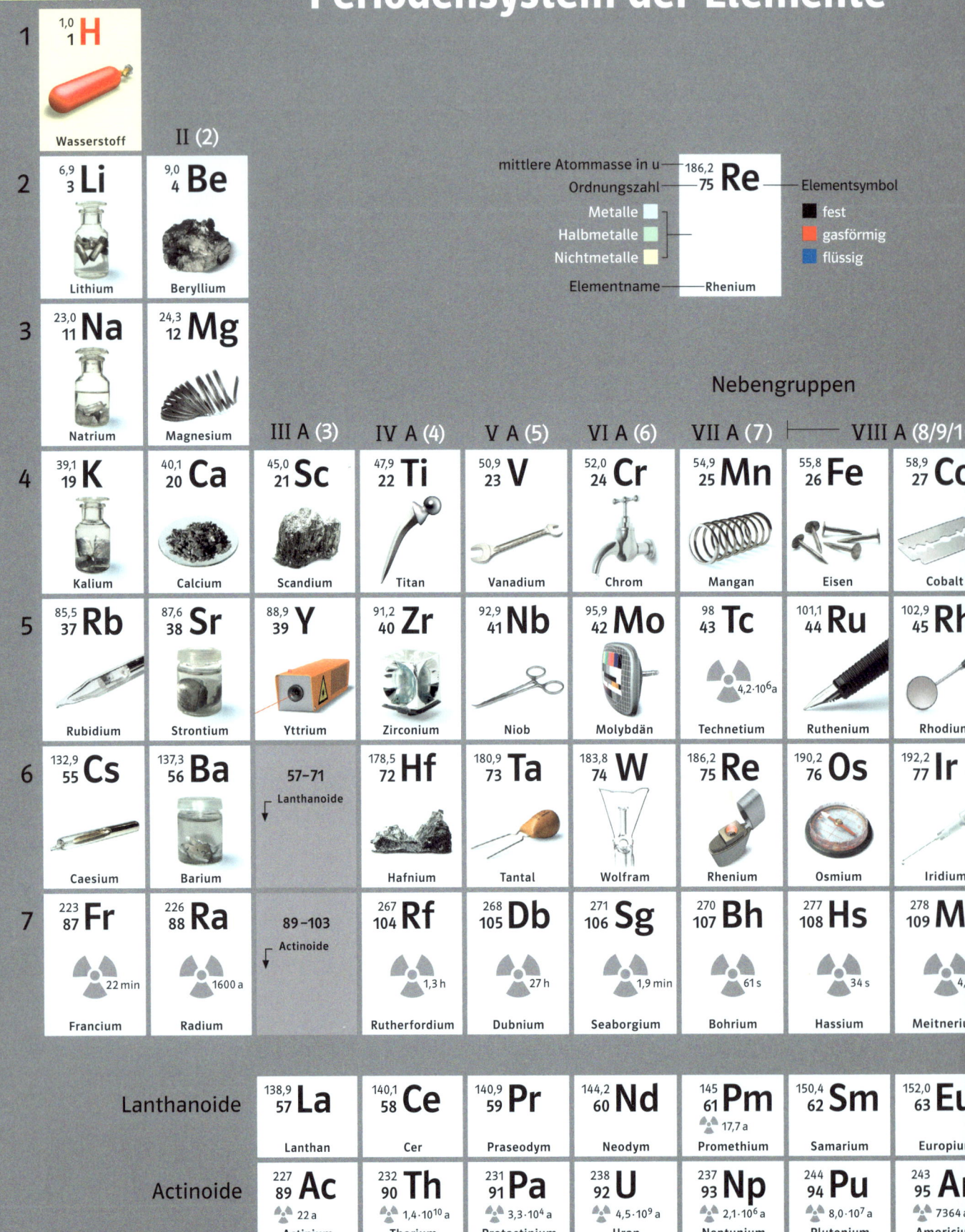

Legende:
- mittlere Atommasse in u — 186,2
- Ordnungszahl — 75
- Elementsymbol — Re
- Metalle
- Halbmetalle
- Nichtmetalle
- fest (schwarz)
- gasförmig (rot)
- flüssig (blau)
- Elementname — Rhenium

Nebengruppen

Gruppen: I (1), II (2), III A (3), IV A (4), V A (5), VI A (6), VII A (7), VIII A (8/9/10)

Periode 1
- 1,0 / 1 **H** — Wasserstoff

Periode 2
- 6,9 / 3 **Li** — Lithium
- 9,0 / 4 **Be** — Beryllium

Periode 3
- 23,0 / 11 **Na** — Natrium
- 24,3 / 12 **Mg** — Magnesium

Periode 4
- 39,1 / 19 **K** — Kalium
- 40,1 / 20 **Ca** — Calcium
- 45,0 / 21 **Sc** — Scandium
- 47,9 / 22 **Ti** — Titan
- 50,9 / 23 **V** — Vanadium
- 52,0 / 24 **Cr** — Chrom
- 54,9 / 25 **Mn** — Mangan
- 55,8 / 26 **Fe** — Eisen
- 58,9 / 27 **Co** — Cobalt

Periode 5
- 85,5 / 37 **Rb** — Rubidium
- 87,6 / 38 **Sr** — Strontium
- 88,9 / 39 **Y** — Yttrium
- 91,2 / 40 **Zr** — Zirconium
- 92,9 / 41 **Nb** — Niob
- 95,9 / 42 **Mo** — Molybdän
- 98 / 43 **Tc** — Technetium ($4,2 \cdot 10^6$ a)
- 101,1 / 44 **Ru** — Ruthenium
- 102,9 / 45 **Rh** — Rhodium

Periode 6
- 132,9 / 55 **Cs** — Caesium
- 137,3 / 56 **Ba** — Barium
- 57–71 Lanthanoide
- 178,5 / 72 **Hf** — Hafnium
- 180,9 / 73 **Ta** — Tantal
- 183,8 / 74 **W** — Wolfram
- 186,2 / 75 **Re** — Rhenium
- 190,2 / 76 **Os** — Osmium
- 192,2 / 77 **Ir** — Iridium

Periode 7
- 223 / 87 **Fr** — Francium (22 min)
- 226 / 88 **Ra** — Radium (1600 a)
- 89–103 Actinoide
- 267 / 104 **Rf** — Rutherfordium (1,3 h)
- 268 / 105 **Db** — Dubnium (27 h)
- 271 / 106 **Sg** — Seaborgium (1,9 min)
- 270 / 107 **Bh** — Bohrium (61 s)
- 277 / 108 **Hs** — Hassium (34 s)
- 278 / 109 **M** — Meitnerium

Lanthanoide
- 138,9 / 57 **La** — Lanthan
- 140,1 / 58 **Ce** — Cer
- 140,9 / 59 **Pr** — Praseodym
- 144,2 / 60 **Nd** — Neodym
- 145 / 61 **Pm** — Promethium (17,7 a)
- 150,4 / 62 **Sm** — Samarium
- 152,0 / 63 **Eu** — Europium

Actinoide
- 227 / 89 **Ac** — Actinium (22 a)
- 232 / 90 **Th** — Thorium ($1,4 \cdot 10^{10}$ a)
- 231 / 91 **Pa** — Protactinium ($3,3 \cdot 10^4$ a)
- 238 / 92 **U** — Uran ($4,5 \cdot 10^9$ a)
- 237 / 93 **Np** — Neptunium ($2,1 \cdot 10^6$ a)
- 244 / 94 **Pu** — Plutonium ($8,0 \cdot 10^7$ a)
- 243 / 95 **Am** — Americium (7364 a)

Feste feiern

Informationen in einem
Kurzreferat präsentieren,
mit Checklisten arbeiten

Texten Informationen entnehmen
Fragen zum Text beantworten
Informationen ordnen und gliedern
Arbeitsergebnisse anschaulich
    vortragen
Checklisten schreiben
eine Einladung schreiben

Briefe schreiben

Planen, schreiben, überarbeiten

einfache appellative Texte verfassen

Mit Tieren leben

Beschreiben: Handlungs-
anleitung, Stellung nehmen

Sachtexte erschließen
Stichworte notieren
Beobachtungen in einem Protokoll
    notieren
einen Gegenstand beschreiben
eine Anleitung schreiben
Argumente ordnen, diskutieren
ein Rollenspiel durchführen
eigene Meinungen formulieren und
    begründen

Steckbriefe schreiben

Planen, schreiben, überarbeiten

über einfache Sachverhalte informieren:
    Tiere beschreiben
elementare Methoden der Textplanung
    und Textüberarbeitung anwenden

Stark sein

Literarische Texte verstehen, szenisch darstellen

literarische Texte lesen und verstehen
ein Standbild deuten
eine Spielszene schreiben und gestalten
Probleme besprechen und lösen
eigene Meinungen formulieren

Im Internet recherchieren

Arbeitstechniken anwenden

Funktion und Wirkungsweise
    eines Mediums erfassen
Informationsquellen gezielt nutzen

Robinson

Literarische Texte verstehen: Ganzschrift, Personen beschreiben

eine Person beschreiben
literarische Texte lesen und verstehen
Fragen an den Text stellen und
    beantworten
vergleichendes Sprachwissen nutzen
Wörter aus anderen Sprachen
    nachschlagen

Den Textknacker anwenden

Arbeitstechniken anwenden

Klappentexten Informationen
    entnehmen

Von Wünschen erzählen

Erzählen, Erzähltexte lesen und verstehen

eigene Erlebnisse und Wünsche
  erzählen
eine Fabel und eine Ballade
  nacherzählen
Figuren beschreiben
aus anderer Perspektive erzählen
Wünsche ausdrücken und begründen

Die Handlungsbausteine untersuchen

Arbeitstechniken anwenden

literarische Texte lesen und verstehen
die Bausteine einer Geschichte
  erschließen
Geschichten planen und schreiben
  mit dem Erzählplan
Aufbau und Handlung untersuchen
eine Geschichte szenisch darstellen

Mit Handlungsbausteinen erzählen

Planen, schreiben, überarbeiten

anschaulich und lebendig Geschichten
  erzählen und schreiben

Zu Bildern erzählen

Planen, schreiben, überarbeiten

zu Bildern anschaulich erzählen und
  schreiben

Einfach märchenhaft

Gereimtes und Ungereimtes

Kompetenzen

Märchen erzählen, nacherzählen und miterzählen

Merkmale von Märchen erschließen
Märchen weiterschreiben
Märchen vergleichen
Fragen an einen Text stellen und
    beantworten
ein Märchen szenisch spielen

Lieder und Gedichte erschließen

Texte aus verschiedenen Ländern und
    in verschiedenen Sprachen kennen
    lernen
Reimformen erkennen und untersuchen
Klang und Stimmung untersuchen
ein Hörbild gestalten
ein Schattenspiel durchführen
eigene Texte und Bildwörter gestalten

Arbeitstechniken trainieren

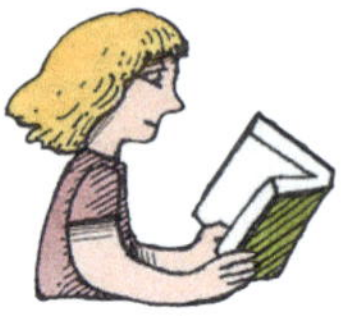

Kompetenzen

das eigene Lesen reflektieren
Fragen an Texte formulieren
Textaussagen klären

Informationen aus Sachtexten
  entnehmen
Texte gliedern
Textaussagen verstehen
Notizen machen

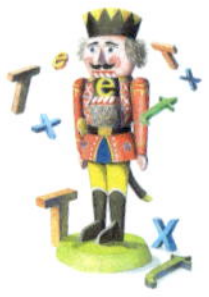

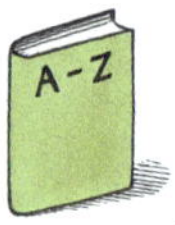

Fehler vermeiden
Informationsquellen gezielt nutzen

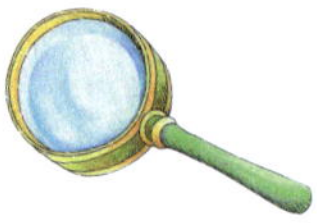

lesbar und zweckorientiert schreiben

elementare Methoden der
  Textüberarbeitung anwenden

Informationen beschaffen und
  adressatenbezogen weitergeben
zu Sachthemen stichwortgestützt
  vortragen

Training Rechtschreiben

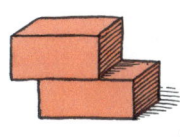

Kompetenzen

zusammengesetzte Nomen, ß, -in/ -innen, Aufzählungen

nominalisierte Verben, Fugen-s, Verbstämme, Komma bei als

präfigierte Verben, Tageszeiten, -ieren, wörtliche Rede

-ig/-lich, ss, Satzschlusszeichen, nominalisierte Adjektive

Doppelkonsonanten, Vokalwechsel, Komma bei dass

ver-/ent-, nominalisierte Adjektive, -tion

zusammengesetzte Adjektive, Wortfamilie fahren, irgend-, Verben mit ie

Dehnungs-h, Wechsel: a/ä, -keit/-heit, Komma bei dass, nominalisierte Verben

Wortbausteine untersuchen
Wörter erweitern
Wörter ableiten
Wortfamilien untersuchen
Bildung von Wörtern untersuchen

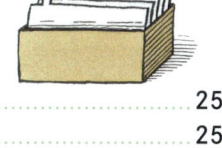

richtig abschreiben
Fehler analysieren
Fehlschreibungen vermeiden und korrigieren

Training Grammatik

Kompetenzen

Wortarten erkennen und unterscheiden
Funktionen von Wortarten untersuchen
Flexionsformen kennen und richtig
   anwenden

die grundlegenden Strukturen
   des Satzes beschreiben
Verschiebeprobe, Umstellprobe und
   Ersatzprobe anwenden

Wer bin ich?
Wer bist du?

- Anschaulich vortragen
- Gespräche führen

Ich mit meinen Freunden   Ich in der Schule   Ich allein

Ich stelle mich vor

Gesichter verraten einiges über Menschen.

1 Beschreibt die Fotos auf Seite 11.
   a. Wie wirken die Kinder?
   b. Beschreibt die Mimik der beiden Kinder.

Zu jedem Menschen gehört auch ein Name.

2 Schreibe ein Namensschild mit deinem Namen.
   Die Schrift muss groß und deutlich sein.
   Tipp: Du kannst auch ein Bild auf dein Namensschild kleben.

ein Namensschild
schreiben

Ein Name kann wie ein Gedicht sein, das den Menschen genauer
beschreibt. Zu dem Namen Niclas könnte ein Gedicht so aussehen:

N EUGIERIG
I NTERESSANT
C OOL
L USTIG
A UFGEWECKT
S PORTLICH

3 **a.** Sieh dir das Gedicht zu Niclas an.
   b. Beschreibe Niclas.

4 Schreibe nun ein ähnliches Gedicht zu deinem Namen.
   a. Finde zu den Buchstaben deines Namens **Adjektive**
      (Eigenschaftswörter, Wiewörter), die zu dir passen.
      Tipp: Du kannst die Adjektive
      in der Randspalte nutzen.
   b. Schreibe sie so wie oben auf.

ein Gedicht schreiben

> albern   beliebt   clever   dünn   ehrlich   faul
> geizig   höflich   interessant   jähzornig   klein   lustig
> mutig   neugierig   ordentlich   pfiffig   quirlig   riesig
> schick   schlank   toll   unternehmungslustig
> vorlaut   witzig   zuverlässig

Am Ende des Kapitels sprecht ihr über „Ich-Kreise" und
es soll ein „Ich-Du-Wir-Buch" entstehen.
Das Zeichen in der Randspalte zeigt Ergebnisse an,
die ihr dafür nutzen könnt.

Jeder Mensch hat einen „Ich-Kreis", in dem etwas
von seiner Person und seinem Leben sichtbar wird.
Hier siehst du den „Ich-Kreis" von Lena.

5 Was erzählt der „Ich-Kreis" über Lena?
   a. Untersucht die einzelnen Ringe.
   b. Schreibe zu jedem Ring Sätze über Lena auf.

6 Was erzählen eure „Ich-Kreise" über euch?
   a. Zeichnet einen „Ich-Kreis" zu euch selbst auf ein Blatt.
     Tipp: Ihr könnt den „Ich-Kreis" auch als Plakat gestalten.
   b. Klebt Fotos und Bilder dazu.
   c. Stellt eure „Ich-Kreise" in der Klasse vor.

einen „Ich-Kreis"
zeichnen

Einen Buchauszug lesen

Sofie erhält eines Tages einen geheimnisvollen Brief.
Er hat keinen Absender und er enthält nur drei Worte:
„Wer bist du?"

Sofies Welt Jostein Gaarder

Sofie warf die Schultasche in die Ecke und stellte Sherekan
eine Schale mit Katzenfutter hin. Dann ließ sie sich
mit dem geheimnisvollen Brief in der Hand
auf einen Küchenhocker fallen.

5 Wer bist du? Wenn sie das wüsste! Sie war natürlich
Sofie Amundsen, aber wer war das? Das hatte sie noch nicht
richtig herausgefunden. Wenn sie nun anders hieße? Anne Knutsen
zum Beispiel. Wäre sie dann auch eine andere?
Plötzlich fiel ihr ein, dass ihr Vater sie zuerst gern Synnøve

10 genannt hätte. Sofie versuchte, sich auszumalen, wie es wäre,
wenn sie die Hand ausstreckte und sich als Synnøve Amundsen
vorstellte – aber nein, das ging nicht. Dabei stellte sie sich
die ganze Zeit eine andere vor.
Nun sprang sie vom Hocker und ging mit dem seltsamen Brief

15 in der Hand ins Badezimmer. Sie stellte sich vor den Spiegel
und starrte sich in die Augen.
„Ich bin Sofie Amundsen", sagte sie.
Das Mädchen im Spiegel schnitt als Antwort nicht einmal
die kleinste Grimasse*. Egal, was Sofie auch machte,

20 sie machte genau dasselbe. Sofie versuchte, dem Spiegelbild
mit einer blitzschnellen Bewegung zuvorzukommen,
aber die andere war genauso schnell. „Wer bist du?", fragte Sofie.
Auch jetzt bekam sie keine Antwort, aber für einen kurzen Moment
wusste sie einfach nicht, ob sie oder ihr Spiegelbild diese Frage

25 gestellt hatte.
Sofie drückte den Zeigefinger auf die Nase im Spiegel und sagte:
„Du bist ich."
Als sie keine Antwort bekam, stellte sie den Satz auf den Kopf
und sagte: „Ich bin du."

30 Sofie Amundsen war mit ihrem Aussehen nie besonders zufrieden
gewesen. Sie hörte oft, dass sie schöne Mandelaugen hätte,
aber das sagten sie wohl nur, weil ihre Nase zu klein und ihr Mund
etwas zu groß war. Die Ohren saßen außerdem viel zu nah
an den Augen. Am schlimmsten aber waren die glatten Haare,

* verschiedene
Gesichtsausdrücke,
Faxen machen

35 die sich einfach nicht legen ließen. Manchmal strich der Vater
ihr darüber und nannte sie „das Mädchen mit den Flachshaaren",
nach einer Komposition von Claude Debussy*.

* ein französischer Komponist

Der hatte gut reden, schließlich war er nicht dazu verurteilt,
sein Leben lang schwarze, glatt herabhängende Haare zu haben.
40 Bei Sofies Haaren halfen weder Spray noch Gel. [...]
War es nicht ein bisschen komisch, dass sie nicht wusste,
wer sie war? Und war es nicht auch eine Zumutung, dass sie nicht
über ihr eigenes Aussehen bestimmen konnte? Das war ihr einfach
in die Wiege gelegt worden. Ihre Freunde konnte sie vielleicht
45 wählen, sich selber hatte sie aber nicht gewählt. Sie hatte sich
nicht einmal dafür entschieden, ein Mensch zu sein.
Was war ein Mensch?
Sofie sah wieder das Mädchen im Spiegel an.
„Ich glaube, ich mache jetzt lieber meine Bio-Aufgaben", sagte sie,
50 fast, wie um sich zu entschuldigen. Im nächsten Moment stand sie
draußen im Flur.
Nein, ich gehe lieber in den Garten, dachte sie dort.
„Miez, Miez, Miez, Miez!" Sofie scheuchte die Katze hinaus
auf die Treppe und schloss hinter sich die Tür.

**die Hauptfigur
beschreiben**

1 Wie sieht Sofie aus?
Beschreibe ihr Aussehen.
Tipp: Die hervorgehobenen Wörter helfen dir dabei.

2 **a.** Was denkt Sofie, nachdem sie den Brief erhalten hat?
Sucht die Textstellen heraus.
b. Sucht auch Textstellen heraus, die euch zeigen,
was Sofie nicht versteht und welche Fragen sie sich stellt.

3 Zeichne einen „Ich-Kreis" zu Sofie.

**einen „Ich-Kreis"
zeichnen**

mehr zur Lesemappe
➤ S. 211–217
eine Lesemappe anlegen
➤ S. 297

W Eine Lesemappe kann dich beim Lesen von Texten begleiten.
Darin sammelst du alles, was du rund ums Lesen schreibst
und lernst. Wähle aus den beiden Aufgaben eine für deine
Lesemappe aus.

4 Schreibe einen Brief an Sofie und erzähle ihr, wer du bist.

einen Brief schreiben
Briefe schreiben
➤ S. 300

5 Du betrachtest dich selbst im Spiegel. Was möchtest du
dein Spiegelbild fragen? Schreibe die Fragen und Antworten auf.

Über Namen nachdenken

Eltern überlegen oft lange, welchen Namen sie ihrem Kind geben. Aber was ist, wenn das Kind lieber einen anderen Namen hätte?

In dem Buch „Charlie und die Halstuchbande" erzählt Charlie von sich und ihren verschiedenen Namen.

Wer kennt das nicht? Wenn man etwas richtig satthat? Mir geht das so mit meinem Namen. Deshalb nenne ich mich Charlie. Eigentlich heiße ich Charlotte Martha Lilliane Tröndle. Tröndle ist natürlich der Nachname und mit dem kann ich gut leben. Die anderen Namen
5 würde ich am liebsten verschenken. Wenn ich mal ein Kind habe, werde ich ihm einfach ganz viele geben und dann kann es sich später einen schönen aussuchen. Neue Namen sollten es unbedingt sein, von mir aus auch erfundene, wie zum Beispiel Avonda!

In dem Buch „Die Nacht, in der Mr Singh verschwand" wird erzählt, wie Giovanni zu seinem Namen kam.

Giovanni hieß er. Nicht dass Joe italienische Vorfahren gehabt hätte. Seine Mutter und sein Vater waren auf der Hochzeitsreise in Venedig gewesen, und leicht errötend pflegte Mrs Miller jedem zu erzählen, dass ihr neun Monate später geborener Sohn deshalb
5 einen italienischen Vornamen bekommen habe. Wenn sie ihm wenigstens noch einen zweiten Namen gegeben hätten! Aber er hieß einfach nur Giovanni. Giovanni Miller. Glücklicherweise war aus dem Giovanni sehr schnell ein Joe geworden [...].

1 Begründet, warum Charlie und Joe ihre Namen nicht mögen.

2 Hast du auch, wie Charlie und Joe, andere Namen?
   a. Schreibe auf, wie du von Freunden genannt wirst.
   b. Schreibe dazu, welcher Name dir am besten gefällt.

Z 3 **a.** Warum haben sich deine Eltern für deinen Vornamen entschieden? Frage sie nach dem Grund und schreibe ihn auf.
   b. Frage auch, ob ihnen noch andere Vornamen gefallen haben. Schreibe diese Vornamen auf.

Gründe für den eigenen Namen aufschreiben

Lesetipp: Mehr über Charlie und Joe erfahrt ihr in den Büchern „Charlie und die Halstuchbande" von Nina Petrick und „Die Nacht, in der Mr Singh verschwand" von Sabine Ludwig.

W Über Namen kannst du noch mehr erfahren.
Wähle aus den folgenden Aufgaben aus.

4 Schreibe auf,
   – was dein eigener Vorname bedeutet,
   – aus welcher Sprache er kommt.

Informationen
zu Namen aufschreiben

5 Informiere dich im Internet oder in einer Bücherei,
was die Namen **Felix**, **Rosa**, **Lucia** oder **Stefan** bedeuten.
Schreibe es auf.

sich über Namen
informieren

6 Welche Namen sind bei euch besonders verbreitet?
   a. Macht eine Umfrage. Schreibt die Namen aller Kinder
   eurer Klasse und eurer Parallelklassen auf.
   b. Schreibt die jeweils zehn häufigsten Mädchen- und
   Jungennamen in einer Rangliste auf.

eine Umfrage
durchführen,
eine Rangliste erstellen

Luca ///		Rangliste	
Kenan //		Mädchennamen	Jungennamen
Maja /		1. Paula	1. Luca
Paula ///		2. ...	2. ...

   c. Fasst das Ergebnis in wenigen Sätzen zusammen.

7 Welche Namen wurden früher Kindern gegeben?
   a. Schreibe möglichst viele Namen von früher auf.
   b. Welche von diesen „alten" Namen werden heute noch
   Kindern gegeben? Unterstreiche diese Namen.

8 Spielt Interviews.
   a. Wähle den Namen einer berühmten Person oder Figur,
   die du gerne für einen Tag wärst.
   b. Interviewt euch gegenseitig.

9 Spielt ein Ratespiel „Wer bin ich?".
   – Jemand von euch wählt den Namen einer berühmten Person.
   – Die anderen stellen Fragen.
   – Die „berühmte Person" darf nur mit Ja oder Nein antworten.
   – Wer den Namen als Erster herausgefunden hat, darf nun
   eine „berühmte Person" sein.

Gespräche führen – genau zuhören

Charlotte und Max haben sich Spiele für die Klasse überlegt, damit sich alle besser kennen lernen. In einem Spiel befragen sie sich und stellen sich anschließend gegenseitig vor.

1 Lies, wie Max Charlotte vorstellt.

Max: Charlottes Hobby ist Musik. Sie spielt seit vier Jahren Schlagzeug. Das finde ich cool! Das Spannendste, was sie je erlebt hat, war eine Klettertour in den Bergen. Dabei mussten sie eine Wand hochklettern, die fast senkrecht war. Das Langweiligste war für sie die Fahrt in den Urlaub, als sie fünf Stunden lang im Stau gestanden haben. Sie war an der See, und da wäre sie jetzt auch am liebsten, wenn sie sich irgendwo hinzaubern könnte. Ihr Lieblingsessen ist Pizza mit Sardellen.

2 Welche Fragen hat Max Charlotte gestellt? Schreibt sie auf.

Höre genau zu, dann kannst du Informationen richtig weitergeben.

3 Im Tandem!
Stelle eine Mitschülerin oder einen Mitschüler der Klasse vor.
- Schreibe fünf Fragen auf.
- Stelle deine Fragen deiner Mitschülerin oder deinem Mitschüler. Merke dir die Antworten.
- Erzählt den anderen, was ihr übereinander erfahren habt.

4 Gruppenarbeit!
a. Findet heraus, was euch beim Zuhören hilft.
- Bildet Gruppen zu dritt.
- Benennt einen Sprecher, einen Zuhörer und einen Beobachter.
- Der Sprecher spricht zwei Minuten über ein Thema.
Tipp: Ihr könnt von einem spannenden Film, eurer Lieblingsband oder vom letzten Wochenende erzählen.
- Der Zuhörer hört zu und berichtet danach dem Beobachter, was er gehört hat.
b. Wertet eure Gespräche mithilfe der Fragen aus:
- Woran habt ihr erkannt, dass der Zuhörer gut zugehört hat?
- Hat er die wichtigsten Informationen wiedergegeben?
- Was hat euch beim Zuhören geholfen?
c. Tragt die Ergebnisse auf einem Plakat zusammen.

> **Starthilfe**
> Genau zuhören
> - den anderen ansehen, Blickkontakt halten
> - ...

Z Ein anderes Spiel, das Charlotte und Max vorgestellt haben, heißt „Zwei Wahrheiten und eine Lüge". Auch hier geht es um genaues Zuhören. Diesmal hat Charlotte sich vorgestellt.

5 Lies, was Charlotte von sich erzählt.

Charlotte: Ich probiere gern neue Sachen aus. Klettern war ich schon, aber Freeclimbing, Klettern ganz ohne Seil, würde ich gerne lernen. In der Halle habe ich das schon geübt, aber draußen, im Freien, ist das was ganz anderes.
Auch beim Essen probiere ich gern alles Mögliche. Nur Fisch kann ich nicht essen, da kriege ich sofort eine schlimme Allergie, so kleine rote Bläschen im Gesicht. Ich musste deshalb sogar schon mal ins Krankenhaus, weil ich keine Luft mehr bekommen habe. Und das, weil ich nur ein kleines Stückchen Fisch gegessen hatte!
Im Fernsehen schaue ich mir am liebsten spannende Filme an und dann erzählen mein Bruder und ich uns im Dunkeln Gruselgeschichten. Einmal haben wir uns gegenseitig so viel Angst gemacht, dass keiner von uns mehr allein in sein Zimmer gehen wollte. Wir sind auf dem Sofa im Wohnzimmer eingeschlafen. Unsere Eltern haben uns am nächsten Morgen dort gefunden. Das hat ziemlich viel Ärger gegeben!

6 Finde Charlottes Lüge heraus. Zwei von den Dingen, die Charlotte erzählt hat, sind wahr, eines ist gelogen.
Tipp: Wenn du bei dem, was Max erzählt hat, gut aufgepasst hast, fällt es dir leicht.

7 **Spielidee:** Zwei Wahrheiten und eine Lüge.
  – Denke dir drei Dinge aus, die du der Klasse über dich selbst erzählen möchtest. Zwei Dinge davon stimmen, eines sollte erfunden sein.
  – Erzähle nun der Klasse davon.
  – Die anderen finden heraus, was nicht wahr ist.
  – Wer es herausgefunden hat, darf nun selbst über sich drei Dinge erzählen.

Z Weiterführendes: Ein Jugendbuch lesen

Niemand sitzt neben Bradley, doch dann kommt Jeff …

Bradley, letzte Reihe, letzter Platz   Louis Sachar

Bradley Chalkers saß ganz hinten im Klassenzimmer – letzte Reihe,
letzter Platz. Keiner saß am Pult* neben ihm und keiner vor ihm.
Er war eine Insel.
Wenn es nach ihm gegangen wäre, hätte er im Schrank gesessen.

5 Dann hätte er die Tür schließen können und nicht mehr Mrs Ebbel
zuhören müssen. Bestimmt hätte sie nichts dagegen gehabt.
Vermutlich wäre es ihr sogar recht gewesen. Und dem Rest
der Klasse sowieso. Letzten Endes wäre es allen besser gegangen,
wenn er im Schrank gesessen hätte, aber leider passte sein Pult

10 da nicht rein.
„Hört zu, Kinder", sagte Mrs Ebbel, „ich möchte euch heute
Jeff Fishkin vorstellen. Jeff ist erst vor Kurzem hierhergezogen.
Er kommt aus Washington, D.C.*, und das ist unsere Hauptstadt,
wie ihr wisst."

15 Bradley hob den Kopf und musterte den Neuen,
der vorne neben Mrs Ebbel stand.
„Wie wär's, wenn du der Klasse ein wenig von dir erzählst, Jeff?",
ermunterte ihn Mrs Ebbel.
Der Neue zuckte die Achseln.

20 „Weshalb so schüchtern?", sagte Mrs Ebbel.
Der Neue murmelte etwas, aber Bradley verstand es nicht.
„Warst du schon mal im Weißen Haus*, Jeff?", fragte Mrs Ebbel.
„Die Klasse würde sicher gerne ein wenig darüber hören."
„Nein, da war ich noch nie", sagte der Neue hastig

25 und schüttelte den Kopf.
Mrs Ebbel lächelte. „Na schön, dann suchen wir jetzt am besten
einen Platz für dich." Sie ließ den Blick durchs Klassenzimmer
schweifen. „Hm, im Moment ist wohl kein Platz frei,
außer dort ganz hinten. Da könntest du sitzen."

30 „Nein, nicht neben Bradley!", rief ein Mädchen in der ersten Reihe.
„Immer noch besser als vor Bradley", sagte der Junge neben ihr.
Mrs Ebbel runzelte die Stirn. Sie wandte sich Jeff zu. „Tut mir leid,
aber einen anderen freien Platz haben wir nicht."
„Mir egal, wo ich sitze", murmelte Jeff.

35 „Nun ja, dort … mag keiner sitzen", sagte Mrs Ebbel.
„Das stimmt", meldete sich Bradley. „Keiner will neben mir sitzen!"

* Tisch mit schräger Platte

* die Hauptstadt der USA

* der Amtssitz des Präsidenten der USA

Er lächelte sein merkwürdiges Lächeln. Er zog den Mund dermaßen in die Breite, dass man kaum wusste, ob es ein Lächeln war oder eine Grimasse.

40 Verlegen setzte sich Jeff neben Bradley, der ihn mit Glubschaugen* anstarrte. Jeff antwortete mit einem Lächeln und Bradley wandte sich ab.

Als Mrs Ebbel mit dem Unterricht begann, holte Bradley einen Bleistift und ein Blatt Papier hervor und

45 fing an zu kritzeln. Er kritzelte fast den ganzen Morgen vor sich hin, mal auf einem Blatt Papier und mal auf dem Pult. [...]

Mrs Ebbel gab ihnen eine Englischarbeit zurück. „Die meisten von euch haben sehr gut abgeschnitten", sagte sie. „Was mich sehr gefreut hat. Wir haben vierzehn Einsen, der Rest sind Zweien.

50 Natürlich gibt es auch eine Sechs, aber ..." Sie zuckte die Achseln. Bradley hielt seine Arbeit hoch, damit alle sie sehen konnten, und lächelte wieder dieses schiefe Lächeln.

Während Mrs Ebbel mit der Klasse die richtigen Antworten durchging, holte Bradley seine Schere heraus und zerschnippelte

55 das Aufgabenblatt sorgfältig in winzige Quadrate.

Als es zur Pause läutete, zog er seine rote Jacke an und ging, für sich alleine, nach draußen. „Hey, Bradley, wart doch mal!", rief jemand von hinten. Verdutzt drehte er sich um.

Jeff, der Neue, schloss hastig zu ihm auf. „Hi", sagte Jeff.

60 Bradley starrte ihn verblüfft an.

Jeff lächelte. „Ich hab nichts dagegen, neben dir zu sitzen", sagte er.

„Echt." Bradley wusste nichts zu sagen.

„Ich war schon mal im Weißen Haus", gab Jeff zu. „Wenn du willst, erzähl ich dir davon."

65 Bradley dachte kurz nach und sagte: „Gib mir 'nen Dollar* oder ich spuck dich an."

*mit großen, hervorstehenden Augen

*ein Zahlungsmittel in den USA

Was mögen Jeff und Bradley denken, als sie sich kennen lernen?

1 An einigen Textstellen siehst du kleine Gedankenblasen. Schreibe auf, was Jeff oder Bradley jeweils durch den Kopf gehen könnte.

sich in andere hineinversetzen

> **Starthilfe**
> 1. Bradley: „Ein Neuer. Was interessiert mich, woher ..."

2 Beschreibe, wie sich die beiden Jungen an diesem Tag fühlen. Nenne Textstellen, die dir Hinweise darauf geben.

Nach der Schule kam Bradley nach Hause.

Er ging durch den Flur in sein Zimmer und schloss die Tür.
„Hey, hört mal", rief er, „Bradley ist wieder da!" Dabei tat er so,
als würde jemand anders sprechen. „Hi, Bradley. Hi, Bradley",
70 sagte er mit wieder anders verstellter Stimme.
„Hallo, alle zusammen!", antwortete er, diesmal als er selbst.
Er sprach zu seiner Sammlung kleiner Tiere. Davon besaß er
ungefähr zwanzig. Da war ein Messinglöwe, den er eines Tages
auf dem Schulweg in einer Mülltonne gefunden hatte.
75 Ein Esel aus Elfenbein, den seine Eltern von ihrer Reise
nach Mexiko mitgebracht hatten. Zwei Eulen, die früher
als Salz- und Pfefferstreuer gedient hatten, ein gläsernes Einhorn
mit abgebrochenem Horn, eine Familie Cockerspaniels,
die sich um einen Aschenbecher drängten, ein Waschbär, ein Fuchs,
80 ein Elefant, ein Känguru und einige Wesen, die schon
so ramponiert waren, dass man nicht mehr erkennen konnte,
was für Tiere es einmal gewesen waren.
Sie alle waren seine Freunde.
Und sie alle mochten Bradley.
85 „Wo ist Kim?", fragte Bradley. „Und Bartholomäus?"
„Ich weiß nicht", sagte der Fuchs.
„Die hauen immer zusammen ab", sagte das Känguru.
Bradley beugte sich über das Bett, langte unter sein Kopfkissen
und zog Kim das Kaninchen und Bartholomäus den Bären hervor.
90 Er wusste, dass sie unter seinem Kissen steckten, weil er sie selbst
vor der Schule dort hingetan hatte.
„Was habt ihr zwei denn da unten getrieben?", fragte er streng.
Kim kicherte. Sie war ein kleines rotes Kaninchen
mit aufgeklebten Perlaugen. Eines ihrer Ohren war abgebrochen.
95 „Nichts, Bradley", sagte sie. „Ich war nur kurz spazieren."
„Ähm, und ich musste mal", sagte Bartholomäus. Er war
ein braun-weißer Bär und stand auf den Hinterbeinen. Sein Maul
war aufgerissen und darin waren schön geformte Zähne und
eine rote Zunge zu sehen. [...]
100 Bradley langte in seine Hosentasche und zog eine Hand voll
Papierschnipsel hervor, die Reste seiner Englischarbeit. „Seht mal
alle her", sagte er. „Ich hab euch was zu futtern mitgebracht!"
Er ließ die Papierschnipsel aufs Bett fallen und schob all seine Tiere
mitten in den Haufen hinein.
105 „Nur mit der Ruhe", sagte er. „Es ist genug für alle da."

Louis Sachar
Bradley
letzte Reihe,
letzter Platz

**Bradley in der Schule und Bradley zu Hause scheinen
zwei ganz verschiedene Jungen zu sein. Wie sehen ihn die anderen?**

die Perspektive
wechseln

3 **a.** Schreibe auf, was die Lehrerin, die Mitschüler und
die Mitschülerinnen über Bradley denken.
b. Stell dir vor, Bradleys Tiere könnten wirklich reden.
Schreibe auf, was Kim, das Kaninchen, über ihn erzählen würde.

4 Wie denkst du über Bradley? Schreibe es auf.

5 Wie sieht Bradley sich? Wer oder wie möchte er gern sein?
Zeichne einen „Ich-Kreis" zu Bradley.

einen „Ich-Kreis"
zeichnen

Z **Bradleys Situation wird mit einem sprachlichen Bild beschrieben:**
„Er war eine Insel." (Zeile 3)

6 Erkläre dieses sprachliche Bild.

W **Wähle aus den beiden Aufgaben eine aus.**

7 **a.** Wenn du in die Landschaft auf dem Bild hineinklettern könntest,
– wo wärst du dann gerne?
– was würdest du tun?
– wie würdest du dich fühlen?
b. Erzähle eine Geschichte.

zu einem Bild erzählen

erzählen ➤ S.148–155

8 **a.** Zeichne ein eigenes Bild. Zeichne dich hinein.
b. Erzähle eine Geschichte dazu.

Miteinander sprechen: Klassenrat

Eine Klasse sollte regelmäßig über wichtige Themen sprechen und Probleme gemeinsam lösen. Dabei hilft der Klassenrat.

> Im Klassenrat besprechen wir Themen, die für uns wichtig sind. Die ganze Klasse setzt sich einmal in der Woche zusammen in einen Stuhlkreis. So können wir uns beim Reden ansehen. Wir sprechen über unsere Probleme, aber auch über Pläne, Veranstaltungen und Ausflüge.

1 **a.** Was versteht diese Klasse
unter einem Klassenrat?
  b. Habt ihr selbst Erfahrungen
mit dem Klassenrat? Berichtet davon.

2 **a.** Besprecht das Thema im Klassenrat.
Überlegt gemeinsam, was ihr besprechen könntet.
  – Über welche wichtigen Themen möchtet ihr sprechen?
  – In welchen Situationen könntet ihr euch gegenseitig helfen?
  – Welche Probleme oder Streitfragen wollt ihr
gemeinsam lösen?
  – Welche Veranstaltungen möchtet ihr planen und vorbereiten?
  b. Notiert weitere Fragen.
  c. Besprecht das Thema im Klassenrat mithilfe der Arbeitstechnik.

Themen für den
Klassenrat finden
und ein Thema
besprechen

Arbeitstechnik

Klassenrat

So kann euer Klassenrat ablaufen:
– Jeder **schreibt auf Zettel**, über welche **Themen** er sprechen möchte.
  Schreibt immer nur eine Idee auf einen Zettel.
– **Sammelt eure Ideen**, z. B. in einem Ideenkasten.
– **Wählt** vor jedem Klassenrat eine **Präsidentin** oder einen **Präsidenten**.
  Sie oder er **eröffnet** den Klassenrat, **liest** die Zettel **vor** und **leitet** auch
  die **Diskussion** und die **Abstimmung**.
– Besprecht, in welcher **Reihenfolge** ihr über die Themen beraten wollt.
– **Diskutiert** dann über die einzelnen Themen.
– Euer **Klassenlehrer** oder eure **Klassenlehrerin** sollte mit im Stuhlkreis
  sitzen. Ihr könnt ihn oder sie **um Rat fragen**.
– **Schreibt eure Ergebnisse auf**.

Der Klassenrat kann wichtig für euer gemeinsames Lernen sein.

> *Warum wir den Klassenrat wichtig finden*
>
> Jeder kann seine Meinung sagen und wird akzeptiert. Man wird auch nicht deswegen verprügelt oder blöd angemacht, da der Klassenlehrer dabei ist. Jedes Kind kann über seine Probleme sprechen, aber auch der Lehrer kann uns sagen, welches Problem er mit uns hat. Es wird eigentlich immer offen und ehrlich diskutiert.

3 **a.** Lest den Plakatausschnitt.

b. Schreibt mit eigenen Worten auf, warum die Klasse den Klassenrat wichtig findet.

> **Starthilfe**
> Der Klassenrat ist wichtig, weil …

c. Schreibe weitere Gründe auf, warum der Klassenrat wichtig ist.

Gründe
für den Klassenrat
aufschreiben

Ein Klassenrat funktioniert nur, wenn ihr bestimmte Regeln festlegt. Diese Regeln solltet ihr dann auch einhalten.

· Wenn jemand etwas wichtig findet, darf er es ruhig sagen. · Man spricht die anderen direkt mit „du" an.
· Niemand darf ausgelacht werden! · Erst ist der dran, der ein Thema auf den Zettel geschrieben hat. Dann sind die anderen oder der Angesprochene dran.
· Wer etwas sagen will, meldet sich erst.
· Es geht nach der Reihenfolge der Tagesordnung. · Wir lassen jeden ausreden. Darauf achtet der Präsident oder die Präsidentin.
· Alle sitzen im Stuhlkreis.

Regeln
für den Klassenrat
festlegen

4 **a.** Ordnet die Regeln für den Klassenrat.

b. Ergänzt weitere Regeln.

c. Gestaltet ein Plakat mit euren Regeln für den Klassenrat und hängt es in der Klasse auf.

ein Plakat gestalten
➤ S. 302

Das kann ich!

Anschaulich vortragen
Gespräche führen

Alle Personen und Figuren in diesem Kapitel
haben ein eigenes Ich, genau wie ihr selbst.
Diese unterschiedlichen Ichs habt ihr in diesem Kapitel
in „Ich-Kreisen" abgebildet.

1 Die „Ich-Kreise" zeigen, dass zwar jeder anders ist,
es aber doch viele Gemeinsamkeiten gibt.

a. Seht euch noch einmal die „Ich-Kreise" der einzelnen Personen
und Figuren an, die ihr gezeichnet habt:
eure eigenen und den „Ich-Kreis" von Sofie.

b. Vergleicht die verschiedenen „Ich-Kreise":
– Welche Ringe des „Ich-Kreises" habt ihr bei Sofie ausgefüllt?
– Welche Ringe spielen bei euch die Hauptrolle?
– Was ist in vielen „Ich-Kreisen" ähnlich?

c. Stelle den „Ich-Kreis" von Sofie vor.

> „Ich-Kreise" vergleichen

2 Sprecht darüber, welche Rolle „Ich-Kreise" in einer Klasse spielen.

> über „Ich-Kreise" sprechen

3 Sprecht über folgende Fragen:
– Was verbindet euch in eurer Klasse?
– Wie könnt ihr alle Kinder einbeziehen?
– Entwickelt ein Bild oder ein Motto* dazu,
das ihr im Klassenraum aufhängt.

> ein Gespräch führen

> * einen Wahlspruch

Nun könnt ihr ein „Ich-Du-Wir-Buch" gestalten.

> ein „Ich-Du-Wir-Buch"
> gestalten und vorstellen

4 Gestaltet gemeinsam ein „Ich-Du-Wir-Buch".

a. Jede Schülerin und jeder Schüler gestalten jeweils eine Seite.
Tipps:
– Ihr findet Anregungen in dem Kapitel.
– Ihr könnt noch weitere Texte und Bilder hinzufügen.

b. Stellt eure Seiten in der Klasse vor.
c. Gestaltet das Titelblatt eures Buches.
d. Ordnet die Texte, Bilder und Materialien für euer Buch.
e. Heftet das Buch zusammen.

Rund ums Essen

- Sachtexte erschließen
- Präsentieren

mangiare

comer

yemek

לאכל

essen

jesti

Was wir essen – Collage von Melanie und Alessandra

Wenn ihr ungefähr 80 Jahre alt seid und
euch bis dahin dreimal täglich zum Essen hingesetzt habt,
habt ihr etwa 78 840 Mahlzeiten zu euch genommen,
mit allen Zwischenmahlzeiten etwa 105 120.
Das sind mehr als sechs Jahre essen und trinken ohne Pause.
So viel Essen?

Über Nahrungsmittel und Essgewohnheiten nachdenken

Auf Seite 27 seht ihr eine Collage zu Nahrungsmitteln.

1 Tauscht euch über die Collage aus.
- Wie heißen die einzelnen Nahrungsmittel?
- Was wisst ihr über sie?
- Wann und wo isst man was? Auf Festen, allein, zu Hause, …?

Nicht alle Nahrungsmittel schmecken gleich.

2 Welche Nahrungsmittel schmecken süß, sauer, salzig, bitter?
a. Schreibe sie mit den bestimmten Artikeln auf.
b. Ergänze eigene Beispiele.

Nahrungsmittel ordnen

süß	sauer	salzig	bitter
das Eis, …	…	…	…

Nahrungsmittel werden in Gruppen geordnet.

3 **a.** Ordne die Nahrungsmittel von Seite 27 in eine Tabelle ein.
b. Ergänze weitere Beispiele.

Getreide/ Kartoffeln	Gemüse	Obst	Milchprodukte	Fisch/ Fleisch	Öle/ Fette
die Brezel, …	…	…	…	…	…

**In einer Rangliste könnt ihr aufschreiben,
was in eurer Klasse häufiger, was seltener gegessen wird.**

eine Rangliste erstellen

4 **a.** Schreibt zunächst auf, was jeder von euch
gestern im Einzelnen gegessen hat.
b. Schreibt dann alle Nahrungsmittel
in einer Rangliste auf.
Z **c.** Fasse das Ergebnis schriftlich zusammen.

Marmelade ///// Rangliste
Butter //////   1. Brot
Brot //////////// 2. Butter
                 3. …

**Am Ende des Kapitels steht eine Präsentation. Das Zeichen
in der Randspalte zeigt Ergebnisse zum Präsentieren an.**

Frühstück – von der Mongolei bis Island

So verschieden kann Frühstück sein: getrockneter Quark
aus Yakmilch für Talbium aus Ulan-Bator, der Hauptstadt
der Mongolei. Mohammed aus Sfax in Tunesien verspeist morgens
frittierten Brandteig („Ftira") und Rinderwurst. Für den Durst gibt
5   es „Psisa": Das Getränk basiert auf einem Pulver aus Kichererbsen
und Fenchel. Margret Birna Helgadottir aus dem isländischen
Reykjavik mag zwar ihren morgendlichen Haferbrei mit Zimt und
Zucker, auf den Löffel Lebertran könnte sie aber verzichten.
Wang Gan aus Peking in China hat morgens das dickste Programm:
10   zwei Sorten Dumplings, das sind gefüllte Teigtaschen,
außerdem in Tee gegarte Eier, Soja-Milch und You Tiao,
gedrehte und frittierte Teigstücke.

5   Schlage unbekannte Wörter im Lexikon nach.
     Schreibe die Worterklärungen auf.

Wörter nachschlagen
➤ S. 298

6   Was frühstücken die Kinder in welchem Land?
     a. Schreibe es mit großer Schrift auf ein Plakat.
     b. Ergänze, was du frühstückst.

ein Plakat gestalten

ein Plakat gestalten
➤ S. 302

So frühstücken Kinder:				
Name des Kindes	Stadt	Land	Essen	Trinken
…	…	…	…	…

Die folgenden Kreise haben etwas mit Essen und Trinken zu tun.

7   Was wisst ihr über die einzelnen Themen?
     a. Bildet kleine Gruppen und verteilt die Themen.
     b. Zeichnet jeden Kreis auf ein großes Blatt Papier.
     c. Schreibt Stichworte zu jedem Kreis auf.
     d. Stellt die Ergebnisse in der Klasse vor.
     e. Ergänzt weitere Stichworte.

**ein Brainstorming
durchführen**

Einen Sachtext lesen

Der Sachtext informiert über Fragen rund ums Essen.
Mit dem Textknacker knackst du den langen Sachtext.

mit dem Textknacker
lesen

Textknacker ➤ S. 43

Bilder erzählen dir viel, schon bevor du mit dem Lesen anfängst.

1 **a.** Was erzählt dir das Bild auf Seite 27? Schreibe es auf.
   b. Was erzählen dir die Bilder auf den Seiten 30 bis 32?
      Schreibe zu jedem Bild einen Satz auf.

Die Überschrift verrät dir etwas über das Thema des Textes.

2 **a.** Schreibe die Überschrift des Textes auf.
   b. Schreibe auf, worum es in dem Text vermutlich geht.

3 Lies nun den Sachtext als Ganzes.

Nahrungsmittel und Essgewohnheiten

Es wird gegessen, was auf den Tisch kommt.
Zu Hause ist das oft so. Auch in der Jugendherberge heißt es:
„Hier wird nicht für jeden eine Extrawurst gebraten!"
Wer bestimmt aber, was wir essen, wenn wir erwachsen sind?
5 Warum essen wir? Wir essen, weil wir Hunger haben und weil
Lebewesen nur leben können, wenn sie Nahrung zu sich nehmen.
Warum aber essen wir bestimmte Nahrungsmittel?
Wir essen, was wir von früher her gewohnt sind, wir essen Dinge,
weil sie modern oder in sind, wir essen manches, weil es gesünder
10 ist als anderes, aus religiösen Gründen essen wir bestimmte Dinge
und andere nicht, wir essen bestimmte Dinge, wenn wir krank
sind, wir essen bestimmte Dinge, weil wir abnehmen oder
zunehmen wollen oder müssen, wir essen, weil wir gelangweilt sind,
weil wir gerade Zeit haben, wir essen manches,
15 was in der Werbung angepriesen wird.

1

Das Wasser läuft einem im Mund zusammen.
Speichel oder Spucke hilft beim Verdauen von Nahrungsmitteln,
Speichel bringt aber auch die Aromastoffe des Essens
zu den Geschmacksknospen auf der Zunge.

20 „Iss doch deine Kartoffeln auf." „Ich mag nicht mehr." Aber Chips
und Pommes, das geht immer, es geht auch immer weiter,
bis die ganze Tüte leer ist. Warum ist das so? Manches Essen gibt
ein gutes Gefühl im Mund. Das Knuspern beim Kauen verlockt,
Fett und Salz lassen das Wasser im Mund zusammenlaufen.

25 Der klassische Hamburger wartet mit einer ganzen Reihe
von Reizen auf: ein weiches krümelfreies Brötchen,
eventuell mit Sesam, eine flache Scheibe Hackfleisch,
vielleicht eine Scheibe schmelzender Käse, ein bisschen fettig,
eine süß-sauer-salzige Gurkenscheibe und ein Salatblatt,

30 knackig durchzubeißen und zu kauen, süßsaures Ketschup
auf duftend getoastetem Brot – das produziert viel Speichel.
In anderen Ländern kommen spezielle Zutaten hinzu,
die dem dortigen Geschmack entsprechen, zum Beispiel in Mexiko
scharfer Chili oder in Indien Curry.

35 Manchmal aber läuft einem die Spucke im Mund zusammen,
bevor man überhaupt angefangen hat zu essen. Warum das?
1905 bemerkte der russische Forscher Pawlow, dass Zwingerhunde
schon Speichel produzierten, sobald sie die Schritte ihres Herrn
hörten, der ihnen ihr Futter brachte. Pawlow überprüfte diese

Im Maul des Hundes hängt ein Röhrchen, in dem der Speichel gesammelt wird.

40 Beobachtung mit einem Experiment, indem er die Futtergabe
(löst Speichelfluss aus) mit einem anderen vorhergehenden
Geräusch, nämlich einem Glockenton, verband. Nach häufigem
Wiederholen des Experimentes hatten die Hunde gelernt,
Glockenton = Futter → das Wasser lief ihnen schon vor dem Essen

* etwas durch ein Signal gelernt haben und darauf reagieren

45 im Maul zusammen. Die Hunde waren konditioniert*.
Auch Haustiere sind so konditioniert. Wenn Frauchen oder
Herrchen die knisternde Futtertüte öffnet oder die Lasche
an der Dose aufzieht, dann sitzen Bello oder Minka schon bei Fuß,
den Blick erwartungsvoll auf die Tüte oder die Dose gerichtet.

50 Werden Menschen auch konditioniert?
Manchmal werden wir verführt, nämlich durch Werbung.
Was passiert, wenn Kinder Werbespots über Essen und Trinken
sehen? Man hat das untersucht und festgestellt, dass Kinder
während der Sendung und danach besonders viel Schokolade,

55 Gummibärchen und Chips aßen. Farbe und Glanz von Süßigkeiten
sind wichtig, Schokopastillen werden deshalb mit buntem,
glänzendem Überzug angeboten, mit stumpf-grauem Belag hätten
sie keinen Erfolg. Auch die Verpackung verlockt zum Kaufen.
Da gibt es Schachteln, Tüten und Röhren mit bunten Mustern und

60 Figuren, aus Karton und Plastik, mit Schleifen.

Was man nicht kennt, das isst man nicht.
Auf Reisen gibt es oft ungewohnte Kost, besonders für den,
der in Länder mit heißem Klima fährt. Deshalb bieten die Küchen
großer Hotels an Urlaubsorten häufig so genannte internationale
65 Gerichte an und Touristen können fast wie zu Hause essen,
ohne ungewohnte Gewürze oder ungewohnte Zutaten.
Warum lehnen Menschen unbekannte Kost ab? Sie kennen
bestimmte Nahrungsmittel, Gewürze oder Zubereitungen nicht,
sie vertragen sie nicht oder sie schmecken ihnen einfach nicht.
70 In vielen Regionen der Erde gibt es besondere Nahrungsmittel,
und die Menschen, die dort aufgewachsen sind,
haben sich daran gewöhnt.

Meist sind die Ernährungsgewohnheiten dort auch sinnvoll,
z. B. ist das Essen von Salzigem mit gleichzeitigem Trinken
75 von viel Wasser in heißen Ländern wichtig.
Wer aber schon einmal in den Ferien in einem heißen Land war und
keinen Durchfall bekam, verbindet mit dem Essen und Trinken
meist gute Erinnerungen und möchte das Essen auch zu Hause
genießen. Das scheint möglich z. B. durch viele italienische,
80 türkische, griechische Restaurants, die es heute in vielen Ländern
der Welt gibt. Aber schmeckt es auch wie in den Ferien?

Tipps für eine Reise mit All-inclusive-Hotel

Wer es in der Türkei versäumt, sich bei einem Straßenrestaurant
„Gözleme" zu besorgen, hat was verpasst: Die mit Petersilie und
Schafskäse gefüllten Pfannkuchen sind sehr lecker.
Auf Mallorca darf man das Klubfrühstück mal ausfallen lassen
und sich in einer Bäckerei „Ensaimadas" kaufen,
mit Puderzucker bestreutes Hefegebäck, schön süß.

Was Hänschen nicht lernt, lernt Hans niemals mehr.
Babys und Kleinkinder sind lernfähig, sie können alles
an Geschmack lieben oder ablehnen lernen, Süßes, Scharfes,
85 Saures, Salziges, Bitteres.
Im Lauf der Jahre und der Erziehung kommt es
zu einer Gewöhnung: Das chinesische Kind hat gelernt,
den chinesischen Geschmack zu bevorzugen,
das italienische Kind den italienischen und das Kind aus Russland
90 den russischen Geschmack. Aber ändert sich das nie?
Bleibt das immer so: Was das kleine Hänschen nicht lernt,
lernt der erwachsene Hans niemals mehr?

Absätze gliedern den Text.
Manchmal stehen auch Zwischenüberschriften über den Absätzen.

4 Schreibe die Zwischenüberschriften auf.

Manche Wörter sind zum Verstehen besonders wichtig,
sie sind Schlüsselwörter.

5 Schreibe die Schlüsselwörter aus jedem Absatz
unter die jeweilige Zwischenüberschrift.

6 Beantworte die Fragen zu den einzelnen Absätzen.
Schreibe Stichworte oder Sätze auf.
– Warum essen Menschen bestimmte Nahrungsmittel?
– Wann läuft einem das Wasser im Mund zusammen?
– Was hat Pawlow entdeckt? Wie sah sein Versuch aus?
– Wie werden Menschen konditioniert?
– Was sollte man auf Reisen tun?
– Warum essen Menschen oft nicht das, was sie nicht kennen?
– Kann Hans nicht mehr lernen?

Manche Wörter werden erklärt.

7 Erkläre „konditioniert" mit einem Beispiel.

Manchmal gibt es weitere Bilder am Rand des Textes oder im Text.
Sie helfen dir, den Text zu verstehen.

8 Schreibe die Nummer des Bildes und die Erklärungen
aus dem Text auf.

Suche Wörter, die du nicht verstanden hast, im Lexikon.

9 Schreibe die Wörter zusammen mit ihren Erklärungen auf.

Z Nun kannst du zusammenfassen, was im Text steht.

den Text
zusammenfassen

Textknacker ➤ S. 298

10 Was ist besonders wichtig und interessant?
Worüber möchtest du informieren? Schreibe einen kurzen Text.
Gehe dazu den Textknacker Schritt für Schritt entlang.

Extra Grammatik: **Wörter wandern**

Xitomatl, xocolatl und papa

Manche Wörter wandern von einem Land zum anderen,
von einer Sprache in andere. Manche Wörter wandern
sogar um die ganze Welt. Dabei verändern sie sich.

1 Erkennst du die Bedeutung der folgenden Wörter?
   a. Lies die Wörter laut.*
   b. Schreibe alle Wörter mit derselben Bedeutung zusammen auf.
   c. Schreibe die deutsche Bedeutung dazu.

chocolate (englisch), tomate (spanisch), chocolate (spanisch),
σοκολάτα (sokoláta; griechisch), domates (türkisch),
cioccolata (italienisch), choklad (schwedisch), cokelat (indonesisch),
xitomatl (nahuatl)**, çikolata (türkisch),
шоколад (schokolád; russisch), tomato (englisch), tomatillo (spanisch),
suðusúkkulaði (isländisch), xocolatl (nahuatl)

   * Tipps zur Aussprache in Deutsch: ch wie tsch (englisch, spanisch);
     ç wie tsch; á: Betonung auf dem a; ð wie das englische th; x wie ch; ll wie j;
     ch wie sch; cc wie k (italienisch); qu wie k (quechua).
   ** nahuatl (Aussprache Nawátl) ist die Sprache der Azteken, eines Volkes in Mexiko.

2 Was haben die Wörter gemeinsam?
   Warum gehören sie zusammen?
   Markiere, was in den Wörtern gleich ist.

die Bedeutung von
Wörtern erkennen und
vergleichen

Die Wörter sind von Mittelamerika und
Südamerika um die Welt gereist.

3 In den Sprachen welcher Länder
   gibt es diese Wörter?
   a. Sieh im Atlas nach.
   b. Schreibe die Namen der Länder auf.
   c. Schreibe die Wörter aus Aufgabe 1 dazu.

Eine der Sprachen, aus der die Wörter kommen, ist Nahuatl.

4 In der Sprache Nahuatl bedeutet **-atl**: **das Wasser**.
   Schreibe auf, was **xitomatl** und **xocolatl** bedeuten könnten.

Auch das Wort pápa (deutsch Kartoffel) hat sich verändert.

mehr über die Kartoffel
➤ S. 280–282

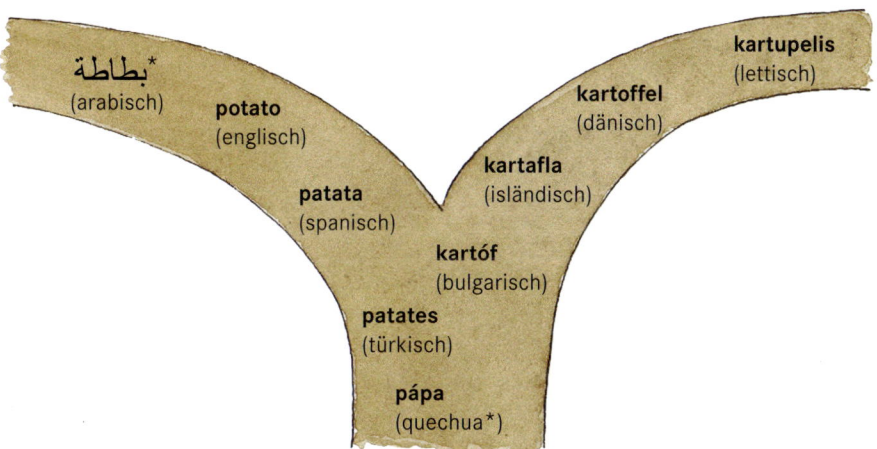

بطاطة*
(arabisch)

potato
(englisch)

patata
(spanisch)

patates
(türkisch)

pápa
(quechua*)

kartóf
(bulgarisch)

kartafla
(isländisch)

kartoffel
(dänisch)

kartupelis
(lettisch)

* gesprochen: batata

* Quechua ist die Sprache
der Inka, eines Volkes
in Peru.

5 **a.** Lies die Wörter laut.
   b. Welche Wörter sind einander ähnlich? Begründe.

6 Aus welcher Sprache kommt das Wort **Kartoffel**?
   a. Lies den Artikel aus dem Lexikon.
   b. Beantworte dann die Frage schriftlich.

mithilfe eines
Lexikonartikels eine
Frage beantworten

> **Die Kartoffel:** Es gibt zwei Wege, wie die Kartoffel von Peru in
> Südamerika nach Europa kam: über Irland, England und die Niederlande
> und einen über Portugal, Spanien, Frankreich und Italien.
> Der Name **Kartoffel** kommt von italienisch **tartufolo**, denn
> das Aussehen der Kartoffel erinnert an Trüffel, italienisch **tartufolo**,
> mit denen sie am Anfang verglichen wurde.

7 **Spielidee:** Ein Spiel mit **papa, xitomatl** und **xocolatl**
   – Schreibt die Wörter für **papa, xitomatl** und **xocolatl**
     in verschiedenen Sprachen auf einzelne Karten.
   – Ergänzt weitere Wörter, die ihr dafür in anderen Sprachen kennt.
   – Jede Mitspielerin und jeder Mitspieler erhält eine Karte.
   – Bildet einen Stuhlkreis. Eine Schülerin oder ein Schüler
     steht in der Mitte und hat keinen Stuhl.
   – Die- oder derjenige in der Mitte liest das Wort auf der Karte vor.
   – Alle, die eine Karte mit diesem Wort in einer anderen Sprache
     haben, wechseln nun den Platz.
   – Die- oder derjenige muss einen freien Platz finden.
   – Wer übrig bleibt, geht in die Mitte und liest seine Karte vor …

Weiterführendes:
Sprichwörter rund ums Essen

**Die folgenden deutschen Sprichwörter findest du
als Zwischenüberschriften in dem Sachtext.**

Sachtext ➤ S. 30–32

> Es wird gegessen, was auf den Tisch kommt.
>
> Das Wasser läuft einem im Mund zusammen.
>
> Was man nicht kennt, das isst man nicht.
>
> Was Hänschen nicht lernt, lernt Hans niemals mehr.

1 **a.** Schreibe die Sprichwörter ab.
  b. Schreibe dazu, was sie bedeuten.
      Tipp: Zwei Sprichwörter drücken etwas Ähnliches aus.

**Überall auf der Welt gibt es Sprichwörter rund ums Essen,
so auch in Kuba.**

> **Perro que no camina, no come hueso.** (Kuba)
> Übersetzung: Der Hund, der nicht läuft, frisst keinen Knochen.
>
> **Una barriga llena no estudia de buena gana.** (Kuba)
> Übersetzung: Ein voller Bauch lernt nicht mit Lust.

2 **a.** Ordne Sprichwort und Bedeutung vom Rand einander zu.
  b. Schreibe sie zusammen auf.
  c. Welches der beiden Sprichwörter gibt es fast wörtlich
        auch auf Deutsch? Schreibe es dazu.

Nach dem Essen
sackt das Blut aus
dem Gehirn in den
Bauch, um das Essen
zu verdauen.
Der Kopf wird zu
müde zum Denken.

Wer sich nicht
anstrengen muss
für sein Essen,
ist nicht damit
zufrieden.

Auch in diesen englischen Sprichwörtern geht es ums Essen.

> An apple a day keeps the doctor away.
>
> Appetite comes with eating.

3 Im Tandem!
    a. Versucht gemeinsam herauszufinden,
        was die Sprichwörter bedeuten.
        Ihr könnt ein Wörterbuch zu Hilfe nehmen.
    b. Informiert in einigen Sätzen über die Bedeutung
        der Sprichwörter.

über Bedeutungen
nachdenken

Z Zu den folgenden Sprichwörtern könnt ihr die Bedeutungen selbst finden und formulieren.

> Nach dem Essen sollst du ruhn oder 1000 Schritte tun. (Deutschland)
>
> Hier wird nicht für jeden eine Extrawurst gebraten. (Deutschland)
>
> A buen hambre no hay pan duro. (Mexiko)
> Übersetzung: Für den guten Hunger gibt es kein hartes Brot.
>
> Hunger is the best gravy. (England)
>
> Hunger ist der beste Koch. (Deutschland)

4 Im Tandem!
Was bedeuten wohl die Sprichwörter? Überlegt gemeinsam.

5 Welches der Sprichwörter passt
zu einem anderen Sprichwort auf Seite 36?
Begründet, warum.

Z Die Sprichwörter könnt ihr auf einem Plakat präsentieren.

6 Gestaltet ein Plakat mit Sprichwörtern.
Beachtet die Arbeitstechnik.
Die Sprichwörter könnt ihr z. B. so ordnen:
– Sprichwörter aus Deutschland und ihre Bedeutung
– Sprichwörter aus anderen Ländern und ihre Bedeutung
– Welche Sprichwörter bedeuten dasselbe?

> **Arbeitstechnik**
>
> **Ein Plakat gestalten**
>
> Überlegt:
> – Welches **Papierformat** wählt ihr aus?
> – Wie soll die **Überschrift** heißen?
> – Welcher **Text** und welche **Bilder** sollen auf das Plakat?
> – Wie wollt ihr **Überschrift, Text und Bilder** auf dem Plakat
>   **verteilen**?
> – Welche **Wörter** wollt ihr besonders **hervorheben**?
> – Welche **Stifte** nehmt ihr, damit die **Schrift** auf dem Plakat
>   **gut lesbar** ist?

Z Weiterführendes:
Ernährungspyramiden verstehen

Rund und gesund? Superschlank und superschön?

Textknacker ➤ S. 218–221

In Deutschland wiegt jedes 5. Kind und jeder 3. Jugendliche zu viel.
Aber auch in anderen Ländern, z. B. in den USA oder in China,
werden Kinder immer dicker. Das führt oft zu Krankheiten.
Auf der anderen Seite versuchen immer mehr Kinder und
5   Jugendliche in Industrieländern abzunehmen, um dem heutigen
Schönheitsideal zu entsprechen, wie es die Medien vormachen:
Superschlank ist superschön. Aber auch das kann krank machen.
Doch: Wie isst man gesund? Wie viel sollte man von verschiedenen
Nahrungsmitteln essen? Wie viele Süßigkeiten? Wie viel Fleisch? …
10   Ernährungspyramiden bieten Hilfe an.

Hier siehst du eine Ernährungspyramide aus Deutschland.

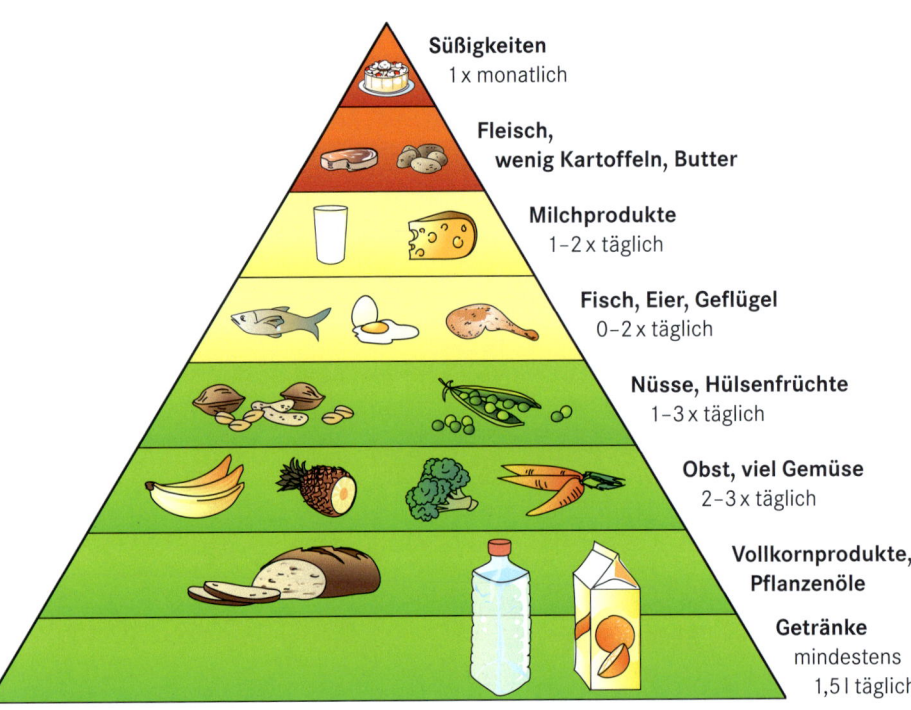

1 **a.** Lies den Text mithilfe des Textknackers.
b. Schreibe zu der Ernährungspyramide Stichworte auf:
– Was soll man täglich essen? Was wöchentlich?
– Wovon soll man am meisten essen? Wovon am wenigsten?
– Beschreibe auch die Stufen dazwischen:
Wovon sollte man weniger oder mehr essen?

den Text verstehen und
die Ernährungspyramide
erklären

Diese Ernährungspyramide stammt aus Asien.

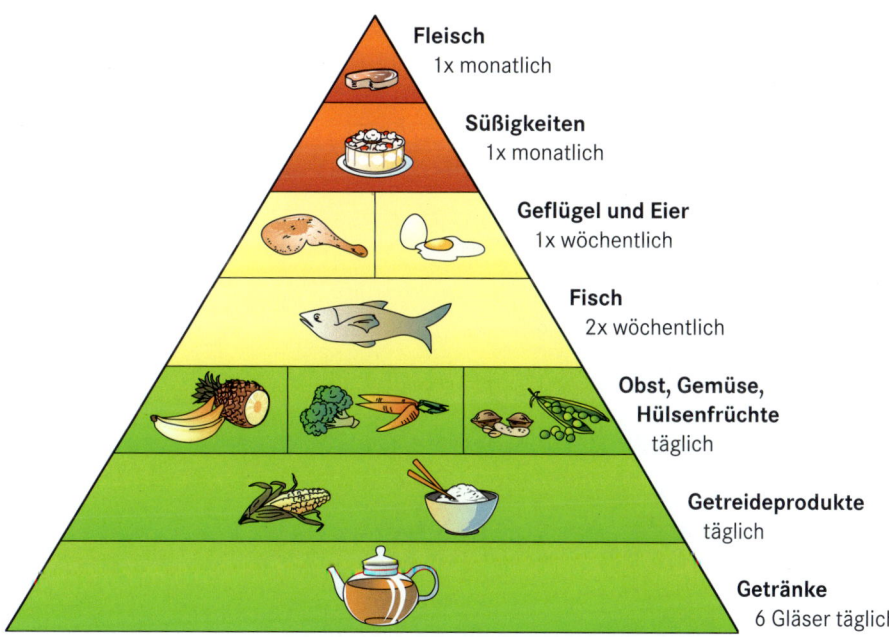

Fleisch
1x monatlich

Süßigkeiten
1x monatlich

Geflügel und Eier
1x wöchentlich

Fisch
2x wöchentlich

Obst, Gemüse, Hülsenfrüchte
täglich

Getreideprodukte
täglich

Getränke
6 Gläser täglich

mehr über Nüsse ➤ S. 44

2 Schreibe auch zu dieser Pyramide Stichworte auf.
   a. Wovon soll man am meisten essen? Wovon am wenigsten?
   b. Wovon sollte man weniger oder mehr essen?

die Ernährungspyramide erklären

Z **3** Vergleicht die beiden Ernährungspyramiden.
   – Wo sind sie gleich? Wo sind sie ähnlich?
   – Wo sind sie ganz anders?

die Ernährungspyramiden vergleichen

Z **4** Warum unterscheiden sich die Pyramiden?
   Informiere dich darüber. Stelle dein Ergebnis der Klasse vor.

Z Und wie sieht deine Ernährungspyramide aus?

5 Schreibe eine Woche lang auf, was du isst.
   a. Zeichne deine Ernährungspyramide und beschrifte sie.
   b. Schreibe in Stichworten auf: Was isst du viel? Was wenig?

eine eigene Ernährungspyramide zeichnen

6 Was solltest du weniger essen? Was solltest du mehr essen?
   Schreibe eine Begründung auf.

mehr über Fette, Vitamine und Eiweiße ➤ S. 44–45

Das älteste Brot – einen Sachtext lesen

mit dem Textknacker lesen

Fladenbrote auf der ganzen Welt

Brot wird aus Getreide gebacken: aus Weizen, Roggen, Gerste, Hafer, Reis, Hirse (Teff), Mais. Früher verwendeten die Menschen das Getreide, das dort wuchs, wo sie lebten.

Getreidearten auf der ganzen Welt

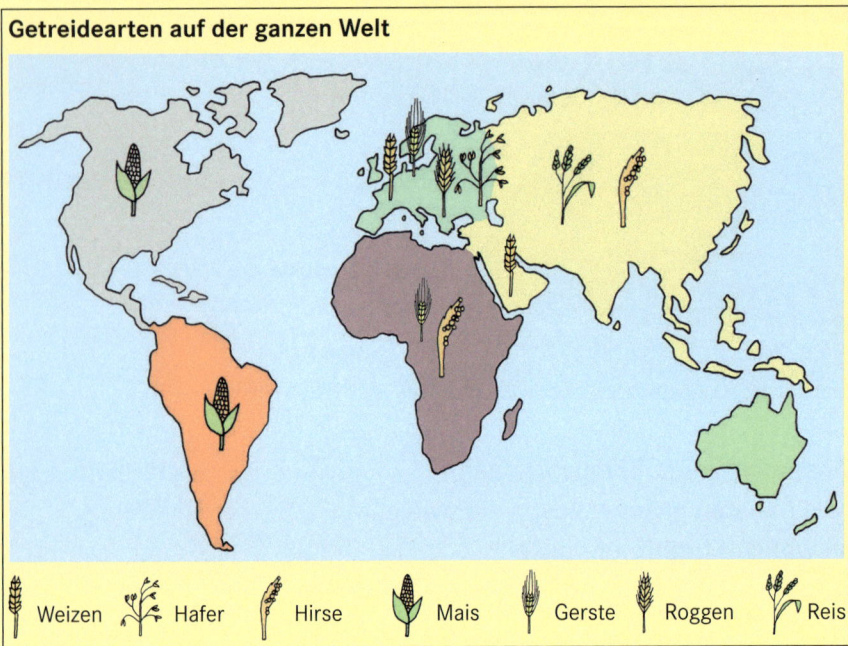

Weizen　Hafer　Hirse　Mais　Gerste　Roggen　Reis

Fladenbrote gehören zu den ältesten Brotsorten der Menschheit.
5　Schon vor mehr als 7000 Jahren gab es Fladenbrote im alten Ägypten.
Das Brot wurde aus Getreidebrei hergestellt und auf heißem Stein gebacken.

Chapati ist ein Fladenbrot in Nordindien und Pakistan. Man bereitet es aus einer Mischung von Gerste, Hirse und Weizen zu. Indische Einwanderer brachten es später
10　nach Ostafrika.

Matze ist ein Brot, das aus Wasser und Mehl (Weizen, Roggen, Gerste, Hafer oder Dinkel) besteht. Juden essen dieses Brot in der Pessach-Woche im Gedenken an den Auszug des jüdischen Volkes aus Ägypten.

15　**Oblaten** sind dünne, zerbrechliche Teigplatten aus Weizenmehl. In der christlichen Kirche werden sie beim Abendmahl verwendet. Als Backoblaten sind sie Unterlage für weiches Gebäck, z. B. für Makronen. In Mexiko nascht man die süße, bunt gefärbte, manchmal mit Kernen gefüllte Oblea (Oblate).

Injera heißt das weiche Fladenbrot in Äthiopien.
Es wird aus dem Getreide Teff, einer Hirseart, hergestellt.
Man isst es als Beilage.

Papadam wird in Indien als Beilage zum Essen gegessen.
Man bereitet den Teig aus Linsenmehl oder aus Linsen-
und Reismehl zu.

Pizza (ursprünglich aus Italien) besteht traditionell
aus Weizen-Hefeteig und wird vor dem Backen
mit verschiedenen Zutaten belegt.

Pide (Türkei), **Pita** (Griechenland), **Nān-e Barbarī** (Iran)
ist ein Weizen-Fladenbrot mit Hefe, das von Griechenland
bis zum Nahen Osten gegessen wird. Es wird als Beilage
zu vielen Mahlzeiten gegessen.

Die **Tortilla** in Lateinamerika wird aus Mais hergestellt,
man kann heute aber auch Tortillas aus Weizen kaufen.
Sie kann mit Fleisch oder Gemüse belegt werden,
man benutzt abgeteilte Stücke auch als „Besteck",
um damit nach den anderen Beilagen auf dem Teller zu greifen.

Yufka (Türkei), **Filo** (Griechenland) oder **Malsouka** (Nordafrika)
besteht aus einem Teig, der an Blätterteig erinnert.
Er wird aus Weizenmehl, Salz und Wasser hergestellt.

1 Sieh dir zunächst die Karte auf Seite 40 an.
   a. Lies die Überschrift.
   b. Lies auch die Legende, also die Liste mit Erklärungen
      zu der Karte.
   c. Erkläre mit eigenen Worten, was auf der Karte dargestellt ist.

eine Karte lesen

2 Auf welchem Kontinent wächst welches Getreide?
   a. Finde die Kontinente im Atlas.
   b. Schreibe die Kontinente auf.
      Schreibe das Getreide dazu.

im Atlas nachschlagen

3 Was erfährst du über die unterschiedlichen Fladenbrote?
Stelle es in einer Übersicht dar.

den Inhalt des Textes in einer Übersicht darstellen

Name	Land	Getreideart	weitere Zutaten?	weitere Informationen
...	...	...	...	...

Starthilfe

Das kann ich!

Sachtexte erschließen
Präsentieren

In diesem Kapitel habt ihr viel über das Essen erfahren.
Nun bereitet eine Präsentation der Ergebnisse vor.
Ihr braucht dazu eure Stichworte, die Plakate und die Texte,
die ihr geschrieben habt.

1 Ordnet die Themen und Texte des Kapitels den Kreisen zu.

2 Verteilt die Themen und die Aufgaben auf einzelne Gruppen.
Tipp: Beachtet die Arbeitstechnik „Ein Kurzreferat frei vortragen"
beim Präsentieren der Ergebnisse.

ein Kurzreferat frei vortragen
➤ S. 302

A **Essen ist überall auf der Welt verschieden:**
Stellt zu viert eure Stichworte zum Thema „Frühstück" vor.

Frühstück von Kindern
in verschiedenen Ländern
➤ S. 29

B **Text: „Nahrungsmittel und Essgewohnheiten"**
Wovon handelt der Text?
Stellt jeden Absatz mit eigenen Worten vor.

Text ➤ S. 30–32
Textknacker ➤ S. 30–33

C **Sprichwörter rund ums Essen**
Stellt das Plakat vor.
Erklärt, was jedes Sprichwort bedeutet.

Sprichwörter
➤ S. 36–37

D **Ernährungspyramiden**
Stellt die Plakate mit euren Ernährungspyramiden vor.
Erläutert Gemeinsamkeiten und Unterschiede.

Ernährungspyramiden
➤ S. 38–39

E **Text: „Fladenbrote auf der ganzen Welt"**
Wovon handelt der Text? Gebt den Inhalt wieder.
Zeigt während eurer Präsentation passende Bilder.

Text ➤ S. 40–41

Den Textknacker anwenden

Der Textknacker Schritt für Schritt

1 Schreibt die Schritte des Textknackers auf ein Plakat.
Hängt das Plakat in der Klasse auf.

Du siehst den Text zum ersten Mal.

> 1. **Bilder erzählen** dir **viel**,
>   schon bevor du mit dem Lesen anfängst.

> 2. Die **Überschrift** verrät dir
>   etwas über das **Thema des Textes**.

Du liest zuerst einmal den ganzen Text.

> 3. Einen **Gesamteindruck** vom Inhalt des Textes
>   bekommst du, wenn du ihn einmal **als Ganzes liest**.

Du liest dann den Text genau.

> 4. **Absätze** gliedern den Text.
>   Was in einem Absatz zusammensteht,
>   gehört inhaltlich zusammen. Manchmal stehen
>   auch **Zwischenüberschriften** über den Absätzen.

> 5. **Manche Wörter** sind zum Verstehen **besonders wichtig**,
>   sie sind **Schlüsselwörter**. Oft sind sie unterstrichen,
>   fett gedruckt oder farbig – so wie in diesem Buch.

> 6. Manche **Wörter** werden **erklärt**:
>   Schau **am Rand** oder **unter dem Text** nach.

> 7. Manchmal gibt es weitere **Bilder am Rand** des Textes
>   **oder im Text**. Sie helfen dir, den Text zu verstehen.

> 8. Suche Wörter, die du nicht verstanden hast,
>   im **Lexikon** – aber erst zum Schluss.

Einen Sachtext mit dem Textknacker lesen

1 Lies den Sachtext Schritt für Schritt mit dem Textknacker.

den Textknacker anwenden

| 1. Bilder |
| 2. Überschrift |

| 3. Gesamteindruck |

| 4. Absätze |
| 5. Schlüsselwörter |
| 6. Worterklärungen |
| 7. Bilder am Rand |
| 8. Nachschlagen |

Täglich eine Hand voll Nüsse

Erst nach dem Knacken der harten Schale gelangt man
an den leckeren Kern der Nuss.
Nüsse enthalten viel Fett. Bisher dachte man, dass Fett den Körper
krank macht und ungesund ist. Aber der Körper braucht auch Fett,
5 es ist der wichtigste Wärme- und Energiespeicher.
Das Fett in Nüssen besteht hauptsächlich aus gesunden Stoffen,
welche das Herz und den Kreislauf vor Erkrankungen schützen.
Nüsse sind kleine Kraftpakete. Sie enthalten jede Menge Vitamine
und Mineralstoffe*.
10 Vitamine sind gesund und schützen vor Krankheiten. Vitamin B
stärkt die Nerven und Muskeln. Vitamin E sorgt für schöne Haut.
Die Mineralstoffe stärken Knochen und Zähne.
Nüsse enthalten auch Eiweiße*, die uns fit machen. Sie helfen
dem Körper beim Aufbau von Haaren, Knochen und Haut.
15 Daher sollten Nüsse Teil der gesunden Ernährung sein. Es reicht,
täglich eine Hand voll Nüsse zu essen.
Zu den bekanntesten Sorten gehören Haselnüsse, Mandeln oder
Walnüsse. Sie schmecken am besten, wenn man sie
erst kurz vor dem Essen knackt. Man kann Nüsse auch
20 als Zutat für Müsli, Joghurt- oder Quarkspeisen verwenden.

* Mineralstoffe braucht
der Körper, damit Nerven
und Muskeln richtig arbeiten
können.

* Eiweiße braucht der Körper,
um wachsen und leben
zu können.

In einem Lexikon kannst du nachschlagen,
was genau Vitamine sind.

2 Lies den Lexikonartikel.

> **Vitamine:** Das lateinische Wort **Vita** bedeutet
> **Leben**. Für den Menschen sind Vitamine
> lebenswichtig.
> Vitamine sind Stoffe, die der Körper nicht
> 5 oder nicht in ausreichender Menge bilden kann.
> Insgesamt gibt es 13 Vitamine. Jedes Vitamin
> hat eine andere Aufgabe.
> Vitamine helfen, den Körper aufzubauen
> und zu stärken.
> 10 Wenn wir nicht genügend Vitamine zu uns nehmen,
> können wir Mangelerscheinungen oder sogar
> schwere Krankheiten bekommen.

3 Im Tandem!   **Fragen zum Text stellen**
Was sind Vitamine?
Stellt euch gegenseitig Fragen zum Text und beantwortet sie.

4 Beantwortet die folgenden Fragen zum Sachtext   **Fragen zum Text**
„Täglich eine Hand voll Nüsse".   **beantworten**
Schreibt die Antworten auf.
– Warum braucht der Körper Fett?
– Welche Stoffe sind in Nüssen enthalten?
– Welches sind die bekanntesten Nusssorten?

Z **5** Fasst nun den Text zusammen.   **den Text**
– Lest jeder für sich den Text Absatz für Absatz.   **zusammenfassen**
– Notiert euch jeder nur das Wichtigste.
– Einer trägt dann die Ergebnisse der Partnerin oder
  dem Partner zusammenhängend vor.
– Die Partnerin oder der Partner ergänzt
  fehlende Informationen.

Z **6** Welche Nusssorte magst du am liebsten?   **sich und andere**
Stelle die Nusssorte deiner Klasse vor.   **informieren**
Informiere dich dazu im Internet oder in einem Sachbuch.
Tipps:
– Du kannst deine Lieblingsnüsse auch mitbringen
  und sie in der Klasse herumreichen.
– Du kannst auch ein Plakat dazu gestalten.

Einen Lexikonartikel und eine Grafik lesen

Der Lexikonartikel und die Grafik erklären, wie man sich gesund ernähren kann. Mit dem Textknacker knackst du den Text und die Grafik.

den Textknacker anwenden

1 Lies den Lexikonartikel mit dem Textknacker.

Der Ernährungskreis ist neben der Ernährungspyramide eine weitere Möglichkeit, Empfehlungen zur gesunden Ernährung als Grafik darzustellen.
Im Ernährungskreis werden unsere Nahrungsmittel
5 in Gruppen dargestellt.
Der Ernährungskreis zeigt, wovon man wie viel essen sollte. Die Größe des jeweiligen Kreisabschnittes und die Farben zeigen, wovon man viel und wovon man nur wenig
10 essen sollte.
Den größten Anteil der Ernährung sollten Vollkornprodukte einnehmen.
Auch Obst, Gemüse und Salat darf man viel essen. Mineralwasser darf und sollte man
15 jeden Tag viel trinken. Milch und Milchprodukte sowie Fisch und Wurst sollte man nicht so viel essen.
Chips und Pommes frites, Eis, Süßigkeiten und Cola oder Limonade sind zwar erlaubt, aber nur in ganz kleinen Mengen.

2 Worum geht es in dem Lexikonartikel? Was zeigt die Grafik? Schreibe es jeweils in einem Satz auf.

3 Betrachte die Grafik genauer:
 – Was bedeuten die Farben?
 – Was drückt die Größe der Kreisabschnitte aus?
 – Welche Lebensmittel sind dargestellt?
 Schreibe die Antworten auf.

4 Lies den Lexikonartikel genau.
 Beantworte die Fragen schriftlich.
 – Was wird in einem Ernährungskreis dargestellt?
 – Wovon sollte man täglich viel essen?
 – Wovon sollte man täglich wenig essen?

Fragen zum Text und zur Grafik beantworten

Und wie sieht dein Ernährungskreis aus?

5 Schreibe eine Woche lang auf, was du isst.
 a. Zeichne deinen Ernährungskreis.
 b. Schreibe in Stichworten auf: Wovon isst du viel? Wovon wenig?

einen eigenen Ernährungskreis zeichnen

Feste feiern

- Informationen in einem Kurzreferat präsentieren
- mit Checklisten arbeiten

juhla

ünnep

bayram

das Fest

fiesta

Welche Feste gibt es?

Feste gibt es auf der ganzen Welt. Sie haben verschiedene Anlässe und finden zu verschiedenen Zeiten im Jahr statt.

1 **a.** Seht euch die Fotos auf Seite 47 an.
  b. Welche Feste könnten abgebildet sein? Begründet.

2 Welche Feste kennt ihr?
  a. Legt an der Tafel eine Tabelle an.
  b. Sammelt die Namen von Festen und
   ordnet sie in die Tabelle ein.
  c. Übertragt die ausgefüllte Tabelle in euer Heft.

die Namen von Festen
sammeln und ordnen

Starthilfe

Dieses Fest ...			
... feiere ich in der Familie.	... feiere ich mit Freunden.	... feiere ich im Stadtteil.	... ist ein religiöses Fest.
Silvester/Neujahr ...	...	Straßenfest ...	...

Zu vielen Festen gehören Bräuche.
Ein Brauch ist zum Beispiel das Überreichen von Geschenken,
ein anderer das Anzünden von Lichtern an bestimmten Tagen.

über ein Fest
informieren

Z **3** Informiere über ein Fest, das du gerne feierst.
  a. Beantworte dabei die folgenden Leitfragen.

> **Leitfragen:**
> – Was für ein Fest ist es?
> – Wann feierst du?
> – Mit wem feierst du?
> – Wie feiert ihr?
> – Welche Bräuche gehören dazu?
> – Was gefällt dir besonders gut an dem Fest?

  b. Bringe ein Foto mit oder zeichne ein Bild.
   Beschreibe, was darauf zu sehen ist.

In diesem Kapitel informiert ihr euch gegenseitig über Feste
und bereitet ein Fest vor. Am Ende des Kapitels stehen
die Präsentation eines Kurzreferates und ein informierender Text.
Außerdem überarbeitet ihr ein Einladungsplakat. Das Zeichen
in der Randspalte führt euch Schritt für Schritt dorthin.

Feste und Bräuche gliedern das Jahr, auch deines.

4 Schreibe deinen eigenen Festkalender für das ganze Jahr.

   a. Besorge dir einen Jahreskalender oder lege selbst einen an.

   b. Trage die Feste, die du feierst, in deinen Kalender ein.

einen Festkalender
anlegen

Info

So kannst du dir mit den Händen merken,
wie viele Tage die Monate haben:
Die Monate mit 31 Tagen liegen auf dem „Berg",
die anderen Monate liegen im „Tal".
Sie haben 30 Tage – außer dem Februar,
der 28 oder 29 Tage hat.

Januar   Juli August

---

5 Seht euch gemeinsam den Interkulturellen Kalender an.
Sprecht über die verschiedenen Festtage.
Tipp: Den Interkulturellen Kalender findet ihr im Internet.

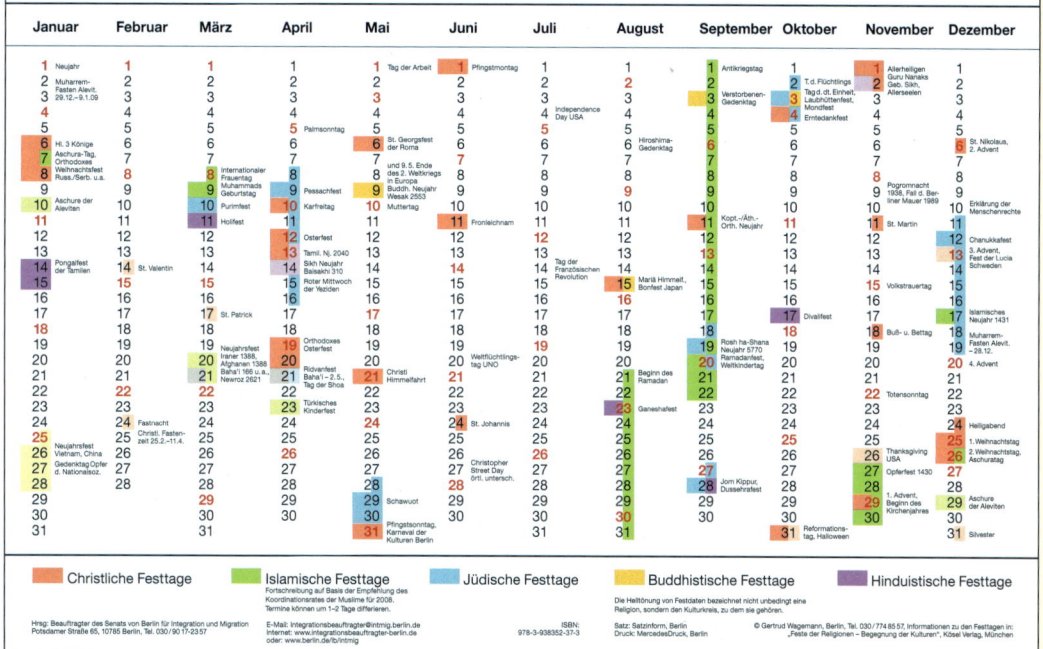

6 **a.** Warum heißt der Kalender **Interkultureller Kalender**?
Überlegt zusammen.

   b. Informiert euch gegenseitig über die verschiedenen Feste.

7 Gestaltet einen Festkalender für eure Klasse.
Tragt darin wichtige Feste ein.

Einen Sachtext lesen

Feste auf der ganzen Welt

Viele Menschen auf der ganzen Welt feiern gern Feste.
Das kann ein Fest in der Familie sein, ein Fest in der Umgebung,
ein religiöses Fest, ein Schulfest, ein …

Damit ein Fest wirklich schön verläuft, bereitet man es oft lange vor.
5 Einladungen werden geschrieben oder telefonisch ausgesprochen,
damit auch alle zum Mitfeiern kommen. Zur Vorbereitung gehört
auch, dass man die Zutaten für Speisen und Getränke kauft
und zubereitet. Das kann die Torte zum Geburtstag sein,
aber auch das Grillfleisch für das Straßenfest. Der Ort, an dem
10 gefeiert werden soll, wird vorbereitet und bunt geschmückt.

Wenn der Tag der Feier dann gekommen ist,
ziehen sich die Menschen schön an und schmücken sich.
Oder aber sie verkleiden sich mit farbenprächtigen Kleidern
wie beim Karneval oder in der Fastnacht, die man nicht nur
15 in Deutschland, sondern z. B. auch in anderen europäischen Ländern
wie Ungarn, Italien und Spanien und in Südamerika, zum Beispiel
in Brasilien feiert. Die Menschen essen und trinken zusammen,
sie tanzen, spielen und sind fröhlich.

Licht spielt bei Festen eine ganz besondere Rolle. An vielen Orten
20 der Welt wird das neue Jahr etwa mit einem Feuerwerk begrüßt.
Kerzen leuchten in der Advents- und Weihnachtszeit,
Lampions erhellen ein Gartenfest. Das alles macht diesen Tag
zu einem ganz besonderen Tag. Er ist bunt, fröhlich
und verbindet die Menschen in der gemeinsamen Feier.

25 Dass Menschen miteinander feiern, ist keine Erfindung
unserer Zeit. Menschen feiern schon seit vielen tausend Jahren
miteinander, überall auf der Welt. Und so ist es kein Wunder,
dass der Ursprung vieler Feste in sehr alter Zeit liegt.

Der Jahreswechsel ist ein Beispiel dafür. Er wird allerdings
30 nicht überall auf der Welt in der Nacht vom 31. Dezember
zum 1. Januar gefeiert. In China z. B. beginnt das Jahr gleichzeitig
mit dem Frühlingsanfang an einem Tag im Februar.

mit dem Textknacker
lesen

Textknacker ➤ S. 218–219

Auch andere Feste hängen von den Jahreszeiten ab,
z.B. der Abschied vom Winter und der Beginn des Frühlings.
35 Das iranische Nouruz-Fest am 21. März ist ein Frühlingsfest
und gleichzeitig der erste Tag des neuen Jahres.
Das Osterfest ist kein eigentliches Frühlingsfest,
sondern das höchste religiöse Fest der Christenheit. Es wird
am ersten Sonntag nach dem Frühlingsvollmond gefeiert.

40 Es gibt weitere Feste zu den Jahreszeiten, z.B. die Erntefeste,
die überall auf der Erde gefeiert werden. Sie sind abhängig
vom Zeitpunkt der Ernte. In Indien wird das Reisfest gefeiert.
In Israel feiert man drei Feste: Pessach (Gerstenernte),
Schawout (Weizenernte) und Sukkot (= Laubhüttenfest,
45 Ernte der Früchte), in Deutschland das Erntedankfest.

Religiöse Feiertage erinnern oft an ganz besondere Ereignisse,
z.B. die Geburt von Jesus im Christentum oder die Geburt
von Mohammed im Islam.

Besondere Feste für Kinder sind das türkische Kinderfest
50 „Çocuk bayramı" am 23. April, das japanische Kinderfest
„Kodomo-no-hi" am 5. Mai und der deutsche Nikolaustag
am 6. Dezember. Wer weiß schon, dass Nikolaus im 4. Jahrhundert
nach Christi Geburt in der heutigen Türkei geboren wurde?
Das Halloween-Fest wird am 31. Oktober gefeiert. Es war
55 in alter Zeit ein Erntefest und gleichzeitig ein Fest,
um die Geister der Toten zu vertreiben. Heute ist das Fest –
mit von innen beleuchteten ausgehöhlten Kürbissen –
ein Spaß für die Kinder.

Hast du genau gelesen?

1 Beantworte die folgenden Fragen zum Text.
Schreibe die Fragen und die Antworten auf.
– Welche vier Dinge gehören zur Vorbereitung eines Festes?
– Welche Feste hängen von den Jahreszeiten ab?
– Woran erinnern oft religiöse Feste?
– Welche Feste für Kinder werden im Text genannt?

Fragen zum Text
beantworten

Z 2 Über welches Fest möchtest du mehr erfahren?
a. Informiere dich darüber im Internet.
Schreibe wichtige Informationen heraus.
b. Präsentiere deine Informationen in der Klasse.

sich im Internet
informieren und
darüber informieren

Ein Kurzreferat vorbereiten

Stellt euch nun gegenseitig Feste in Kurzreferaten vor.
Das Kurzreferat könnt ihr in sechs Schritten vorbereiten.

mehr zu Kurzreferaten
➤ S. 230–231

1. Schritt: Das Thema aussuchen

1 **a.** Wähle ein Fest, das du gerne den anderen vorstellen möchtest.
b. Notiere erste Ideen und Fragen zu diesem Thema.

2. Schritt: Informationen beschaffen

2 Nutze Suchmaschinen, um im Internet nach Informationen
zu suchen: **www.blinde-kuh.de**, **www.milkmoon.de**.
a. Öffne die Startseite (Homepage) und gib in das Suchfeld
Stichworte zu deinem Fest ein.
b. Die Suchmaschine listet nun Internetseiten auf.
Klicke die Seiten an, die dir geeignet erscheinen.
c. Überfliege die Seiten. Wähle die aus, die dir weiterhelfen.

**im Internet
recherchieren**

einen Internettext lesen
➤ S. 298

3 Suche und frage in einer Bücherei nach geeigneten Büchern.
Tipp: Informationen zu einem Buch findest du
im Inhaltsverzeichnis und im Klappentext.

**sich in Büchern
informieren**

3. Schritt: Informationen aus Texten entnehmen

Der Textknacker hilft dir, die gefundenen Texte zu verstehen.

Der folgende Sachtext informiert über ein Fest.

Textknacker ➤ S. 218–221

4 **a.** Lies die Überschrift. Worum geht es vermutlich im Text?
b. Lies nun den Sachtext als Ganzes.

Sachtexte erschließen

23. April: „Çocuk bayramı", das türkische Kinderfest

Dieses Fest der Kinder wird zu Ehren des ersten Präsidenten
der Türkei, Mustafa Kemal, genannt Atatürk* (1881–1938), gefeiert.
Am 23. April 1920 gründete er das erste türkische Parlament*
in Ankara. Sieben Jahre später wurde beschlossen, diesen Feiertag
5 den Kindern zu schenken und jedes Jahr zu feiern.

Die Kinder stehen natürlich im Mittelpunkt. Sie dürfen
an diesem Tag oft in den Schulen die Lehrer spielen oder
im Parlament auf den Sesseln der Abgeordneten sitzen.
Auf jeden Fall wird dieses Fest mit Liedern, Theaterstücken,
10 Tänzen, Umzügen und leckerem Essen so richtig gefeiert.

Seit 1979 trägt das Fest den Namen „Internationales Kinderfest".
In vielen Städten veranstalten Vereine und Organisationen
im April gemeinsame Feste für Kinder aus allen Ländern.
Wenn man zusammen lacht und spielt, lernt man sich
15 am besten kennen und verstehen. Und wann gibt es
eine bessere Gelegenheit dazu als bei einem Kinderfest?

* Atatürk = „Vater der Türken"

* gewählte Volksvertretung,
   Abgeordnetenhaus

Hast du genau gelesen?
Dann kannst du wichtige Informationen notieren.

**dem Text Informationen
entnehmen**

5 Schreibe die Überschrift auf.

6 Fasse jeden Absatz des Textes in einem Satz zusammen.

7 Notiere Schlüsselwörter, also die wichtigsten Wörter im Text.
a. Notiere die Schlüsselwörter aus dem ersten Absatz.
b. Finde Schlüsselwörter in den weiteren Absätzen.
Schreibe sie auf.

8 Welche Wörter werden am Rand erklärt? Schreibe sie auf.

Für das Kurzreferat legst du am besten Karteikarten an.
Auf den Karteikarten notierst du in Stichworten
das Wichtigste aus deinen Texten.
Die W-Fragen (Was? Wer? Wo? Wann? Wie? Warum?) helfen dir.

9 Sammle nun Informationen zu deinem ausgewählten Fest.
  a. Lies die Texte mit dem Textknacker.
  b. Notiere das Wichtigste in Stichworten jeweils auf Karteikarten.

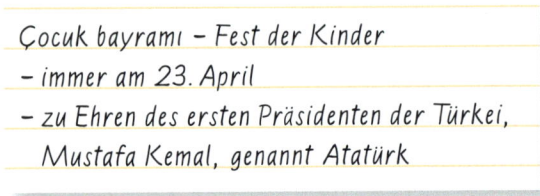

> *Çocuk bayramı – Fest der Kinder*
> *– immer am 23. April*
> *– zu Ehren des ersten Präsidenten der Türkei,*
> * Mustafa Kemal, genannt Atatürk*

4. Schritt: Das Kurzreferat gliedern und die Notizen ordnen

Damit die Zuhörer deinem Kurzreferat gut folgen können,
musst du die Inhalte in Abschnitte unterteilen und sinnvoll ordnen.

10 Die Notizen auf den Karteikarten beziehen sich
auf das türkische Kinderfest.
  a. Prüfe die Notizen.
  b. Ordne die Informationen in einer sinnvollen Reihenfolge.

Informationen gliedern und ordnen

> *– in vielen Städten*
> *– gemeinsame Feste*
> * für Kinder*

> *– Lieder,*
> * Theaterstücke,*
> * Tänze …*

> *– 23. April 1920:*
> * erstes türkisches*
> * Parlament*

11 Bereite nun deine eigenen Karteikarten für das Kurzreferat vor.
  a. Überlege, wie du dein Kurzreferat gliedern willst.
    Lege eine sinnvolle Reihenfolge fest.
  b. Ordne dann deine Notizen. Nummeriere die Abschnitte.
    Tipp: Du kannst dazu die folgenden Leitfragen verwenden.

> **Leitfragen:**
> – Was für ein Fest ist es?
> – Wann wird das Fest gefeiert?
> – Wie ist das Fest entstanden?
> – Wer feiert das Fest?
> – Wie wird das Fest gefeiert?
> – Welche Bräuche gibt es dabei?
> – Was gefällt dir besonders gut an dem Fest?

5. Schritt: Überschrift, Einleitung und Schluss formulieren

Nun brauchst du für dein Referat noch eine Überschrift.
Überlege dir außerdem eine gute Einleitung und
einen passenden Schluss.

12 Formuliere eine Überschrift, die neugierig macht.

> *Heute haben Kinder das Sagen*   *Das große Fest für Kinder*

die Überschrift
formulieren

13 Sage in deiner Einleitung, worum es im Kurzreferat geht.
Tipp: Schreibe ein bis zwei ganze Sätze auf.

> *In meinem Kurzvortrag geht es
> um ein türkisches Fest, bei dem ...*

die Einleitung
formulieren

14 Notiere Stichworte für ein bis zwei Schlusssätze.

den Schluss notieren

6. Schritt: Den Vortrag vorbereiten und üben

15 Prüfe deine Notizen für das Kurzreferat:
– Sind die Notizen übersichtlich?
– Wo solltest du überflüssige Informationen streichen?
– Wo willst du etwas ergänzen oder genauer erklären?

16 Überlege, wie du dein Referat anschaulich vortragen kannst.
– Willst du das Thema und die wichtigsten Stichworte
an die Tafel oder auf ein großes Blatt Papier schreiben?
– Willst du passende Fotos oder andere Materialien zeigen?

anschaulich und
frei vortragen

17 Übe nun, dein Referat möglichst frei vorzutragen.
Verwende dazu die Arbeitstechnik auf Seite 231.

ein Kurzreferat frei vortragen
➤ S. 231

Ein Kurzreferat vorzubereiten ist eine große Aufgabe.
Hast du an alles gedacht? Hier hilft dir eine Checkliste.

mit der Checkliste
überprüfen

18 **a.** Schreibe eine Checkliste.
Gehe dabei Schritt für Schritt vor.
b. Prüfe deine Vorbereitung.

sechs Schritte
zum Kurzreferat ➤ S. 52–55

> **Starthilfe**
> Checkliste
> 1. Was ist das Thema?
> 2. ...

Extra Arbeitstechnik: Ein Plakat gestalten

Auf einem Plakat könnt ihr Informationen gut sichtbar und ansprechend darstellen.
Ein Plakat zu einem Kurzreferat könnt ihr in Gruppen gestalten.

Die Arbeit an einem Plakat muss gut vorbereitet sein.

1 Legt zunächst folgende Dinge bereit:
einen großen Bogen Plakatpapier, dicke Stifte, Kleber, Scheren, Zeitschriften, Kataloge, … zum Ausschneiden.

2 Wählt aus den Kurzvorträgen ein Fest aus, das euch interessiert.

3 Überlegt euch eine passende Überschrift.

Die Texte sollten nur die wichtigsten Informationen enthalten.

4 **a.** Überlegt, welche Informationen ihr aufschreiben wollt.
Tipp: Ihr könnt eure Karteikarten von Seite 54 verwenden.
b. Ordnet diese Informationen.
c. Unterstreicht die Stichworte.

5 Eure Texte sollten groß und gut leserlich sein.
a. Schreibt einen Entwurf.
Notiert die Stichworte von den Karteikarten.
b. Überprüft die Rechtschreibung.
c. Schreibt eure Texte in schöner Schrift ab.

Nun könnt ihr euer Plakat zum Kurzvortrag gestalten.

6 **a.** Ein passendes Bild kann zum Lesen verlocken.
Schneidet aus Zeitschriften und Katalogen passende Bilder aus.
b. Farbige Schrift muss gut lesbar sein.
Überlegt, welche Stifte ihr für handgeschriebene Texte wählt.
c. Ein Text muss auch aus größerer Entfernung gut lesbar sein.
– Wählt deshalb große Buchstaben.
– Hebt wichtige Wörter hervor.

7 Gestaltet nun euer Plakat mit Texten, Farben und Bildern.

ein Plakat gestalten

ein Plakat gestalten ➤ S. 302

Karteikarten ➤ S. 54

Dieses Plakat haben Ayse, Merve-Filiz und Tugba gestaltet.

8 **a.** Überprüft das Plakat mithilfe der Checkliste.

> *Checkliste: Ein Plakat gestalten*
> – *Gibt es eine Überschrift?*
> – *Enthält das Plakat die wichtigsten Informationen?*
> – *Sind die Informationen gut angeordnet?*
> – *Ist die Schrift groß genug und gut lesbar?*
> – *Sind alle Wörter richtig geschrieben?*
> – *Gibt es Bilder? Sind sie groß genug?*
> – *Laden sie zum Anschauen ein?*
> – *Sind Überschrift, Texte und Bilder gut verteilt?*
> – *Kann man die farbige Schrift gut lesen?*

b. Sammelt Vorschläge, wie ihr das Plakat noch verbessern könnt.
Sprecht darüber.

9 Gestaltet das Plakat neu.

Während des Kurzvortrags könnt ihr euer Plakat zeigen.
Danach könnt ihr es im Klassenzimmer aufhängen.
So können sich alle noch einmal über die Feste informieren.

Ein Fest planen und vorbereiten

Wer, was, wann, wie?

Ihr habt in diesem Kapitel vielfältige Feste kennen gelernt.
Wie wäre es, wenn ihr nun selbst ein Fest plant und vorbereitet?

1 **a.** Schreibt Ideen für ein Fest mit der Klasse an die Tafel.
Ihr könnt euer Fest auch unter ein Motto stellen:
Apfelfest, Winterzauber, …
b. Diskutiert eure Ideen und entscheidet euch für ein Fest.

2 **a.** Klärt, wann euer Fest stattfinden soll.
b. Stimmt darüber ab, wen ihr zu eurem Fest einladen möchtet.

Eltern
die Parallelklasse
Hausmeister
…

3 Sammelt Ideen, was es bei eurem Fest alles geben soll.
a. Jeder schreibt einen Vorschlag auf eine Karteikarte
und hängt ihn an die Tafel oder eine Pinnwand.
b. Ordnet die Vorschläge und fügt Überschriften hinzu.
c. Besprecht alle Ideen.
Entscheidet, welche ihr durchführen wollt.

Ideen sammeln
und ordnen

Essen und Getränke	Aktionen	Raumschmuck
Waffeln	Spiele	…
Winterbowle	Aufführung	
…	…	

4 Schreibt einen Organisationsplan.
a. Notiert, welche Aufgaben anfallen.
b. Notiert, wer welche Aufgaben übernimmt,
wann das geschieht und was benötigt wird.

einen Organisationsplan
schreiben

Starthilfe

Aufgabe	Wer?	Wann?	Was benötigt?
Essen und Getränke …	…	…	…

Die Einladung

Keine Gäste ohne Einladung. Die Klasse 5 b entscheidet:
„Wir laden richtig ein. Je mehr Leute, desto mehr Musik und
mehr Essen und Trinken. Jeder, der kommt, soll etwas mitbringen."

1 **a.** Sieh dir die Einladung an.
b. Schreibe auf, welche wichtigen Informationen fehlen.

2 Schreibe eine Einladungskarte oder einen Einladungsbrief.
a. Überlege zunächst, was du auf die Einladung schreiben willst,
und schreibe einen Entwurf.
b. Überprüfe deinen Entwurf mit der Checkliste.

Checkliste: Eine Einladung gestalten
- *Steht das Datum dabei?*
- *Wen willst du einladen?*
- *Wozu willst du einladen?*
- *Wann soll das Fest stattfinden?*
- *Wo soll das Fest stattfinden?*
- *Ist der Gruß enthalten?*

c. Schreibe nun deinen Entwurf ins Reine.

3 Gestalte deine Einladung einladend.
- Entscheide dich für ein Papierformat:
  DIN A4 (= so groß wie ein Ordner),
  DIN A5 (= so groß wie ein kleines Schulheft)
  oder Kartenformat.
- Das Wort Einladung ist sehr wichtig. Wo soll es stehen?
- Ziehe dünne Linien mit Lineal und Bleistift,
  damit deine Sätze gut verteilt auf dem Blatt stehen.
- Eine Einladung soll etwas Schönes sein. Schmücke sie deshalb.

** deutsch: Einladung,
englisch: invitation,
französisch: invitation,
spanisch: invitación,
italienisch: invito,
türkisch: davetiye,
russisch: приглашение
(priglaschénie)*

**eine Einladung
schreiben**

die Einladung gestalten

Die Bastelanleitung

Blumen sind ein hübscher Schmuck und ein schönes Geschenk.
Hier kannst du sehen und lesen, wie man Blumen basteln kann.

Du brauchst: Krepp-Papier in Grün und in mehreren Farben
für die Blüten, dünnen und dicken Draht, eine Schere.

A die Verbindung zwischen Blüte
  und Stiel mit grünem Krepp-Papier **umwickeln**

B die Staubgefäße mit dünnem Draht umwickeln
  und sie nach außen **streichen**

C einen der gefalteten Streifen für die Staubgefäße **einschneiden**

D zwei lange Streifen aus Krepp-Papier **schneiden**

E die Blütenblätter um die Staubgefäße **legen**

F das Muster für die Blütenblätter
  auf den anderen Streifen **aufzeichnen** und **ausschneiden**

G die Streifen wie eine Ziehharmonika **falten**

H grünes Krepp-Papier um einen dicken Draht wickeln
  und ihn als Stiel in die Blüte **stecken**

1 **a.** Übertrage die Zeichnungen zur Anleitung in dein Heft.

2 **a.** Ordne die Schritte (A – H) den Zeichnungen zu.
   b. Schreibe die Bastelanleitung in vollständigen Sätzen auf.

eine Anleitung schreiben
➤ S. 300

> **Starthilfe**
>
> Du brauchst: Krepp-Papier ...
> Schneide zwei lange Streifen aus Krepp-Papier.
> ...

Die Spielanleitung

Zu einem Fest gehören natürlich auch Spiele.

1 Gestalte ein Plakat mit verschiedenen Spielideen.
    a. Schreibe die Überschriften auf das Plakat.
    b. Zeichne die Bilder ab, damit jeder auf dem Fest weiß,
       wie das Spiel geht.

ein Plakat gestalten

ein Plakat gestalten
➤ S. 302

Ringe werfen
Stellt mit Wasser gefüllte Flaschen
in einer Reihe auf.
Zieht zwei Meter vor der Flaschenreihe eine Linie.
Jeder bekommt fünf Ringe.
Jeder versucht, mindestens drei der Ringe
über die Flaschenhälse zu werfen.

Bierdeckel-Landeplatz
Zieht einen Kreis (den Landeplatz).
Versucht, aus vier Metern Entfernung
Bierdeckel im Kreis landen zu lassen.
Von fünf Bierdeckeln sollten
drei im Kreis landen.

Z 2 Schreibe eine Anleitung für das Spiel Tischfußball.

eine Spielanleitung schreiben

> **Tischfußball**
> – ein Fußballfeld mit Kreide
>   auf einen Tisch zeichnen
> – die beiden Torpfosten markieren
> – den Tischtennisball mithilfe eines
>   Trinkhalms ins andere Tor blasen

3 Schreibe auf, was du für die Spiele besorgen musst.

Ringe werfen	Bierdeckel-Landeplatz	Tischfußball
...	...	Tischtennisbälle ...

Starthilfe

Z 4 **a.** Schreibe die Anleitung für dein Lieblingsspiel auf.
     b. Ergänze die Spielesammlung um ein weiteres Spiel.
       Schreibe die Spielregeln auf.

eine Anleitung schreiben
➤ S. 300

Und nun gestaltet euer eigenes Fest!

Das kann ich!

Informationen in einem Kurzreferat präsentieren
mit Checklisten arbeiten

In diesem Kapitel habt ihr gelernt, wie ihr ein Kurzreferat vorbereiten und halten könnt.

In einem Kurzreferat könnt ihr eure Lieblingsspiele vorstellen.

1 Bereite ein Kurzreferat zu deinem Lieblingsspiel vor.
   a. Schreibe die sechs Schritte zum Kurzreferat auf.
   b. Schreibe zu jedem Schritt einige Stichworte auf.

ein Kurzreferat vorbereiten

Die Zuhörenden machen sich Notizen zum Vortrag selbst und beobachten die Vortragenden.

2 Schreibe eine Checkliste. Verwende dazu die Arbeitstechnik „Ein Kurzreferat frei vortragen" von Seite 231.

eine Checkliste schreiben

ein Kurzreferat frei vortragen ➤ S. 231

> *Checkliste: Ein Kurzreferat frei vortragen*
> *Haben sich die Vortragenden so hingestellt, dass alle sie sehen konnten?*
> *Haben die Vortragenden frei ...?*
>
> *...*

3 Haltet die Kurzreferate und wertet sie dann gemeinsam aus.
   a. Notiert während des Vortrags, was euch auffällt.
   b. Bewertet den Vortrag mithilfe der Checkliste.

beim Zuhören Notizen machen

Ihr habt auch gelernt, einen informierenden Text zu schreiben.

4 Informiere schriftlich über ein Fest, das du gerne feierst.
   a. Notiere Stichworte zu den Leitfragen von Seite 54.
   b. Formuliere Sätze aus deinen Stichworten.
   c. Zeichne ein passendes Bild oder klebe ein Foto dazu.

schriftlich informieren

Leitfragen ➤ S. 54

Eine Einladung kann auch als Plakat gestaltet werden.

Liebe Eltern, liebe Mitschülerinnen und Mitschüler,
wir haben uns überlegt, dass wir am Ende des Kapitels „Feste feiern"
alle zusammen ein Fest feiern möchten, auf dem wir vorstellen möchten,
was wir alles gemacht haben.
*Das könnt ihr im Klassenraum sehen: Es gibt einen **Kurzvortrag***
***über Feste in aller Welt** und vieles mehr.*
Wir wollen am 14. Mai feiern, es geht um 16 Uhr im Klassenraum los.
*Wir haben Musik, für **Essen und Trinken** ist gesorgt,*
man kann Spiele machen und Blumen basteln. Kommt ihr?

5 Im Tandem!
Überprüft das Plakat mithilfe der Checkliste von Seite 57.

Checkliste ➤ S. 57

6 Überlegt, wie ihr dieses Plakat noch verbessern könntet.

**Texte auf einem Plakat sollten kurz sein und
nur Wichtiges enthalten.**

7 Überarbeitet den Einladungstext.
Tipps:
– Das, **worum es geht**, muss sofort ins Auge fallen.
Schreibt dies in einem Wort als Überschrift auf.
– Das Plakat soll **genau informieren**.
Schreibt auf, **wann und wo** ihr feiern wollt.
Schreibt in Stichworten auf, **was** auf dem Fest los sein wird.

8 Überprüft zum Schluss die Rechtschreibung.

Euer Plakat könnt ihr mit Bildern oder Fotos gestalten.

9 Schneidet aus Zeitschriften passende Fotos aus oder
zeichnet passende Bilder.

10 Gestaltet das Plakat so, dass es zum Lesen auffordert.

ein Plakat gestalten
➤ S. 57

Briefe schreiben

Persönliche Einladungsbriefe schreiben

Tim hat bald Geburtstag und er möchte seine Freunde einladen.

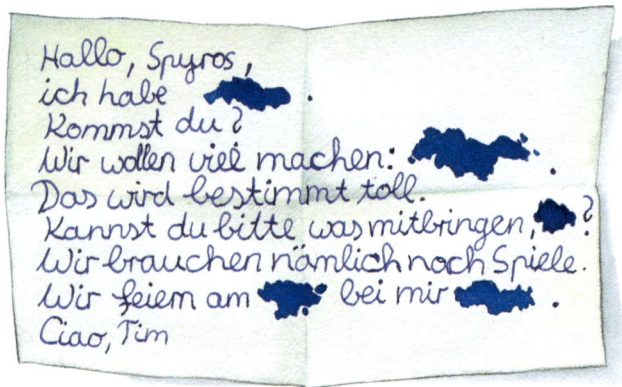

Hallo, Spyros,
ich habe ⬛.
Kommst du?
Wir wollen viel machen: ⬛.
Das wird bestimmt toll.
Kannst du bitte was mitbringen ⬛?
Wir brauchen nämlich noch Spiele.
Wir feiern am ⬛ bei mir ⬛.
Ciao, Tim

1   Hast du verstanden, was Tim vorhat?
Schreibe den Brief ab. Füge dabei ein, was fehlt.

Wie lädst du deine Oma ein?
Schreibst du denselben Brief an sie wie an Spyros?
Was würdest du anders formulieren?

2   Schreibe eine Einladung an deine Oma.
Tipp: Schreibe zunächst einen Entwurf.

3   **a.** Besorge oder falte einen Briefumschlag.
      b. Beschrifte ihn in guter Handschrift.

Julia Meier
Kirchstr. 11
77777 Adorf

An
Frau Marlies Meier
Sonnenallee 4
88888 Ostadt

persönliche Briefe
schreiben

– 17.05.2010
– Waffeln backen,
 Getränke mixen
 und spielen
– bald Geburtstag
– zu Hause
– z. B. dein Würfelspiel

Liebe Oma,
du weißt, ich habe am ... Geburtstag.
Es wäre toll, wenn du ...
Ich möchte dich gern zu ... einladen.
Zum Mittagessen ...
Zum Kaffee ...
Und hinterher könnten wir ...
Du wolltest doch wissen, was ich mir
wünsche?
Am meisten würde ich mich über ...
freuen.
Liebe Gr... ...

Hinweise zur guten Schrift
➤ S. 224–225
Briefe schreiben ➤ S. 300

Einen Einladungsbrief schreiben

einen Brief an die Eltern schreiben

Die Klasse 5a feiert ein Klassenfest.
Die Eltern sollen auch dazu eingeladen werden.

> Köln, 04.04.2010/Berlin, 4. April 2010/Hamburg, April 2010
>
> Einladung · invitation · invito · invitación · davetiye
>
> Liebe Eltern,/Hi!/Hallo!
>
> Wir/wir feiern bald/am 16.05.2010/im Frühling ein Klassenfest/
> ein Frühlingsfest/einen Geburtstag in der Turnhalle/auf dem Schulhof/
> im Klassenraum der 5a in der Marienschule/Anne-Frank-Schule.
>
> Wir/Die Klasse 5a laden/lädt euch/Sie/die Eltern herzlich ein.
>
> Stiftet/Stiften Sie/Spendet/Spenden Sie bitte Kuchen/Kartoffelsalat/
> Nudelsalat, der fehlt uns noch.
>
> Kommt!/Kommen Sie!/Kommt ihr?/Kommen Sie?
>
> Herzliche Grüße,/Bis bald!/Mit freundlichen Grüßen
>
> alle/Die Klasse/die Klasse/Die Klasse 5a/die Klasse 5a

1 Du hast verschiedene Möglichkeiten, die Einladung zu schreiben.
  a. Entscheide dich für eine der Möglichkeiten.
  b. Schreibe den Brief dann vollständig auf.
  Tipp: Schreibe den Brief mit dem Computer.
  Dann kannst du ihn besser überarbeiten.
  Außerdem kannst du passende Schriften auswählen
  und auch Bilder einfügen.

Z **2** Zu welchem Fest möchtest du einladen?
  Gestalte einen schönen Einladungsbrief.
  a. Gestalte die Vorderseite mit schöner Schrift, Farben
   und Bildern.
  b. Schreibe den Einladungstext auf die Rückseite.

Briefe schreiben ➤ S. 300

Z Zu einer Lesung mit Andreas Steinhöfel in der Aula
am 2. März um 15 Uhr möchtest du auch die Schülerinnen
und Schüler anderer Klassen einladen.

3 Schreibe einen Einladungsbrief.

Briefe schreiben ➤ S. 300

Weiterführendes:
Einen offiziellen Brief schreiben

Die Erich-Kästner-Schule in Neustadt feiert ein großes Fest.
Die Klasse 5c organisiert die Tombola.
Ercan bittet in einem Brief den Kulturverein Neustadt um Mithilfe.

1 **a.** Ordne die Briefteile in der richtigen Reihenfolge.
b. Schreibe den Brief auf ein Blatt oder am Computer.

Briefteile richtig
anordnen

A wir wollen am Freitag, dem 5. Juni 2010, ein Schulfest feiern.
Wir, die Klasse 5 c, organisieren eine Tombola und basteln dafür Lose.
Es soll auch Preise geben.
Da Ihr Verein in jedem Jahr ein Sommerfest organisiert,
möchten wir Sie um Unterstützung bitten.
Können Sie uns bei der Organisation der Tombola helfen?
Oder haben Sie Sachspenden, die wir als Gewinne verwenden können?
Wir freuen uns, wenn Sie uns helfen.
Vielen Dank für Ihre Hilfe!

B Ercan Cinar und die Klasse 5 c

C Frau Schwarz
Kulturverein Neustadt
Lange Gasse 3
12345 Neustadt

D Sehr geehrte Frau Schwarz,

E Neustadt, 20. Februar 2010

F Mit freundlichen Grüßen

2 Schreibe nun einen Brief an den Schulleiter Herrn Lambrowski
und lade ihn zum Klassenfest ein.
Beachte den Aufbau des Briefes: Briefkopf (Adresse, Ort, Datum),
Anrede, Brieftext und Briefschluss (Grußformel und Unterschrift).

einen Einladungsbrief
schreiben

Mit Tieren leben

- Beschreiben: Handlungsanleitung
- Stellung nehmen

Mein Kaninchenratgeber

Ernährung und Pflege

Ernährung:

- Frischfutter: Gräser, Löwenzahn, Karotten, Salat
- Trockenfutter: Heu, hartes Brot, Nagerblock

Pflege:

- Die Trinkflasche sollte täglich gesäubert werden.
- Einmal die Woche muss der Käfig gereinigt werden.

Von Tieren erzählen – Tiere beobachten

Mit Tieren kann man viel erleben.

1 **a.** Sieh dir die Abbildungen von Seite 67 an.
    b. Beschreibe die einzelnen Abbildungen.

Abbildungen
beschreiben

2 Was hast du selbst mit Tieren erlebt oder an Tieren beobachtet?
Erzähle dein Erlebnis in der Klasse.

Lukas: „Ich habe zum Geburtstag zwei Mäuse bekommen.
Gestern habe ich sie frei in meinem Zimmer laufen lassen,
als es plötzlich an der Haustür geklingelt hat.
Ich bin zur Tür gegangen ..."

Lisa und Alexandra: „Wir haben mit unseren Eltern
einen Ausflug ins Tierheim gemacht. Bei den Hundezwingern
ist uns sofort der kleine, süße Terrier aufgefallen.
Er hat am Gitter gestanden und hat ganz aufgeregt
mit seinem Schwanz gewedelt ..."

Manuel: „Gestern haben Mehmet und ich bei uns im Garten
Fußball gespielt. Plötzlich haben wir ein Rascheln und Schnaufen
aus einem Blätterhaufen gehört. Wir haben vorsichtig
ein paar Blätter mit einem Stock entfernt und dabei
einen kleinen Igel entdeckt. Er hat am ganzen Körper gezittert ..."

Igor: „Am Wandertag ist meine Klasse in den Zoo gefahren.
Vor dem Affenkäfig hat Lucie plötzlich angefangen,
einem Affen Grimassen zu schneiden ..."

3 Lies, was die Schülerinnen und Schüler beobachtet
und erlebt haben.

eine Geschichte
mündlich erzählen

W **4** **a.** Wähle einen Anfang aus und schreibe in Stichworten auf,
       wie es weitergehen könnte.
    b. Erzähle die Geschichte mündlich in der Klasse.

erzählen ➤ S. 148–155

Jedes Tier hat seine besonderen Eigenarten und Bedürfnisse.
Am Ende des Kapitels kannst du einen Ratgeber zu einem Tier
schreiben und deine Meinung zur Anschaffung von Tieren
formulieren und begründen.
Das Zeichen in der Randspalte führt dich Schritt für Schritt dorthin.

Viele Menschen wollen Tiere um sich haben. Damit diese sich wohl fühlen, müssen die Menschen wissen, wie die Tiere sind.

5 Seht euch die Fotos an.

Informationen sammeln

   a. Tragt zusammen, was ihr schon über diese Tiere wisst.

   b. Welches der Tiere ist geeignet für ein Zusammenleben mit Menschen und fühlt sich mit Menschen wohl? Begründet eure Meinung.

Wenn man das Verhalten der Tiere genau beobachtet und ihre natürlichen Gewohnheiten kennt, merkt man schnell, ob sie als Haustiere in Frage kommen.

Z 6 Schreibe ein Beobachtungsprotokoll.

Beobachtungen in einem Protokoll notieren

   a. Wähle ein Haustier oder ein frei lebendes Tier aus.

   b. Schreibe auf ein Blatt das Datum, den Tiernamen und die Situation, die du beobachten willst.

   c. Beobachte das Tier und notiere deine Beobachtungen.

   d. Zeichne Bilder oder klebe passende Fotos auf.

> *Beobachtungsprotokoll*
> *Datum: 4. September 2009*
> *Tier: Katze (Bella)*
> *Situation: Bella sitzt am Fenster.*
> *Beobachtungen:*
> *– Draußen landet ein Vogel im Baum. Bella ...*
> *– Mein Bruder kommt ins Zimmer. Bella ...*

Z 7 **a.** Stellt eure Beobachtungsprotokolle in der Klasse vor.

   b. Entscheidet, welche der Tiere als Haustiere in Frage kommen.

8 Worauf solltet ihr achten, wenn ihr euch ein Tier anschaffen möchtet? Entwerft eine Checkliste.

Sachtexte lesen

**Max möchte gerne ein Kaninchen als Haustier haben.
Er informiert sich in einem Sachbuch.**

1 Lies den Text mithilfe des Textknackers.

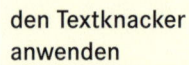

den Textknacker
anwenden

Textknacker ➤ S. 298

Der Käfig

Da Kaninchen aktive und bewegungsfreudige Tiere sind,
ist ein großer Käfig besonders wichtig.
Bei Zwergkaninchen sollte er mindestens eine Grundfläche
von 140 × 70 cm und eine Höhe von 60 cm besitzen.

5 Ein guter Käfig besteht aus einer Kunststoffwanne
und einem Gitteraufsatz. Damit beim Scharren nicht
die Streu hinausgeschleudert wird, sollte die Bodenwanne
mindestens 15 cm hoch sein. Der Käfig sollte immer genügend
Tageslicht bekommen. Jedoch soll immer ein Teil des Käfigs

10 ausreichend beschattet sein. Zwergkaninchen mögen
eine Temperatur zwischen 10 und 20 Grad, somit darf der Käfig
nicht direkt neben der Heizung oder dem Ofen stehen.
Für Kaninchen eignet sich am besten die normale Streu
aus dem Zoofachhandel. Die Bodenwanne sollte

15 mit einer 5 cm dicken Schicht Kleintierstreu gefüllt und
mit einer Lage Stroh bedeckt werden.
Jedes Kaninchen braucht ein eigenes Häuschen, in das es sich
zurückziehen kann. Für das Futter eignen sich am besten
schwere Näpfe aus Ton oder Keramik, die von den Kaninchen

20 nicht umgestoßen werden können. Die Trinkflasche sollte außen
am Käfig befestigt werden.

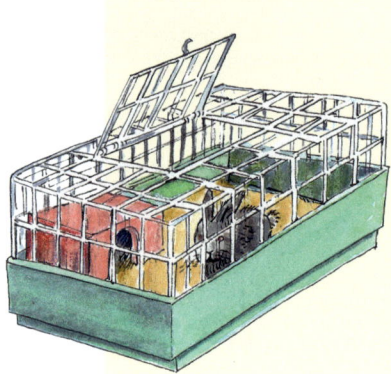

2 Wie sollte ein guter Käfig beschaffen sein?
Schreibe Stichworte dazu auf.

> **Starthilfe**
> Kaninchenkäfig
> – Grundfläche: 140 x 70 cm
> – ...

Informationen in
Stichworten notieren

3 Schreibe auf, was Max in der Zoohandlung kaufen muss.

> **Starthilfe**
> Einkaufsliste
> – Kaninchenkäfig mit Kunststoffwanne und Gitteraufsatz
> – ...

Max erfährt auch, wie er ein Kaninchen richtig ernährt und pflegt.

4 Lies den Text mithilfe des Textknackers.

Ernährung und Pflege

Kaninchen sind Pflanzenfresser mit einer Vorliebe für Gräser,
Kräuter, Karotten und Getreide. Sie brauchen täglich
frisches Grünfutter (Löwenzahnblätter, Salate), Obst (Äpfel) oder
Gemüse (Karotten, Kohlrabi). Auch sollte dem Kaninchen jeden Tag
5 frisches Heu in einer Heuraufe* in den Käfig gestellt werden,
übrig gebliebenes Futter muss entfernt werden.
Da die Tiere immer etwas zum Nagen brauchen, freuen sie sich
über einen Nagerblock oder hart gebackenes Brot in ihrem Käfig.
Um den Käfig sauber zu halten, sollten die Toilettenecke, aber auch
10 die Fressnäpfe und die Trinkflaschen täglich gesäubert werden.
Ein- bis zweimal die Woche muss der ganze Käfig gereinigt werden.
Dazu wird die Bodenschale mit heißem Wasser ausgewaschen und
frische Streu und frisches Stroh hineingeschüttet.
Damit das Kaninchen fit bleibt, sollte es täglich mindestens
15 zwei Stunden Auslauf haben. Lässt man das Kaninchen
in der Wohnung laufen, muss man stets aufpassen, dass das Tier
keine Möbel, Pflanzen oder andere Gegenstände anknabbert.
Kaninchen lassen sich nicht gern tragen. Darum streichelt man sie
am besten, wenn sie auf dem Boden oder auf dem Schoß sitzen.
20 Über kleine Leckerbissen aus der Hand freuen sich die Kaninchen
und sie bauen Vertrauen zu dem Menschen auf.
Um zu prüfen, ob das Kaninchen gesund ist, sollte man
einmal pro Woche die Krallen und Zähne genau anschauen.
Entdeckt man etwas Ungewöhnliches, sollte man zum Tierarzt
25 gehen.

*einen Heubehälter

Max notiert sich Stichworte zur Ernährung und Pflege.

5 Schreibe den Stichwortzettel vollständig auf.
　Tipp: Du kannst die Verben aus der Randspalte verwenden.

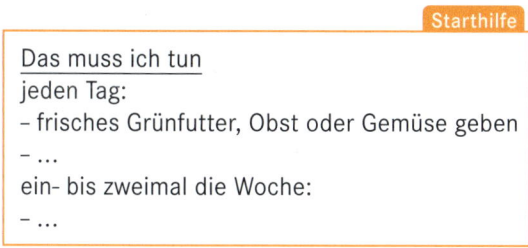

Starthilfe

Das muss ich tun
jeden Tag:
– frisches Grünfutter, Obst oder Gemüse geben
– ...
ein- bis zweimal die Woche:
– ...

einen Stichwortzettel
schreiben

entfernen
reinigen
hineinschütten
laufen lassen
prüfen

Verben im Infinitiv
➤ S. 274

Einen Ratgeber schreiben

Du hast dich über den Kaninchenkäfig und die Ernährung und Pflege informiert und kannst nun einen Ratgeber zur Haltung eines Kaninchens schreiben.

1 Schreibe in deiner Einleitung allgemeine Informationen über Kaninchen.

> **Starthilfe**
> Kaninchen sind aktive und bewegungsfreudige Tiere. Sie …

eine Einleitung schreiben

2 Beschreibe, wie der Käfig sein sollte.
Schreibe auch auf, wo der Käfig aufgestellt werden sollte.
Verwende deine Stichworte von Seite 70.

> **Starthilfe**
> Käfig
> Der Käfig sollte mindestens 140 cm lang und 70 cm breit sein.
> …

den Käfig beschreiben

3 Schreibe eine Anleitung zur Ernährung und Pflege:
– Was muss man jeden Tag tun?
– Was muss man einmal in der Woche tun?
Verwende deine Stichworte von Seite 71.

> **Starthilfe**
> Ernährung
> Das Kaninchen muss täglich gefüttert werden.
> …

eine Anleitung schreiben

Anleitung ▶ S. 300

4 Überlege dir eine Überschrift für deinen Ratgeber.
Notiere zunächst Ideen und wähle dann eine davon aus.

> Kaninchen – ein Ratgeber   So bleibt das Kaninchen fit

5 Gestalte deinen Ratgeber übersichtlich und ansprechend.
– Schreibe den Text sauber auf.
– Überlege, wo deine Beschreibungen
durch ein Bild noch besser verständlich werden.
Zeichne an diesen Stellen ein Bild an den Rand.

Über die Anschaffung von Tieren diskutieren

Tim wünscht sich eine Katze, aber seine Mutter hat Einwände.

> Mit einer Katze kann ich spielen.

> Katzen wollen Auslauf haben.

> Katzen können Möbel zerkratzen.

> Das Futter ist billig.

> Katzen sind saubere Tiere.

> Im Urlaub muss sich jemand um das Tier kümmern.

> Eine Meinung kann man mit **Argumenten** begründen.
> Wenn man für (pro) etwas ist, nennt man **Pro-Argumente**.
> Wenn man gegen (kontra) etwas ist,
> nennt man **Kontra-Argumente**.

1 Tim und seine Mutter begründen ihre Meinung mit Argumenten.
  a. Lest die Argumente in den Sprechblasen mit verteilten Rollen.
  b. Ordnet die Pro- und Kontra-Argumente in einer Tabelle.
  c. Ergänzt weitere Argumente.

Argumente sammeln und ordnen

Starthilfe

Pro Katze als Haustier	Kontra Katze als Haustier
Mit einer Katze kann man spielen. …	Katzen wollen Auslauf haben. …

**Tim und seine Mutter sind unterschiedlicher Meinung.
Vielleicht finden sie im Gespräch eine Lösung?**

2 Führt ein Rollenspiel durch.
  a. Schreibt jedes Argument auf ein eigenes Kärtchen.
  b. Schreibt auch auf, was Tim oder seine Mutter
    erwidern oder vorschlagen könnte.
  c. Ordnet die Kärtchen.
  d. Spielt das Gespräch.

ein Rollenspiel durchführen

Starthilfe

Mutter: Katze braucht Auslauf
Tim: mit Katze in den Hof gehen

Z 3 Fasst euer Gespräch in einem kleinen Text zusammen.
  – Schreibt die Argumente von Tim und seiner Mutter auf.
  – Schreibt auf, welche Lösung die beiden finden.

Starthilfe

Tim führt an, dass man …
Seine Mutter wendet ein, dass …

Extra Sprache:
Behauptungen und Argumente unterscheiden

Wenn du beim Diskutieren eine Meinung vertreten möchtest,
begründe sie mit Argumenten.

Die Klasse 5 b diskutiert über den Vorschlag, ein Aquarium
für das Klassenzimmer zu kaufen.

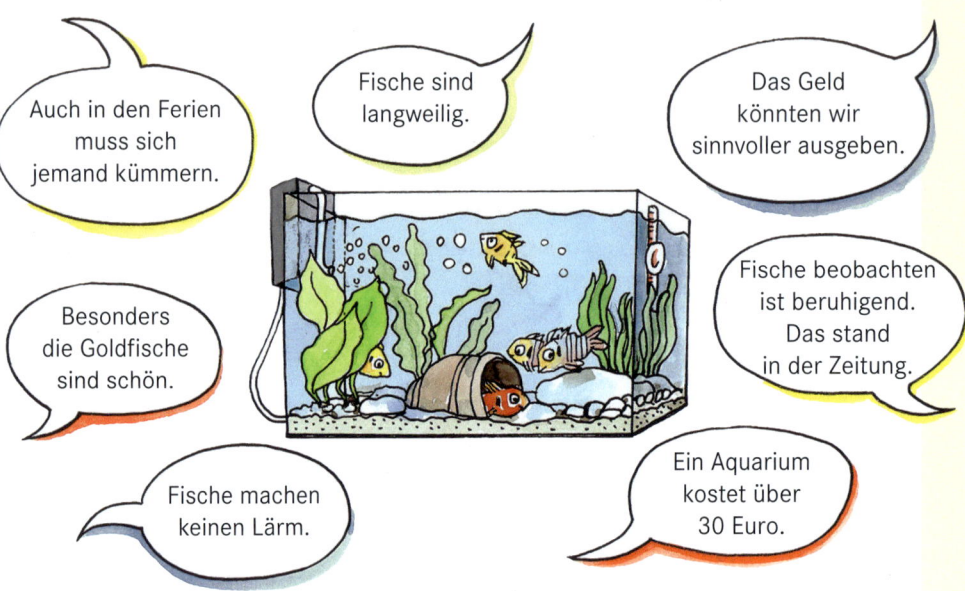

1 Im Tandem!
   a. Lest die Äußerungen in den Sprechblasen.
   b. Überlegt, welche Äußerungen für und
      welche gegen das Aquarium sind.
   c. Welche Äußerungen sind Behauptungen?
      Welche Äußerungen sind Argumente?
      Ordnet sie und schreibt sie untereinander auf.

Behauptungen
und Argumente
unterscheiden

Starthilfe

Behauptung:	Argument:
Fische sind langweilig.	Ein Aquarium kostet über 30 Euro.
...	...

2 Ergänzt weitere Argumente zum Thema.

3 Diskutiert nun über die Anschaffung eines Aquariums.
   Verwendet dabei die notierten Argumente.

diskutieren

Extra Grammatik:
Aufforderungssätze formulieren

Tim darf sich eine Katze anschaffen. Anfangs ist alles neu und aufregend. Aber bald muss die Mutter ihn erinnern:

neues Trockenfutter.

Kaufe

frisches Wasser nach.

Lass

Schütte

Fülle

frische Streu nach.

Reinige

die Katze in den Garten.

die Katzentoilette.

1 **a.** Füge die Satzteile zusammen.
Schreibe die Aufforderungssätze auf.
b. Unterstreiche in deinen Sätzen die Verben.

> **Starthilfe**
> Reinige die Katzentoilette.
> Fülle …

> Mit **Aufforderungssätzen** drückt man einen Wunsch, einen Befehl oder eine Aufforderung aus.

Um ein Haustier muss man sich täglich kümmern.

Der Hund	Der Kanarienvogel
– täglich die Näpfe reinigen	– täglich den Napf säubern
– mit Futter und frischem Wasser füllen	– Körner und Grünfutter einfüllen
– die Hundedecke ausschütteln	– den Wasserbehälter reinigen und füllen
– spazieren gehen	– den Vogel fliegen lassen

Z **2** Was sollte man bei der Pflege dieser Tiere beachten?
a. Entscheide dich für den Hund oder den Kanarienvogel.
b. Schreibe eine Anleitung.
Verwende Aufforderungssätze.

> **Starthilfe**
> Reinige täglich die Näpfe.
> …

Satzteile zusammenfügen

Aufforderungen ausdrücken

eine Anleitung schreiben

Verben im Präsens
➤ S. 275–277

Tiere leben nicht nur als Haustiere in der Stadt.
Auch viele frei lebende Tiere finden dort ihre Heimat.

Der Hausspatz

Der Instinkt* lässt Tiere nach Nahrung und Unterschlupf suchen,
und dort, wo sie dies finden, werden sie heimisch.
Früher lebte der Hausspatz in Afrika. In der Natur nistet er
auf Bäumen und ernährt sich überwiegend von Samen.

5 Als die Menschen jedoch begannen, Getreide anzubauen und
Häuser zu errichten, hielten die Spatzen bei ihnen Einzug.
Städte boten ihnen Schutz vor vielen Feinden und
eine sichere Nahrungsquelle.
Inzwischen ist der Hausspatz weit verbreitet. Heute ist er

10 fast überall auf der Welt anzutreffen. Man hat Spatzen sogar
auf der 80. Etage des New Yorker Empire State Building*
fressen sehen. Eine andere Gruppe Spatzen lebte sogar
über 600 Meter tief in einem englischen Kohlebergwerk.
Sie fraßen Brotkrümel, die ihnen die Bergarbeiter gaben.

15 Bei einer solchen Anpassungsfähigkeit ist es kein Wunder,
dass der Hausspatz so erfolgreich in seiner Ausbreitung ist.

*das angeborene Verhalten

*bekannter Büroturm
in New York

1 Beantworte die folgenden Fragen schriftlich.
 – Wie und wo lebten die Hausspatzen früher?
 – Wie und wo leben sie heute?
 – Was bieten Städte den Hausspatzen?

Fragen zum Text
beantworten

Z 2 Tragt zusammen, was ihr über andere Vögel in der Stadt wisst.
 – Welche anderen Vögel kennt ihr aus Städten?
 – Wovon ernähren sie sich?
 – Welche Probleme haben die Menschen mit ihnen?

Informationen
zusammentragen

Rabe

Taube

Auch andere Tiere profitieren vom Menschen.

Von Resten leben

Für die meisten urbanen* Tiere sind Städte hauptsächlich
wegen ihres Nahrungsangebots so reizvoll. Im Vergleich
zu Wildtieren wirft der Mensch eine Menge Nahrung weg.
Deshalb sind Städte auch das ständige Zuhause von Aasfressern*,
5 die nachts auf Futtersuche gehen.
Einer der Aasfresser in Nordamerika ist der Waschbär.
Seine Vorderpfoten eignen sich perfekt zum Öffnen
von Verpackungen oder zum Wegziehen von Deckeln
auf Mülltonnen. Ist der Deckel entfernt, stöbert der Waschbär
10 in der Tonne nach Essbarem.
Waschbären lernen schnell. Sie können nicht nur Mülltonnen
plündern, sondern auch Türen öffnen, und es heißt, dass sie sogar
Essen aus Kühlschränken stibitzen.
In Teilen Europas und Nordamerikas lebt auch der Rotfuchs
15 in der Stadt. Zwar kann er nicht so gut klettern wie der Waschbär
und er ist auch mit den Pfoten nicht so geschickt.
Doch Rotfüchse gleichen das durch ihre Schnelligkeit und
Intelligenz aus, zudem haben sie eine feine Nase. Oft folgen sie
Nacht für Nacht derselben Route; sie reißen zum Beispiel
20 Müllsäcke auf und stöbern in Abfallbehältern.

* in der Stadt lebenden

* Tiere, die tote Tiere fressen

3 Beantworte die folgenden Fragen zum Text in Stichworten.
– Warum folgen die Tiere den Menschen in die Städte?
– Welche Eigenschaften machen es den genannten Tieren
möglich, in Städten zu leben?

Fragen zum Text
beantworten

> **Starthilfe**
> Eigenschaften
> Waschbär: kann mit den Vorderpfoten …

Z 4 **a.** Informiere dich über frei lebende Tiere an deinem Wohnort.
– Wo halten sich die Tiere auf?
– Wovon ernähren sie sich?
– Wie verhalten sich Menschen ihnen gegenüber,
wenn sie ihnen begegnen?
– Wie sollten sich Menschen ihnen gegenüber verhalten?
– Welche Probleme haben die Menschen mit den Tieren?
– Warum haben die Menschen Probleme mit den Tieren?
b. Präsentiere deine Informationen in einem Kurzreferat.

Informationen in einem
Kurzreferat präsentieren

Kurzreferat ➤ S. 230–231

Das kann ich!

Beschreiben: Handlungsanleitung
Stellung nehmen

Jedes Tier hat besondere Bedürfnisse. Wenn du ein Haustier hast oder eins haben möchtest, bist du verantwortlich für das Tier.

1 Plane einen Ratgeber zu einem Haustier.
Überlege dir, über welches Haustier du informieren möchtest.

2 Schreibe einen Ratgeber zur Haltung eines Haustieres.
Tipp: Informationen findest du in diesem Kapitel, in einem Sachbuch oder im Internet.

3 Überprüfe deinen Ratgeber mithilfe einer Checkliste.
a. Schreibe die Checkliste ab.
b. Ergänze weitere Fragen.
c. Überarbeite dann deinen Ratgeber.

> Checkliste:
> Ratgeber zur Tierhaltung
> – Habe ich allgemeine
>   Informationen über
>   das Tier notiert?
> – ...

einen Ratgeber
schreiben

planen, schreiben,
überarbeiten ➤ S. 299

einen Ratgeber schreiben
➤ S. 300

Nun bist du gut über das Haustier informiert und kannst deine Meinung zu seiner Haltung formulieren und begründen.

4 Bildet eine Gesprächsrunde.

5 Nenne das von dir gewählte Haustier.

6 Die anderen nennen Kontra-Argumente gegen die Haltung des Tieres. Da du einen Ratgeber über die Haltung des Tieres geschrieben hast, kannst du mit Pro-Argumenten antworten.

die eigene Meinung
formulieren und
begründen

Starthilfe

> Kontra: Ein Kanarienvogel
> macht viel Arbeit: der Käfig ...
> Pro: Ja, aber ...

7 Überprüft gemeinsam:
– Ist das Tier als Haustier geeignet?
– Bist du in der Lage, verantwortlich für das Tier zu sorgen?

Steckbriefe schreiben

Vor dem Schreiben Informationen sammeln

Für ein Ratespiel möchtest du einen Tiersteckbrief schreiben.
Mache dir einen Plan, bevor du den Steckbrief schreibst.

1 Beantworte die Fragen zum Schreibziel schriftlich:
  – Für wen oder an wen schreibe ich?
  – Was möchte ich erreichen?

Ich schreibe den Steckbrief für ein Ratespiel mit meiner Klasse.
Der Steckbrief …

Fragen zum Schreibziel
beantworten

2 Wähle für deinen Steckbrief ein Tier aus.

3 Sammle Informationen zu deinem Tier.

Informationen sammeln

In Texten und Büchern kannst du dich gründlich informieren.
Hier kannst du Sachtexte über verschiedene Tiere lesen.

4 **a.** Sieh dir zunächst das Foto an und lies die Überschrift.
     Worum geht es in dem Text?
  b. Lies nun den Text.

einen Sachtext lesen

Der Goldhamster

Auffallend am Goldhamster sind seine schwarzen Knopfaugen,
seine großen Backentaschen und seine feinen Barthaare.
Sein Fell ist rötlich braun, die Bauchseite ist oft weißlich. Er ist
etwa achtzehn Zentimeter lang. Der Goldhamster ernährt sich
5 hauptsächlich von Samen, Mehlwürmern, Insekten, kleinen
Fleischstückchen, Obst, Gemüse, Salat und anderem
Grünfutter. Seine Heimat ist Syrien.
Er ist ein nachtaktives Tier, tagsüber schläft er meistens.
Ein Goldhamster wird etwa zwei bis drei Jahre alt und
10 kann gut einzeln gehalten werden.

5 Lies auch die Sachtexte über das Meerschweinchen und die Hausmaus.

Das Meerschweinchen

Das Meerschweinchen lebte ursprünglich in Südamerika.
Sein Fell ist meistens mehrfarbig und langhaarig,
gelockt oder glatthaarig.
Es hat eine Schnauze mit langen Tasthaaren,
5 einen kurzen Stummelschwanz und kurze Beine.
Es ist etwa 22 bis 33 Zentimeter lang.
Seine Nahrung besteht aus Obst, Gemüse, Salat und
anderem Grünfutter.
Das Meerschweinchen kann bis zu zehn Jahre alt werden.
10 Da es ein sehr geselliges Tier ist,
sollte es nicht einzeln gehalten werden.

Die Hausmaus

Die Hausmaus ist etwa zehn Zentimeter lang (ohne Schwanz)
und wiegt ungefähr 20 Gramm. Ihr Fell ist einfarbig grau
und kurz.
Sie hat eine spitze Schnauze mit langen Tasthaaren
5 und einen langen Schwanz.
Die Ohren sind groß und nur wenig behaart.
An den Vorderfüßen hat die Hausmaus je vier,
an den Hinterfüßen je fünf Zehen.
Die Hausmaus ernährt sich von Samen und Getreidekörnern,
10 Obst, Gemüse, Salat und anderem Grünfutter.
Sie wird etwa eineinhalb bis drei Jahre alt und
sollte nicht einzeln gehalten werden.
Die Hausmaus lebt fast überall auf der Welt.

6 Schreibe kurze Worterklärungen für die folgenden Wörter aus den Texten auf:

> die Knopfaugen   das Grünfutter   die Tasthaare

Tipp: Du kannst auch im Wörterbuch nachschlagen.

Die einzelnen Steckbriefe schreiben

1 Beantworte die Fragen zur Form und zum Aufbau
eines Steckbriefes schriftlich:
- Wie schreibe ich den Text? (z. B. sachlich oder spannend)
- In welcher Reihenfolge schreibe ich?

spannend, sachlich, informierend, …

nach einer Vorlage, alphabetisch, nach Wichtigkeit, …

2 **a.** Zu welchem der Tiere (Goldhamster, Meerschweinchen,
Hausmaus) passt der angefangene Steckbrief?
b. Schreibe den Steckbrief zu Ende.
Einige Hauptstichworte sind vorgegeben.

einen Steckbrief
zu Ende schreiben

> ## Steckbrief
> Name: ...
> Heimat: Syrien
> Größe: etwa 18 cm
> Aussehen: rötlich braunes Fell mit ...
> Nahrung:
> Alter:
> Besonderheiten:

3 Schreibe auch einen Steckbrief
für eines der beiden anderen Tiere.

einen Steckbrief
schreiben

4 Du kannst nun weitere Steckbriefe schreiben.
- Wähle dafür zum Beispiel ein Haustier aus, das du kennst.
- Oder informiere dich über andere Tiere.

| der Hund | die Taube | die Schildkröte | der Goldfisch |

5 **a.** Schreibe einen Entwurf deines Steckbriefes
mithilfe der Arbeitstechnik.
b. Ergänze eine Überschrift.

Arbeitstechnik

Einen Steckbrief schreiben

- **Gliedere** deinen Steckbrief nach **Hauptstichworten**,
z. B. Art, Aussehen, Nahrung, Besonderheiten.
- **Sammle Informationen** und **ordne** sie den Hauptstichworten zu.
- Schreibe den Steckbrief und **gestalte** ihn, z. B. mit einem Foto.

Damit das Ratespiel richtig Spaß macht, brauchst du
noch mehr Steckbriefe. Bei Steckbriefen zu frei lebenden Tieren,
z. B. zu Vögeln, benötigst du zusätzliche Hauptstichworte:
Lebensraum, **Brutzeit**, natürliche **Feinde**.

6 Lies den Text über den Mäusebussard.

Der Mäusebussard

Der Mäusebussard ist unser häufigster heimischer Greifvogel.
Er lebt in Wäldern, Wiesen und Feldern in Europa, Asien,
Nordamerika und Afrika.
Er kann bis zu 56 cm groß werden.
5   Der Mäusebussard ist oberseits mittel- bis dunkelbraun,
das übrige Gefieder ist bei allen Vögeln verschieden.
Sein Schwanz ist kurz, aber breit.
Er ernährt sich von Feldmäusen, Ratten, Maulwürfen,
Jungvögeln, Insekten und Aas.
10 Er ist ein Standvogel, dessen Ruf „Hiää!"
man das ganze Jahr über hört.
Seine zwei bis drei Eier brütet er in 33 bis 35 Tagen aus.

Der Mäusebussard
Lebensraum: Wälder, Wiesen, Felder
in ...
Größe:
Aussehen:
Nahrung:

7 Schreibe einen Steckbrief über den Mäusebussard.

Z **8** Schreibe einen Steckbrief
über ein anderes frei lebendes Tier.
  a. Informiere dich in einem Tierratgeber,
  im Lexikon, im Internet oder
  in deinem Biologiebuch.
  b. Wähle aus, zu welchen Stichworten
  du etwas über dein Tier schreiben kannst.
  c. Schreibe den Steckbrief auf.

einen Steckbrief
schreiben

> **Starthilfe**
> Heimat: ...
> Lebensraum: ...
> Größe: ...
> Gewicht: ...
> Aussehen: ...
> Nahrung: ...
> Alter: ...
> Fortpflanzung: ...
> Brutzeit: ...
> Feinde: ...
> Besonderheiten: ...

Jetzt kann das Spiel beginnen!

9 Wie heißt das Tier?
  – Bildet Vierergruppen. Lest eure Tiersteckbriefe vor.
    Tipp: Verratet aber nicht die Namen der Tiere.
  – Wer errät das Tier?

Überarbeiten mit der Checkliste

Mit einer Checkliste kannst du deinen Tiersteckbrief überprüfen und anschließend überarbeiten.

> *Checkliste:*
>
> *Einen Tiersteckbrief schreiben*
>
> *– Enthält der Steckbrief die wichtigsten Informationen?*
>
> *– Ist die Reihenfolge ...?*
>
> *– ...*

1 **a.** Übertrage die angefangene Checkliste in dein Heft.

b. Trage weitere Checkfragen ein.

    Tipp: Lies die Arbeitstechnik

    „Planen, schreiben, überarbeiten".

eine Checkliste erstellen

2 Überprüfe deinen Tiersteckbrief mit deiner Checkliste.

den Steckbrief überprüfen

3 Überarbeite deinen Steckbrief,
falls du Fragen mit „nein" beantwortet hast.
Achte auf die Rechtschreibung.

den Steckbrief überarbeiten

4 Gestalte deinen Steckbrief mit einer Zeichnung oder einem Foto.

den Steckbrief gestalten

Arbeitstechnik

Planen, schreiben, überarbeiten

Vor dem Schreiben
- **Lies die Aufgabe** mehrmals **genau** durch.
- **Schreibe** genau auf, **was du tun sollst.**
- **Beantworte** die Fragen zum **Schreibziel:**
  - **Für wen** oder **an wen** schreibe ich?
  - **Was** möchte ich **erreichen?**
- **Sammle Informationen** und Ideen.

Während des Schreibens
- **Beantworte** die Fragen zum **Aufbau** deines Textes:
  - **Wie** schreibe ich den Text?
  - **In welcher Reihenfolge** schreibe ich?
- **Ordne** deine **Informationen.**
- **Schreibe** einen **Entwurf.** Finde eine **Überschrift.**

Nach dem Schreiben
- **Überprüfe** deinen Text. Verwende **Checklisten.**
- **Überarbeite** deinen Text. Achte auf die **Rechtschreibung.**

Z Weiterführendes: **Eine Rätselkartei anlegen**

Mithilfe der Tiersteckbriefe könnt ihr eine Rätselkartei anlegen.

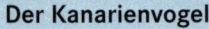

Der Kanarienvogel

Heimat:	Kanarische Inseln
Größe:	etwa 12 cm lang
Aussehen:	ursprünglich grüngelb mit braunschwarzen Flügeln, inzwischen in unterschiedlichsten Farben
Nahrung:	Körnerfutter, Obst, Gemüse, Grünfutter, frisches Wasser
Alter:	10 bis 15 Jahre
Besonderheiten:	schöner Gesang

Die Spinne

Lebensraum:	hauptsächlich an Land, fast überall auf der Erde
Größe:	knapp 1 mm bis 18 cm lang
Aussehen:	meist mit 4 Beinpaaren, 2 Greifzangen, 6 bis 8 Punktaugen, gepanzerter Vorderkörper, weicher Hinterkörper
Arten:	etwa 30 000
Nahrung:	lebende Insekten
Brutzeit:	mehrere Monate
Natürliche Feinde:	Singvögel, Eidechsen, Frösche
Besonderheiten:	bauen aus feinen Seidenfäden ihre Netze

Auf den Karten der Rätselkartei stehen Fragen zu den Steckbriefen.

Wie viele Beine haben Spinnen?

Wie alt kann ein Kanarienvogel werden?

Auf den Rückseiten der Karten stehen die Antworten.

Spinnen haben acht Beine.

Ein Kanarienvogel kann ...

1 a. Formuliert weitere Fragen zu den zwei Tiersteckbriefen. Schreibt sie auf Karteikarten. Die Antworten schreibt ihr jeweils auf die Rückseite.

b. Geht mit euren eigenen Tiersteckbriefen genauso vor.

zu Steckbriefen Fragen formulieren

2 Legt nun eure eigene Rätselkartei an.
  – Sammelt die Rätselkarten in einem passenden Karton. Dann könnt ihr immer wieder damit spielen und arbeiten.
  – Ordnet die Rätselkarten nach dem Alphabet.

eine Rätselkartei anlegen

Stark sein

- Literarische Texte verstehen
- Szenisch darstellen

Starke Kinder

Musik und Text:
Rolf Zuckowski

♩ = ca. 192

1. Star - ke Mäd - chen ha - ben nicht nur schö - ne Au - gen,
2. (Star - ke Jungs,) die kön - nen nicht nur Mus - keln zei - gen,

star - ke Mäd - chen ha - ben Fan - ta - sie und
star - ke Jungs, die zei - gen Köpf - chen und Ge -

Mut. Star - ke Mäd - chen wis - sen selbst, wo - zu sie
fühl. Star - ke Jungs woll'n ih - re Mei - nung nicht ver -

tau - gen, star - ke Mäd - chen ken - nen
schwei - gen, star - ke Jungs, die kom - men

1.
ih - re Chan - cen gut. 2. Star - ke Jungs,

2.
lä - chelnd an ihr Ziel.

Refrain:

Starke Kinder halten felsenfest zusammen,
Pech und Schwefel, die sind gar nichts gegen sie.
Ihren Rücken lassen sie sich nicht verbiegen,
starke Kinder, die zwingt keiner in die Knie.

Stark sein ... auch in schwierigen Situationen

In dem Lied auf Seite 85 geht es um starke Kinder.

1 Was wird in dem Lied über starke Kinder gesagt?
Sprecht in der Klasse darüber.

2 Denkt euch weitere Strophen aus.
Bildet dafür kleine Gruppen.

das Lied
weiterschreiben

3 Fragt euren Musiklehrer oder eure Musiklehrerin,
ob ihr das Lied vielleicht mit Musikbegleitung einüben könnt.

das Lied singen

Stark sein kann sehr Unterschiedliches bedeuten.

4 Was bedeutet **stark sein** für dich?
a. Schreibe einen Cluster dazu.

Ideen in einem
Cluster sammeln

...

Mut zeigen

...

zusammenhalten

stark sein

...

...

...

durchhalten
können

Cluster ➤ S. 299

b. Stelle den Cluster in der Klasse vor.

5 Wann hast du dich einmal stark gefühlt?
Schreibe darüber.
Tipp: Du kannst auch über eine andere Person schreiben.

Starthilfe

Ich kenne einen starken Jungen.
Muskeln hat er zwar keine. Aber ...

In diesem Kapitel werdet ihr Auszüge aus Jugendbüchern lesen
und die Figuren darin näher betrachten.
Am Ende des Kapitels könnt ihr ein Standbild bauen und
eine Szene gestalten. Das Zeichen in der Randspalte führt euch
Schritt für Schritt dorthin.

Auch in schwierigen Gesprächssituationen kann man Stärke zeigen und ausdrücken, z. B. in einem Gespräch zwischen zwei Jugendlichen oder in einem Gruppengespräch.

Z 6 Gruppenarbeit!

a. Wählt eine schwierige Situation, die einer von euch erlebt hat.

b. Überlegt: Wer hat in der Situation Stärke gezeigt, und wie?

c. Schreibt ein Gespräch, in dem das deutlich wird.

> **Starthilfe**
>
> Peer schreit Hans an: „He, fass mich nicht an!"
> Malena: „Was ist denn hier los?"
> …

d. Spielt euer Gespräch in der Klasse vor.
Lest mit verteilten Rollen.

ein Gespräch schreiben und vorspielen

wörtliche Rede ➤ S. 306

Ein Schulwechsel ist schwierig und erfordert Stärke.

7 Stell dir vor, du besuchst eine neue Schule. Du kennst dort noch niemanden, weder die Mitschüler noch die Lehrkräfte.

a. Überlege:
– Was würdest du denken? Wie würdest du dich fühlen?
– Was könntest du tun?

b. Schreibe einen kurzen Text dazu.

> **Starthilfe**
>
> Heute war mein erster Schultag in der neuen Schule.
> Ich fühle mich … / Ich denke an … / Die anderen Kinder …

sich in eine Situation hineinversetzen

In dem Buch „Und wenn ich zurückhaue?" von Elisabeth Zöller wechselt Krissi auf eine neue Schule. Dies ist der Klappentext.

> Anfangs hat Krissi sich auf die neue Schule gefreut.
> Aber jetzt packt ihn jeden Morgen die Angst. Denn Tag für Tag lauern ihm Bossy, Henny und die Schlägerkids auf, die er „Baseballs" nennt. „Und wenn ich zurückhaue?", denkt er sich, als sie ihn wieder einmal in die Mangel nehmen. Aber er haut nicht zurück, er haut ab. Erst jetzt merken seine Mitschüler, dass an ihrer Schule etwas schiefläuft – und zwar gewaltig …

8 a. Was erfahrt ihr in dem Klappentext über Krissi und die Situation, in der er steckt?

b. Stellt Vermutungen darüber an, welche Probleme oder Hindernisse auftreten könnten.

Einen Jugendbuchauszug lesen

Der folgende Textausschnitt erzählt von Krissis Weg zur Schule.

Und wenn ich zurückhaue?   Elisabeth Zöller

Krissi muss jetzt auch gehen. Er muss vor denen da sein,
damit sie ihn nicht wieder kriegen. Er packt sein Brot ein.
Er schnappt seine Jacke vom Haken, lässt sie vorne offen.
Es ist warm draußen. Die Luft riecht gut. Er lässt fast seinen Ranzen
5 stehen. „Vergiss deinen Ranzen nicht!", ruft Mama und
fragt noch einmal: „Was ist denn heute mit dir los?"
Fast hätte er es jetzt gesagt. Aber er muss ja den Umweg laufen.
Da braucht er Zeit.
„Tschüss, Mama!", sagt Krissi und rennt los.
10 „Tschüss, Krissi!", sagt Mama und winkt hinter ihm her.
Schweinsrosa Bademantel und Plüschfüße! Aber die Mama,
die mag er. Die ist nicht gemein.
Wenn man sich doch unsichtbar machen könnte, das wäre was,
unsichtbar auf dem Schulweg und unsichtbar in den Pausen.
15 Plopp, eine große Tarnkappe drüber. Weg wäre er.
Dann könnte er mit Olaf auf dem Schulhof reden. Über Schach, über
seine Gelbsammlung*, über Computer, über seine Käfersammlung.
Auch über die Obergemeinen, über alles.
Dann bliebe den Baseballmützen nichts anderes übrig,
20 als sich gegenseitig zu ärgern und selber Beinchen zu stellen.
Wenn er eine Tarnkappe hätte, dann könnte er die Baseballs
von hinten packen beim Kampf, am Bein ziehen und ärgern.
Den Schwächeren helfen. Das wäre was! Die würden gucken!
Und wüssten noch nicht mal, wer das war!
25 Aber Tarnkappen gibt es nicht. Und Kämpfe gibt es. Und einige,
die immer die dicken Bosse spielen und die andern klein machen.
Die gibt es auch.
Er ist fast an der Schule. Nur noch an den Gärten vorbei.
Plötzlich sieht er sie von Weitem kommen, Bossy, Henny und Peer.
30 Er erschrickt, er hat Angst. Er kann sich noch ganz schnell ducken
und hinter einer Hecke verstecken.
„Er muss hier sein", schreit Bossy.
„Der ist doch längst weg", schreit Peer. „Der darf doch nicht
zu spät kommen zur Schule, der Schnuller." Sie lachen.
35 Aber sie gehen weiter.

* Krissi sammelt alles,
was gelb ist.

„Das bockt* echt, so einen Schnuller mal hochgehen zu lassen." * macht Spaß
Aber sie gehen weiter.
Krissis Herz klopft bis zum Hals. Er sitzt zusammengekauert
hinter der Hecke. Er hat Angst vor Bossy. Bossy ist groß und kräftig
40 und stark. Bossy ist auch älter als er. Zwei Jahre vielleicht.
Henny auch. Die ist in derselben Klasse wie Bossy.
Krissis Herz klopft nicht mehr so stark. Sie sind schon
ein ganzes Stück weg, aber er kann sie immer noch hören.
„Kommt ihr heut zum Videogucken? Ich hab drei neue
45 ab achtzehn*. Kennt ihr schon das mit dem Lehrer, * für Zuschauer
der zerquetscht wird?" „Voll geil, Mann." ab achtzehn Jahren
Die Stimmen werden leiser.
Krissi hat Angst weiterzugehen. Er bläst die Backen auf.
Manchmal pfeift es dann! Das ist gut gegen die Angst.
50 Dann geht die Luft raus. „Pfpfpf."
Er hat lange genug gewartet und geht los. Acht Uhr ist es.
So ein Mist!
Er fasst in seine Jackentasche. Da ist Stöpsel. Stöpsel ist
ein kleiner Bär, der oben auf einem Bleistift gesessen hat.
55 Früher hat er immer mit ihm gesprochen. Jetzt erzählt er ihm
wieder. Er erzählt Stöpsel alles. Stöpsel ist ein guter Zuhörer.
Stöpsel hört einfach nur zu und lässt sich knuddeln in der Tasche.
Stöpsel verrät auch nichts und Stöpsel ist schön klein.
Den kann man verstecken, den lacht keiner aus, den kann

60 niemand zusammenhauen. Stöpsel ist unsichtbar. Fast.
Krissi biegt in das Schultor ein. Fünf nach acht. Alles leer.
Erste Stunde ist Englisch. Aber es ging ja nicht anders. Er musste
warten, bis Bossy und Henny und Peer reingegangen waren.

Erst jetzt traut er sich, schnell über den Schulhof zu laufen.
65 Erst jetzt kann er sicher sein, dass alle drin sind.
Die packen ihn sonst und spielen das Video nach. Echt.
Haben sie beim letzten Mal gesagt. Oder die Krimiserie von gestern.
Nur so aus Jux*.
Aber was sagt er Frau Fromm?

* Spaß

1 Krissi erzählt Stöpsel alles.
„Stöpsel ist ein guter Zuhörer." (Zeile 56)
Sprecht darüber, was Krissi seinem Bären über seinen Schulweg
an diesem Tag erzählen könnte.

**aus anderer Perspektive
erzählen**

2 Schreibe auf, was Stöpsel Krissi antworten könnte und
welche Tipps er Krissi vielleicht geben könnte.

Ein Standbild bauen

Krissi versteckt sich vor Bossy, Henny und Peer hinter einer Hecke. Diese Situation könnt ihr gut in einem Standbild darstellen.

1 Baut ein Standbild.

a. Bestimmt die „Bildhauerin" oder den „Bildhauer".
Sie oder er formt das Standbild: die Position der „Statuen", die Haltung, die Gestik, den Gesichtsausdruck.
Tipp: Arbeitet stumm und nehmt euch Zeit.

b. Der „Bildhauer" erklärt nun das fertige Standbild:
– Was denkt und fühlt jede Person?
– Was soll die Körpersprache ausdrücken?

2 Besprecht das fertige Standbild.

a. Die Betrachter sehen sich das fertige Standbild von allen Seiten an. Sie spüren nach, was Krissi, Bossy, Henny und Peer mit ihrer Körpersprache ausdrücken.

b. Die Betrachter sagen, wie sie selbst das Standbild gedeutet haben.

c. Die „Statuen" Krissi, Bossy, Henny und Peer beschreiben anschließend, wie sie selbst sich gefühlt haben.

ein Standbild bauen und beschreiben

Starthilfe

Ich habe mich mit der geballten Faust aggressiv gefühlt. Ich …

Arbeitstechnik

Ein Standbild bauen

Mit einem **Standbild** kann man eine Situation, ein Gefühl oder auch einen Begriff darstellen. So könnt ihr vorgehen:
– Klärt, welche **Situation** ihr darstellen wollt.
– **Eine „Bildhauerin" oder ein „Bildhauer" formt** das Standbild: Position der Personen, Haltung, Gestik, Gesichtsausdruck.
– Die „Statuen" bleiben mit dem gewünschten Gesichtsausdruck in der geformten Haltung stehen.
– Anschließend wird das Standbild **erklärt**.
– Die **Betrachter** sehen sich das Standbild von allen Seiten an. Sie geben eine Rückmeldung, wie sie das Standbild gedeutet haben.
– Die „Statuen" **beschreiben** dann, wie sie selbst **sich gefühlt** haben.

Eine Spielszene schreiben und gestalten

Die Fortsetzung der Geschichte könnt ihr als Spielszene gestalten.

1 **a.** Lest noch einmal die hervorgehobenen Zeilen 64–69.
b. Besprecht, wie es weitergehen könnte.

2 „Aber was sagt er Frau Fromm?" (Zeile 69)
Spielt das Gespräch.
Bereitet in Gruppen die Spielszene vor.
a. Überlegt:
– Was könnte Krissi seiner Englischlehrerin Frau Fromm sagen?
– Was könnte sie antworten?
– Wie könnten die Mitschülerinnen und Mitschüler reagieren?
b. Überlegt, wie etwas gesagt wird oder was genau jemand tut.
Notiert mögliche Regieanweisungen.
c. Schreibt das Gespräch mit den Regieanweisungen auf.

die Spielszene schreiben und vorspielen

> **Starthilfe**
> Krissi (zaghaft): Guten Morgen, Frau Fromm.
> Tut mir leid, dass ich zu spät komme! Ich …
> Frau Fromm (…): …

3 Tragt eure Spielszene in der Klasse vor.
Macht die Gefühle der Personen deutlich:
durch Betonung, Körpersprache
und Gesichtsausdruck.

4 Die Zuschauerinnen und Zuschauer machen sich Notizen
zu den folgenden Checkfragen:
– Wie hat wer gespielt?
– Was ist deutlich geworden?
– Wie hat die Szene auf die Zuschauer gewirkt?

5 Besprecht anschließend eure Spielszene in der Klasse.

Und so endet Krissis Geschichte:

> Krissi vertraut sich nur seinem Freund Olaf an.
> Als es eines Tages besonders schlimm wird, läuft Krissi
> aus dem Unterricht und versteckt sich.
> Daraufhin erzählt Olaf alles.

Extra Arbeitstechnik:
Probleme erkennen und lösen

Lösungen finden mit der Problemlösehand

Auch starke Kinder finden manchmal bei Problemen nicht gleich eine Lösung. Hier kann die „Problemlösehand" oft weiterhelfen.

1 Lest, was auf den einzelnen Fingern steht. Beginnt dabei mit dem kleinen Finger.

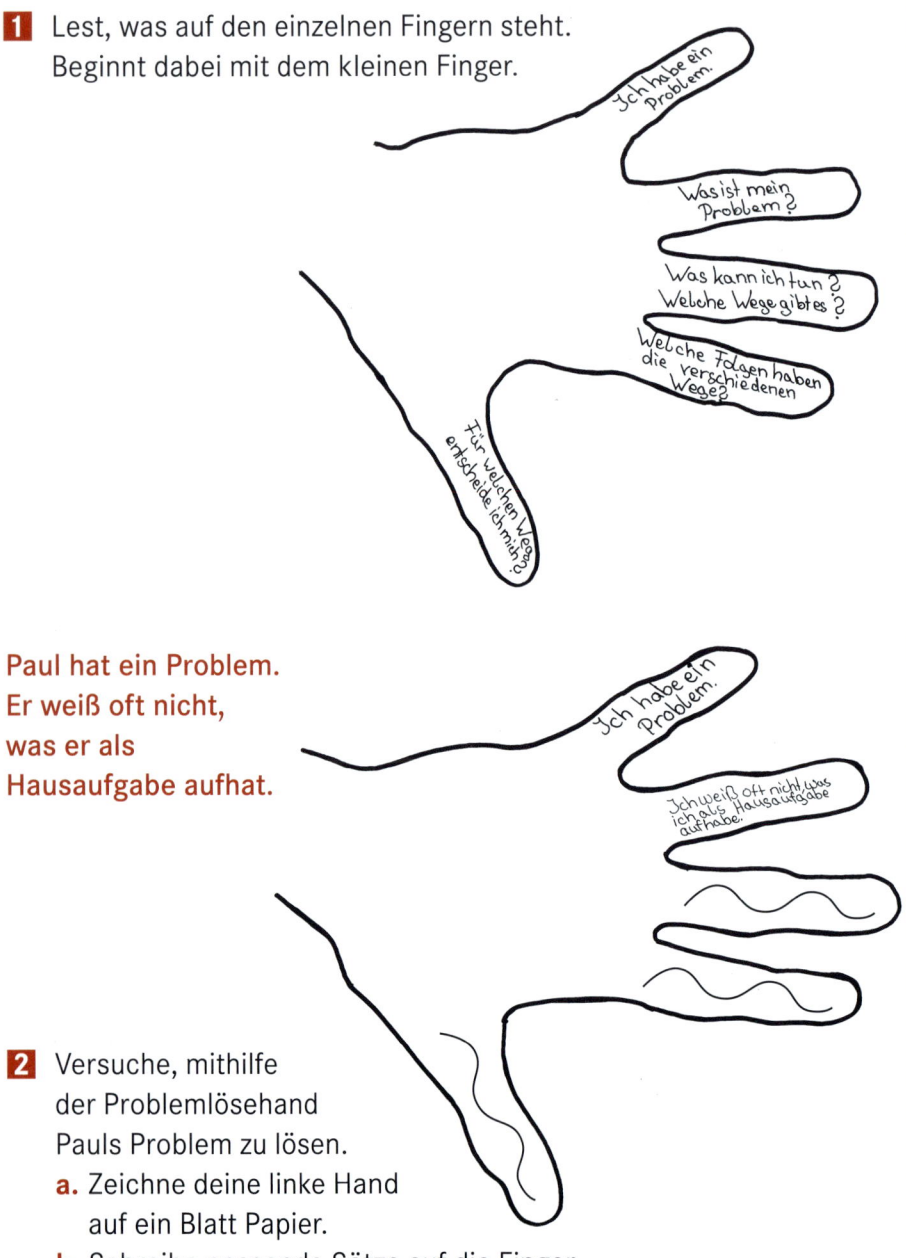

Paul hat ein Problem. Er weiß oft nicht, was er als Hausaufgabe aufhat.

2 Versuche, mithilfe der Problemlösehand Pauls Problem zu lösen.
   a. Zeichne deine linke Hand auf ein Blatt Papier.
   b. Schreibe passende Sätze auf die Finger. Beginne dabei mit dem kleinen Finger.

3 Stellt eure Problemlösehände in der Klasse vor. Sprecht darüber, wie Paul sein Problem noch lösen könnte.

Extra Grammatik: dass-Sätze

Stark sein … heißt auch, eine eigene Meinung zu haben, diese zu formulieren und sich mit anderen darüber auszutauschen.

1 Jeder schreibt einen Satz über „starke Kinder" auf ein Kärtchen.

> *Starke Mädchen*
> *machen nie Fehler.*

2 **a.** Bildet zwei Kreise, einen Innenkreis und einen Außenkreis, sodass sich immer zwei von euch gegenüberstehen.
b. Eine Spielleiterin oder ein Spielleiter zieht ein Kärtchen.
c. Die beiden Kinder, die sich im Kreis gegenüberstehen, tauschen nun ihre Meinung zu diesem Satz aus.
Sie verwenden dabei **dass**-Sätze.

dass-Sätze mündlich formulieren

> **Starthilfe**
>
> Ich finde (nicht),
> Ich meine (nicht),   dass starke Mädchen (nie) Fehler machen.
> Ich glaube (nicht),   dass …
> Ich bin (nicht) der Meinung,

d. Wenn die Spielleitung ein Signal gibt (z. B. Klatschen), dann rutscht der Außenkreis einen Platz weiter.

Du kannst deine Meinung zu bestimmten Aussagen auch schriftlich formulieren.

3 **a.** Schreibe die folgenden Sätze ab.

dass-Sätze schriftlich formulieren

> Starke Jungen schreien laut.
> Starke Mädchen bestimmen immer.
> Starke Jungen wissen alles.

b. Unterstreiche die Verben.
c. Schreibe dann deine Meinung zu diesen Sätzen auf.
Verwende dabei **dass**-Sätze.
d. Unterstreiche in den **dass**-Sätzen die Verben.

mehr zu Satzgliedern
➤ S. 292–295

> Nach Verben des Sagens, Denkens und Meinens folgen oft **dass**-Sätze. Vor **dass** steht ein **Komma**:
> Ich denke nicht, **dass** starke Jungen alles wissen.

> Verben des Sagens, Denkens und Meinens:
> denken   wissen
> verstehen   erklären
> erzählen   sagen
> finden   meinen
> hoffen   glauben

☐Z Weiterführendes:
Einen Jugendbuchauszug lesen

Das Buch „Mein weißer Fuß. Ein Indianermädchen zwischen zwei Welten" erzählt die Geschichte von zwei starken Kindern: Poli und Warik, zwei Indianerkinder vom Stamm der Hopi.

Info

Die Hopi gehören zum Pueblovolk. Das ist eine Gruppe von Indianerstämmen, die in Pueblos (spanisch: Dörfer) lebten, in terrassenartig gebauten Häusergruppen. Viele leben heute im amerikanischen Bundesstaat Arizona in Reservationen, dies sind Indianergebiete mit eigener Verwaltung.

Kanada

USA

Poli heißt mit vollem Namen Poliitikiwa, und der bedeutet: „sie, die wie ein Schmetterling tanzt".
Nuvakwewtqa ist ihr Nachname. Er bedeutet: „wohnt auf dem Berg, der mit Schnee bedeckt ist".
5   Ihr Bruder heißt Warikywe, kurz Warik genannt, „er, der auf zwölf direkten Wegen dem Pfad folgt".
Poli und Warik leben in einem Dorf in den Bergen, in einer Felswohnung. Bis zu ihrem zehnten Lebensjahr hat Poli das Wort „Schule" nie gehört.
10 Eines Tages wird sie mit ihrem Bruder Warik und anderen Hopi-Kindern von Angehörigen des Stammes der Navajo-Indianer gefangen genommen. Sie werden in die Schule der „Weißen" verschleppt. Dort müssen sie die englische Sprache lernen, ihre Muttersprache Hopi
15 ist verboten. Und sie sollen sich so kleiden und so leben wie die „Weißen".
Es ist nicht leicht für die Kinder, sich in der Schule zurechtzufinden. Hopi-Kinder haben gelernt, sich immer gegenseitig zu helfen. Plötzlich werden sie genau dafür
20 von der Lehrerin Mischeilot (Miss Elliot) bestraft. Sie verstehen die Welt nicht mehr.
Doch Warik und Poli sind gemeinsam stark. Die Kinder fliehen. Als sie zum zweiten Mal in die Schule verschleppt werden, beraten sie schon bei der Ankunft über ihre Flucht ...

1 **a.** Lies die Buchvorstellung und den Infokasten.
    b. Beantworte schriftlich die folgenden Fragen.
       – Zu welchem Stamm gehören Poli und Warik?
       – Was ist eine Reservation?
       – Wie heißen Poli und Warik mit vollem Namen?
       – Was müssen die Kinder in der Schule der „Weißen" alles tun?

Poli und Warik

Als wir die Schule erreichen, erkenne ich das Gebäude nicht.
Es ist groß und weiß. Solide wie ein befestigter Pueblo*.
„Da! Das Tor!" – „Und die Mauer!"
Mein Bruder und ich brauchen nicht viele Worte. Wir verstehen uns.
5 Auf diesem Weg können wir fliehen. Das grüne Tor schwingt auf.
Der Karren fährt den Gartenweg hinauf. Klack! Das Tor fällt
hinter uns zu. Wir sind gefangen. Die Soldaten schneiden
die Seile los. Wir klettern aus dem Wagen.
In der Tür des Gebäudes wartet eine Frau in einem weißen,
10 schlabberigen Rock und einer purpurfarbenen Bluse auf uns.
Es ist Ellen*. [...]
„Sie ist eine gute Frau. Grüßt sie", sage ich zu meinen Gefährten.
Wir machen es feierlich. Mit der rechten Hand auf dem Herzen und
einer kurzen Verbeugung des Kopfes. Ellen ist überrascht.
15 Sie nickt zufrieden. Dann entdeckt sie mich.
„Hallo, Susan", sagt sie mit einem halben Lächeln.
Susan? Ach ja … der Name, den mir die Weißen gegeben haben!
Den hatte ich schon vergessen.
Der zischende Name gehört nicht zu mir.
20 „Ich heiße Poli", protestiere ich. Ellen schüttelt den Kopf.
„Nicht Hopi sprechen, nur Englisch."
Das alte Lied! Doch diesmal wird es ihnen
nicht gelingen. Wir sind vorbereitet.
Unterwegs haben wir abgemacht,
25 nur unsere Sprache zu sprechen. Hopi.
„Kein Englisch, nur Hopi", antworte ich.
Sie versteht mich nicht. „Kommt mit."
Das Spiel beginnt von Neuem. [...]
Fast unsere ganze Gruppe
30 kommt in Miss Elliots Klasse.
Wir sind Anfänger.
Ehe der Unterricht beginnt,
wiederholt Warik noch einmal
unsere Abmachung.
35 „Wir sprechen nur unsere Sprache,
nicht die Sprache der Weißen. Nie. In Ordnung?"
„Ja." Die kleineren Jungen und Mädchen
nicken brav. Sie verstehen kein Wort Englisch.

*Dorf mit mehrstöckigen Wohnbauten aus Steinen oder Lehmziegeln

*Ellen ist eine Helferin in der Schule.

Das macht es einfacher.

40 Die Klassentür öffnet sich. Da ist sie. Mischeilot. [...]
Die Lehrerin klopft streng mit dem gefürchteten Stock
aufs Pult. Wir bekommen einen neuen Namen angeheftet.
Ui ..., erkennt sie mich? „Sssussssan", zischt sie.
„Und Jim." Das ist Warik. Bei Nimke zögert sie.

45 Wir helfen ihr nicht. Ich habe den englischen Namen
meiner Freundin vergessen.
Sie bekommt einen neuen, Carol. Auch gut.
Die Lehrerin spürt sofort den Widerstand
der Hopi-Kinder. Sie will, dass wir

50 die neuen Namen wiederholen. „Laut."
Wir sehen sie dumm an.
Wie können wir tun, was sie sagt,
wenn man von uns nicht erwarten kann,
dass wir verstehen, was sie sagt.

55 Wir sind Anfänger!
„Susan!", sagt sie drohend.
Ich blicke nach draußen.
Der Himmel ist strahlend blau.
Vor dem geöffneten Fenster summt fröhlich

60 ein Käfer vorbei. „Susan, ich weiß, dass du mich
verstehst.
Sag deinen Namen." Ich sage gar nichts.
Die anderen Kinder sehen mich an. „Susan. Sprich!"
Mischeilot wird rot. Ihre Augenbrauen ziehen sich zusammen.

65 „Ihr seid unmöglich! Verschlossen und bockig wie Esel",
zischt sie böse.
Natürlich sind wir verschlossen und bockig.
Wir wurden gegen unseren Willen
in diese Schule verschleppt.

70 Aus Rache setzen wir unsere Hopi-Maske auf.
Wir lassen keinen in unser Herz blicken.

2 Beantwortet die folgenden Fragen:
– Was sollen die Hopi-Kinder nach Meinung
  von „Mischeilot" lernen?
– Warum wehren sich die Kinder?
– Was bedeutet der Satz
  „Aus Rache setzen wir unsere Hopi-Maske auf"?

Fragen zum Text beantworten

W Poli und Warik lassen keinen in ihr Herz blicken.
Aber was denken und fühlen sie wohl?
Wähle aus den Aufgaben eine aus.

3 Schreibe auf, was in den beiden Kindern wohl vorgeht.
– Was denken und fühlen sie?
– Was wünschen sie sich?

sich in andere
hineinversetzen

4 Poli und Warik wollen ihre Hopi-Namen behalten.
Schreibe Gründe auf.

5 Warum ist dir dein Name wichtig?
Schreibe Gründe auf.

Wer bin ich?
Wer bist du? ➤ S. 11–26

> **Starthilfe**
>
> Ich heiße …
> Mein Name bedeutet …
> Mein Name ist mir wichtig, weil …

So endet das Buch „Mein weißer Fuß":

> Den Hopi-Kindern gelingt schließlich bei einem Ausflug
> die Flucht. Sie kehren zurück in ihr Dorf. Die Familien sind
> sehr glücklich. Sie verbringen gemeinsam den Winter.
> Poli will Medizinfrau werden und beginnt, alles zu lernen,
> was dafür notwendig ist. Doch gleichzeitig erkennt sie,
> dass die Schule nicht nur Nachteile hatte. Eines Tages kommt
> ein Abgesandter der amerikanischen Regierung ins Dorf.
> Er will die Hopi davon überzeugen, dass sie ohne Schulbesuch
> keine Zukunft haben werden. Es werden Absprachen getroffen.
> Die Kinder gehen weiter zur Schule – jetzt aber freiwillig!

Das kann ich!

Literarische Texte verstehen
szenisch darstellen

Ihr habt euch in diesem Kapitel mit Jugendbüchern beschäftigt und die Figuren darin näher betrachtet. In einem Jugendbuchauszug wird von Krissi und seiner Situation an der neuen Schule erzählt.

1 **a.** Beschreibe, wie Krissi sich an diesem Morgen fühlt. Suche Textstellen heraus, die Hinweise darauf geben.
   b. Schreibe einen Brief an Krissi und schlage vor, wie er sich verhalten kann.

einen Brief schreiben

Ihr habt ein Standbild gebaut und eine Szene gespielt.

„Aus Rache setzen wir unsere Hopi-Maske auf. Wir lassen keinen in unser Herz blicken."

2 Stellt diese Sätze von Poli und Warik als Standbild dar.
   a. Die „Bildhauerin" oder der „Bildhauer" formt die „Statuen" Poli, Warik und die Lehrerin: Körperhaltung, Gestik, Gesichtsausdruck.
   b. Die „Statuen" stellen sich auf.

Gefühle in einem Standbild darstellen

3 Sprecht über das fertige Standbild.
   a. Die „Bildhauerin" oder der „Bildhauer" erklärt das Standbild.
   b. Die Betrachter sehen sich das Standbild an und sagen, wie sie das Standbild gedeutet haben.
   c. Die „Statuen" beschreiben, wie sie selbst sich gefühlt haben.

über das Standbild sprechen

4 Krissi ist neu in der Klasse. Gestaltet in einer Spielszene ein Gespräch zwischen Krissi und seinen neuen Mitschülerinnen und Mitschülern.
   a. Sammelt in einem Cluster Ideen,
      – wie Krissi sich fühlt,
      – was die Mitschülerinnen und Mitschüler denken.
   b. Schreibt das Gespräch auf.
   c. Spielt eure Szene in der Klasse vor.

eine Spielszene gestalten

Im Internet recherchieren

Suchmaschinen kennen lernen

Fabia und Dan möchten sich über Indianer informieren.
Sie wollen im Internet nach interessanten Seiten suchen.
Dabei helfen ihnen Suchmaschinen*, z. B.:

www.blinde-kuh.de   www.trampeltier.de
www.milkmoon.de   www.safetykid.net

* Programme, mit denen man
  im Internet nach
  Stichwörtern suchen kann

1 Seht euch die Startseiten (Homepages) im Internet an.
Gebt dazu jeweils die Adresse in das Adressfeld ein
und drückt die Eingabetaste.

Unter der ersten Adresse wird diese Startseite angezeigt:

2 Auf der Seite könnt ihr euch über **spezielle Themen** informieren.
Unter welcher Überschrift findet ihr etwas zum Thema **Indianer**?

eine Startseite genau
lesen und auswerten

3 Probiert die Suche mit dem Stichwort **Indianer** aus.

Fabia und Dan haben das Stichwort **Indianer** in das Suchfeld
eingegeben. Folgendes wird ihnen angezeigt:

4 Wie viele Seiten (Treffer) hat die Suchmaschine gefunden?

Fabia und Dan schauen sich die Liste der gefundenen Seiten an.
Die unterstrichenen Wörter sind Links zu anderen Internetseiten.

5 Woher kamen die Indianer Nordamerikas?
Ein Link beschreibt die Internetseite, die diese Frage beantwortet.
Nennt die Nummer des Links.

6 Lest die Informationen unter den Links.
Besprecht, worum es auf den einzelnen Seiten geht.

die Beschreibungen
der Links lesen

Internetseiten lesen und verstehen

Fabia und Dan klicken einen Link an.
Es öffnet sich eine Internetseite mit diesem Text:

einen Internettext lesen
➤ S. 298

Einen Flitze-Bogen umschnallen und eine Feder ins Haar stecken, das kann ja jeder.
Aber hier findest du ...

... richtige, echte "Indianer"

Als die Aussiedler und Eroberer aus Europa den neuen Kontinent Amerika bevölkerten, war schon jemand da. Man nannte sie irrtümlich "Indianer".

Wieso irrtümlich?

Ursprünglich glaubte man, dass Amerika eigentlich gar nicht Amerika, sondern Indien war. Auf der Suche nach einem Seeweg nach Indien stieß man auf einen völlig unbekannten Kontinent, der heute "Amerika" heißt. Seine Einwohner nannte man daher nach diesem gesuchten *Indien*, das aber noch viele 1000 Seemeilen entfernt war.

Die Indianer selbst nennen sich aber natürlich nicht "Indianer", sondern heute ganz einfach **"Ureinwohner Amerikas"** (Native Americans), oder gar die **"Ersten Nationen"** (First Nations).

Da die Indianer fest daran glaub(t)en, dass die Erde allen Menschen gehöre, während die neuen Einwanderer aus Europa sich das Land einfach nahmen und keine Achtung vor den indianischen Traditionen hatten, kam es zu mehreren großen Kriegen zwischen beiden Seiten, an deren Ende die Indianer verloren.

Und noch heute geht von den Indianern für jedes Kind in der Welt eine Faszination aus. So wie etwa bei diesem Bild eines indianischen Jungen aus New Mexico (USA), der gerade einen Adlertanz vorführt: **Es gibt sie also noch !!!**

1 **a.** Begründet, warum der Name „Indianer"
eigentlich ein Irrtum ist.

b. Schreibt auf, wie sich die „Indianer" heute nennen.

c. Schreibt andere interessante Informationen auf.

Auf einer anderen Internetseite erfahren Fabia und Dan, dass sich Indianer oft mit Handzeichen verständigt haben.

2 **a.** Was könnten die Handzeichen
am Rand bedeuten?
Tipp: Die Lösung findet ihr
unter dieser Aufgabe.

b. Probiert die Handzeichen aus.

essen
zusammentreffen
ja
nein

1 = ja, 2 = nein, 3 = zusammentreffen, 4 = essen

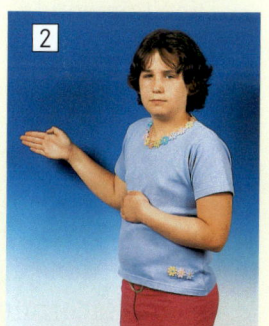

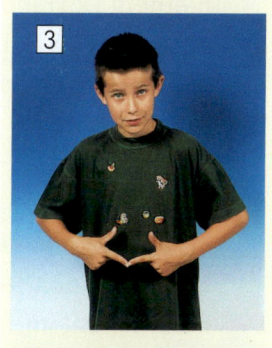

Die Hopi wohnten in Pueblos.
Darüber wollen Fabia und Dan sich genauer informieren.
Dan findet diese Informationen auf einer Internetseite:

einen Internettext mit
dem Textknacker lesen

Die Pueblos der Hopi

Die Hopi, Zuni und Tano sind Pueblo-Indianer,
die in Pueblos wohnten.
Pueblo heißt so viel wie „Dorf" oder „Ort".
In einem Pueblo gab es keine einzelnen Häuser,
5 sondern mehrere Häuser, die wie Schachteln
übereinandergebaut waren. So entstanden
terrassenartige Anlagen aus Steinen, Lehm und Holz.
Sie standen frei oder waren in Felsen hineingebaut.
Die Häuser hatten keine Fundamente:
10 Die Steinwände standen direkt auf dem Boden.
Die Dächer bestanden aus Baumstämmen, kombiniert
mit Schichten aus dünnen Hölzern, Gras und Lehm.

terrassenartige Bauweise

Es gab keine Tür als Eingang. Stattdessen
befand sich eine Öffnung in der Decke,
15 durch die man mit einer Leiter hinunterstieg.
Diese Öffnung diente auch als Rauchabzug
und als Lichtzufuhr.
In einem Dorf lebten hunderte, manchmal sogar
tausende von Indianern zusammen.
20 Pueblos gab es hauptsächlich im Südwesten
Nordamerikas.

Inneres eines Pueblos

3 Lest den Text mithilfe des Textknackers.
    a. Seht euch zuerst die Bilder an und beschreibt sie.
    b. Lest den Text genau.
    c. Findet im Text Worterklärungen für schwierige Wörter:
       – Was ist ein **Fundament**?
       – Was bedeutet **terrassenartig**?
    d. Schreibt die Wörter mit ihren Erklärungen auf.

Textknacker ➤ S. 218–221

Z 4 Beantwortet diese Fragen schriftlich:
    – Was bedeutet das Wort **Pueblo**?
    – Woraus wurden die Pueblos gebaut?
    – Wozu gab es eine Öffnung in der Decke?
    – Wo befanden sich die Pueblos hauptsächlich?

Fragen zum Text
beantworten

Robinson

- Literarische Texte verstehen: Ganzschrift
- Personen beschreiben

Daniel Defoe schrieb diesen spannenden Abenteuerroman.
Das Buch wurde im Jahre 1719 veröffentlicht.
Es wurde in viele Sprachen übersetzt.

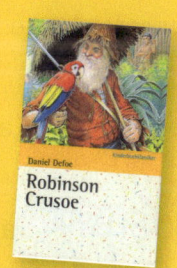

Robinson fuhr mit einem Segelschiff zur See und erlitt Schiffbruch.

Als Einziger konnte er sich auf eine einsame Insel retten.

Bevor das Schiff sank, holte Robinson einige Dinge von Bord.

Robinson lebte 28 Jahre auf der Insel,
bevor er gerettet wurde.
Wie hat er das wohl geschafft?

Die Vorgeschichte kennen lernen

Was ist vor dem Schiffbruch passiert?

Der  blies immer noch so *HEFTIG* .

Da rief einer unserer Leute:  !

Kaum waren wir aus der Kajüte *gestürzt* ,

um uns *umzusehen* , als unser Schiff

auf eine Sandbank *stieß* und plötzlich **fest** saß.

Jetzt *brachen die Wellen mit großer Macht über uns herein* .

**Robinson ist immer noch sehr erregt,
als er dieses Erlebnis in sein Tagebuch schreibt.**

1 **a.** Lies den Text so, dass jeder hören kann,
   – wie heftig der Wind bläst,
   – wie einer der Leute ruft: „Land!",
   – wie das Schiff plötzlich festsitzt,
   – wie die Wellen mit großer Macht hereinbrechen.
   b. Wähle ein Wort aus und gestalte es neu durch deine Schrift.

2 Stellt euch vor, ihr könntet Robinson befragen.
   Bereitet dieses Interview zu zweit vor.
   a. Schreibt Fragen auf, die ihr Robinson stellen möchtet.
      Tipp: Interviewfragen beginnen oft mit **W**.
   b. Tauscht die Fragen aus und überlegt mögliche Antworten.
   c. Schreibt nun das Interview auf.

**In diesem Kapitel lest ihr Ausschnitte aus einer Ganzschrift
und beschreibt Personen. Am Ende des Kapitels vergleicht ihr
zwei literarische Texte und legt ein Insel-Tagebuch an.
Das Zeichen in der Randspalte zeigt Ergebnisse an, die ihr
dafür nutzen könnt.**

gestaltend lesen

mit Schrift gestalten

ein Interview führen
und aufschreiben

> **W-Fragen:**
> Wer ...? Was ...?
> Wie ...? Wann ...?
> Warum ...? Wo ...?
> Wen ...? Wem ...?

Robinson beschreiben

**Du kannst Robinson besser kennen lernen,
wenn du dir ein Bild von ihm machst.**

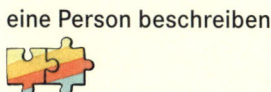

eine Person beschreiben

1 So stellt sich der Illustrator Robinson vor,
als er auf die Insel kommt.
Wie sieht Robinson aus?
Beschreibe ihn. Schreibe Sätze auf.
Tipp: Beantworte die Fragen in der Arbeitstechnik.

> **Arbeitstechnik**
>
> **Personen beschreiben**
>
> – Wie sieht Robinson **insgesamt** aus?
> – Wie sieht sein **Gesicht** aus?
> – Wie sind seine **Haare**?
> – Wie sieht seine **Kleidung** aus?
> – Gibt es etwas, was dir **besonders** an ihm **auffällt**?
> – Wie **wirkt** er auf dich?

2 So sieht Robinson auf einem Buchcover aus.
Er hat schon 28 Jahre auf der Insel verbracht.
Beschreibe ihn.
  – Du kannst die Wörter unten zu Hilfe nehmen.
  – Du kannst auch andere Formulierungen verwenden.

Aussehen:	kräftig, unrasiert, ...
Größe:	mittelgroß, klein, ...
Mund:	schmal, ...
Nase:	gebogen, ...
Augen:	...
Haare:	lang, strubbelig, ...
Kleidung:	...
Besonderheiten:	...
Wirkung:	müde, verzweifelt, ...

> **Starthilfe**
>
> Robinson sieht ... aus.
> Er ist unrasiert, ...

Robinson wurde auf Buchcovern unterschiedlich dargestellt.

Z **3** **a.** Beschreibe Robinson auf diesem Buchcover.
   b. Vergleiche die Darstellungen auf den beiden Buchcovern.
      Schreibe Gemeinsamkeiten und Unterschiede auf.

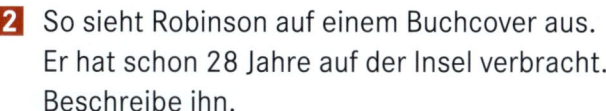

Robinsons Tagebuch lesen

1 Lies nun die Seiten in Robinsons Tagebuch, auf denen er
von seinem Floß und den Fahrten zum Schiffswrack schreibt.
  a. Sieh dir zunächst die Bilder an.
  b. Lies dann den Text.

Robinsons Tagebuch

30. September 1659

In einem schrecklichen Sturm hatten wir Schiffbruch erlitten!

Ich wusste nicht, wie ich an Land gekommen war.
Als ich nach der ersten Nacht erwachte, war ich ganz allein.
5 Das Schiffswrack lag in der Nähe des Ufers.

Mittags war das Wasser sehr ruhig und ich dachte:
Vielleicht kann ich auf dem Schiff etwas zu essen finden.
Oder etwas zum Anziehen oder irgendetwas anderes.
Ich zog mein Hemd und meine Schuhe aus, stieg ins Wasser
10 und schwamm zum Schiff.

Zum Glück hing ein Tau vom Schiff herunter,
sodass ich hinaufklettern konnte. Ich wollte nachsehen,
was ich brauchen konnte.

Ich sah gleich den Proviant, der trocken war …
15 Ich fand Zwieback – und aß gleich davon, denn ich hatte Hunger.
Ich fand Rum – und trank gleich davon.
Dann dachte ich: Ich muss alles, was ich brauchen kann,
an Land bringen. Deshalb brauche ich ein Boot. Aber es gab keins.

Doch dann fand ich ein paar lose Segelstangen auf dem Schiff,
20 außerdem zwei oder drei Holzbalken, und das brachte mich
auf eine Idee. Ich warf die Stangen und Balken ins Wasser und
band sie dort zu einem Floß zusammen.

Auf dieses Floß packte ich alles, was ich an Land brauchen konnte:
Essen, Kleidung, zwei Fässer mit Schießpulver, zwei Flinten,
25 zwei Sägen, eine Axt und einen Hammer.

Dann war mein Floß voll und ich fing an zu rudern.
Doch was war das? Die Strömung trieb mein Floß
an eine andere Stelle.

Plötzlich saß es auf einer Sandbank fest und
30 die Sachen auf dem Floß fingen an zu rutschen.

Ich stemmte meinen Rücken gegen die Kisten und saß dort so
eine halbe Stunde, bis das Floß durch das Wasser weitergetragen
wurde. Aber es dauerte immer noch lange, bis mein Floß wieder
auf dem Land lag.

35 Und was nun? Vor allem wollte ich wissen, wo ich war.
War ich auf einer Insel oder auf dem Festland?
Waren hier Menschen oder nicht? Waren hier wilde Tiere
oder nicht?

Ich stieg auf einen Berg und sah ...
40 Ich war auf einer Insel mitten im Ozean! Ich konnte kein Land
sehen, nur zwei kleine Inseln weit entfernt!

1. Oktober 1659

Am nächsten Tag überlegte ich: Es ist bestimmt gut, wenn ich mir
noch mehr Sachen vom Schiff hole. So schwamm ich noch einmal
45 zum Schiff und baute mir ein zweites Floß. Dieses war besser.

Auf dem Schiff fand ich: ein paar Beutel mit Nägeln,
einen Bohrer, ein paar Handbeile und einen Schleifstein.
Außerdem ein paar Stücke Eisen, zwei Fässer mit Schießpulver,
einen Beutel mit Schrot und Blei. Schließlich entdeckte ich
50 auch noch Kleidung, ein Segel, eine Hängematte und Bettzeug.
Ich lud alles auf das Floß und ruderte zum Ufer zurück.

2. – 4. Oktober 1659

Am dritten, vierten und fünften Tag ruderte ich wieder zum Schiff.
Ich fand noch viel, was ich brauchen konnte: Seile und alle Segel,
55 die ich in Stücke zerschnitt. Ich fand auch noch eine große Tonne
mit Brot, drei Fässer Rum, eine Kiste mit Zucker und ein Fass Mehl.

25. Oktober 1659

Plötzlich kam Wind auf, gerade, als ich auf dem Schiff war.
Schnell kletterte ich auf das Floß und ruderte ans Ufer.
60 Der Wind wurde zum Sturm, der die ganze Nacht dauerte.
Und am nächsten Morgen konnte ich nichts mehr von dem Schiff
sehen. Es war im Sturm gesunken.
Nun war ich ganz auf mich allein gestellt.

Manche Wörter werden im Text selbst erklärt.

2 Das Wort **Proviant** wird in den Zeilen 15 bis 16 erklärt.
Schreibe die Erklärung auf.

Hast du genau gelesen?

3 Beantworte die folgenden Fragen mündlich.

Fragen zum 30. September 1659:
– Warum kletterte Robinson auf das Schiff?
– Warum baute Robinson sich ein Floß?
– Was passierte auf dem Rückweg zur Insel?

Fragen zum 1. Oktober 1659:
– Warum baute Robinson sich ein zweites Floß?
– Was fand Robinson an diesem Tag?

Fragen zum Text
mündlich beantworten

4 Beantworte die folgenden Fragen schriftlich.

Fragen zum 2.–4. Oktober 1659:
– Warum zerschnitt Robinson wohl die Segel?
– Warum wurde Brot auf dem Schiff in Tonnen aufbewahrt?

Fragen zum 25. Oktober 1659:
– Warum verließ Robinson das Schiff?
– Was passierte danach?

Fragen zum Text
schriftlich beantworten

5 Stelle weitere Fragen an den Text und beantworte sie.

6 **a.** Notiere, was Robinson alles an Land gebracht hat.

Fragen an den Text
stellen

1. Tag	2. Tag	Starthilfe 3.–5. Tag
– Zwieback	– Beutel mit Nägeln	– Seile
– …	– …	– …

b. Markiere Dinge, die du für besonders wichtig hältst. Begründe.

Z 7 Erzähle mithilfe der Schlüsselwörter, was Robinson
am 30. September 1659 erlebte.
a. Schreibe die markierten Schlüsselwörter heraus.
b. Notiere weitere Schlüsselwörter.
c. Erzähle nun den Text nach.

einen Text mit
Schlüsselwörtern
nacherzählen

Die Geschichte auf Spanisch

Hier findest du den Ausschnitt noch einmal als Bildergeschichte – allerdings auf Spanisch.

C Als er aufwachte, dankte er <u>Gott</u> dafür, dass er <u>gesund</u> und in Sicherheit war.

E Er baute ein Zelt auf, um dort die <u>Nacht</u> zu verbringen. Er ruderte immer wieder zum <u>Schiff</u>, bis es versunken war.

S Er fuhr fort, eine Menge von nützlichen Dingen vom <u>Schiff</u> zu holen und an Land zu bringen.

O Von einem Hügel aus entdeckte <u>Robinson</u>, dass er sich auf einer abgeschiedenen <u>Insel</u> befand.

R Er verbrachte die <u>Nacht</u> hoch auf einem Baum, aus Furcht, dass er von wilden Tieren angegriffen werden könnte.

U Am <u>Morgen</u> sah er, dass die Brandung das Schiff näher ans Ufer herangebracht hatte.

1 **a.** Ordne den Bildern zunächst die deutschen Texte zu.
b. Lies dann die deutschen Texte in der richtigen Reihenfolge. Welches Lösungswort ergeben die Großbuchstaben davor?

Texte den Bildern zuordnen

2 Bei den Texten sind einige spanische und deutsche Wörter unterstrichen.
a. Ordne den spanischen Wörtern die deutschen zu.
b. Versuche, die folgenden spanischen Wörter zu sprechen*:
noche [nótsche], **mañana** [manjána], **barco** [bárko], **isla** [ísla].

Starthilfe
dios – Gott
...

* Du findest die Aussprache in eckigen Klammern hinter jedem Wort.
Die kleinen Striche (= Akzente) sagen dir, auf welcher Silbe du das Wort betonen musst.

Extra Arbeitstechnik: **Wörter nachschlagen**

Robinson konnte viele Dinge vom Schiff retten, bevor es sank.

Zwieback   Rum   Brot   Geld   Proviant   Zucker   Mehl

Eisen   Blei   Schere   Schießpulver   Schrot   Kleidung   Segel

Hängematte   Bettzeug   Schrank   Rasiermesser   Gabeln

1 **a.** Ordne die Wörter nach dem Alphabet.
Schreibe sie untereinander
mit den bestimmten Artikeln (der, das, die) auf.
b. Kontrolliere die Artikel mit Hilfe
eines Wörterbuches.

> **Starthilfe**
>
> das Bettzeug
> …

nach dem Alphabet
ordnen

mehr zu Nomen und Artikeln
➤ S. 266–271

2 Finde die Wörter im Lexikon.
Schreibe die Wortbedeutungen neben die Wörter.

> **Starthilfe**
>
> …
> die Hängematte: ein rechteckiges Netz zum Schlafen,
> das oft zwischen Baumstämmen …

die Wortbedeutung
aufschreiben

Z Das Buch „Robinson Crusoe" wurde in viele Sprachen übersetzt.
Du kannst die Wörter aus Aufgabe 1 mithilfe eines Wörterbuches in
eine andere Sprache übersetzen.

Wörter aus anderen
Sprachen nachschlagen

3 **a.** Wähle eine Sprache aus.
b. Besorge dir ein Wörterbuch für diese Sprache.
c. Schlage die Wörter aus Aufgabe 1 nach.
d. Schreibe die deutschen Wörter in eine Wörterliste.
Schreibe die Übersetzungen daneben.

> **Starthilfe**
>
> Wörterliste Deutsch – Englisch
> das Blei – lead
> die Hängematte – …
> …

> **Starthilfe**
>
> Wörterliste Deutsch – Türkisch
> das Blei – kurşun
> die Hängematte – hamak
> …

weitere Tipps und Übungen
zum Alphabet
➤ S. 222–223, 298

Extra Grammatik: **Wortfamilien erforschen**

Wörter bilden Wortfamilien.

1 **a.** Lest die Wörter im Meer und auf den Inseln.
  b. Welche Wörter gehören zu einer Wortfamilie?
     Woran erkennt ihr, dass sie verwandt sind? Sprecht darüber.

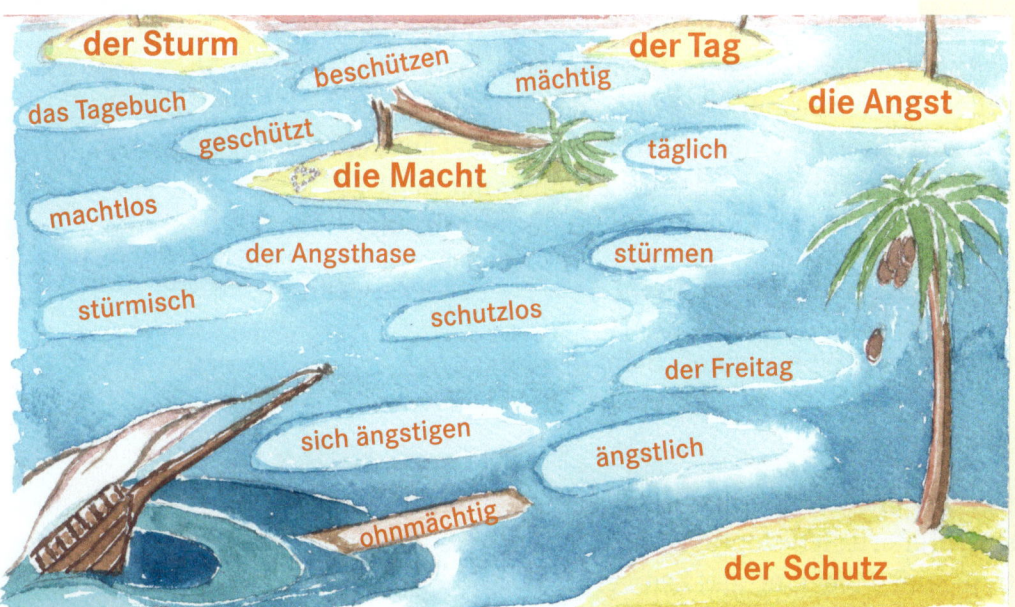

Die Wörter auf den Inseln zeigen dir die Wortstämme.

2 **a.** Schreibe die Wortfamilien auf.
  b. Unterstreiche bei jedem Wort den Wortstamm.
  c. Ergänze weitere Wörter zu diesen Wortfamilien.

Wortfamilien ordnen

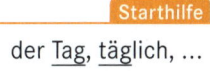

Verwandte Wörter sind auch in der Bedeutung verwandt.

3 Im Tandem!
  a. Findet Antworten auf die folgenden Fragen.
  b. Schreibt die Fragen und die Antworten auf.

über Wortbedeutungen
nachdenken

Was hat ein Tagebuch mit Tag zu tun?
Was hat Schiffbruch mit brechen zu tun?
Was hat landen mit Land zu tun?
Was hat stürmisch mit Sturm zu tun?
Was hat ohnmächtig mit Macht zu tun?

Starthilfe

Man beschreibt
im Tagebuch,
was an jedem …

Z **c.** Formuliert weitere Fragen und beantwortet sie.

Weiterführendes:
Einen Jugendbuchauszug lesen

Auch das indianische[1] Mädchen Won-a-pa-lei[2] lebte viele Jahre allein auf einer Insel.
Davon erzählt das Buch „Insel der blauen Delphine".

> Won-a-pa-lei lebte zunächst mit ihrem Bruder zusammen, nachdem alle Bewohner der Insel von einem Schiff mit „Weißen" geholt wurden. Als der Bruder starb, war sie ganz allein.
> Won-a-pa-lei versuchte, mit einem Kanu von der Insel ans Festland
> 5   zu kommen, dahin, wohin die anderen Bewohner der Insel gebracht worden waren. Als aber Wasser in ihr Kanu drang, musste Won-a-pa-lei umkehren …

Die Geschichte ist aus Won-a-pa-leis Sicht erzählt.

Insel der blauen Delphine   Scott O'Dell

Ich musste oft anhalten, weil sich der Riss in den Planken zusehends verbreiterte. Ich stopfte Fasern hinein, schöpfte Wasser aus dem Kanu, und dabei ging viel Zeit verloren.

Die Nacht war lang, länger als die erste.
5   Zweimal schlummerte ich auf den Knien im Kanu ein,
obwohl meine Angst jetzt größer war denn je. Als endlich
der Morgen graute[3], tauchten vor mir unter dem klaren Himmel
die Umrisse der Insel auf. Von Weitem sah die Insel aus
wie ein großer Fisch, der sich auf dem Meer sonnt.

10   Der Tag war noch jung, als ich die Küste erreichte.
Die Strömung an der Südspitze trug mich an Land.
Meine Beine waren von dem langen Knien steif geworden,
und als das Kanu im Sand auflief, fiel ich der Länge nach hin.
Nur mit Mühe kam ich wieder auf die Füße zu stehen.
15   Ich kletterte aus dem Kanu und kroch durch das seichte Wasser
zum Strand. Dort lag ich lange Zeit. Ich fand es herrlich,
wieder festen Boden unter mir zu spüren.
Bald fiel ich in einen tiefen Schlaf.

[1] korrekt für Indianer: amerikanischer Ureinwohner
[2] Der Name bedeutet: „das Mädchen mit dem langen schwarzen Haar".
[3] als es hell wurde

Als ich erwachte, lagen meine Füße im Wasser und die Sonne
20 war untergegangen. Ich fühlte mich so erschöpft, dass ich beschloss,
die Nacht auf der Landzunge⁴ zu verbringen. Nachdem ich
den Strand hinaufgekrochen war, um von der Flut nicht überrascht
zu werden, schlief ich auch schon wieder ein.

Am nächsten Morgen galt mein erster Blick dem Kanu. Es lag
25 ganz in der Nähe auf dem sandigen Grund. Ich holte die Körbe,
meinen Speer, den Bogen und die Pfeile und drehte das Kanu um,
sodass der Kiel nach oben ragte. Dies tat ich, damit es von der Flut
nicht ins Meer hinausgetrieben würde. Danach verließ ich die Küste
und kletterte hinauf zur Bergkuppe, wo ich vor der großen Fahrt
30 gehaust hatte.

Als ich oben auf dem Felsblock stand und hinunterschaute,
war mir, als sei ich sehr lange fort gewesen. Ich war glücklich,
wieder daheim zu sein. Alles, was ich sah, machte mich glücklich –
die lustigen Otter auf den Salzkrautbänken, die Schaumringe
35 an den Küstenfelsen, die flatternden Möwen, die Strömung
an der sandigen Inselspitze.
Dieses Glücksgefühl überraschte mich, denn noch vor wenigen
Tagen hatte ich auf dem gleichen Felsblock gestanden und gedacht,
ich würde es hier keinen Augenblick länger aushalten.

40 Meine Blicke schweiften über das blaue Wasser, das sich
in der Ferne verlor, und jäh verstummte die Freude in mir.
Ich hatte wieder Angst. Es war die gleiche Angst, die ich auf meiner
Reise empfunden hatte. An dem Morgen, da mir die Insel wie
ein Fisch auf dem Meer erschienen war, hatte ich mir vorgestellt,
45 wie ich das Kanu eines Tages ausbessern und mich von Neuem
auf die Fahrt machen würde, nach dem Land, das hinter dem Ozean
lag. Jetzt aber wusste ich, ich würde es nie wieder sehen.
Meine Heimat war hier, auf der Insel der blauen Delphine.
Eine andere Heimat besaß ich nicht.

⁴ auf der Spitze der Insel

Hast du genau gelesen?

1 Beantworte die folgenden Fragen schriftlich.
– Wie fühlte sich Won-a-pa-lei, als sie auf dem Meer war?
– Wie fühlte sie sich, als sie an Land kam?
– Wie fühlte sie sich auf dem Felsen?

Fragen zum Text
beantworten

Z **2** Erzähle die Geschichte mündlich nach.

    a. Sieh dir noch einmal die Bilder genau an.

    b. Schreibe zu jedem Bild Schlüsselwörter auf.

    c. Erzähle die Geschichte mithilfe der Bilder und deiner Notizen.

die Geschichte mündlich nacherzählen

Z **3** So stellt sich der Illustrator Won-a-pa-lei vor, als sie auf der Insel ankommt. Beschreibe sie.

eine Person beschreiben

Das Jugendbuch „Insel der blauen Delphine" hat einen wahren Kern.

Tatsächlich lebte von 1835 bis 1853 ein Mädchen allein auf einer Insel. Diese Insel heißt heute San Nicolas, sie liegt vor der Küste Kaliforniens. Nach 18 Jahren wurde das Mädchen gefunden und auf das Festland gebracht. Man kannte seinen Namen nicht, also nannte man es Juana Maria. Man vermutet, dass es die Frau auf dem Foto ist.

4 Stelle selbst Fragen an den Text und beantworte sie.

Fragen an den Text stellen

5 **a.** Sieh dir das Foto genau an.

    b. Beschreibe die Frau auf dem Foto.

6 Vergleiche Won-a-pa-lei von der Illustration mit der Frau auf dem Foto. Schreibe Gemeinsamkeiten und Unterschiede auf.

Personen- beschreibungen vergleichen

7 Vergleiche die Informationen aus dem Sachtext mit dem Jugendbuchauszug. Notiere Gemeinsamkeiten und Unterschiede.

8 Könnte die Frau auf dem Foto Won-a-pa-lei sein? Sprecht darüber und begründet eure Meinung.

(K)ein gutes Ende auf der Insel?

Käpt'n Seebär und sein Matrose Jan Jansen stranden zusammen auf einer einsamen Insel ...

1 **a.** Sieh dir die Bilder genau an und lies auch, was die Figuren sagen.

b. Schreibe auf, wer die Hauptpersonen sind und in welcher Situation sie stecken.

W **Jan Jansen hat Dinge eingepackt, die er zum Überleben braucht.**

2 Gestalte ein Blatt für deine Lesemappe.

a. Sieh dir die Bildergeschichte noch einmal an.

b. Nun hast du verschiedene Möglichkeiten:
- Schreibe die Geschichte auf.
- Oder: Zeichne das sechste Bild.
- Oder: Schreibe einen Text zum sechsten Bild.
- Oder: Schreibe die Geschichte ab Bild 2 um.

zu einer
Bildergeschichte
schreiben und zeichnen

Lesemappe ➤ S. 297
mehr zur Lesemappe
➤ S. 211–217

mehr Bildergeschichten
➤ S. 156–159

Das kann ich!

Literarische Texte verstehen
Personen beschreiben

Robinson und Won-a-pa-lei haben beide unfreiwillig viele Jahre allein auf einer Insel gelebt. Ihre Erlebnisse könnt ihr vergleichen.

1 Im Tandem!
Was haben Robinson und Won-a-pa-lei gemeinsam?
a. Lest noch einmal die Textstellen, als Robinson und Won-a-pa-lei an Land kamen.
b. Schreibt die Gemeinsamkeiten auf.

> **Starthilfe**
> – schlafen am Strand ein
> – ...

Gemeinsamkeiten und Unterschiede notieren

Robinson ➤ S. 106–107
Won-a-pa-lei ➤ S. 112–113

2 Robinson und Won-a-pa-lei erleben auch Unterschiedliches.
a. Findet passende Textstellen.
b. Ordnet die Unterschiede in eine Tabelle ein.

Starthilfe

Robinson	Won-a-pa-lei
holt nach und nach alles vom Schiff	... fühlt sich wieder zu Hause

3 Besprecht, welche Gründe es für die Unterschiede zwischen Robinson und Won-a-pa-lei gibt.

Nach vielen Jahren wurden Robinson und Won-a-pa-lei gerettet.

4 Was würdet ihr gern von Robinson und Won-a-pa-lei wissen wollen?
a. Notiert Fragen, die ihr den beiden stellen könntet. Notiert auch mögliche Antworten.
b. Führt ein Rollenspiel durch: Befragt die beiden in Interviews.

ein Interview vorbereiten und durchführen

5 Wähle eine Personenbeschreibung aus und überarbeite sie mithilfe einer Checkliste.

6 Lege nun dein Insel-Tagebuch an.
a. Gestalte ein schönes Titelblatt für dein Insel-Tagebuch.
b. Ordne die Arbeitsergebnisse.
c. Erzähle schriftlich von einem eigenen Insel-Erlebnis.

ein Insel-Tagebuch gestalten

Den Textknacker anwenden

Einem Buch mit dem Textknacker begegnen

Auch bei Büchern gibt es „Handwerkszeug", das dir hilft,
in das Buch hineinzufinden.

> **1. Das Bild auf dem Buchcover**
> Das **Bild** auf dem **Buchcover** will dich nicht nur zum Lesen
> verlocken. Es sagt dir auch oft, worum es in dem Buch geht.

1 Das Buchcover findest du auch auf Seite 103.
  a. Beschreibe das Bild auf dem Buchcover.
  b. Wovon könnte das Buch deiner Meinung nach handeln?

> **2. Der Buchtitel**
> Der **Buchtitel** sagt dir etwas über das **Thema** des Buches.

2 **a.** Lies die Buchtitel.
  b. Stelle Vermutungen darüber an, was in den Büchern
     wohl stehen könnte.

Vermutungen
äußern

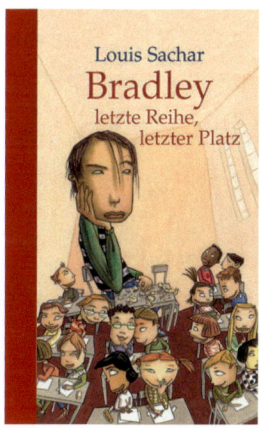

Z **3** Einen Auszug aus „Bradley, letzte Reihe, letzter Platz" findet ihr
auch in diesem Buch. Auch darin ist von einer „Insel" die Rede.
Lest nach, worum es dabei geht.

➤ S. 20–23

3. Der Klappentext

Einige **Klappentexte fassen** kurz **zusammen, worum es** im Buch **geht**. Andere Klappentexte machen dich neugierig, indem sie etwas über den Anfang des Buches erzählen.

4 **a.** Lies den folgenden Klappentext.
  b. Wer ist die Hauptperson der Geschichte?
  c. Stelle Vermutungen darüber an, wovon das Buch handeln könnte.

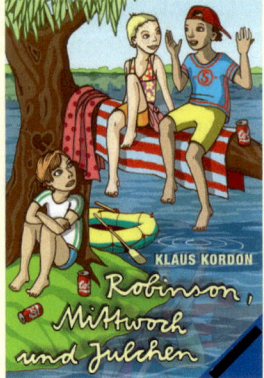

Fantastisch! Ein richtiger Dschungel wuchs auf der Insel. Und es war noch immer niemand zu sehen. Jo paddelte um die ganze Insel herum und konnte keine Menschenseele entdecken. Vor Glück schlug ihm das Herz bis zum Hals. Hier konnte er wirklich Robinson spielen.

4. Wörter im Buchtext

Manche **Wörter** werden **als Fußnote erklärt**.
Die Ziffer zeigt dir den Weg nach ganz unten auf der Seite.
Dort findest du die Ziffer noch einmal mit einer Worterklärung dahinter.

Zweimal schlummerte ich auf den Knien im Kanu ein, obwohl meine Angst jetzt größer war denn je. Als endlich der Morgen graute[1], tauchten vor mir unter dem klaren Himmel die Umrisse der Insel auf.

[1] als es hell wurde

5 **a.** Lies auf Seite 112 nach.
  b. Welche Wörter werden außerdem als Fußnoten erklärt? Schreibe sie mit ihren Erklärungen auf.

Wörter erklären

5. Das Lexikon

Vieles in einen Buchtext kannst du dir selbst erklären.
Schlage deshalb erst zum Schluss in einem **Lexikon** nach.

Von Wünschen erzählen

- Erzählen
- Erzähltexte lesen und verstehen

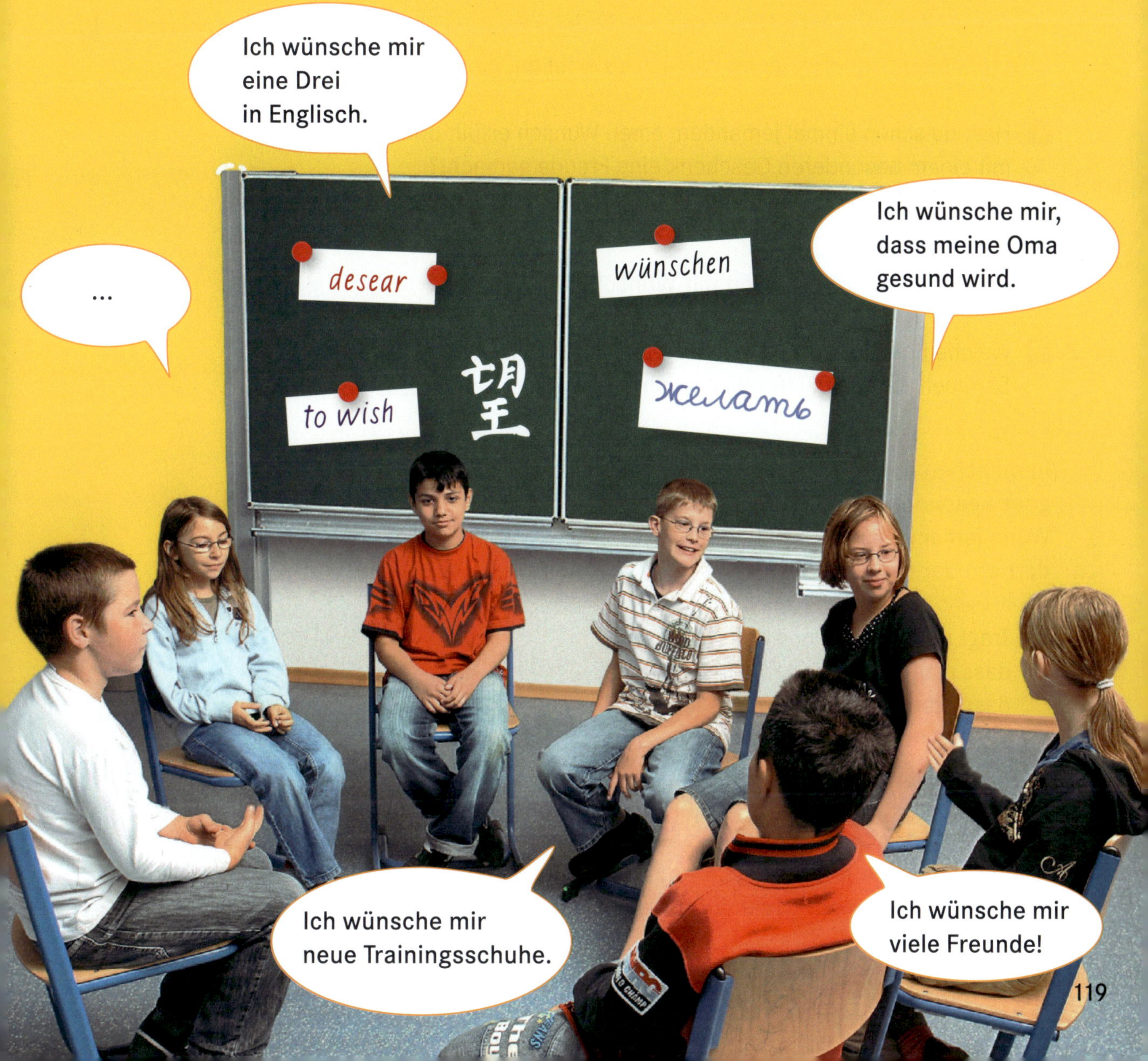

Ich wünsche mir eine Drei in Englisch.

Ich wünsche mir, dass meine Oma gesund wird.

...

Ich wünsche mir neue Trainingsschuhe.

Ich wünsche mir viele Freunde!

Ich wünsche mir ...

Alle Menschen haben Wünsche. Diese Wünsche können sehr unterschiedlich sein.

1 Sprecht über die Wünsche auf Seite 119. Worin unterscheiden sie sich?

Wünsche vergleichen

2 Wenn du dir in diesem Moment etwas wünschen dürftest, was wäre das? Schreibe deinen Wunsch auf. Lies ihn, wenn du möchtest, der Klasse vor.

3 Wann ist dir einmal ein großer Wunsch in Erfüllung gegangen? Erzähle davon.

von Wünschen erzählen

Gelegenheiten, anderen einen Wunsch zu erfüllen, gibt es viele.

4 Hast du schon einmal jemandem einen Wunsch erfüllt oder mit einem besonderen Geschenk eine Freude gemacht? Erzähle davon.

Auch bestimmte Bräuche sind mit Wünschen verbunden.

Z **5** Welche Bräuche zum Wünschen und Schenken kennt ihr? Sammelt Beispiele. Informiert euch gegenseitig.

In manchen Kulturen glauben Menschen, dass Sterne ganz besondere Eigenschaften und Kräfte haben: Wenn jemand eine Sternschnuppe sieht, darf er oder sie sich etwas wünschen.

6 Tragt mögliche Gründe dafür zusammen, dass manche Menschen daran glauben, dass Sterne besondere Eigenschaften haben.

In diesem Kapitel wirst du Erzähltexte lesen und Figuren näher betrachten. Am Ende des Kapitels wirst du eine Geschichte nacherzählen und miterzählen. Das Zeichen in der Randspalte zeigt Ergebnisse an, die du dafür nutzen kannst.

Eine alte Geschichte von Sternen und Wünschen erzählt man in China und Japan.

Die Prinzessin und der Hirte

Eine Prinzessin und ein Hirte liebten sich. Sie liebten sich so sehr, dass sie alles andere vergaßen. Der Vater der Prinzessin, der Himmelsgott, war darüber so erzürnt, dass er das Liebespaar als Sterne an den Himmel verbannte. Sie sind seitdem durch die Milchstraße voneinander getrennt. Nur einmal im Jahr, am siebten Tag des siebten Monats, dürfen sie sich sehen.

7 Die Geschichte von der Prinzessin und dem Hirten könnt ihr an verschiedenen Stellen anschaulich und lebendig miterzählen:
- Der Vater der Prinzessin war sehr erzürnt.
  Was sagte er zu den beiden?
- Die Prinzessin und der Hirte wurden an den Himmel verbannt und durch die Milchstraße getrennt. Wie fühlten sie sich?
- Nur einmal im Jahr dürfen sich die Prinzessin und der Hirte sehen. Erzähle von ihrem Wiedersehen.

eine Geschichte
miterzählen

Die Sterne Wega und Atair

Die beiden Sterne gibt es tatsächlich. Sie heißen Wega und Atair und sind im Sternbild Adler zu finden. Einmal im Jahr sieht es für uns von der Erde so aus, als ob diese zwei Sterne sich tatsächlich begegneten.
In Japan wird das Ereignis mit Tanabata gefeiert, dem Sternenfest. An diesem Tag werden Wünsche auf schmale, bunte Papierstreifen geschrieben und an Bambuszweige gehängt, die an vielen Orten aufgestellt werden.

8 Bastelt euren eigenen Wünschezweig.
   a. Stellt einen großen Zweig in eurem Klassenzimmer auf.
   b. Schneidet bunte Papierstreifen aus.
      Jeder bekommt zwei Streifen.
   c. Jeder schreibt einen Wunsch für sich und
      einen Wunsch für die Klasse auf.
   d. Bindet die Papierstreifen am Zweig fest.

9 Lest die Wünsche vor und sprecht darüber.
   Welche Wünsche tauchen besonders häufig, welche nur selten auf?
   Nennt Gründe dafür.

Eine Fabel lesen

In der Fabel von James Thurber hat ein junger Nachtschmetterling Wünsche und Ziele für sein weiteres Leben.

Der kleine Nachtschmetterling und der Stern James Thurber

Ein junger, empfindsamer* Nachtschmetterling hatte einst sein Herz einem gewissen Stern zugewandt*. Er erzählte seiner Mutter davon, und die riet ihm, stattdessen sein Herz lieber einer Bogenlampe zuzuwenden. „Sterne sind nicht das Rechte*, dass man um sie

5 herumhängt", sagte sie, „Lampen sind das Rechte." – „Bei Lampen kommt man zu etwas", sagte sein Vater, „wenn man Sternen nachjagt, kommt man zu gar nichts." Aber der Sohn hörte nicht auf die Worte beider Eltern. Jeden Abend in der Dämmerung schickte er sich an*, zu dem Stern hinzufliegen, und jeden Morgen

10 bei Tagesanbruch kroch er wieder heim, erschöpft von seinem vergeblichen Bemühen. Eines Tages sagte sein Vater zu ihm: „Du hast dir seit Monaten nicht einen Flügel verbrannt, mein Junge, und es sieht mir ganz danach aus, als ob du es niemals tun würdest. Alle deine Brüder haben sich schwer verbrannt, beim Rundflug um

15 Straßenlampen, und alle deine Schwestern haben sich arg versengt* beim Rundflug um Hauslampen. Also vorwärts jetzt, hinaus mit dir und lass dich brennen! Ein großer stämmiger* Nachtschmetterling-Bengel wie du und noch ohne eine Narbe am Leib."
Der Nachtschmetterling verließ das Haus, aber er flog nicht

20 um Straßenlampen und er flog nicht um Hauslampen.
Er versuchte sogleich* wieder, den Stern zu erreichen, der viereindrittel Lichtjahre oder fünfundzwanzig Trillionen Meilen weit entfernt war. Der Nachtschmetterling dachte, der Stern habe sich nur in den Wipfelzweigen einer Ulme* verfangen. Er erreichte

25 ihn nie, aber er versuchte es immer wieder, Nacht für Nacht, und als er ein steinalter Nachtschmetterling war, begann er sich einzubilden, er habe den Stern erreicht, und er erzählte es aller Welt. Das erfüllte ihn mit einem tiefen, bleibenden Glück und er brachte es zu einem hohen Alter. Seine Eltern und

30 seine Brüder und Schwestern waren alle noch in jungen Jahren zu Tode verbrannt.
Moral*: Wer fliegt aus unserer Welt der Sorgen, bleibt wohlbehalten heut und morgen.

* gefühlvoller
* geschenkt

* das Richtige

* sich anschicken: versuchen

* verbrannt

* kräftiger

* sofort

* ein Baum

* Die **Moral** oder **Lehre** einer Geschichte ist das, was man aus der Geschichte lernen kann.

1 **a.** Beschreibe den jungen Nachtschmetterling.
   b. Was unterscheidet ihn von seinen Brüdern und Schwestern?

die Fabel erschließen

2 **a.** Notiere die Wünsche des jungen Nachtschmetterlings und
      die Wünsche seiner Eltern.
   b. Vergleiche die Wünsche des jungen Nachtschmetterlings
      mit den Wünschen seiner Eltern.

> Starthilfe
>
> – Nachtschmetterling: hatte sein Herz einem Stern zugewandt (Zeile 1–2)
> – Mutter: …
> – …

3 Im Tandem!
   Hat sich der Nachtschmetterling seinen Wunsch erfüllt?
   Sprecht darüber und begründet eure Antworten.

4 In dieser Fabel steht der Stern für etwas anderes.
   Nennt Beispiele.

5 Als letzten Satz hat James Thurber eine Lehre zu seiner Fabel
   formuliert:
   „Wer fliegt aus unserer Welt der Sorgen,
   bleibt wohlbehalten heut und morgen."
   Erklärt mit eigenen Worten, was dieser Satz bedeutet.

6 Erzähle die Fabel mündlich nach.
   a. Schreibe Stichworte zu der Fabel auf.
      Tipp: Du kannst die hervorgehobenen Wörter verwenden.
   b. Erzähle die Fabel mithilfe deiner Stichworte.

die Fabel mündlich nacherzählen

7 Gibt es in deinem Leben einen „Stern",
   den du unbedingt erreichen willst? Erzähle davon.

Z **8** Frage deine Eltern, ob sie sich noch
   an einen eigenen großen Wunsch aus ihrer Kindheit
   erinnern können und was daraus geworden ist.
   Erzähle schriftlich davon.

schriftlich erzählen

Einen Jugendbuchauszug lesen

Im Mittelpunkt des Jugendbuchs „Ein Anfang, ein Ende und jede Menge Wünsche" von Kevin Henkes steht das Tagebuch von Olivia. Dies ist der Eintrag vom 7. Juni.

7. Juni: Meine Wünsche

Ich wünsche mir, eines Tages ein Buch schreiben zu können.
Nicht so eines wie im Kreativkurs. Ein richtiges, wie in der Bücherei
oder im Buchladen. Und nicht einen Kriminalroman oder
ein Abenteuerbuch, sondern eins über Gefühle. Vielleicht kann ich
5   Kinder dazu anregen, Bücher über Gefühle anders zu sehen,
so wie es mir bei einigen Schriftstellern gegangen ist.
Die meisten meiner Mitschüler nennen so ein Buch, wie ich
es schreiben will, ein Kapitel-Buch, aber ich nenne es Roman.
Vielleicht bin ich mal das jüngste Mädchen, das einen Roman
10 schrieb. Vielleicht kann ich einen ganz ungewöhnlichen Schreibstil
erfinden, wie ihn kein anderer Schriftsteller hat.
Den ersten Satz von meinem Roman habe ich schon im Kopf:
„Ganz insgeheim wünschte sich das Waisenmädchen,
dass seine Knochen hohl wären wie die eines Vogels
15 und dass es einfach abheben und davonfliegen könnte."

Außerdem wünsche ich mir, dass ich eines Tages
an ein richtiges Meer fahren kann,
so eins wie der Atlantische Ozean oder der Pazifik. Mir gefällt
Madison* mit seinen vielen Seen (vor allem der Wingra-See**
20 gefällt mir), aber ich glaube, es ist das Gleiche.
Wenn ich achtzehn bin, möchte ich in einem Häuschen
auf den Klippen wohnen, mit Aussicht auf das Meer.
Was wünsche ich mir sonst noch? Ich wünsche mir,
dass ich nächstes Schuljahr Martha Boyle kennen lerne
25 (oder schon in den Sommerferien). Ich wünsche mir,
dass wir Freundinnen werden. Das wünsche ich mir am meisten.
Sie ist das netteste Mädchen in der ganzen Klasse.

* eine Stadt im US-Bundesstaat Wisconsin
** ein See in Madison

Olivia hat „jede Menge Wünsche".

1 Von welchen Wünschen erzählt Olivia in diesem Tagebucheintrag?
Schreibe die Wünsche auf.

Textinhalte zusammenfassen

2 Welche Wünsche sind leichter erfüllbar, welche eher nicht so leicht? Welche Wünsche können sich erst in der Zukunft vielleicht erfüllen?

3 Sprecht über Olivias Wünsche:
- Warum hat Olivia ihre Wünsche wohl nur ihrem Tagebuch erzählt?
- Was hätte sie tun können, um sich ihre Wünsche zu erfüllen?

W Olivia hat ihre geheimen Wünsche einem Tagebuch erzählt. Ein Tagebuch schreibt man meist für sich selbst. Schreibe ein Tagebuch. Wähle dazu aus den beiden Aufgaben eine aus.

sich in andere hineinversetzen

4 Erzähle deinem Tagebuch deine eigenen Wünsche.
- Erzähle: Welche Wünsche hast du? Welcher Wunsch ist der größte? Warum?
- Gestalte die Seite in schöner Schrift. Klebe auch Bilder oder Fotos dazu.
- Lege das gestaltete Blatt in deine persönliche Lesemappe.

von eigenen Wünschen schriftlich erzählen

mehr zur Lesemappe
➤ S. 211–217

5 Schreibe eine Woche lang jeden Abend Tagebuch.
- Erzähle dem Tagebuch, was du dir an diesem Tag gewünscht hast.
- Schreibe auch auf, was du anderen an dem Tag gewünscht hast.
- Gestalte dein Tagebuch mit Bildern und Fotos.
- Gestalte auch ein schönes Deckblatt.

ein eigenes Tagebuch schreiben

Lesetipp: Mehr über Olivia und Martha Boyle könnt ihr in dem Buch „Ein Anfang, ein Ende und jede Menge Wünsche" von Kevin Henkes erfahren.

Extra Grammatik: Wünsche ausdrücken

Popcorn, Limo und gebrannte Mandeln ...

Danuta und Kasimir besuchen mit ihrer Mutter den Jahrmarkt*. * die Kirmes, den Rummel
Es ist Familientag: Am meisten locken die Geisterbahn,
der Spaß-Irrgarten und die Auto-Scooter. Nach so viel Spaß
stehen Danuta und ihr kleiner Bruder mit großen Augen
5 vor dem Stand mit Zuckerwatte, Popcorn und Liebesäpfeln.
„Ich will Zuckerwatte haben", ruft Kasimir fordernd.
„Und ich hätte gerne den roten Liebesapfel", sagt Danuta.
„Und ich", meint die Mutter, „wünsche mir, dass ihr etwas
bescheidener seid. Ich möchte, dass ihr bis zum Abendessen
10 zu Hause wartet. Ich habe eure Lieblingspizza eingekauft."
„Ich will aber jetzt einen Liebesapfel essen", quengelt Danuta.
„Nein", sagt die Mutter entschieden, „es ist genug für heute."

1 Danutas und Kasimirs Wünsche werden nicht erfüllt.
Warum nicht? Sprecht darüber.

2 **a.** Schreibe auf, was Danuta, Kasimir und die Mutter sagen.
b. Welcher der Sätze klingt eher höflich,
welcher neutral, welcher sehr bestimmt?
Sprich darüber mit einer Partnerin oder einem Partner.
Beachte auch, *wie* die Sätze gesagt werden.

> **Starthilfe**
> Kasimir ruft fordernd: „Ich will ..."
> Danuta sagt: „Ich hätte gerne ..."
> ...

Wünsche kann man auf unterschiedliche Weise ausdrücken.

Ich hätte gerne ...	Ich möchte bitte ...
Ich wünsche mir ...	Ich will ...

Wünsche
unterschiedlich
ausdrücken

3 **a.** Schreibe jeweils zwei höfliche, zwei neutrale
und zwei bestimmt klingende Wunschsätze auf.
b. Füge Wörter ein wie **bitte**, **sofort**, **jetzt aber**.
c. Prüft, wie sich die Wirkung der Sätze verändert.

> **Starthilfe**
> Ich will sofort ...
> ...

Z **4** **a.** Lest eure Sätze aus Aufgabe 3 laut und
unterschiedlich betont vor.
b. Sprecht darüber, wie sich die Wirkung der Sätze
durch die Betonung verändert.

Wünsche kannst du auch in dass-Sätzen ausdrücken.

Wünsche ausdrücken und begründen

– abends länger aufbleiben

– beim Kartenspielen gewinnen

– schwimmen gehen

– eine kleine Schwester bekommen

– heute zu Hause bleiben

– sich wieder vertragen

– wieder gesund werden

5 Schreibe fünf **dass**-Sätze auf.
Tipp: Vor dem **dass**-Satz steht ein Komma.

dass-Sätze bilden

weitere Übungen
➤ S. 241, 247

> Starthilfe
>
> Ich wünsche mir, dass mein Vater ...
> Ich will, dass du ...
> Ich hätte gerne, dass meine Eltern ...
> Ich hoffe, dass ihr ...
> Ich träume davon, dass mein Freund ...
> Ich möchte, dass du ...

**Wenn du dir etwas wünschst, wirst du manchmal gefragt, warum.
Begründungen kannst du mit weil und denn einleiten.**

6 Schreibe fünf **weil**-Sätze auf.

Sätze mit **weil** und **denn** bilden

> Starthilfe
>
> Ich hätte gerne einen Roboter,
> weil er meine Hausaufgaben machen könnte.
> ...

7 Schreibe fünf **denn**-Sätze auf.
Tipp: Der **weil**-Satz und der **denn**-Satz werden
durch Komma vom übrigen Satz abgetrennt.

> Starthilfe
>
> Ich wünsche mir einen kleinen Hund,
> denn dann könnte ich immer mit ihm spazieren gehen.
> ...

Z 8 Du darfst dir drei Dinge für die Zukunft wünschen.
Schreibe in einem kleinen Text auf, was du dir wünschst.
– Beginne mit deinem größten Wunsch.
  Verwende **dass**-Sätze.
– Begründe auch, warum du dir gerade diese Dinge wünschst.
  Verwende **weil**- und **denn**-Sätze.

Herr von Ribbeck auf Ribbeck · Theodor Fontane

Herr von Ribbeck auf Ribbeck im Havelland, (1)
ein Birnbaum in seinem Garten stand.
Und kam die goldene Herbsteszeit
und die Birnen leuchteten weit und breit,
5 da stopfte, wenn's Mittag vom Turme scholl, (2)
der von Ribbeck sich beide Taschen voll,
und kam in Pantinen (3) ein Junge daher,
so rief er: „Junge, wiste 'ne Beer?" (4)
Und kam ein Mädel, so rief er: „Lütt Dirn,
10 kumm man röwer, ick hebb 'ne Birn." (5)

So ging es viele Jahre, bis lobesam*
der von Ribbeck auf Ribbeck zu sterben kam.
Er fühlte sein Ende. 's war Herbsteszeit,
wieder lachten die Birnen weit und breit.
15 Da sagte von Ribbeck: „Ich scheide nun ab, (6)
legt mir eine Birne mit ins Grab!"
Und drei Tage darauf aus dem Doppeldachhaus
trugen von Ribbeck sie hinaus;
alle Bauern und Büdner* mit Feiergesicht
20 sangen: „Jesus, meine Zuversicht",
und die Kinder klagten, das Herze schwer:
„He is dod nu. Wer giwt uns nu 'ne Beer?" (7)

So klagten die Kinder. Das war nicht recht –
ach, sie kannten den alten Ribbeck schlecht;
25 der neue freilich, der knausert und spart,
hält Park und Birnbaum strenge verwahrt. (8)
Aber der alte, vorahnend schon
und voll Misstraun gegen den eigenen Sohn,
der wusste genau, was damals er tat,
30 als um eine Birn' ins Grab er bat;
und im dritten Jahr aus dem stillen Haus
ein Birnbaumsprössling (9) sprosst heraus.

Und die Jahre gehen wohl auf und ab,
längst wölbt sich ein Birnbaum über dem Grab, (10)
35 und in der goldenen Herbsteszeit
leuchtet's wieder weit und breit.

* tüchtig

* die armen Bauern

Und kommt ein Jung' übern Kirchhof her,
so flüstert's im Baume: „Wiste 'ne Beer?" (4)
Und kommt ein Mädel, so flüstert's: „Lütt Dirn,
40 kumm man röwer, ick gew di 'ne Birn." (11)

So spendet Segen noch immer die Hand
des von Ribbeck auf Ribbeck im Havelland.

Eine Ballade ist eine Erzählung in Gedichtform.

1 Um welchen Wunsch geht es in der Ballade?
Wie wird er zuerst, dann später erfüllt?
Schreibe die Antworten auf.

Fragen zum Inhalt
der Ballade beantworten

nacherzählen ➤ S. 301

2 Erzähle die Ballade nach: zuerst mit einem Partner oder
einer Partnerin, dann vor der Klasse.
Tipp: Du kannst die Bilder als Hilfe verwenden.

3 Trage die Ballade ausdrucksvoll vor.

die Ballade vortragen

den wahren Kern
der Ballade erforschen

Oft haben Balladen einen wahren Kern.

> Info
>
> **Theodor Fontane** (1819–1898) wanderte sehr viel durch die Mark Brandenburg.
> Dabei hörte er zu, wenn ihm die Menschen Geschichten erzählten.
> In dem Dorf Ribbeck hörte er eine alte Sage von einem kinderlieben Herrn
> von Ribbeck, der immer Birnen für die armen Kinder in der Tasche hatte.
> 5   Als dieser gestorben war und ins Grab gelegt wurde, hatte man vergessen,
> seine Taschen zu leeren, in denen sich noch Birnen befanden. So wuchs
> aus dem Grab nach einiger Zeit ein Birnbaum und die Kinder des Dorfes
> konnten sich die Früchte nehmen.
> Den Ort Ribbeck gibt es also tatsächlich. Er hat heute
> 10 ein paar hundert Einwohner und liegt im Landkreis Havelland.
> Der Name Ribbeck geht auf ein Rittergut im Jahr 1237 zurück.
> Den Birnbaum neben der Kirche in Ribbeck hat es zu Zeiten Fontanes
> wirklich gegeben. Er stürzte 1911 während eines Orkans um.
> Im Jahr 2000 wurde dort ein neuer Birnbaum gepflanzt.

Theodor Fontane

Z **4** Im Tandem!
a. Was erfahrt ihr über das Dorf Ribbeck und
den Herrn von Ribbeck?
Stellt Fragen an den Text und beantwortet sie.
b. Vergleicht die Informationen im Sachtext
mit dem Inhalt der Ballade.
Was hat Theodor Fontane verändert?

Der neue Birnbaum

Eine Lebensgeschichte lesen

Nicht alle Wünsche gehen in Erfüllung. Trotzdem kann
ein sehnsüchtiger Wunsch eine große Wirkung haben.
Warum werden jedes Jahr Tausende von Origami-Kranichen
nach Hiroshima geschickt?
Davon wird in der folgenden Lebensgeschichte erzählt.

Sadako Sasaki im Alter von
zwölf Jahren (etwa 1955)

Ein Wunsch, der weiterlebt

Sadako Sasaki lebte vor mehr als fünfzig Jahren in Japan.
Sie wurde am 7. Januar 1943 in Hiroshima geboren.
Als sie zweieinhalb Jahre alt war, fiel die Atombombe
während des Krieges auf ihre Stadt. Mit zwölf Jahren
5 war Sadako ein fröhliches, gesundes und
sehr sportliches Mädchen. Aber dann erkrankte sie plötzlich
an Leukämie, einer gefährlichen Blutkrankheit.
Viele Leute, die den Abwurf der Atombombe
überlebt hatten, litten damals an dieser Krankheit.
10 Häufig starben sie daran.
Da erzählte Sadakos beste Freundin ihr von einer alten
japanischen Legende*: Wer 1000 Origami**-Kraniche*** falte,
der bekäme einen Wunsch erfüllt. Sadakos größter Wunsch war es,
gesund zu werden. Deshalb begann sie, Kraniche aus Papier
15 zu falten. Aber am 25. Oktober 1955 starb sie, bevor ihre
1000 Kraniche fertig waren. Nach Sadakos Tod falteten
ihre Schulfreunde die fehlenden Kraniche für sie.
Die Geschichte von Sadako wurde in Japan bekannt und seitdem
falten Kinder im ganzen Land regelmäßig Papierkraniche und
20 schicken sie nach Hiroshima.
Dort steht im Friedenspark ein Denkmal für Sadako,
das Kinder-Friedensdenkmal. Dorthin werden
all die bunten Kraniche gebracht. Sie erinnern an das Mädchen
und daran, wie wichtig Frieden auf der Welt ist.

*einer überlieferten
 Geschichte
**Lies den Infokasten.
***eine Vogelart

Denkmal für Sadako

Info

Origami (japanisch, von *oru*: falten + *kami*: Papier) ist die Kunst
des Papierfaltens. Beim klassischen Origami entsteht
das Ergebnis aus einem meist quadratischen Papier –
meistens ohne Verwendung von Schere oder Klebstoff.

1 Erzähle mit eigenen Worten die Lebensgeschichte von Sadako.

   a. Schreibe zunächst Stichworte aus dem Text auf.

   b. Schreibe auch auf, wie Sadakos Wunsch weiterlebte.

   c. Erzähle dann die Lebensgeschichte.

mit eigenen Worten erzählen

Sadakos Wunsch wurde nicht erfüllt. Trotzdem werden in Japan noch immer Papierkraniche für sie gefaltet.

Tausende von Origami-Kranichen im Park von Hiroshima

Z 2 **a.** Schreibt Fragen auf, die ihr japanischen Schulkindern zu Sadako und den Origami-Kranichen stellen möchtet.

   b. Tauscht eure Fragen aus. Notiert mögliche Antworten.

   c. Lest die Fragen und die Antworten in der Klasse vor.

weiterführende Fragen formulieren

> **Starthilfe**
> – Woher wisst ihr von den Kranichen im Park von Hiroshima?
> – Warum …

Auf Sadakos Denkmal steht eine Inschrift, also eine Beschriftung.

3 Schreibe eine Inschrift für Sadakos Denkmal auf.

Z 4 Immer wieder gibt es Menschen, die schwer kranken Kindern einen Wunsch erfüllen wollen.

   a. Informiert euch im Internet über Projekte dieser Art (z. B. www.herzenswuensche.de).

   b. Stellt die Projekte in der Klasse vor.

sich im Internet informieren

mehr dazu ➤ S. 99–102

5 Wenn ihr selbst einen Origami-Kranich falten möchtet, könnt ihr im Internet Anleitungen dazu finden.

Das kann ich!

Erzählen
Erzähltexte lesen und verstehen

Ihr habt in diesem Kapitel erfundene und wahre Geschichten über unterschiedliche Wünsche kennen gelernt.

Für die Figuren und Personen der einzelnen Geschichten sind ihre Wünsche sehr wichtig. Wenn sie sich treffen könnten, würden sie einander wohl davon erzählen.

1 Bildet einen Erzählkreis mit den Figuren und Personen der einzelnen Geschichten:
- die Prinzessin und der Hirte,
- der Nachtschmetterling und seine Mutter oder sein Vater,
- Olivia und Martha,
- Danuta und Kasimir,
- Herr von Ribbeck und die Kinder,
- Sadako und ein Mitschüler oder eine Mitschülerin.

a. Verteilt diese Rollen.
b. Lest noch einmal die Geschichte zu euren Rollen.
c. Erzählt dann kurz „eure" Geschichte in der Ich-Form.

aus anderer Perspektive erzählen

2 Was könnte „eure" Figur auf die folgenden Fragen antworten?
- Kann man wunschlos glücklich sein?
- Was ist wichtiger:
  Wünsche zu haben oder sie erfüllt zu bekommen?
- Sind aussichtslose Wünsche etwas Schlechtes?

a. Notiert mögliche Antworten.
b. Notiert auch, wie die Figuren ihre Antworten begründen.
c. Notiert weitere Fragen und beantwortet sie.
d. Was würdest du selbst antworten? Schreibe es auf.

Fragen aus anderer Perspektive beantworten

3 Diskutiert über die Antworten „eurer" Figuren und eure eigenen Antworten.

Was kann geschehen, wenn alle Wünsche in Erfüllung gehen?
Die folgende Geschichte erzählt davon.

4 Lies die Geschichte von König Midas.

König Midas

Der mächtige König Midas wünschte sich, dass alles, was er berührt, zu Gold wird. Dieser Wunsch wurde ihm von Dionysos* erfüllt: Alles, was Midas berührte, wurde zu reinem Gold!

Midas brach einen Zweig vom Baum und er wurde zu Gold.

5 Er hob einen Stein vom Boden auf und auch dieser wurde zu Gold. Der König war überglücklich.

Mit einer Berührung verwandelte er auch seinen Stuhl und Tisch in Gold. Er lud seine Freunde zu einem Festmahl ein.

Hungrig und durstig setzte sich Midas an den gedeckten Tisch.

10 Doch kaum berührte er das Brot, wurde es zu Gold. Kaum nahm er einen Schluck aus seinem Becher, hatte er flüssiges Gold im Mund. Was sollte er nur tun?

Er rief nach Dionysos. Dieser gab ihm den Rat, den Zauber im Fluss Paktolos abzuwaschen.

15 Das Bad half tatsächlich. Midas konnte wieder essen und trinken. Es wird erzählt, dass im Fluss Paktolos seitdem Gold zu finden ist.

* griechischer Gott

5 Beantworte die folgenden Fragen zum Text. Notiere Stichworte.
– Welchen Wunsch hatte König Midas?
– Was geschah, als sein Wunsch erfüllt wurde?
– Wie reagierte König Midas auf die Erfüllung seines Wunsches?
– Was erzählt man sich bis heute über den Fluss Paktolos?

Fragen zum Text beantworten

6 Erzähle die Geschichte von König Midas mündlich nach.
Tipp: Du kannst deine Notizen aus Aufgabe 5 verwenden.

die Geschichte nacherzählen

7 Die Geschichte von König Midas kannst du an verschiedenen Stellen anschaulich und lebendig miterzählen.
– Dionysos erfüllte König Midas seinen Wunsch.
   Erzähle von dem Gespräch der beiden.
– König Midas lud seine Freunde zu einem Festmahl ein.
   Was geschah dort? Erzähle.
– König Midas rief nach Dionysos, damit dieser ihn
   von dem Zauber befreite. Wie fühlte er sich? Erzähle.

die Geschichte miterzählen

Die Handlungsbausteine untersuchen

Die Bausteine einer Geschichte

Man muss nicht Pippi Langstrumpf oder Robinson Crusoe heißen, um etwas Aufregendes zu erleben. In diesem Kapitel erfahrt ihr, was einigen Kindern in ihrem ganz normalen Alltag so alles passiert.
Davon erzählt auch der kleine Nick in der folgenden Geschichte.

1 a. Lest die Überschrift.
Worum könnte es in der Geschichte gehen?
b. Lest dann den ganzen Text.

Vermutungen zur Geschichte äußern

Ich räume auf René Goscinny

„Was ist das für ein Durcheinander bei dir!", hat Mama gesagt
und sie hat in mein Zimmer gezeigt.
Es stimmt schon, dass es bei mir etwas unordentlich aussieht,
vor allem wegen der Spielsachen und der Bücher und
5 der Comic-Hefte, die überall herumliegen. Mama versucht
schon mal aufzuräumen, aber ich gebe zu, es ist nicht so einfach.
Und heute Morgen ist sie richtig wütend geworden.
„Ich bin mal für eine Stunde weg", hat sie zu mir gesagt.
„Wenn ich wiederkomme, möchte ich sehen, dass dein Zimmer
10 aufgeräumt ist – und mach ja keinen Unsinn!"
Mama ist weggegangen und ich habe gleich angefangen
aufzuräumen. Wegen des Unsinns mache ich mir keine Sorgen –
jetzt, wo ich schon groß bin, kommt so was nicht mehr vor.
Jedenfalls nicht mehr so wie vor meinem Geburtstag
15 vor drei Monaten.

2 **a.** Beschreibt den kleinen Nick und seine Situation.

b. Kennt ihr selbst eine ähnliche Situation?
Habt ihr damit schon einmal Probleme gehabt?
Sprecht darüber.

Interessiert euch, wie es weitergeht?
Dann ist der Anfang dieser Geschichte gut.

Und ihr kennt damit zwei Handlungsbausteine
für eine gute Geschichte:

Handlungsbaustein Person in Situation
Die Hauptperson steckt
in einer bestimmten Situation,
mit der sie nicht zufrieden ist.

Handlungsbaustein Wunsch
Die Hauptperson hat
einen Wunsch.

3 Schreibt auf, was in der Geschichte zu diesen
Handlungsbausteinen erzählt wird.

> **Starthilfe**
> Nicks Zimmer ist sehr unordentlich.
> Seine Mutter ist deswegen ärgerlich …

Das allein reicht natürlich noch nicht aus,
um eine Geschichte spannend zu machen.

Stellt euch vor, Nicks Geschichte ginge so weiter:

… Also habe ich mein Zimmer ordentlich aufgeräumt,
um keinen Ärger zu kriegen, und als Mama wiederkam,
hat sie sich gefreut und mir ein Erdbeereis spendiert.

4 **a.** Beurteilt diese Fortsetzung der Geschichte.

b. Sammelt Ideen, was Spannendes oder Witziges geschehen
könnte, bis Nicks Mutter wiederkommt.

Wie es tatsächlich weitergeht, wird in dem folgenden Textausschnitt erzählt:

5 **a.** Seht euch zunächst das Bild an.
   b. Lest dann den Text.

Ich bin wieder in mein Zimmer zurück und habe angefangen,
die Spielsachen, die unter meinem Bett waren, in den Schrank
zu räumen. Im Schrank habe ich meinen Plüschbären
wiedergefunden, mit dem ich gespielt habe, als ich noch
20 klein war. Er war nicht mehr schön, mein armer kleiner Bär,
er hat überall Flecken gehabt, wo kein Fell mehr war. Da habe ich
gedacht, ich bringe ihn wieder in Ordnung, meinen kleinen Bären.
Ich bin ins Badezimmer gelaufen und habe Papas elektrischen
Rasierapparat genommen: Wenn man dem Bären alle Haare
25 abrasiert, dann sieht man die Stellen nicht mehr so, wo kein Fell
mehr ist. Das ist auch lustig – Papas Rasierapparat, der macht bzzzz
und weg sind die Haare. Ich hab ihn schon zur Hälfte rasiert gehabt,
den Teddybären, da hat der Rasierapparat aufgehört,
bzzzz zu machen, es hat einen Funken gegeben und dann
30 hat er nichts mehr gemacht. Das ist aber nicht so schlimm,
denn Papa sagt immer, der Rasierapparat ist schon alt und
er will sich einen neuen kaufen. Für meinen Bären ist das blöd:
In der oberen Hälfte ist er rasiert und unten nicht,
da denkt man, er hat Hosen an.

6 Gebt mit eigenen Worten den Inhalt des Textausschnitts wieder.

Textinhalte wiedergeben

7 Was hindert Nick daran, sich seinen Wunsch zu erfüllen?
Vervollständigt den folgenden Satz:

> Es wird Nick nicht gelingen, ordentlich aufzuräumen, weil er selbst …

Damit habt ihr einen weiteren Handlungsbaustein kennen gelernt:

Handlungsbaustein Hindernis
Es gibt ein Hindernis.

8 Schreibt auf, was zu diesem Handlungsbaustein erzählt wird.

9 Sammelt Ideen, wie es weitergehen könnte.

In dem folgenden Textausschnitt erzählt Nick weiter.

10   **a.** Seht euch zunächst das Bild an.
      b. Lest dann den Textausschnitt.

35   Ich hab den Bären wieder in den Schrank getan und
     Papas Rasierapparat ins Badezimmer gebracht und
     dann bin ich in mein Zimmer, um weiter Ordnung zu machen.
     Das ist schwierig gewesen, weil die Spielsachen nicht mehr alle
     in den Schrank gepasst haben, und ich habe gedacht,
40   ich nehme alles raus und sehe, was ich wegwerfen kann.
     Da hab ich die Autos gefunden, die keine Räder mehr haben,
     und Räder, die keine Autos mehr haben, einen kaputten Fußball,
     Spielmarken vom Gänsespiel und Würfel, Bücher, die ich schon
     gelesen habe, mit Bildern, die ich schon angemalt habe.
45   Das alles war nicht mehr zu gebrauchen.
     Ich hab den ganzen Krempel auf meine Bettdecke gepackt,
     um alles auf einmal damit runterzutragen und in den Mülleimer
     zu werfen. Aber da hab ich eine Idee gehabt: Damit es schneller geht
     und die Treppe nicht schmutzig wird, habe ich gedacht,
50   ich werfe das Paket aus dem Fenster. Leider habe ich nicht
     an das gläserne Vordach über der Eingangstür gedacht,
     nämlich das ist dabei kaputtgegangen. Zum Glück ist das nicht
     so schlimm, denn Mama sagt immer, das Vordach lässt sich
     überhaupt nicht sauber machen. [...]
55   Ich hab natürlich nicht gewollt, dass die runtergeworfenen
     Spielsachen vor der Tür liegen bleiben, und ich hab
     Mamas Staubsauger geholt.

11   Erzählt mit eigenen Worten, was Nick alles unternimmt,
      um das „Hindernis" aus dem Weg zu räumen.

12   Überlegt, warum dieser Teil der Geschichte so ausführlich ist.

Dieser Handlungsbaustein ist also besonders umfangreich:

Handlungsbaustein Reaktion
Die Reaktionen der Hauptperson werden beschrieben.

13   Was könnte passieren, wenn Nick mit dem Staubsauger kommt?
      Erzählt an dieser Stelle weiter.

           weitererzählen

**Nick räumt weiter auf. Dabei sind ein paar Teller zerbrochen und
die Küche ist überschwemmt, weil Nick noch wischen wollte.**

**Mit dem folgenden Textausschnitt
endet die Geschichte.**

14 **a.** Seht euch das Bild an.
    b. Lest dann das Ende der Geschichte.

Immerhin bin ich mit meinem Zimmer
fertig gewesen, als Mama zurückgekommen
60 ist. Und ich bin ganz sicher gewesen,
sie wird mir gratulieren und mich loben
und sehr zufrieden mit mir sein.
Na ja, ihr werdet es kaum glauben,
aber ich sage euch: Sie hat doch tatsächlich
65 mit mir geschimpft, echt wahr!

15 Untersucht das Ende der Geschichte.
    a. Aus Nicks Sicht war er erfolgreich. Erklärt, warum.
    b. Aus der Sicht seiner Mutter war Nick nicht erfolgreich.
       Erklärt, warum.

das Ende untersuchen

**Damit habt ihr auch schon den letzten Handlungsbaustein
einer Geschichte, nämlich das Ende:**

Handlungsbaustein Ende
Die Hauptperson ist am Ende erfolgreich oder nicht.

16 Ist euch schon einmal Ähnliches passiert wie dem kleinen Nick:
    Ihr wolltet etwas Gutes tun und daraus wurde das Gegenteil?
    Erzählt davon.

In der Geschichte vom kleinen Nick sind die Handlungsbausteine so angeordnet, dass die Geschichte mit dem Handlungsbaustein **Ende** endet. Die Reihenfolge kann aber auch ganz anders sein.

Hier sind die Handlungsbausteine noch einmal zusammengefasst.

Arbeitstechnik

Eine Geschichte verstehen: Die Handlungsbausteine

Um eine Geschichte zu verstehen, suche im Text
nach den **fünf Handlungsbausteinen**. Sie finden sich in fast allen Erzähltexten und enthalten das Wichtigste der Handlung. Wenn du diese fünf Bausteine hast, kannst du den **Kern einer Geschichte** verstehen.

Stelle diese **Fragen**, wenn du die Handlungsbausteine ermitteln willst:
– Wer ist die **Hauptperson**? In welcher **Situation** steckt sie?
– Welchen **Wunsch** hat sie?
– Welches **Hindernis** ist ihr im Weg?
– Wie **reagiert** die Hauptperson auf das Hindernis?
  Wie versucht sie, es zu überwinden?
– Wie **endet** die Geschichte? Ist die Hauptperson erfolgreich?

Mit den Handlungsbausteinen kannst du auch eigene Geschichten schreiben.

Z 17 Schreibe nun eine eigene Geschichte vom kleinen Nick.
   a. Mache dir einen Erzählplan für deine Geschichte.
   b. Schreibe deine Geschichte mithilfe der Handlungsbausteine.
   – Du kannst eine der beiden Geschichten
     auf den Karteikarten weiterschreiben.
   – Du kannst dir auch eine eigene Geschichte ausdenken.

eine eigene Geschichte schreiben

mehr zum Erzählplan
➤ S. 150–155

Hauptperson / Situation:
Nick verbringt die Ferien
bei den Großeltern.
Nick hat kein Haustier.

Reaktion:
Aus Langeweile stöbert Nick auf
dem Dachboden und findet …
Als Nick eines Tages auf der
Straße ein Hund entgegenläuft, …

Hindernis:
Es regnet den ganzen Tag.
Nicks Mutter ist dagegen.

Ende:
…
…

Wunsch:
Nick will viel unternehmen.
Nick wünscht sich einen Hund.

Geschichten verstehen

Die Handlungsbausteine helfen, Geschichten zu verstehen.
Katrin hat eine neue Freundin gefunden.
Was werden ihre Eltern dazu sagen?

1 **a.** Lies zunächst die Überschrift und sieh dir die Bilder an.
Worum könnte es in der Geschichte gehen?
b. Lies dann den ganzen Text.

Vermutungen zur
Geschichte äußern

Eine neue Freundin   Manfred Mai

Katrin und Martina winken sich zu.
Dann läuft Martina zur Haustür und klingelt.
Bevor sie hineingeht, winkt sie noch einmal.
Katrin winkt zurück und hüpft dann
5 im Wechselschritt weiter.
Heute kommt ihr der Schulweg
viel kürzer vor als sonst.
Zu Hause streicht sie wie eine Katze
um ihren Vater herum.
10 Als der die Soße abschmecken will, stolpert er beinahe über Katrin.
„Pass doch auf", sagt er. Katrin geht zur Seite.
„Ist denn was?", fragt der Vater. „Du tust so komisch."
Er schüttet dampfende Nudeln in ein Sieb.
„Ich habe eine neue Freundin", sagt Katrin.
15 „Das ist aber schön." Er schreckt die Nudeln mit kaltem Wasser ab.
„Wer ist es denn?" – „Martina."
Er schaut Katrin an. „Martina Schweitzer?"
Katrin nickt. „Und in der Schule sitzt sie jetzt neben mir."
„Soso, neben dir", murmelt der Vater. Er drückt Katrin
20 drei Teller in die Hand. „Hilf mir mal. Mutti kommt gleich."
Katrin deckt den Tisch.
„Tanja war doch immer deine Freundin", sagt der Vater.
„Die ist doof, die will ich nicht mehr."
„So? Aber ist Martina nicht ein bisschen schmuddelig?"
25 „Nein!", sagt Katrin sofort.
Dann fragt sie vorsichtig: „Was ist schmuddelig?"
„Na, unordentlich, ungepflegt, schmutzig ..."
„Das ist sie nicht!", ruft Katrin dazwischen.
„Dann muss sie sich aber sehr geändert haben."
30 „Hat sie auch."

„Das würde mich allerdings wundern, denn …"
In diesem Augenblick kommt die Mutter herein. „Hallo, ihr zwei!"
Sie gibt beiden einen Kuss. „Ich habe einen Bärenhunger."
„Wir können gleich essen."
35 „Na, gibt's was Neues?", fragt die Mutter. „Wie war's
in der Schule?"
„Katrin hat eine neue Freundin", antwortet der Vater.
„So, wen denn?" Katrin gibt keine Antwort.
„Warum sagst du es der Mutti nicht?"
40 „Sag du's doch", ruft Katrin und läuft hinaus.

Ein paar Tage später gehen sie spazieren. Dabei spielen sie
„Engelchen, flieg", balancieren über einen Balken, hüpfen
auf einem Bein um die Wette, werfen nach Kastanien und
so weiter.

45 „Da vorne wohnt Martina!", ruft Katrin plötzlich.
„Deswegen brauchst du nicht so zu schreien", sagt der Vater.
Katrin guckt, ob sie Martina irgendwo entdeckt.
„Sieh dir mal den verlotterten Garten an", sagt der Vater
zur Mutter. „Wenn das unser wäre, würde ich mich schämen."
50 „Und die Fenster wurden auch schon ewig nicht mehr geputzt.
Überhaupt ist …" Katrin hält sich die Ohren zu.
„Hör mal, Katrin", sagt der Vater, als sie wieder zu Hause sind.
„Wir meinen es doch nur gut."
„Ich will aber nicht."
55 „Die Schweitzers sind nicht der richtige Umgang für dich.
Martinas Vater arbeitet nicht und sitzt oft in Kneipen herum …"
„Ist mir doch egal."
„Aber uns nicht", sagt der Vater einen Ton lauter.
„Es ist nicht gut, wenn du in so einem Haus bist."
60 „Gestern hat Martinas Vater ganz toll mit uns gespielt",
wehrt sich Katrin. „Und ganz lang. So viel Zeit hast du nie."
„Ich muss auch arbeiten …"
„Es wäre viel schöner, wenn du nicht arbeiten müsstest."
„Katrin!"
65 „Darum geht es doch gar nicht", sagt jetzt die Mutter.
„Wir möchten nicht, dass du bei Schweitzers aus und ein gehst.
Und dafür haben wir unsere Gründe."
„Martina ist meine beste Freundin", sagt Katrin trotzig.
„Es gibt doch so viele nette Mädchen in deiner Klasse und
70 in der Nachbarschaft", versucht es die Mutter noch einmal.
„Sandra, Melanie und Rachel zum Beispiel."

„Die will ich nicht.“

„Aber Sandra wäre ...“

„Ich soll ja nur Sandras Freundin sein, weil ihr ihre Eltern
75 gut leiden könnt.“

„Das stimmt doch gar nicht“, widerspricht die Mutter.

„Stimmt wohl“, sagt Katrin. „Aber meine Freundin ist und bleibt
Martina, damit ihr es nur wisst.“

2 Untersucht die Handlungsbausteine der Geschichte.
Findet dazu die fünf Handlungsbausteine.
Schreibt sie mit eigenen Worten auf.
Tipp: Die Textstellen, die zum Handlungsbaustein Reaktion
gehören, sind farbig hervorgehoben.

> **Starthilfe**
>
> Handlungsbaustein Hauptperson/Situation:
> Katrin hat eine neue Freundin gefunden, Martina.
> Handlungsbaustein Wunsch:
> Katrin möchte, dass Martina ...
> ...

eine Geschichte
verstehen:
- Hauptperson/
Situation
- Wunsch
- Hindernis
- Reaktion
- Ende

Du kannst die Handlungsbausteine einer Geschichte verändern.

Z **3** Gruppenarbeit!

a. Lest noch einmal die Zeilen 65 bis 78.
Wie gefällt euch das Ende der Geschichte?
Begründet eure Meinung.

b. Was müsste geschehen, damit die Geschichte anders endet?
Sammelt Ideen.

c. Überlegt euch einen anderen Verlauf für das Gespräch
zwischen Katrin und ihren Eltern.

d. Tragt oder spielt eure veränderten Gespräche vor.
Vergleicht eure Ideen.

Die folgende Geschichte handelt von Paula.
Paula ist in großen Schwierigkeiten. Aber was ist eigentlich los?

1 **a.** Lest die Überschrift und seht euch die Bilder an.
Worum könnte es in der Geschichte gehen?
b. Lest dann den ganzen Text.

Keine Zeit für Paula   Angelika Glitz

Paula hüpfte auf Socken die Treppe hinunter und es machte
„pitsch, patsch, pitsch, patsch". Das lag daran, dass Paulas Socken
nass wie Waschlappen waren.
In Paulas Arm schaukelte Prinzessin. Sie war einmal die schönste
5 Puppe der Welt gewesen. Einmal oder – um genau zu sein –
bis heute Morgen. Da war sie in Paulas Schokoladenbrot geflogen.
Und so etwas bekommt Prinzessinnen selten gut.
„Mama", rief Paula und stürmte in die Küche, wo Mama fröhlich
summte und einen Eimer Äpfel schälte. „Mama, du musst mir
10 helfen."
„Bitte helfen, heißt das", sagte Mama. „Weißt du doch."
Paula stöhnte. „Bitte helfen, meinetwegen."
„So klingt das viel netter", erklärte Mama. „So helfe ich dir gerne –
sofort, wenn ich diesen Apfelstrudel fertig gebacken habe.
15 Frag doch bis dahin Jasper, ob er mit dir spielt."
Paula stopfte sich zwei Apfelstücke in den Mund und
lief den Flur entlang zu Jaspers Zimmer. Ihr Bruder saß
vor einem weißen Schreibheft. Sein rosiges Gesicht ruhte
auf beiden Händen. Und seine Augen waren geschlossen.
20 Als Paula ihn in den Po zwickte, zuckte er zusammen.
Und als er Paula sah, plumpste er vor Schreck vom Stuhl.
„Keine Zeit", stieß er hervor. „Überhaupt gar keine Zeit,
wie du siehst!" Ächzend zog er sich vom Boden hoch und
pflanzte seinen Hintern in die Mitte des Stuhls zurück.
25 „Aber du schläfst doch", sagte Paula und zupfte Prinzessin
ein paar Schokoköttel aus dem Haar. „Ich, schlafen!"
Jasper lachte. „Siehst du nicht, wie sehr ich nachdenke.
Schau dir diese Falte an." Er tippte sich mit seinem Finger
an die Stirn. „So eine schöne Falte bekommt nur, wer viel
30 nachdenkt. Und jetzt nerv zur Abwechslung mal deine Schwester."
Dann schob er Paula durch sein Zimmer auf den Flur hinaus und
schmetterte die Tür ins Schloss.

Paulas Schwester Vera thronte zwischen vielen Kissen
im Wohnzimmer und redete mit dem Telefonhörer. „Du,
35 heut in der Pause hat mich Jörgi angelächelt. Der lächelt so süß."
Paula zupfte an der Telefonschnur.
„Süß", wiederholte Vera und zeigte Paula einen Vogel. „So süß!"
Paula schob ihren Mund nah an Veras Ohr, holte Luft und rief,
dass der Ohrring daran zu schaukeln begann: „SOS, SOS!"

40 „SOS" rufen die Seeleute, wenn ihnen das Wasser
bis zum Hals steht. Das hatte Jasper Paula erklärt.
„SOS!!!"
Vera sprang auf wie der Frosch, auf den Paula im Sommer
beinah getreten war. „Bist du total verrückt?", brüllte sie,
45 während in ihrem Gesicht ein paar prächtige Flecken auftauchten.
„Verpuff dich samt Puppe zu Mama!"
„Pfffft", machte Paula. „Und dich soll die Sintflut holen
und den Gully runtergurgeln. Samt Jörgi."
Da ließ Vera verträumt die Augenlider hängen. „Weißt du, Jörgi hat
50 seinen Rettungsschwimmer. Der kann durch das ganze Becken
tauchen ohne Nasezuhalten. Für den ist so ein Gully null problemo."
Dann wedelte sie mit dem Telefonhörer in Richtung Tür.
„Und nun zieh Leine, Paula."
Das tat Paula. Sie zog an der Leine, die das Telefon mit der Buchse
55 verband. Sie zog, bis das Telefon zu Boden glitt und nur noch leise
vor sich hin piepste. Dann ging sie in die Küche, wo Mama
Eier auf den Schüsselrand schlug.
„Du, Mama", sagte Paula.
„Sofort, Süße", sagte Mama und Paula krabbelte
60 auf die Küchenbank. Sie ließ die Beine baumeln und
beobachtete den langsam größer werdenden Fleck an der Decke,
der wie ’ne Qualle aussah. „Mama, du", sagte Paula.
„Sofort, Süße", wiederholte Mama und warf ein paar Eierschalen
in den Mülleimer.
65 „Du, ich erzähl Prinzessin eine Geschichte bis ‚sofort‘", sagte Paula.
„Großartig", lobte Mama.
„Du darfst ruhig zuhören." Mama nickte und lächelte.
„Es war mal ’ne Prinzessin", fing Paula an.
„Die war die schönste Prinzessin, die du je gesehen hast."
70 Mama grinste.
„Doch eines Morgens fiel ihr Kopf in ein Brot mit dick Schokolade
drauf." Mama schaute Paulas schokoladenschwarze Puppe an
und kicherte.

„Da kam die Königin, zog das Brot aus den Prinzessinnenhaaren und
75 ließ der Prinzessin ein Bad ein. Ein Bad mit unheimlich viel Schaum.
Hörst du auch zu, Mama?"
„Aber natürlich, Süße", sagte Mama und angelte die Milchtüte
aus dem Kühlschrank.
„Aber der Wasserhahn ging nicht mehr zu, Mama."
80 „Ja, der klemmt manchmal", lachte ihre Mutter.
„Das Wasser lief auf den Fußboden und meine Socken wurden nass.
Pitschnass. Da bin ich schnell runter, um zu fragen,
ob mir jemand hilft …"
Entsetzt drehte sich Mama um. Die Milchtüte rutschte ihr
85 aus der Hand und flatschte zu Boden. „Was, was, was?", rief sie.
Und der erste Wassertropfen fiel vom Badezimmer durch die Decke
und landete – plop – auf Mamas Nasenspitze.

2 Paulas Mutter ist am Ende überrascht. Ging es euch ähnlich?
Sprecht darüber, wie euch das Ende der Geschichte gefallen hat.

3 Paula ist die Hauptperson der Geschichte.
   a. Untersucht nun die Handlungsbausteine genauer.
   – In welcher Situation steckt Paula?
   – Wann wird Paulas Situation klar?
     Findet die Textstelle.
   – Warum kommt diese Information wohl so spät im Text?
   – Welchen Wunsch hat Paula, als sie ihre Mutter und
     ihre Geschwister anspricht?
   b. Schreibt eure Ergebnisse auf.

Handlungsbausteine und Handlung untersuchen

Handlungsbausteine:
– Hauptperson/
  Situation
– Wunsch
– Hindernis
– Reaktion
– Ende

Paula hat keinen Erfolg, weil alle ihre Situation falsch einschätzen.

4 Erklärt, wodurch in dieser Geschichte Spannung aufgebaut wird.
Nennt Textstellen.

5 Spielt die Geschichte.
   – Überlegt, welche Gefühle die Personen haben.
   – Besprecht auch, wie ihr diese durch Sprechweise,
     Gesichtsausdruck oder Bewegungen darstellen könnt.

die Geschichte spielen

szenisches Spiel ➤ S.297

Eine Geschichte weiterschreiben

Alan Cumyn erzählt in seinem Buch „Die geheimen Abenteuer des Owen Skye", wie spannend der ganz normale Alltag sein kann.

1 Lies den Anfang des Buches.
Was könnte Spannendes geschehen?

Die geheimen Abenteuer des Owen Skye   Alan Cumyn

In dem alten, baufälligen Farmhaus, in dem Owen Skye vor vielen
Jahren mit seiner Familie lebte, stand auf dem Kaminsims*
ein Messingtopf*. Owens Vater Horace polierte den Topf
regelmäßig, bis er glänzte. Er hatte Owens verstorbenem Großvater
5 gehört und schien magische Kräfte zu besitzen.
Owens Großvater war Seemann gewesen und der Messingtopf hatte
ihn auf seinen Reisen um die Welt begleitet. Wenn Owen ihn
ganz nah an die Nase hielt, glaubte er tausend verschiedene Orte
riechen zu können.
10 Leider war der Deckel des Topfes so fest verschlossen,
dass ihn nur der stärkste Mann der Welt hätte öffnen können.
Selbst Owens älterer Bruder Andy schaffte es nicht, und der war
wirklich ungeheuer stark. Und Leonard, der jüngste Bruder,
schaffte es natürlich schon gar nicht. Er war viel zu klein und
15 zu schwach. Außerdem trug er eine Brille, die jedes Mal
herunterfiel, wenn er sich zu sehr anstrengte.
Schüttelte man den Messingtopf, dann klapperte es darin.
Keiner wusste, was er enthielt: Goldmünzen vielleicht oder
Smaragde oder gebleichtes Piratengebein*.
20 Owen ging nie am Kamin vorbei,
ohne den Topf herunterzunehmen
und, so fest er nur konnte, an dem Griff
des Deckels zu ziehen.
Aber sosehr er sich auch bemühte,
25 der Deckel löste sich nie.

*Kaminvorsprung
*Topf aus Metall

*weiße Knochen
von toten Piraten

2 Warum übt der Topf so eine Anziehungskraft auf Owen aus?
Beschreibe die besonderen Eigenschaften des Topfes.

3 Was könnte der Topf enthalten?
Sammle Ideen. Schreibe sie auf oder zeichne Bilder dazu.

die Geschichte
ausgestalten

Eines Tages gelang es Owen, den Topf heimlich vom Kaminsims zu nehmen.

Owen nahm den Messingtopf mit zu seinem Geheimversteck unter der vorderen Veranda. Er fasste den Deckelgriff mit der rechten Hand, klemmte den Topf zwischen seine Turnschuhe und zog.

30 Als sich nichts rührte, fasste er den Griff mit beiden Händen und zog so fest, dass er mit den Füßen abrutschte und mit dem Kopf gegen einen Balken schlug. Owen ging zurück ins Haus und hielt sich den schmerzenden Schädel*. [...] Andy und Leonard wuschen sich gerade die Hände und bemerkten nicht,

35 wie Owen ein Stück Schnur aus der Krimskramsschublade nahm. Owen ging wieder nach draußen und nahm den Messingtopf und die Schnur mit zu dem Apfelbaum hinter dem Haus.

* Kopf

Owen hat einen Wunsch, aber er stößt auf ein Hindernis.

4 Im Tandem!
Notiert Stichworte zu den Handlungsbausteinen.
– Welchen Wunsch hat Owen?
– Auf welches Hindernis stößt er?
– Wie könnte er auf dieses Hindernis reagieren?

Handlungsbausteine:
– Hauptperson/ Situation
– Wunsch
– Hindernis
– Reaktion
– Ende

5 Wie könnte die Geschichte weitergehen?
Erzählt die ganze Geschichte.
Macht dazu einen Erzählplan.

einen Erzählplan entwerfen

Erzählplan ➤ S. 150–155

> **Starthilfe**
>
> Handlungsbaustein Hauptperson/Situation:
>   Owen Skye weiß nicht, was in dem Messingtopf ist.
> Handlungsbaustein Wunsch:
>   Er will hinter das Geheimnis des Topfes kommen.
> ...

6 Schreibt mithilfe eures Erzählplans das Abenteuer auf, das Owen mit dem geheimnisvollen Topf erlebte.

eine Geschichte weiterschreiben

Mit Handlungsbausteinen erzählen

Erzählen macht Spaß!

Nicht immer erlebt ihr selbst aufregende Dinge, aber Geschichten könnt ihr euch auch wunderbar ausdenken.

1 Geschichten könnt ihr gemeinsam erzählen.
Probiert es mit der Erzählidee **A** aus.

A Eine Geschichte nach Zufallswörtern erzählen

- Schreibt ein Nomen auf einen Zettel.
- Sammelt die Wörterzettel ein und vermischt sie gut.
- Zieht jeder einen Zettel.
- Legt fest, wer mit dem Erzählen beginnt.
- Einer beginnt, eine Geschichte zum gezogenen Wort zu erzählen, und ruft dann den nächsten Schüler auf.
- Dieser setzt die Geschichte mit seinem Wort fort …
- Wer zuletzt erzählt, sollte einen schönen Schluss erfinden.

W Hier findest du Anregungen, eine eigene Geschichte zu erzählen.

2 **a.** Wähle eine der Erzählanregungen **B** bis **E** aus.
b. Mache dir Notizen zu deiner Geschichte.
c. Erzähle dann deine Geschichte.
Tipps: Du kannst sie einer Partnerin oder einem Partner erzählen. Ihr könnt auch Erzählkreise bilden und eure Geschichte vortragen.

B Zu Reizwörtern erzählen

Erzähle eine Geschichte zu einem der Wörter aus der Randspalte. Oder du kannst dir ein beliebiges Wort aus diesem Buch oder aus einer Unterhaltung notieren und dazu erzählen.

Geschichten erzählen

die Socke
die Tomate
die Schnecke
der Knall
der Kaktus
der Schlüssel
die Nacht
der Schreck
der Finger
das Radio

Sternschnuppe
Fußball
Überraschung
Versteck
Scherben
Fußspuren
Geheimnis

C Zu Wortketten erzählen

Erzähle zu einer der folgenden Wortketten eine Geschichte.

> Abend – Stromausfall – Geräusch – Einbrecher – lachen
>
> Morgen – Schlüssel – Suche – Hektik – Schneemann

D Zu einem Bild erzählen

Erzähle zu diesem Bild eine Geschichte.
Du kannst auch zu einem selbst gewählten Bild erzählen.

E Nach einem vorgegebenen Anfang erzählen

Setze den Anfang dieser Geschichte fort.

> Gestern Abend sind unsere Eltern
> ausgegangen, und da habe ich mir mit meinem
> kleinen Bruder einen superspannenden Film angesehen.
> Danach wollte mein Bruder bei mir im Zimmer schlafen.
> Als es dunkel war, haben wir plötzlich
> ein Klopfen am Fenster gehört ...

Alltagsgeschichten erzählen

Johan will eine Geschichte zu der Wortkette
Fernseher – Vogel – Käfig erzählen.
Zunächst überlegt er sich einen Erzählplan: Er macht sich Notizen
zu den Handlungsbausteinen seiner Geschichte.

Hindernis
Vogel entkommt
aus Käfig, zerknabbert
die Anleitung
↗ Spannung setzt ein

Wunsch
Vater will Fernseher
reparieren,
braucht dazu
die Anleitung
↗ mit zur Einleitung

Hauptperson
und Situation
Vater, der Fernseher
ist kaputt
↗ gehört zur
Einleitung

1   **a.** Lest Johans Notizen zu den fünf Handlungsbausteinen.
     b. Erzählt in wenigen Worten, was in der Geschichte
       geschehen soll.

die Geschichte
erzählen

2   Johan hat seine Notizen so angeordnet, dass deutlich wird,
wo es spannend werden soll.
Beschreibt die **Spannungskurve**.

Die Erzähltipps zeigen eine Möglichkeit, wie du
aus den Handlungsbausteinen eine spannende Geschichte
„bauen" kannst.

3   Übertrage Johans Notizen auf fünf eigene Karteikarten.
Auf jeder Karteikarte soll Platz bleiben für Stichworte,
die du bei den folgenden Aufgaben ergänzt.

Reaktion
Vater versucht es ohne Anleitung
Folgen: Funken, Qualm
Nachbarin ruft Feuerwehr
↗ Spannung steigt, Höhepunkt

Ende
gemeinsamer Abend
ohne Fernsehen
↗ Schluss

Erzähltipp 1: **Beginne mit einleitenden Worten,
die zu der Geschichte und ihrer Stimmung passen.**

die Einleitung

4 Überlege dir einleitende Worte für Johans Geschichte.
Notiere Sätze oder Stichworte.

> **Starthilfe**
> – Vater schlecht gelaunt, weil der Fernseher …
> – Vater sucht Anleitung …

*Hauptperson
und Situation*

Wunsch

Erzähltipp 2: **Baue die Spannung langsam auf:
Erzähle ausführlich, aber verrate noch nicht die Lösung.**

Spannung aufbauen

5 Überlege dir, was nacheinander geschieht und wie es weitergeht.
Schreibe auf, was der Vogel anstellt.
Verwende passende Satzanfänge.

> **Starthilfe**
> Auf einmal ging die Käfigtür auf. Blitzschnell flog …

Hindernis

Reaktion

Erzähltipp 3: **Erzähle den Höhepunkt besonders spannend:
Die Leserinnen und Leser müssen sich die aufregende Situation
gut vorstellen können und unbedingt weiterlesen wollen.**

der Höhepunkt

6 Erzähle ausführlich, was der Vater unternimmt.
Schreibe dazu Satzanfänge auf.

> **Starthilfe**
> Vergeblich versuchte der Vater, den Vogel …
> Schließlich …

Hindernis

Reaktion

Erzähltipp 4: **Erzähle anschaulich, lebendig und abwechslungsreich. Verwende treffende Adjektive, verschiedene Satzanfänge und wörtliche Rede.**

lebendig erzählen

7 Erzähle so, dass man die Spannung spüren kann.
  a. Beschreibe genau, was sich im Zimmer abspielt.
  b. Beschreibe die Beteiligten, Gegenstände und Gefühle genau.
  c. Finde treffende Adjektive und notiere sie.
  d. Überlege dir unterschiedliche Satzanfänge.

> **Starthilfe**
> – Vater starrt entsetzt auf den Fernseher
> – dicke, schwarze Rauchwolken aus dem Fernseher

8 Notiere einige Sätze in wörtlicher Rede.

> **Starthilfe**
> „Verflixt, was ist denn jetzt passiert?"

Erzähltipp 5: **Erzähle, wie sich die Spannung löst. Gestalte den Schluss kurz und knapp.**

der Schluss

9 Erzähle das Ende der Geschichte.
  Erzähle zum Beispiel, was die Familie am Abend tut.

Ende

> **Starthilfe**
> – alle zusammen im Wohnzimmer
> – weil ja kein Fernseher da, haben wir …

Erzähltipp 6: **Überlege dir eine Überschrift, die gut zu deiner Geschichte passt und die Leserinnen und Leser neugierig macht.**

die Überschrift

10 Schreibe verschiedene Überschriften auf.
  Wähle die aus, die am besten zu deiner Geschichte passt
  und zum Weiterlesen verlockt.

11 Schreibe mithilfe deiner Notizen die ganze Geschichte.
  Oder: Erzähle die Geschichte in der Klasse.

die Geschichte schreiben und erzählen

Nun kannst du deine eigene Geschichte erfinden und schriftlich erzählen.

12 Aus welchen Alltagssituationen könnten spannende Geschichten entstehen? Sammle Ideen und schreibe sie auf.

Ideen sammeln

Starthilfe
– ein Hund soll in die Badewanne
– die Wohnungstür fällt hinter einem ins Schloss
  (und der Schlüssel steckt innen)
– eine Kaffeetasse kippt auf dem Frühstückstisch um
  (dort liegt der Reisepass von Tante Susanne)
– ...

13 **a.** Wähle eine Idee aus und überlege, wie du die Geschichte fortsetzen könntest.
b. Mache dir einen Erzählplan.
Schreibe Stichworte zu jedem Handlungsbaustein auf eine eigene Karteikarte.

einen Erzählplan schreiben

14 **a.** Schreibe deine Geschichte mithilfe deines Erzählplans. Beachte dabei die Erzähltipps auf den Seiten 151 bis 152.
b. Lest euch gegenseitig eure Geschichten vor.

eine eigene Geschichte schreiben

Arbeitstechnik

Nach einem Erzählplan erzählen

Wenn du eine **eigene Geschichte** erzählen möchtest, mache dir zunächst einen Erzählplan.
– Überlege dir die **Handlungsbausteine** deiner Geschichte:
  – Handlungsbaustein **Hauptperson** und **Situation**
  – Handlungsbaustein **Wunsch**
  – Handlungsbaustein **Hindernis**
  – Handlungsbaustein **Reaktion**
  – Handlungsbaustein **Ende**
– **Notiere** für jeden Handlungsbaustein deine **Ideen** in Stichworten.
  Du kannst dazu **Fragen** stellen:
  – Wer soll meine Hauptperson sein?
  – In welcher Situation ...?
  – ...
– Überlege dir den Aufbau deiner Geschichte.
  Beachte dabei die **Tipps zum spannenden Erzählen**.

Z **15** **a.** Nimm noch einmal deine Karteikarten.
b. Ordne die Handlungsbausteine in einer anderen Reihenfolge.
c. Erzähle die Geschichte neu.

Eine Geschichte überarbeiten

Auch beim Überarbeiten von Geschichten helfen dir
die Handlungsbausteine und die Erzähltipps
von den Seiten 150 bis 153.

Die folgende Geschichte über Kosta kannst du überarbeiten.

1 **a.** Lies die Geschichte.
b. Begründe, warum die Geschichte noch nicht spannend ist.

> Kosta musste durch eine Straße gehen und an einem Gartengelände
> vorbeigehen. Weil es Winter war, war es schon dunkel. Kosta ging
> allein und konnte nicht weit sehen. Er hörte ein Geräusch von vorn.
> Er konnte sich nicht vorstellen, was das war. Er stellte sich
> an die Mauer und wartete. Dann sah er, was es war: Ein Mann
> zog ein Bündel Äste und Zweige hinter sich her. Jetzt ging Kosta
> weiter nach Hause.

Die Geschichte über Kosta kannst du viel spannender erzählen.

2 Was geschieht in der Geschichte?
Mache dir zunächst Notizen zu den Handlungsbausteinen.

Starthilfe
– Hauptperson und Situation: Kosta, …
– Wunsch: möchte … gehen
– …

3 Überlege dir einen passenden Anfang für die Geschichte
über Kosta.
– Das kann ein Hinweis auf die **Situation** sein: Es ist etwas
Unheimliches geschehen.
– Du kannst auch die Stimmung oder die **Hauptperson**
beschreiben.

Starthilfe
– Vor ein paar Tagen erlebte Kosta etwas Unheimliches …
– Es war ein nebliger Abend im Februar. Kein Baum,
kein Haus war klar zu erkennen. …

Handlungsbausteine:
– Hauptperson/
Situation
– Wunsch
– Hindernis
– Reaktion
– Ende

4 Erzähle zu den Bausteinen **Hindernis** und **Reaktion** ausführlich. Beschreibe, was geschieht und wie es Kosta dabei geht.

> Starthilfe
>
> Mit eingezogenem Kopf ... /
> Nach endlos langer Zeit ...

5 Erzähle so, dass man die Spannung spüren kann. Beschreibe Personen, Situationen, Gegenstände und Gefühle genau.

> Starthilfe
>
> – Kosta presste sich mit aufgerissenen Augen an die Mauer und wartete immer noch. Nur ein schweres, angestrengtes Atmen war zu hören ...
> – Plötzlich fühlte Kosta, dass er aufgehört hatte zu atmen. Sein Herz klopfte so laut, dass. ...

6 Füge Adjektive ein, die das Erzählte anschaulicher machen.

> dunkel   neblig   finster   staubig   unheimlich   feucht

treffende Adjektive finden

7 Verwende unterschiedliche Satzanfänge.

> Plötzlich ...   Nach endlos langer Zeit ...   Sofort ...

unterschiedliche Satzanfänge verwenden

8 Auch wörtliche Rede oder Gedanken können eine Geschichte lebendiger machen.

wörtliche Rede verwenden

> Starthilfe
>
> – Kosta flüsterte: „Wäre ich doch zu Hause geblieben!" ...
> – Wenn das nun ein wildes Tier oder ein Verbrecher ist?, schoss es Kosta durch den Kopf. ...
> – ...

9 Gestalte das **Ende** kurz und knapp. Schreibe, wie sich die Geschichte aufklärt und die Spannung löst.

das Ende erzählen

> Starthilfe
>
> – Als der Mann an Kosta vorbeiging, nickte er ihm freundlich zu.
> – Der Mann setzte sein Bündel ab und verschnaufte ...
> – ...

Kostas unheimliche Begegnung
Herzklopfen im Nebel
...

10 Schreibe eine Überschrift auf, die neugierig macht. Vorschläge findest du am Rand.

Zu Bildern erzählen

Mit den Handlungsbausteinen erzählen

Vorsicht!

1 **a.** Seht euch die Bilder der Geschichte an.

    b. Beantwortet gemeinsam die Fragen
zu den Handlungsbausteinen der Bildergeschichte.

      – **Personen:** Wer sind die Figuren?

      – **Situation und Wunsch:** Was wollen sie erreichen?

      – **Hindernis:** Welches Problem tritt auf?

      – **Reaktion:** Wie versuchen die Figuren, das Problem zu lösen?
Was geschieht anschließend?

den Inhalt erschließen

**Die Bilder geben nicht vor, wie die Geschichte endet,
denn zum Handlungsbaustein Ende gibt es kein Bild.**

2 Sprecht darüber, warum der Zeichner den Schluss offenlässt.

*über das Ende
der Bildergeschichte
nachdenken*

3 Überlege dir einen passenden Schluss.

    – Zeichne ein Bild zum Handlungsbaustein **Ende**.

    – Du kannst das Ende auch schriftlich erzählen.

4 Vergleicht eure Ergebnisse von Aufgabe 3.

Joshua hat zu der Bildergeschichte eine Erzählung geschrieben.

Nachbarschaftshilfe

Herrn Werner reichte es. Sein Nachbar Herr Meyer
beschwerte sich ständig: „Dieser Ast an Ihrem Birnbaum hängt
genau über meiner Terrasse! Wann sägen Sie den endlich ab?"
Heute war es so weit. Herr Werner schnappte sich die Säge,
5 kletterte mühsam auf den Ast und sägte los, schön nahe am Stamm.
Plötzlich eilte Herr Meyer herbei und winkte wild von unten:
„Kommen Sie runter, so geht das doch nicht!"
Herr Werner verstand nur Bahnhof, kletterte aber brav herunter
und bekam von Herrn Meyer eine Leiter in die Hand gedrückt:
10 „Nehmen Sie die, sonst fallen Sie noch runter!"
„Na schön", dachte Herr Werner. Er lehnte die Leiter
an den angesägten Ast, stieg hinauf und sägte eifrig weiter.
„Das kann man ja nicht mit ansehen! Ich gehe jetzt!",
rief Herr Meyer von unten und marschierte weg.
15 „Was hat er denn schon wieder?", fragte sich Herr Werner.
Im gleichen Moment merkte er, dass der Ast und mit ihm
die Leiter wackelten. Er bekam es mit der Angst zu tun
und stieg schnell nach unten.
„Herr Nachbar", rief er, „den Ast dürfen Sie selbst absägen!
20 Ihre Leiter taugt ja rein gar nichts!"

5 Vergleiche Joshuas Erzählung mit der Bildergeschichte.
    a. Notiere zu jedem Handlungsbaustein Stichworte.
    b. Markiere die Teile der Erzählung,
        die die Bildergeschichte nicht zeigt.
    c. Schreibe auf, was Joshua frei erfunden hat.

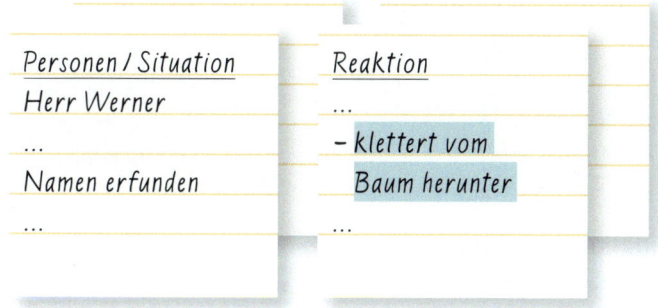

Personen / Situation — *Reaktion*
Herr Werner — ...
... — – *klettert vom Baum herunter*
Namen erfunden
...

die Erzählung mit der Bildgeschichte vergleichen

Handlungsbausteine:
– Hauptpersonen/ Situation
– Wunsch
– Hindernis
– Reaktion
– Ende

6 Schreibe nun deine Erzählung zu der Bildergeschichte.

eine Erzählung schreiben

Eine weitere Bildgeschichte erzählen

Gute Freunde

1 Worum geht es in der Bildergeschichte?
Finde es mithilfe der Handlungsbausteine heraus.
Schreibe eine Frage zu jedem Handlungsbaustein auf und
beantworte sie.
Tipp: Erfinde Namen für das Mädchen und den Hund.

die Bildergeschichte
verstehen

> **Starthilfe**
>
> ...
> In welcher Situation befindet sich das Mädchen?
> Welchen Wunsch ...

Handlungsbausteine:
- Hauptpersonen/
  Situation
- Wunsch
- Hindernis
- Reaktion
- Ende

2 Nicht auf jedem Bild ist das Mädchen zu sehen.
Zeichne in dein Heft, was nicht zu sehen ist.

zu der Bildergeschichte
zeichnen

3 Überlege, wie die Bildergeschichte weitergehen könnte.
Zeichne ein weiteres Bild zum Handlungsbaustein **Ende**.

Nun kannst du eine Erzählung zu der Bildergeschichte schreiben.
Mache dir dazu einen Erzählplan.

Erzählplan ➤ S. 153

4 Ergänze deine Notizen zu den Handlungsbausteinen.

die Handlungsbausteine ausgestalten

   a. Erfinde Namen für die Personen und den Hund.

   b. Notiere, was die Personen sagen und was sie denken.

     Tipp: Beachte die Satzzeichen bei der wörtlichen Rede.

   c. Notiere, wie die Geschichte enden soll.

> *Hindernis*
> *– Vater zum Mädchen: „So geht das aber nicht!*
>   *Ein Hund gehört nicht auf das Bett!"*
> *– Mädchen denkt …*

5 **a.** Schreibe mithilfe der Notizen deine Erzählung.

die Erzählung schreiben
spannend erzählen ➤ S. 301

    Tipp: Beachte die Tipps zum spannenden Erzählen.
    Beim Formulieren helfen dir die Wörter in den Kästen.

Nomen	**Verben**	**Adjektive**
das Bett	liegen	müde
der Vater	schlafen	erstaunt
die Bettdecke	schimpfen	traurig
die Hundehütte	hinausschicken	betrübt
	hinausgehen	einsam
	sich freuen	freudig

   b. Überlege dir auch eine passende Überschrift.

6 Im Tandem!
   Überarbeitet nun eure Texte.

Texte überarbeiten
mehr dazu ➤ S. 226–229

   a. Lest euch die Texte gegenseitig vor.

   b. Überlegt, wie ihr sie noch verändern oder verbessern könnt.

> **Arbeitstechnik**
>
> **Texte überarbeiten**
>
> 1. Gestaltet eine passende **Überschrift**.
> 2. Verwendet unterschiedliche **Satzanfänge**.
> 3. Fügt passende **Adjektive** ein. Sie machen die Erzählung lebendig.
> 4. Habt ihr die Satzzeichen bei der **wörtlichen Rede** richtig gesetzt?
> 5. Überprüft zum Schluss die **Rechtschreibung**.

7 Lest eure Erzählungen in der Klasse vor.

Einfach märchenhaft

Ein Märchen lesen und weiterschreiben

Märchen gibt es auf der ganzen Welt.
Sie wurden früher mündlich weitergegeben.
Viele sind „gewandert" und
in unterschiedlichen Formen
in mehreren Ländern bekannt.
Das folgende Märchen stammt aus Österreich.

> **Info**
>
> Die **Märchenfiguren** sind oft in einer **Notlage**.
> Daraus müssen sie sich befreien,
> indem sie **Hindernisse überwinden**:
> **Aufgaben** lösen oder **Mutproben** bestehen.
> Oft erhalten sie auch **Hilfe von Zauberwesen**.

Der Zauberkrug

s war einmal ein Mädchen, das musste der Köchin
in der Küche helfen und Holz holen und
Wasser schleppen.
Einmal ging es zum Brunnen um Wasser* und da

5 fiel ihm der Krug in den Brunnen und zerbrach.
Das Mädchen setzte sich an den Brunnenrand und
weinte. Mit einem Mal hörte es leise Tritte,
und als es aufsah, erblickte es eine Fee
am Brunnenrand.

10 „Mir ist der Krug in den Brunnen gefallen
und zerbrochen", sagte das Mädchen.
„Die Köchin wird mich gewiss schlagen!"
„Weine nicht mehr, Mädchen", sagte die Fee
am Brunnenrand. Sie bückte sich und hob

15 den Krug aus dem Brunnen und da war er wieder ganz.
Und wie das Mädchen den Krug glücklich ansah, merkte es,
dass der Krug auf einmal Arme und Beine hatte.
„Der Krug wird jetzt immer dein Freund sein", sagte die Fee.
Dann tauchte sie wie ein lichter* Nebel in den Brunnen hinunter

20 und verschwand.
Das Mädchen nahm den Krug an der Hand und so gingen sie
mitsammen* nach Hause. Als sie daheim angekommen waren,
verschwanden die Ärmchen und Beinchen und der Krug
sah wieder aus wie ein gewöhnlicher Krug.

* um Wasser zu holen

* dünner

* zusammen

²⁵ Am nächsten Morgen ging das Mädchen in aller Frühe in die Küche.
Da sah es den Krug geschäftig* hin- und herlaufen, die Asche
aus dem Herd fegen, Holz tragen und Feuer machen und
den Kessel aufsetzen.
Und von nun an war es immer so. Der Krug blieb dem Mädchen

³⁰ ein treuer Freund und half ihm und regte die Ärmchen und
Beinchen. Wenn aber jemand anderer in die Küche kam,
sah der Krug aus wie ein gewöhnlicher Krug.
Das Mädchen hatte in dem Krug einen hilfsbereiten Freund
gefunden.

³⁵ Aber auch so ein Freund aus Ton war schon mal so richtig
schlecht gelaunt. Warum das so war, wissen wir nicht.
Eines Morgens ging das Mädchen in aller Frühe zur Küche.
Schon von draußen hörte sie jemanden leise,
aber gar nicht fein vor sich hin schimpfen.

⁴⁰ Dazu gab es – gar nicht leise –
Geräusche wie Klappern,
Scheppern, Krachen, Klirren.
Das Mädchen öffnete
die Küchentür und – o Schreck – …

*fleißig

Hier fehlt das Ende des Märchens.

1 Schreibe das Märchen weiter.
   a. Schreibe in Stichworten auf,
     – was der Krug in der Küche alles anstellte,
     – wie das Mädchen den Freund wieder beruhigt hat.
   b. Schreibe mithilfe der Stichworte das Märchen
     in ganzen Sätzen weiter.

ein Märchen
weiterschreiben

Starthilfe

Das Mädchen öffnete vorsichtig die Tür und –
o Schreck – dicht an ihr vorbei flog ein …
Gerade stieß der Krug mit dem Besen …

W 2 Zeichne Bilder zum Märchen. Wähle eine Situation aus:
   – zur Situation am Anfang, als das Mädchen in einer Notlage ist,
   – zur neuen Lage, als das Mädchen den Krug hat,
   – zum Höhepunkt, den du dir ausgedacht hast,
   – zu deinem Schluss.
   Tipp: Die Bilder könnt ihr im Klassenraum aufhängen.

Bilder zum Märchen
zeichnen

Merkmale von Märchen

Was Märchen im Vergleich zu anderen Erzähltexten so besonders macht, erfahrt ihr in diesem Gespräch zwischen Emilia und ihrer Klassenlehrerin.

Erzähl (keine) Märchen

Es ist zwanzig Minuten nach Unterrichtsbeginn.
Die Tür zum Klassenraum tut sich auf und Emilia tritt ein.

„Tut mir leid, dass ich zu spät komme, aber ich habe meine Katze vor einem riesigen Hund retten müssen und ...“

5 „Ach, Emilia, erzähl keine Märchen!“ Die Klassenlehrerin kennt Emilia und weiß, was für tolle Geschichten sie erzählen kann.

„Oh, ein Märchen würde ganz anders anfangen.“

„So? Wie denn?“

„**Es war einmal** ein besonders nettes Mädchen,
10 das hieß Emilia.“

„Ein guter Märchenanfang. Und weiter?“

„Eines Nachts, als ich nicht schlafen konnte,
stand auf einmal **eine Fee** auf dem Fensterbrett.“

„Und woher weißt du, dass es eine Fee war?“,
15 mischt sich Felix ein.

„Na, meine Oma steht nicht im weißen Glitzerhemd
auf der Fensterbank. Die Fee sagte: ‚Du hast **drei Wünsche** frei.‘“

„Du hast dir sicher gewünscht, noch mindestens
zehn weitere Wünsche zu haben!“

20 „Haha. Im Märchen kommen ja oft **bestimmte Zahlen** vor,
drei oder **sieben**, es kann auch mal eine **Zwölf** sein.
Aber da hat die Fee sich stur gestellt. ‚Drei Wünsche und
keinen mehr‘, hat sie gesagt. Und da habe ich mir eine Katze
gewünscht. Die Fee sagte: ‚Eins, zwei, drei, Katze, komm herbei!‘“

25 „Und schon fiel eine Katze mit einem Donnerschlag auf dein Bett."

„Genau. Und wissen Sie was? Meine Katze kann sprechen!"

„Das glaube ich dir sofort, denn **Tiere können in vielen Märchen sprechen**. Aber wie war das denn nun heute Morgen?"

„Heute Morgen höre ich meine Katze draußen im Garten
30 laut ‚Hilfe!' rufen. Und wie ich hinlaufe, sitzt da doch
ein riesiges **Ungeheuer** von einem Hund
mit feuerroten Augen und Zähnen so lang wie Säbel
und knurrt die Katze an. Schrecklich!"

„Und du hast ihn natürlich besiegt!",
35 witzelt Sarah von hinten.

„Klar, ganz einfach. Ich habe meinen
zweiten Wunsch gesprochen und den Hund
zum Teufel gewünscht."

„Das Gute siegt, das Böse wird bestraft.
40 So ist das zum Glück in den meisten Märchen.
Und jetzt hast du noch einen Wunsch frei."

„Nicht mehr. Ich habe mir zum Schluss gewünscht,
dass ich keinen Ärger bekomme, wenn ich zu spät bin."

„Und da es ein Märchen ist, muss es für dieses Mal
45 gut ausgehen. **Und wenn sie nicht gestorben ist, ...**"

„... dann erzählt sie noch immer **Märchen**."

1 Übertrage die folgende Tabelle in dein Heft.
Schreibe darin die Merkmale von Märchen aus dem Text auf.

die Merkmale
untersuchen

Starthilfe

Märchen- anfang	Gegensätze	Reime, Zaubersprüche	bestimmte Zahlen	besondere Dinge, Kräfte	Märchenschluss
Es war ...	gut – ...	„Eins, ..."	3 ...	– Fee – Tiere können ...	Und wenn sie ...

Z **2** Gruppenarbeit!
a. Stöbert in eurer Märchenbibliothek.
b. Wählt ein Märchen aus. Lest es euch gegenseitig vor.
c. Schreibt auf, welche Merkmale ihr finden könnt.
d. Sammelt eure Gruppenergebnisse in einer Tabelle an der Tafel.
e. Übertragt alle Ergebnisse in die Tabelle in euren Heften.

Ein Märchen nacherzählen

Die Prinzessin in diesem Märchen gerät in eine Notlage.

Prinzessin Mausehaut   Brüder Grimm

Ein König hatte drei Töchter. Er wollte wissen, welche ihn
am liebsten hätte, also ließ er sie zu sich kommen und fragte sie.
Die älteste sprach, sie habe ihn lieber als das ganze Königreich;
die zweite, als alle Edelsteine und Perlen auf der Welt;
5 die dritte aber sagte, sie habe ihn lieber als das Salz.
Der König wurde wütend, dass sie ihre Liebe zu ihm
mit einer so geringen* Sache verglich, übergab sie einem Diener
und befahl, er solle sie in den Wald führen und töten.
Als sie in den Wald gekommen waren, bat die Prinzessin
10 den Diener um ihr Leben. Dieser war ihr treu
und würde sie nicht töten, er sagte auch,
er wolle mit ihr gehen und ganz nach ihren Befehlen tun.
Die Prinzessin verlangte aber nichts als ein Kleid
aus Mausehaut, und als er ihr das geholt hatte,
15 wickelte sie sich hinein und ging fort.

* gewöhnlichen, wertlosen

Sie ging direkt an den Hof eines benachbarten Königs,
gab sich als Mann aus und bat den König,
dass er sie in seine Dienste nehme. Der König sagte
es zu. [...] Abends musste sie ihm die Stiefel
20 ausziehen, die warf er ihr jedes Mal an den Kopf.
Einmal fragte er, woher sie sei. „Aus dem Land,
wo man den Leuten die Stiefel nicht an den Kopf
wirft." Eines Tages brachten ihm die anderen Diener
einen Ring: Mausehaut habe ihn verloren, der sei
25 zu kostbar, den müsse es gestohlen haben. Der König
ließ Mausehaut vor sich kommen und fragte,
woher der Ring sei. Da konnte sich Mausehaut
nicht länger verbergen, sie wickelte sich
von der Mausehaut los, ihre goldgelben Haare
30 quollen hervor. Sie trat heraus, so schön,
aber auch so schön, dass der König gleich die Krone
von seinem Kopf abnahm und ihr aufsetzte
und sie zu seiner Gemahlin* erklärte.

* Ehefrau

Zu der Hochzeit wurde auch der Vater der Mausehaut eingeladen,
35 der glaubte, seine Tochter sei schon längst tot,
und sie nicht wiedererkannte. Auf der Tafel aber waren
alle Speisen, die ihm vorgesetzt wurden, ungesalzen,
da wurde er ärgerlich und sagte: „Ich will lieber nicht leben
als solche Speise essen!" Als er das Wort gesagt hatte,
40 sprach die Königin zu ihm: „Jetzt wollt Ihr nicht leben ohne Salz.
Und doch habt Ihr mich einmal töten lassen wollen, weil ich sagte,
ich hätte Euch lieber als Salz!" Da erkannte er seine Tochter
und küsste sie und bat sie um Verzeihung.
Es war ihm lieber als sein Königreich und alle Edelsteine der Welt,
45 dass er sie wiedergefunden hatte.

Das Märchen von den Brüdern Grimm kannst du nacherzählen.

Info

Jacob (1785–1863)
und **Wilhelm Grimm**
(1786–1859)
sammelten Märchen
und gaben die sehr
bekannten „**Kinder-
und Hausmärchen**"
heraus.

1 Worum geht es in dem Märchen?
Notiere Stichworte zur Handlung.
Tipp: Du kannst auch Bilder zeichen,
die dir beim Nacherzählen helfen.

ein Märchen
erschließen

2 Erzähle das Märchen nach. Verwende dabei die Arbeitstechnik.
a. Übe das mündliche Erzählen zunächst mit einer Partnerin oder
einem Partner. Sie oder er prüft, ob in der Nacherzählung
nur das vorkommt, was auch im Text steht.
b. Erzähle dann das Märchen vor der Klasse nach.

ein Märchen
nacherzählen

Arbeitstechnik

Märchen mündlich erzählen und nacherzählen

A Die Vorbereitung
- Notiere **Stichworte** zur Handlung auf **Erzählkärtchen**.
- Lege die Kärtchen in der **richtigen Reihenfolge** bereit.
- Beachte, dass die Angaben auch **genau** sind.

B Das Märchen
- Beginne zum Beispiel so: „Ich erzähle euch jetzt ein Märchen.
  Es heißt: …"
- Ein Märchen hat einen **Anfang**, zum Beispiel: „Es war einmal …"
- Nach dem Anfang folgt der **spannende Hauptteil** und dann
  der **Schluss**.

C Das Erzählen
- Setze dich **bequem** hin.
- Du kannst einen **Erzählstein** in die Hand nehmen oder
  eine Kerze anzünden – eine **Märchenkerze**.
- **Verändere deine Stimme** beim Erzählen: Sprich mal lauter,
  mal leiser, mal langsamer, mal schneller.
- **Sieh** deine Zuhörerinnen und Zuhörer **an**.

Weiterführendes: Märchen vergleichen

Von dem Fischer und seiner Frau Brüder Grimm

Es waren einmal ein Fischer und seine Frau, die wohnten
zusammen in einer kleinen Fischerhütte, dicht an der See*.
Der Fischer ging jeden Tag hin und angelte.
So saß er einmal mit seiner Angel und sah immer

5 in das klare Wasser hinein. Da ging die Angel auf den Grund,
tief hinunter. Und als er sie heraufholte, zog er einen großen Butt
heraus. Da sagte der Fisch zu ihm: „Ich bitte dich, Fischer,
lass mich leben. Ich bin gar kein richtiger Fisch,
ich bin ein verwünschter Prinz. Setz mich wieder ins Wasser und

10 lass mich schwimmen."
„Nun", sagte der Mann, „du brauchst nicht viel sagen. Einen Fisch,
der sprechen kann, werde ich doch wohl schwimmen lassen."
Damit setzte er ihn wieder in das klare Wasser.
Der Fischer ging zurück zu seiner Frau in die kleine Hütte.

15 „Mann", sagte die Frau, „hast du heute nichts gefangen?"
„Nein", sagte der Mann, „ich fing einen Fisch, der sagte,
dass er ein verwünschter Prinz wäre. Da habe ich ihn wieder
schwimmen lassen." – „Hast du dir denn gar nichts gewünscht?",
fragte die Frau. „Nein", sagte der Mann, „was sollte ich mir

20 denn wünschen?" – „Ach", sagte die Frau, „das ist doch schlimm,
hier immer in dem Hüttchen zu wohnen: Es stinkt und ist so eklig.
Du hättest uns doch ein kleines Häuschen wünschen können.
Geh noch einmal hin und ruf ihn. Sag ihm, wir möchten gern
ein kleines Häuschen haben."

25 Der Mann wollte zuerst nicht recht, ging dann aber doch an die See.
Als er dort ankam, war die See ganz grün
und gelb und gar nicht mehr so klar.
Da stellte sich der Mann hin und sagte:
„Manntje, Manntje, Timpe Te,

30 Buttje, Buttje in der See,
Meine Frau, die Ilsebill,
Will nicht so, wie ich gern will."
Da kam der Butt angeschwommen und fragte:
„Na, was will sie denn?"

35 „Ach", sagte der Mann, „sie möchte gern
ein kleines Häuschen haben." – „Geh nur hin",
sagte der Butt, „sie hat es schon."

* am Meer

Bald aber war die Frau unzufrieden, sie wollte ein Schloss haben.
Kurz darauf war sie wieder unzufrieden und wollte Königin werden,
später sogar Kaiserin, dann schließlich Papst*. Und zum Schluss
wollte sie werden wie der liebe Gott.

* Oberhaupt der katholischen Kirche

Der Mann weigerte sich zunächst, zum Butt zu gehen,
dann tat er es aber doch.

Draußen stürmte es so heftig, dass der Mann kaum auf den Füßen
stehen konnte. Der Himmel war pechschwarz, es donnerte und
40 blitzte. Die Häuser und die Bäume wurden umgeweht,
die Berge bebten und die Felsenstücke rollten in die See.
Die schwarzen Wellen waren wie Berge so hoch und hatten
alle eine weiße Schaumkrone.
Der Mann schrie, er konnte sein eigenes Wort nicht hören:
45 „Manntje, Manntje, Timpe Te,
Buttje, Buttje in der See,
Meine Frau, die Ilsebill,
Will nicht so, wie ich gern will."
„Na, was will sie denn?", fragte der Butt. „Ach", sagte der Mann,
50 „sie will werden wie der liebe Gott."
„Geh nur hin, sie sitzt schon wieder in der Fischerhütte."
Und dort sitzen sie noch bis heute.

1 Im Tandem!
    a. Lest das Märchen noch einmal.
    b. Beantwortet die folgenden Fragen.
       – Wie lebten der Fischer und seine Frau?
       – Was geschah, als der Mann den Butt fing?
       – Was tat die Frau, als sie vom Fang des Mannes erfuhr?
       – Wie veränderte sich daraufhin die Lebenssituation
         der beiden?
       – Wie verhielten sich der Mann, die Frau und der Butt?
       – Wie fühlten sie sich?
       – Was geschah dann?
       – Wie reagierte der Butt darauf?
       – Warum nahm der Butt wieder weg, was er dem Mann und
         der Frau einst gegeben hatte?
    c. Schreibt die Fragen und die Antworten auf.

Fragen zum Text
beantworten

2 Gebt den Inhalt des Märchens mit eigenen Worten wieder.
    Ihr könnt euch dabei an euren Fragen und Antworten orientieren.

Auch dieses afrikanische Märchen erzählt vom Wünschen und Schenken.

Vom Versprechen, das ein Mann einem Adler gab

Es war einmal ein Mann, der hatte niemanden mehr,
der sich um ihn kümmerte.
Er lebte ganz alleine in einer verlassenen und verfallenen Stadt
mitten im Urwald und niemand wusste davon.
5 Aber der Mann war nicht nur einsam und halb verhungert,
er sah auch schrecklich aus. Sein Körper war voller Pusteln und
völlig abgemagert, seine Augen hatten schwarze Ringe und
waren tief eingesunken, seine Lippen waren vertrocknet und
reichten nicht mehr über die Zähne.
10 So lebte der Mann, ohne je
mit einem Menschen zu sprechen,
und auch die Tiere wagten sich
kaum in seine Nähe.
Das einzige Lebewesen,
15 das ihn noch beachtete, war ein Adler,
der in einem Baum am Rande
der verfallenen Stadt nistete und
zwei Eier ausbrütete.
Und weil der Adler Mitleid hatte,
20 gab er dem Mann jeden Tag
ein Stück von seiner Beute ab,
damit er nicht verhungern musste.

Eines Tages hatte der Adler so großes Mitleid
mit dem Mann, dass er ihn fragte: „Falls ich dich rette,
25 willst du mich dann auch retten?" – „Ja, das will ich!",
sagte der Mann. „Und du versprichst, alles genau so zu tun,
wie ich es sagen werde?", fragte der Adler.
„Ja", versprach der Mann.
Da flog der Adler auf den höchsten Wipfel des Baumes
30 und wiederholte seine Frage: „Falls ich dich rette,
willst du mich dann auch retten, versprichst du das?"
„Ja", versprach der Mann aufs Neue.
Da verlangte der Adler, dass er die Augen schließen und
bald wieder öffnen sollte. Das tat der Mann und fand sich
35 plötzlich inmitten einer schönen, großen Stadt.

Und wieder befahl ihm der Adler, die Augen
zu schließen, und als der Mann sie neuerlich öffnete,
standen da noch sieben Häuser, die waren
bis unters Dach mit Gold und Silber gefüllt.
40 Und so ging es weiter. Schöne Paläste
kamen dazu, Tiere für Haus und Stall,
eine wunderschöne Frau.
Schließlich fielen auch die Pusteln
von dem Mann ab und er hatte wieder
45 eine glatte Haut und sah auch sonst so gut aus
wie vor seinen schlimmen Jahren.
Schließlich befahl der Adler dem Mann, sich genau umzusehen.
„Alles, was du hier siehst, gehört von nun an dir,
und du sollst König über Land und Leben sein!"
50 Hierauf flog der Adler fort und der Mann regierte sieben Jahre
zu aller Zufriedenheit.

Nach sieben Jahren aber kehrte der Adler zurück,
legte zwei Eier in sein altes Nest und brütete sie aus.
Die Jungen waren gesund und kräftig und
55 ihr Geschrei war weithin zu hören.
Nun hatte aber auch der Mann inzwischen ein Kind,
und das hörte die Schreie der Adlerjungen und
bat seine Mutter, ihm die Tiere bringen zu lassen.
Darauf ging die Frau zum Mann und erzählte ihm vom Wunsch
60 des Kindes, aber der sagte: „Wir verdanken dem Adler alles,
was wir haben, den ganzen Reichtum und unser Glück.
Dafür habe ich versprochen, ihm zu helfen, und das Versprechen
muss ich halten. Das Kind soll mit anderen Spielsachen spielen!"
Doch das Kind wollte nur noch die kleinen Adler und
65 bat jeden Morgen, wenn es das Schreien hörte,
dass man ihm die Tiere bringen sollte.
Immer wieder baten Frau und Kind und
lange hielt sich der Vater an sein Versprechen, aber einmal
wurde er doch schwach und da befahl er, die Adlerjungen
70 aus dem Nest zu holen.
Der Adler schrie vor Entsetzen und Schmerz,
weil man ihm die Jungen genommen hatte,
und weil das anklagende Geschrei nicht aufhörte,
ließ der Mann alle Musikanten aus seinem Königreich kommen,
75 damit sie es mit ihrer Musik übertönten.

Nach drei Tagen waren die jungen Adler vor Kummer gestorben
und am Morgen des vierten Tages rief der alte Adler
den Mann zu sich. „Schließ deine Augen", befahl er wie damals,
nannte ihn dabei aber nicht mehr König, sondern Waise.

80 Doch der Mann wollte den Befehl nicht hören und befahl
darum seinen Musikanten, umso lauter zu spielen.
So ging das hin und her. Immer wenn die Musikanten
einen Moment aussetzten, um ein neues Lied anzustimmen,
hörte der Mann den Adler, der ihm befahl, die Augen zu schließen.

85 Jedes Mal befahl dafür der Mann den Leuten umso mehr,
nicht nachzulassen und noch lauter zu spielen.
Aber irgendwann wurde der Mann so müde, dass er die Augen
nicht mehr aufhalten konnte. Er schloss sie, und als er sie wieder
öffnete, war alles verschwunden, was ihm der Adler einst

90 zum Geschenk gemacht hatte. Er war wieder dort im Urwald
in der verlassenen und verfallenen Stadt, er war wieder
mit Geschwüren bedeckt, hässlich und einsam.
„Weil du dein Versprechen nicht gehalten hast,
nahm ich zurück, was ich dir gegeben hatte",

95 sagte der Adler, dann flog er für immer davon.

3 Im Tandem!
  a. Lest das Märchen „Vom Versprechen, das ein Mann
  einem Adler gab" noch einmal.
  b. Formuliert die Fragen von Aufgabe 1 auf Seite 167 so um,
  dass sie zum Märchen „Vom Versprechen, das ein Mann
  einem Adler gab" passen.
  c. Schreibt die Fragen und eure Antworten auf.

Fragen an den Text
stellen

Fragen ➤ S. 167

**Die beiden Märchen „Von dem Fischer und seiner Frau"
und „Vom Versprechen, das ein Mann einem Adler gab"
haben einige Gemeinsamkeiten.**

4 Vergleicht nun die beiden Märchen.
  – Vergleicht die Fragen und die Antworten,
  die ihr zu beiden Märchen aufgeschrieben habt.
  – Sprecht darüber, welche gemeinsamen Merkmale von Märchen
  es in beiden Märchen gibt.

Märchen vergleichen

Ein Märchen miterzählen

Es gibt Orte auf der Welt, da werden Märchen
erst nach Sonnenuntergang erzählt.

1 **a.** Stell dir einmal vor, es wäre schon dunkel.
b. Nun lies das Märchen.

Das Märchen von Adetola, der schönen Königstochter

**Ein König wollte seine wunderhübsche Tochter gern verheiraten.
Er suchte einen Mann, der seine Tochter Adetola wirklich liebte.**

Die Kunde* von der bevorstehenden Hochzeit der Königstochter
breitete sich in Windeseile im Königreich aus. Schon in aller Frühe
5 erschienen am nächsten Tag die ersten Freier* vor den Toren
des königlichen Palastes. Gegen Mittag waren viele Jünglinge
von nah und fern herbeigeeilt.
Doch Adetola ließ lange auf sich warten.
Erst als die Sonne am westlichen Horizont zu verschwinden begann,
10 erschien sie an der Hand ihres stolzen Vaters.
Unter dem Jubel der Freier verkündete der König nun, dass er seine
Tochter mit dem edelsten* Jüngling des Landes vermählen** wolle.

* die Nachricht

* Männer, die eine Frau
heiraten möchten und
sich darum bewerben

* besten
** verheiraten

2 Erzähle, wie der „edelste" Jüngling des Landes sein sollte.
Denke an das Aussehen, seine Eigenschaften,
die Familie, das Geld, …

> **Starthilfe**
> Der edelste Jüngling sollte gut aussehen,
> sein Haar sollte … sein, …
> Außerdem sollte er freundlich, … sein.
> …

Als Erster trat ein junger Mann in einem goldverzierten Gewand* vor den König. Mit einer tiefen Verbeugung überreichte er der
15 Prinzessin kostbare Geschenke, die Adetola glücklich lächelnd entgegennahm. Er sagte: „Dies alles gab dir Bola, den man den reichsten Jüngling des Landes nennt und der dich von Herzen liebt." Adetola dankte dem jungen Mann für die vielen schönen Dinge und wandte sich dem Nächsten zu,
20 der ihr ebenfalls viele Kostbarkeiten überreichte. Es dauerte nicht lange, da türmten sich neben dem Thron der schönen Königstochter die prächtigsten Gewänder und wertvolle Schmuckstücke aus Gold und Edelsteinen. Adetola betrachtete mit kindlicher Freude den Berg
25 von Geschenken.

Gegen Mitternacht stand der letzte Jüngling vor ihr. Er hieß Ope und kam aus einem entlegenen* Dorf. Zufällig hatte er sich an dem Tage in der Stadt aufgehalten. Und weil ihm jeder von der Schönheit der Königstochter
30 erzählt hatte, hatte er sich von seinem letzten Geld ein weißes Gewand gekauft und war in den Palast geeilt. Als Geschenk trug er drei goldene Armringe bei sich, die ihm seine Mutter vor vielen Jahren gegeben hatte. Beim Anblick der hübschen Adetola geriet er
35 in solche Verwirrung, dass ihm die Armringe aus den Fingern glitten und der Königstochter vor die Füße fielen. Erschrocken bückte er sich schnell und hob die glitzernden Ringe auf. Mit zitternden Händen überreichte er sie der lächelnden Prinzessin und sagte:
40 „Nimm dieses bescheidene Geschenk von einem Mann, der zu den Ärmsten deiner Untertanen gehört und der sich bereits glücklich schätzt, dich einfach nur zu sehen. Die drei Ringe bedeuten Liebe, Freude und Leben!" Die Königstochter freute sich und dankte ihm
45 für sein Geschenk.

Der König erhob sich von seinem Thron und sagte zu den gespannt wartenden Jünglingen: „Ich danke euch, meine lieben Söhne, dass ihr von nah und fern herbeigeeilt seid. Es ist schon tiefe Nacht, und ihr wisst alle, dass euer König in der Finsternis der Nacht
50 keine Entscheidungen fällt. Ich werde morgen im Licht der strahlenden Sonne meinen Entschluss verkünden*. Denn Adetola soll keine Königin der Finsternis, sie soll eine Königin des Lichts, der Wärme und der Güte werden."

* einem festlichen Kleidungsstück

* weit entfernten

* euch sagen

Als der Vater mit seiner Tochter endlich allein war, fragte er sie:

55 „Nun, mein Kind, welcher Mann hat dir am besten gefallen?"
„Ach", seufzte Adetola, „ich bin völlig verwirrt. Wie soll ich denn
wissen, welcher von den vielen Jünglingen mich wirklich liebt?"
„Sei ohne Sorge, mein Kind! Dein Vater wird dir die schwere
Entscheidung abnehmen. Ich werde dich mit einem Mann
60 verheiraten, der dich nicht nur deines Reichtums wegen
heiraten will." Und er dachte bei sich: „Meine Tochter soll Bola,
den reichsten Jüngling des Landes, heiraten."

In der Nacht hatte Adetola einen seltsamen Traum.
Ihre vor vielen Jahren verstorbene Mutter erschien ihr und sagte:
65 „Ich will dir einen guten Rat geben, mein Kind. Sage deinem Vater,
er soll verkünden lassen, du seiest in der Nacht gestorben.
An dem Verhalten der Jünglinge wird er erkennen,
welcher dich wirklich liebt."

Als Adetola am nächsten Morgen erwachte, fiel ihr der Traum
70 wieder ein. Sie eilte zu ihrem Vater, dem sie ihren Traum erzählte.
Der König wurde sehr nachdenklich und sagte schließlich:
„Wir wollen den Rat deiner verstorbenen Mutter befolgen."
So geschah es dann auch. Der König legte Trauerkleider an
und begab sich in den großen Innenhof, wo sich die Freier
75 bereits eingefunden hatten.
Beim Anblick des Königs verstummte
ihr fröhliches Lachen.
Jedermann erschrak,
als der König den Männern
80 zurief: „Adetola ist tot!
Sie ist heute Nacht verstorben!"
Ungläubiges Murmeln
ging durch die Menge.
Der König rief
85 noch einmal mit
schmerzerfüllter Stimme:
„Adetola ist tot!
Begreift es, sie ist tot!"

3 Erzähle, wie sich in dieser Situation ein Mann verhalten sollte,
der die Prinzessin wirklich liebt.

Nun erst begriffen die Jünglinge.

90 „Aus, vorbei, kein Hochzeitsfest, aus der Traum, einmal König
zu werden ...", dachten sie.
Als Erster reichte Bola, der reichste Jüngling des Landes,
dem trauernden Vater die Hand.
„Es ist unfassbar*, dass Adetola, die wir alle liebten, nicht mehr lebt.

95 Noch gestern brachten wir ihr unsere Brautgeschenke,
und heute ist sie im Reich der Toten. Doch das Leben geht weiter.
Darum erlaubt mir diese Bitte: Da Adetola nun tot ist
und ich sie nicht mehr heiraten kann, hätte ich gerne
meine kostbaren Brautgeschenke zurück.

100 Sie haben ein Vermögen* gekostet. Und Ihr werdet
diese Dinge gewiss nicht brauchen können."
Jetzt erkannte der König den wahren Charakter
des Mannes, den er zum Ehemann
für seine Tochter ausgesucht hatte.

105 „Dieser Geizhals", dachte er,
während er seinen Dienern
den Auftrag erteilte, sofort alle
Brautgeschenke herbeizuschaffen.
Kaum hatten die Diener die vielen

110 Geschenke geholt, da stürzten sich
die Jünglinge auf den Berg von Gold
und Edelsteinen. Und es dauerte
nicht lange, da gerieten sich einige
von ihnen in die Haare.

* nicht zu begreifen,
unglaublich

* sehr viel Geld

4 Erzähle, was die Jünglinge zueinander sagten,
als sie ihre Geschenke zurückhaben wollten.

115 Nur der arme Jüngling stand abseits.
Der König sah es. Er erhob sich von seinem Thron
und ging langsam zu ihm hin.
„Sage mir, mein Sohn, warum suchst du nicht dein Geschenk
wie all die anderen Jünglinge?", fragte er den jungen Mann.

120 Der sagte traurig: „Ach, wie könnte ich etwas zurücknehmen,
was ich gestern dem liebsten Wesen geschenkt habe,
das je unter der Sonne lebte? Obwohl ich der Ärmste von allen bin
und mein Geschenk für mich ein kleines Vermögen bedeutet,
kann ich es dennoch nicht zurücknehmen.

125 Denn ich liebe Adetola von Herzen.

Drum habe ich nur eine Bitte: Ich wäre glücklich, wenn Adetola
die drei Armringe, welche Liebe, Freude und Leben bedeuten,
im Reich der Toten trüge."
„Sie soll sie tragen, deine drei Armringe, mein Sohn", rief der König
130 voller Freude und zerriss sein Trauergewand. „Adetola soll
deine Armringe im Leben tragen, denn meine Tochter ist nicht tot.
Sie lebt! Und du, mein Sohn, wirst sie heiraten!"
„Adetola lebt", flüsterte der arme Jüngling. „Adetola lebt! Sie lebt!
Ich Glücklicher!"

5 Der arme Jüngling war ganz verwirrt.
Erzähle, was er gedacht haben könnte.

135 Der glückliche Vater erteilte einem Diener den Auftrag,
seine Tochter zu holen. Zur Verwunderung aller Freier ging er
dann gemeinsam mit dem armen Jüngling in die Mitte des Hofes
und sagte zu allen:
„Ich danke euch, meine Freunde, für die herzliche Anteilnahme*.
140 Ich bin entschlossen, meine Tochter mit dem Ärmsten unter euch
zu verheiraten. Denn nur bei ihm bin ich sicher,
dass er meine Tochter wirklich liebt."

* Trauer ausdrücken

In diesem Augenblick erschien Adetola.
Beim Anblick des armen Jünglings schlug ihr Herz
145 vor Freude höher.
Wie im Traum hörte sie ihren Vater sagen:
„Ich habe den Mann gefunden, Adetola. Den Mann,
der dich nicht nur deines Reichtums wegen liebt.
Reiche deinem zukünftigen Ehemann die Hände.
150 Er verdient es, einmal König zu werden."
Und Adetola und der Jüngling reichten sich
die Hände und waren glücklich,
einander gefunden zu haben.
In großer Pracht wurde noch am selben Tag
155 die Hochzeit gefeiert.
Als die Festlichkeiten vorüber waren,
führten die beiden ein Leben in Liebe und Glück.
Die drei Armringe trug Adetola
ihr ganzes Leben lang.

Z Weiterführendes: Ein Märchen szenisch spielen

Märchen können nicht nur gelesen oder erzählt werden.
Ihr könnt ein Märchen auch als Theaterstück aufführen.
Die folgende Szene wurde von der Klasse 5 a erarbeitet.

Das Märchen von Adetola – 1. Teil

Erzähler: Ein König möchte seine wunderschöne Tochter Adetola
verheiraten. Er sucht einen Mann, der seine Tochter
wirklich liebt. Aus dem ganzen Königreich sind
viele junge Männer angereist, die um die Königstochter
werben wollen. Erst am Abend zeigt sich Adetola
an der Hand ihres Vaters.

König: Jetzt ist der große Tag da, Adetola! Bist du aufgeregt?

Adetola: Und wie, Vater! So viele schöne, vornehme junge Männer
auf einem Fleck habe ich noch nie gesehen!

König: Tja – mal sehen, ob wir den Richtigen für dich finden!
(winkt den ersten Freier herbei)

Bola: (verbeugt sich tief und gibt Adetola kostbare Geschenke)
Dies alles gab dir Bola, den man den reichsten Jüngling
des Landes nennt und der dich von Herzen liebt.

Adetola: (lächelt glücklich) Oh, herzlichen Dank für die vielen
schönen Geschenke. (wendet sich dem nächsten Freier zu)

**Zweiter
Freier:** (freundlich, verbeugt sich) Herzallerliebste Prinzessin,
diese kostbaren Gewänder möchte ich dir überreichen,
als Zeichen meiner großen Liebe zu dir.

Adetola: (schlägt lächelnd die Hände zusammen) Oh, danke
für diese prachtvollen Gewänder. Sie sind sehr schön.
(wendet sich dem nächsten Freier zu)

Erzähler: Bald türmt sich neben der schönen Königstochter
ein Berg von Geschenken. Um Mitternacht kommt
schließlich der letzte Freier. Er heißt Ope.

Ope stammt aus einem weit entfernten Dorf und ist nur zufällig an diesem Tag in der Stadt. Weil alle von Adetolas Schönheit erzählten, hat er sich von seinem letzten Geld ein weißes Gewand gekauft und ist in den Palast geeilt. Als Geschenk bringt er drei goldene Armreifen, die ihm seine Mutter vor vielen Jahren gegeben hat.

Ope: (tief beeindruckt von Adetola, die Armreifen fallen ihm aus der Hand und vor Adetolas Füße, er hebt sie auf und überreicht sie mit zitternden Händen)
Nimm dieses bescheidene Geschenk von einem Mann, der zu den ärmsten deiner Untertanen gehört und der bereits glücklich ist, dich einfach nur zu sehen. Die drei Ringe bedeuten Liebe, Freude und Leben! ...

1 a. Lest den bisherigen Verlauf der Szene mit verteilten Rollen.
b. Besprecht, ob euch die Szene gefällt und was ihr ändern würdet.
c. Schreibt die Szene zu Ende bis zu der Stelle im Märchen, wo der König die Freier spätnachts verabschiedet (Zeile 53).

mit verteilten Rollen lesen

2 Spielt die überarbeitete Szene vor.

szenisch spielen

> **Arbeitstechnik**
>
> ### Szenisches Spiel, szenisch interpretieren
>
> - Legt fest, welche **Figuren** es gibt und wer welche **Rolle** spielt.
> - Notiert, was die Figuren **sagen**, **denken** und wie sie sich **fühlen**.
> - Schreibt, wo nötig, **Regieanweisungen** auf.
> - **Übt** nun das gemeinsame Spiel. Drückt die Gefühle der Figuren durch **Betonung**, **Körpersprache** und **Gesichtsausdruck** aus.

Z 3 Gestaltet weitere Spielszenen zum Märchen.
a. Lest das Märchen nochmals und unterteilt den Text in Szenen.
Tipp: Beginnt immer eine neue Szene, wenn der Ort oder die Personen wechseln.
b. Bildet Gruppen und gestaltet jeweils eine Spielszene. Schreibt auf, was die Figuren sagen, denken und fühlen.

Z 4 Bereitet eine Theateraufführung zu „Adetola" vor.
a. Lernt eure Rollen auswendig und übt, sie ausdrucksvoll zu spielen.
b. Besorgt Kostüme. Ihr könnt welche ausleihen oder selbst basteln.
c. Führt euer Stück auf: vor Eltern, vor anderen Klassen, ...

Gereimtes und Ungereimtes

Reime und Lieder

Ene, mene, miste ... – Reime begegnen uns nicht nur in Gedichten.
Auf jedem Schulhof kannst du zum Beispiel Abzählreime hören.

Alti kere alti otuz alti
Dedemin sakali yolda kaldi
Sakalini aldi dereye atti
Dedem sakalsiz kaldi
(türkisch)

6×6 ist 36.
Der Bart meines Opas blieb auf der Strecke.
Er nahm seinen Bart und schmiss ihn in den Fluss.
Mein Opa blieb bartlos.
(deutsch)

Eins, zwei, drei,
alt ist nicht neu,
neu ist nicht alt,
heiß ist nicht kalt,
kalt ist nicht heiß,
schwarz ist nicht weiß,
hier ist nicht dort,
du musst fort.

Ätsche bätsche bitsche batsche,
säwwere wäwwere witschewatsche,
säwwere wäwwere wuh,
aus bist du.

1 Lest die Abzählreime vor.
Wer schafft es am schnellsten ohne Fehler?

2 a. Lerne zwei der Abzählreime auswendig.
Beim Sport oder beim Spielen kannst du sie anwenden.
b. Woran liegt es, dass du dir die Abzählreime
leicht merken kannst?

Abzählreime
auswendig lernen

3 Kennst du noch mehr Abzählreime?
Schreibe einen davon auf oder erfinde einen eigenen.

Kennt ihr das Lied „Bruder Jakob"?

Ihr könnt es in verschiedenen Sprachen singen.

Türkische Aussprache:

1. Yakup usta, Yakup usta, kalksana, 2. kalksana!
   Jakup ußta, Jakup ußta, kalkßana, kalkßana!

3. Artık sabah oldu, Artık sabah oldu, 4. Gün doğdu, gün doğdu.
   Artak sabach oldu, Artak sabach oldu, Gün dohdu, gün dohdu.

Russisch

Братец Яков, Братец Яков,
Ты всё спишь? Ты всё спишь?
Колокольчик звонит,
Колокольчик звонит.
Динь, дон, дон – Динь, дон, дон.

Russische Aussprache:
Brátjez Jakov, brátjez Jakov,
Tüi vsjo spisch? Tüi vsjo spisch?
Kolokóltschik svónit, kolokóltschik svónit.
Din, don, don – din, don, don.

Baskisch

Aita Jaime, Aita Jaime
lo ta lo, lo ta lo
kanpaia jotzen du, kanpaia jotzen du
ding, dang, dong – ding, dang, dong.

Baskische Aussprache:
Éita chéime, éita chéime
ló ta ló, ló ta ló
Kánpaja chotzén du, kánpaja chotzén du
ding, dang, dong – ding, dang, dong.

Französisch

Frère Jacques, Frère Jacques,
dormez vous? Dormez vous?
Sonnez les matines,
sonnez les matines,
ding, dong, ding – ding, dong, ding.

Französische Aussprache:
Fräre schacke, fräre schacke,
dormee wu, dormee wu,
sonnee lee matine, sonnee lee matine,
ding, dong, ding – ding, dong, ding.

Englisch

Are you sleeping? Are you sleeping?
Brother John, Brother John?
Morning bells are ringing,
morning bells are ringing:
ding, dong, ding – ding, dong, ding.

Deutsch

Bruder Jakob, Bruder Jakob,
schläfst du noch? Schläfst du noch?
Hörst du nicht die Glocken?
Hörst du nicht die Glocken?
Ding, dang, dong – ding, dang, dong.

4 Singt das Lied auf Türkisch,
auf Russisch, auf …

Tipp: Ihr könnt das Lied auch als Kanon singen.
Die Ziffern über den Noten geben die Einsätze vor.

Reime in Gedichten

Das Gedicht enthält Reimwörter, also gleich klingende Wörter.

Der Pflaumenbaum   Bertolt Brecht

Im Hofe steht ein Pflaumenbaum,
Der ist klein, man glaubt es kaum.
Er hat ein Gitter drum.
So tritt ihn keiner um.

5 Der Kleine kann nicht größer wer'n,
Ja, größer wer'n, das möcht er gern,
Es ist keine Red davon,
Er hat zuwenig Sonn.

Den Pflaumenbaum glaubt man ihm kaum,
10 Weil er nie eine Pflaume hat.
Doch er ist ein Pflaumenbaum.
Man kennt es an dem Blatt. Ⓡ

1 Lies das Gedicht laut vor.

2 **a.** Lies den Infokasten.
    b. Prüfe: Welche Gedichtstrophe enthält Kreuzreime?
       Welche Reimform enthalten die anderen Strophen?
    c. Überlegt gemeinsam, warum Bertolt Brecht
       diese Strophe wohl anders gereimt hat.

Das Gedicht erzählt über einen kleinen Pflaumenbaum.

3 Nenne die Gedichtzeilen, die zu den folgenden Aussagen passen.

> Der kleine Baum kann nicht umgetreten werden.
>
> Der kleine Baum kann nicht wachsen.
>
> An einem Merkmal kann man erkennen, was für ein Baum es ist.

Z **4** Der Baum möchte größer werden. Was könnte man dafür tun?
    a. Schreibe einen eigenen Text dazu.
    b. Lege deinen Text in deine persönliche Lesemappe.

Info

Reime am Ende von Gedichtzeilen, die aufeinanderfolgen, nennt man **Paarreime**.

Pflaumenbaum a ⌐
kaum a ⌐
drum b ⌐
um b ⌐

Reimt sich jeweils die übernächste Gedichtzeile, so spricht man von **Kreuzreimen**.

kaum e ⌐
hat f
Pflaumenbaum e
Blatt f

den Inhalt des Gedichts erschließen

einen eigenen Text schreiben

Auch in diesem Gedicht findest du Reimwörter.

Der Strauß   Eugen Roth

Der Strauß, mit unserem Huhn verwandt,
rennt weit und schnell im Wüstensand
auf Beinen, stark und ledern.
Obwohl er nicht mehr fliegen kann,
5 sieht man ihn noch als Vogel an
und reißt ihm aus die Federn.

Sein Riesenei ist ungefähr
Wie zwanzig Hühnereier schwer:
Das wär was für die Mutter!
10 Sprichwörtlich gut sein Magen ist:
Glasscherben, Blech und Steine frisst
der Strauß, als wär es Butter.

Wenn was den Vogel Strauß erschreckt,
den Kopf gleich in den Sand er steckt,
15 er will nichts hör'n und sehen.
Doch das ist dumm – denn der Gefahr
kann einer nur, wenn er ihr klar
ins Auge blickt, entgehen!

5 **a.** Lies das Gedicht.
   b. Was erfährst du über den Strauß?
      Schreibe es für jede Strophe auf: sein Aussehen,
      sein Verhalten …

> **Starthilfe**
> Strophe 1:
> – mit dem Huhn verwandt
> – …

6 **a.** Lies das Gedicht laut: Welche Wörter reimen sich?
   b. Schreibe alle Reimwörter untereinander auf.
   c. Bezeichne alle Reimpaare
      mit jeweils gleichen Kleinbuchstaben.
   d. Wo finden sich umarmende Reime?
      Lies dazu den Infokasten.

> **Starthilfe**
> verwandt   a
> Wüstensand   a
> ledern   b
> kann   c
> …

den Inhalt erschließen

> **Info**
> Ein Reim, der einen
> Paarreim umschließt,
> heißt **umarmender
> Reim**.
>
> ledern b ⌐
>   kann c ⌐
>   an c ⌐
> Federn b ⌐

Klänge in Gedichten

Manche Gedichte spielen mit Lauten und Buchstaben.
Beim Vorlesen könnt ihr das hörbar machen.

Das T   James Krüss

Mit Trommelton und festem Tritte,
So kommt im Trab das T daher,
Es trippelt leicht im Taubenschritte.
Es trottet elefantenschwer.
5 Es trommelt, tutet, rattert, knattert.
Es trödelt, trällert, tänzelt, trabt.
Es tobt und tost und tollt und tattert.
Es tippt und tupft. Es tropft. Es tappt.
Das T ist zeitgemäß, ihr Lieben,
10 Ist manchmal leis, doch meistens laut.
Und hart wird's an den Schluss geschrieben:
Fest. Tot. Gemacht. Vollbracht. Gebaut.
Die Zeit ist laut. Das ist ein Jammer.
Doch für das T ist es sehr fein:

15 Bei Trambahn, Auto, Presslufthammer,
Da tritt das T geräuschvoll ein.
Wen wundert's, dass das T auf Erden
Lokomotiven gerne hat?
Da muss es ernst genommen werden
20 Mit tschuff und tüt und ratt und tatt.
Das T will heut den Thron erklettern,
Es ruft sein Tut ins Telefon.
Das T will wettern und will schmettern:
Trompetenklang und Trommelton!

1 **a.** Lies das Gedicht laut.
Probiere dabei unterschiedliche Betonungen aus:
Lies einzelne Zeilen laut oder leise,
schnell oder langsam, fröhlich oder ernst.
Was passt jeweils besser?
b. Lies das Gedicht noch einmal laut.
Betone diesmal besonders die Wörter mit **T/t**.

ein Gedicht laut lesen

James Krüss hat in seinem Gedicht viele Wörter mit **T/t** verwendet.
Mit dem Gedicht zeigt er: Das **T/t** kann leise und laut sein.

2 Schreibe auf, was das **T/t** alles kann.
    a. Schreibe alle **T/t**-Wörter auf.
       Ordne sie dabei nach laut und leise.
    b. Wähle fünf Lieblingswörter aus.
       Begründe deine Wahl.

den Klang untersuchen

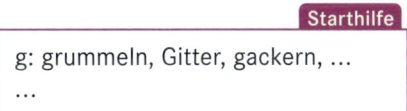

laut	leise
Trommelton	trippelt
...	...

Starthilfe

Z **3** Wie könnte ein Gedicht über einen anderen Buchstaben klingen?
    a. Sammle Wörter mit einem anderen Buchstaben.

Starthilfe

g: grummeln, Gitter, gackern, ...
...

    b. Schreibe Sätze auf, die möglichst viele Wörter
       mit dem gewählten Buchstaben enthalten.
       Oder schreibe ein Gedicht dazu.
    c. Tragt eure Sätze oder Gedichte vor. Sprecht über die Wirkung.

Klanggedichte oder -sätze schreiben

Auch in diesem Gedicht wird mit Lauten und Buchstaben gespielt.

Gedicht in Bi-Sprache   Joachim Ringelnatz

Ibich habibebi dibich,
Lobittebi, sobi liebib.
Habist aubich dubi mibich
Liebib? Neibin vebirgibib.

5 Nabih obidebir febirn,
Gobitt seibi dibir gubit.
Meibin Hebirz habit gebirn
Abin dibir gebirubiht.

4 **a.** Lies das Gedicht laut. Wie wirkt es auf dich?
    b. „Übersetze" das Gedicht aus der „Bi-Sprache".
Z **c.** Schreibe selbst einige Sätze in einer „anderen Sprache",
       zum Beispiel in der „Da-Sprache", der „Wo-Sprache", ...

Stimmungen in Gedichten

In diesem Gedicht könnt ihr hörbar machen,
in welcher Stimmung die Sprecherinnen oder Sprecher sind.

im park   Ernst Jandl

bitte ist hier frei
nein hier ist besetzt
danke
bitte ist hier frei
5 nein hier ist besetzt
danke
bitte ist hier frei
nein hier ist besetzt
danke
10 ist hier frei
nein hier ist besetzt
danke
ist hier frei
nein hier ist besetzt
15 danke

ist hier frei
nein hier ist besetzt
danke
bitte ist hier frei
20 nein
danke
hier frei
besetzt
danke
25 ist hier frei
nein hier ist leider besetzt
danke
ist hier frei
bitte
30 danke

Es kann viel Spaß machen, das Gedicht gemeinsam zu lesen
oder sogar zu spielen.

1 Bereitet das Gedicht in Gruppen zum Vortragen vor.
  a. Schreibt das Gedicht ab.
  b. Überlegt, wie viele Personen sich hier unterhalten.
    Markiert alle Sprecherinnen und Sprecher jeweils mit Farben.
  c. Notiert, wer jeweils sprechen könnte und wie die Person
    etwas sagt. Am Rand findet ihr Ideen dazu.

2 Lest das Gedicht mit verteilten Rollen vor.

Z **3** Gestaltet das Gedicht nun als Spielszene.
  a. Verteilt die Rollen und übt die Spielszene.
  b. Tragt eure Spielszene in der Klasse vor.

> Kind, alte Frau,
> Schüler, Lehrerin,
> Einkaufsbummler

> müde, gereizt,
> entspannt, glücklich,
> freundlich, unhöflich

ein Gedicht spielen

szenisch interpretieren
➤ S. 297

Dieses Gedicht kannst du so vortragen,
dass man die Gewitterstimmung hört.

Gewitter   Erwin Moser

Der Himmel ist blau
Der Himmel wird grau
Wind fegt herbei
Vogelgeschrei
5 Wolken fast schwarz
Lauf, weiße Katz!
Blitz durch die Stille
Donnergebrülle
Zwei Tropfen im Staub

10 Dann Prasseln auf Laub
Regenwand
Verschwommenes Land
Blitze tollen

Donner rollen
15 Es plitschert und platscht
Es trommelt und klatscht
Es rauscht und klopft
Es braust und tropft

Eine Stunde lang
20 Herrlich bang
Dann Donner schon fern
Kaum noch zu hörn
Regen ganz fein
Luft frisch und rein
25 Himmel noch grau
Himmel bald blau!

---

4 **a.** Lies das Gedicht laut.
  b. Lies die hervorgehobenen Wörter so vor, dass man sich
     das jeweilige Geräusch gut vorstellen kann.

5 Lies das ganze Gedicht noch einmal vor.
  – Lies den Anfang langsam und leise.
  – Werde dann immer schneller und lauter.
  – Lass am Ende deine Stimme erleichtert und froh klingen.

6 Gruppenarbeit!
  Stellt in einem Hörbild die Geräusche des Gewitters dar.
  a. Sucht Gegenstände, mit denen ihr Geräusche
     nachahmen könnt.
  b. Tragt das Gedicht mit den passenden Geräuschen vor:
     Eine Person liest, die anderen machen die Geräusche.
     Tipps:
     – Macht beim Vortragen eine kurze Pause,
        wenn das Geräusch erklingt.
     – Ihr könnt das Hörbild auch aufnehmen.

ein Gedicht laut lesen

ein Hörbild gestalten

Bilder in Gedichten – Bildgedichte

Manche Gedichte sind wie ein mit Worten gemaltes Bild.

Wenn es Winter wird   Christian Morgenstern

Der See hat eine Haut bekommen,
sodass man fast drauf gehen kann,
und kommt ein großer Fisch
        geschwommen,
so stößt er mit der Nase an.
5 Und nimmst du einen Kieselstein
und wirfst ihn drauf, so macht es klirr
und titscher – titscher – titscher – dirr.
Heißa, du lustiger Kieselstein!
Er zwitschert wie ein Vögelein
10 und tut als wie ein Schwälblein fliegen –
doch endlich bleibt mein Kieselstein
ganz weit, ganz weit auf dem See
        draußen liegen.

Da kommen die Fische haufenweis
und schaun durch das klare Fenster von Eis
15 und denken, der Stein wär etwas zum Essen;
doch sosehr sie die Nase ans Eis auch pressen,
das Eis ist zu dick, das Eis ist zu alt,
sie machen sich nur die Nasen kalt.

Aber bald, aber bald
20 werden wir selbst auf eignen Sohlen
hinausgehn können und den Stein wieder holen.

---

1 **a.** Lass dir das Gedicht vorlesen.
    Schließe dabei die Augen.
   b. Was siehst du, wenn du zuhörst?
    Zeichne das Bild.

zum Gedicht zeichnen

2 Ihr könnt auch ein Schattenspiel zu dem Gedicht durchführen.

ein Schattenspiel
durchführen

> **Arbeitstechnik**
>
> **Ein Schattenspiel vorbereiten und durchführen**
>
> – **Zeichnet** die verschiedenen **Umrisse**, z. B. den großen Fisch,
>   weitere Fische.
> – **Schneidet** die Teile entlang den Umrissen **aus**.
> – Jetzt braucht ihr nur noch einen **Tageslichtprojektor** und
>   **eine weiße Fläche**, auf die ihr projizieren könnt.
> – Während **einer** das Gedicht **vorträgt, zeigt ein anderer**
>   die passenden **Bilder**.

Man kann nicht nur zu Gedichten Bilder malen,
sondern auch mit Wörtern Bilder gestalten.

3 **a.** Sind das Wörter? Sind das Bilder?
Oder vielleicht beides …? Sprecht darüber.
b. Gestalte eines der Bildwörter einmal anders.

Bildwörter gestalten

Z **4** Zeichne zwei der folgenden Wörter als Bildwörter.
Du kannst auch zwei andere Wörter wählen,
die dir einfallen.

> Dach   zittern   eckig   Regentropfen   Haus

Und sind das Gedichte?

Apfel   Reinhard Döhl

pfelApfelApfelApfe
pfelApfelApfelApfelApfelA
felApfelApfelApfelApfelApfe
ApfelApfelApfelApfelApfelApf
pfelApfelApfelApfelApfelApfelA
ApfelApfelApfelApfelApfelApfe
pfelApfelApfelApfelApfelApfelA
ApfelApfelApfelApfelApfelApfe
pfelApfelApfelApfelApfelApfel/
ApfelApfelApfelWurmAp
felApfelApfelApfelApfel/
ofelApfelApfelApfel/
pfelApfelApfelA
pfelApfel/

wind   Eugen Gomringer

```
        w        w
     d        i
  n     n     n
  i   d   i    d
w            w
```

Z **5** Gestalte selbst ein solches Gedicht.

Frühling, Sommer, Herbst und Winter

Die Jahreszeiten in Gedichten

In den folgenden Gedichten werden
alle vier Jahreszeiten beschrieben.

1

Naht der Winter,
geh ich ins Haus,
mache die Türe zu,
Winter, bleib drauß.

5 Zu ist die Türe.
Komme, wer will:
Ich bin zu sprechen
erst im April.
    Josef Guggenmos, Deutschland

2

Ich sprenkle die Hügel
mit gelben Bällen im Herbst,
ich mache die Präriefelder hell
mit Riesenorangen, Goldklumpen –
5 man nennt mich Kürbis.
Ende Oktober,
wenn es früh dunkelt,
tanzen Kinder
Reigen um mich
10 mit Liedern vom Herbstmond
und Nebelgespenstern.
Dann bin ich ein Irrlicht
mit schrecklichen Zähnen –
die Kinder wissen: Ich mache nur Spaß.
    Carl Sandburg, USA

3

Weißt du, wie der Sommer riecht?
Nach Birnen und nach Nelken,
nach Äpfeln und Vergissmeinnicht,
die in der Sonne welken,
5 nach heißem Sand und kühlem See
und nassen Badehosen,
nach Wasserball und Sonnenkrem,
nach Straßenstaub und Rosen.

Weißt du, wie der Sommer schmeckt?
10 Nach gelben Aprikosen
und Walderdbeeren, halb versteckt
zwischen Gras und Moosen,
nach Himbeereis, Vanilleeis
und Eis aus Schokolade,
15 nach Sauerklee vom Wiesenrand
und Brauselimonade.
[...]
    Ilse Kleberger, Deutschland

|4|

Unhörbar wie eine Katze
kommt sie über die Dächer,
springt in die Gassen hinunter,
läuft durch Wiesen und Wald.

5 Oh, sie ist hungrig! Aus jedem
verborgenen Winkel schleckt sie
mit ihrer goldenen Zunge den Schnee.

Er schwindet dahin wie Milch
in einer Katzenschüssel,
10 bald ist die Erde wieder blank.

Die Zwiebelchen unter dem Gras
spüren die Wärme ihrer Pfoten
und beginnen neugierig zu sprießen.

Eins nach dem andern blüht auf:
15 Schneeglöckchen, Krokus und Tulpe,
weiß, gelb, lila und rot.
Die zufriedene Katze strahlt.
Christine Busta, Österreich

|5|

Verschneit liegt rings die ganze Welt,
ich hab nichts, was mich freuet,
verlassen steht der Baum im Feld,
hat längst sein Laub verstreuet.

5 Der Wind nur geht bei stiller Nacht
und rüttelt an dem Baume,
da rührt er seinen Wipfel sacht
und redet wie im Traume.

Er träumt von künft'ger Frühlingszeit,
10 von Grün und Quellenrauschen,
wo er im neuen Blütenkleid
zu Gottes Lob wird rauschen.
Joseph von Eichendorff,
Deutschland

1 Ordne die folgenden Überschriften den Gedichten zu.

> Die Frühlingssonne – Winternacht – Der Kürbis erzählt –
> Die Schnecke im Winter – Sommer

2 Welches ist dein Lieblingsgedicht?
Gib den Inhalt dieses Gedichtes mit eigenen Worten wieder.

3 Ordne in eine Tabelle Wörter ein, die zu den Jahreszeiten passen.

Starthilfe

Frühling	Sommer	Herbst	Winter
Zwiebelchen	Birnen	gelbe Bälle	...
...	...	...	

den Inhalt erschließen

4 In Gedicht 4 wird ein Bild verwendet:
„Unhörbar wie eine Katze …"
a. Wer oder was wird hier mit einer Katze verglichen?
Notiere Wörter und Wortgruppen dazu.
b. Begründe, warum gerade dieser Vergleich so gut passt.

Ein Jahreszeitenbild

In diesem Herbstgedicht von Eduard Mörike fehlen die letzten Wörter der Verse (Gedichtzeilen).

Im Nebel ruhet noch ████████,

Noch träumen Wald und ████████;

Bald siehst du, wenn der Schleier ████████,

Den blauen Himmel ████████,

Herbstkräftig die gedämpfte ████████

In warmem Golde ████████.

die Erde / der Wald / die Welt
Feld / Wiesen / Bach
fällt / sich hebt / sinkt
glänzen / unverstellt / wolkenlos
Welt / Landschaft / Natur
leuchten / liegen / fließen

1 Wie lautet das Gedicht von Eduard Mörike wohl vollständig?

   a. Schreibe das vollständige Gedicht auf.

     Tipps:
     – Eine Auswahl möglicher Wörter findest du
       neben dem Gedicht.
     – Das Gedicht hat Reime an den Zeilenenden.
     – Achte auch auf die Wirkung der gewählten Wörter.

   b. Schreibe eine passende Überschrift auf.

Verse vervollständigen

2 **a.** Lies dein Gedicht der Klasse vor.

   b. Vergleicht eure Gedichte miteinander.

3 **a.** Lies nun das Gedicht im Original auf Seite 312.

   b. Beschreibe die Stimmung, die das Gedicht vermittelt.
     Stimmt es dich traurig, heiter, ernst, fröhlich, nachdenklich?

das vollständige Gedicht
➤ S. 312

Weiterführendes:
Vortragen, weiterschreiben, selber schreiben

W Du hast dich mit einigen Jahreszeiten-Gedichten beschäftigt.
Wähle eine der folgenden Aufgaben aus.

Lerne ein Gedicht auswendig und trage es vor.

1 **a.** Wähle ein Jahreszeiten-Gedicht von den Seiten 188 – 189 aus.
b. Lerne das Gedicht auswendig.
Verwende die Arbeitstechnik.
c. Trage dein Gedicht in der Klasse vor.

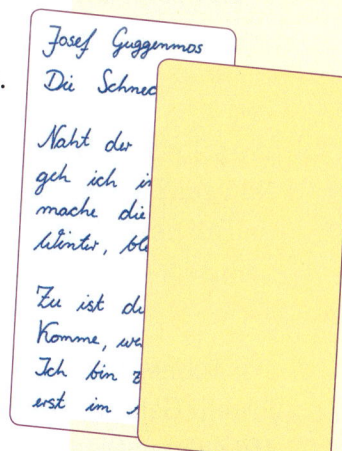

> **Arbeitstechnik**
>
> **Ein Gedicht auswendig lernen**
>
> – Lerne die erste Strophe **Zeile für Zeile** auswendig.
> – Sprich dann die **Strophe als Ganzes**.
> – Gehe genauso bei den anderen Strophen vor.
> – Wenn du das ganze Gedicht auswendig sprechen möchtest,
>   kannst du dir mit einem **Blatt Papier** helfen: Lege es so,
>   dass du **jeweils nur den Anfang jeder Zeile** lesen kannst.

Schreibe eine weitere Strophe zu einem Gedicht.

2 Das Gedicht 3 auf Seite 188 schildert, wie der Sommer riecht
und schmeckt. Eine weitere, nicht abgedruckte Strophe schildert,
wie der Sommer klingt.
a. Lies die beiden Strophen des Gedichtes noch einmal.
b. Notiere Wörter und Sätze dazu, wie der Sommer klingt.
c. Schreibe eine eigene Strophe darüber, wie der Sommer klingt.
Tipp: Orientiere dich dabei an den beiden ersten Strophen.

ein Gedicht
weiterschreiben
das vollständige Gedicht
➤ S. 312

Schreibe ein eigenes Jahreszeiten-Gedicht.

3 **a.** Wähle eine Jahreszeit aus.
b. Welche Wörter passen zu der Jahreszeit?
Du kannst deine gesammelten Jahreszeiten-Wörter
von Seite 189, Aufgabe 3 verwenden.
Ergänze noch weitere Wörter.
c. Schreibe nun selbst ein Gedicht über diese Jahreszeit.
Es muss sich nicht reimen.

ein eigenes Gedicht
schreiben

Z Weiterführendes: Haiku – japanische Jahreszeiten-Gedichte

俳句

Gedichte zu den Jahreszeiten gibt es in vielen Ländern.
In Japan werden sie zum Beispiel oft in der besonderen Form von Haiku verfasst.
In den folgenden vier Haiku werden verschiedene Jahreszeiten und Stimmungen beschrieben.

Die schmalen Wege
Nun ganz und gar begraben
Im Fall des Laubes
Buson

Dem kahlen Astwerk
Des Frühlings Regentropfen
So eng verbunden.
Tatsuko

Der Schnee vom Abend
Erhellt Gebüsch und Bäume
Mit seinem Glanze.
Roka

Um Sommerbäume
Bei den zwei schroffen Bergen
Die Wolken quellen.
Rimpu

Haiku lesen

1 Lies die Haiku.

2 Welches Haiku gefällt dir am besten?
a. Begründe, warum du dir gerade dieses Haiku ausgesucht hast.
b. Schreibe dieses Haiku in schöner Schrift auf ein Blatt Papier. Zeichne ein passendes Bild dazu und gestalte das Blatt mit Farben. Lege das Blatt in deine persönliche Lesemappe.

mit Schrift gestalten
➤ S. 224–225

3 Ordne die Haiku den vier Jahreszeiten zu.

Haiku untersuchen

Z **4** Untersuche die besondere Form der Haiku.
a. Zähle ab, wie viele Silben die Haiku-Zeilen jeweils haben.
b. Formuliere einen Merksatz über das Silbenschema der Haiku.

Starthilfe
Die erste Zeile eines Haiku enthält immer …

Nicht nur japanische Dichter haben Haiku verfasst.

Roter Regenschirm,
auf der Hecke ging er stumm
an mir vorüber.

Josef Guggenmos

Unentwegt fallen
von gläsernen Eiszapfen
blitzende Tropfen.

Josef Guggenmos

Im Rinnstein schwimmt, schau:
Eine einzelne Nudel.
Der Regen kocht Suppe.

Durs Grünbein

Z 5 **a.** Lies die Haiku und sieh dir die Fotos an.

b. Sprecht darüber, welche Gedanken oder Stimmungen
die Fotos und Texte bei euch hervorrufen.

c. Passt eines dieser Fotos zu den Haiku auf Seite 192?
Begründe.

*über die Wirkung
von Haiku sprechen*

Z 6 Schreibe ein eigenes Haiku.

a. Suche aus den Haiku auf den Seiten 192–193 die Wörter heraus,
die du mit bestimmten Jahreszeiten verbindest.

b. An welche Jahreszeit denkst du bei den folgenden Wörtern?

*ein eigenes Haiku
schreiben*

> Osterglocke   Kürbis   zwitschern   Libelle   weiß   Knospe
> Stoppelfelder   zartgrün   Wind   grau

c. Notiere Wörter, die du mit deiner Lieblingsjahreszeit verbindest.

d. Schreibe nun dein eigenes Haiku.

Info

Das **Haiku** (Mehrzahl: die Haiku) ist die kürzeste bekannte Gedichtform.
Sie entstand in Japan im 16. und 17. Jahrhundert.
Die Dichterin oder der Dichter beschreibt im Haiku,
was sie oder er in einem kurzen Augenblick beobachtet.

Ein Haiku hat **drei Zeilen** mit jeweils einer ganz bestimmten Silbenzahl.
Reime gibt es nicht, auch keine Überschrift.
Haiku beginnen oft mit einem **Jahreszeiten-Wort**,
das auf eine bestimmte Jahreszeit hinweist.

Dirk Walbrecker und eine rätselhafte Verwandlung

Drei spannende Bücher und ihr Autor

Diese spannenden und unglaublichen Geschichten
hat der Autor Dirk Walbrecker geschrieben.

1 Lies die folgenden Klappentexte.

> Das ist die Geschichte von Greg, der eines Tages als Riesenraupe
> aufwacht. Viele Aufregungen und Verwandlungen stehen an,
> viele Probleme mit den Eltern, dem Bruder und ... damit,
> dass Greg als Wunder der Natur bestaunt wird ...

> Lucia ist ein besonderes Mädchen – und solche Mädchen
> erleben auch Besonderes. In der Nacht taucht ein Junge auf,
> der regenbogenfarbene Sternenaugen hat ... etwa
> ein Außerirdischer?

> Um nicht mehr an die Höfe der Kaiser und Könige zu müssen,
> entschließen sich die Einwohner einer kleinen Stadt,
> närrisch zu werden. Wie so etwas endet?
> Vorsicht, auch in deiner Nähe kann ein solcher Mitbürger sein.

2 Im Tandem!
   a. Ordnet die Klappentexte und die Cover vom Rand
   einander richtig zu.
   b. Begründet eure Entscheidung.

3 Sprecht in der Klasse über die folgenden Fragen:
   – Welche Aufgaben haben wohl Klappentexte?
   – Welches Buch würdet ihr gerne lesen?

Dirk Walbrecker schreibt Kinder- und Jugendbücher.
Hier erzählt er mehr über sich und seine Arbeit als Schriftsteller.

Bei meinen Lesungen in Schulen und Bibliotheken werde ich
oft gefragt, wie ich zum Schreiben gekommen bin.
Erste Anregungen waren die Fantasie- und Erlebnisgeschichten,
die ich in der Schule sehr gerne geschrieben habe.
5 Dann kamen die Tagebücher, denen ich meine Wünsche, Träume,
Sorgen anvertraut habe. Später schrieb ich heimlich
die ersten Liebesgedichte.
Schon von Kindheit an waren es die Menschen in ihrer ganzen
Vielfalt und Besonderheit, die mich faszinierten. Es waren
10 persönliche Begegnungen und Erlebnisse. Es gab aber auch schon
sehr früh alle diese wundersamen Gestalten mit ihren Schicksalen,
die mir beim Lesen von Büchern, später auch im Kino und
im Theater begegneten.
Warum aber gerade Kinder- und Jugendliteratur?
15 Vielleicht ist es das Kind in mir, das erzählen will ...
Nach wie vor sind es vor allem Kinder und Jugendliche, die mich
mit ihrer Frische und ihrer Fantasie anregen. Es waren und sind
meine eigenen Töchter, ihre Freunde und Freundinnen,
die mir Anstöße zu Geschichten geben. Es sind aber auch
20 die vielen Begegnungen auf meinen Reisen in Deutschland und
in anderen Ländern.
Doch nicht nur Menschen regen mich zum Schreiben an.
Es können auch ein Blatt, ein Baum, ein Seepferdchen, eine Raupe
oder ein Delfin sein ... Es können der Mond, die Sterne und
25 andere Wunder und Rätsel sein.
Ich möchte Kinder und Jugendliche mit meinen Geschichten
neugierig machen, sie ermutigen und ihnen helfen,
einen Lebenssinn zu entdecken. Ich mag sie
in Spannung versetzen und sie unterhalten.
30 Vor allem jedoch möchte ich ihnen Spaß am Lesen
von Büchern verschaffen – denn Lesefreude
ist für mich auch Lebensfreude.

4 Beantworte die folgenden Fragen schriftlich.
   – Wie ist Dirk Walbrecker zum Schreiben gekommen?
   – Was regt ihn zum Schreiben an?
   – Warum schreibt er für Kinder und Jugendliche?

Dirk Walbrecker liest aus
einem seiner Bücher vor.

Einen Jugendbuchauszug lesen

Eine rätselhafte Verwandlung Dirk Walbrecker

Eines Morgens wachte der 13-jährige Greg auf
und etwas stimmte nicht …

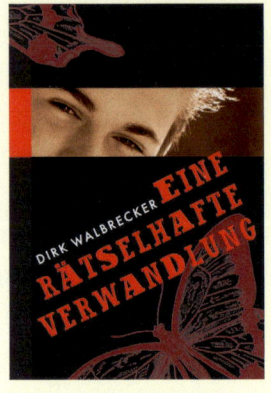

Rätselhaft.
Greg spürte sein Gehirn arbeiten. Zugleich aber war irgendwas
abgestorben. Sein Körper war anders als sonst. Er konnte sich nicht
normal bewegen. Es war überhaupt nicht sein richtiger Körper!
5 Und die Augen: Er wollte sie öffnen – einfach nur so zum Herum-
gucken. Aber sie ließen sich nicht öffnen und er sah trotzdem! […]
„Gregor, wo bleibst du? Das Frühstück kommt nicht zu dir
aufs Zimmer!" Ja. Essen. Viel essen. Greg hatte ein Hungergefühl
wie nie. Sein Magen war nicht wie sonst etwas rundes Leeres.
10 Er war seltsamerweise wie ein langes, schlauchähnliches Leeres,
das nach … Grünem verlangte. Nach grünem Salat.
Nach grünem Gemüse. Nach irgendwas Grünem.
Es klopfte hart an Gregs Tür.
„Der Schulbus dreht keine Extrarunde für dich!"
15 Greg hörte Bens Stimme überdeutlich. Er wollte antworten,
doch die Wörter blieben irgendwo unterwegs stecken. Er wusste
genau, dass er sehr spät dran war. Aber Bus und Schule und
all der Ärger waren ihm jetzt egal. Momentan interessierte ihn
nur dieser ewig lange, leere Magen. Er hatte das Bedürfnis,
20 ihn von außen zu erkunden, ihn abzutasten. Doch auch das
funktionierte nicht. Dort, wo sich sonst und immer seine Arme
befanden, war … nichts! Nichts zum Greifen und nichts,
um die Augen, diese Nichtaugen, zu reiben, die jetzt das Zimmer
rundum unscharf und fast nur als Farbflecken wahrnahmen.
25 Augen? Es war ihm, als habe er nicht nur zwei, sondern viel mehr,
die ihm fast einen Rundumblick erlaubten. Ich träume noch, okay,
ich träume noch … Trotzdem will ich wissen, was mit mir los ist.
Meinetwegen ohne Arme und Hände und ohne richtige Augen.
Ich will jetzt aufstehen und mich im Spiegel angucken.
30 Aber der lockere Satz aus dem Bett wollte Greg nicht gelingen.
Das gewohnte Beingefühl war nicht da. Keine beweglichen Zehen,
keine Füße, alles da unten nur ein undefinierbares* Ganzes …
„Was ist mit Greg? Hat er später Schule heute?"
„Ich wart' keine Sekunde auf den Kleinen!"

* schwer zu beschreibendes

35 Greg fühlte sich gar nicht so klein. Ihn interessierte im Augenblick
auch nicht das Problem von Pa und Ben. Er hatte mit sich und
seiner höchst seltsamen Gestalt genug zu tun. Zu seiner Verblüffung
war sie trotz fehlender Extremitäten* sehr beweglich.
Fast ohne Befehl vom Gehirn liefen sanfte wellenartige Regungen
40 durch den Körper. Immer ganz unten beginnend, durch den langen,
leeren Magen bis hoch zum Kopf ... sehr harmonisch und
mit einem ungewohnten Wohlgefühl verbunden.
Und dann machte Greg noch eine verblüffende Entdeckung:
Etwa da, wo er seine Arme vermisste, regte sich trotzdem etwas.
45 Nicht zweifach, sondern gleich sechsfach! Es ließ sich etwas Kurzes,
Eingliedriges bewegen. Nicht einzeln, sondern immer nur
paarweise. Bei Weitem nicht so behände* wie Hände, aber offenbar
auch nicht unbrauchbar. Und je konzentrierter sich Greg
auf dieses neue Körpergefühl einließ, desto mehr Entdeckungen
50 machte er. Auch im unteren Bereich seines langen Leibes gab es
mehrere bewegliche Dinger – eher kurze und dafür
dickere Ausstülpungen, paarweise gewachsen, zwei davon sogar
ganz am Körperende. Mit dem Durchzählen jedoch kam Greg
nicht klar: Mal kam er auf zwölf von diesen Auswüchsen,
55 ein anderes Mal sogar auf sechzehn.

* Arme und Beine

* geschickt

1 Was geschah?
Welche Veränderungen stellte Greg an sich fest?
Sprich darüber mit einer Partnerin oder einem Partner.

Textinhalte erschließen

Weil Greg sein Zimmer nicht verließ, rief die Mutter nach ihm.

„Greg, ein letztes Mal: Komm raus! Ich mach mir ernsthaft Sorgen.
Hörst du mich?!" – „Jaaaa ..."
Das war kein richtiges Ja. Das war ein mehr geröchelter, fast nur
gehauchter langer Laut, der Greg sozusagen im Hals stecken blieb.
60 Im Hals? Auch da stimmte was nicht: Greg konnte nämlich
den Kopf nicht nur problemlos weit nach links und rechts drehen.
Er vermochte ihn sogar dank eines wunderbaren Mechanismus*,
den er erst mal nicht richtig unter Kontrolle bekam,
fast in seinen Leib einzufahren.
65 All das war Greg plötzlich zu viel. Vor allem die Unfähigkeit,
seine Stimme zu benutzen, versetzte ihn in Panik.
„Greggy! Ich kann dich nicht verstehn. Sprich deutlicher!"
„Jaaa ... Jaa ..." Greg gab es auf. [...]

* eines automatischen Ablaufs

Was tun? Wie mit dieser Situation klarkommen? Wo war ein Ausweg?
70 Wenn Ma mich in diesem Zustand sieht, bekommt sie einen Schock.
Wenn alles nur Einbildung ist und ich einfach so als Greg vor ihr
stehe – auch gnadenlos peinlich ...
Immerhin funktionierten solche Gedankengänge noch,
das war beruhigend. Und etwas anderes funktionierte besser
75 denn je: das Gehör. Es war so, als sei eine hochsensible* Wanze
implantiert*. [...]
Ich werde jetzt dieses Bett verlassen, beschloss Greg. Und prompt
regten sich die fuß- oder beinartigen Dinger fast wie automatisch ...
Erst ganz hinten und dann schön paarweise nach vorn.
80 Es bedurfte nur noch einer kleinen Drehung mit dem ganzen Körper
auf den Bauch und Greg konnte sich tatsächlich aus dem Bett
bewegen ... Schritt für Schritt und richtig gewandt, jedenfalls
ohne Anstrengung.
Und während Greg so über den Boden kroch, kam es ihm plötzlich
85 wie eine Ungeheuerlichkeit: Ich bin eine Raupe. Ich bin eindeutig
eine Raupe! Eine Riesenraupe ...

* sehr empfindliche

* in den Körper eingepflanzt

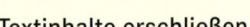

2 Greg hat sich in eine Raupe verwandelt.
Was genau hat sich dadurch an seinem Körper verändert?
a. Sprich darüber mit einer Partnerin oder einem Partner.
Tipp: Achtet auf die hervorgehobenen Textstellen.
b. Notiere eure Ergebnisse in Stichworten.

Textinhalte erschließen

> **Starthilfe**
> – Körper war anders als sonst
> – Augen ...

3 Zeichne Bilder, die Greg vor und nach seiner Verwandlung zeigen.

4 **a.** Einige Wörter werden am Rand erklärt.
Lies die Worterklärungen.
b. Gibt es weitere Wörter, die du nicht verstehst?
Schlage diese Wörter in einem Wörterbuch nach.
Schreibe diese Wörter mit den Erklärungen auf.

Wörter nachschlagen

mehr dazu ➤ S. 222–223

5 Was könnte Greg gedacht haben, nachdem er erkannt hatte,
dass er eine Raupe geworden war? Schreibe es auf.

**die Perspektive
wechseln**

> **Starthilfe**
> Das kann doch nicht sein!
> ...

6 Wie könnte die Geschichte weitergehen?
Was geschah, als Gregs Eltern ihren Sohn als Raupe vorfanden?
a. Schreibe zunächst einige Stichworte dazu auf.
b. Schreibe dann deine Fortsetzung.

eine Geschichte
weiterschreiben

Planen, schreiben,
überarbeiten ➤ S. 299

Was sind eigentlich Raupen? Der Sachtext informiert darüber.

7 Lies den Sachtext.

Die Raupe

Raupen sind die Larven des Schmetterlings. Sie bestehen
aus gleichmäßig aneinandergereihten Abschnitten.
An den ersten drei Abschnitten des Körpers befinden sich
drei echte Beinpaare, am Hinterleib sind noch
5 vier „unechte" Beinpaare zu finden – das sind jedoch nur
Hautausstülpungen zum Festhalten.
Alle anderen Beinpaare sind zurückgebildet, sodass sich Raupen
kriechend fortbewegen.
Auf der Unterseite des Körpers haben Raupen sechs Punktaugen,
10 mit denen sie jedoch nur wenig sehen können. Besonders wichtig
sind ihre Mundwerkzeuge, denn Raupen fressen sehr viel.
Sie ernähren sich meistens von Blättern. Durch das viele Fressen
werden die Raupen immer dicker und die Haut wird ihnen
irgendwann zu eng. Diese platzt dann auf und darunter
15 befindet sich schon die neue Haut. Dieser Vorgang wiederholt sich
mehrmals, man spricht dann von „Häutung".
Schließlich verwandelt sich die Raupe in eine Puppe und
hängt einige Wochen in einem Kokon* an einem dünnen Faden.
In dieser Zeit verändert sich der Körper im Inneren und wird
20 zu einem Schmetterling. Wenn die Verwandlung abgeschlossen ist,
platzt der Kokon auf und ein Schmetterling schlüpft.

* einer Hülle

8 Im Tandem!
Vergleicht eure Notizen zu Gregs Veränderungen
mit den Sachinformationen über Raupen.
Welche Gemeinsamkeiten stellt ihr fest?

Lesetipp: Mehr über Greg, die Riesenraupe, erfahrt ihr
in dem Buch „Eine rätselhafte Verwandlung" von Dirk Walbrecker.

Ein Interview lesen und auswerten

Greg durfte ein Interview mit Dirk Walbrecker führen.
Dabei hat Greg viel über sich und die Ideen des Autors erfahren.

Greg: Hallo, lieber Autor. Was hat dich eigentlich dazu angeregt,
diese unglaubliche Verwandlungsgeschichte zu schreiben?
Dirk Walbrecker: Als Schüler habe ich eine Erzählung
des berühmten Autors Franz Kafka gelesen: „Die Verwandlung".
5 In dieser Geschichte, übrigens für Erwachsene geschrieben,
verwandelt sich ein junger Mann in einen Riesenkäfer.
In der Literatur gibt es sehr viele solcher Verwandlungsgeschichten.
Greg: Und wieso sollte ich mich ausgerechnet in eine Raupe
verwandeln?
10 **Dirk Walbrecker:** Ich finde diese Tiere sehr schön,
zudem begeistert mich an ihnen die mehrfache Verwandlung
in ihrem Leben.
Greg: Und wieso gelingt es dir, mich so genau, so natürlich
zu beschreiben?
15 **Dirk Walbrecker:** Ich habe bei den Nachforschungen
für den Roman nicht nur biologische Bücher gelesen. Ich habe
auch mehrere berühmte Raupenforscher besucht – die haben mir
viel über deine Art erzählt und erklärt. Außerdem habe ich
‚live' Raupen viele, viele Stunden beobachtet, bevor ich
20 mit dem Schreiben der Geschichte begonnen habe.
Greg: Vielen Dank für das Interview.

1 Lest das Interview mit verteilten Rollen laut vor.

mit verteilten Rollen lesen

2 Beantworte schriftlich die folgenden Fragen.
   – Warum hat Dirk Walbrecker sich für eine Raupe entschieden?
   – Warum konnte er Greg als Raupe so genau beschreiben?

Fragen zum Text beantworten

W Wähle eine der beiden Aufgaben aus.

3 Möchtest du dich manchmal auch gern in etwas verwandeln?
Schreibe deine Gedanken auf.

4 Bildet einen Sitzkreis. Erzählt davon,
in was ihr euch gern verwandeln möchtet.

von eigenen Gedanken erzählen

Buchtipp: Eine unheimliche Geschichte

Spacy Spacy   Dirk Walbrecker

Dirk Walbrecker hat noch weitere geheimnisvolle Figuren erfunden.
In dem Buch „Spacy Spacy" trifft Lucia eine unheimliche Gestalt.

Lucia erstarrte: Irgendwo da vorne hatte sich etwas bewegt!
Welche größeren Tiere lebten hier im Moor? Nicht einmal am Tag
hatte sie sich je weiter als bis zu dem Verbotsschild gewagt.
Woher sollte sie wissen, was oder wer hier herumgeisterte?
5 Da! Genau geradeaus auf dem Steg bewegte sich etwas ...
sehr langsam ... sehr behutsam. Eindeutig kam ein Wesen
auf sie zu und es wurde immer größer und deutlicher.
Sollte sie davonlaufen?
Lucia stand wie angewurzelt. Sie versuchte, die Moorlandschaft
10 mit ihren Blicken zu durchdringen, in der es rundum
dank des Sternenlichts glitzerte und funkelte. Da – geradeaus,
direkt vor ihr bewegte sich etwas, etwas Dunkles ... genau
auf sie zu ... Schritt für Schritt ... näher und näher ... Hilfe!
Es war zu spät. Lucia starrte auf das Wesen, das auf sie zutrat:
15 kaum größer als sie selbst. Zweibeinig, mit fast schwerelosem
Schritt. Stumm und entschlossen. Und – mitten in der Nacht –
mit einer Sonnenbrille im Gesicht.
Lucia wagte kaum zu atmen. Ihr Gegenüber war stehen geblieben.
Kaum zwei Meter entfernt stand das Wesen jetzt reglos da.
20 Zwei unsichtbare, unter dunklen Gläsern verborgene Augen
schienen sie zu fixieren, schienen sie zu bannen.

1 Lucia macht eine unheimliche Begegnung.
Zeichne ein Bild von dem Wesen, das sie trifft.

2 Beim Lesen kannst du dir die aufregende Situation
gut vorstellen.
Nenne die Wörter, die die Geschichte
so spannend klingen lassen.

Starthilfe
erstarrte, ...

Z 3 Wie könnte die Geschichte weitergehen?
a. Schreibe zunächst einige Stichworte auf.
Tipp: Der Klappentext auf Seite 194 verrät dir mehr.
b. Schreibe dann deine Fortsetzung.

ein Bild zeichnen

mehr zu Nomen,
Personalpronomen,
Verben, Adjektiven
➤ S. 266–287

eine Geschichte
weiterschreiben

Eine Fotogeschichte

Eine Fotogeschichte ist eine Geschichte, die mit Fotos erzählt wird.

1 **a.** Seht euch die Fotos genau an.
   b. Beschreibt, was auf den Fotos zu sehen ist.

Fotos beschreiben

2 Auf den Fotos kann man die Gefühle der Personen erkennen.
   – Was mag das Mädchen denken, als es die Brieftasche entdeckt?
   – Wie reagiert der Junge auf die Situation?
   – Was mag die Frau an der Kasse von den beiden denken?
   – Wie fühlt sich die ältere Frau am Ende der Geschichte wohl?

3 **a.** Erzählt die auf den Fotos dargestellte Geschichte.
   b. Überlegt euch eine passende Überschrift.

zu einer Fotogeschichte erzählen

Gefühle zum Ausdruck bringen

Damit man bei einer Fotogeschichte erkennt, was passiert ist und was die Personen fühlen, sind die Körpersprache (Gestik) und der Gesichtsausdruck (Mimik) besonders wichtig.

 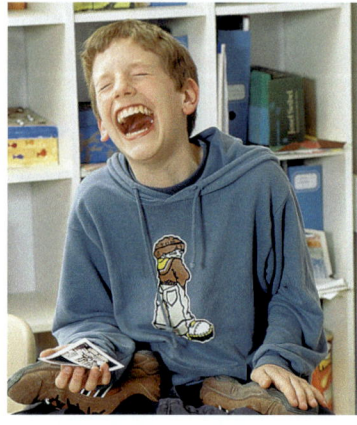 

Auf diesen drei Fotos stellen Kinder mit ihrem Körper Gefühle pantomimisch dar, das heißt, ohne dabei zu sprechen.

1 Betrachtet gemeinsam die drei Fotos.
- **a.** Wie wirken die Kinder auf euch?
- **b.** Ihr erkennt, was die drei darstellen wollen. Woran liegt das? Sprecht darüber.

Gefühle erkennen

2 **a.** Notiert verschiedene Gefühle.
- **b.** Stellt eines der Gefühle dar, ohne dabei zu sprechen.
- **c.** Lasst die anderen raten, was ihr dargestellt habt.

Gefühle darstellen

W Wählt eine der beiden Spielideen aus.

3 Auch mit dem Wetter sind Gefühle verbunden.
Stellt solche Gefühle pantomimisch dar:
- Ein Spielleiter sagt das Wetter an.
- Die anderen bewegen sich „passend zum Wetter".

Starthilfe

Spielleiter: „Es ist warm, die Sonne scheint. Plötzlich aber wird es etwas kälter ..."

4 Auch Tätigkeiten lassen sich pantomimisch darstellen.
- Zwei Kinder streiten sich, vertragen sich dann aber wieder.
- Du packst ein Geschenk aus und freust dich riesig.

Mit bestimmten Gesten* kann man einem anderen Menschen etwas ohne Worte mitteilen.

* Bewegung der Hände oder Arme, die die Rede begleitet oder auch ersetzt

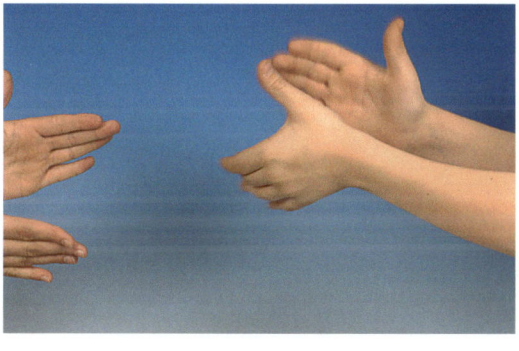
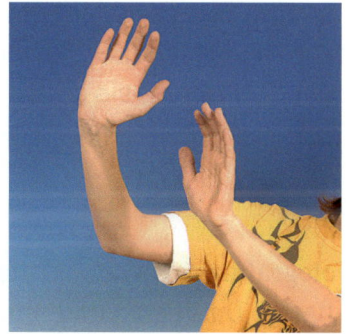

5 **a.** Erklärt diese Gesten.
b. Findet weitere Beispiele.

die Bedeutung von
Gesten erklären

Manchmal können Gesten auch zu Missverständnissen führen.

6 Lest die folgende Geschichte.

Sinan, Semir und Michael wollen zu dritt
eine Szene aus dem Sportunterricht darstellen,
die die Klasse raten soll. Sie beraten sich.
Sinan sagt: „Sessizce yaklaşmak."
5 Semir ergänzt: „Hoplamak, koşmak."
Michael versteht nur Bahnhof.
Da machen die beiden
Michael die Tätigkeiten vor.
Michael versteht auf einmal,
10 freut sich und sagt: „Aha. Schleichen,
hüpfen, rennen." Semir und Sinan tippen sich
mit dem Finger an die Stirn.
Michael wird böse. Das verstehen Sinan und
Semir nicht, denn schließlich heißt dieses Zeichen
15 in der Türkei: „Du bist clever."

7 Was kann **sich an die Stirn tippen** bedeuten?
Schreibt die verschiedenen Bedeutungen auf.

8 Kennt ihr andere Gesten, die unterschiedlich
verstanden werden können? Beschreibt und erklärt sie.
Tauscht euch über die Bedeutungen aus.

Fotografieren wie ein Profi

Die einzelnen Fotos für eine Fotogeschichte müssen genau geplant werden. Sie wirken sehr unterschiedlich, je nachdem, aus welchem Blickwinkel und welcher Entfernung sie aufgenommen wurden.

Die Perspektive

Als Fotografin oder Fotograf hast du verschiedene Möglichkeiten, eine Szene zu fotografieren: Du kannst dich hinstellen, hinknien oder von oben fotografieren.
Man nennt das die Perspektive, aus der fotografiert wird.

Es gibt unterschiedliche Perspektiven:

Normalperspektive   Froschperspektive   Vogelperspektive

1 Sprecht darüber,
wie die unterschiedlichen Perspektiven wirken.

2 Seht euch noch einmal die Fotos auf den Seiten 202 und 203 an.
Aus welcher Perspektive wurden sie jeweils aufgenommen?

Perspektiven erkennen

3 Überlegt euch je eine Situation für jede Perspektive.

Kameraeinstellungen

Beim Fotografieren musst du genau überlegen, aus welcher Entfernung du dein Motiv aufnimmst.
Man unterscheidet verschiedene Kameraeinstellungen.
Wenn mehrere Personen in ihrer Umgebung auf einem Bild zu sehen sein sollen, musst du einen größeren Abstand halten.
Willst du zeigen, wie die Stimmung einer Person sich in ihrem Gesicht ausdrückt, musst du nah herangehen.

Die **Totale** zeigt die Umgebung, in der sich eine Handlung abspielt (z. B. in der Schule, im Park, im Zimmer).

Die **Halbnahaufnahme** zeigt Personen von Kopf bis Knie. Mit dieser Einstellungsgröße kann man gut Menschengruppen oder Tätigkeiten zeigen.

Eine **Nahaufnahme** zeigt Kopf und Schultern einer Person. Diese Einstellung zeigt häufig, wie sich Menschen unterhalten.

Die richtige Kameraeinstellung zu finden, ist gar nicht so einfach.

4 **a.** Legt gemeinsam einige Motive fest, die ihr fotografieren wollt.
   b. Fotografiert eure Motive aus verschiedenen Entfernungen.
   c. Diskutiert, welche Fotos am besten wirken.

> **Starthilfe**
> jemand schreibt einen Brief,
> eine Gruppe von Freunden steht zusammen …

über die Wirkung von Kameraeinstellungen sprechen

Weiterführendes:
Eine eigene Fotogeschichte gestalten

Für eure eigene Fotogeschichte braucht ihr eine gute Geschichte.
Beim Ausdenken einer Geschichte helfen euch
die Handlungsbausteine zum Erzählplan.

mehr zum Erzählplan
➤ S. 150–153

Beispiel:

Handlungsbausteine:
- Hauptperson/
  Situation
- Wunsch
- Hindernis
- Reaktion
- Ende

- Die **Hauptperson** ist Hakan, ein Schüler der 5. Klasse.
  Er mag Nina, die ebenfalls in seine Klasse geht.
- Sein **Wunsch**: Er will Nina ins Schwimmbad einladen,
  traut sich aber nicht, sie anzusprechen.
- **Hindernis**: In der Mathestunde schreibt Hakan
  einen Brief an Nina. Aber die Mathelehrerin …
- **Reaktion**: …
- **Ende**: …

1 Vervollständigt die Geschichte. Schreibt eure Fortsetzung auf.

eine Fortsetzung
schreiben

Jetzt müsst ihr die Fotos genau planen.

2 Notiert folgende Vorüberlegungen.
- Wie viele Fotos braucht ihr für jeden Handlungsbaustein?
- Welche Szenen sollen dargestellt werden?
  Zeichnet Skizzen.
- Besprecht, welche Kameraeinstellungen ihr wählen wollt.

Vorüberlegungen
notieren

Starthilfe

Szene	Kameraeinstellung
Hakan beobachtet Nina in der Pause.	Totale
Hakan schreibt im Matheunterricht einen Brief.	Nahaufnahme
…	…

3 Für jedes Foto braucht ihr kurze Texte oder Sprechblasen.
a. Überlegt gemeinsam, was die Darsteller sagen könnten.
b. Schreibt die Gespräche in Sprechblasen auf.

Gespräche schreiben

Starthilfe

Hakans Brief: Liebe Nina,
schon lange möchte ich …

Als Nächstes werden die Darsteller ausgewählt und weitere wichtige Aufgaben verteilt.

4 Die Darsteller müssen Gefühle und Ereignisse passend zu ihrer Rolle zeigen können.
Besprecht, wer welche Rolle übernimmt.

die Rollen verteilen

5 Überlegt, was noch getan werden muss.
a. Schreibt einen Organisationsplan.
b. Verteilt die Aufgaben.

einen Organisationsplan schreiben

> *Organisationsplan*
> *Fotograf: Marek*
> *Darsteller: Lukas, Elif*
>
> *Weitere Aufgaben*
> *Kostüme besorgen: Carlo, Tom, Sieba*
> *den Darstellern Tipps geben: Tanja, Kim*
> *Spielorte aussuchen: David, Teresa*
> *Fotos aussuchen: Yasemin, Anna*

6 Habt ihr alle Fotos und Sprechblasen beisammen?
Dann gestaltet eure Fotogeschichte als Plakat oder als Mappe.

die Fotogeschichte gestalten

> **Tipps:**
> – Am besten fotografiert ihr mit einer Digitalkamera,
>   dann könnt ihr immer gleich kontrollieren,
>   wie eure Aufnahmen geworden sind.
> – Manchmal ist es schwierig, die ganze Geschichte
>   nur mit Bildern zu erzählen. Dann kann man
>   kurze erklärende Zwischentexte schreiben.
> – Am einfachsten ist es, jeweils zwei Fotos
>   auf DIN-A4-Blättern anzuordnen und die Sprechblasen
>   und Textblöcke aufzukleben. Die Blätter könnt ihr dann
>   in der Klasse aufhängen oder zu einer Mappe binden.
>   Ihr könnt die Fotos auch auf Plakaten anordnen.

7 Nun könnt ihr selbst Fotogeschichten gestalten.
Schreibt hierzu mithilfe der Handlungsbausteine
eigene Geschichten auf.
  – Ihr könnt im Buch nach weiteren Geschichten suchen.
  – Vielleicht kennt ihr auch selbst spannende Geschichten,
    die sich für eine Fotogeschichte eignen.

eigene Fotogeschichten entwickeln

Lesen erforschen – Lesen trainieren

Aufstieg in die Lese-Liga

Willst du weiterkommen beim Fußball und mehr Tore schießen?
Dann hilft nur trainieren.

Aber ein Trainingsplan für das Lesen?
Klar! Denn Texte knacken sich nicht von selbst.

Du musst Texte anpacken und darfst sie nicht
aus den Augen lassen.
Deine Lehrer sind deine Trainer und unterstützen dich dabei.
Und du hast ein Team – gemeinsam seid ihr stark.

Was kann ich schon?
Wo will ich hin?
Was muss ich dafür tun?

Wir haben
unterschiedliche Talente
und Ideen.
Gemeinsam sind wir stark!

deine Stärken

dein Team

Mit unserer Unterstützung
könnt ihr immer rechnen!

deine Trainer

Auf die richtige Technik kommt es an: Mit Köpfchen ran an den Text!

1 **a.** „Man kann doch Fußball nicht mit Lesen vergleichen!"
„Warum eigentlich nicht?"
Vielleicht haben ja beide Recht. Was meint ihr?
b. Was haben Fußball und Lesen miteinander zu tun?
Sammelt in einer Tabelle Unterschiede und Gemeinsamkeiten.

Starthilfe

Fußball	Lesen
– mindestens zwei Spieler – man braucht Ausdauer – geht drinnen und draußen – …	– geht auch alleine – man braucht Ausdauer – geht drinnen und … – …

2 Und wie geht es dir persönlich beim Lesen?
Beende die folgenden Sätze.

> Ich lese wie ein Profi, wenn ich …
>
> Wenn ich beim Lesen etwas nicht verstehe, dann …
>
> Manchmal brauche ich Hilfe beim Lesen, zum Beispiel wenn …
>
> Beim Lesen bin ich stolz, wenn …

3 Tauscht euch in der Klasse über eure Sätze aus.

4 Lege deine ganz persönliche Lesemappe an:
Darin sammelst du alles, was du rund ums Lesen schreibst
und lernst. Gestalte sie, wie du möchtest.
Deine Lesemappe wird dich beim Lesenlernen begleiten.

5 Schreibe deine Sätze aus Aufgabe 2 auf ein extra Blatt und
lege es in die Lesemappe.

Meine Lesemappe

Name: _____

Mein Lesen – mein Leseweg

Jeder von euch hat auf seine Weise lesen gelernt.
Jeder macht andere Erfahrungen mit dem Lesen.

Bei einigen Märchen habe ich mich immer gefürchtet.

Meine Mutter hat mir abends immer vorgelesen.

Mein Lieblingsplatz zum Lesen ist mein Platz am Computer.

Wenn ein Buch zu dick ist, lese ich es oft nicht zu Ende.

Das erste Wort, das ich lesen konnte, war Papa.

Ich wollte unbedingt auch lesen können – so wie mein großer Bruder.

Ich habe Wörter gehört und sie dann selbst gelesen.

1 **a.** Lest die Aussagen in den Sprechblasen.
   b. Wertet sie gemeinsam aus.

über Leseerfahrungen nachdenken

2 Welche Erfahrungen mit dem Lesenlernen und
   mit dem Lesen habt ihr selbst?
   Macht eine Kartenabfrage.
   – Verteilt farbige Karteikarten.
   – Jeder schreibt einen „Lesesatz" wie in den Sprechblasen
      auf eine Karte.

eine Kartenabfrage machen

3 Sammelt und ordnet eure Karteikarten an der Tafel.
   Vergleicht eure Lesesätze.

Gemeinsam seid ihr stark – auch beim Lesen!
Aber: Jeder hat seinen ganz persönlichen Leseweg,
seine Stärken und Schwächen.

4 Was beschreibt der Leseweg?
Sprecht in der Klasse darüber.

Bevor ihr gemeinsam ins Lesetraining „startet",
sollte jeder für sich allein über sein Lesen nachdenken.

5 Beschreibe nun deinen eigenen Leseweg.

Name: _____ Datum: _____

Mein Leseweg – meine Leseerfahrungen

Das erste Wort, das ich lesen konnte, war ...
Am liebsten lese ich ...
Was ich gar nicht gerne lese, ist ...
Meine Lieblingsfigur, über die ich etwas gelesen habe, heißt ...
Zu Hause lese ich ...

6 Gestalte ein ganz besonderes Blatt zu deinem Leseweg.
Lege das Blatt in deine Lesemappe.

7 In einigen Monaten kannst du dein Blatt zu deinem Leseweg
wieder zur Hand nehmen:
– Hat sich etwas verändert?
– Liest du jetzt anders oder etwas anderes?
Schreibe deine neuen Antworten auf.

Was kann ich schon?
Wo will ich hin?
Was muss ich dafür tun?

das eigene Lesen
reflektieren

Lesetrick: Sprich mit dem Text

Einen Text lesen – das kann wie ein Gespräch mit einem Freund oder einer Freundin sein: Der Text erzählt dir etwas.

– Du hörst genau zu.
– Du sagst, was dir dabei durch den Kopf geht.
– Du fragst nach, wenn dir etwas nicht klar geworden ist.

Auf die richtige Technik kommt es an: Mit Köpfchen ran an den Text!

Probiere es an dem Sachtext auf der nächsten Seite aus.

1 Vor dem Lesen: Im Tandem!
  a. Lest die Überschrift. Worum könnte es in dem Text gehen?
  Schreibt es auf.
  b. Was meint ihr:
  Wie lautet die Antwort auf die Frage in der Überschrift?
  Schreibt eure Vermutungen auf.

Sachtexte erschließen

2 **a.** Seht euch die Bilder an.
  b. Was verraten sie euch über den Text?
  Sprecht über eure Vermutungen.

3 Beim Lesen: Der Text erzählt dir etwas.
  Lest den Text und die Fragen neben dem Text.

Arbeite nach dem Lesen mit deiner Lesemappe.

4 Jemand hat schon Fragen zum Text formuliert.
  a. Schreibe die Fragen im Rand auf Seite 215 in der Reihenfolge
  ab, in der du sie beantworten möchtest.
  b. Beantworte die Fragen allein und in Ruhe.
  Schreibe die Antworten auf.
  Tipp: Dein „Trainer" hilft dir.

Fragen zum Text beantworten

5 Welche weiteren Fragen an den Text hast du?
  a. Schreibe zwei eigene Fragen auf.
  b. Tausche deine Fragen mit deinem Tandempartner aus.
  Beantwortet eure Fragen gegenseitig.

Fragen an den Text formulieren

6 Was ist euch nicht klar geworden?
  Schlagt im Lexikon nach oder fragt euren „Trainer".

Wird ein Fußball auf nassem Rasen beim Aufsetzen schneller?

Ein fliegender Fußball hat einen so genannten „Impuls"[1].
Das ist eine physikalische Größe[2], die man erhält,
wenn man die Masse[3] mit der Geschwindigkeit malnimmt.
Um schneller zu werden, müsste der Fußball irgendwoher
5 einen größeren Impuls bekommen. Aber woher?

Eine Möglichkeit: Man kann
den Drehimpuls eines Balles umwandeln,
sodass er schneller wird.
Vielleicht kennst du das vom Tischtennis:
10 Ein Ball, der einen Drall[4] nach vorne hat,
springt flach und schnell von der Platte ab.
Mit der Drehung „drückt" er sich noch
einmal heftig ab.

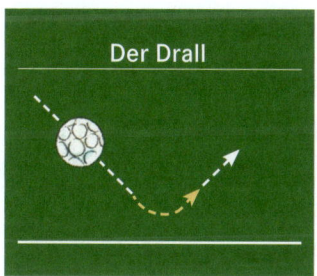

Nur, wieso sollte das beim Fußball auf nassem Rasen
15 besser gehen als bei trockenem?

Nein, der Ball wird nicht schneller.
Was den Torwart aber aus der Fassung
bringen kann, ist die Unberechenbarkeit
des Balles bei nassem Boden: Je nachdem,
20 wie tief das Wasser ist, springt er flacher
oder höher weg. Da langt dann
der Keeper[5] schon mal daneben.
Und im Extremfall[6] bleibt der Ball
wie ein nasser Sack in einer Pfütze liegen.

---

[1] der Impuls: der Anstoß, die Wucht   [2] die physikalische Größe: ein Begriff aus der Physik
[3] die Masse: das Gewicht   [4] der Drall: der Schwung, die Drehung
[5] der Keeper: englisches Wort für Torwart   [6] im Extremfall: im äußersten Fall

7 Welche der beiden Aussagen trifft zu? Schreibe sie auf.
  – Ein Fußball wird auf nassem Rasen beim Aufsetzen schneller.
  – Man kann den Drehimpuls eines Balles umwandeln,
    sodass er schneller wird.

Lesetipp: Diesen Text und auch den Text auf Seite 216 findest du
in dem Buch „Stimmt's? Freche Fragen, Lügen und Legenden für
clevere Kids". Es enthält viele Antworten auf interessante Fragen.

Spielst du Fußball?

Was muss passieren, damit ein Fußball schneller wird?

Worum geht es hauptsächlich in dem Text?

Was hat Fußball mit Tischtennis zu tun?

Wird der Ball auf nassem Rasen schneller?

Was sind die Schwierigkeiten, wenn du im Regen Fußball spielst?

das Textverständnis überprüfen

Gemeinsam sind wir stark – ran an den Text!

Einer allein kann nie ein Fußballspiel gewinnen.
Jeder Spieler und jede Spielerin ist wichtig.
Der eine kann schnell laufen,
die andere kann gut schießen.
Auch beim Lesen kann jeder
etwas dazu beitragen, den Text zu verstehen.
Teamwork heißt das Zauberwort!

Wir haben unterschiedliche Talente und Ideen. Gemeinsam sind wir stark!

Auf den Seiten 216 und 217 trainiert ihr,
einen Text gemeinsam mit einem Partner
oder einer Partnerin zu lesen und zu verstehen.
Euer „Trainer", das heißt eure Lehrkraft,
gibt euch dazu die nötige Unterstützung.

Mit unserer Unterstützung könnt ihr immer rechnen!

1 Vor dem Lesen: Im Tandem!
   a. Lest die Überschrift. Worum geht es in dem Text?
   b. Erzählt euch gegenseitig, was ihr schon über das Thema wisst.

> die Überschrift lesen;
> Vorwissen austauschen

2 Seht euch gemeinsam die Abbildung an.
   Beschreibt, was ihr darauf erkennen könnt.

> die Abbildung beschreiben

3 **a.** Lest euch nun gegenseitig den Text vor.
     In der Mitte wechselt ihr.
   b. Der Zuhörende schreibt einen Satz oder eine Frage auf.

> den Text vorlesen;
> Gedanken zum Text notieren

Wie kann man einen Ball „um die Ecke" schießen?

Sehr gute Fußballspieler schaffen es,
einen Ball von der Eckfahne aus
direkt ins Tor zu schießen –
also auf einer gebogenen Bahn.
5 Berüchtigt sind auch
die so genannten „Bananenflanken",
bei denen der Ball ebenfalls einen Bogen
beschreibt.

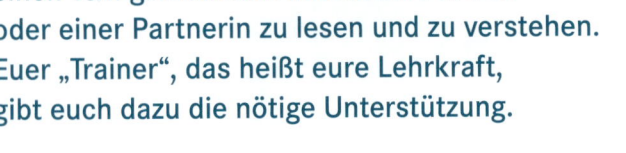

Wie entsteht die Bananenflanke?

Dass das geht, dafür sorgt der so genannte „Magnuseffekt".
10 Der wirkt immer dann, wenn eine Luftströmung
auf einen rotierenden Körper trifft. Er sorgt für eine Ablenkung
von der geraden Bahn in Richtung der Drehung.
Er wirkt zum Beispiel auch auf einen Tischtennisball,
der mit „Topspin" geschlagen wird.

4 Findet für die beiden Absätze eine Überschrift. Schreibt die Überschriften auf.

Überschriften finden

5 Schreibt die Wörter auf, die ihr nicht versteht.
- Vielleicht könnt ihr sie gemeinsam erklären.
- Ihr könnt auch ein Wörterbuch oder Lexikon zu Hilfe nehmen.

Wörter erklären

6 Berichtet euch gegenseitig, was ihr vom Text behalten habt. Ihr könnt euch dabei ergänzen.

Textinhalte wiedergeben

Z **7** Wie würdet ihr einem Fußballanfänger die Bananenflanke erklären?
- **a.** Erklärt es mündlich eurem Partner oder eurer Partnerin.
- **b.** Schreibt gemeinsam eine Erklärung.
- **c.** Tragt die Erklärung in eure Lesemappe ein.

einen Fachbegriff erklären

> **Starthilfe**
> Eine Bananenflanke ist …

Z **8** Bearbeitet nun den folgenden Text selbstständig.

> Mit unserer Unterstützung könnt ihr immer rechnen!

Die Fußball-Weltmeisterschaft 2006 in Deutschland

2006 wurde in Deutschland die Fußball-Weltmeisterschaft
der Männer ausgetragen. Es nahmen 32 Mannschaften teil.
In der Vorrunde wurden die Mannschaften per Los in Gruppen
aufgeteilt. Jeweils vier Mannschaften bildeten eine Gruppe.
5 In jeder Gruppe spielte jede Mannschaft einmal gegen jede andere.
Die zwei besten Mannschaften aus jeder Gruppe qualifizierten sich
für die Finalrunde. Dort kam dann der Sieger eines Spiels
eine Runde weiter, der Verlierer schied aus dem Turnier aus.
Italien wurde Weltmeister. Die Italiener gewannen das Endspiel
10 gegen Frankreich mit 5:3 im Elfmeterschießen.
Deutschland wurde Dritter.

9 Tauscht euch in der Klasse über eure Teamarbeit aus:
Was lief gut? Was könnt ihr noch besser machen?

über Teamarbeit sprechen

10 Schreibe deine Gedanken zur Teamarbeit auf ein Blatt und lege es in deine Lesemappe.

Texte lesen und verstehen:
Der Textknacker

Der Textknacker Schritt für Schritt

Einen Text verstehen …
… ist so
wie eine Nuss knacken.

Eine harte Nuss musst du knacken,
damit du an ihren harten Kern herankommst.
Dazu brauchst du einen Nussknacker.

Einen Text kannst du auch „knacken",
genauso wie eine harte Nuss.
Dann kannst du ihn verstehen.
Hier hilft dir der Textknacker.

1 Auf Seite 219 findest du den Textknacker.
    a. Lies die Schritte 1 bis 8 des Textknackers allein und in Ruhe.
    b. Sprich dann mit einer Partnerin oder einem Partner darüber,
    wie der Textknacker funktioniert.

2 Schreibe die Schritte 1 bis 8 auf.

3 Bastle dir einen Textknacker aus Pappe.
    Dann kannst du ihn für jeden Text verwenden.
    Schreibe nur die Nummern und die farbigen Wörter auf.

Der Textknacker funktioniert so:

Du siehst den Text zum ersten Mal.

1. **Bilder erzählen** dir **viel**,
   schon bevor du mit dem Lesen anfängst.

2. Die **Überschrift** verrät dir
   etwas über das **Thema des Textes**.

Du liest zuerst einmal den ganzen Text.

3. Einen **Gesamteindruck** vom Inhalt des Textes
   bekommst du, wenn du ihn einmal **als Ganzes liest**.

Du liest dann den Text genau.

4. **Absätze** gliedern den Text.
   Was in einem Absatz zusammensteht,
   gehört inhaltlich zusammen. Manchmal stehen
   auch **Zwischenüberschriften** über den Absätzen.

5. **Manche Wörter** sind zum Verstehen **besonders wichtig**,
   sie sind **Schlüsselwörter**. Oft sind sie unterstrichen,
   fett gedruckt oder farbig – so wie in diesem Buch.

6. Manche **Wörter** werden **erklärt**:
   Schau **am Rand** oder **unter dem Text** nach.

7. Manchmal gibt es weitere **Bilder am Rand** des Textes
   oder im Text. Sie helfen dir, den Text zu verstehen.

8. Suche Wörter, die du nicht verstanden hast,
   im **Lexikon** – aber erst zum Schluss.

Den Textknacker ausprobieren

Mit dem Textknacker knackst du jeden Text. Probiere es aus!

1
  a. Sieh dir zuerst die Bilder und die Überschrift an.
  b. Besprich mit einer Partnerin oder einem Partner
     die 1. und 2. Frage vom Rand.
  c. Lies einmal den Text „Nussknacker".
     Beantworte die 3. Frage vom Rand.

> **1.** Was erzählen dir die **Bilder**?

> **2.** Überschrift: Wie lautet das **Thema**?

> **3.** Welchen **Gesamteindruck** bekommst du beim ersten Lesen?

Nussknacker

Du kennst bestimmt Nussknacker,
die aussehen wie eine Zange.
Diese Zangenform gibt es schon
sehr lange, schon mehr als 2000 Jahre.

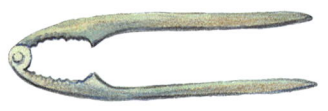

5 Vielleicht kennst du aber auch einen Nussknacker, der aussieht
wie ein hölzernes Männchen. Diese Form wird seit fast 250 Jahren
im Erzgebirge hergestellt. Das Erzgebirge liegt in Sachsen*,
an der Grenze zu Tschechien.
Seinen Namen hat das Erzgebirge von dem Erz*,
10 das tief im Berg zu finden war. Bergleute holten es ans Tageslicht.
Deshalb tragen viele hölzerne Nussknacker eine Mütze
und einen Anzug wie ein Bergmann.
Andere Nussknacker sehen so aus wie Polizisten oder Förster.
Eins haben sie alle gemeinsam: Sie sind Meister im Nüsseknacken.

2
  a. Lest den Text noch einmal genau.
  b. Bearbeitet dann die Fragen 4 bis 8 zu zweit.
     – Beantwortet die Fragen zunächst mündlich.
     – Vergleicht und ergänzt eure Antworten.
     – Schreibt eure Antworten auf.

> **4.** Wie viele **Absätze** hat der Text? Worum geht es jeweils? Finde zu jedem Absatz eine **Überschrift**.

> **5.** Wie heißen die **Schlüsselwörter**?

*Sachsen ist ein deutsches Bundesland.

* Erz ist ein Stein, der Metalle wie z. B. Silber, Gold, Kupfer oder Blei enthält.

> **6.** Welche **Wörter** werden am Rand **erklärt**?

> **7.** Welche **Absätze** oder **Wörter** werden durch die **Bilder** erklärt?

> **8.** Welche Wörter musst du **nachschlagen**?

Der Textknacker kann dich bei jedem Text begleiten.
Probiere ihn aus. Die Texte und Bilder findest du
in diesem Buch – auf welcher Seite, steht am Rand.

3 Beantworte die Fragen zu den Bildern und Texten.

1. Was erzählt dir das **Bild**?

➤ Seite 48

2. Wie lautet das **Thema**? Lies die **Überschrift**.

Feste auf der ganzen Welt

3. Was sagt dir der Text „Feste auf der ganzen Welt" beim **ersten Lesen**? Schreibe deinen **Gesamteindruck** in einem Satz auf.

➤ Seite 50

4. a. Wie viele **Absätze** gibt es in dem folgenden Textausschnitt? b. Finde **Überschriften** für die Absätze.

Poli heißt mit vollem Namen Poliitikiwa, und der bedeutet:
„sie, die wie ein Schmetterling tanzt".
Nuvakwewtaqa ist ihr Nachname. Er bedeutet: „wohnt auf dem
Berg, der mit Schnee bedeckt ist".

➤ Seite 94

5. Wie heißen die **Schlüsselwörter**?

Ein kleiner, schwarzer Hund sauste in mein Zimmer.
Ich war überglücklich, denn mein größter Wunsch war
in Erfüllung gegangen.

➤ Seite 234

6. Welches **Wort** wird am rechten Rand **erklärt**?

Schließlich verwandelt sich die Raupe in eine Puppe und
hängt einige Wochen in einem Kokon* an einem dünnen Faden.

➤ Seite 199
*einer Hülle

7. Welches Wort erklärt dir das **Bild am Rand**?

Du kennst bestimmt Nussknacker,
die aussehen wie eine Zange.

➤ Seite 220

8. Welches Wort musst du im **Lexikon** nachschlagen?

... das Aussehen der Kartoffel erinnert an Trüffel ...

➤ Seite 35

Arbeitstechniken trainieren: Texte lesen und verstehen

Nachschlagen

Im Wörterbuch nachschlagen

Im Wörterbuch kannst du nachschlagen, wie ein Wort geschrieben wird. Aber ein Wörterbuch kann noch viel mehr.

L

l (Liter)
L (röm. Zahl 50)
Lab *das* (ein Enzym)
Labmagen *der*
La|bel *das* (Etikett)
la|ben
sich laben
la|bern
viel zu labern haben
la|bi|al
(die Lippen betreffend)
la|bil (schwankend)
Labilität *die*
La|bor *das*
Laborant/in
Laboratorium *das*
laborieren
Laborversuch *der*

Lack *der*
lackieren
Lackierung *die*
Lack|mus *der/das*
Lackmuspapier *das*
(Test für Säure/Lauge)

lad _____

la|den
lädt (selten: *ladet*), *lud,*
hat geladen
Ladung *die*
La|den *der*
die Läden
Ladendieb/in
Ladenhüter *der*
Ladenlokal *das*
Ladenschluss *der*
Ladentisch *der*
lä|die|ren
(beschädigen)

Laib *der*
ein Brotlaib
ein Laib Käse
Laibchen *das* (Gebäck)
Laich *der*
laichen
Laichplatz *der*
Laie *der*
Laienbühne *die*
laienhaft
Laienspiel *das*
Laizismus *der*
Lais|ser-faire *das*
(Gewährenlassen)

lak _____

La|kai *der* (Diener)
lakaienhaft
La|ke *die* (Salzlösung)
La|ken *das*
ein Bettlaken

A
B
C
D
E
F
G
H
I
J
K
La
M

Griffleiste

1 Dieses Wörterbuch hat eine Griffleiste mit Anfangsbuchstaben. Welche Informationen gibt dir die Griffleiste?

Wörter finden

2 Du erfährst noch mehr über die **fett gedruckten** Wörter. Schreibe die Informationen zu dem Wort **laden** auf.
a. Schreibe das Wort **laden** mit der Wortart auf.
b. Was bedeutet der senkrechte Strich in **la|den**?
c. Welche Informationen erhältst du noch über das Wort?

Im Wörterbuch erkennst du die Nomen an der Großschreibung.

3 **a.** Welche Angabe steht immer direkt hinter jedem Nomen? Schreibe drei Beispiele auf.
b. Wähle drei zusammengesetzte Nomen aus. Schreibe Sätze mit diesen Nomen auf.

mehr zu Nomen
➤ S. 254–255, 266–271

Im Lexikon nachschlagen

Möchtest du wissen, was ein bestimmtes Wort bedeutet?
Dann kann ein Lexikon oder ein Handbuch helfen.

Ma|li: Ma|li|er der/die; Ma|li|e|rin die, die Ma-
lierinnen; ma|lisch
ma|lo|chen *jidd.:* er musste auf dem Bau ma-
lochen (körperlich schwer arbeiten)
Mal|ta: Mal|te|ser der/die, *auch* Mal|te|se der,
die Maltesen; Mal|te|se|rin die, die Maltese-
rinnen; Mal|te|sin die, die Maltesinnen;
mal|te|sisch
Mal|te|ser der: 1. Angehöriger des Malteser-
ordens 2. Schoßhund mit langhaarigem
weißem Fell; Mal|te|ser-Hilfs|dienst der:
Hilfsorganisation
Ma|lus der *lat.,* des Malus(ses), die Malusse:
Verschlechterung, Nachteil: 1. Aufschlag
auf eine Versicherungsprämie 2. Abzug
bei einer Zensur, um die bessere Ausgangs-
position gegenüber anderen auszuglei-
chen; *Ggs.* Bonus
Mal|ve die *ital.:* Gartenpflanze mit rosa oder
lila Blüten; mal|ven|far|big
Malz das, des Malzes: Getreideprodukt;
Malz|bier das
Ma|ma die *franz.,* die Mamas: Mutter; Ma|mi
die: *Koseform für* Mama
Mam|mon der *hebr.,* des Mammons: *abw. für*
Geld, Reichtum: er jagt dem schnöden

date: 1. Auftrag, Bevollmächtigung 2. Ab-
geordnetensitz
Man|da|ri|ne die *franz.:* süße Zitrusfrucht
Man|del die: 1. essbarer Samenkern der Man-
delbaumfrucht 2. mandelförmiges Organ
im Rachen; ihm wurden die Mandeln he-
rausoperiert
Man|do|li|ne die *franz.:* Zupfinstrument

Mandoline

Ma|ne|ge [manesche] die *franz.,* die Mane-
gen: kreisförmiger Vorführplatz im Zirkus
oder in der Reitschule
Man|ga das *oder* der *jap.,* des Mangas, die
Manga / Mangas: Comic aus Japan
Man|gan das *griech.:* chemisches Element,

1 **a.** In welcher Reihenfolge stehen die Wörter
Manga – Malve – Mandarine auf dieser Seite?
Schreibe sie geordnet untereinander auf.
b. Schreibe daneben, was die Wörter bedeuten.

Starthilfe
die Malve:
Gartenpflanze …
…

2 Das Wort **Mandel** hat zwei verschiedene Bedeutungen.
Schreibe die Bedeutungen auf.

ein Wort erklären

3 Welches Wort wird durch das Foto erklärt?
Schreibe es mit der Bedeutung auf.

Zum Wort **Joker** findest du im Lexikon diesen Eintrag:

[1]   [2]   [3] [4]   [5]   [6]

Jo|ker [dschoker] der *engl.,* die Joker: Spielkarte mit der Abbildung
eines Narren, die für jede andere Karte eingesetzt werden kann;
den Joker setzen
[7]

4 Ordne den Zahlen 1 bis 7
die Erklärungen vom Rand zu.

Starthilfe
1. Silbentrennung
2. …

Artikel
Plural (Mehrzahl)
Aussprache
Worterklärung
Silbentrennung
Sprache
Beispiel-Wortgruppe

Z **5** Suche einen Lexikoneintrag zu einem anderen Wort und
schreibe ihn auf. Ordne auch hier die passenden Zahlen zu.

Schrift üben – schreiben üben

Wenn du die folgenden Ratschläge beachtest,
dann wirst du schöne Arbeitsblätter und schöne Hefte haben.

B   Unterstreiche mit dem Lineal.

C   Lege das Heft oder das Blatt ein bisschen schräg,
    entweder nach links oder nach rechts.

E   Schreibe deinen Namen und das Datum auf deine Arbeitsblätter.

N   Loche deine Arbeitsblätter und hefte sie im richtigen Ordner ab.

S   Achte auf genug Licht.

I   Denke an den Blattrand.

H   Benutze den Füller beim Schreiben.

R   Beschrifte das Etikett deines Heftes mit deinem Namen,
    der Klasse und dem Fach.

E   Verwende keinen Tintenkiller.

1 a. Sieh dir die neun Bilder an.
   b. Ordne den Bildern die passenden Sätze zu.
      Wenn du die Zahlen (1, 2, ...) richtig den Buchstaben
      zuordnest, ergeben diese ein Lösungswort.

die Sätze den Bildern
zuordnen

2 a. Schreibe die Sätze nun auf einen Merkzettel.
   b. Klebe den Merkzettel vorn in dein Heft oder in deine Mappe.
      Oder befestige ihn mit Klebestreifen auf deinem Tisch.

Starthilfe

Merkzettel:
1. S Achte auf genug Licht.
2. ...

Hier erhältst du Anregungen zum Schrift üben.

Manche Leute zeichnen oder kritzeln beim Telefonieren Unsinnsbuchstaben. Du siehst: Auch das kann schön aussehen.

3 Schreibe diese Formen in deinem Heft nach.

mit Buchstabenformen spielen

Viele Menschen schreiben ganz anders als du.
Hier siehst du ein russisches Wort in kyrillischen Buchstaben.
Das Wort *Желать* heißt **wünschen**.

Das Wort steht noch einmal auf ➤ S. 119.

4 Schreibe das Wort **wünschen** in kyrillischen Buchstaben auf.

kyrillisch schreiben

Manchmal sehen Wörter auch aus wie Bilder.
Dies ist das chinesische Zeichen für **wünschen**.

望

5 **a.** Versuche einmal, das chinesische Wort nachzuschreiben.
   b. Probiere verschiedene Schreibgeräte aus.
   Tipp: Versuche es auch mit einem dünnen Pinsel und Tusche.

chinesische Zeichen gestalten

Manchmal sind Buchstaben tatsächlich gemalt.
Du findest sie zum Beispiel am Anfang von Märchen.
Diese Anfangsbuchstaben heißen Initialen.

Diesen Anfangsbuchstaben findest du auf ➤ S. 160.
Initialen gestalten

6 **Auch** du hast Initialen:
   Es sind die Anfangsbuchstaben
   deines Vornamens und deines Nachnamens.
   a. Wie lauten deine Initialen?
   b. Gestalte deine Initialen so wie in alten Büchern
   oder in Märchen.

Texte überarbeiten:
Die Schreibkonferenz

Die Regeln

In einer Schreibkonferenz überarbeitet ihr
die Texte gemeinsam in der Gruppe.

Für die Durchführung der Schreibkonferenz
werden Regeln vereinbart.

1 Lest diese Erlebniserzählung von Alexander.

> Der Jgel
> Es war schon spät und ich machte den Fernseher aus.
> Und da lag ich im Bett und hörte ein Geräusch.
> Jch zog mir meine Hausschuhe an und ging zur Tür.
> Und ich lauschte ein paar Minuten an der Tür.
> Plötzlich hörte es sich an, als ob jemand kratzt.
> Jch machte die Tür auf und ging die Treppe hinunter.
> Unten war nichts zu hören. Jch ging in das Wohnzimmer.
> Und da hörte ich es wieder. Und ich wusste nicht, was es war.
> Jch hatte Angst und ich rief: „Hallo, ist da jemand?"
> Aber ich hörte nichts. Als ich nun bei der Kellertreppe war,
> hörte ich es lauter. Es war dunkel im Keller. Das Licht ging nicht,
> denn Papa wollte schon seit einer Woche eine neue kaufen gehen.
> Also nahm ich meine Taschenlampe. Jch ging die erste Stufe runter.
> Plötzlich hörte ich es wieder. Es musste aus dem Keler komen.
> Plötzlich hörte ich es wieder. Ängstlich stieg ich hinab.
> Trotzdem kam das Geräusch aus dem Vorratsraum.
> Mit einem Ruck riss ich die Tür auf.
> Mitten im Raum ging ein Schuhkarton hin und her.
> Jch hob ihn hoch und ich war erleichtert.
> Ein Jgel war in unseren Keller gegangen.

Regel 1: **Die Autorin oder der Autor liest den Text vor.**
Die anderen hören aufmerksam zu.

vorlesen und zuhören

2 Bestimmt jemanden aus eurer Gruppe, der die Erlebniserzählung von Alexander vorliest. Die anderen hören zu.

Regel 2: **Sagt zuerst, was euch an der Erzählung gefällt.**

über die Erzählung sprechen

Die Geschichte ist spannend.

Das mit dem Igel finde ich lustig.

3 Benennt, was an Alexanders Erzählung gelungen ist. Begründet eure Entscheidung.

Regel 3: **Fragt nach, wenn ihr etwas nicht verstanden habt.**

Fragen klären

Als ich nun bei der Kellertreppe war, hörte ich es lauter. Es war dunkel im Keller. Das Licht ging nicht, denn Papa wollte schon seit einer Woche eine neue kaufen gehen.

Plötzlich hörte ich es wieder. Ängstlich stieg ich hinab. Trotzdem kam das Geräusch aus dem Vorratsraum.

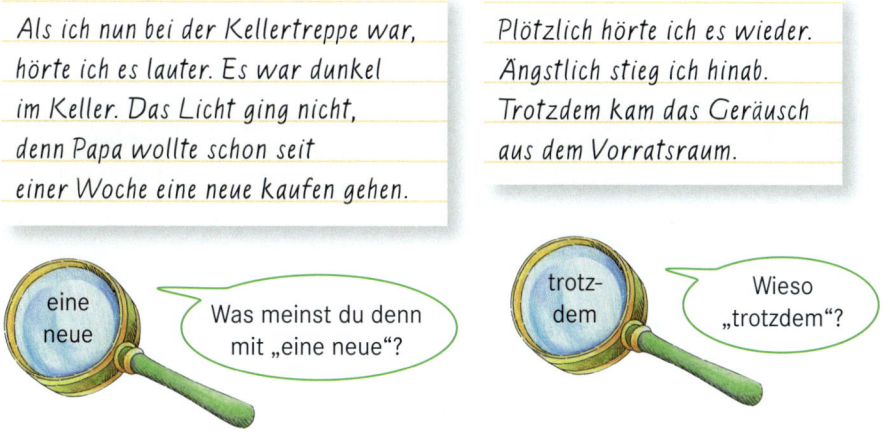

eine neue

Was meinst du denn mit „eine neue"?

trotz-dem

Wieso „trotzdem"?

4 Überlegt gemeinsam, was an diesen Stellen unklar ist. Wie könnte man es verständlicher sagen?

Regel 4: **Überarbeitet gemeinsam den Text, bis er euch gefällt.**
Nehmt dazu die einzelnen Sätze unter die Lupe.
Tipp: Auf den Seiten 228 und 229 erhaltet ihr Tipps zum Überarbeiten von Alexanders Erlebniserzählung.

den Text überarbeiten
➤ S. 228–229

Regel 5: **Schreibt den Text noch einmal in Reinschrift ab.**

5 Schreibt Alexanders Text mit euren Überarbeitungen ab.

Die Tipps zum Überarbeiten

Beim Überarbeiten könnt ihr ...
... eure Texte spannender und abwechslungsreicher gestalten.
... Stellen, die euch noch nicht gefallen, neu schreiben.
... die Rechtschreibung überprüfen und korrigieren.

Tipp 1: **Gestaltet die Satzanfänge abwechslungsreich.**

abwechslungsreiche
Satzanfänge gestalten

Ich ging in das Wohnzimmer.
Und da hörte ich es wieder.
Und ich wusste nicht, was es war.
Ich hatte Angst und ich rief:
„Hallo, ist da jemand?"
Aber ich hörte nichts.

Und da lag ich im Bett und
hörte ein Geräusch. Ich zog
mir meine Hausschuhe an
und ging zur Tür. Und ich
lauschte ein paar Minuten
an der Tür.

1 Probiert aus, wie ihr die Satzanfänge verbessern könnt.

> **Starthilfe**
> Als ich im Bett lag, hörte ...

Plötzlich ...
Als ...
Schnell ...
Aber ...
Schließlich ...
Vorsichtig ...
Dann ...

Tipp 2: **Verwendet treffende Verben.**
Dann wird der Text anschaulicher.

treffende Verben
verwenden

Ich ging die
erste Stufe runter.

Das Licht ging nicht.

Ein Igel war
in unseren Keller
gegangen.

Mitten im Raum
ging ein Schuhkarton
hin und her.

Ich ging in das Wohnzimmer.

hinuntersteigen
sich verlaufen
schleichen
rutschen
funktionieren
sich bewegen
sich verirren

2 Schreibt die Sätze um.
Verwendet statt **gehen** treffende Verben.

Tipp 3: Vermeidet Wiederholungen.

Ich hatte Angst und ich rief: „Hallo, ist da jemand?"

Ich ging die erste Stufe runter. Plötzlich hörte ich es wieder. Es musste aus dem Keller kommen. Plötzlich hörte ich es wieder.

3 Welche Wörter oder Wortgruppen kann man streichen? Schreibt die Textstellen ohne Wiederholung auf.

Tipp 4: Überlegt euch eine passende Überschrift.

Der Igel

Die Überschrift verrät doch schon die Lösung!

4 Findet eine passende Überschrift für die Erzählung. Achtet darauf, dass die Überschrift nicht das Ende verrät.

Tipp 5: Denkt beim Schreiben an die Leserinnen und Leser. Rechtschreibfehler stören beim Lesen.

5 In diesem Satz gibt es zwei Flüchtigkeitsfehler. Schreibt den Satz richtig auf.

Das Licht ging nich, denn Papa wollte shon seit einer Woche eine neue kaufen.

6 Korrigiert die zwei Fehler in der Großschreibung. Schreibt den Satz richtig auf.

Trotzdem kam das geräusch aus dem vorratsraum.

7 Zwei Wörter in diesem Satz schreibt man mit Doppelkonsonant. Schreibt den Satz richtig auf.

Es musste aus dem Keler komen.

Präsentieren: Kurzreferate

Ein Kurzreferat kannst du in sechs Schritten vorbereiten.

1. Schritt: Das Thema aussuchen

1 **a.** Wähle ein Thema aus, das du in einem Kurzreferat vorstellen
   möchtest.
   b. Notiere erste Ideen und Fragen zu diesem Thema.

2. Schritt: Informationen beschaffen

2 Sammle Informationen zu deinem Thema.
   – Suche im Internet nach Informationen zu deinem Thema.
   – Du kannst auch in einer Bücherei nach geeigneten Sachbüchern
   suchen und fragen.

im Internet recherchieren
➤ S. 99–102

3. Schritt: Informationen aus Texten entnehmen

Der Textknacker hilft dir, die gefundenen Sachtexte zu verstehen.

3 Lies die Texte aus dem Internet und aus den Sachbüchern
   mit dem Textknacker. Wende die Schritte 1 bis 8 an.

den Textknacker anwenden
➤ S. 218–221

4 Schreibe die wichtigsten Informationen aus deinen Texten
   in Stichworten auf Karteikarten.
   a. Schreibe die Schlüsselwörter auf einzelne Karteikarten.
   b. Schreibe wenige wichtige Wörter dazu.

4. Schritt: Das Kurzreferat gliedern und die Notizen ordnen

Damit die Zuhörer deinem Kurzreferat gut folgen können,
musst du die Inhalte in Abschnitte unterteilen und sinnvoll ordnen.

5 In welcher Reihenfolge willst du deine Gedanken vortragen?
   a. Ordne deine Karteikarten.
   b. Nummeriere sie in einer sinnvollen Reihenfolge.

5. Schritt: Überschrift, Einleitung und Schluss formulieren

Nun brauchst du für dein Kurzreferat noch eine Überschrift, eine gute Einleitung und einen passenden Schluss.

6 Formuliere eine Überschrift, die neugierig macht.

Überschrift

7 Sage in deiner Einleitung, worum es in deinem Kurzreferat geht.

Einleitung

8 Notiere Stichworte für ein bis zwei Schlusssätze.

Schluss

6. Schritt: Den Vortrag vorbereiten und üben

9 Prüfe deine Notizen für das Kurzreferat:
   – Sind die Notizen übersichtlich?
   – Enthalten deine Notizen alle wichtigen Informationen?

10 Willst du Fotos, Plakate oder andere Materialien zeigen? Dann lege sie rechtzeitig in der richtigen Reihenfolge bereit.

anschaulich präsentieren

11 Übe, dein Kurzreferat möglichst frei vorzutragen.
   a. Lies noch einmal deine Notizen.
   b. Sprich möglichst frei. Sprich in ganzen Sätzen.

Jetzt kannst du das Kurzreferat halten.

12 Trage nun dein Kurzreferat vor.

Arbeitstechnik

Ein Kurzreferat frei vortragen

– Stelle dich so hin, dass **alle dich sehen** können.
– Versuche, **frei** zu **sprechen** und wenig abzulesen.
– Sprich **langsam** und **deutlich**.
– Orientiere dich an deinen **Stichworten**.
– Schreibe **Schlüsselwörter** an die Tafel.
– **Schaue** beim Sprechen **die Zuhörer an**.
– **Zeige** deine **Bilder und Materialien** an passenden Stellen.

Das Thema aussuchen

Informationen beschaffen

Informationen aus Texten entnehmen

Das Kurzreferat gliedern und die Notizen ordnen

Überschrift, Einleitung und Schluss formulieren

Den Vortrag vorbereiten und üben

Die Trainingseinheiten

1. Trainingseinheit

Das Klassenfest |

Die Schülerinnen und Schüler | der Klasse 5c strahlten, | besonders aber Lena, | Jan und Mario. | Ihr Klassenlehrer hatte | ihnen gerade gesagt: | „Ihr wart wirklich fleißig | in den vergangenen Wochen. | Deshalb sollten wir | ein Fest feiern." |

5 „Aber was für ein Fest?", | wollten einige Kinder wissen. | Spontan meinte Lena, | die gerne Kuchen isst: | „Ein Pflaumenkuchenfest. | Es ist gerade Pflaumenzeit." |

Jan, | der Klassensprecher, | hatte schließlich eine Idee, | der alle nur zustimmen konnten: | „Wir machen Spiele | zum Kennenlernen |

10 und futtern dabei | Lenas Pflaumenkuchen." |

„Eine ausgezeichnete Idee, | so wird unsere Klassengemeinschaft | sicher wachsen", | bemerkte ihr Klassenlehrer. |

mehr zum Thema „Feste feiern" ➤ S. 47–61

1 **a.** Lies den Text.

b. Welcher Satz steht nicht im Text? Schreibe den Satz ab.

> Es ist gerade Pflaumenzeit.
>
> Die Schülerinnen und Schüler der Klasse 5c strahlten, besonders aber Lena, Jan und Mario.
>
> Wir futtern Lenas Pfirsichkuchen und spielen Verstecken.

2 Im Text sind vier zusammengesetzte Nomen hervorgehoben. Schreibe sie untereinander mit ihren bestimmten Artikeln auf.
Tipp: Der Artikel des zusammengesetzten Nomens richtet sich immer nach dem zweiten Nomen.

zusammengesetzte Nomen

3 Bilde zusammengesetzte Nomen mit **Klasse**.
Tipp: Füge nach **Klasse** ein **n** ein.

Starthilfe

die Klasse(n)	+	die Stärke	die Arbeit
		das Buch	der Raum
		das Zimmer	die Fahrt

die Klasse(n) + die Stärke = die Klassenstärke
…

Langer Vokal oder Zwielaut: **ß**

Wörter mit **ß**

groß   schließlich   die Soße   der Fuß   draußen   süß   heiß   der Spaß

fleißig   der Gruß   weiß   heißen   stoßen   der Strauß   die Straße

4 **a.** Schreibe die Wörter geordnet nach dem Alphabet.
b. Bilde mit den Nomen neue zusammengesetzte Nomen.

> Starthilfe
>
> die Soße + der Löffel = der Soßenlöffel
> …

Nomen auf **-in**: Plural (Mehrzahl) **-innen**

Nomen auf **-in**

die Schülerin	die Freundin
die Lehrerin	die Verkäuferin
die Sportlerin	die Leserin
die Schulleiterin	die Künstlerin
die Nachbarin	die Königin
die Kundin	die Zuschauerin

5 **a.** Schreibe die Nomen ab.
b. Welche Berufe zeigen die beiden Abbildungen?
Schreibe die Berufe auf.
c. Ergänze den Plural (Mehrzahl) und markiere **nn** mit Rot.

> Starthilfe
>
> die Schülerin – die Schülerinnen
> …

Die Wortgruppe „Lena, Jan und Mario" im Trainingstext auf Seite 232 ist eine Aufzählung.

Komma in Aufzählungen

> Die Teile einer **Aufzählung**, die nicht durch **und** verbunden sind,
> werden durch **Komma** voneinander getrennt.

6 Bilde mit den Aufzählungen ganze Sätze.
Schreibe deine Sätze auf.

Birnen, Äpfel und Kuchen …	Jeans, Schuhe und Strümpfe …
Erdkunde, Sport und Deutsch …	Eltern, Großeltern und Freunde …

7 Schreibe den Trainingstext „Das Klassenfest" ab.

Tipps zum Abschreiben
➤ S. 258–259

2. Trainingseinheit

Max |

In diesem Jahr fiel | mein Geburtstag | auf einen Sonntag. |
Als ich am Morgen aufwachte, | standen meine Eltern |
an meinem Bett. | „Herzlichen Glückwunsch, | liebe Steffi, |
draußen vor der Tür wartet | eine Überraschung auf dich", |
5 riefen sie. |
Auf einmal hörte ich | das Bellen eines Hundes. |
Aufgeregt stürzte ich | zur Tür und öffnete sie. | Ein kleiner, |
weißer Hund sauste | in mein Zimmer. | Ich war überglücklich, |
denn mein größter Wunsch | war in Erfüllung gegangen. |
10 „Er soll Max heißen", | rief ich. | „Das ist sicher ein passender
Name", | meinte mein Vater. | Dann kam Max zu mir. |
Ich nahm ihn vorsichtig | auf den Arm und streichelte ihn. |
Am Nachmittag | kamen meine Gäste | und wir spielten
zusammen | mit Max im Garten. |

mehr über Tiere
➤ S. 67–77

1 **a.** Lies den Text.
b. Finde die Wörter und Wortgruppen im Text.
c. Schreibe die Wörter und Wortgruppen zweimal.

> das Jahr   er fiel   der Geburtstag   der Sonntag   am Morgen
> die Überraschung   auf einmal   ich stürzte   der Wunsch
> die Erfüllung   heißen   er kam   vorsichtig   am Nachmittag
> zusammen

> Wörter mit der **Endung -ung** sind **Nomen**.
> Sie werden immer **großgeschrieben**.

Nomen mit **-ung**

Nomen mit -ung: Artikel **die**   –   Plural (Mehrzahl) mit **-en**
                   die Überraschung   –   die Überraschung**en**

2 **a.** Schreibe die Nomen mit Artikeln untereinander auf.
b. Ergänze den Plural.

> Zeitung   Wohnung   Rechnung   Prüfung   Regierung   Richtung
> Ordnung   Meinung   Heizung   Erinnerung   Bevölkerung
> Ausbildung   Behandlung   Einführung   Mitteilung

Aus **Verben** können **Nomen** werden.
Der Artikel **das** macht's!   bellen – das Bellen

Verben werden
zu Nomen

3 Bilde Nomen und schreibe sie auf.

öffnen	treffen	backen	kommen	schwimmen	retten
denken	trinken	pflanzen	putzen	verdienen	erzählen

4 Bilde zusammengesetzte Nomen.
   Tipp: Füge nach **Geburtstag** ein **s** ein.

zusammengesetzte
Nomen

der Geburtstag(s)   +

das Geschenk	die Feier
der Gast	die Kerze
das Kind	die Torte

5 **a.** Schreibe die folgenden Wörterreihen auswendig auf.
      Mache es so:
      eine Wörterreihe lesen – zudecken – schreiben – kontrollieren.
   b. Was fällt dir an den Wörterreihen auf?

besondere Verbformen

> fallen – er fiel – gefallen
> halten – sie hielt – gehalten
> raten – ich riet – geraten
> lassen – es ließ – gelassen

Beginnt ein Satz mit **als**, folgt etwas später ein **Komma**. Das
Komma steht zwischen zwei Verben.
Als ▨▨▨▨▨▨ aufwachte, standen ▨▨▨▨▨▨.

Komma bei **als**

6 **a.** Schreibe die folgenden Sätze ab und kreise **als** ein.
   b. Setze das Komma und unterstreiche die Verben.

> Als ich nach Hause kam stand das Essen schon auf dem Tisch.
> Als wir zum Sportplatz gingen fing es leider an zu regnen.
> Als er den Ball bekam schoss er sofort aufs Tor.
> Als ich den Schulhof betrat klingelte es bereits.

7 Schreibe den Text „Max" ab.

Tipps zum Abschreiben
➤ S. 258–259

3. Trainingseinheit

Das Skelett |

Aufgeregt fragte Steffi: | „Lukas, | hast du das in der Zeitung
gelesen?" | Lukas antwortete: | „Ich lese keine Zeitung." |
„In der Zeitung steht aber, | dass in Argentinien | das Skelett |
eines bislang unbekannten Riesen-Dinosauriers |
5 ausgegraben wurde", | erklärte Steffi. | Sie ist genau wie |
ihr Klassenkamerad Lukas ein Dino-Fan. | Lukas staunte. |
Es interessierte ihn sehr. | „War da auch ein Foto dabei?", |
fragte Lukas. | „Klar, | sogar mehrere Fotos", | antwortete Steffi. |
Bisher hatte Lukas gesagt: | „Zeitung lesen? | Uninteressant." |
10 Heute Mittag jedoch | wollte Lukas sofort | in der Zeitung
nachsehen. | „Vielleicht passen die Fotos | sogar
in mein Dino-Album. | Das wäre toll", | meinte er. |

Ein anderes „Riesentier"
findet ihr ➤ S. 196–198.

1 a. Lies den Text.
   b. Beantworte die Fragen schriftlich.
      – Was stand in der Zeitung?
      – Welche Frage stellte Steffi? Welche Frage stellte Lukas?
      – Was wollte Lukas heute Mittag tun?

Kleine Wörter – große Wirkung!

Verben
zusammensetzen

| an, aus, ein, hin, nach, über, um, vor, vorher, weg, zu, zurück | + | sehen |

2 Im Tandem!
   Bilde gemeinsam mit einem Partner oder einer Partnerin
   neue Verben.
   – Schreibt die neuen Verben untereinander auf.
   – Bildet jeder mit sechs Verben Sätze und schreibt sie auf.
      Tipp: Im Satz können die Verben getrennt stehen.
   – Kontrolliert gemeinsam eure Sätze.
   – Besprecht, was die neuen Verben bedeuten.

> **Starthilfe**
> ansehen: Er sieht seinen Freund an.
> aussehen: …
> …

> Nach **gestern**, **heute** und **morgen** werden
> **Tageszeiten** großgeschrieben.
> gestern Mittag – heute Mittag – morgen Mittag

Tageszeiten

3 Bilde neun Tageszeiten mit **Nachmittag**, **Abend** und **Nacht**.
Schreibe sie auf.

Verben mit der Endung **-ieren**: Achte auf das **ie**!

Verben mit **-ieren**

4 **a.** Ordne die Verben nach dem Alphabet.

> probieren   informieren   interessieren   trainieren   passieren
> fotografieren   buchstabieren   gratulieren   reparieren

b. Schreibe die folgenden Sätze ab.
Setze dabei passende Verben mit **-ieren** ein.

> Ich möchte euch zum Sieg   .
> Willst du den Kuchen mal   ?
> Wie konnte das nur   ?
> Kannst du das Wort mal   ?
> Lukas und Steffi   sich sehr für Dinosaurier.

5 Der Trainingstext „Das Skelett" enthält sieben wörtliche Reden.
a. Schreibe die wörtlichen Reden mit den Begleitsätzen ab.
b. Markiere die Begleitsätze mit Rot.

wörtliche Rede

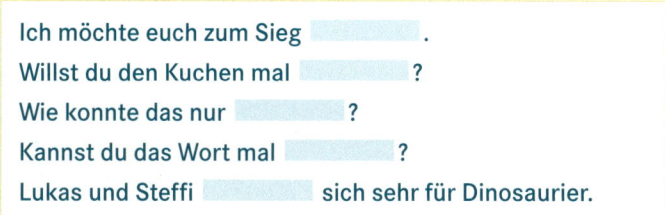

Starthilfe

> Aufgeregt fragte Steffi: „Lukas, hast …?"
> …

> Steht die **wörtliche Rede** vor dem **Begleitsatz**,
> dann musst du zwischen der wörtlichen Rede
> und dem Begleitsatz ein **Komma** setzen.
> „Was steht in der Zeitung?", fragte Lukas.

Z **6** Wie könnte der Text „Das Skelett" weitergehen?
Schreibe den Text weiter.

4. Trainingseinheit

Eine kleine Freude |

„Fass mal rein! | Für dich!", | rief Marie. | Anne war sich nicht
so sicher, | ob sie wirklich | in den Beutel fassen sollte, |
den Marie ihr entgegenhielt. | Ihre Freundin Marie hatte nämlich |
manchmal verrückte Ideen. | Der kleine Beutel war hübsch. |
5 „Aber was ist darin? | Spinnen? | Würmer?", | dachte Anne. |
Die wollte sie nicht gern anfassen. | Doch Marie sah sie |
so freudestrahlend an, | dass sie ihre Hand mutig, | aber doch
ein bisschen vorsichtig | in den Beutel steckte. | Sie fühlte
etwas Weiches. | „Nimm eins!", | forderte Marie sie auf. |
10 Erstaunt zog Anne | ein kleines Pelzstückchen | aus dem Beutel. |
Marie erklärte: | „Das bedeutet, | dass ich dich mag. | Es gibt
ein altes Märchen | von kleinen Leuten, | die einander
warme, | weiche Pelzchen schenkten. | Solange sie das taten, |
waren sie immer glücklich | und zufrieden." |

mehr zu Märchen
➤ S. 160–177

1 **a.** Lies den Text.
    b. Beantworte die Fragen schriftlich.
       – Warum fasste Anne nicht sofort in den Beutel?
       – Was bedeutet das Pelzchen und woher hatte Marie die Idee?

Aus **Nomen** und **Verben** können **Adjektive** werden.
Die Endungen **-ig** und **-lich** machen's!
der Mut – mutig, feiern – feierlich

---

2 Bilde zu den Nomen Adjektive mit der Endung **-ig**.

| der Schmutz | die Sonne | das Öl | die Trauer | der Hunger |
| die Vorsicht | die Eile | die Kraft | die Macht | die Sorgfalt |

Adjektive mit -ig und -lich

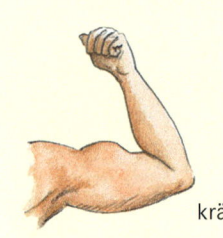

kräftig

3 Bilde zu den Verben Adjektive mit der Endung **-lich**.

| schaden | ähneln | nutzen | erhalten | zerbrechen | bewegen |

Schreibe getrennt und klein!
ein bisschen   ein wenig   auf einmal   gar nicht

4 Verwende die Wortgruppen in Sätzen.

ähnlich

Kurzer Vokal: ss

fạssen – sie fạsst – gefạsst

↑   ↑   ↑

kurz   kurz   kurz

Wörter mit **ss**

5 Schreibe die Wörterreihen mit **ss** auswendig auf:
eine Wörterreihe lesen – zudecken – schreiben – kontrollieren.

> fassen – sie fasst – gefasst
> passen – es passt – gepasst
> hassen – er hasst – gehasst
> müssen – ich muss – gemusst

Nach einem **Aussagesatz** steht ein **Punkt**.
Sie fühlte etwas Weiches.
Nach einem **Fragesatz** steht ein **Fragezeichen**.
Aber was war darin?
Nach einem **Aufforderungssatz** oder einem **Ausrufesatz**
steht ein **Ausrufezeichen**.
Fass mal rein! O nein, das darf doch nicht wahr sein!

Satzschlusszeichen

6 Schreibe die Sätze ab und setze die richtigen Satzschlusszeichen.

> Kommst du mit ins Kino
> Heute läuft ein neuer Abenteuerfilm
> Mensch, ist das eine tolle Idee

7 Schreibe den Trainingstext „Eine kleine Freude" ab.

Tipps zum Abschreiben
➤ S. 258–259

Aus **Adjektiven** können **Nomen** werden.
Das starke Wort **etwas** macht's!   weich – etwas Weiches

Adjektive werden
zu Nomen

8 Verwandle die Adjektive in Nomen.

> interessant   süß   groß   weiß   schmutzig
> hübsch   wahr   fertig   schwer   spitz   komisch
> flüssig   traurig   angenehm

Starthilfe

interessant – etwas Interessantes
…

5. Trainingseinheit

Eine starke Klasse

Hi, Merle! |

Ich grüße dich herzlich. | Gestern fand | unser Schulsportfest
statt. | Für meine Klasse gab es | viele Medaillen. | Wir gewannen |
den Leichtathletikwettbewerb | und ein Fußballturnier. |
5   Unsere Klassenlehrerin | war so begeistert, | dass sie uns
anschließend | allen ein Eis spendierte. | Wir sind eben
eine starke Klasse. | Wir halten zusammen. | Ich wünsche mir, |
dass es so bleibt. | Unser Mathematiklehrer | meinte sogar heute, |
dass er gerne zu uns komme. | Wir seien ein tolles Team. |
10 Ich hoffe, | dass du dich auch in deiner neuen Klasse |
so wohl fühlst. | Schade, | dass wir nicht mehr zusammen |
in einer Klasse sind. |

Herzliche Grüße von deiner Aisha |

mehr über starke Kinder
➤ S. 85–97

1 **a.** Lies den Brief.
   b. Welche Aussagen sind richtig?
      Schreibe sie auf.

> Der Brief beginnt mit „Hallo, Merle!"
>
> Aishas Klasse gewann den Leichtathletikwettbewerb.
>
> Die Klassenlehrerin spendierte allen ein Eis.
>
> Aisha wünscht sich Fußballschuhe.
>
> Der Mathematiklehrer meint, die Klasse sei ein tolles Team.

Kurzer Vokal: Doppelkonsonant **ff, ll, mm** …

Wörter mit
Doppelkonsonanten

2 Verben mit Doppelkonsonanten:
   Schreibe die Wörterreihen auswendig auf:
   lesen – zudecken – schreiben – kontrollieren.

> hoffen – ich hoffe – ich hoffte
>
> stellen – du stellst – du stelltest
>
> schwimmen – sie schwimmt – sie schwamm
>
> knurren – er knurrt – er knurrte
>
> brennen – es brennt – es brannte
>
> klettern – ihr klettert – wir kletterten

3 Nomen mit Doppelkonsonanten:
Bilde den Plural und markiere
die Doppelkonsonanten mit Rot.

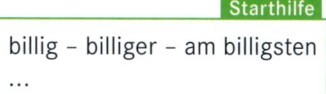

Starthilfe
der Sonntag – die Sonntage
…

> der Sonntag   das Schiff   der Ball   das Programm   die Nummer
> die Lippe   der Fluss   die Suppe   der Mittag   der Unfall   der Mann

4 Adjektive mit Doppelkonsonanten:
Steigere die Adjektive.

> billig   schlimm   herrlich   hell   still
> fett   nett   voll   krumm   schnell

Starthilfe
billig – billiger – am billigsten
…

5 Im Tandem!
a. Schreibt die Wortreihen als Partnerdiktat.
– Zunächst diktiert einer alle Wortreihen,
dann diktiert der andere.
– Tauscht eure Hefte aus und korrigiert gegenseitig.

> sehen – sah – gesehen
> geben – gab – gegeben
> geschehen – geschah – geschehen
> lesen – las – gelesen
> treten – trat – getreten

ein Partnerdiktat
schreiben

mehr zum Partnerdiktat
➤ S. 260

Z **b.** Sprich mit deinem Partner oder deiner Partnerin
über die hervorgehobenen Vokale:
Wie ändert sich der Vokal in jeder Wortreihe?

Vokale: die Selbstlaute
a, e, i, o, u

6 Im Text kommt fünfmal nach einem Komma das Wort **dass** vor.
a. Schreibe die fünf Sätze ab.
b. Kreise **dass** ein und setze ein farbiges Komma.

Komma vor **dass**

Z **7** Schreibe die Satzanfänge ab und ergänze.

> Ich glaube, dass …   Wir wissen, dass …
> Er meint, dass …   Ich fühle, dass …
> Ich denke, dass …

Z **8** Schreibe einen Antwortbrief an Aisha.

6. Trainingseinheit

Haare schneiden | tut nicht weh |

Warum ist das so? | Das liegt daran, | dass in den ▒▒▒▒▒ |
keine Nerven sitzen. | ▒▒▒▒▒ sind Zellen im Körper, |
die Informationen | an unser Gehirn weiterleiten. | Das Gehirn
verarbeitet | die ▒▒▒▒▒ | und reagiert entsprechend. |
5 Wenn du zum Beispiel | aus Versehen | eine heiße Herdplatte
▒▒▒▒▒, | melden deine Nerven | dem ▒▒▒▒▒ : | Achtung! |
Lebensgefährlich heiß! | Blitzartig | signalisiert das Gehirn |
▒▒▒▒▒ | und erteilt den Befehl, | die Hand sofort zurückzuziehen. |
Bei den Haaren ist ein solches ▒▒▒▒▒ | nicht nötig. | Sie bestehen
10 nämlich | nur aus Hornzellen | und enthalten keine ▒▒▒▒▒. |
Es geschieht also ▒▒▒▒▒, | wenn sie gekürzt werden. |
Wenn du jedoch deinem Tischnachbarn | ▒▒▒▒▒ an den Haaren
ziehst, | wird er dies als sehr ▒▒▒▒▒ empfinden. | Ursache dafür
sind Nerven | in den Haarwurzeln. |

1 Schreibe den Text ab und setze passende Wörter in die Lücken.

> Nerven   Haaren   Informationen   Gehirn   berührst   Alarmsystem
> Schmerz   Blutbahnen   kräftig   nichts Schlimmes   schmerzhaft

Vorsilben ver- und ent-: neue Verben!

Verben mit Vorsilben

suchen · kaufen · kleiden · stecken · stehen · **ver-**

scheiden · sprechen · nehmen · werten · leeren · **ent-**

2 Im Tandem!
Bildet gemeinsam neue Verben und schreibt sie auf.

Z **3** Was bedeuten die Verben?
a. Bildet gemeinsam Sätze.

> kleiden – verkleiden   kaufen – verkaufen   nehmen – entnehmen

b. Sprecht über die unterschiedlichen Bedeutungen.

> Aus **Adjektiven** können **Nomen** werden.
> Das starke Wort **nichts** macht's!   schlimm – nichts Schlimmes

4 Verwandle die Adjektive in Nomen.

> neu   fettig   wichtig   böse
> falsch   süß   heiß

> Starthilfe
> neu – nichts Neues
> …

5 Schreibe die Sätze ab.
Setze dabei passende Großschreibungen in die Lücken.

> „Heute gibt es   mehr", stellte meine Mutter klar.
>
> „Das ist die Wahrheit. Ich habe   gesagt", beteuerte Martin.
>
> „Die Besprechung ist zu Ende. Es gibt   mehr zu sagen",
> bemerkte unser Klassenlehrer.
>
> „Ich muss auf meine Linie achten, darum esse ich   ",
> sagte meine Schwester.

Häufige Fremdwörter mit der Endung **-tion**:
die Information   die Situation   die Organisation
die Reaktion   die Produktion   die Funktion

6 Schreibe die Wortanfänge ab und ergänze mit einem Farbstift
die Endung **-tion**.

> die Informa   die Situa   die Organisa
> die Reak   die Produk   die Funk

7 Schreibe die Sätze ab.
Setze dabei passende Fremdwörter in die Lücken.

> „Vielen Dank für deine wichtige   ", freute sich Lucas.
>
> „Wir werden unsere Spende einer   geben, die sich
> um hungernde Kinder kümmert", schlug unser Klassensprecher vor.
>
> „Welche   hat eigentlich dieser Hebel an der Bohrmaschine?",
> fragte Viviana die Werklehrerin.
>
> „Ich bin leichtsinnig in eine schwierige   geraten",
> jammerte Julius.

7. Trainingseinheit

An einem sonnigen, | kalten Wintertag machte ich |
mit meinen Eltern und meiner Schwester | einen Spaziergang. |
Dabei kamen wir auch | an einem zugefrorenen Teich vorbei. |
Sofort wollten meine Schwester | und ich auf das Eis. |
5 Doch zuerst prüfte | mein Vater das Eis | und erklärte: | „Es hält." |
Dann sprangen wir | voller Freude aufs Eis | und glitten hin und her. |
In der Mitte war das Eis spiegelglatt | und das Wasser schimmerte |
dunkel hindurch. | Doch was war das? | Irgendwo hatte es |
verdächtig geknackt. | Ich sah auf den Boden. | Ich konnte
10 keine Sprünge | im Eis entdecken. Plötzlich krachte es noch lauter |
und das Eis unter meinen Füßen | gab nach. | Eiskaltes Wasser
spritzte auf. | „Hilfe!", | schrie ich verzweifelt | und warf mich
blitzschnell | nach vorne auf die noch feste Eisfläche. | „Ich komme!", |
hörte ich meinen Vater rufen. | Gerade noch rechtzeitig | konnte ich
15 seine rettende Hand ergreifen. | Glücklich erreichten wir das Ufer. |
Ich umarmte meinen Vater | und stammelte erleichtert: | „Danke, |
danke." | Schnell liefen wir zum Auto | und fuhren nach Hause. |

mehr spannende Geschichten
➤ S. 134–147

1 Lies den Text und finde eine passende Überschrift.

Aus Nomen und Adjektiven entstehen neue Adjektive.
der Spiegel + glatt = spiegelglatt

zusammengesetzte
Adjektive

2 Bilde neue Adjektive und schreibe sie auf.

Eis, Maus, Blut, Stein, Blitz, Brand, Turm	+	rot, kalt, grau, hart, schnell, neu, hoch

Wortfamilie: **fahren**
fahren: anfahren, auffahren, das Fahrrad, die Vorfahrt, abfahren

verwandte Wörter

3 Im Tandem!
    a. Woran könnt ihr erkennen,
       dass alle Wörter zu einer Familie gehören?
    b. Schreibt die Wörter der Wortfamilie **fahren** auf.
Z   **c.** Findet weitere Wörter der Wortfamilie **fahren**.

Zusammensetzungen mit **irgend-**:

irgendwo   irgendetwas   irgendwie   irgendwer

Wörter mit **irgend-**

4 **a.** Schreibe die Wörter mit **irgend-** auf.
  b. Schreibe die folgenden Sätze ab und setze passende Wörter
    in die Lücken.

> „   müssen doch meine Handschuhe sein!",
> schimpfte Marie.
>
> „   fühle ich mich heute nicht wohl", klagte Leon.
>
> „   stimmt in der Aufgabe nicht", stellte Ahmet fest.
>
> „   hat mich von hinten angerempelt",
> brummte Danilo.

Verben mit **ie**

5 Schreibe die Wörterreihen auswendig auf:
lesen – zudecken – schreiben – kontrollieren.

> frieren: ich friere – ich fror – ich habe gefroren
> biegen: ich biege – ich bog – ich habe gebogen
> ziehen: ich ziehe – ich zog – ich habe gezogen
> verlieren: ich verliere – ich verlor – ich habe verloren

6 Schreibe zu den Wörterreihen
einen Merksatz auf.

> **Starthilfe**
> Der Vokal in diesen Wörterreihen
> wechselt von ...

7 Verwende sechs der Verbformen aus den Wörterreihen in Sätzen.
Schreibe deine Sätze auf.

**Der Trainingstext auf Seite 244 ist eine Erlebniserzählung.
Er hat eine Einleitung, einen Hauptteil und einen Schlussteil.**

Z **8** **a.** Schreibe deine Überschrift aus Aufgabe 1 auf.
  b. Schreibe den Text ab:
    Lass dabei zwischen Einleitung, Hauptteil und Schluss
    jeweils eine Zeile frei.
  c. Unterstreiche im Hauptteil die Handlungsbausteine
    der Geschichte.

Tipps zum Abschreiben
➤ S. 258–259

mehr über
die Handlungsbausteine
➤ S. 139

8. Trainingseinheit

Am Ende dieser Trainingseinheit steht ein Text mit Fehlern.
Wähle deine persönlichen Trainingsaufgaben aus
und du bist fit für die Fehlersuche.

Wörter mit **h**

Nach langem Vokal (**a, e, i, o, u**): ein **h**
Merke dir die wenigen Wörter mit **h** nach langem Vokal:

die Bahn   ehrlich   der Fehler   fühlen   die Gefahr   nehmen
die Bohne   wahrscheinlich   berühmt   der Verkehr   er fuhr

1 Lege eine Tabelle an und ordne die Merkwörter ein.

Starthilfe

Nomen	Verben	Adjektive
die Bahn ...	...	...

Wechsel von **a** zu **ä**

Im Singular mit **a** – im Plural mit **ä**: der Fall – die Fälle

2 Auch die folgenden Nomen bilden den Plural (Mehrzahl) mit **ä**.
Schreibe die Nomen ab und füge den Plural hinzu.

der Arzt   das Fahrrad   die Stadt   der Wald   das Fach
der Schwamm   der Eingang

Nomen mit **-keit** und **-heit**

Wörter mit der **Endung -keit** oder **-heit** sind **Nomen**.
Sie werden immer **großgeschrieben**.
die Fröhlichkeit, die Gesundheit

schwierig, freundlich, traurig, wahrscheinlich, fröhlich, wirklich, ähnlich	+	-keit

besonders, frei, vergangen, klug, wahr, gesund	+	-heit

3 **a.** Bilde Nomen.
b. Schreibe die Nomen mit Artikeln auf.

Starthilfe

schwierig – die Schwierigkeit
...

dass nach Verben des Sagens: Denke an das Komma!

Komma vor **dass**

4 Schreibe die Satzanfänge ab. Beende die Sätze.

> Ich glaube, dass … Ihr wisst, dass …
>
> Sie denkt, dass … Ich meine, dass …

> Aus **Verben** können **Nomen** werden.
> Die starken Wörter **zum** und **beim** machen's!
> zum Schreiben, beim Liegen

Verben werden
zu Nomen

5 Schreibe den Text mit passenden Großschreibungen auf.

Der Sturz
In der Pause gingen wir ▨▨▨▨ auf den Schulhof.
▨▨▨▨ stürzte Peter. Er blutete. ▨▨▨▨ der Wunde
brachten wir ihn zu unserer Klassenlehrerin. ▨▨▨▨
des Verbandes spürte Peter noch Schmerzen. ▨▨▨▨ hatte er
zunächst noch einige Schwierigkeiten. In der Sportstunde war Peter
▨▨▨▨ verurteilt.

zum Zuschauen
zum Spielen
zum Verbinden
beim Laufen
beim Anlegen
beim Gehen

6 Der folgende Text enthält fünf Rechtschreibfehler.
   a. Lies den Text genau. In den Zeilen mit **!** findest du die Fehler.
   b. Schreibe die Fehlerwörter richtig auf. Markiere die Fehlerstelle.
   c. Schreibe den Text ab. Natürlich fehlerfrei.

Eine interessante Ausstellung
! „Ihr wisst, das wir morgen Vormittag die Technikausstellung
in der Stadthalle besuchen werden. Nach der großen Pause gehen
! wir los", bemerkte unser Klassenlerer zum Schluss der Besprechung.
Als wir uns am nächsten Morgen sammelten, fehlten Jennifer und
! Marie. „Ich glaube, dass die noch beim anziehen sind", erklärte Pia.
! Endlich kamen sie und wir fuhren zur Stadthalle. Eine besonderheit
der Ausstellung war eine Show, die die Entwicklung des Computers
anschaulich darstellte. Peter meinte: „Wenn ich unseren PC
mit den ersten Modellen vergleiche, muss ich sehr staunen.
Eine rasante Entwicklung." Gegen 12 Uhr waren wir wieder zurück.
! „Da gehe ich heute Nachmittag auf alle Felle noch einmal hin.
Kommst du mit, Marie?", meinte Jennifer beim Betreten der Klasse.

Achtung:
5 Fehler!

Die Rechtschreibhilfen

Entwickle dein Rechtschreibgespür!
Lass Rechtschreibzweifel zu!
Ein Rechtschreibzweifel ist keine Schwäche,
sondern deine Stärke.
Denn: Wenn du an einer Schreibung zweifelst,
bist du auf der richtigen Spur.
Du spürst: Hier muss ich eine Entscheidung treffen.
Dieses Spüren eines Zweifels ist Stärke.
Deine Rechtschreibsicherheit wächst von Mal zu Mal.

1 Warum können Zweifel eine Stärke sein?
Sprecht darüber in der Klasse.

Rechtschreibhilfen helfen dir, richtige Entscheidungen zu treffen.
Die drei wichtigsten Rechtschreibhilfen sind:

> **Gliedern:** Du zerlegst ein Wort in Sprechsilben.
> **Verlängern:** Du verlängerst ein Wort, bildest z. B. den Plural
> oder den Infinitiv.
> **Ableiten:** Du findest ein verwandtes Wort.

Das Gliedern

> Beim Gliedern zerlegst du ein Wort in Sprechsilben.
> Das hilft dir beim richtigen Schreiben.
> Pflau | men | ku | chen   To | ma | te

Wörter in Sprechsilben zerlegen

2 **a.** Sprich das Wort langsam und übertrieben deutlich.
Sprich es Silbe für Silbe.
b. Zerlege das Wort in Silben. Schreibe es auf.
c. Mache es mit den Wörtern am Rand
genauso.

Starthilfe
Re | gen | wol | ke
…

Regenwolke
Wörterbuch
Gurkensalat
Kinderschokolade
Lesebücher

3 Lies den Text.

Ein Gewitter – Teil 1

Im Sommer essen wir oft in der Sonne auf unserer Terrasse.
Doch heute Mittag bleiben wir im Haus. Dunkle Wolken
ziehen am Himmel auf. Auf einmal donnert es
furchtbar laut. Ein richtiger Donnerschlag!
5 „Vielleicht hat irgendwo der Blitz eingeschlagen",
meint mein Bruder ängstlich. Jetzt knurrt und
bellt Bello, unser Hund. „Soll ich Bello zu uns holen?",
frage ich. „Ja, der Lärm gefällt ihm gar nicht",
antwortet mein Bruder. Ich hole Bello und streichele ihn.

4 **a.** Sprich die hervorgehobenen Wörter langsam und deutlich.
   b. Zerlege diese Wörter in Sprechsilben und schreibe sie
      untereinander auf.

5 Schreibe den Text ab.

6 Zerlege die folgenden zusammengesetzten Nomen
in Silben und schreibe sie untereinander auf.

die Platzregenvorhersage	das Steinschlagwarnungsschild,
die Musikschulfesteinladung	das Wintergeschichtenbuch

Starthilfe

die Platz|re|gen|vor|her|sa|ge
…

Z **7** Im Tandem!
   a. Bildet in Partnerarbeit selbst solche „Wort-Monster"
      mit Wörtern aus den Wörterlisten.
     Tipp: Manchmal müsst ihr ein **s** oder ein **n** einfügen.
   b. Zerlegt sie deutlich sprechend in Silben und schreibt sie auf.
   c. Denkt euch lustige Worterklärungen
      für eure Zusammensetzungen aus.

zusammengesetzte
Nomen bilden

der Apfel	die Musik	das Telefon	der Hase
die Flasche	der Polizist	die Wolke	der Saft
das Gemüse	das Kino	der Urlaub	die Tomate
der Wagen	die Pflanze	die Woche	das Buch

Das Verlängern

Konsonanten
am Wortende

Oft hörst du beim Sprechen eines Wortes am Ende ein **p**, **t** oder **k**.
Du musst aber **b**, **d** oder **g** schreiben. Durch Verlängern kannst du
den Endbuchstaben hörbar machen und eine Entscheidung treffen.

der Aben**d** – die Aben**d**e		gel**b** – gel**b**er		er la**g** – lie**g**en	
↓	↓	↓	↓	↓	↓
d/t?	**d!**	**b/p?**	**b!**	**g/k?**	**g!**

1 Lies den Text.

Ein Gewitter – Teil 2

Am Abend ist die Welt wieder friedlich und ruhig.
„Ein Gewitter kann wirklich interessant und spannend sein.
Wichtig ist jedoch, dass man in einem sicheren Haus oder
in einer Wohnung ist", bemerke ich. Bello spitzt die Ohren
5 und wedelt mit dem Schwanz. Einen Augenblick später
ist er in seinem Korb eingeschlafen. Am Himmel zeigen sich
funkelnd viele Sterne und gelb erscheint der Mond.

2 **a.** Schreibe die hervorgehobenen Wörter untereinander auf.
    b. Verlängere sie.
      Sprich die Wörter und die Endungen
      besonders deutlich.

> **Starthilfe**
> der Abend – die Aben<u>de</u>
> …
> gelb – ein gel<u>ber</u> Mond
> …

3 Schreibe den Text ab.

Auch bei schwierigen Verbformen hilft das Verlängern: Finde
den Infinitiv (die Grundform) und du kannst **b**, **d** oder **g** hören.

er schrie**b** – schrei**b**en		sie fan**d** – fin**d**en		du fol**g**st – fol**g**en	
↓	↓	↓	↓	↓	↓
b/p?	**b!**	**d/t?**	**d!**	**g/k?**	**g!**

4 **b** oder **p**?
    Verlängere die Verbformen am Rand.
    a. Finde den Infinitiv und sprich ihn laut.
    b. Schreibe den Infinitiv und die Verbform auf.

> ihr to?t – toben
> gi? es mir – …
> er le?te – …
> sie lo?t ihn – …

Das Ableiten

Wörter mit **ä** und **äu**

ä und **e** klingen in vielen Wörtern ähnlich;
äu und **eu** klingen gleich. Du kannst Wörter mit **ä** und **äu**
von verwandten Wörtern mit **a** oder **au** ableiten.

ängstlich – die **A**ngst   die Tr**ä**ume – der Tr**au**m

↓   ↓   ↓   ↓

?   a→ä!   ?   au→äu!

1 Lies den Text.

Ein Gewitter – Teil 3

Noch ein wenig ängstlich gehe ich später ins Bett.
In meinen Träumen gibt es jedoch kein Gewitter.
Am folgenden Tag lese ich in der Zeitung:

Ein Blitz fällte zwei Bäume. Äste stürzten auf zwei Fahrräder und ein
5 Auto. Die Feuerwehr sägte die Äste klein und räumte sie beiseite.
Kanäle flossen über und einige Plätze waren teilweise überflutet.
An Häusern entstanden keine Schäden.

2 **a.** Schreibe alle hervorgehobenen Wörter untereinander.
   b. Suche ein verwandtes Wort und leite daraus die Schreibung ab.

verwandte Wörter suchen

Die folgenden Wörter kann man nicht ableiten.
Es sind Merkwörter:
sp**ä**t, s**ä**gen, die Tr**ä**ne, der L**ä**rm, der M**ä**rz, abw**ä**rts

3 Bilde Sätze, in denen die Merkwörter vorkommen.
   Schreibe sie auf.

4 Finde im Text Merkwörter mit **ä**.
   Tipp: Es sind zwei Wörter.

5 Schreibe den Text ab oder schreibt den Text als Partnerdiktat.

Partnerdiktat ➤ S. 260

Wortfamilien

Menschen sind miteinander verwandt und bilden Familien.

Wörter sind auch miteinander verwandt und bilden Familien.

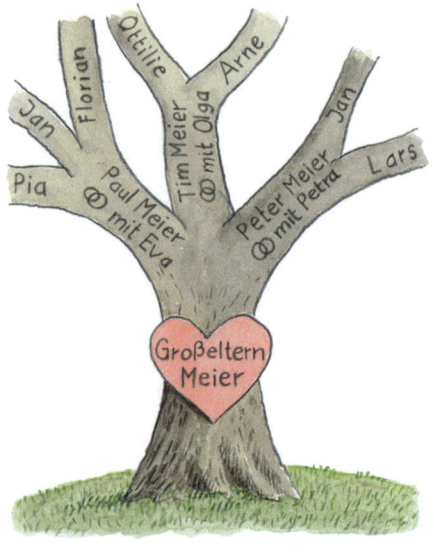

Menschenfamilien haben Stammväter und Stammmütter.

Wortfamilien haben Wortstämme.

Die Wortfamilie **fall**en

fallen, die Falle, auffallen, der Durchfall, herunterfallen,
zufällig, hinfallen, der Überfall, der Schneefall,
umfallen, zurückfallen, der Wasserfall, verfallen,
der Fallschirm, der Beifall, rückfällig, entfallen,
der Anfall, befallen, der Regenfall, der Einfall

Wortstamm **-fall-**

1 Schreibe die Familienmitglieder untereinander auf.

Starthilfe

fall-en
die Fall-e
auf-fall-en
...

2 **a.** Ordne die Wörter der Wortfamilie **fall**en nach Wortarten.
Lege dazu eine Tabelle an.
b. Ergänze zu den Nomen den Plural.
Z **c.** Finde weitere Familienmitglieder und schreibe sie in die Tabelle.

Starthilfe

Nomen	Verben	Adjektive
die Falle – die Fallen	fallen	zufällig
...	...	...

Die Wortfamilie **fahr**en

> fahren, der Fahrer, abfahren, die Abfahrt, das Fahrzeug,
> anfahren, das Fahrrad, die Fahrschule, befahren, verfahren,
> der Fahrstuhl, ausfahren

3 Schreibe die Familienmitglieder untereinander auf.

4 Gruppenarbeit!
   – Schreibt zu dritt oder zu viert möglichst viele Wörter
     mit **-fahr-** auf.
   – Stoppt dazu fünf Minuten.
   – Kontrolliert gemeinsam: Habt ihr alles richtig geschrieben?
   – Jede Gruppe schreibt ihre Wörter an die Tafel.
   – Welche Gruppe hat die meisten Wörter gefunden?

Die Wortfamilie **geb**en

Wortstamm **-geb-**

> geben, der Arbeitgeber, abgeben, aufgeben, ausgeben,
> der Gastgeber, nachgeben, umgeben, vergeben,
> weitergeben, der Ratgeber, der Angeber

5 **a.** Schreibe die Familienmitglieder
   nach dem Alphabet geordnet auf.
   b. Markiere den Wortstamm **-geb-**.

> **Starthilfe**
> abgeben
> der Angeber
> der Arbeitgeber
> ...

Mit dem Präteritum **-gab-** als Wortstamm wird die Familie noch größer.

> die Gabe, die Begabung, die Aufgabe, die Ausgabe
> die Bekanntgabe, die Zugabe, die Wiedergabe

6 **a.** Schreibe nun alle Familienmitglieder mit den Stämmen
   -geb- und **-gab-** auf.
   b. Markiere den Wortstamm.
   c. Erweitere die Wortfamilie.

> **Starthilfe**
> die Gabe, abgeben,
> die Begabung, der Angeber,
> ...

Z 7 Im Tandem!
   Denkt euch zusammen einen Satz aus, in dem möglichst
   viele Wörter aus einer der Wortfamilien vorkommen.

Wortbildung

Die deutsche Sprache ist lebendig.

„Rund 3500 neue Wörter stehen in meinem neuen Wörterbuch.
Das steht dick gedruckt gleich auf der ersten Seite",
bemerkt Aylin stolz. „Das sind bestimmt alles Fremdwörter,
vor allem aus dem Englischen", meint ihr Mitschüler Max dazu.
Was denkst du?

Baustelle Nomen

> Fast jedes Nomen kann mit einem weiteren Nomen
> ein neues zusammengesetztes Nomen bilden.
>
> Nomen 1   Nomen 2   Nomen 1 + 2
>
> **der Garten** + **die Bank** = **die Gartenbank**
>
> Bestimmungswort   Grundwort   zusammengesetztes
>   Nomen

zusammengesetzte
Nomen bilden

1 Bilde neue Nomen und schreibe sie auf.
Schreibe auch die bestimmten Artikel auf.
Tipp: Der Artikel des Nomens richtet sich
immer nach dem Grundwort.

Bestimmungswort   Grundwörter

der Stuhl	das Beet
das Tor	das Gerät
die Pflanze	der Zaun
die Party	der Zwerg
der Weg	die Arbeit
das Lokal	die Blume
das Fest	das Haus

der Garten   **+**   ...   **= ?**

Z **2** Bilde Sätze mit den zusammengesetzten Nomen.
Schreibe die Sätze auf.

3 Bilde selbst neun Nomen mit den folgenden Bestimmungswörtern.
Tipp: Du kannst im Wörterbuch nachschlagen.

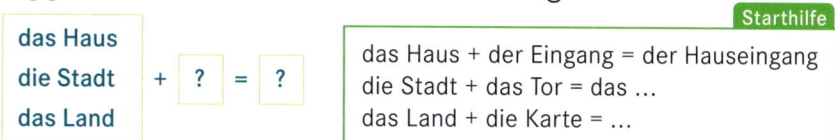

das Haus
die Stadt + ? = ?
das Land

Starthilfe

das Haus + der Eingang = der Hauseingang
die Stadt + das Tor = das …
das Land + die Karte = …

4 Wie heißen diese Vögel?
Bilde zusammengesetzte Nomen und schreibe sie auf.

die Nacht
der Nebel
der Kohl   +   die Krähe
der Zaun   die Eule
das Buch   die Meise
                         der Fink
                         der König   = ?

Auch drei Nomen können ein zusammengesetztes Nomen bilden.

Nomen 1   Nomen 2   Nomen 3   Nomen 1 + 2 + 3
die Schau + das Spiel + der Unterricht = der Schauspielunterricht

Zusammensetzungen
aus drei Nomen bilden

Z 5 Bilde zusammengesetzte Nomen und schreibe sie auf.
Tipp: Der Artikel des neuen Nomens
richtet sich immer nach dem letzten Nomen.

die Kraft
der Garten   die Aufgabe   der Betrieb
das Haus   +   der Bau   +   die Hilfe
das Eisen   die Bahn   die Brücke
                  der Stoff   der Verbrauch   = ?

Z 6 Spielidee: Bildet zusammengesetzte Nomen,
die es gar nicht gibt.
Tipp: Verwendet die Nomen aus Aufgabe 1, 2 und 3.
– Schreibt die neuen Nomen auf einzelne Zettel.
– Legt die Zettel verdeckt auf den Tisch.
– Zieht ein Nomen. Jeder schreibt eine Worterklärung auf.
– Welche Worterklärung ist die treffendste?
  Welche ist die witzigste?

mehr zu Nomen
➤ S. 266–271

Baustelle Verben

zusammengesetzte
Verben bilden

> Verben verbinden sich gern mit Vorsilben.
>
> | Vorsilbe | Verb | neues Verb |
> |----------|------|------------|
> | ver- | | versprechen |
> | be- | + sprechen = | besprechen |
> | ent- | | entsprechen |

7 **a.** Bilde neue Verben und schreibe sie auf.
   b. Verwende zwei Verben aus jedem Stern in Sätzen.

8 Gruppenarbeit oder im Tandem!
Bildet Gruppen mit drei bis vier Mitgliedern oder findet euch
zu zweit zusammen.
   – Findet weitere Verben mit den Vorsilben **ver-**, **be-** und **ent-**.
   – Veranstaltet daraus einen Wettbewerb.

**Die Verben fahren, kommen und fallen sind besonders aktiv.
Das heißt, sie bilden besonders viele neue Verbindungen.**

9 Verbinde alle Vorsilben jeweils mit **fahren**, **kommen** und **fallen**.
Schreibe die neuen Verben auf.

die Verben **fahren**,
kommen und **fallen**

mehr zu Verben
➤ S. 274–283

Baustelle Adjektive

Nomen verbinden sich mit Adjektiven.

Nomen		Adjektiv		neues Adjektiv
die Umwelt	+	freundlich	=	umweltfreundlich

zusammengesetzte Adjektive bilden

10 Bilde neue Adjektive und schreibe sie auf.

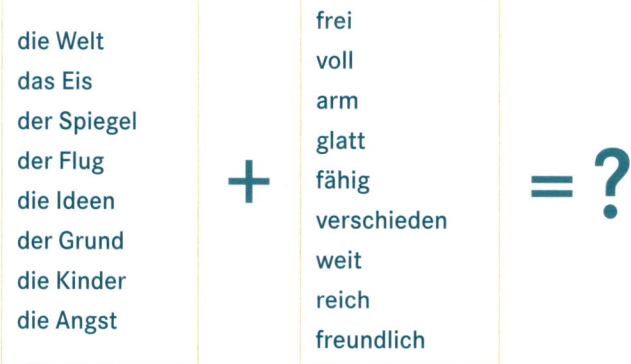

die Welt
das Eis
der Spiegel
der Flug
die Ideen
der Grund
die Kinder
die Angst

+

frei
voll
arm
glatt
fähig
verschieden
weit
reich
freundlich

= ?

Verben werden zu Adjektiven. Die Endung **-bar** macht's!

Verb		Endung		neues Adjektiv
essen	+	-bar	=	essbar

Die Infinitivendung **-en** entfällt.

Verbindungen aus Verb und der Endung **-bar** bilden

heizen
heilen
waschen
brennen
fahren
halten
zahlen
schlagen

+ -bar = ?

11 Bilde neue Adjektive und schreibe sie auf.

Z 12 Bilde selbst neue Adjektive aus Verb + **-bar** und schreibe sie auf.

Z 13 **a.** Lest noch einmal die Aussagen auf Seite 254 oben.
b. Was denkt ihr jetzt über die Aussagen von Max und Aylin? Sprecht darüber.

mehr zu Adjektiven
➤ S. 284–287

Die Arbeitstechniken

Das Abschreiben

Abschreibübungen sind sehr wichtig für richtiges Schreiben.
Richtiges Abschreiben will jedoch gelernt sein.
Du brauchst deine ganze Konzentration und deine beste Schrift.

Mit den folgenden Fabeln kannst du das Abschreiben
Schritt für Schritt üben.

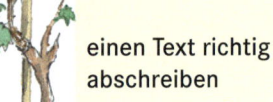

einen Text richtig
abschreiben

Der Fuchs und die Trauben |

An einem hohen Rebstock | hingen wundervolle Trauben. |
Das sah | ein hungriger Fuchs. |
Gierig | versuchte er, | die Trauben zu pflücken. |
Er streckte sich | und sprang, | so hoch er konnte. |
Er versuchte sogar, | am Rebstock hochzuklettern. |
Aber alles umsonst – | die Trauben hingen | zu hoch. |
Da sagte der Fuchs: | „Die Trauben sind mir | viel zu sauer." |
Er machte | ein hochmütiges Gesicht | und ging davon. |

Der Igel und der Maulwurf |

Wieder einmal | nahte der Winter. | Der Igel | spürte schon | die Kälte. |
Da fragte er | den Maulwurf, | ob er in seiner Höhle | wohnen darf. |
Der Maulwurf | war einverstanden. | Der Igel zog ein |
und machte | es sich bequem. | Und er machte | sich so breit, |
dass er den Maulwurf | immerzu | mit seinen Stacheln stach. |
Als der Maulwurf | es nicht mehr aushielt, | bat er den Igel
auszuziehen. |
Da lachte der Igel | und sagte: | „Wenn es dir | hier nicht gefällt, |
kannst du doch gehen. | Ich bin sehr zufrieden | und bleibe." |

1 **a.** Wähle eine der beiden Fabeln aus.
 b. Schreibe die Fabel nach den **Schritten 1 bis 7**
   auf Seite 259 ab.

Die Schritte zum richtigen Abschreiben

1. Schritt: Lies den Text langsam und sorgfältig.
Lies ihn laut, wenn du niemanden störst.

lesen
↓

2. Schritt: Gliedere den Text in Sinnabschnitte.
Mache dazu Striche nach zusammengehörenden
Wortgruppen.

gliedern
↓

> **Starthilfe**
>
> Wieder einmal | nahte der Winter. |
> Der Igel | ...

3. Schritt: Präge dir die Wörter
eines Sinnabschnittes genau ein.
Lies dazu nochmals Silbe für Silbe,
Wort für Wort.

einprägen
↓

4. Schritt: Jetzt schreibe die Wörter auswendig auf.
Schreibe nur in jede zweite Zeile.
Schreibe langsam.
Schreibe ordentlich.
Schreibe nicht zu eng.

schreiben
↓

5. Schritt: Nun kontrolliere.
Vergleiche Wort für Wort.

kontrollieren
↓

6. Schritt: Hast du einen Fehler entdeckt,
streiche das Wort mit dem Lineal durch.
Schreibe es richtig darüber.

korrigieren
↓

7. Schritt: Die Fehlerwörter kommen
in die Rechtschreibkartei.

in die Rechtschreib-
kartei eintragen

Rechtschreibkartei
➤ S. 261

Das Partnerdiktat

Bei einem Partnerdiktat geht es darum, mithilfe eines Partners oder einer Partnerin einen Text oder eine Wörterliste fehlerfrei aufzuschreiben. Das gelingt, wenn ihr einige Tipps beachtet.

vor dem Partnerdiktat

1 Probiert das Partnerdiktat mit einer Fabel von Seite 258 aus.

   a. Lest zunächst jeder für sich den Text.

   b. Sprecht danach zu zweit über mögliche Rechtschreibklippen.

   Gierig am Wortende mit **-g** oder **-ch**?

   c. Seht euch an, in welche Sinnabschnitte die Fabel gegliedert ist.

   Das kann man durch Verlängern herausfinden.

   Tipp: In anderen Übungstexten müsst ihr die Striche nach zusammengehörenden Wortgruppen selbst setzen.

2 Schreibt die Fabel nun als Partnerdiktat.

beim Partnerdiktat

> **Arbeitstechnik**
>
> ## Partnerdiktat
>
> | **Ein Partner diktiert.** | **Der andere Partner schreibt.** |
> |---|---|
> | – Setze dich so hin, dass du **gut sehen** kannst, was dein Partner schreibt. | |
> | – **Lies** den ersten Satz **vor**. | – **Höre** dir den Satz in Ruhe an. |
> | – **Diktiere** dann nacheinander die **Sinnabschnitte**. | – **Schreibe** nun **Sinnabschnitt** für Sinnabschnitt. |
> | | – Schreibe nur in jede zweite Zeile. |
> | | – Sage „**Stopp**", wenn du nicht mitkommst. |
> | – Bei einem **Fehler** sage sofort „**Stopp**". | – Lies den letzten Sinnabschnitt und versuche, den Fehler zu finden. |
> | – **Lass** deinem Partner **Zeit**, den Fehler zu finden. | |
> | – Gib **Hilfen**, wenn er den Fehler nicht findet. | – Lass dir helfen, wenn du unsicher bist. |
> | – Oder zeige den Diktattext. | |
> | | – Streiche das **Fehlerwort** durch. |
> | | – Schreibe das Wort richtig darüber. |

3 **a.** Lest das Diktat noch einmal langsam und deutlich vor. Überprüft dabei den geschriebenen Text.

   b. Nehmt alle Fehlerwörter in die Rechtschreibkartei auf.

nach dem Partnerdiktat

Die Rechtschreibkartei

In deiner Rechtschreibkartei kannst du Fehlerwörter sammeln.
Du kannst Lernkärtchen
selbst herstellen oder fertige
Karteikarten benutzen.

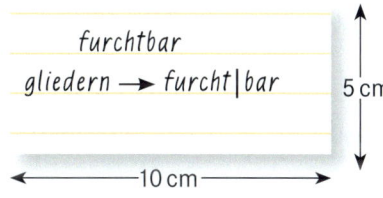

furchtbar

gliedern → *furcht|bar*

5 cm

10 cm

mit den Lernkärtchen
arbeiten

*ihr wis**s**t – wissen*

*das Ra**d***
*die Rä**d**er*

Arbeitstechnik

Rechtschreibkartei

1. Schreibe das Fehlerwort in die Mitte der ersten Zeile.
2. Füge bei Verbformen das Personalpronomen
   und den Infinitiv hinzu.
3. Füge bei Nomen den Artikel,
   den Plural bzw. den Singular hinzu.
4. Schreibe auch ganze Wortgruppen auf.
5. Unterstreiche die Fehlerstelle.
6. Schreibe gut lesbar („Sonntagsschrift") und fehlerlos.
7. Schreibe zu dem Fehlerwort Rechtschreibtipps.

---

1 Lege zu deinen Fehlerwörtern Lernkärtchen an.
   a. Beachte dabei die Arbeitstechnik (Tipps 1 – 6).
   b. Schreibe zu den Fehlerwörtern
   passende Rechtschreibtipps (Tipp 7) dazu.
   Hier findest du Beispiele:

die Ähnlichkeit – die ...
*Endsilbe **-keit***
Großschreibung

ängstlich
ableiten → *die Angst*

das Bellen
das starke Wörtchen das

   c. Arbeite nun mit deinen Lernkärtchen:
   Fehlerwort + Rechtschreibtipp lesen – einprägen –
   Kärtchen umdrehen – schreiben – kontrollieren

Wichtig: Wiederholen – wiederholen,
denn das Geheimnis des Erfolgs ist die Wiederholung!

Training mit Wörterlisten

Ein Training mit Wörterlisten ist besonders geeignet für Wörter, die du dir einprägen musst.

Wörter mit **ß**
groß, heißen, Straße, Fuß, Grüße, süß, Spaß, heiß, Soße, weiß, stoßen, Strauß

Wörter mit **v**
Volk, verkaufen, vorne, vorgehen, Vetter, viel, von, vielleicht, vier, Vogel, voll, Veilchen, Vieh, völlig, Vater

1 Ordne die Wörter mit **ß** nach Wortarten in eine Tabelle ein.

Starthilfe

Nomen	Verben	Adjektive
Straße, …	heißen, …	groß, …

2 Ordne die Wörter mit **v** nach Anzahl der Silben in eine Tabelle ein.

Starthilfe

eine Silbe	zwei Silben	drei Silben
Volk, …	vorne, …	verkaufen, …

3 Schreibe die Nomen aus den Aufgaben 1 und 2 noch einmal ab. Ergänze die bestimmten Artikel.

Starthilfe

die Straße, das Volk, …

Wörter mit **tz**
der Witz, beschützen, sitzen, der Platz, der Blitz, flitzen, die Katze, verspritzen, jetzt, kratzen, benutzen, das Netz, trotzdem, zerplatzen, verletzen

4 Ordne die Wörter mit **tz** in eine Tabelle ein.

Starthilfe

eine Silbe	zwei Silben	drei Silben
der Witz, …	sitzen, …	beschützen, …

Starthilfe

beschützen – er beschützt
…

5 Schreibe die Verben aus Aufgabe 4 noch einmal ab. Füge jeweils die 3. Person Singular im Präsens hinzu.

Wörter mit ck

Backe, dreckig, Blick, drücken, trocken, spucken, lecken, schmecken, Jacke, glücklich, Rock, Rücken, backen, schrecklich, eckig

Wörter mit mm – nn – ss

Donnerstag, kommen, Klasse, beginnen, bestimmen, ein bisschen, erinnern, müssen, irgendwann, schlimm, können, Schloss, schwimmen, besser, Nummer

6 Ordne die Wörter mit **ck** nach Wortarten in eine Tabelle ein.

Starthilfe

Nomen	Verben	Adjektive
Backe, …	drücken, …	dreckig, …

7 Ordne die Wörter mit **mm**, **nn** oder **ss** in die Tabelle ein.

Starthilfe

Wörter mit mm	Wörter mit nn	Wörter mit ss
kommen, …	Donnerstag, …	Klasse, …

8 Schreibe die Nomen aus den Aufgaben 6 und 7 noch einmal ab. Ergänze die bestimmten Artikel.

Starthilfe

die Backe, …
die Klasse, …

Wörter mit ff – ll – tt

der Zettel, retten, kaputt, die Kartoffel, bitten, still, offen, das Metall, schaffen, billig, der Stoff, die Mitte, schnell, das Wetter, das Schiff, stellen, der Mittwoch

9 Ordne die Wörter mit **ff – ll – tt** in die Tabelle ein.

Starthilfe

Wörter mit ff	Wörter mit ll	Wörter mit tt
die Kartoffel, …	still, …	der Zettel, …

10 Schreibe die Verben aus Aufgabe 9 noch einmal ab. Füge jeweils die 3. Person Singular im Präsens hinzu.

Starthilfe

schaffen – sie schafft
…

Ordnen – Ableiten – Verlängern

Gärtnerei Grünberg – Bepflanze die Beete!

schief, der Brief, die Schiene,
mir, die Bibel, dir, das Fieber,
die Apfelsine, die Medizin, gib,
das Knie, die Rosine, prima,
tief, der Dienstag, erwidern,
frieren, das Papier, der Igel

artig, niedlich, mutig,
gefährlich, sonnig, lustig,
köstlich, wendig, ewig,
langweilig, fertig, gierig, üblich,
nämlich, ordentlich, deutlich,
herrlich, auffällig, höflich

der Korb, der Leib, der Strumpf,
das Pferd, der Dieb, herab,
der Kopf, der Topf, klopfen,
ob, das Pfund, schimpfen,
gelb, pfeifen, halb, lieb, tapfer,
deshalb, die Pflicht

läuten, hängen, häufig, ärgern,
die Geschäfte, die Käufer,
tatsächlich, das Gebäude,
träumen, glänzen, die Hälfte,
das Fräulein, die Bäuche,
die Häuser, vollständig,
die Häute, verändern,
die Späße

die Schule, der Schal,
die Schleife, der Strauß,
der Schmerz, der Staub,
die Schnur, der Schwanz,
der Schritt, der Schwamm,
der Stock, das Stroh,
der Stift, der Start, der Stahl,
das Schild, der Stamm

die Bank, die Politik, stolz,
das Gewürz, krank, schwarz,
das Holz, der Park, das Herz,
stark, der Kranz, der Dank,
das Werk, das Salz, der Pelz,
die Kritik, das Harz, der Prinz,
das Geschenk

1 **a.** Übertrage die Beete unter dieser Aufgabe in dein Heft.
Lasse in jedem Beet ausreichend Platz zum Schreiben.
b. Ordne die Wörter in die richtigen Beete.

2 **a.** Bilde zum **ä**-Beet ein **a**-Ableitungsbeet.

Starthilfe

ä-Beet
hängen, ... → a-Beet
der Hang, ...

b. Bilde zum **äu**-Beet ein **au**-Ableitungsbeet.

Starthilfe

äu-Beet
läuten, ... → au-Beet
laut, ...

3 **a.** Verlängere die Wörter in den **ig**- und **lich**-Beeten.
Schreibe sie hinzu.

Starthilfe
ig-Beet   lich-Beet
artige, ...   niedliche, ...

b. Schreibe neue Wörter in das **ie**-Beet.

Starthilfe
ie-Beet
lieb, Sieb, ...

c. Ordne die Wörter im **i**-Beet
nach dem Alphabet.

Starthilfe
i-Beet nach dem Alphabet sortiert
die Apfelsine, die Bibel, ...

d. Setze die Nomen der **z**-, **pf**- und **st**-Beete
in den Plural. Schreibe sie auf.
Tipp: Dreimal gibt es keinen Plural.

Starthilfe
z-Beet (Singular)   z-Beet (Plural)
das Gewürz, ...   die Gewürze, ...

Wörterladen: Heute im Angebot		
Obst/Gemüse	Fische/Haustiere	Tage/Monate
Apfel, Gurke, Pfirsich, Spinat, Apfelsine, Salat, Weintraube, Banane, Erbsen, Möhren	Forelle, Karpfen, Rind, Hai, Schaf, Hecht, Hund, Katze, Hering, Schwein	August, Dienstag, Sonntag, April, November, Februar, Donnerstag, Mittwoch, September, Januar
langsam/schnell	gut/schlecht	gehen/sehen
blitzschnell, flink, hastig, eilig, gemütlich, bedächtig, geruhsam	cool, spitze, wunderbar, mies, großartig, furchtbar, schrecklich, klasse, entsetzlich, mangelhaft	joggen, schauen, spazieren, rennen, gaffen, bummeln, hasten, spähen, starren

Z **4** **a.** Übertrage die Kisten in dein Heft.
Lasse in jeder Kiste ausreichend Platz.
b. Ordne die Wörter aus dem Wörterladen in die entsprechenden
Kisten ein. Ergänze bei den Nomen die bestimmten Artikel.

Wortart: Nomen

Nomen schreibt man groß

Dingsda

„Stellt euch vor, was mir gestern passiert ist!", rief Katharina
eines Morgens vor dem Unterricht. „Ich lag abends
in meinem Dingsda, als ich ein ganz merkwürdiges Dingsda hörte.
Es raschelte so seltsam. Mir wurde etwas mulmig und ich bekam
5 ein wenig Dingsda. Ich hätte gern meine Dingsda gerufen,
aber die war gestern Abend bei meiner Dingsda eingeladen.
Als es immer weiter knisterte, wollte ich genau wissen,
was los war. Mutig schlug ich die Dingsda zurück, stand auf und
drückte den Dingsda. Im Nu war alles hell und ich schaute
10 mich um. Die Dingsda stand einen Spalt weit offen,
ansonsten schien alles wie immer zu sein. Ich schaute
zu meinem Dingsda und musste laut loslachen.
Darauf saß Mimi, die kleine graue Dingsda meines Bruders,
und knabberte gemütlich an meinem Dingsda. Nun begriff ich:
15 Sie war aus ihrem Dingsda ausgebrochen und in mein Dingsda
getrippelt."

Tür
Bettdecke
Tante
Geräusch
Mutter
Schreibtisch
Lichtschalter
Angst
Bett

1 a. Lies die Geschichte leise.
  b. Lies nochmals. Setze dabei für **Dingsda** passende Wörter ein.
    Tipp: Bis Zeile 12 kannst du die Wörter vom Rand verwenden.
    Die anderen Wörter kannst du selbst finden.

> **Nomen** bezeichnen Lebewesen (Menschen, Tiere, Pflanzen),
> Gegenstände und gedachte oder vorgestellte Dinge.
> Im Deutschen schreibt man Nomen immer **groß**.

2 Ordne die verwendeten Nomen.
  Schreibe sie mit ihren Artikeln (der, das oder die) auf.

Nomen ordnen

Lebewesen	Gegenstände	gedachte oder vorgestellte Dinge
– die Mutter	– das Bett	– das Geräusch
– ...	– ...	– ...

Starthilfe

Nomen haben Artikel

Vor dem Zooeingang

Vor einem **Nomen** steht oft ein **bestimmter Artikel** (der, das, die) oder ein **unbestimmter Artikel** (ein, ein, eine).

1 **a.** Lies, was die Menschen sagen.
Von welchen Lebewesen, Gegenständen und gedachten oder vorgestellten Dingen ist die Rede?
b. Schreibe alle Nomen mit ihren bestimmten und unbestimmten Artikeln auf.

> **Starthilfe**
> die Tasche – eine Tasche
> ...

2 Von welchen Dingen könnte vor dem Zooeingang noch die Rede sein? Ergänze deine Liste.

> **Starthilfe**
> die Giraffe – eine Giraffe
> das Eis – ...
> ...

Nomen und
Artikel verwenden

Clara und Yannic wollen in den Zoo gehen.
Sie packen ihre Rucksäcke.

3 **a.** Schreibe auf, was Clara und Yannic alles mitnehmen
wollen. Schreibe jeweils den bestimmten und
den unbestimmten Artikel dazu.

Z **b.** Ergänze fünf weitere Dinge, die du für einen Zoobesuch
einpacken könntest. Schreibe auch hier die Artikel dazu.

> **Starthilfe**
>
> die Brotdose – eine Brotdose
> ...

4 **Spielidee:** Einpacken
Sagt reihum, was man einpacken könnte, zum Beispiel
– für einen Besuch im Schwimmbad,
– für das Sporttraining
– oder für einen anderen Ausflug.
a. Einer beginnt mit „Ich packe …" und
nennt einen Gegenstand.
b. Dann geht es reihum.
Jeder wiederholt zuerst das, was bereits gesagt wurde,
und ergänzt dann einen Gegenstand.

> Ich packe
> einen Bademantel,
> ein Shampoo, einen Kamm
> und … ein.

Z 5 Schreibe möglichst viele der genannten Gegenstände
in einem Satz auf. Beginne mit „Ich packe …"
Schreibe jeweils den unbestimmten Artikel dazu.

Bei einem Ausflug kann man viel sehen und erleben.
Hinterher gibt es oft eine Menge zu erzählen.

Verben	Nomen
fotografieren	das Raubtiergehege
sich anschauen	der Tiger
verpassen	ein Freund
treffen	die Löwenfütterung
verlieren	ein Eisstand
suchen	die Geldbörse
finden	der Affenkäfig
streicheln	der Ziegenbock

6 Was kannst du über einen Besuch im Zoo erzählen?
  a. Lies die Verben und die Nomen in den beiden Listen.
  b. Bilde Sätze aus den Verben und Nomen.
    – Verwende jeweils ein Verb aus der Liste
      im Präteritum.
    – Ergänze ein passendes Nomen.

Präteritum ➤ S. 280–283

Starthilfe

> fotografieren – der Tiger
> Ich fotografierte den Tiger.
> …

Deine Sätze können bereits der Ausgangspunkt
für eine spannende Erlebniserzählung sein.

Erzählen ➤ S. 148–155

Z 7 a. Notiere Stichworte für ein Erlebnis im Zoo.
      Du kannst die Wörter und deine Sätze aus Aufgabe 6 nutzen.
  b. Schreibe eine kurze Erlebniserzählung.

**eine Erlebniserzählung
schreiben**

> *Letzte Woche war ich mit meinen Eltern im Zoo.*
> *Alles fing ganz gut an: Wir schauten uns das Raubtiergehege an.*
> *Im Streichelzoo streichelte ich die Schafe und sogar*
> *den großen Ziegenbock. Als wir einen Eisstand suchten,*
> *merkte ich plötzlich: Meine Geldbörse war weg! …*

Z 8 Im Tandem!
      Überarbeitet nun zu zweit eure Texte.
  a. Tauscht eure Texte und lest sie euch gegenseitig vor.
  b. Überprüft, ob ihr alles richtig geschrieben habt.
  c. Schreibt die Texte noch einmal ab und unterstreicht die Nomen.

Texte überarbeiten

Texte überarbeiten
➤ S. 226–229

Nomen im Plural

Der Übersichtsplan im Zoo zeigt den Weg zu all den Tierarten.

> Affe   Giraffe   Nashorn   Tiger   Zebra
> Schlange   Krokodil   Flamingo   Bär   Kamel

1   **a.** Schreibe die Nomen im Singular
mit ihren bestimmten Artikeln
(der, das, die) auf.
Tipp: Wenn du dir unsicher bist,
schlage im Wörterbuch nach.
b. Schreibe die Pluralform
mit Artikel (die) daneben.
c. Was findet man noch im Zoo?
Ergänze zehn weitere Nomen
im Singular und im Plural.
d. Unterstreiche die Pluralendungen.

Gibt es hier auch **ein Nashorn**?

Ja – sogar **zwei Nashörner**!

> **Starthilfe**
> der Affe – die Affen
> ...

> Fast alle Nomen können im **Singular** (Einzahl) und
> im **Plural** (Mehrzahl) stehen: das Nashorn – die Nashörner,
> der Mensch – die Menschen, die Schlange – die Schlangen

Einige Nomen haben besondere Pluralformen.

2   Schreibe zu den folgenden Nomen die Pluralformen auf.
Schlage dazu im Wörterbuch nach.
Tipp: Manchmal findest du auch zwei Pluralformen.

das Lexikon   die Praxis   der Atlas
das Thema   der Kaktus   das Album
der Globus   das Museum   die Löwin

> **Starthilfe**
> das Lexikon – die Lexika
> ...

Pluralformen
bilden

3   **a.** Finde im Wörterbuch zu jedem Buchstaben des Alphabets
ein Nomen und schreibe es mit dem bestimmten Artikel auf.
b. Schreibe jeweils die Pluralform daneben.
c. Unterstreiche die Pluralendungen.

Zusammengesetzte Nomen

Im Zoo gibt es verschiedene Schlangen zu sehen.

1 **a.** Welche Schlangen gibt es?
Bilde zusammengesetzte Nomen.
b. Schreibe sie mit ihren bestimmten Artikeln auf.
c. Unterstreiche die Artikel.

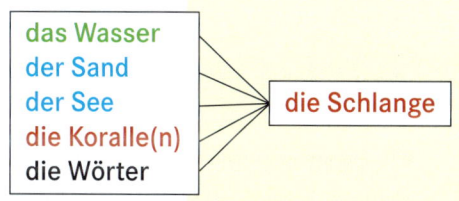

das Wasser
der Sand
der See
die Koralle(n)
die Wörter

die Schlange

> **Starthilfe**
> das Wasser + die Schlange = die Wasserschlange
> ...

> Zwei Nomen können ein **zusammengesetztes Nomen** bilden:
> **das Gift + die Schlange = die Giftschlange**
> Manchmal wird in der Mitte ein **n** eingefügt:
> **der Riese + die Schlange = die Riesenschlange**

2 Bilde nun zusammengesetzte Nomen mit **Schlange**
als erstem Wort.
Schreibe sie wie in Aufgabe 1 auf.

die Schlange(n)

der Kopf
der Tanz
das Ei
das Gift
die Haut
die Linie

> **Starthilfe**
> die Schlange + der Kopf = der Schlangenkopf
> ...

3 Vergleiche die Artikel der zusammengesetzten Nomen.
Richtet sich der Artikel nach dem ersten oder zweiten Nomen?
Schreibe einen Merksatz auf.

mehr zu zusammengesetzten
Nomen ➤ S. 254–255

4 Schlage im Wörterbuch zusammengesetzte Nomen
mit den folgenden Wörtern nach.

das Tier
der See
+ ? = ?

die Pluralform von
zusammengesetzten
Nomen bilden

a. Schreibe die zusammengesetzten Nomen
mit ihren bestimmten Artikeln auf.
b. Schreibe jeweils die Pluralform daneben.
c. Unterstreiche die Pluralendungen.

Wortart: Personalpronomen

Aaron schreibt über ein Erlebnis im Tierpark eine kurze Erzählung.

Gestern war ich mit Opa und Paula im Tierpark. Da liefen Affen
frei im Wald herum. Paula hatte ein neues Taschenmesser,
auf das Paula sehr stolz war. Paula spielte die ganze Zeit damit.
Opa warnte Paula: „Steck das Messer ein, die Affen nehmen
5 das Messer sonst weg!" Aber das wollte Paula nicht. Paula
antwortete Opa: „Es hängt doch an einer Kette!" Und dann hielt
Paula das Messer sogar einem Affen hin, der neugierig
angelaufen kam. Der Affe griff sofort nach dem Messer.
Der Affe zerrte so heftig an dem Messer, dass die Kette zerriss.
10 Schnell lief der Affe mit dem Messer weg. Das war ein Theater!
Opa, Paula und ich mussten eine halbe Stunde warten, dann
hatte der Affe genug von dem Messer und warf das Messer weg.
Zum Glück hatte der Affe sich nicht verletzt und das Messer
blieb heil! Paula war die Sache natürlich peinlich und deshalb
15 spendierte Paula Opa und mir danach ein Eis.

1 Die Erlebniserzählung könnte noch besser klingen.
An welchen Stellen könntest du sie verbessern?
Tipp: Zähle im Text nach: Wie oft werden jeweils die Nomen
Paula, **der Affe** und **das Messer** benutzt?

2 Im Tandem!
Überarbeitet zu zweit Aarons Erzählung.
– Lest euch den Text gegenseitig vor.
– Beurteilt: Wo ist es sinnvoll, die häufig wiederholten Nomen
durch die Personalpronomen **er, sie** oder **es** zu ersetzen?
– Schreibt nun den überarbeiteten Text auf.

Personalpronomen
einsetzen

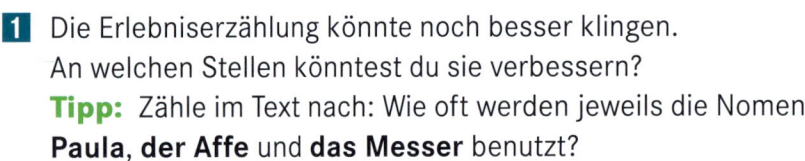

> **Personalpronomen** kann man für Personen, Lebewesen
> und Dinge einsetzen.
> Sie können im Singular und im Plural stehen.
> Singular: **ich, du, er/sie/es**   Plural: **wir, ihr, sie**

Später berichtet Paula aufgeregt ihrer Oma vom Erlebnis im Tierpark.

Im Tierpark ist **mir** etwas passiert: Opa hat **mich** noch gewarnt,
ich solle mein neues Taschenmesser lieber einstecken, sonst würden
die Affen es **mir** wegnehmen. Aber es hing doch an einer Kette.
Ich habe es sogar einem Affen hingehalten, der **mich** die ganze Zeit
beobachtet hat. Und dann ist es passiert: Der Affe hat an dem Messer
gezerrt und die Kette ist gerissen.

3 Im Text sind einige Personalpronomen hervorgehoben.
   a. Mit welchen Fragewörtern kannst du nach den Pronomen fragen?
   b. Schreibe die Fragen und die Antworten auf.

4 **a.** Die fehlenden Personalpronomen im 2. Teil kannst du selbst
     ergänzen.
   b. Schreibe den 2. Teil vollständig auf.

Der Affe wollte   das Messer nicht wiedergeben, das hat

         geärgert. Wir mussten warten, bis er es wegwarf. Zum Glück

ist ihm nichts passiert. Aber   war das peinlich und ich habe

Opa und Aaron ein Eis gekauft, damit sie nicht über   lachen.

> Die **Form der Personalpronomen** im Satz hängt vom Verb ab.
> Nach manchen Verben stehen sie im **Akkusativ**,
> nach manchen Verben stehen sie im **Dativ**:
> Lena tröstet **mich**. (Akkusativ)   Frage: **Wen** tröstet Lena?
> Lena hilft **mir**. (Dativ)   Frage: **Wem** hilft Lena?

Was eine große Schwester für ihren Bruder tut:

Sie **hilft**   bei den Hausaufgaben und **gibt**

viele gute Tipps dabei. Sie **ermahnt**   nicht ständig.

Sie **hört**   zu, wenn er ein Problem hat.

Sie **schenkt**   Comic-Hefte.

5 **a.** Schreibe die Sätze ab. Ergänze die Personalpronomen **ihn/ihm**.
   b. Und was tut ein großer Bruder für seine Schwester?
     Schreibe den Text entsprechend um.

> **Starthilfe**
> Er hilft <u>ihr</u> bei …

Wortart: Verben

Verben im Infinitiv

Seral hat eine Katze bekommen und will sich um die Pflege und Ernährung kümmern. Sie schreibt auf, was sie alles tun muss.

mehr zum Thema
„Mit Tieren leben"
➤ S. 67–84

- die Katzentoilette
- der Ball an einer Schnur
- das Futter
- der Napf
- die Schale
- bürsten
- der Kratzbaum
- streicheln

1 a. Sieh dir die Bilder an. Beschreibe, was du siehst.
   b. Schreibe Serals Liste ab und ergänze weitere Stichworte.
   c. Unterstreiche in deiner Liste alle Infinitive.

Das muss ich erledigen:
– die Katzentoilette
* säubern*
– mit der Katze ...

> Tätigkeiten beschreibt man mit Verben.
> Jedes Verb hat eine **Grundform**, den **Infinitiv**: spielen, säubern.
> Den Infinitiv erkennt man an der Endung **-en** oder **-n**.
> Wenn du ein Verb im Wörterbuch suchst, schau nach dem Infinitiv.

Verbformen im Infinitiv

Z Woran kann man Infinitive in anderen Sprachen erkennen?

Infinitive in anderen Sprachen erkennen

> Türkisch: okmak (streicheln), oynamak (spielen), temizlemek (säubern)
> Französisch: caresser (streicheln), jouer (spielen), nettoyer (säubern)
> Englisch: to caress (streicheln), to play (spielen), to clean (säubern)

2 a. Schreibe die Infinitive ab.
   b. Unterstreiche für jede Sprache das besondere Merkmal.

Verben im Präsens

Serals Freund Lars möchte auch eine Katze haben.
Seral erklärt ihm, was sie regelmäßig tun muss.

Verbformen in der
1. Person

> Ich säubere jeden Tag
> die Katzentoilette.
> Dann spiele ich …

1 Was tut Seral noch für ihre Katze?
Ergänze mündlich, was Seral sagt.
Tipp: Verwende dazu die Bilder von Seite 274.

2 **a.** Schreibe Serals Tätigkeiten auf.
b. Unterstreiche alle Verbformen in deinem Text.

Verbformen in der
3. Person

> **Starthilfe**
> Seral säubert jeden Tag die Katzentoilette.
> Dann spielt sie …

Lars besucht Seral und spielt mit der Katze.

3 Was tut die Katze?
a. Beschreibe es mündlich.
Verwende dazu die Wörter und Wortgruppen vom Rand.
b. Schreibe deine Sätze auf.
Verwende dabei die Wörter **zuerst**, **dann**, **danach**
und **schließlich**.
c. Unterstreiche die Verbformen.

– nach dem Ball
  springen
– miauen
– durch das Zimmer
  rennen
– auf den Stuhl
  springen
– nach dem Ball
  greifen

> **Starthilfe**
> Zuerst springt die Katze nach dem Ball.
> Sie miaut laut. Dann …

> **Verben** im **Präsens** verwendet man, um auszudrücken,
> – was man **regelmäßig** tut:
>   Sie spielt jeden Tag mit ihrer Katze.
> oder
> – was man **jetzt** tut:
>   Sie spielt jetzt gerade mit ihrer Katze.

Verben: Verbstamm und Endung

Am Abend schreibt Seral eine E-Mail an ihre Freundin.

1 Lies die E-Mail.

To: Nurten
Hallo, Nurten, **ich** schicke dir ein Foto meiner Katze. **Sie** heißt Garry. **Meine Eltern** lachen viel über sie, denn **Garry** rennt den ganzen Tag durch die Wohnung. **Wir** schmusen viel mit ihr. Was machst **du** so? Vielleicht kommt **ihr** mal zu uns. Dann spielen **wir** zusammen mit Garry. Bis bald. Deine Seral

2 In Serals E-Mail sind die Personen hervorgehoben.
  a. Schreibe sie in der richtigen Reihenfolge untereinander auf.
  b. Ergänze die passenden Verben.
  c. Unterstreiche die Endungen der Verben.

Starthilfe

ich schicke, ...
du ...
sie ...

Endungen
unterstreichen

> Bei vielen Verben bleibt der **Verbstamm** gleich.
> Es verändern sich nur die **Endungen**.
> Sie richten sich nach der **Person**.

3 Zeichne und beschrifte nun selbst Bäume
für die Verben **kommen** und **klettern**.
Tipp: Orientiere dich an dem Baum zum Verb **spielen**.

Infinitiv:	spiel	en
ich	spiel	e
du	spiel	st
er/sie/es	spiel	t
wir	spiel	en
ihr	spiel	t
sie	spiel	en
Personal-pronomen	Verb-stamm	Endung

W Wähle eine der folgenden Aufgaben aus.

4 Schreibe zu den Verben **kommen** und **klettern**
mindestens drei Sätze auf.

Sätze bilden

5 **a.** Zeichne und beschrifte nun einen Baum für das Verb **to play**.
  b. Vergleiche diesen Baum mit deinen Bäumen aus Aufgabe 3.
  Welcher Unterschied zwischen beiden Sprachen fällt dir auf?
  Schreibe es auf.

deutsche und englische
Verben vergleichen

Am Mittwoch ist Seral länger in der Schule.

> Mama, **gib**st du Garry heute ihr Futter?

> Natürlich. Ich **geb**e ihr auch frisches Wasser.

ich	geb	e
du	gib	st
er/sie/es	gib	t
wir	geb	en
ihr	geb	t
sie	geb	en

5 **a.** Wie verändert sich der Verbstamm beim Verb **geben**?

b. Schreibe die Verbformen zu **geben** ab.

> Bei einigen Verben **ändert sich** der **Verbstamm** in der 2. und 3. Person Singular (**du** und **er/sie/es**).
> nehmen → ich nehme, aber: du nimmst, er nimmt

6 Schreibe zu jedem Verb aus der Randspalte einen Satz auf. Benutze als Person dafür **du**, **er** oder **sie**.

haben
lesen
helfen
nehmen
treffen
essen

Zusammengesetzte Verben

Seral fallen immer wieder Dinge ein, die sie für Garry braucht.

> Kannst du für Garry Trockenfutter **einkaufen**?

> Papa **kauft** gerade Futter **ein**.

> Ich will den Kratzbaum **aufstellen**.

> Warte doch, ich **stelle** ihn dir gleich **auf**.

Z **7** **a.** Lest die Sätze mit verteilten Rollen.

b. Wie unterscheiden sich die Verben auf der linken Seite von denen auf der rechten Seite? Sprecht darüber.

Verbformen vergleichen

> Einige Verben sind **zusammengesetzte Verben**. Sie können im Satz auseinanderstehen.
> Infinitiv: einkaufen → im Satz: Er **kauft** Futter **ein.**

Z **8** **a.** Bilde mit den folgenden Verben Sätze.

b. Markiere die beiden Teile des Verbs.

Sätze mit zusammengesetzten Verben bilden

> ankommen   aussehen   einkaufen   wegrennen   loslaufen
> aufräumen   anfangen   anziehen   aufhören   zumachen

Perfekt: Mündlich erzählen

Gina erzählt ihrer Mutter, wie ihre Klasse das Schulfest vorbereitet hat.

Yamas Mutter **hat** den Kuchen **gebacken**.
Sonja und Sybel **haben** die Dekoration **gebastelt**.
Oleg und ich, wir **haben** die Gläser **besorgt**.

Woher **habt** ihr denn die Gläser **bekommen**?

Der Hausmeister **hat** sie uns **gegeben**.
Ich **habe** sie aus dem Keller **geholt**.

Hast du das denn alleine **geschafft**?

Nicht ganz, Mario **hat** mir dabei **geholfen**.

1 Lest das Gespräch mit verteilten Rollen.

> Wenn man etwas **mündlich** erzählt, was schon vergangen ist, verwendet man meist das **Perfekt**.

2 In den Sprechblasen sind die Perfektformen hervorgehoben. Schreibe sie mit den passenden Personen auf.

> **Starthilfe**
> Yamas Mutter hat gebacken, Sonja und Sybel …

3 **a.** Schreibe das Gespräch zwischen Gina und ihrer Mutter weiter. Verwende dazu die folgenden Verbformen:

> gekocht   gebracht   geschmückt   gekauft   geschrieben   gemalt

b. Unterstreiche die Perfektformen.

> Viele Verben bilden das **Perfekt** mit **haben**:
> Sie hat gebacken.

Perfekt mit haben

> ich habe
> du hast
> er/sie/es hat
> wir haben
> ihr habt
> sie haben

4 Erzählt, wie ihr ein besonderes Fest gefeiert habt.
Ihr könnt dazu z. B. die Perfektformen dieser Verben verwenden:

> kaufen   kochen   vorbereiten   erleben   besuchen   lachen
> feiern   dauern   sagen   erzählen   tanzen   schenken

Gina erzählt der Mutter, was auf dem Schulfest passiert ist,
als es plötzlich angefangen hat zu regnen:

> Die Kinder **sind** schnell
> ins Schulhaus **gerannt**. Ich **bin** zuerst draußen
> **geblieben**. Oleg **ist** aber schnell zu mir **gekommen**
> und wir **sind** mit Frau Weiler auch ins Schulhaus **gegangen**.
> Nach dem Regen **sind** wir alle wieder nach draußen
> **gelaufen**. Der Hof **ist** ganz nass **gewesen**.

5 **a.** Schreibe die hervorgehobenen Perfektformen
mit den passenden Personen auf.
b. Schreibe die Infinitive daneben.

Starthilfe

die Kinder sind gerannt – rennen
ich bin …
…

Einige Verben bilden das **Perfekt** mit **sein**:
Die Kinder sind gerannt.
Oft sind es Verben der Bewegung:
laufen, kommen, gehen, rennen, fallen, springen

Perfekt mit sein

ich bin
du bist
er/sie/es ist
wir sind
ihr seid
sie sind

6 Wie könnte Ginas Erzählung weitergehen?
Schreibe Perfektsätze in wörtlicher Rede auf.
Verwende die folgenden Verbformen:

gerutscht   gefallen   passiert   gelaufen   gerannt   gewesen

Starthilfe

„Mario ist auf dem nassen Boden gerutscht. …"

Bei einigen Verben verändert sich im Perfekt der Verbstamm.

7 **a.** Ordne die passenden Verbformen einander zu.
b. Schreibe mit fünf Verbformen Sätze im Perfekt auf.

rennen   schreiben   bringen   springen   schwimmen
gehen   bleiben   helfen   trinken
geschrieben   gerannt   getrunken   geholfen   gesprungen
gegangen   geblieben   gebracht   geschwommen

Präteritum: Schriftlich berichten oder erzählen

Die Klasse 5 b möchte eine Broschüre zum Thema „Ernährung"
vorbereiten. Julian und Irina informieren sich in einem Sachbuch
über die Kartoffel.

mehr zum Thema „Ernährung"
➤ S. 27–46

Die Kartoffel

In Südamerika **nutzte** man schon sehr früh die Kartoffel
als Nahrungsmittel. Vor etwa 450 Jahren **gelangte** sie dann
auch in andere Teile der Welt.
Die Menschen **lernten** erst nach und nach, wie sie
5 die Kartoffelpflanze nutzen können. Spanische Gärtner **probierten**
die oberirdischen Teile und **merkten**, dass sie gar nicht schmecken.
Die oberirdischen Beeren **verursachten** sogar Vergiftungen.
Deshalb **nutzte** man die Kartoffelpflanzen zunächst als
Zierpflanzen.
10 Wegen ihrer schönen Blüten **schmückten** sie
die königlichen Parkanlagen. Die französische Königin **steckte** sich
die Blüten als Schmuck in ihr Haar. Es **dauerte** noch über 100 Jahre,
bis man **entdeckte**, dass die Knollen unter der Erde essbar sind.
Dann endlich **verwendete** man die Kartoffel als Nahrungsmittel.

1 **a.** Schreibe die hervorgehobenen Präteritumformen
        mit den passenden Personen auf.
   b. Schreibe die Infinitive daneben.

> **Starthilfe**
> man nutzte – nutzen
> …

mehr über Infinitive ➤ S. 274

> Wenn man **schriftlich** über etwas berichtet oder erzählt,
> was schon vergangen ist, verwendet man das **Präteritum**.
> Viele Verben bilden das Präteritum mit den folgenden Endungen:
> ich lern**te**, du lern**test**, er/sie/es lern**te**,
> wir lern**ten**, ihr lern**tet**, sie lern**ten**.

2 **a.** Schreibe alle Präteritumformen von **merken** auf.
   b. Markiere die Endungen.

Präteritumformen bilden

> **Starthilfe**
> ich merk**te** – du …

3 Bilde Sätze mit den folgenden Verben.
   Verwende Präteritumformen.

> versuchen   machen   suchen   entdecken   fragen   schmecken

Julian und Irina erfahren noch mehr über die Kartoffel.

Der Siegeszug der Kartoffel

Als die Gärtner die Kartoffelpflanzen wegwarfen, fanden sie in der Erde die Knollen an den Wurzeln. Diese Früchte waren durchaus schmackhaft. Jedoch hielt sich das Gerücht, dass Kartoffeln giftig sind. Weil es aber Hungersnöte gab, entschied sich ein französischer
5 Apotheker für eine List. Er ließ seine Kartoffelfelder von Soldaten bewachen, aber nur tagsüber. Nachts kamen die neugierigen Bauern und stahlen die Pflanzen, weil sie sie für sehr kostbar hielten.
Und so begann der Siegeszug der Kartoffel. Sogar der preußische König Friedrich der Große aß in der Öffentlichkeit Kartoffelgerichte.
10 Er bewies damit, dass die Kartoffeln nicht giftig sind.

4 **a.** Schreibe den Text ab.
b. Markiere die Präteritumformen.

5 Die folgenden Infinitive gehören zu den Präteritumformen im Text.
a. Schreibe die Infinitive untereinander auf.
b. Schreibe die passenden Präteritumformen daneben.

Verbformen zuordnen

> lassen   finden   sein   halten   entscheiden   kommen   wegwerfen
> halten   stehlen   beginnen   geben   beweisen   essen

Bei einigen Verben ändert sich im **Präteritum** der Verbstamm.
finden: Sie **fanden** die Knollen in der Erde.
Manche Verben haben in der 1. und 3. Person Singular keine Endung.
ich **fand,** er/sie/es **fand,**
aber: du **fandest,** wir **fanden,** ihr **fandet,** sie **fanden**

Auch heute kann man neue Früchte oder Gerichte kennen lernen.

schriftlich erzählen

Z **6** Erzähle schriftlich, wie du z. B. zum ersten Mal eine neue Frucht oder ein neues Gericht probiertest.
Du kannst diese Präteritumformen verwenden:

> aß   trank   fand   schmeckte
> probierte   rief   fragte   sah
> war   kochte   gab   kannte

Starthilfe
Die Mutter meiner Freundin kochte letztes Jahr ein ungarisches Gericht, das ich noch nicht kannte. …

Nicht nur Kartoffeln kamen im Mittelalter auf den Tisch.

In den Häusern der reichen Adligen **fing** der Tag mit
einem guten Frühstück **an**. Man **stellte** Brot aus feinem Mehl **her**.
Zu den Hauptmahlzeiten und bei Festen **saß** man lange **zusammen**
und die Diener **trugen** gleich mehrere Sorten Fleisch **auf**.
5 Man **probierte** auch viele Gewürze **aus**.
Gewürze **kaufte** man in fernen Ländern **ein**.

7 **a.** Sieh dir die hervorgehobenen Verbformen genau an.
Welche Besonderheit stellst du fest?
b. Schreibe diese Verbformen ab.
c. Schreibe den Infinitiv dazu.

zusammengesetzte
Verben erkennen

mehr über Infinitive ➤ S. 274

> **Starthilfe**
> fing an – anfangen
> stellte her – …
> …

> **Zusammengesetzte Verben** stehen auch im **Präteritum**
> im Satz auseinander:
> Infinitiv: **anfangen**
> Präsens: Der Tag **fängt** mit einem guten Frühstück **an**.
> Präteritum: Der Tag **fing** mit einem guten Frühstück **an**.

Die reichen Menschen _____ beim Essen lange _____
(zusammensitzen). Aber sie _____ meistens nicht alles _____
(aufessen).
Die Diener _____ in der Zeit _____ (herumstehen)
und _____ ihnen _____ (zusehen).
Nach dem Essen _____ sie die Tische _____ (abräumen).
Die Diener _____ aber das restliche Essen nicht _____
(wegwerfen), sondern _____ sich manchmal etwas _____
(einstecken). Sie _____ die Reste für sich _____ (aufheben)
und _____ ihrer Familie etwas _____ (abgeben).
So _____ auch einige ärmere Leute gutes Essen _____
(ausprobieren).

8 **a.** Schreibe den Text im Präteritum auf.
Die passenden Verben findest du in den Klammern.
Tipp: Mehr Hilfe findest du unter dieser Aufgabe.
b. Markiere in deinem Text jeweils die beiden Verbteile.

zusammengesetzte
Verben verwenden

mehr über zusammen-
gesetzte Verben ➤ S. 244

sie saßen, sie aßen, sie standen, sie sahen, sie räumten,
sie warfen, sie steckten, sie hoben, sie gaben, sie probierten

Präteritum: Ein Märchen weitererzählen

Auch in manchen Märchen geht es ums Essen.

Der süße Brei   Brüder Grimm

Es war einmal ein armes Mädchen, das lebte mit seiner Mutter
allein, und sie hatten nichts zu essen.
Das Mädchen ging in den Wald und begegnete einer alten Frau.
Diese wusste schon von seinem Kummer und schenkte ihm
5 ein Töpfchen.
Die alte Frau sprach zu dem Mädchen: „Wenn du Hunger hast,
sage ‚Töpfchen, koche‘, und es kocht süßen Hirsebrei.
Wenn du sagst ‚Töpfchen, steh‘, so hört es wieder auf zu kochen.“
Das Mädchen brachte den Topf heim zu seiner Mutter und
10 nun hungerten sie nicht mehr. Sie aßen süßen Brei,
sooft sie wollten.

1 **a.** Finde die Präteritumformen und schreibe sie heraus.
   Tipp: Die wörtliche Rede enthält keine Präteritumformen.
   b. Schreibe jeweils den Infinitiv daneben.

> **Starthilfe**
>
> war – sein
> lebte – …
> …

So geht das Märchen weiter:

Nach einer Zeit war das Mädchen ausgegangen, da ▊▊▊▊▊
(sprechen) die Mutter: „Töpfchen, koche.“ Es ▊▊▊▊▊ (kochen)
und sie ▊▊▊▊▊ (essen) sich satt. Nun ▊▊▊▊▊ (wollen) sie,
dass das Töpfchen wieder aufhören soll, aber sie ▊▊▊▊▊ (wissen)
das Wort nicht. …

2 Schreibe den Text ab. Setze die Präteritumformen richtig ein.

Präteritumformen
einsetzen

Z **3** Du kannst das Märchen nun schriftlich zu Ende erzählen.
   a. Überlege, wie das Märchen weitergehen könnte.
   b. Schreibe deinen Schluss im Präteritum auf.

mehr zu Märchen
➤ S. 160–177

Wortart: Adjektive

Mit Adjektiven Eigenschaften beschreiben

Die Klasse 5 a erhält an ihrem Einschulungstag ein Tagebuch für die erste Schulwoche. Merle beschreibt darin ihre Eindrücke von der neuen Schule.

> *Diese Woche war sehr aufregend.*
> *Meine neue Schule ist groß und modern.*
> *Unsere Klassenlehrerin Frau Köster ist ganz nett.*
> *Ich habe auch schon eine richtige Freundin gefunden.*
> *Sie heißt Svenja. Sie hat halblange blonde Haare und*
> *dicke Sommersprossen auf ihrer kleinen Nase.*

Merle

1 Merle verwendet in ihrem Tagebucheintrag mehrere Adjektive zum Beschreiben.
Finde die Adjektive und schreibe sie auf.

Starthilfe
aufregend, …

Svenja

Adjektive in Sätzen verwenden

2 Auf dem oberen Foto siehst du Merle.
Wie würde Svenja wohl Merle beschreiben?
a. Beschreibe Merle in drei bis vier Sätzen schriftlich.
b. Markiere die Adjektive in deinen Sätzen.

> Mit **Adjektiven** kann man Personen, Tiere oder Gegenstände genauer beschreiben.

Z **3** Beschreibe jemanden, den du gut kennst.
a. Beschreibe zunächst aus dem Gedächtnis heraus.
b. Überprüfe deine Beschreibung bei eurem nächsten Treffen.

Personen beschreiben
➤ S. 300

Gegensätzliche Eigenschaften kannst du mit Adjektivpaaren
ausdrücken: **groß – klein**.

4 Welche Adjektivpaare sind in der Wörterschlange versteckt?
Schreibe sie auf.

Wer bin ich? Wer bist du?
➤ S. 20–23

> **Starthilfe**
> freundlich – unfreundlich
> sauber – …

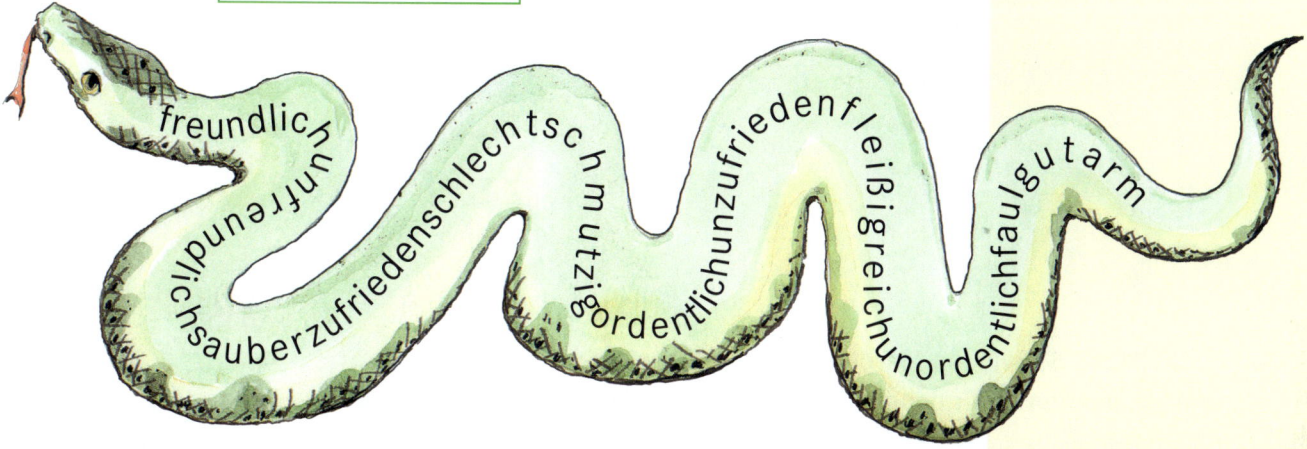

Erinnerst du dich noch an Bradley aus dem ersten Kapitel
in diesem Buch? Am Elternsprechtag erzählt seine Mutter
der Lehrerin, dass sie ihren Sohn für einen sehr guten Schüler hält.

Bradley ist sehr ▨▨▨▨.
Seine Schultasche ist immer ▨▨▨▨
und seine Hefte sind ▨▨▨▨.
Zu den anderen Kindern ist er immer ▨▨▨▨.
Seine Noten sind ja auch stets ▨▨▨▨.
Ich bin mit Bradley sehr ▨▨▨▨.

5 Schreibe die Sätze ab.
Setze dabei die Adjektive vom Rand passend in die Lücken ein.

> sauber
> zufrieden
> gut
> ordentlich
> fleißig
> freundlich

**Die Lehrerin sieht Bradley ganz anders und erzählt der Mutter
genau das Gegenteil.**

6 Schreibe den Text aus Aufgabe 5 um.
Tipp: Du kannst Adjektive
aus der Wörterschlange
oben verwenden.

> **Starthilfe**
> Tut mir leid, aber aus
> meiner Sicht ist Bradley
> sehr faul. Seine
> Schultasche …

Die Endungen der Adjektive

Die Klasse 5 b will ein Märchen szenisch gestalten. Isa, Till und Aileen suchen dafür passende Kleidungsstücke auf dem Flohmarkt.

Till: Seht mal, der alte Hut! Die .... Jacke passt doch prima dazu! Der .... Kragen und die .... Tasche haben schon Risse. Das passt zu einem Räuber.

Isa: Und die .... Trägerhose kannst du als Räuber auch prima tragen.

Aileen: Die .... Schürze und die .... Bluse werde ich anprobieren! Aber mir fehlt noch ein .... Rock.

Isa: Das .... Kleid hier ist echt cool! Seht mal: Es hat einen .... Gürtel.

---

1 Schreibe die Sätze ab.
   Setze in die Lücken die Adjektive ein, mit denen Till, Isa und Aileen die Kleidungsstücke beschreiben könnten.
   Tipps:
   – Du kannst die Adjektive am Rand verwenden.
   – Beachte bei den Adjektiven die Endungen:
      die alt**e** Jacke, **der** alt**e** Hut, **das** alt**e** Kleid
      aber: **eine** alt**e** Jacke, **ein** alt**er** Hut, **ein** alt**es** Kleid

altmodisch
groß
grau
weiß
gestreift
passend
alt
weit
lang

Adjektive verwenden

Die Steigerung der Adjektive

Adjektive kann man steigern. So kann man beschreiben,
wie sich Dinge unterscheiden.

1 a. Beschreibe die Unterschiede
zwischen den Kleidungsstücken
auf dem Flohmarkt auf Seite 286:
Größe, Länge, Weite, Alter, Preis.

> **Starthilfe**
> Der graue Hut ist größer als
> der braune Hut.
> Das gelbe Kleid ist teurer als …

b. Lege eine Tabelle an.
Trage die Adjektive in der Grundform
und in den Steigerungsformen ein.

> groß
> klein
> alt
> neu
> weit
> eng
> kurz
> lang
> billig
> teuer

Will man beschreiben, wie sich Personen, Tiere, Sachen …
unterscheiden, kann man **gesteigerte Adjektive** verwenden:

Grundform	Komparativ (1. Steigerungsform)	Superlativ (2. Steigerungsform)
(so) **groß** (wie)	**größer** (als)	am **größten**

2 **Spielidee:** Ein Werbespiel mit Adjektiven
In der Werbung ist vieles möglich.
Da wäscht ein Waschmittel „weißer" als andere.
Im Werbespiel dürft ihr auch Adjektive steigern,
die man eigentlich gar nicht steigern kann, z. B. Farben.
– Alle sitzen im Kreis.
– Zwei von euch wählen einen Gegenstand aus.
  Ihr sollt den Gegenstand anpreisen wie in einem Werbespot.
  Notiert dazu viele gesteigerte Adjektive.
– Eine oder einer von euch spielt den Gegenstand
  und macht entsprechende Geräusche oder Bewegungen.
  Die oder der andere preist das Produkt an.
– Die Übrigen notieren sich, welche gesteigerten Adjektive
  verwendet werden. Welche davon können nur in der Werbung
  gesteigert werden?

> **Starthilfe**
> Max macht kreisende Bewegungen
> mit den Armen, rattert und schüttelt sich.
> Jasmin: „Diese Maschine arbeitet leiser
> als andere. Sie wäscht die Dinge weißer,
> alles wird viel reiner …"

Wortart: Präpositionen

Wo?

Aner will eine Klassenarbeit vorbereiten.
Er schafft sich dafür
erst einmal Platz.

1 **a.** Sieh dir das Bild an.
Wo liegt/hängt/steht etwas?
b. Schreibe auf,
was du hier siehst.
Schreibe eigene Sätze
oder nutze
die Satzschalttafel.

Der	Rucksack Bleistift …	liegt hängt steht	an auf unter neben in hinter vor über	dem dem	Tisch. Stuhl. …
Das	Heft Lexikon …			dem	Mathebuch. Schulbrot. …
Die	Schultasche Baseballkappe …			der	Lampe. Schublade. …

an dem → am:	Der Rucksack hängt an dem Stuhl.	
	Der Rucksack hängt am Stuhl.	
in dem → im:	Das Heft liegt in dem Papierkorb.	
	Das Heft liegt im Papierkorb.	

2 Schreibe drei Sätze mit **am** und zwei Sätze mit **im**.

Präpositionen
verwenden

Wohin?

Wohin räumt Aner die Sachen?

1 Sieh die Bilder an und lies die Sätze über Aner.

> Aner stellt den Regenschirm **in den** Schirmständer.
>
> Er legt das Comic-Heft **in das** Regal.
>
> Er steckt das Deutschbuch **in die** Schultasche.

2 Schreibe weitere Sätze.
Schreibe eigene Sätze oder nutze die Satzschalttafel.

Aner Er	steckt stellt legt hängt räumt packt	den	Rucksack Bleistift Füllhalter …	**an** **auf** **unter** **neben** **in** **hinter** **vor** **über**	den	Schreibtisch. Schirmständer. Küchentisch. …
		das	Heft Deutschbuch Lexikon …		das	Regal. Kopfkissen. Etui. …
		die	Federtasche Schultasche Sonnenbrille …		die	Schultasche. Schublade. …

> **in das** → **ins**:   Aner stellt das Lexikon **in das** Regal.
> Aner stellt das Lexikon **ins** Regal.
>
> **an das** → **ans**
> **auf das** → **aufs**

3 Schreibe jeweils zwei Sätze mit **ans**, **ins**, **aufs**.

Mit Präpositionen üben

Ein Bilddiktat: Was ist passiert?

1 Im Tandem!
    a. Lies die Sätze langsam vor: Wortgruppe für Wortgruppe.
    Mache nach jedem Satz eine Pause.
    b. Deine Partnerin oder dein Partner zeichnet dann das,
    was du vorgelesen hast.

nach Diktat zeichnen

Dein Zettel | ist ein Zimmer: |
In der Mitte | steht ein Tisch. *(Pause)*

Rechts neben dem Tisch |
steht ein Stuhl. *(Pause)*

Auf dem Tisch | steht ein Teller. *(Pause)*

Um den Teller verteilt | liegen Kerzen. *(Pause)*

Unter dem Tisch | liegt ein Hund. *(Pause)*

Links neben dem Tisch | ist eine Tür. *(Pause)*

Vor der Tür | steht ein Mädchen, |
das wütend aussieht. *(Pause)*

In der rechten Hand | hält das Mädchen |
eine Kuchengabel.

2 **a.** Was könnte hier wohl passiert sein? Schreibt eure Ideen auf.
    b. Wie könnte die Geschichte weitergehen?
    Erzählt die Geschichte zu Ende.

3 Denkt euch selbst ein Bilddiktat aus.
    Verwendet die folgenden Präpositionen.

ein eigenes Bilddiktat schreiben

auf	neben	zwischen	vor	unter

Wo ist Bello? Wohin läuft Bello?

Bellos Abenteuer

Bello wollte nicht mehr draußen warten, draußen vor _____.
Er riss sich los, stürmte durch _____ und suchte sein Frauchen.
Er sauste zwischen _____ hin und her.
Erst stand er vor _____ und legte seine Vorderpfoten auf _____.
5 Es machte ihm gar nichts, dass Äpfel auf _____ rollten.
Bello lief weiter, schnüffelte neben _____, wo der Bäcker gerade
Brötchen in _____ schob. Und dann tauchte er hinter _____ auf.

Der Schlachter legte gerade frisches Fleisch _____,
als plötzlich Bello vor ihm stand. Der Schlachter ließ
10 das Tablett fallen, es fiel _____. Bello schnappte sich
ein Stück Fleisch, das _____ lag, und lief weiter. In einer
ruhigen Ecke fraß er das Stück Fleisch. Dann lief er weiter.
Und endlich fand er Frauchen! Sie stand _____. Bello lief hin,
sprang hoch und legte ihr die Pfoten _____. Er war glücklich.

> (vor) dem Supermarkt   (vor) dem Gemüsetisch
> (auf) den Boden   (hinter) der Fleischtheke
> (durch) die Tür   (neben) dem Bäckerstand
> (in) den Backofen   (zwischen) den vielen Regalen
> (auf) die Apfelkiste
> in der Schlange vor der Kasse   auf die Schultern
> auf den Boden   auf dem Tablett   auf ein Tablett

4 Lies die Geschichte.
Setze dabei die passenden Wortgruppen in die Lücken ein.
Die Bilder helfen dir.
Tipp: In den ersten beiden Absätzen sind die Präpositionen
schon vorgegeben.

> **Starthilfe**
> Bello wollte nicht mehr draußen warten,
> draußen vor dem Supermarkt. Er …

5 Welche Wortgruppen antworten auf die Frage **Wo?**,
welche Wortgruppen antworten auf die Frage **Wohin?**?
Ordne sie in einer Tabelle.

> **Starthilfe**
>
> | Wo? | Wohin? |
> | --- | --- |
> | vor dem Supermarkt | durch die Tür |
> | … | … |

Der Satz: Satzglieder

Satzglieder umstellen

Satzglieder werden oft als Bausteine des Satzes bezeichnet.
Durch die Umstellprobe findest du heraus, welche Wörter
zu einem Satzglied gehören.

1 a. Schreibt jedes Wort auf jeweils eine Karteikarte.
   b. Fünf von euch erhalten eine Karteikarte und stellen sich
      so auf, dass ein Satz entsteht. Schreibt ihn an die Tafel.
   c. Stellt euch nun so um, dass neue sinnvolle Sätze entstehen.
      Schreibt sie ebenfalls an die Tafel.
   d. Welche Wörter kann man nur gemeinsam umstellen?
      Kreist sie ein.

Ein **Satzglied** kann aus einem Wort oder mehreren Wörtern
bestehen.
Mit der **Umstellprobe** kannst du Satzglieder ermitteln:
Die Wörter eines Satzglieds kann man nur gemeinsam
umstellen.
Die wichtigsten Satzglieder sind:

Subjekt	Prädikat	Objekt
Ben	kauft	ein neues Fahrrad .

Umstellprobe

2 a. Lies die folgenden Sätze laut und betont.
   b. Wie verändert sich jeweils der Sinn der Sätze?

   Mein Vater gibt mir Taschengeld.
   (Mein Vater, nicht meine Mutter gibt es mir.)
   Taschengeld gibt mir mein Vater.
   (Taschengeld, nicht etwa einen Apfel.)
   Mir gibt mein Vater Taschengeld.
   (Mir und nicht meiner Schwester.)

den Sinn von Sätzen
erklären

3 **a.** Stelle die Satzglieder in den folgenden Sätzen um.

b. Lies die alten und die neuen Sätze laut.

c. Wie verändert sich jeweils der Sinn der Sätze?

die Umstellprobe
anwenden

Meine Katze | frisst | fetten Käse .

Unser Hund | mag | Fleischknochen .

Meine Freundin Maria | trinkt | einen heißen Kakao .

Starthilfe

Meine Katze frisst fetten Käse.
Fetten Käse frisst ...
Frisst ...?

Hier stimmt etwas nicht! Lies die Sätze.

Herr Hansen | fängt | die Maus .   Der Kater | liest | ein Buch .

Müllers Katze | mäht | den Rasen .   Kim | hat | neue Winterreifen .

Der Wagen | schleckt | die Sahne .

4 **a.** Ordne die Satzglieder richtig zu.
Schreibe die Sätze in dein Heft.

b. Markiere dann die Subjekte, die Prädikate und
die Objekte unterschiedlich.

Subjekt wer?	Prädikat was tut?	Dativobjekt wem?	Akkusativobjekt wen? was?
Tim, Daniel, Niklas, Janis, Anna, Sophie, Alexandra, Sevim	schenkt, gibt, leiht, schreibt	seinem Freund, Ina, ihrem Freund Jonas	ein Freundschaftsbuch, eine CD, ein Buch, die Stifte, einen Brief, ein Diktat, ein Geldstück

Z **5** **Spielidee:** Satzglieder-Puzzle
Verwendet die Satzglieder in einem Spiel:

- Bildet Dreiergruppen.
- Schneidet aus Pappe oder Papier
  diese Formen aus:
- Schreibt die Subjekte, die Prädikate und die Objekte
  auf die passenden Formen.
- Legt nun Sätze und stellt immer wieder
  die Satzglieder um.
- Danach könnt ihr die Satzglieder mischen
  und Quatschsätze bilden.

Satzglieder-Spiel

Subjekt, Prädikat, Objekt

Herr Klüter, Klassenlehrer der 5 c, fragt die Klassensprecherin Alexa nach den Vorbereitungen für das Sommerfest.

mehr zum Thema „Feste"
➤ S. 47–62

1 Lies den Text.

Alexa: Also, Maja besorgt uns die Gläser für den Getränkestand. Ihr Bruder Carlos arbeitet in einem Getränkemarkt und verleiht die Gläser. Onur stiftet die Trinkhalme. Kübra und Nina basteln die Papierblumen und Jana gestaltet das Plakat für diesen Stand.
5 Janis und Timo schreiben die Einladungskarten und ...

Herr Klüter: Moment, jetzt verliere ich den Überblick. Das muss ich mir aufschreiben.

Schnell notiert Herr Klüter die Aufgaben:
Aber **wer** macht nun was?

– besorgt die Gläser
– verleiht die Gläser
– stiftet die Trinkhalme
– basteln die Papierblumen
– gestaltet das Plakat
– schreiben die Einladungskarten

2 **a.** Lies die Notizen.
b. Frage nach den **Subjekten**.
c. Schreibe die Fragen und die Antworten auf.

> **Starthilfe**
> Wer besorgt die Gläser? Maja.
> Wer verleiht ...?

nach dem Subjekt fragen

> Onur
> Jana
> Janis und Timo
> Kübra und Nina
> Maja
> Carlos

> Das ⬚Subjekt⬚ kann eine Person oder auch eine Sache sein.
> Es kann aus einem Wort oder mehreren Wörtern bestehen.
>
> Mit ⬚Wer oder was?⬚ fragt man nach dem Subjekt:
> ⬚Wer⬚ bastelt die Papierblumen? ⬚Kübra und Nina⬚ .
> ⬚Was⬚ schreibt gut? ⬚Der neue Füller⬚ .

Weißt du denn, **was** die einzelnen Kinder **tun**?

nach dem Prädikat
fragen

3 **a.** Frage nach den **Prädikaten** in den Sätzen von Aufgabe 2.
b. Schreibe die Fragen und die Antworten auf.

Starthilfe
> Was tut Maja? Sie besorgt die Gläser.
> Was tut ...?

Das **Prädikat** sagt etwas darüber aus, was jemand tut
oder was geschieht.
Mit **Was tut ...?** fragt man nach dem Prädikat.
Was tut der Klassenlehrer? Er **notiert** alles.

Es werden noch weitere Aufgaben für das Sommerfest verteilt.

nach dem
Akkusativobjekt fragen

Alexa bittet ihre Mutter um die Musikanlage. Yannic bringt
seine CDs mit. Jetzt sucht die Klasse noch Helfer zum Aufräumen.
Sie findet dafür zunächst nur zwei Schüler und fragt zusätzlich noch
Kathi, Celina und Tom. Celina wird Müllsäcke mitbringen.

4 **Wen** bittet ...? **Was** bringt ...?
Schreibe die Fragen und die Antworten auf.

5 Sieh dir noch mal die Notizen des Klassenlehrers in Aufgabe 2 an.
Frage auch hier nach den **Akkusativobjekten**.

Mit **Wen oder was?** fragt man nach einem **Akkusativobjekt**.

Immer mehr Kinder beteiligen sich an der Vorbereitung des Festes.

nach dem Dativobjekt
fragen

Dario hilft Maja beim Spülen der Gläser. Nora bringt Jana
Plakatfarbe. Dina gibt Jana Tipps für die Plakatgestaltung.
Laura schenkt Kübra und Nina Papier für die Blumen.

6 **Wem** hilft Dario? **Wem** ...?
Schreibe die Fragen und die Antworten auf.

Mit **Wem?** fragt man nach einem **Dativobjekt**.

Wissenswertes auf einen Blick

Texte – Literatur – Medien

Märchen

Viele Märchen beginnen mit „Es war einmal". Im Märchen passieren oft Dinge, die in der Wirklichkeit nicht geschehen können:

- Tiere und Gegenstände können sprechen.
- Zauberer und Feen setzen ihre Zauberkräfte ein.
- Oft werden Wünsche erfüllt. Meistens sind es drei Wünsche.
- Mit besonderen Gegenständen können Menschen Wunderbares vollbringen.
- Die Zahlen 3, 7, 12 spielen manchmal eine wichtige Rolle.
- Menschen werden von bösen Wesen bedroht.
- Das Gute siegt meistens, das Böse wird bestraft.

Oft enden Märchen mit „Und sie lebten glücklich und zufrieden".

Märchen lesen und Märchen erzählen ➤ S. 160–177

Gedicht

Gedichte haben mindestens eine Strophe und sind in Versen (Gedichtzeilen) geschrieben. Sie reimen sich häufig.

- Der **Reim** ist der möglichst genaue Gleichklang von Wörtern.

mehr über Reime ➤ S. 180–181

Reime am Ende von Gedichtzeilen, die aufeinanderfolgen, nennt man Paarreime.	Reimt sich jeweils der übernächste Vers, so spricht man von Kreuzreimen.	Ein Reim, der einen Paarreim umschließt, heißt umarmender Reim.
Pflaumenbaum a ⌐ kaum a ⌐ drum b ⌐ um b ⌐	kaum e ⌐ hat f ⌐ Pflaumenbaum e ⌐ Blatt f ⌐	ledern c ⌐ kann d ⌐ an d ⌐ Federn c ⌐

- Eine **Strophe** verbindet eine bestimmte Anzahl von Versen (Gedichtzeilen) zu einer Einheit und gliedert das Gedicht oder Lied.
- Ein **Vers** besteht aus betonten und unbetonten Silben, die in einer ganz bestimmten Ordnung aufeinanderfolgen.

Ballade

Ballade ➤ S. 128–129

Balladen sind Gedichte, die eine Geschichte erzählen. Häufig steht ein dramatisches Ereignis im Mittelpunkt.

Geschichte/Erzählung

Als Erzählung bezeichnet man verschiedene Kurzformen des Erzählens, die nicht genauer durch bestimmte Merkmale gekennzeichnet sind. Erzählungen sind meist knapp und überschaubar.

Geschichten/Erzählungen ➤ S. 134–147

Die Arbeitstechniken

Eine Geschichte verstehen: Die Handlungsbausteine

Um eine Geschichte zu verstehen, suche im Text nach den **fünf Handlungsbausteinen**. Sie finden sich in fast allen Erzähltexten und enthalten das Wichtigste der Handlung.
Wenn du diese fünf Bausteine hast, kannst du **den Kern einer Geschichte** verstehen.

Stelle diese **Fragen**, wenn du die Handlungsbausteine ermitteln willst:
- Wer ist die **Hauptperson**? In welcher **Situation** steckt sie?
- Welchen **Wunsch** hat sie?
- Welches **Hindernis** ist ihr im Weg?
- Wie **reagiert** die Hauptperson auf das Hindernis, wie versucht sie, es zu überwinden?
- Wie **endet** die Geschichte? Ist die Hauptperson erfolgreich?

eine Geschichte verstehen ➤ S. 134–147

Szenisches Spiel, szenisch interpretieren

Ihr könnt selbst Spielszenen zu einer Geschichte schreiben und gestalten.
- Legt fest, welche **Figuren** es gibt und wer welche **Rolle** spielt.
- Notiert, was die Figuren **sagen**, **denken** und wie sie sich **fühlen**.
- Schreibt, wo nötig, **Regieanweisungen** auf.
- **Übt** nun das gemeinsame Spiel: Drückt die Gefühle der Figuren durch **Betonung**, **Körpersprache** und **Gesichtsausdruck** aus.
- Besprecht: Wie haben sich die Spielenden in ihren Rollen gefühlt? Wie hat die Szene auf die **Zuschauer** gewirkt?

szenisches Spiel ➤ S. 176–177

Ein Gedicht auswendig lernen

- Lerne die erste Strophe **Zeile für Zeile** auswendig.
- Sprich dann die **Strophe als Ganzes**.
- Gehe genauso **bei den anderen Strophen vor**.
- Wenn du das ganze Gedicht auswendig sprechen möchtest, kannst du dir am Anfang mit einem **Blatt Papier** helfen: Lege es so, dass du **jeweils nur den Anfang jeder Zeile** lesen kannst.

Gedichte auswendig lernen ➤ S. 191

Eine Lesemappe anlegen

Deine persönliche Lesemappe wird dich beim Lesenlernen begleiten.
- Gestalte ein **schönes Deckblatt**.
- Lege alle **Texte**, die du **rund ums Lesen** schreibst, in deine Lesemappe.
- Sammle darin außerdem deine **Bilder** und **Plakate**, die du zu Texten gestaltet hast, sowie **Lesetipps**.

Lesemappe ➤ S. 15, 115, 125, 180, 192, 211–217

Sachtexte und Grafiken lesen, verstehen, auswerten

Der Textknacker

- Die **Bilder** über und neben dem Text helfen dir, den Text zu verstehen.
- Die **Überschrift** verrät dir etwas über das **Thema**.
- Einen **Gesamteindruck** bekommst du, wenn du einmal den ganzen Text liest.
- **Absätze** gliedern den Text.
- **Schlüsselwörter** sind besonders wichtige Wörter.
- Manche Wörter werden **am Rand** oder **unter dem Text** erklärt.
- Suche Wörter, die du nicht verstehst, im **Lexikon**.

Textknacker ➤ S. 30–33, 43–45, 117–118, 218–221

Wörter nachschlagen

- Sucht das Wort unter dem richtigen Buchstaben des Alphabets. Im Wörterbuch oder Lexikon steht **der Buchstabe** des Alphabets auf jeder Seite **oben oder unten oder am Rand**.
- Wenn die Wörter mit demselben Buchstaben beginnen, müsst ihr euch **nach dem zweiten Buchstaben richten**.
- Manchmal müsst ihr euch sogar **den dritten, vierten oder fünften Buchstaben ansehen**.

Nachschlagen kannst du auf ➤ S. 110, 222–223 üben.

Sich im Internet informieren

- Mit einer **Suchmaschine** könnt ihr nach interessanten Seiten suchen. Gebt dazu **ein Stichwort oder mehrere Stichworte** ins Suchfeld ein.
- Die gefundenen Seiten werden als **Links** angezeigt.
- Prüft, ob die angezeigten Links **Wichtiges für euer Thema** enthalten könnten.
- **Lest** dann die passenden **Internettexte mithilfe des Textknackers**.

Internet ➤ S. 99–102

Einen Internettext lesen

- Entscheide zunächst, welchen Text du genauer lesen willst.
- **Überfliege** den Text, um dir einen **Überblick** zu verschaffen: Was verraten dir **Überschriften** und **Schlüsselwörter** über das Thema?
- Wenn du den Text **genauer lesen** willst, wende den **Textknacker** an.
- Stelle außerdem **W-Fragen** an den Text und beantworte sie.

Internettexte ➤ S. 101–102

Fragen an einen Text stellen

- Lies den Text mit dem **Textknacker**.
- Stelle selbst Fragen zum Text. Das können **Fragen zum Inhalt** sein oder auch **Fragen zur Klärung**, wenn du etwas nicht verstanden hast.
- **Lies** den Text noch einmal **genau** und beantworte diese Fragen.

Eine Grafik lesen

Grafiken können **zusätzliche Informationen** zu Sachtexten enthalten.
- Lies die **Überschrift** der Grafik und benenne das Thema.
- Lies die **Erklärungen**, zum Beispiel die **Legende**.
- Sieh dir nun die Grafik **genauer** an.
- **Stelle Fragen** an die Grafik und **formuliere** entsprechende **Antworten**.
- **Erkläre** mit eigenen Worten, was in der Grafik dargestellt ist.

Grafiken ➤ S. 38–40, 46

Ideen sammeln, planen, schreiben, überarbeiten

Ideensammlung: Cluster

So kannst du vorgehen:
- Nimm dir **ein leeres Blatt** Papier.
- Schreibe **in die Mitte** ein Wort oder eine Wortgruppe, z. B. stark sein. **Kreise** das Wort oder die Wortgruppe **ein**.
- Schreibe nun die **Wörter rund um das Wort** auf, die dir *genau jetzt* dazu einfallen.
- **Verbinde** die neuen Wörter **durch Striche** mit dem Kernwort.
- Manchmal kannst du auch zu den neuen Wörtern **weitere Wörter** finden.
- Schreibe so viele Wörter auf, wie dir **in 5 bis 10 Minuten** einfallen.
- Am Ende sieht dein Cluster dann fast **wie ein Netz** aus.

Einen Cluster kannst du auf ➤ S. 86 anfertigen.

Planen, schreiben, überarbeiten

Vor dem Schreiben
- **Lies die Aufgabe** mehrmals **genau** durch.
- **Schreibe** genau auf, **was du tun sollst**.
- **Beantworte** die Fragen zum **Schreibziel**:
  - **Für wen** oder **an wen** schreibe ich?
  - **Was** möchte ich **erreichen**?
- **Sammle Informationen** und Ideen.

Während des Schreibens
- **Beantworte** die Fragen zum **Aufbau** deines Textes:
  - **Wie** schreibe ich den Text?
  - **In welcher Reihenfolge** schreibe ich?
- **Ordne** deine **Informationen**.
- **Schreibe** einen **Entwurf**. Finde eine **Überschrift**.

Nach dem Schreiben
- **Überprüfe** deinen Text. Verwende **Checklisten**.
- **Überarbeite** deinen Text. Achte auf die **Rechtschreibung**.

planen, schreiben, überarbeiten ➤ S. 83, 199

Texte überarbeiten in der Schreibkonferenz

In einer Schreibkonferenz überarbeitet ihr die Texte gemeinsam in der Gruppe nach vorher vereinbarten Regeln.
1. Gestaltet die **Satzanfänge** abwechslungsreich.
2. Verwendet **treffende Verben**. Dann wird der Text anschaulicher.
3. Vermeidet Wiederholungen.
4. Überlegt euch eine passende **Überschrift**.
5. Korrigiert **Rechtschreibfehler**.

mehr zur Schreibkonferenz ➤ S. 226–229

Schreiben

Personen beschreiben
- Wie sieht die Person **insgesamt** aus?
- Wie sieht ihr **Gesicht** aus? Wie sind ihre **Haare**?
- Wie sieht ihre **Kleidung** aus?
- Gibt es etwas, was dir **besonders** an ihr **auffällt**?
- Wie **wirkt** sie auf dich?

Personen beschreiben
➤ S. 105, 114

Einen Brief schreiben
- Überlege, **an wen** und **mit welchem Ziel** du den Brief schreiben möchtest. Unterscheide zwischen **persönlichem** und **offiziellem** Brief.
- Beachte den **Aufbau**: Briefkopf, Anrede, Brieftext und Briefschluss.
- Im **Briefkopf** steht das **Datum**. Meist wird auch der **Ort** genannt. Bei **offiziellen Briefen** steht zusätzlich die **Adresse**.
- Nach der **Anrede** kannst du ein Komma setzen, schreibe dann klein weiter. Setzt du ein Ausrufezeichen, schreibe groß weiter.
- Die Anredepronomen **du** und **ihr** kannst du entweder groß- oder kleinschreiben. Schreibe das Anredepronomen **Sie** immer groß.
- Nach der **Grußformel** folgt deine **Unterschrift** – ohne Komma.

Briefe schreiben
➤ S. 15, 59, 64–65

Einen Ratgeber schreiben
In einem Ratgeber gibst du anderen Tipps/Ratschläge zu einem Thema, z. B. zur Tierhaltung.
- **Informiere** dich gründlich über das Thema und **notiere Stichworte**.
- Schreibe in der **Einleitung allgemeine Informationen und Tipps**.
- Gib im **Hauptteil** ausführliche **sachliche Hinweise und Tipps**, z. B. zur Ernährung und Pflege eines Haustieres.
- Wähle eine passende **Überschrift**.
- Überarbeite deinen Text. Überprüfe auch die **Rechtschreibung**.
- Gestalte deinen Ratgeber **übersichtlich** und **ansprechend**.

einen Ratgeber schreiben
➤ S. 72, 78

Eine Anleitung schreiben
In einer Anleitung beschreibst du, wie man etwas tun kann.
- Ordne die einzelnen **Schritte in der richtigen Reihenfolge** an.
- Beschreibe die Arbeitsschritte so, dass andere sie **leicht verstehen** bzw. **ausführen** können.
- Verwende die **man-Form**, Verbformen mit **werden** (Passiv) oder **Aufforderungsformen** (Imperative).

Anleitungen schreiben
➤ S. 60–61, 72, 75

Einen Steckbrief schreiben
- **Gliedere** deinen Steckbrief nach **Hauptstichworten**, z. B. Art, Aussehen, Nahrung, Besonderheiten.
- Sammle **Informationen** und **ordne** sie den Hauptstichpunkten zu.
- Schreibe den Steckbrief und **gestalte** ihn, z. B. mit einem Foto.

Steckbriefe schreiben
➤ S. 79–83

Erzählen

Nach einem Erzählplan erzählen

Wenn du eine **eigene Geschichte** erzählen möchtest,
mache dir zunächst einen Erzählplan.

- Für den Erzählplan überlegst du dir die **Bausteine** deiner Geschichte:
  Baustein **Hauptperson** und **Situation**
  Baustein **Wunsch**
  Baustein **Hindernis**
  Baustein **Reaktion**
  Baustein **Ende**
- **Notiere** für jeden Baustein deine **Ideen** in Stichworten.
  Du kannst dazu **Fragen** stellen:
  Wer soll meine Hauptperson sein?
  In welcher Situation …?
  …
- **Ordne** die Bausteine in einer **sinnvollen Reihenfolge**.
- **Erzähle** nun deine **Geschichte** mithilfe der Bausteine.
  Beachte dabei die **Tipps zum spannenden Erzählen**.

Erzählplan ➤ S. 148–155

Spannend erzählen

- Deine Geschichte braucht eine **Einleitung**, einen **Hauptteil** und
  einen **Schluss**.
- Beginne mit **einleitenden Worten**, die zu der Geschichte und
  ihrer Stimmung passen, z. B. dem Hinweis, dass etwas Unheimliches passiert.
- Baue die Spannung auf: Erzähle **ausführlich**, aber verrate noch nicht
  die Lösung.
- Erzähle den **Höhepunkt** deiner Geschichte **besonders spannend**.
- Beschreibe Personen, Orte und Gefühle **mit treffenden Adjektiven**.
- **Verändere** die **Satzanfänge**.
- Schreibe zum **Schluss**, wie sich die Spannung löst.
- Überlege dir eine **Überschrift**, die den Leser neugierig macht.

Übungen zum spannenden Erzählen ➤ S. 134–147, 150–159

Nacherzählen

- **Lies** die Geschichte **genau**.
- Notiere **Stichworte** zur Handlung auf **Erzählkärtchen**.
- Beachte, dass die Angaben auch **genau** sind.
- Lege die Kärtchen in der **richtigen Reihenfolge** bereit.
- Erzähle **anschaulich** und **spannend** mit eigenen Worten.
- Lass nichts Wichtiges aus.
- **Füge nichts hinzu**, was nicht in der Geschichte steht.
- Gib die Handlungsschritte in der **gleichen Reihenfolge** wieder,
  wie sie in der Geschichte vorkommen.
- Verwende die **gleiche Zeitform** wie in der Geschichte.

Nacherzählen kannst du z. B. auf ➤ S. 108, 114, 123, 129, 137, 165.

Präsentieren, diskutieren

Ein Kurzreferat vorbereiten

Mit einem Kurzreferat könnt ihr andere über ein Thema informieren.
1. Schritt: Sucht ein **Thema** aus.
2. Schritt: Beschafft **Informationen** aus Büchern, Lexika und dem Internet.
3. Schritt: **Lest** die Texte, **markiert Wichtiges** und macht euch **Notizen**.
4. Schritt: **Gliedert** das Kurzreferat und **ordnet** eure Notizen.
5. Schritt: **Formuliert** eine **Überschrift**, eine **Einleitung** und einen **Schluss**.
6. Schritt: **Übt**, das Kurzreferat vorzutragen.

Kurzreferat
➤ S. 52–55, 230–231

Ein Kurzreferat frei vortragen

- Stellt euch so hin, dass alle euch sehen können.
- Versucht, **frei** zu **sprechen** und wenig abzulesen.
- Sprecht **langsam** und **deutlich**.
- Orientiert euch an euren **Stichworten**.
- Schreibt **Schlüsselwörter** an die Tafel.
- **Schaut** beim Sprechen **die Zuhörer an**.
- **Zeigt** eure **Bilder und Materialien** an passenden Stellen.

Ein Plakat gestalten

Überlegt:
- Welches **Papierformat** wählt ihr aus?
- Wie soll die **Überschrift** heißen?
- Welcher **Text** und welche **Bilder** sollen auf das Plakat?
- Wie wollt ihr **Überschrift, Text und Bilder** auf dem Plakat **verteilen**?
- Welche **Wörter** wollt ihr besonders **hervorheben**?
- Welche **Stifte** nehmt ihr, damit die Schrift auf dem Plakat **gut lesbar** ist?

Plakate gestalten
könnt ihr auf ➤ S. 29, 37,
56–57, 61, 63.

Pro- und Kontra-Argumente sammeln

- Wenn du eine Meinung vertreten möchtest,
  begründe sie mit Argumenten:
  - Finde **Pro-Argumente**, wenn du **dafür** bist.
  - Finde **Kontra-Argumente**, wenn du **dagegen** bist.
- Sammle deine Argumente in einer **Tabelle** oder auf Kärtchen.
- **Ordne** deine Argumente.
- **Denke** über die verschiedenen Argumente in Ruhe **nach**
  oder sprich mit anderen darüber.
- Finde dann eine **Lösung**.

Argumente sammeln
➤ S. 73–74

Klassenrat

- Jeder **schreibt auf Zettel**, über welche **Themen** er sprechen möchte.
- **Wählt** vor jedem Klassenrat **eine Präsidentin oder einen Präsidenten**.
  Sie oder er **eröffnet** den Klassenrat, **liest** die Zettel **vor** und
  leitet auch die **Diskussion** und die **Abstimmung**.
- Besprecht zuerst, in welcher **Reihenfolge** ihr über die Themen beraten wollt.
- **Diskutiert** dann über die einzelnen Themen.

Klassenrat ➤ S. 24–25

Rechtschreiben

Die Arbeitstechniken

Das Abschreiben

Abschreibübungen sind sehr wichtig für richtiges Schreiben.

1. Schritt: **Lies** den Text **langsam** und **sorgfältig**.
2. Schritt: **Gliedere** den Text **in Sinnabschnitte**.
   Mache dazu Striche nach zusammengehörenden Wortgruppen.
3. Schritt: **Präge** dir die Wörter eines Sinnabschnittes genau **ein**.
4. Schritt: Jetzt **schreibe** die Wörter **auswendig** auf.
   Schreibe nur in jede zweite Zeile.
   Schreibe langsam, ordentlich und nicht zu eng.
5. Schritt: Nun **kontrolliere** Wort für Wort.
6. Schritt: Streiche **Fehlerwörter** durch und schreibe sie richtig darüber.
7. Schritt: Die Fehlerwörter kommen in die **Rechtschreibkartei**.

Das Partnerdiktat

Ein Partner diktiert.

- Setze dich so hin,
  dass du **gut sehen** kannst,
  was dein Partner schreibt.
- **Lies** den ersten Satz **vor**.
- **Diktiere** dann nacheinander
  die **Sinnabschnitte**.

- Bei einem **Fehler** sage
  sofort „**Stopp**".
- **Lass** deinem Partner **Zeit**,
  den Fehler zu finden.
- Gib **Hilfen**, wenn er
  den Fehler nicht findet.
- Oder zeige den Diktattext.

Der andere Partner schreibt.

- **Höre** dir den Satz in Ruhe an.
- **Schreibe** nun **Sinnabschnitt**
  für Sinnabschnitt.
- Schreibe nur in jede zweite Zeile.
- Sage „**Stopp**", wenn du nicht
  mitkommst.
- Lies den letzten Sinnabschnitt
  und versuche, den Fehler zu finden.

- Lass dir helfen, wenn du
  unsicher bist.

- Streiche das **Fehlerwort** durch.
- Schreibe das Wort richtig darüber.

Die Rechtschreibkartei

Schreibe **Fehlerwörter** oder Wörter, bei denen du Rechtschreibzweifel spürst, auf **Lernkärtchen**.

1. Schreibe das Fehlerwort in die Mitte der ersten Zeile.
2. Füge bei Verbformen das Personalpronomen und den Infinitiv hinzu.
3. Füge bei Nomen den Artikel, den Plural bzw. den Singular hinzu.
4. Schreibe auch ganze Wortgruppen auf.
5. Unterstreiche die Fehlerstelle.
6. Schreibe gut lesbar („Sonntagsschrift") und fehlerlos.
7. Schreibe zu dem Fehlerwort Rechtschreibtipps.

Wissenswertes auf einen Blick

303

Rechtschreibhilfen

Das Gliedern

➤ S. 248–249

Wenn du nicht sicher bist, ob du alle Buchstaben eines Wortes geschrieben hast, kannst du das Wort gliedern.

Beim Gliedern **zerlegst** du ein Wort **in Sprechsilben**.

1. Sprich das Wort **langsam** und übertrieben deutlich. Sprich **Silbe für Silbe**.
2. **Achte** dabei **auf jeden Laut**, vor allem am Silbenende.
3. Schreibe das Wort anschließend auf.

Das Verlängern

➤ S. 250

Wenn du nicht hörst, **mit welchem Buchstaben ein Wort endet**, kannst du es verlängern. Oft hörst du beim Sprechen eines Wortes am Ende ein **p**, **t** oder **k**, musst aber **b**, **d** oder **g** schreiben. Durch Verlängern kannst du den Endbuchstaben **hörbar machen** und eine Entscheidung treffen: der Korb ➞ die Körbe.

Das Ableiten

➤ S. 251

Wenn du nicht hörst, ob ein Wort mit **ä** oder **e**, mit **äu** oder **eu** geschrieben wird, kannst du es ableiten und eine Entscheidung treffen. Suche **verwandte Wörter** mit **a** oder **au**: die Wälder ➞ der Wald.

Wortfamilie – Wortstamm

➤ S. 244, 252–253

Wörter sind miteinander **verwandt** und bilden Wortfamilien. Viele Wörter sind **aus mehreren Teilen** zusammengesetzt: aus dem **Wortstamm** und aus anderen Bausteinen: auf – fall – en.

- **Gleiche Wortstämme** schreibt man meist gleich.
- Wenn du unsicher bist, wie man ein Wort richtig schreibt, suche verwandte Wörter, die du sicher schreiben kannst.

Wortbildung

➤ S. 238, 254–257, 264–265

Viele Wörter sind **zusammengesetzt**. Wenn du die einzelnen Bausteine richtig schreibst, dann kannst du auch die Zusammensetzungen richtig schreiben.

- Fast jedes Nomen kann mit einem oder mehreren weiteren Nomen ein neues **zusammengesetztes Nomen** bilden: der Garten + die Bank = die Gartenbank.
- Neue Verben entstehen durch Verbindungen aus **Verben mit Vorsilben**: ver- + sprechen = versprechen.
- Neue Adjektive entstehen aus **Nomen und Adjektiven** oder aus **Verb und** der Endung **-bar**: die Umwelt + freundlich = umweltfreundlich, essen + -bar = essbar.
- Aus **Nomen und Verben** können Adjektive werden. Die Endungen **-ig** und **-lich** machen's! der Mut – mutig, feiern – feierlich

Großschreibung

Wörter werden zu Nomen

- Aus Adjektiven können Nomen werden.
  Die starken Wörter **etwas** und **nichts** machen's!
  weich – etwas Weiches
  neu – nichts Neues
- Aus Verben können Nomen werden.
  Der Artikel **das** macht's!
  bellen – das Bellen

➤ S. 235, 239, 243

Nomen mit -ung, -keit und -heit

Wörter mit den **Endungen -ung**, **-keit** und **-heit** sind Nomen.
Sie werden großgeschrieben und haben den Artikel **die**:
die Wohnung, die Süßigkeit, die Schönheit.

➤ S. 234, 246

Tageszeiten

Nach **gestern**, **heute** und **morgen** werden Tageszeiten **großgeschrieben**:
gestern Mittag – heute Mittag – morgen Mittag.

➤ S. 237

Zusammenschreibung

Wörter mit irgend-

Zusammensetzungen mit **irgend-** werden zusammengeschrieben:
irgendwer, irgendwie, irgendetwas, irgendwo.

➤ S. 245

Wörter mit langem und kurzem Vokal

Wörter mit ß und mit ss

- Nach einem **langen Vokal** oder einem Zwielaut steht **ß**:
  fleißig, die Soße.
- Nach einem **kurzen Vokal** steht **ss**:
  der Fluss, gefasst.

➤ S. 233, 239, 262

Wörter mit kurzem Vokal

Die Vokale sind: **a, e, i, o, u.**
Nach einem kurzen Vokal folgt meist ein **Doppelkonsonant**:
hoffen, du stellst, sie schwamm, wir kletterten.

➤ S. 239, 240, 258, 263

Zeichensetzung

Satzarten und Zeichensetzung

- Nach einem **Aussagesatz** steht ein **Punkt**: Sie fühlte etwas Weiches.
- Nach einem **Fragesatz** steht ein **Fragezeichen**:
  Aber was war darin?
- Nach einem **Ausrufesatz** steht ein **Ausrufezeichen**:
  O nein, das darf doch nicht wahr sein!
- Nach einem **Aufforderungssatz** steht meist ein **Punkt**:
  Reinige bitte den Käfig.
- Nach einem **Befehl** kann auch ein **Ausrufezeichen** stehen:
  Gib das sofort her!
- Nach einem Punkt, Fragezeichen oder Ausrufezeichen **schreibt man groß**.

Übungen dazu ➤ S. 239
Übungen zu
Aufforderungssätzen ➤ S. 75

Komma bei Aufzählungen

Adjektive und Nomen kann man aufzählen.
Die Wörter einer **Aufzählung** trennt man durch Kommas voneinander.
Ausnahme: kein Komma vor **und**:
Ich bin ein höfliches, ehrliches, intelligentes, kitzliges und ehrgeiziges Mädchen.

Übungen dazu
➤ S. 233

Sätze mit dass, weil, denn

Nach Verben des Sagens, Denkens und Meinens folgen oft **dass**-Sätze.
Der **dass**-Satz wird durch **Komma** vom Hauptsatz abgetrennt.
Ich hoffe, **dass** du wieder gesund wirst.
Auch vor **weil** und **denn** in der **Satzmitte** steht ein **Komma**.
Ich wünsche mir einen Hamster, **weil** ich Tiere liebe.
Ich möchte keine Katze, **denn** wir haben einen Hund.

Übungen mit **dass**-Sätzen
➤ S. 93, 127, 241, 247
Übungen mit **denn**-Sätzen
➤ S. 127
Übungen mit **weil**-Sätzen
➤ S. 127

Komma bei als

Beginnt ein Satz mit **als**, folgt etwas später ein **Komma**.
Das Komma steht zwischen zwei Verben:
Als ich den Schulhof betrat, klingelte es bereits.

Übungen dazu
➤ S. 235

Wörtliche Rede

Wörtliche Rede erkennt man an den **Anführungszeichen** („ …")
am Anfang und am Ende.
Oft steht ein **Begleitsatz** dabei:
- manchmal davor:
  Robert ruft: „Olga, ich finde dich super!"   : „   !"
  Olga antwortet: „Ich mag dich auch."   : „   ."
  Robert fragt: „Wann sehen wir uns wieder?"   : „   ?"
- manchmal dahinter:
  „Schon morgen Abend", meint Olga.   „   ",   .

wörtliche Rede auf
➤ S. 87, 91, 152, 237

Grammatik

Wortarten

Nomen

Nomen bezeichnen Lebewesen (Menschen, Tiere, Pflanzen), Gegenstände und gedachte oder vorgestellte Dinge.
Lebewesen: die Tante, der Kaktus
Gegenstände: der Käfig, das Futter
gedachte oder vorgestellte Dinge: das Geräusch, der Traum

Übungen dazu
➤ S. 266–271

Nomen schreibt man im Deutschen immer **groß.**
Vor Nomen steht oft ein **bestimmter Artikel** (der, das, die)
oder ein **unbestimmter Artikel** (ein, ein, eine).
der Pullover – ein Pullover
das Buch – ein Buch
die Hose – eine Hose

Fast alle Nomen können im **Singular** (Einzahl) und
im **Plural** (Mehrzahl) stehen:
das Nashorn – die Nashörner
der Mensch – die Menschen
das Zebra – die Zebras

Aus zwei Nomen kann man ein **zusammengesetztes Nomen** bilden.
Werden zwei Nomen zusammengesetzt,
richtet sich der Artikel nach dem zweiten Nomen:
das Kaninchen – das Zwergkaninchen
der Käfig – der Kaninchenkäfig
Ist das Grundwort ein **Nomen**, dann ist auch das zusammengesetzte Wort
ein Nomen.
Bestimmungswort + Grundwort = zusammengesetztes Wort
zaubern + das Märchen = das Zaubermärchen
Manchmal wird in der Mitte ein **s** eingefügt:
das Glück + der Tag = der Glück**s**tag
Manchmal wird in der Mitte ein **n** eingefügt:
die Schlange + der Kopf = der Schlange**n**kopf

Übungen zu zusammen-
gesetzten Nomen
➤ S. 232, 235, 249,
254–255, 271

Jedes Nomen kann in **verschiedenen Fällen** (Kasus) stehen.
Man kann nach dem Fall, in dem ein Nomen steht, fragen.

Im Deutschen gibt es vier Fälle:	Fragen:
Nominativ (1. Fall)	**Wer oder was?**
Genitiv (2. Fall)	**Wessen?**
Dativ (3. Fall)	**Wem?**
Akkusativ (4. Fall)	**Wen oder was?**

Nomen im Singular

Geschlecht / Fall (Kasus)	**männlich**	**sächlich**	**weiblich**
1. Fall (**Nominativ**) Frage: **Wer oder was?**	der/ein Traum	das/ein Geräusch	die/eine Maus
2. Fall (**Genitiv**) Frage: **Wessen?**	des/eines Traum(e)s	des/eines Geräusch(e)s	der/einer Maus
3. Fall (**Dativ**) Frage: **Wem?**	dem/einem Traum	dem/einem Geräusch	der/einer Maus
4. Fall (**Akkusativ**) Frage: **Wen oder was?**	den/einen Traum	das/ein Geräusch	die/eine Maus

Nomen im Plural

Geschlecht / Fall (Kasus)	**männlich**	**sächlich**	**weiblich**
1. Fall (**Nominativ**)	die Träume	die Geräusche	die Mäuse
2. Fall (**Genitiv**)	der Träume	der Geräusche	der Mäuse
3. Fall (**Dativ**)	den Träumen	den Geräuschen	den Mäusen
4. Fall (**Akkusativ**)	die Träume	die Geräusche	die Mäuse

In welchem **Kasus** das Nomen steht,
richtet sich nach seiner Funktion im Satz.
Das heißt, es kommt darauf an, welches **Satzglied** das Nomen ist.

Zum Beispiel steht ein Subjekt im Nominativ;

 Objekte können im Dativ oder im Akkusativ stehen.

Übungen zu Satzgliedern
➤ S. 292–295
Wissenswertes dazu ➤ S. 311

Verben

Tätigkeiten beschreibt man mit **Verben**.
Jedes Verb hat eine **Grundform**, den **Infinitiv**:
sagen, gehen, fahren, erleben, schlafen, müssen.
Den Infinitiv erkennt man an der Endung **-en** oder **-n**.

Übungen dazu
➤ S. 274–283

Verben im Präsens

Verben im **Präsens** verwendet man, um auszudrücken,
– was man regelmäßig tut:
Sie spielt jeden Tag mit ihrer Katze.
oder
– was man jetzt tut:
Sie spielt jetzt gerade mit ihrer Katze.
Bei vielen Verben bleibt im Präsens der **Verbstamm** gleich.
Es verändern sich nur die **Endungen**. Sie richten sich
nach der Person.
Zusammengesetzte Verben stehen meist im Satz auseinander.

Infinitiv	sagen		einkaufen
Person	Singular	Plural	Singular
1.	ich sage	wir sagen	ich kaufe ein
2.	du sagst	ihr sagt	du kaufst ein
3.	er/sie/es sagt	sie sagen	er/sie/es kauft ein

Verben im Präteritum

Wenn man schriftlich über etwas berichtet oder erzählt,
was schon vergangen ist, verwendet man das **Präteritum**:
Man nutzte die Kartoffelpflanzen zunächst als Zierpflanzen.
Bei einigen Verben ändert sich im Präteritum der **Verbstamm**:

Präsens	**Präteritum**
Ich **weiß** es nicht.	Ich **wusste** es nicht.

Übungen zum Präteritum
➤ S. 280–283

Verben im Perfekt

Wenn man etwas mündlich erzählt, was schon vergangen ist,
verwendet man meist das **Perfekt**.
Viele Verben bilden das **Perfekt** mit **haben**:
Sie **hat** gebacken.
Einige Verben bilden das Perfekt mit **sein**,
vor allem Verben der Bewegung:
Wir **sind** gelaufen.
Bei einigen Verben verändert sich im Perfekt der **Verbstamm**:

Präsens	**Perfekt**
Die Kinder **rennen**.	Die Kinder sind **gerannt**.

Übungen zum Perfekt
➤ S. 278–279

Personalpronomen

Übungen dazu
➤ S. 272–273

Die **Personalpronomen ich, du, er, sie, es, wir, ihr, sie** kann man
für Personen, Lebewesen und Dinge einsetzen.
Wenn Personalpronomen für Nomen eingesetzt werden,
muss man die Nomen nicht ständig wiederholen.

Adjektive

Übungen dazu
➤ S. 284–287

- Adjektive werden auch als **Eigenschaftswörter** bezeichnet.
  Sie werden immer **kleingeschrieben**.
- Mit **Adjektiven** kann man Personen, Tiere oder Gegenstände
  genauer beschreiben:
  ein langes Kleid, eine nette Lehrerin
- **Gegensätzliche Eigenschaften** kann man mit **Adjektivpaaren** ausdrücken:
  groß – klein, lang – kurz

Will man beschreiben, wie sich Personen, Tiere, … unterscheiden,
kann man **gesteigerte Adjektive** verwenden:
(so) groß (wie) – größer (als) – am größten

Ein Adjektiv kann im Satz verschiedene Aufgaben erfüllen.
- Es kann vor einem **Nomen** stehen: Maria ist eine schnelle Läuferin.
- Dann kann sich die **Endung** verändern:
  Maria jubelt der schnellen Läuferin zu.
- Ein Adjektiv kann auch allein stehen: Die Läuferin ist schnell.
  Dann hat es keine Endung.

Präpositionen

Übungen dazu
➤ S. 288–291

Wörter wie **an, auf, unter, neben, in, hinter, vor, über, zwischen**
sind Präpositionen.
Mit ihrer Hilfe kann man z. B. ausdrücken, **wo** sich etwas befindet:
Wo ist das Heft? – In dem / Im Papierkorb.
Mit Präpositionen wie **in/ins, an/ans, auf/aufs** kann man
auf die Frage **Wohin?** antworten:
Wohin stellt Aner das Lexikon? – In das / Ins Regal.

Satzglieder

Die **Bausteine eines Satzes** heißen Satzglieder.
Die wichtigsten Satzglieder sind:

Subjekt	Prädikat	Objekt

| Toms Freund | hat | ein neues Fahrrad |

Umstellprobe

Ein Satzglied kann aus einem Wort oder mehreren Wörtern bestehen.
Mit der Umstellprobe kann man Satzglieder ermitteln:

Meine Freundin Maria trinkt einen heißen Kakao.

| Einen heißen Kakao | trinkt | meine Freundin Maria |

mehr dazu
➤ S. 292–293

Subjekt

Das Subjekt kann eine Person oder auch eine Sache sein.

Mit Wer oder was? fragt man nach dem Subjekt.

Es kann aus einem Wort oder mehreren Wörtern bestehen.

Sabine hat Geburtstag. – Wer oder was hat Geburtstag? – Sabine.

Übungen zum Subjekt
➤ S. 294

Prädikat

Das Prädikat sagt etwas darüber aus, was jemand tut oder was geschieht.

Mit Was tut ...? fragt man nach dem Prädikat.

Es kann auch aus mehreren Teilen bestehen.

Eric schenkt ihr ein Buch.

Eric hat ihr ein Buch geschenkt.

Übungen zum Prädikat
➤ S. 295

Objekte

Mit Wen oder was? fragt man nach dem Akkusativobjekt.

Sabine bringt die Gäste zur Tür. – Wen bringt Sabine zur Tür? – Die Gäste.

Er sucht Papier und Bleistift. – Was sucht er? – Papier und Bleistift.

Mit Wem? fragt man nach dem Dativobjekt.

Sarah gratuliert Sabine. – Wem gratuliert Sarah? – Sabine.

Übungen zu den Objekten
➤ S. 295

Vollständige Gedichte und Texte

Hier findest du die vollständigen Gedichte
von den Seiten 188 und 190.

Sommer   Ilse Kleberger

Weißt du, wie der Sommer riecht?
Nach Birnen und nach Nelken,
nach Äpfeln und Vergissmeinnicht,
die in der Sonne welken,
5 nach heißem Sand und kühlem See
und nassen Badehosen,
nach Wasserball und Sonnenkrem,
nach Straßenstaub und Rosen.

Weißt du, wie der Sommer schmeckt?
10 Nach gelben Aprikosen
und Walderdbeeren, halb versteckt
zwischen Gras und Moosen,

nach Himbeereis, Vanilleeis
und Eis aus Schokolade,
15 nach Sauerklee vom Wiesenrand
und Brauselimonade.

Weißt du, wie der Sommer klingt?
Nach einer Flötenweise,
die durch die Mittagsstille dringt,
20 ein Vogel zwitschert leise,
dumpf fällt ein Apfel in das Gras,
ein Wind rauscht in den Bäumen,
ein Kind lacht hell, dann schweigt
es schnell
und möchte lieber träumen.

Septembermorgen   Eduard Mörike

Im Nebel ruhet noch die Welt,
Noch träumen Wald und Wiesen;
Bald siehst du, wenn der Schleier fällt,
Den blauen Himmel unverstellt,
Herbstkräftig die gedämpfte Welt
In warmem Golde fließen.

Und so endet das Märchen von Seite 283:

Der süße Brei

[...] Also kochte es weiter, und der Brei stieg über den Rand hinaus.
Es kochte immerzu, die Küche und das ganze Haus voll,
und das zweite Haus und dann die Straße, als wollte es
die ganze Welt satt machen.
Endlich, als nur noch ein einziges Haus übrig war, kam das Kind
heim und sagte: „Töpfchen, steh." Da hörte es auf zu kochen.
Wer nun wieder in die Stadt wollte, der musste sich durchessen.

Textquellen

Brecht, Bertolt (geb. 1898 in Augsburg, gest. 1956 in Berlin): Der Pflaumenbaum (S. 180). Aus: Gesammelte Werke 9, Gedichte 2. Frankfurt/M. (Suhrkamp) 1967.

Busta, Christine (geb. 1915 in Wien/Österreich, gest. 1987 in Wien/Österreich): Die Frühlingssonne (S. 189). Aus: Die Scheune der Vögel. Salzburg (Otto Müller) 1958.

Cumyn, Alan (geb. 1960 in Ottawa/Kanada): Die geheimen Abenteuer des Owen Skye (S. 146). Aus: Die geheimen Abenteuer des Owen Skye. Zürich (Diogenes) 2005.

Defoe, Daniel (geb. 1661 in Moorgate, gest. 1731 in Cripplegate): Robinson. Die Geschichte auf Spanisch (S. 109). Aus: Robinson Crusoe. Hrsg. v. Dr. Freya Stephan-Kühn. Würzburg (Arena) 1986.

Döhl, Reinhard (geb. 1934 in Wattenscheid, gest. 2004 in Stuttgart): Apfel (S. 187). Aus: konkrete Poesie. Ditzingen (Reclam) 1991.

Drösser, Christoph (geb. 1958): Wird ein Fußball auf nassem Rasen beim Aufsetzen schneller? (S. 215). Wie kann man einen Ball „um die Ecke" schießen? (S. 216). Aus: Stimmt's? Freche Fragen, Lügen und Legenden für clevere Kids. Reinbek (Rowohlt) 2002.

Eichendorff, Joseph von (geb. 1788 auf Schloss Lubowitz bei Ratibor/Oberschlesien, gest. 1857 in Neisse): Winternacht (S. 189). Aus: Sämtliche Werke des Freiherrn. Historische kritische Ausgabe. Band I/1 Gedichte. Hrsg. v. H. Fröhlich und U. Regener. Stuttgart/Berlin/Köln (W. Kohlhammer) 1993.

Fontane, Theodor (geb. 1819 in Neuruppin, gest. 1898 in Berlin): Herr von Ribbeck auf Ribbeck (S. 128). Aus: Sämtliche Werke. Hrsg. v. E. von Groß und K. Schreinert. München (Nymphenburger) 1962.

Gaarder, Jostein (geb.1952 in Oslo/Norwegen): Sofies Welt (S. 14). Aus: Sofies Welt. Roman über die Geschichte der Philosophie. München/Wien (Hanser) 1993.

Glitz, Angelika (geb. 1966 in Hannover): Keine Zeit für Paula (S. 143). Aus: 100 und eine Geschichte zum Vorlesen. Hrsg. v. K. Weigand. Stuttgart/Wien (Thienemann) 2006.

Gomringer, Eugen (geb. 1925 in Cachuela Esperanza/Bolivien): wind (S. 187). Aus: Worte sind Schatten. Reinbek (Rowohlt) 1969.

Goscinny, René (geb. 1926 in Paris/Frankreich, gest. 1977 in Paris/Frankreich): Ich räume auf (S. 134). Aus: Neues vom kleinen Nick. Zürich (Diogenes) 2005.

Grimm, Jacob und Wilhelm (geb. 1785 und 1786 in Hanau, gest. 1863 und 1859 in Berlin): Prinzessin Mausehaut (S. 164), Von dem Fischer und seiner Frau (S. 166), Der süße Brei (S. 283, 312). Texte gekürzt und aus: Kinder- und Hausmärchen. Gesammelt durch die Brüder Grimm. 3 Bände. Frankfurt/M. (Insel) 1984.

Grünbein, Durs (geb. 1962 in Dresden): Haiku (S. 193). Aus: Lob des Taifuns. Eine Auswahl von 28 Haikus aus den Reisetagebüchern von Durs Grünbein, verfasst in den Jahren 1999, 2002 und 2003. Frankfurt/M. (Insel) 2008.

Guggenmos, Josef (geb. 1922 in Irsee/Allgäu, gest. 2003 in Irsee/Allgäu): Die Schnecke im Winter (S. 188). Aus: Was denkt die Maus am Donnerstag. München (dtv junior) 1998. 2 Haiku (S. 193). Aus: Rundes Schweigen. Hamburg (Hamburger Haiku Verlag) 2007.

Henkes, Kevin (geb. 1960 in Racine in Wisconsin/USA): 7.Juni: Meine Wünsche (S. 124). Aus: Ein Anfang, ein Ende und jede Menge Wünsche. München (dtv) 2005.

Jacques, Maria (geb. 1928 in Kessel-Lo bei Leuven/Belgien): Poli und Warik (S. 95) Aus: Mein weißer Fuß. Ein Indianermädchen zwischen zwei Welten. Berlin/München (Altberliner) 1995.

Jandl, Ernst (geb. 1925 in Wien/Österreich, gest. 2000 in Wien/Österreich): im park (S. 184). Aus: Idyllen. Frankfurt/M. (Luchterhand) 1989.

Kleberger, Ilse (geb. 1921 in Potsdam): Sommer (S. 188, 312). Aus: Wir fliegen mit dem Sommerwind. Hrsg. v. H. Schmidt. Zürich/Köln (Benzinger) 1968.

Kordon, Klaus (geb. 1943 in Berlin): Robinson, Mittwoch und Julchen (S. 118). Aus: Robinson, Mittwoch und Julchen. Ravensburg (Ravensburger) 1991.

Krüss, James (geb. 1926 auf Helgoland, gest. 1997 auf Gran Canaria): Das T (S. 182). Aus: ABC und Phantasie. Ravensburg (Otto Maier) 1963.

Ludwig, Sabine (geb. 1954 in Berlin): Die Nacht, in der Mr Singh verschwand (S. 16). Aus: Die Nacht, in der Mr Singh verschwand. Frankfurt/M. (Fischer) 2007.

Mai, Manfred (geb. 1949 in Winterlingen/Schwäbische Alb): Eine neue Freundin (S. 140). Aus: Die Erde ist mein Haus. Jahrbuch der Kinderliteratur. Hrsg. v. H.-J. Gelberg. Weinheim/Basel (Beltz & Gelberg) 1988.

Morgenstern, Christian (geb. 1871 in München, gest. 1914 in Meran/Italien): Wenn es Winter wird (S. 186). Aus: Gesammelte Werke. München (Piper) 1965.

Mörike, Eduard (geb. 1804 in Ludwigsburg, gest. 1875 in Stuttgart): Septembermorgen (S. 190, 312). Aus: Conrady. Das Buch der Gedichte. Deutsche Lyrik von den Anfängen bis zur Gegenwart. Hrsg. v. H. Korte. Berlin (Cornelsen) 2006.

Moser, Erwin (geb. 1954 in Wien/Österreich): Gewitter (S. 185). Aus: Überall und neben dir. Hrsg. v. H.-J. Gelberg. Weinheim (Beltz & Gelberg) 1989.

O'Dell, Scott (geb. 1902 in Los Angeles/USA, gest. 1989): Insel der blauen Delphine (S. 112). Aus: Insel der blauen Delphine. München (dtv) 1996.

Petrick, Nina (geb. 1965 in Berlin): Charlie und die Halstuchbande (S. 16). Aus: Charlie und die Halstuchbande. München (dtv) 2007.

Recheis, Käthe (geb. 1928 in Engelhartszell/Oberösterreich), Hofbauer, Friedl (geb. 1924 in Wien/Österreich): Der Zauberkrug (S. 160). Aus: 99 Minutenmärchen. Freiburg (Herder) 1990.

Ringelnatz, Joachim (geb. 1883 in Wurzen bei Leipzig, gest. 1934 in Berlin): Gedicht in Bi-Sprache (S. 183). Aus: Joachim Ringelnatz. Das Gesamtwerk. Hrsg. v. W. Papel. Berlin (Henssel) 1984.

Roth, Eugen (geb. 1895 in München, gest. 1976 in München): Der Strauß (S. 181). Aus: Die Stadt der Kinder. Gedichte für Kinder in 13 Bezirken. Hrsg. v. H.-J. Gelberg. Recklinghausen (Bitter) 1969.

Sachar, Louis (geb. 1954 in East Meadow in New York/USA): Bradley, letzte Reihe, letzter Platz (S. 20). Aus: Bradley, letzte Reihe, letzter Platz. München (Hanser) 2003.

Sandburg, Carl (geb. 1878 in Galesburg in Illinois/USA, gest. 1967 in North Carolina/USA): Der Kürbis erzählt (S. 188). Aus: Ein Reigen um die Welt. Hrsg. v. H. Baumann. Gütersloh (Sigbert Mohn) 1965.

Thurber, James (geb. 1894 in Columbus in Ohio/USA, gest. 1961 in New York/USA): Der kleine Nachtschmetterling und der Stern (S. 122). Aus: Die letzte Blume. Hamburg (Rowohlt) 1953.

Walbrecker, Dirk (geb. 1944 in Wuppertal): Klappentext: Die Schildbürger (S. 194). Aus: Die Schildbürger. Wien/München (Beltz) 1991. Eine rätselhafte Verwandlung (S. 196). Aus: Eine rätselhafte Verwandlung. Reinbek (Rowohlt) 2004. Spacy Spacy (S. 201). Aus: Spacy Spacy. Leipzig/München (Altberliner) 2005.

Zöller, Elisabeth (geb. 1965 in Brilon): Und wenn ich zurückhaue? (S. 88). Aus: Und wenn ich zurückhaue? Hamburg (Thienemann) 2000.

Zuckowski, Rolf (geb. 1947 in Hamburg): Starke Kinder (S. 85). Aus: Starke Kinder, Das Liederbuch zur gleichnamigen MC/CD. Hamburg (Hans Sikorski Musikverlag) 1989. MUSIK FÜR DICH Rolf Zuckowski OHG, Hamburg.

**Unbekannte und
ungenannte Verfasser:**

Frühstück – von der Mongolei bis Island (S. 29). Originalbeitrag.

Nahrungsmittel und Essgewohnheiten (S. 30). Originalbeitrag.

Rund und gesund? Superschlank und superschön? (S. 38). Originalbeitrag.

Fladenbrote auf der ganzen Welt (S. 40). Originalbeitrag.

Täglich eine Hand voll Nüsse (S. 44). Originalbeitrag.

Der Ernährungskreis (S. 46). Originalbeitrag.

Feste auf der ganzen Welt (S. 50). Originalbeitrag.

23. April: „Çocuk bayramı", das türkische Kinderfest (S. 53). Nach: Das große Familienbuch der Feste und Bräuche. Düsseldorf (Patmos) 2006.

Von Tieren erzählen – Tiere beobachten (S. 68). Originalbeitrag.

Der Käfig (S. 70). Originalbeitrag.

Ernährung und Pflege (S. 71). Originalbeitrag.

Der Haussperling (S. 76). Nach: Das große Arena Lexikon der Natur. Würzburg (Arena) 2005.

Von Resten leben (S. 77). Nach: Das große Arena Lexikon der Natur. Würzburg (Arena) 2005.

Der Goldhamster (S. 79). Originalbeitrag.

Das Meerschweinchen (S. 80). Originalbeitrag.

Die Hausmaus (S. 80). Originalbeitrag.

Der Mäusebussard (S. 82). Originalbeitrag.

Die Hopi … (S. 94). Originalbeitrag.

Internettext: … richtige, echte Indianer (S. 101). Nach: www.blinde-kuh.de/indianer (Stand: 07.08.2008).

Die Pueblos der Hopi (S. 102). Informationen aus: www.indianer.de © Annett Zebrowski.

Robinsons Tagebuch (S. 106). Nacherzählt nach Daniel Defoe: Robinson Crusoe.

Die Prinzessin und der Hirte (S. 121). Originalbeitrag.

Die Sterne Wega und Atair (S. 121). Originalbeitrag.

Ein Wunsch, der weiterlebt (S. 130). Originalbeitrag.

König Midas (S. 133). Originalbeitrag.

Nachbarschaftshilfe (S. 157). Originalbeitrag.

Erzähl (keine) Märchen (S. 162). Originalbeitrag.

Vom Versprechen, das ein Mann einem Adler gab (S. 168). Aus: Neue heilende Märchen für Eltern und Kinder. Hrsg. v. A. Bauer. Südwest-Verlag 2002.

Das Märchen von Adetola, der schönen Königstochter (S. 171). Aus: Afrikanische Märchen. Hrsg. v. F. Becker. Frankfurt/M. (Fischer Verlag) 1989.

Das Märchen von Adetola – Spielszene (S. 176). Originalbeitrag.

4 Haiku (S. 192). Aus: Haiku. Japanische Dreizeiler. Neue Folge. Hrsg. v. S. Wolfschütz. Stuttgart (Reclam) 2004.

Dirk Walbrecker erzählt über sich (S. 195). Originalbeitrag mit freundlicher Genehmigung von Dirk Walbrecker.

Die Raupe (S. 199). Originalbeitrag.

Interview mit Dirk Walbrecker (S. 200). Originalbeitrag mit freundlicher Genehmigung von Dirk Walbrecker.

Die Fußball-Weltmeisterschaft 2006 in Deutschland (S. 217). Originalbeitrag.

Der Igel (S. 226). Originalbeitrag.

Das Klassenfest (S. 232). Originalbeitrag.

Max (S. 234). Originalbeitrag.

Das Skelett (S. 236). Originalbeitrag.

Eine kleine Freude (S. 238). Originalbeitrag.

Eine starke Klasse (S. 240). Originalbeitrag.

Haare schneiden tut nicht weh (S. 242). Originalbeitrag.

Ein sonniger Wintertag (S. 244). Originalbeitrag.

Eine interessante Ausstellung (S. 247). Originalbeitrag.

Ein Gewitter (S. 249). Originalbeitrag.

Der Fuchs und die Trauben (S. 258). Nach Äsop.

Der Igel und der Maulwurf (S. 258). Nach Äsop.

Dingsda (S. 266). Originalbeitrag.

Im Tierpark (S. 272). Originalbeitrag.

Die Kartoffel (S. 280). Originalbeitrag.

Der Siegeszug der Kartoffel (S. 281). Originalbeitrag.

Nicht in allen Fällen war es möglich, die Rechteinhaber ausfindig zu machen. Ansprüche werden im Rahmen der üblichen Vereinbarungen abgegolten.

Bildquellen

Soweit in diesem Lehrwerk Personen fotografisch abgebildet sind und ihnen von der Redaktion fiktive Namen, Berufe, Dialoge und Ähnliches zugeordnet oder diese Personen in bestimmte Kontexte gesetzt werden, dienen diese Zuordnungen und Darstellungen ausschließlich der Veranschaulichung und dem besseren Verständnis des Inhalts.

S. 11, 24, 90, 91, 101, 119, 202, 203, 204, 205, 206, 207, 209, 212, 226: Peter Wirtz, Dormagen; S. 13: Schülerarbeit; S. 14: Cover von: Jostein Gaarder, Sofies Welt. © Carl Hanser Verlag, München; S. 16: Cover von: Nina Petrick, Charlie und die Halstuchbande. © für die Coverillustration von Barbara Scholz: 2005 Deutscher Taschenbuch Verlag, München; Cover von: Sabine Ludwig, Die Nacht, in der Mr Singh verschwand. S. Fischer Verlag GmbH, Frankfurt/M. 2008; S. 17 oben: pa/dpa; unten: pa/KPA; S. 18: Thomas Schulz, Teupitz; S. 22, 117: Cover von: Louis Sachar, Bradley, letzte Reihe, letzter Platz. Carl Hanser Verlag, München; S. 25: Schülerarbeit; S. 27: Melanie Blesing, Berlin; S. 30: privat; S. 31: (1): Wolfgang Kabisch/ de.fotolia.com; (2): wikipedia.de; (3): Julia Krügelstein, Berlin; (4): Christian Wagner/de.fotolia.com; S. 32 oben: privat; unten: Michael Stumpf/de.fotolia.com; S. 40: (1): privat; (2): Roman Sigaev/de.fotolia.com; (3): pa/Bildagentur Huber; S. 41: (1, 2, 3, 4): privat; (5): niyenar/de.fotolia.com; (6): privat; S. 44: Swetlana Wall/de.fotolia.com; Iosif Szasz-Fabria/de.fotolia.com; S. 47: (1): openlands/de.fotolia.com; (2, 3): picture alliance/dpa; S. 49: Gertrud Wagemann und Herausgeber: Der Beauftragte des Senats von Berlin für Integration und Migration. www.integrations-beauftragter-berlin.de; S. 52: www.blinde-kuh.de (Stand: Dezember 2008); unten links: www.wehrfritz.com, Art. 091770; rechts: Cover von: Das große Fest. Kinder feiern – rund um die Welt! © Dorling Kindersley Verlag, München; S. 59, 64: Schülerarbeit; S. 67: (1): anna/de. fotolia.com; (2): Sunny 3/de.fotolia.com; (3): Carola Schubbel/de.fotolia.com; (4) Schülerarbeit; S. 68: (1): Olga Barbakadze/de.fotolia.com; (2): k9stock/de.fotolia.com; (3): hornyteks/de.fotolia.com; (4): iStockphoto/Irina Shupletsova; S. 69: Ilan Amith/Sunny3/Sherri Camp/de.fotolia.com; S. 71: Melanie Blesing, Berlin; S. 72: Schülerarbeit; S. 76 oben: herculaneum79/de.fotolia.com; unten links: iStockphoto; rechts: Blanka Hagge/de.fotolia.com; S. 77 oben: iStockphoto/Hans-Walter Untch; unten: Sherri Camp/de.fotolia.com; S. 79: Stockcity/ de.fotolia.com; S. 80 oben: Antje Lindert-Rottke/de.fotolia.com; unten: wasSteve/de.fotolia.com; S. 82: Sascha Hahn/de.fotolia. com; S. 84 links: enens/de.fotolia.com; rechts: Löhr-Fotografie/ de.fotolia.com; S. 87, 91: Cover von: Elisabeth Zöller, Und wenn ich zurückhaue?. Mit Illustrationen von Anette Bley © 1994 by Thienemann Verlag GmbH, Stuttgart-Wien; S. 92: Schülerarbeit; S. 94: Volkhard Binder, Berlin; S. 97: Cover von: Maria Jacques, Mein weißer Fuß. Illustration von Sylvia Hens, Altberliner Verlag, Berlin-München 1995; S. 99–101: Screenshots: www.blinde-kuh.de (Stand: Dezember 2008); S. 102 oben: pa/dpa-Bildarchiv/Koch; unten: bildarchiv steffens/Rudolf Bauer; S. 103: Peter Högström/ de.fotolia.com; S. 103, 117: Cover von: Daniel Defoe, Robinson Crusoe. Würzburg (Arena) 1997. Arena Kinderbuch Klassiker. Umschlag: Hans G. Schellenberger; S. 105 oben: Ausschnitt aus dem Cover von: Daniel Defoe, Robinson Crusoe. Würzburg (Arena) 1997. Arena Kinderbuch Klassiker. Umschlag: Hans G. Schellenberger; unten: Buchcover Robinson, um 1897. TV-yesterday; S. 109: Illustration von Francesco Solé, aus: Daniel Defoe, Robinson Crusoe, Santillana, Madrid; S. 111: Florian Hampel, Berlin; S. 112: Cover von: Scott O'Dell, Insel der blauen Delphine. © für die Umschlagillustration von Dieter Wiesmüller: 2004 Deutscher Taschenbuch Verlag, München; S. 114: Braun Research Library, Los Angeles, California; S. 117: Cover von: Antoine de Saint-Exupéry, Der kleine Prinz. © 1950 und 2008 Karl Rauch Verlag, Düsseldorf; S. 117, 118: Cover von: Klaus Kordon, Robinson, Mittwoch und Julchen. © 2007 by Ravensburger Buchverlag Otto Maier GmbH, Ravensburg; S. 124: Cover von: Kevin Henkes, Ein Anfang, ein Ende und jede Menge Wünsche. Foto: Cleo Sullivan, Deutscher Taschenbuch Verlag, München; S. 128–129: Pia Theuer, Baesweiler; S. 129 oben: pa/dpa; unten: Stefan Reuthner; S. 130 oben: World Peace Projekt For Children. www.sadako.org; unten: © EyeUbiquitous/Hutchison; S. 131: iStockfoto/Sarah Fields; S. 134–138: Goscinny/Sempé, Der kleine Nick. © Diogenes Verlag, Zürich 2005; S. 146: Cover von: Alan Cumyn, Die geheimen Abenteuer des Owen Skye. © Cecilie Dressler Verlag, Hamburg 2005; S. 149: © Nikolaus Heidelbach, Köln; S. 156: Archiv Hartmann, Berlin; S. 158: © Eckhard Lange, Oldenburg; S. 190: Chris Wrenger/de.fotolia.com; S. 193 oben: iStockphoto/Alexei Novikov; rechts: Schwoab/de.fotolia.com; links: iStockphoto/yusuf anil akduygu; S. 194: Cover von: Dirk Walbrecker, Die Schildbürger. © Gondrom Verlag, Bierach; Cover von: Dirk Walbrecker, Spacy Spacy. © für die Umschlagillustration: Susanne Strasser, Altberliner Verlag GmbH, Leipzig-München 2005 (S. 201); Cover von: Dirk Walbrecker, Eine rätselhafte Verwandlung. © Rowohlt Verlag, Reinbek (S. 196); S. 195: privat; S. 199: Christian Musat/de.fotolia. com; S. 222: Cornelsen Verlag, Berlin; S. 223: Cornelsen Verlag, Berlin; S. 233: picture-alliance/ZB; picture-alliance/chromorange; S. 234: k9stock/de.fotolia.com; S. 236: StephenD/de.fotolia.com; S. 242: pa/ZB-Fotoreport/Ralf Hirschberger; S. 244: Christian Huschga/de.fotolia.com; S. 261: Schülerarbeit; S. 284 oben: VCL/ Bavaria, Hamburg; unten: © mauritius images/imagebroker.

Illustrationen:

Oleg Assadulin, Berlin: S. 46; **Thomas Binder**, Magdeburg: S. 23, 34, 40, 267–274, 278, 280–283, 286; **Manfred Bofinger**: S. 12; **Anke Dammann**, Wuppertal: S. 88–89, 140–146, 150–151, 153, 210–211, 213, 231; **Sylvia Graupner**, Annaberg: S. 12, 14–15, 20–21; **Egbert Herfurth**, Leipzig: S. 2–5, 7–10, 36–37; **Carsten Märtin**, Oldenburg: S. 35, 49, 60–61, 64, 70–71, 218, 220–221, 224, 233, 236, 238–240, 242–244, 248–250, 252–254, 256, 258–259, 264–265, 276–277, 288–291; **Thomas Müller**, Leipzig: S. 103–108, 110; **Margit Pawle**, München: S. 292–293; **Friederike Rave**, Wuppertal: 48, 50–51, 205–206, 221, 232; **Detlev Schüler**, Berlin: S. 115, 227; **Ulrike Selders**, Köln: S. 38, 39, 178, 180–187; **Juliane Steinbach**, Wuppertal: S. 160–166, 168–177, 225; **Dorina Teßmann**, Berlin: S. 74, 196–198, 201; **Rüdiger Trebels**, Düsseldorf: S. 85, 94–97, 112–114, 240; **Christa Unzner**, Berlin: S. 120–122, 125–127, 155, 188–189, 312.

Sachregister

Textartenverzeichnis

Das Buch wurde erarbeitet auf der Grundlage der Ausgaben von **Renate Krull** (Gesamtherausgeberin) sowie Christa Knirsch (Herausgeberin) und Martin Plieninger (Herausgeber), Benildis Andris, Susann Bartsch, Werner Bentin, Claudia Eisele, Filiz Feustel, Harald Fiori, Christiane Frauen, Julia Giede, Michaela Greisbach, Hans Joachim Heinz, Karin Hofer, August-Bernhard Jacobs, Christa Knirsch, Renate Krull, Ina Lang, Gisela Mössle, Ursula Oswald, Martin Plieninger, Rosemarie Richter, Lisa Rivo, Jutta Schöps-Körber, Anne-Meike Südmeyer, Stephan Theuer, Hans-Jürgen Wagener, Britta Wurst.

Informationen zu **fördern@cornelsen-Deutsch Kompetenztests (Kl. 5 und 6)** finden Sie unter **www.foerdern.cornelsen.de**.

Zu „Doppel-Klick" gibt es das
Arbeitsheft Basis 5   (978-3-464-61197-5, mit CD-ROM 978-3-06-060142-4)
und das Arbeitsheft Plus 5 (978-3-464-61184-5, mit CD-ROM 978-3-06-060143-1).

Projektleitung: Gabriele Biela
Redaktion: Sandra Krause, Daphná Pollak, Grit Ellen Sellin, Heike Tietz, Verena Walter
Bildrecherche: Kirsten Greve, Petra Ebert

Umschlaggestaltung: tritopp, Berlin
Layoutkonzept: nach Entwürfen von Farnschläder & Mahlstedt, Hamburg
Layout und technische Umsetzung: Buchgestaltung +, Berlin

www.cornelsen.de

Die Webseiten Dritter, deren Internetadressen in diesem Lehrwerk angegeben sind, wurden vor Drucklegung sorgfältig geprüft. Der Verlag übernimmt keine Gewähr für die Aktualität und den Inhalt dieser Seiten oder solcher, die mit ihnen verlinkt sind.

Dieses Werk berücksichtigt die Regeln der reformierten Rechtschreibung und Zeichensetzung. Bei den mit Ⓡ gekennzeichneten Texten haben die Rechteinhaber einer Anpassung widersprochen.

1. Auflage, 8. Druck 2021

Alle Drucke dieser Auflage sind inhaltlich unverändert und können im Unterricht nebeneinander verwendet werden.

Druck und Bindung: Livonia Print, Riga

ISBN 978-3-464-61178-4

Auf einen Blick: Verteilung der Inhalte des Deutschunterrichts

Bereiche des Deutschunterrichts	Kompetenzen	Seite	Kapitel
Sprechen und Zuhören			
zu anderen sprechen	von Tieren erzählen	68	Mit Tieren leben
	eigene Erlebnisse und Wünsche erzählen	120–121	Von Wünschen erzählen
	aus anderer Perspektive erzählen	132	
	anschaulich und lebendig erzählen	148–152	Mit Handlungsbausteinen erzählen
	zu Bildern erzählen	23	Wer bin ich? Wer bist du?
		115	Robinson
		149	Mit Handlungsbausteinen erzählen
		156–159	Zu Bildern erzählen
	zu einer Fotogeschichte erzählen	202–203	Eine Fotogeschichte
	literarische Texte nacherzählen	108	Robinson
		123, 128–133	Von Wünschen erzählen
		164–165	Einfach märchenhaft
vor anderen sprechen	sich selbst und andere vorstellen	12–13, 26	Wer bin ich? Wer bist du?
	Arbeitsergebnisse anschaulich präsentieren und vortragen	29, 37, 42	Rund ums Essen
		52–57	Feste feiern
		230–231	Präsentieren: Kurzreferate
	gestaltend lesen	104	Robinson
	Gedichte vortragen, Gedichte auswendig lernen	178, 183–185	Gereimtes und Ungereimtes
		190–191	Frühling, Sommer, Herbst und Winter
mit anderen sprechen	diskutieren, Meinungen formulieren und begründen	73–74, 78	Mit Tieren leben
		93	Stark sein
	Gesprächsregeln beachten	24–25	Wer bin ich? Wer bist du?
	Gespräche führen, genau zuhören	18–19	Wer bin ich? Wer bist du?
szenisch spielen	ein Rollenspiel durchführen	23	
		73	Mit Tieren leben
	ein Standbild bauen, eine Spielszene gestalten	90–91, 98	Stark sein
	eine Geschichte szenisch darstellen	142, 145	Die Handlungsbausteine untersuchen
	ein Märchen szenisch spielen	176–177	Einfach märchenhaft
	eine Fotogeschichte gestalten	208–209	Eine Fotogeschichte
Schreiben			
Schreibfertigkeiten	lesbar und zweckorientiert schreiben	224–225	Schrift üben – schreiben üben
richtig schreiben	Rechtschreiben	232–265	Training Rechtschreiben
	richtig abschreiben	258–259	
	Fehler analysieren	261	
	Fehlschreibungen vermeiden und korrigieren	258–265	
		222–223	Nachschlagen
Texte planen	Planvoll schreiben	79–83	Steckbriefe schreiben
	Geschichten nach dem Erzählplan erzählen	147	Die Handlungsbausteine untersuchen
		150–153	Mit Handlungsbausteinen erzählen
	Fotogeschichten mit dem Erzählplan planen	208	Eine Fotogeschichte
Texte schreiben	Briefe schreiben	15	Wer bin ich? Wer bist du?
		64–66	Briefe schreiben
	Einladungen schreiben	59, 63	Feste feiern
	schriftlich informieren	33	Rund ums Essen
		48	Feste feiern
	Steckbriefe schreiben	81–82	Steckbriefe schreiben
	Anleitungen schreiben	60–61	Feste feiern
		72, 75, 78	Mit Tieren leben
	ein Beobachtungsprotokoll schreiben	69	
	einen Gegenstand beschreiben	70, 72	
	Personen beschreiben	105, 114	Robinson
	aus anderer Perspektive erzählen	21, 23	Wer bin ich? Wer bist du?
		89, 97	Stark sein
		198	Dirk Walbrecker und eine rätselhafte Verwandlung
	zu Bildern anschaulich schreiben	159	Zu Bildern erzählen
	eine Geschichte weiterschreiben	147	Die Handlungsbausteine untersuchen
		199, 201	Dirk Walbrecker und eine rätselhafte Verwandlung
	Märchen weiterschreiben	161	Einfach märchenhaft
	Gedichte weiterschreiben	191	Frühling, Sommer, Herbst und Winter
	eigene Geschichten schreiben	139	Die Handlungsbausteine untersuchen
		150–153	Mit Handlungsbausteinen erzählen
	eigene Gedichte schreiben	191, 192	Frühling, Sommer, Herbst und Winter
Texte überarbeiten	mit Checklisten überarbeiten	55, 59, 62	Feste feiern
	ein Einladungsplakat überarbeiten	59	Einladungen schreiben
	Steckbriefe mit der Checkliste überarbeiten	83	Steckbriefe schreiben
	eine Geschichte mit dem Erzählplan überarbeiten	154–155	Mit Handlungsbausteinen erzählen
	Texte überarbeiten in der Schreibkonferenz	226–229	Texte überarbeiten: Die Schreibkonferenz

Bereiche des Deutschunterrichts	Kompetenzen	Seite	Kapitel
Lesen – Umgang mit Texten und Medien			
Lesetechniken, Strategien zum Leseverstehen	Fragen zum Text beantworten	45, 46	Den Textknacker anwenden
		51	Feste feiern
		76, 77	Mit Tieren leben
		94, 96	Stark sein
		102	Im Internet recherchieren
		108, 114	Robinson
		167	Einfach märchenhaft
		195	Dirk Walbrecker und eine rätselhafte Verwandlung
		215	Lesen erforschen – Lesen trainieren
	Fragen an den Text formulieren	170	Einfach märchenhaft
		214	Lesen erforschen – Lesen trainieren
	das eigene Lesen reflektieren	210–213	
	der Textknacker	30–33	Rund ums Essen
		53	Feste feiern
		43–46	Den Textknacker anwenden
		102	Im Internet recherchieren
		117–118	Den Textknacker anwenden
		218–221	Texte lesen und verstehen
	die Handlungsbausteine	134–147	Die Handlungsbausteine untersuchen
		156–159	Zu Bildern erzählen
literarische Texte verstehen	sich über einen Autor und seine Bücher informieren	194–201	Dirk Walbrecker und eine rätselhafte Verwandlung
	Klappentexten Informationen entnehmen	87	Stark sein
		118	Den Textknacker anwenden
		194	Dirk Walbrecker und eine rätselhafte Verwandlung
	Aufbau und Handlung untersuchen	142, 145	Die Handlungsbausteine untersuchen
	Merkmale von Märchen erschließen	162–163	Einfach märchenhaft
	Reimformen erkennen und untersuchen	178–181	Gereimtes und Ungereimtes
	Klang und Stimmung untersuchen	182–185	
	Form, Sprache und Bilder untersuchen	188–193	Frühling, Sommer, Herbst und Winter
	Figuren beschreiben	15	Wer bin ich? Wer bist du?
		123	Von Wünschen erzählen
	literarische Texte vergleichen	116	Robinson
		166–170	Einfach märchenhaft
Sachtexte verstehen	Sachtexten Informationen entnehmen	29–33, 40–41	Rund ums Essen
		43–45	Den Textknacker anwenden
		53	Feste feiern
		70–71	Mit Tieren leben
		79–80, 82	Steckbriefe schreiben
		102	Im Internet recherchieren
		214–217	Lesen erforschen – Lesen trainieren
		220	Texte lesen und verstehen
	Aussagen zu diskontinuierlichen Texten formulieren	38–40	Rund ums Essen
		46	Den Textknacker anwenden
	einen Text zusammenfassen	33	Rund ums Essen
		45	Den Textknacker anwenden
Medien verstehen und nutzen	Medien gezielt nutzen	99–102	Im Internet recherchieren
	Perspektiven und Kameraeinstellungen	206–207	Eine Fotogeschichte
Reflexion über Sprache (Sprachgebrauch)			
	Wörter wandern	34–35	Rund ums Essen
	Sprichwörter rund ums Essen	36–37	
	vergleichendes Sprachwissen nutzen	109	Robinson
	Wörter aus anderen Sprachen nachschlagen	110	
	über Wortbedeutungen nachdenken	111	
	Texte aus verschiedenen Ländern und in verschiedenen Sprachen kennen lernen	178–179	Gereimtes und Ungereimtes
	Wortbausteine untersuchen	254–257	Training Rechtschreiben
	Wörter ableiten	251	
	Wortfamilien untersuchen	252–253	
	Bildung von Wörtern untersuchen	254–257	
	Wortarten erkennen und unterscheiden	266–291	Training Grammatik
	Funktionen von Wortarten untersuchen	271–272	
	Flexionsformen kennen und richtig anwenden	270, 276–280	
	grundlegende Strukturen des Satzes beschreiben	292–295	
	Verschiebeprobe, Umstellprobe und Ersatzprobe anwenden	292–293	

Auf einen Blick: Verteilung der Inhalte des Deutschunterrichts